U0523024

彩图 1

《出警入跸图》局部

彩图 2
大炮火门

彩图 3

山海关景区存放红衣炮实物

彩图 4
《乾隆皇帝大阅图》局部之一

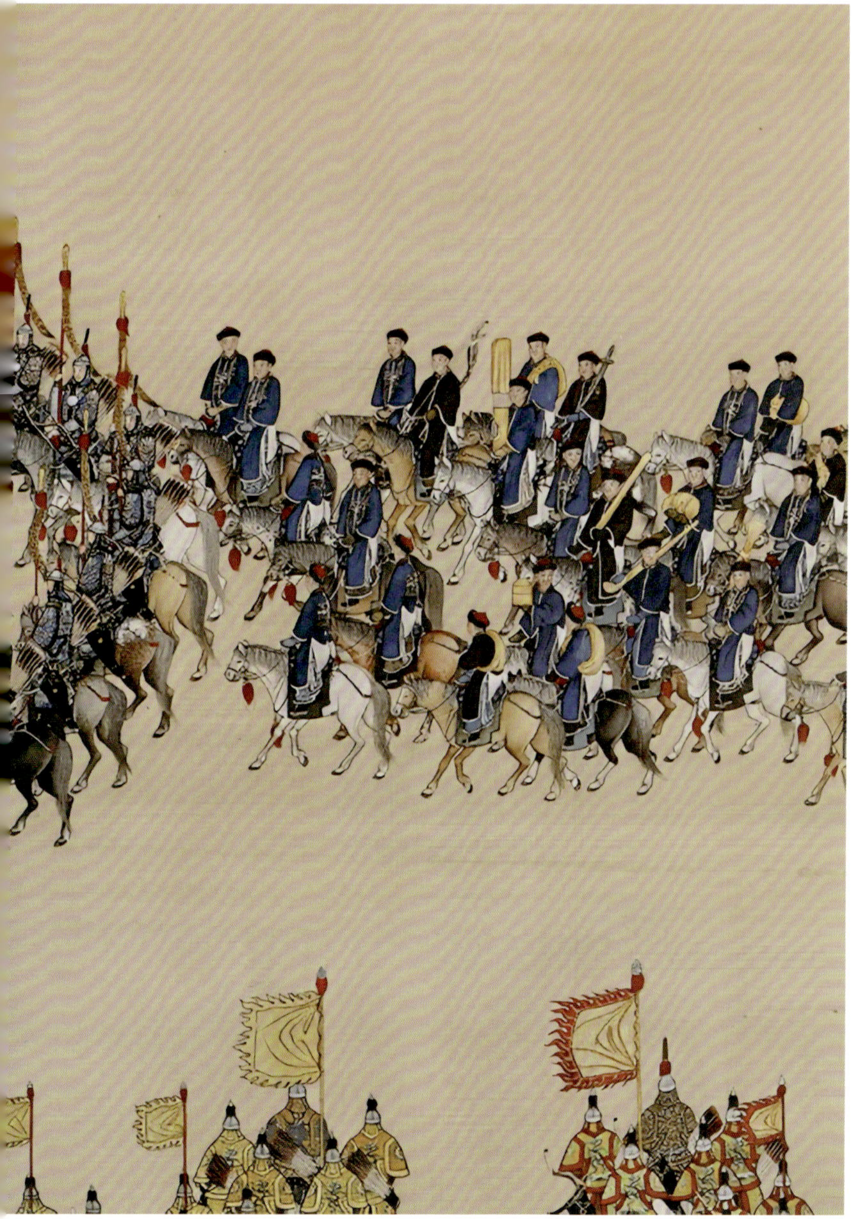

彩图 5
《乾隆皇帝大阅图》局部之二

正黄旗满洲骁骑营

正黄旗满洲火器营

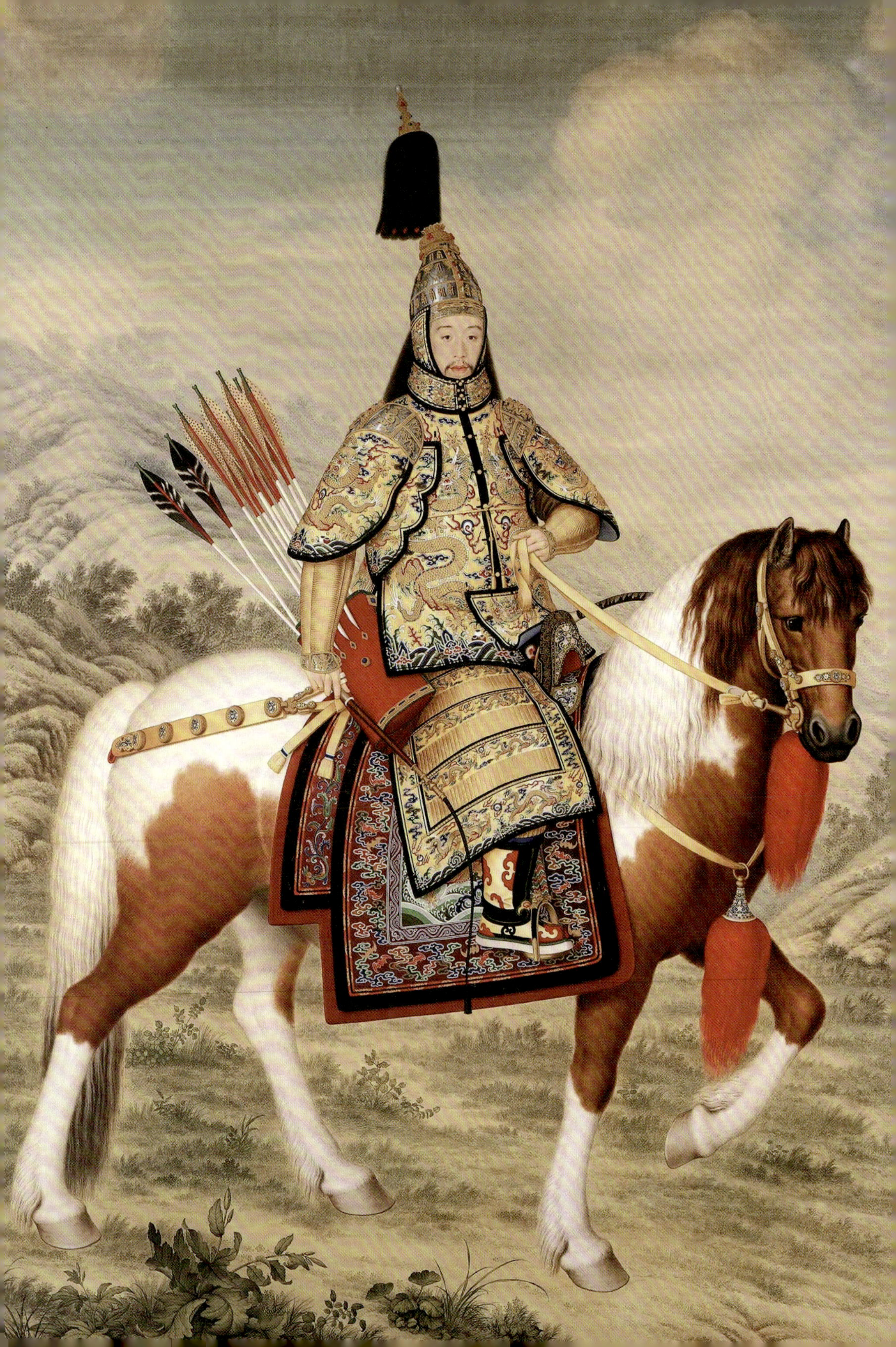

彩图 6

乾隆皇帝阅兵戎装图

彩图 7

《乾隆皇帝大阅图》局部之三

彩图 8

郎世宁作《伊西洱库尔淖尔之战》

伊西洱庫爾淖爾之戰
三戰三勝
武貔雄貅
鼠伏蹩子
技窮一線沿
溪進魚貫
千尋列峰
突窺業遒
魂奎底摧

彩图9

郎世宁作《格登鄂拉斫营》

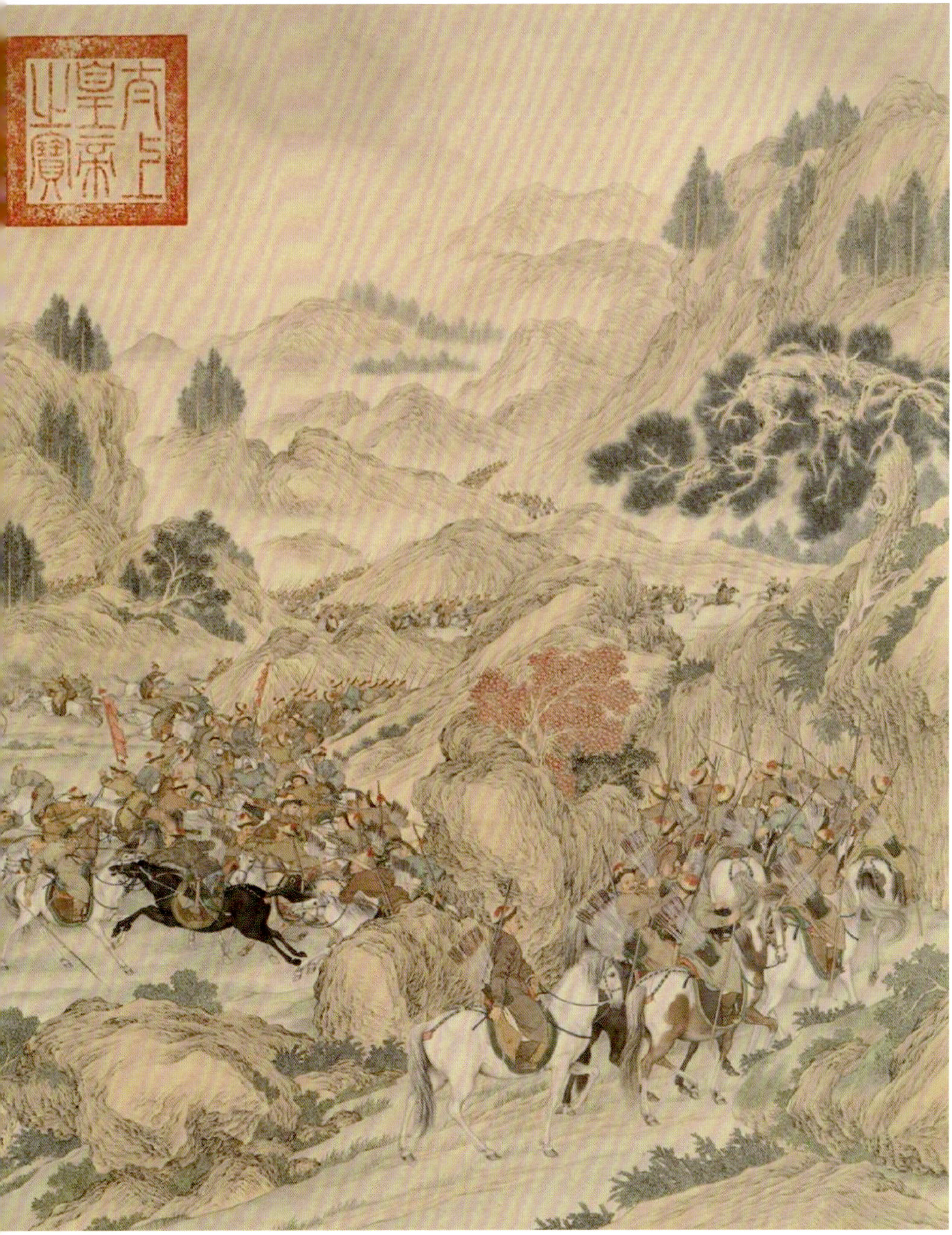
太上皇帝之寶

彩图 10
郎世宁作《阿玉锡持矛荡寇图》

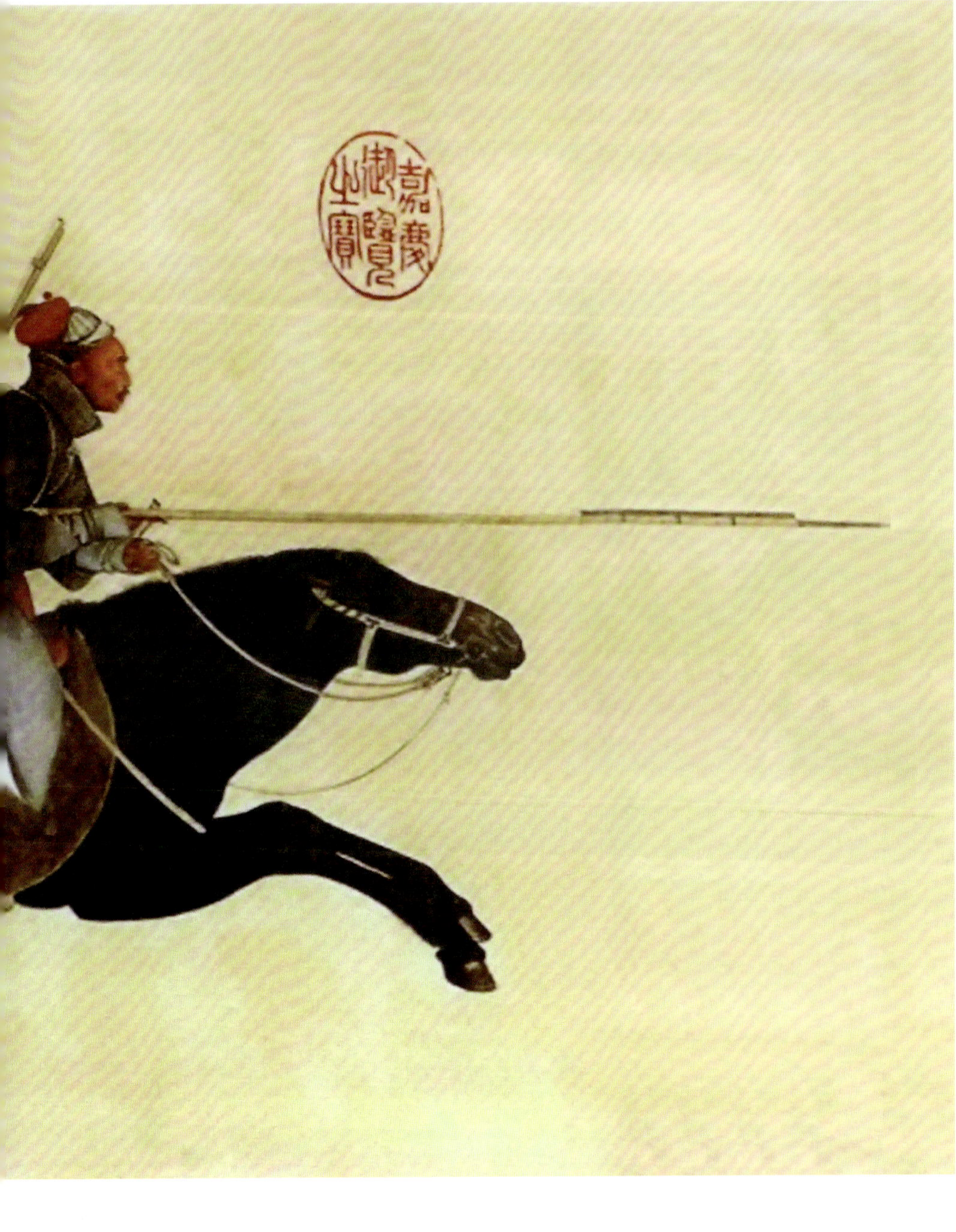
嘉慶御覽之寶

彩图 11
郎世宁作《平定伊犁受降》

平定伊犁受降
乘時命將定條
枝
天佑人歸捷報
馳奔戰有征安
絕域壺漿簞食
迎王師
兩朝締構敵云
繼百世寧綏有
兩恩好雨優渥
土宇拓敉心郇

彩图 12
郎世宁作《乌什酋长献城降》

烏什酋長獻城
降
執渠早是被恩
榮眾逕遲隨吾
近情誠順料伊
將係戕剪克匪
我願注兵申明
睞雉需歲气疊見
牽羊肉袒迎
天佑人歸速底
績越因就業深
齡惠
戊寅九秋月作
御筆

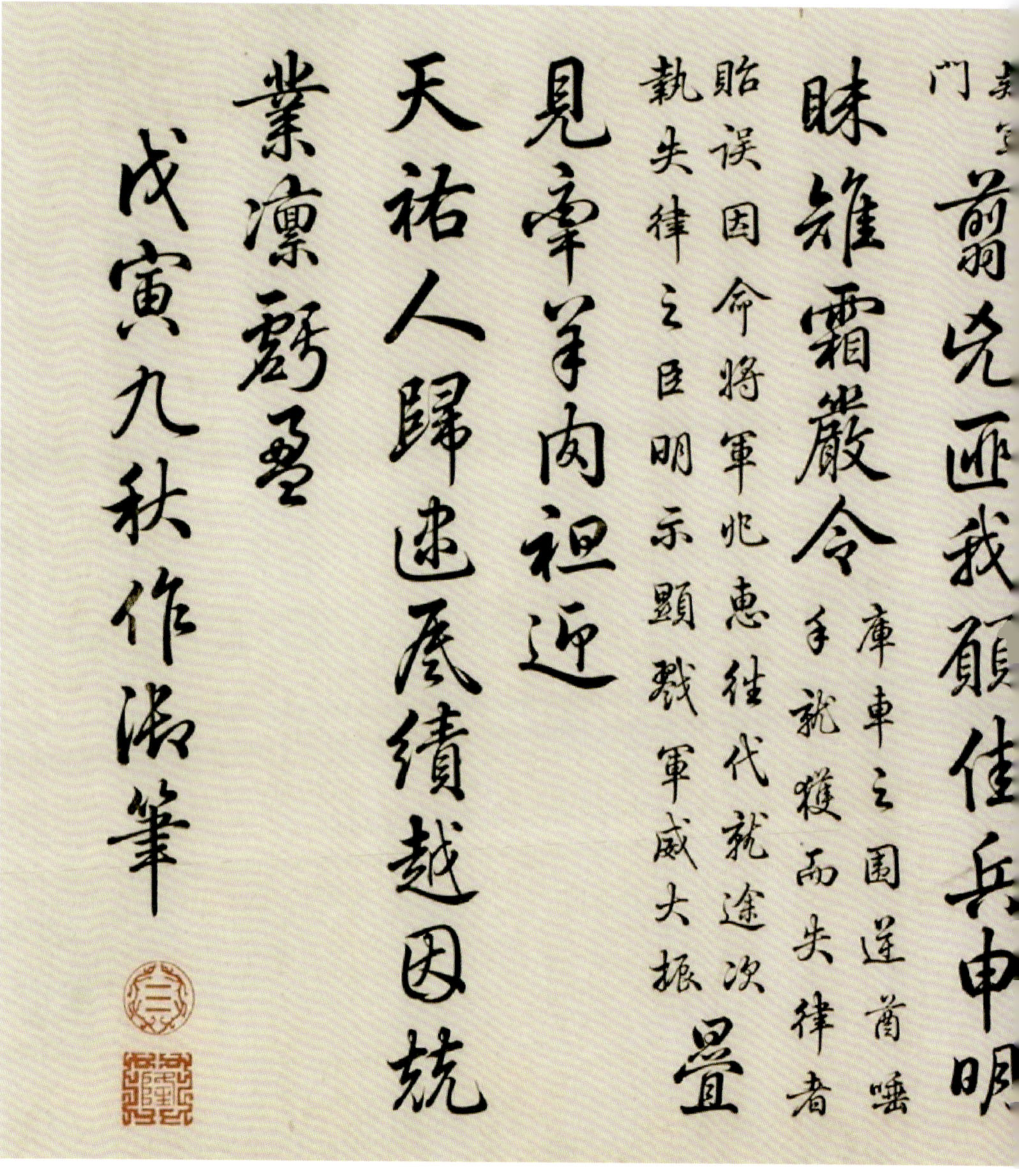

彩图 13
乾隆书法《乌什酋长献城降》

烏什酋長獻城降

執渠早是被恩榮先是達瓦
窮竄霍集斯伯克奉軍齊自格登
檄設計縛獻錄功褒賞畏逼遷隨
尚近情係四目特為所強懾因附和
霍集斯伯克與小和卓木均
觀釁罪
在可宥識順料伊將倒戈嘗興
軍機大臣籌畫軍情曾諭及霍集斯伯
克有擒獻達瓦齊一節我軍至其地役
或降順比大兵既近伊果遂款小和卓

彩图 14
郎世宁作《呼尔满大捷》

呼爾滿大捷
我師萬里勞戎馬
力竇艱難繼況深
入賊巢其立室勞
誠昊以此彼可
圍固守設鼎氣
堂忍罷輕進惟
獎勤王事再三
嚳援師速進以
掎滷而不絀持
奏敵懷人固屬
庸指敵居洪勝左
俯仰而關作非
細中夜承萬霞
丞於佳音委束縞
投衣視警戰五
日夜斬將搴旗
撒副將軍富德
來資及軍士同
心成功徹賊
敕子騎已近將

彩图 15
郎世宁作《黑水围解》

黑水圍解
喀喇烏蘇者唐言
黑水同去年我軍
薄城之際虜之末
雖稱推葉嘗黑水
待圍解詎人力也
天幃潛明瑞馳驛
踰月到西洵可紀
效

彩图 16

郎世宁作《霍斯库鲁克之战》

霍斯庫魯克之戰

回城既宅進追
光雙耳山前寶
跡逢賊已六千橫
攢嶺兵繞九百仰
攻峯遞迴安集
延延跽直蹄拔
建山去跟將車同
心奮敵愾千秋
國史勒勳庸
丙戌新正補詠

彩图 17

郎世宁作《阿尔楚尔之战》

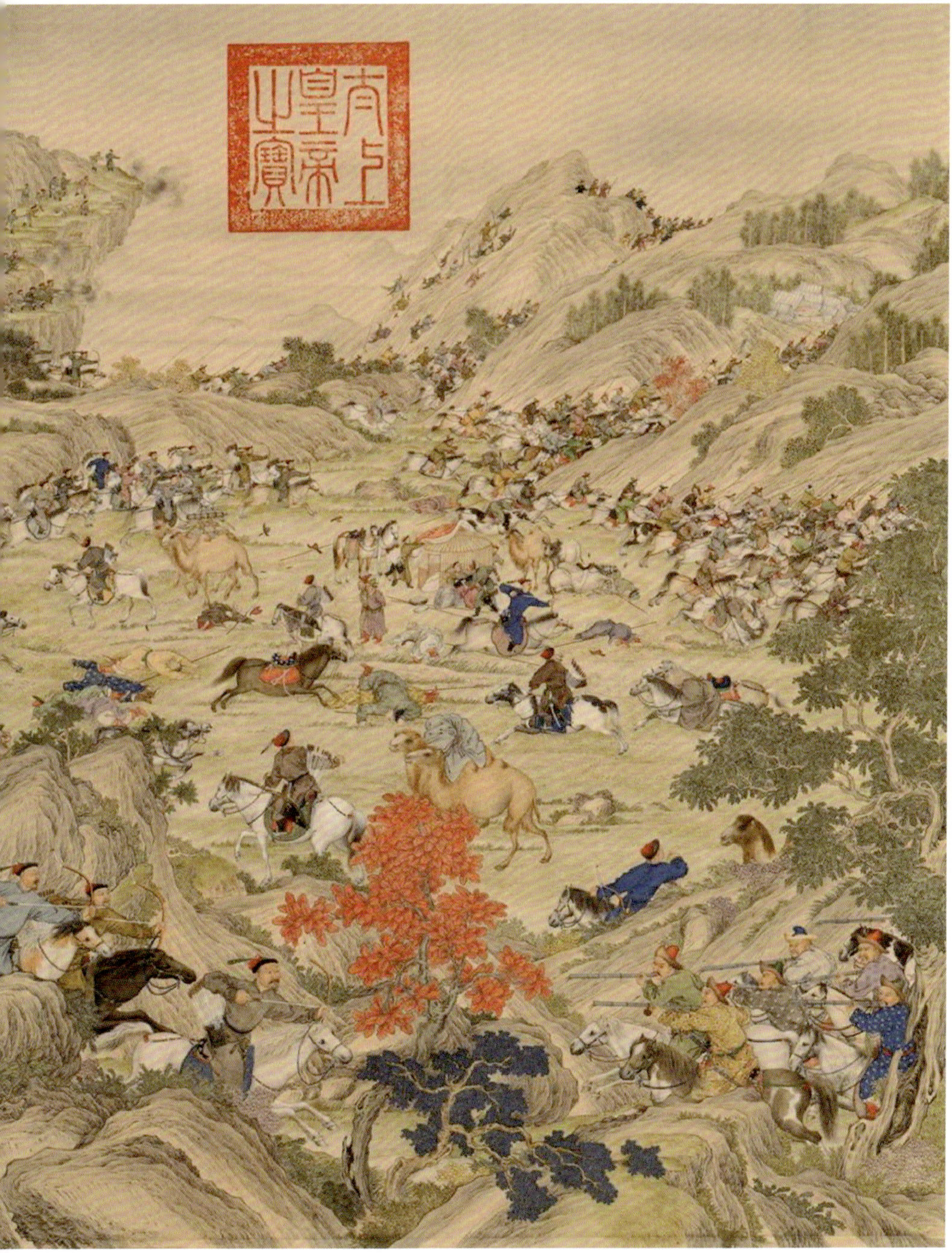
太上皇帝之寶

拔達山汗納
款

霄入磺渠逃
塵風情知三
窟已途窮嘉
營識早猷懺
順貨波悔遲
跋扈雄和衆
永秀兩部寧
成功速在五
年中
天恩如此昭
優貺保泰彌
殷慎勖

己卯長至月作

御製

彩图 18
郎世宁作《拔达山汗纳款》

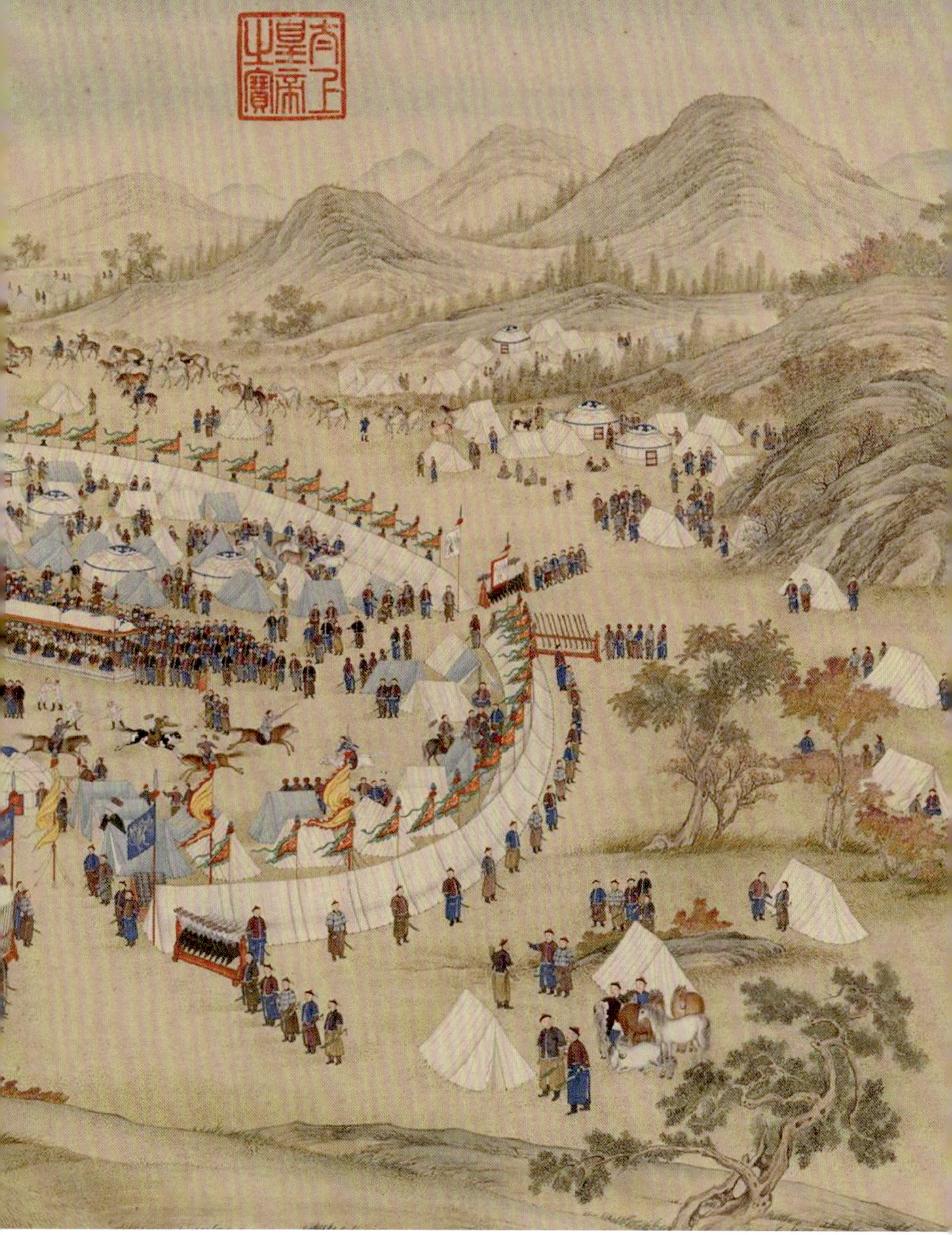
太上皇帝之寶

彩图 19

郎世宁作《平定回部献俘》局部

逐北征西

清帝国的"大一统"时代

冯文鹏 著

群言出版社
QUNYAN PRESS
·北京·

序言

在很多人的脑海中，往往存在这样一个印象，西方是在清朝中晚期才开始全球扩张的。

这是不太准确的。事实上，自16世纪初（明朝中期）开始，欧洲就如同一只章鱼般伸出数道触手，试图抱住整个地球。

宏观上看，欧洲的扩张在时间上分为三个阶段，在空间上分为陆、海两个方向。

第一阶段为1500年至1600年，这一阶段陆地扩张的主力是沙皇俄国（1547年之前称"莫斯科公国"）。

今天俄罗斯欧洲部分的领土，大致以基辅所在的纬度（北纬50°）为界，以北为森林地区，以南为草原地区。1500年的俄国，其领土仅限于森林地区，面积约为200万平方公里。

沙俄扩张的第一个目标是伏尔加河中下游地区，自1502年（明弘治十五年）至1556年（明嘉靖三十五年），沙俄陆续攻灭蒙古人在该地区建立的大帐汗国、喀山汗国和阿斯特拉罕汗国，占据了整个伏尔加河流域。之前，这里曾是金帐汗国（上述三个汗国即为金帐汗国分裂后形成的）统治的核心区域，是一望无际的大草原。兼并此地，使得沙俄成为一个"农耕－游牧二元帝国"。

农耕意味着人口、城镇固定，有充足的劳动力资源，利于发展手工业，其中也包括火器、武备制造业；游牧意味着充足的马匹供应，是建立强大骑兵军团的基础。兼顾这两者，是16世纪至17世纪亚洲地区陆地强国的标准配置，同时期的奥斯曼帝国、莫卧儿帝国（位于南亚地区）以及后来的清帝国，都是如此。

之后，俄国人将目光转向了辽阔的北亚。

1581年（明万历九年），俄国罪犯叶尔马克率领840人越过乌拉尔山，击败了游牧于鄂毕河流域的古楚汗部（原金帐汗国一部），攻占其首都锡比尔[①]。在当时俄国人的认知里，古楚汗统治着全部或是大部分北亚地区。所以，他们直接用锡比尔来命名乌拉尔山以东的全部地区，锡比尔的另一种音译即为"西伯利亚"。而事实上，古楚汗只不过是北亚大大小小的几百个部落之一。

西伯利亚独特的地理环境十分有利于俄国人的扩张，其内部无天堑（高山、大漠）隔断，大部分地区实际上是三条大河的流经区域，从西向东分别为鄂毕河、叶尼塞河和勒拿河。俄国人以大河流向为指引，辅助以马匹作为不同流域之间的交通工具，征服沿河居住的原住民部落，只用了不到50年，就在三条大河的险要位置建立了16个大型军事要塞。1637年（明崇祯十年），俄国人到达太平洋沿岸的鄂霍次克海。

也就是说，在明朝灭亡之前，俄国人就已经占据了大半个西伯利亚。

为了长久地统治此地，沙皇鼓励欧洲地区失去土地的农民、罪犯，去西伯利亚的军事要塞附近屯垦。1622年（明天启二年），俄控西伯利亚的原住民数量为17.3万，俄国人（包括欧洲其他国家的移民）的数量为2.3万。到1662年（清康熙元年），原住民增长为28.8万，而俄国人已经达到了10.5万。[②]

广袤的西伯利亚给沙俄带来了丰厚的收益。进入西伯利亚后的仅仅五年（至1586年），俄国人就通过自行猎取、强迫当地部族上缴等方式，获得黑貂皮20万张、黑狐皮1万张和松鼠皮50万张。17世纪，西伯利亚的毛皮收入占俄国政府历年财政收入的7%至30%不等。[③]

再说说第一阶段的海上扩张，主力是西班牙和葡萄牙。

1509年（明正德四年），西班牙人埃尔南多·科尔特斯率军征服古巴岛；

[①] 中国元朝史料称之为"失必儿"。——本书如无特别说明，脚注均为作者所加

[②] [美]斯塔夫里阿诺斯，《全球通史（1500年以后的世界）》，吴象婴、梁赤民译，上海：上海社会科学院出版社，1999年，第207页。

[③] 同上书，第205页。

之后两年，葡萄牙军队相继占领印度果阿和马六甲，并将前者作为其东方殖民地的首府；1521年（明正德十六年），科尔特斯率军征服墨西哥。

1532年（明嘉靖十一年），西班牙殖民者皮萨罗率领180人进攻位于南美洲西海岸的"印加帝国"，第一战就俘虏了印加皇帝阿塔瓦尔帕。之后西班牙人持续拓展，到16世纪中叶（明嘉靖年间），西班牙已经控制了除巴西之外的大部分拉丁美洲，葡萄牙人也宣布巴西为其殖民地。

与沙俄一样，海上殖民者也从被征服地区获得了大量财富。

1503年（明弘治十六年）至1660年（清顺治十七年），仅贵金属一项，西班牙就从美洲获得18600吨注册白银和200吨注册黄金。① 取白银与黄金10∶1的比值，这些金、银以明朝的计量单位"两"换算即为5.52亿两白银，平均每年约350万两，相当于同期明朝财政一年货币税总收入②的一半，而这只不过是西班牙殖民帝国众多的收入来源之一。

充足的财政收入，是建立强大军队的基础保障。1588年（明万历十六年），西班牙国王腓力二世派出"无敌舰队"远征英国，共有大型军舰134艘，装备各型火炮2431门，其中约1/3是12磅以上的重型加农炮③，即后来袁崇焕在宁远所用的"红夷大炮"。而在当时，明军尚未装备类似火炮。

在欧洲国家陆、海两路大扩张时，明帝国的情况却不容乐观。

自明朝中期开始，明帝国染上了六大顽疾：北方边患、藩王耗费、军户逃亡、皇帝怠政、宦官擅权和文官党争。以上六项中的四项，当年明月老师在《明朝那些事儿》中曾详细介绍过，藩王耗费和军户逃亡，我会在本书中详解，这里单讲讲明朝中后期的疆域缩水。

嘉靖三十一年（1552年），蒙古土默特部④首领俺答汗率军攻入青海，占领青海北部地区。万历六年（1578年），俺答汗册封藏区宗教领袖索南嘉措为"达赖喇嘛"。以此为标志，青藏高原事实上已经奉蒙古人为宗主，明朝所设的"朵

---

① ［美］斯塔夫里阿诺斯，《全球通史（1500年以后的世界）》，第147页。
② 明朝财政收入还有约一半为实物税。"货币税"即为金银，"实物税"即上缴的实物赋税，例如粮食、布帛、毛皮等。
③ "磅"为英制质量单位，1磅＝0.4536千克。"12磅"指炮弹重量，即可发射12磅炮弹的火炮。
④ 核心统治区域位于今呼和浩特周边。

甘都司""乌斯藏都司"名存实亡。

万历四十四年（1616年），努尔哈赤在赫图阿拉称帝，明朝又失去了对辽东都司以外东北地区的控制权。

此后，明朝的实控地域仅限于传统的两京十三省，总面积约350万平方公里，远小于同时期的沙皇俄国、西班牙殖民帝国，与奥斯曼土耳其相当。甚至于中国历代大一统王朝都居世界首位的人口数量，也在这一时期被莫卧儿帝国超越。

综上，自万历年间开始，明帝国的实控地域、军事装备、内政治理、财政收入等方面，均已落后于同时期其他世界强国。

1626年（明天启六年），西班牙军队登陆台湾基隆；1644年（清顺治元年），俄国探险家波雅尔科夫率军进入黑龙江流域。在全球扩张第一阶段中获益最多的两大帝国，分南、北两个方向出现在东亚边缘。顺治元年即为清朝开端，此时面临十分危险的局势，清帝国就在这样的宏观背景下登上历史舞台。

清朝前半叶，清朝统治者一方面驱逐外国侵略者，保卫中国领土；另一方面在周边各藩属部族的斗争中主持公道，合理运用战争与招抚的手段，坚持"以义击暴、以德服远"的原则，最终将整个东亚大陆范围内的藩属部族纳入清朝的直接管辖之下。

1600年（明万历二十八年）至1763年（清乾隆二十八年），是世界范围内大扩张的第二阶段。在此阶段海上扩张的主力是英国、法国和荷兰，陆上扩张的主力仍是沙俄。而这一阶段新增直接管辖领土最多的国家，却并非上述四者，而是清帝国。这段波澜壮阔却又不像西方那般血腥残忍的开拓史，就是本书所要讲述的内容。

正文开始之前，说明五个事项。

一、战争性质的判定

清朝起源于建州女真，在明代的大部分时间内，该部都是明帝国的藩属部落。直到万历四十三年（1615年），其首领努尔哈赤仍在向明朝进贡，并承认自己是万历皇帝的臣属之部。所以，在笔者看来，明清战争是中央政权与地方割据政权的战争，属于内战性质。

清廷入关后与大顺、大西、南明、明郑等诸政权的战争，是清朝作为明朝的继承者，与地方割据势力的战争，笔者也认为其是内战性质。内战方面不是本书讲述的重点，所以描述会相对简略。

与内战相对的就是外战。例如清朝与沙皇俄国的战争，后者在历史上从未臣属于中原政权，故清、俄之间的战争，笔者视其为对外战争。

最后，还有一类比较特殊但是很重要的战争，即清朝与周边藩属部族的战争。

在顺治三年（1646年）这个节点，黑龙江女真诸部，喀尔喀蒙古（即后来的"外蒙古"）诸部，天山北麓的卫拉特蒙古（即瓦剌）诸部，吐鲁番、青藏高原的和硕特政权，均向清朝进贡，均为不受清廷直接管辖的藩属部落。换句话说，清朝建立伊始，就与东亚大陆范围内的其他部落、政权确立了宗藩关系。所以，清朝与以上各方的战争与交往，其本质是将"宗藩关系"转变为"隶属关系"①，不属于外战，可以理解为"统一战争"。

对外战争与对藩属政权的战争，以及清朝为融合各藩属政权所做的工作，是本书所要讲述的主要内容。

二、对"时间"和"数字"的表述

本书中宏观介绍全球局势或是外国情况的单独小节，笔者采用公元纪年，日期用公历②表述，用阿拉伯数字，例如"1644年（顺治元年）2月8日"。

本书的主线内容，即清朝的政治、军事、外交活动，笔者采用年号纪年，使用原始史料中的阴历日期，用汉字大写数字，例如"顺治元年（1644年）正月初一"。

---

① 宗藩，即为"宗主"与"藩属"，宗主通常为中原王朝，"藩"为屏障之意，"属"即属国。宗主对藩属施行"羁縻统治"，宗主有册封权、召集权，藩属有义务定期向宗主朝贡，二者可以理解为"盟主"（宗）与"盟友"（藩）的关系。需要说明的是，绝大多数情况下，古代中原王朝对藩属无剥削、压迫，与近代以来西方相对于殖民地的"宗主国"概念不同。

与"宗藩关系"相对的即为"隶属关系"，也就是直接管辖。直接管辖的大前提是，如果乙隶属于甲，则乙无独立的外交权、军权，统归于甲。在这个前提下，甲在乙处或驻军，或派驻官员管理，或征税，以上三个条件满足一个即可视为隶属。

② 涉及俄国史料时使用俄历，与公历相差约10天。

三、人名表述

以蒙古、女真为代表的北方少数民族，通常"称名不举姓"。例如和珅为钮祜禄氏，全名应为"钮祜禄·和珅"。但是在史料中，除极个别情况外，不会在其名字前冠以姓氏。即便是日常敬称，也不会用"钮祜禄大人"或是"钮祜禄中堂"，而是用"和中堂"。故本书涉及相关名字时，均按此惯例表述。

四、地名、人名突出显示

蒙古、女真的人名、地名多为音译，不易识别。为方便读者阅读，故当某章节第一次出现某个生僻的蒙古、女真等人名、地名时，以下划线标识，方便读者阅读。

五、地图问题

因印刷版面的限制，书中涉及的很多图片细节无法清晰地在页面上显示，请扫描随书附赠书签上的二维码，浏览本书电子版插图。

好啦，啰唆了半天，让我们开始吧。

大事记

宏观区间	公元纪年	年号纪年	事件	备注
明朝	1368年	洪武元年	明朝建立，明军攻占元大都。	元顺帝北逃，史称北元。
	1402年	建文四年	马哈木杀哈什哈和坤帖木儿汗。	绰罗斯氏政权成型。
	1409年	永乐七年	朱棣设奴儿干都司。	明朝开始羁縻管理东北地区的蒙古、女真诸部。
	1411年	永乐九年	马哈木拥立阿里不哥的后裔答里巴为汗。	北元分裂为瓦剌与鞑靼，其实权派人物分别为马哈木和阿鲁台。
	1414年	永乐十二年	朱棣率军于忽兰忽失温大败瓦剌三部联军。	瓦剌实力受到削弱，鞑靼阿鲁台开始强盛。
	1418年	永乐十六年	脱欢回归瓦剌，朱棣册封其为顺宁王。	
	1422年	永乐二十年	朱棣开始持续征伐阿鲁台。	脱欢趁机从中渔利。
	1434年	宣德九年	瓦剌军杀阿鲁台，脱欢统一东、西蒙古。	
	1449年	正统十四年	土木堡之变，明英宗被俘。	明朝对边疆地区的控制力开始减弱。
	1467年	成化三年	明军攻入建州。	明宪宗开始对建州女真进行征伐。
	1472年	成化八年	东罗马帝国末代公主索菲娅·帕列奥罗格嫁给莫斯科公国大公伊凡三世。	莫斯科公国开始崛起。
	1487年	成化二十三年	达延汗亲政。	鞑靼（东蒙古）开始中兴之路。
	1541年	嘉靖二十年	俺答汗率军寇边。	之后，蒙古右翼寇边的军事行动持续了近三十年。
	1550年	嘉靖二十九年	俺答汗率军攻入北京城下，引发"庚戌之变"。	察哈尔慑于土默特的军力，举族东迁。
	1552年	嘉靖三十一年	俺答汗率军攻入青海，建立青海土默特蒙古。	是为第一代青海蒙古。
	1556年	嘉靖三十五年	沙俄攻灭喀山汗国。沙俄攻灭阿斯特拉罕汗国。	

(续)

宏观区间	公元纪年	年号纪年	事件	备注
明朝	1572 年	隆庆六年	察哈尔首领图门汗率军寇边。	之后，察哈尔寇边的军事行动持续了近半个世纪。
	1581 年	万历九年	俄军进入西伯利亚。	
	1583 年	万历十一年	努尔哈赤父、祖被明军误杀，努尔哈赤宣布起兵。	
	1593 年	万历二十一年	古勒山之战。	此战奠定了努尔哈赤所部在女真诸部中的绝对优势地位。
	1598 年	万历二十六年	沙俄攻灭西伯利亚汗国。	沙俄控制鄂毕河中下游地区。
	1613 年	万历四十一年	努尔哈赤统一除叶赫之外的建州、海西女真。	
	1615 年	万历四十三年	明朝将建州女真的进贡人数限制为 15 人。	
明与后金（清）并立	1616 年	万历四十四年	努尔哈赤在赫图阿拉称帝。	
	1618 年	万历四十六年	抚顺之战。	后金（清朝）与明朝首战。
			萨尔浒之战。	后金（清朝）与明朝首次大决战，后金大胜。
	1619 年	万历四十七年	沙俄建立叶尼塞斯克督军区。	沙俄控制叶尼塞河中下游地区。
	1621 年	天启元年	沈阳、辽阳之战。	后金（清朝）与明朝第二次大决战，后金胜，控制辽河以东地区。
	1622 年	天启二年	广宁之战。	后金势力进入辽河西部地区。
	1624 年	天启四年	荷兰东印度公司入侵台湾南部。	
	1626 年	天启六年	西班牙军队登陆台湾基隆。	
			宁远之战。	努尔哈赤对明首次战败。
	1627 年	天启七年	第一次锦州之战。	皇太极主政后对明首战，后金军大败。
			林丹汗率军西征，回归察哈尔在宣大北侧的故地。	
	1628 年	崇祯元年	皇太极首次征伐察哈尔。	后金胜，占据今内蒙古中东部地区。
			郑芝龙接受明朝招安。	
	1629 年	崇祯二年	己巳之变。	清军首次绕道蒙古攻入关内。
	1630 年	崇祯三年	土尔扈特部西迁至伏尔加河下游。	

(续)

宏观区间	公元纪年	年号纪年	事件	备注
明与后金（清）并立	1631年	崇祯四年	大凌河之战。	后金（清朝）与明朝第三次大决战，后金大胜，祖大寿率军降清，不久又叛归明朝。
			吴桥之变，孔有德叛乱。	
	1633年	崇祯六年	孔有德、耿仲明率登莱军降清。	
	1634年	崇祯七年	尚可喜率部分东江军降清。	
	1635年	崇祯八年	多尔衮率军西征察哈尔，林丹汗的儿子额哲率部众投降。	
			皇太极设立八旗蒙古。	
	1636年	崇祯九年	皇太极在盛京称帝，改国号为"清"。	
			固始汗率军入藏。	建立青海和硕特蒙古，是为第二代青海蒙古。
	1637年	崇祯十年	俄军到达太平洋沿岸。	
	1639年	崇祯十二年	沙俄建立雅库茨克督军区。	沙俄控制勒拿河流域，至此，西伯利亚大部分地区被俄军占据。
	1640年	崇祯十三年	《蒙古（喀尔喀）－卫拉特法典》签署。	蒙古大联盟成型。
			清军远征索伦，生擒博穆博果尔。	索伦诸部成为清朝藩属。
	1642年	崇祯十五年	皇太极设立八旗汉军。	
			松锦大战结束。	清朝与明朝第四次大决战，清军大胜，明军野战主力尽失。
	1643年	崇祯十六年	波雅尔科夫率军去往黑龙江流域探险。	俄军首次进入黑龙江流域。
多尔衮摄政	1644年	顺治元年	山海关大战，清军入关。	
	1645年	顺治二年	郑芝龙降清，郑成功与父决裂。	
	1646年	顺治三年	腾机思叛乱，多铎率军远征漠北，重创喀尔喀左翼。	
	1647年	顺治四年	郑成功在海上誓师抗清。	之后十几年，郑军持续攻袭东南沿海。
	1649年	顺治六年	清廷册立三藩王（孔、尚、耿），委任其平定南方。	
			哈巴罗夫率军进入黑龙江流域。	

(续)

宏观区间	公元纪年	年号纪年	事件	备注
顺治帝	1651 年	顺治八年	清廷册封吴三桂为平西王，委任其平定西南。	
	1652 年	顺治九年	乌扎拉村之战。	清俄首次交锋，清军惨败。
	1654 年	顺治十一年	松花江口之战。	清军对俄首胜。
	1655 年	顺治十二年	呼玛尔堡之战。	清军攻城不克，主动撤军。
			喀尔喀左翼与清廷盟誓和好。	顺治帝册封喀尔喀"八札萨克"。
	1658 年	顺治十五年	混同江之战。	黑龙江流域的决定性战役，俄军惨败。
	1659 年	顺治十六年	清军占领云南。	清朝基本完成了关内的统一。
			郑成功率军围攻南京，大败。	
	1660 年	顺治十七年	巴海率军清剿黑龙江下游地区的俄军。	俄军第一次退出黑龙江流域。
	1661 年	顺治十八年	郑成功率军收复台湾。	
			清廷下迁界令，杀郑芝龙。	
四大辅政	1662 年	康熙元年	喀尔喀内乱。	
	1665 年	康熙四年	施琅率军攻打台湾，遭遇飓风，不克而归。	
	1666 年	康熙五年	俄军控制贝加尔湖东侧。	建立巴尔古津、乌丁斯克（今乌兰乌德）、通金斯克、尼布楚（俄称"涅尔琴斯克"）、色楞格斯克等据点。
	1667 年	康熙六年	僧格率军攻灭和托辉特部。	准噶尔兼并该部，并将势力扩展到乌梁海蒙古、吉尔吉斯部。
			根特木耳降俄。	
康熙帝	1671 年	康熙十年	噶尔丹率军击败车臣台吉和卓特巴巴图尔。	自此，噶尔丹开始了长达二十年的扩张。
	1673 年	康熙十二年	康熙帝下令撤藩，三藩之乱爆发。	
			康熙帝启用南怀仁，开始大规模制造火炮，并在绿旗兵中推广鸟枪。	
	1676 年	康熙十五年	耿精忠、王辅臣降清。	
			噶尔丹统一卫拉特蒙古。	
	1678 年	康熙十七年	吴三桂病死于衡州。	

(续)

宏观区间	公元纪年	年号纪年	事件	备注
康熙帝	1679 年	康熙十八年	岳州之战结束。	清军取得决定性胜利，吴军开始全线崩溃。
			五世达赖册封噶尔丹为"博硕克图汗"。	
	1681 年	康熙二十年	清廷平定三藩之乱。	
	1682 年	康熙二十一年	噶尔丹兼并南疆。	
			五世达赖去世，第巴桑结嘉措秘不发丧。	
	1683 年	康熙二十二年	澎湖海战。	郑军大败，郑氏集团归降。
			康熙帝设八旗汉军火器营。	
			策妄阿拉布坦率军重创哈萨克。	
			噶尔丹派出三千人的使团进贡，沿途多行不法之事。	康熙帝发布限贡令。
			清廷设黑龙江将军，军队驻地为瑷珲。	
	1684 年	康熙二十三年	康熙帝要求土谢图汗出兵攻击俄控贝加尔湖区。	土谢图汗命其弟西第什里率八千骑兵北上，游弋于贝加尔湖南侧，持续三年。
	1685 年	康熙二十四年	康熙帝处死准噶尔进贡使团成员伊特木根。	
			第一次雅克萨之战。	清军胜，俄军第二次退出黑龙江。
	1686 年	康熙二十五年	第二次雅克萨之战。	清军持续炮击，围而不攻。
			沙俄摄政女王索菲娅派遣全权大使戈洛文，率领一千九百人开赴黑龙江，以武力为后盾与清朝谈判。	
			康熙帝派人主持喀尔喀左、右翼会盟。	会盟结果使右翼不满，倒向噶尔丹。
	1687 年	康熙二十六年	清军在雅克萨撤围，清俄开始接洽谈判事宜。	
			土谢图汗出兵右翼，击杀札萨克图汗沙喇和噶尔丹的弟弟多尔济札卜。	
			戈洛文在伊尔库茨克与准噶尔使者密谈，约定共同出兵攻击喀尔喀。	

(续)

宏观区间	公元纪年	年号纪年	事件	备注
康熙帝	1688 年	康熙二十七年	噶尔丹率军东征喀尔喀，喀尔喀军大败。	
			俄军击溃西第什里的军队，并出兵攻袭喀尔喀牧地。	
			土谢图汗、哲布尊丹巴、车臣汗上疏请求归入清廷治下，康熙帝批准。	
	1689 年	康熙二十八年	《尼布楚条约》签订。	俄军第三次退出黑龙江。
			因弟弟被杀，策妄阿拉布坦与噶尔丹决裂，占据博尔塔拉。	
	1690 年	康熙二十九年	康熙帝在满蒙八旗中推广火器。	
			清军第一次大规模征伐准噶尔。	
			乌尔伞河之战。	清准首战，清军败。
			乌兰布通之战。	第一次清准决战，清军胜，噶尔丹败逃，准军退出喀尔喀，准噶尔汗国解体。
			策妄阿拉布坦出兵袭击噶尔丹的前进基地科布多。	
	1691 年	康熙三十年	多伦诺尔会盟。	喀尔喀蒙古正式归入清廷治下。
	1692 年	康熙三十一年	噶尔丹军队袭杀清廷派往策妄阿拉布坦处的使团。	康熙帝决心剿灭噶尔丹。
	1695 年	康熙三十四年	噶尔丹第三次东侵喀尔喀。	
	1696 年	康熙三十五年	清军第二次大规模征伐准噶尔。	
			昭莫多之战。	第二次清准决战，清军胜，战后清廷实控喀尔喀。
	1698 年	康熙三十七年	青海蒙古诸部归附清廷。	
	1700 年	康熙三十九年	策妄阿拉布坦控制南疆。	
	1701 年	康熙四十年	准噶尔接收土尔扈特 1.5 万户部众。	
	1703 年	康熙四十二年	策妄阿拉布坦迁徙吉尔吉斯部众至帕米尔高原。	
	1705 年	康熙四十四年	拉藏汗出兵杀死第巴桑结嘉措。	
	1712 年	康熙五十一年	康熙帝开始分三年普免天下钱粮。	

(续)

宏观区间	公元纪年	年号纪年	事件	备注
康熙帝	1715 年	康熙五十四年	康熙帝下令"盛世滋丁，永不加赋"。	
			《皇舆全览图》成图。	
			因进贡受阻，策妄阿拉布坦出兵攻击哈密。	康熙帝以此为由，发起对准噶尔的第三次大规模征伐。
			博贝招抚乌梁海诸部归附清廷。	
	1716 年	康熙五十五年	俄准第二次亚梅什堡之战。	俄军大败，是其进入西伯利亚以来损失最大的一场战役。
			康熙帝在广东、四川两省试行"摊丁入亩"。	
	1717 年	康熙五十六年	准军袭取拉萨，占领西藏。	
			清朝两路大军进军准噶尔本部，未发现准军主力。	
	1718 年	康熙五十七年	喀喇乌苏之战，又称"第一次驱准保藏之役"。	清军战败，全军覆没。
	1720 年	康熙五十九年	清军第四次大规模征伐准噶尔，又称"第二次驱准保藏之役"。	第三次清准决战，清军胜，将准军逐出西藏，并在西藏驻军，设管理机构，将此地纳入直辖版图。
			准俄斋桑湖之战。	俄军败，退回鄂木河以北。
雍正帝	1723 年	雍正元年	雍正帝大规模推广"摊丁入亩"。	
			罗卜藏丹津反叛。	
			准军大举进攻哈萨克。	
	1724 年	雍正二年	青海大捷，岳钟琪率军击溃叛军主力，罗卜藏丹津逃入准噶尔。	
	1725 年	雍正三年	雍正帝赐死年羹尧。	
			清准首次划界。	
	1726 年	雍正四年	雍正帝清洗老八一党。	
	1727 年	雍正五年	清俄签订《布连斯奇界约》。	
	1729 年	雍正七年	清军第五次大规模征伐准噶尔。	
	1730 年	雍正八年	阔舍图之战。	清军败，西路军损失较大。

(续)

宏观区间	公元纪年	年号纪年	事件	备注
雍正帝	1731 年	雍正九年	和通泊之战。	第四次清准决战,清军惨败,近乎全军覆没,战后清军退出科布多。
	1732 年	雍正十年	准军入侵喀尔喀。	
			额尔德尼昭之战。	第五次清准决战,清军胜,准军退出喀尔喀。
	1735 年	雍正十三年	清准第二次划界。	
乾隆帝	1745 年	乾隆十年	准噶尔暴发大规模天花疫情。	准噶尔大规模内乱开始。
	1746 年	乾隆十一年	乾隆帝首次分三年普免天下钱粮。	
	1752 年	乾隆十七年	达瓦齐在内乱中获胜,成为准噶尔汗国第六任首领,随后与阿睦尔撒纳反目。	
	1754 年	乾隆十九年	阿睦尔撒纳降清。	
	1755 年	乾隆二十年	格登山之战。	清军第六次大规模征伐准噶尔,第六次清准决战,清军胜,准噶尔汗国覆灭。
			阿睦尔撒纳反叛。	清军准备不足,班第、鄂容安自尽,萨喇尔被俘。
	1756 年	乾隆二十一年	清军追击阿睦尔撒纳进入哈萨克,与哈军三战皆胜。	
			撤驿之变。	清军撤出准部、哈萨克,集中到阿尔泰山区平叛。
	1757 年	乾隆二十二年	成衮扎布、兆惠率兵平定准部叛乱。	
			小和卓诱杀阿敏道,公开反叛。	
	1758 年	乾隆二十三年	雅尔哈善率军平定回部叛乱,攻库车城不克。	
			兆惠接替雅尔哈善平叛,被围黑水营。	
	1759 年	乾隆二十四年	呼尔满之战,黑水营解围,清军平定大小和卓叛乱。	
	1760 年	乾隆二十五年	天山南北路的地图被补充进康熙朝《皇舆全览图》之中,并改名为《乾隆内府皇舆图》。	
	1762 年	乾隆二十七年	乾隆帝设伊犁将军,管理准部事务。	

(续)

宏观区间	公元纪年	年号纪年	事件	备注
乾隆帝	1763年	乾隆二十八年	乾隆帝设喀什噶尔参赞大臣，总理回部事务。	
	1770年	乾隆三十五年	乾隆帝第二次分三年普免天下钱粮。	
	1771年	乾隆三十六年	渥巴锡等人率土尔扈特部启程东归。土尔扈特部众到达伊犁河流域，回归祖国。	乾隆帝设土尔扈特四王，将其部众安置在准噶尔盆地。

目 录

第一章　缘起建州——努尔哈赤的崛起　　　　　　　　　　001

　　第一节　建州女真　　　　　　　　　　　　　　　　　003
　　第二节　起兵之前的努尔哈赤　　　　　　　　　　　　009
　　第三节　起兵之后的努尔哈赤　　　　　　　　　　　　015
　　第四节　盔甲的秘密　　　　　　　　　　　　　　　　023
　　第五节　辽东军户的悲惨人生　　　　　　　　　　　　029
　　第六节　立业五大战　　　　　　　　　　　　　　　　035
　　第七节　强大的军队与拙劣的民治　　　　　　　　　　041
　　第八节　三大弊政　　　　　　　　　　　　　　　　　049
　　第九节　明朝的反击　　　　　　　　　　　　　　　　055

第二章　皇太极——大一统帝国的奠基者　　　　　　　　　061

　　第一节　清太宗文皇帝　　　　　　　　　　　　　　　063
　　第二节　努尔哈赤的三大坑　　　　　　　　　　　　　069
　　第三节　抚民篇　　　　　　　　　　　　　　　　　　075
　　第四节　八旗制度第一讲　　　　　　　　　　　　　　081

第五节	集权篇	087
第六节	拉人篇——大凌河之战	099
第七节	融合篇——重建八旗（八旗制度第二讲）	107
第八节	八旗汉军与红衣大炮	113
第九节	聊聊皇太极	121

第三章　瓦剌与鞑靼——相杀相爱二百年　127

第一节	"大汗有毒"时代	129
第二节	"太师时代"形成的东、西蒙古格局	135
第三节	瓦剌的崛起与衰落	141
第四节	鞑靼中兴	149
第五节	明朝与后金对蒙古的策略	157
第六节	皇太极五征察哈尔	163
第七节	大一统帝国初建	169
第八节	沙俄东扩篇（上）	177
第九节	沙俄东扩篇（下）	183
第十节	蒙古（喀尔喀）—卫拉特联盟	189

第四章　以义击暴，以德服远——顺治朝的抗俄斗争　197

第一节	清军入关，五大弊政	199
第二节	顺治帝亲政	209
第三节	明末清初的黑龙江女真	215
第四节	哥萨克入侵黑龙江	221
第五节	兵败乌扎拉村	227
第六节	选将调兵，整军再战	233
第七节	决胜混同江	239

第五章　平三藩、收台湾——一代英主初长成　　245

第一节　两位猛人，两位牛爹　　247
第二节　郑成功——英雄当如是　　253
第三节　弊政百出的四大辅政　　259
第四节　三藩之乱的危局　　265
第五节　少年天子的应变之道　　273
第六节　平三藩，收台湾　　283
第七节　八旗制度第三讲　　293
第八节　康熙帝的军事改革（八旗制度第四讲）　　301
第九节　康熙朝的火器制造　　311

第六章　联盟解体，四方博弈——清准大战前传　　323

第一节　准噶尔崛起　　325
第二节　腾机思叛乱　　329
第三节　喀尔喀内乱　　335
第四节　噶尔丹的扩张　　339
第五节　清、准、俄、蒙四方博弈（上）　　345
第六节　清、准、俄、蒙四方博弈（下）　　353
第七节　对俄战前准备　　359
第八节　雅克萨之战　　367
第九节　噶尔丹东侵　　375
第十节　《尼布楚条约》　　381

第七章　枭雄覆灭，仁者无敌——三征噶尔丹　　389

第一节　康熙朝的战争模式　　391
第二节　兵败乌尔伞　　399

第三节　乌兰布通——第一次清准大战　　　　　　　　　　405

　　第四节　策妄阿拉布坦，猛人登场　　　　　　　　　　　411

　　第五节　乌兰布通战后诸事　　　　　　　　　　　　　　417

　　第六节　噶尔丹再侵喀尔喀　　　　　　　　　　　　　　425

　　第七节　昭莫多——第二次清准大战　　　　　　　　　　431

　　第八节　三征噶尔丹小结　　　　　　　　　　　　　　　441

第八章　奇袭拉萨，驱准保藏——策妄与康熙大斗法　　　　447

　　第一节　准噶尔的复兴　　　　　　　　　　　　　　　　449

　　第二节　千钧压顶，势如累卵　　　　　　　　　　　　　457

　　第三节　和硕特汗国　　　　　　　　　　　　　　　　　465

　　第四节　奇袭拉萨　　　　　　　　　　　　　　　　　　469

　　第五节　准军入藏后的统治　　　　　　　　　　　　　　475

　　第六节　兵败喀喇乌苏　　　　　　　　　　　　　　　　479

　　第七节　皇子西征　　　　　　　　　　　　　　　　　　483

　　第八节　驱准保藏——第三次清准大战　　　　　　　　　489

　　第九节　聊聊康熙　　　　　　　　　　　　　　　　　　497

第九章　进退失据，狂澜既倒——雍正朝清准战争　　　　　503

　　第一节　"爱憎分明"的雍正皇帝　　　　　　　　　　　505

　　第二节　罗卜藏丹津叛乱　　　　　　　　　　　　　　　511

　　第三节　青海大捷和雍正帝的大清洗　　　　　　　　　　519

　　第四节　一代猛人的最后运作　　　　　　　　　　　　　525

　　第五节　兵败阔舍图　　　　　　　　　　　　　　　　　531

　　第六节　扼腕和通泊——第四次清准大战　　　　　　　　537

　　第七节　进退失据的雍正皇帝　　　　　　　　　　　　　547

第八节　额尔德尼昭——第五次清准大战　　555
第九节　额尔德尼昭战后诸事　　563

第十章　平定准部、回部——大一统国家终成型　　567

第一节　乾隆朝概览　　569
第二节　准噶尔内乱　　579
第三节　阿睦尔撒纳降清　　587
第四节　格登山——清准大战最终章　　593
第五节　阿睦尔撒纳反叛　　601
第六节　撤驿之变　　609
第七节　平定准部叛乱　　615
第八节　大小和卓叛乱　　621
第九节　解围黑水营，平定回部叛乱　　629
第十节　准回之役战后诸事　　637
第十一节　土尔扈特部东归　　643

外　篇　聊聊清朝的贡献与衰落的原因　　647
主要参考文献　　657
后　记　　659

插图目录

头盔与棉甲	024
子母铳	115
《四镇三关志》中记载的明军火器图样	118
神威大将军炮	119
吴军浑铜炮	271
澎湖海战形势图之一	287
澎湖海战形势图之二	288
前锋甲	294
前锋棉甲	294
虎枪营虎枪	298
鹿角	302
汉军连枷棒	303
鹿角兵棉甲	303
藤牌营兵军服	304
御制自来火大枪	311
兵丁鸟枪	312
子母铳二	313

奇炮	314
神威将军炮	315
神功将军炮	316
神威无敌大将军炮	317
御制威远将军炮	318
九节十成炮	319
武成永固大将军炮	320
雅克萨之战局势图	368
准噶尔锁子甲	395
清军缴获的"回炮",与赞巴拉克类似	395
乌兰布通之战之一	406
乌兰布通之战之二	407
皇帝驻跸大营	421
昭莫多之战之一	435
昭莫多之战之二	437
和通泊之战之一	541
和通泊之战之二	542
和通泊之战之三	544
额尔德尼昭之战之一	559
额尔德尼昭之战之二	559
额尔德尼昭之战之三	560
黑水营之围	626

第一章 ◇

缘起建州

努尔哈赤的崛起

第一节 建州女真

女真,是世居我国东北地区的古老民族。周朝时,称其为"肃慎";汉晋时,称其为"挹娄";南北朝时,称其为"勿吉";隋唐时,称其为"靺鞨";辽宋时,称其为"女真";明清时又写作"女直""诸申"。

《史记·孔子世家》记载,早在周武王时期,肃慎就曾遣使进贡,贡品为"楛矢石砮,长尺有咫",即桦木制作的箭杆和青石磨制的箭头。

《左传》中也记载,周人在说明自己领土范围时言道:"肃慎、燕、亳,吾北土也。"

由上可见,女真自古以来就是中华民族大一统国家的一部分。

北宋末年,女真首领完颜阿骨打建立割据政权"金",先后攻灭辽和北宋,曾极盛一时。到了元朝,女真诸部则作为大一统国家的一部分,被纳入元帝国版图,元朝设"辽东宣慰司"(即"辽阳行省")对其进行管理。

朱元璋建立明朝后,于洪武八年(1375年)在辽阳设"辽东都指挥使司",简称"辽东都司"。这是个军政一体机构,类似军区。相较于元朝的辽阳行省,其管辖范围较小,只限于今天的辽宁省南部地区。

当时,在辽东都司的北方,分布着大大小小的女真部落,南抵抚顺、开原,北达黑龙江两岸,东到大海,西至大兴安岭。明朝正式经营这一地区,始于永乐年间。明成祖朱棣上位后,开始大力招抚并羁縻管理女真诸部。他如此做,有两个原因。

一是"以夷制虏"的国策。

当时，明帝国的主要边患就是北方的蒙古①，而女真与蒙古算是世仇，女真人建立的金朝就是被蒙古人攻灭的。所以，朱棣的策略就是以"东夷"（女真）制衡"北虏"（蒙古），即"以金、元世仇，借金之余裔以捍虏"②。

女真诸部位于蒙古的东边，军事术语叫"侧翼"③，这是朱棣尤其看重的，类似汉朝时期西域相对于匈奴的地缘架构。伟大的帝王总有共通之处，与汉武帝打通西域、夹击匈奴的战略构想类似，朱棣将女真诸部作为长城右翼的补充，明朝与女真的联合，对蒙古形成了战略半包围态势。一旦用兵，就可以东、南夹击蒙古人。

二是朱棣个人的特殊经历。

在当上皇帝之前，朱棣为燕王，封地在北京。由于此地距东北较近，所以朱棣早期与女真人打过很多交道，彼此较为熟悉。正如汉武帝重用赵破奴（匈奴化汉人）、金日磾（匈奴人），唐太宗重用契苾何力（铁勒人）、阿史那社尔（突厥人），出于边疆治理的考虑，朱棣也对很多女真人委以重任。

例如朱棣的心腹太监亦失哈，是海西女真人，曾出巡奴儿干都司，官至辽东镇守太监；朱棣为燕王时，娶建州女真首领阿哈出的女儿为妾，后来该部遭灾，朱棣还曾发粟米赈济；朱棣率军北伐蒙古阿鲁台时，建州女真毛怜卫首领猛哥不花曾两次率部众随驾出征。

努尔哈赤即出自建州女真，清朝皇帝的先人协助明朝皇帝打蒙古人，后者又发粮米赈济前者，也算是一段奇遇。

既然说到了"建州"，就一并说说女真三大部。

说起女真，有人会想到骑射，类似游牧民族；还有人会想到深山捕猎，类似渔猎民族。其实呢，上述说法都有点儿片面。女真是一个相当庞大的群体，在其内部也分为不同族群。

---

① 明朝称之为"瓦剌"与"鞑靼"，后章节会详解。
② [明]陈子龙等选辑，《皇明经世文编》，全书504卷，补遗四卷，北京：中华书局，1962年影印版。引自该书卷501，"建夷授官始末"篇。
③ 所谓"翼"，即鸟类的翅膀，引申为"两边"。微观上为军事术语，以己方军阵面对敌人的方向为基准，军队左侧为左翼，右侧为右翼。宏观上为地缘架构，以明朝为主体看蒙古为"坐南朝北"，女真诸部位于明朝的东北侧，即为右翼。

明清时期，女真分为三大族群，即建州女真、海西女真和野人、东海女真。

建州女真分布在南起鸭绿江、北至牡丹江的区域，遍布整个长白山区，相当于今天辽宁省、吉林省的东部和朝鲜的东北部。此地距明朝辽东地区较近，汉夷杂处，汉化程度较高。他们以采集、渔猎为主要谋生手段，部分人也从事农耕。

海西女真分布在今天的松花江流域。由于此地地势平坦，多草原沼泽，所以海西女真是一个偏游牧的女真群体，类似蒙古。例如海西女真叶赫部首领<u>金台什</u>，就是蒙古人的后裔，原姓土默特。万历四十一年（1613年），努尔哈赤派出四百人劫掠叶赫部，就"取叶赫游牧蒙古马一百匹、羊五百只携归"[①]。当然，靠近辽东都司的海西女真部众也从事农耕和手工业。

正是因为海西女真偏游牧的特点，使其天然可以拥有成规模的骑兵部队。在努尔哈赤崛起之前，海西女真是三大族群中整体实力最强的。

野人、东海女真分布在黑龙江两岸和库页岛。其实，他们就是达斡尔、鄂伦春、鄂温克、赫哲、费雅喀这些部族，也是真正的渔猎、采集部族，社会组织、生活方式比较原始。

在这三大族群内部，又分成大小不一的部落，像海西女真，就分为乌拉、哈达、辉发和叶赫四大部。

除了上述女真族群之外，在当时的东北地区，还有一支蒙古部族，名为<u>兀良哈</u>。兀良哈分布在嫩江流域，其祖上是建立辽王朝的契丹人，后来这拨人逐渐被蒙古人同化，可以将其理解为"蒙古化契丹人"。

对上述四大族群的管理，朱棣施行"卫所制"。永乐初年，朱棣在辽东都司以北地区，设立了一个管辖地域超大的机构，即大名鼎鼎的"奴儿干都司"。其管辖范围包括东北地区所有的女真、蒙古部落，从地域上讲相当于黑龙江、嫩江、松花江流域和呼伦贝尔草原。你可以将其理解为"省级自治区"，与之类似的明朝行政机构还有"乌斯藏都司"（西藏）和"朵甘都司"（青海和川西）。

在奴儿干都司之下，明朝设立了大大小小的"卫所"，你可以理解为自治

[①] 中国第一历史档案馆、中国社会科学院历史研究所译注，《满文老档》，北京：中华书局，1990年。引自该书太祖皇帝第一函、第三册，癸丑年至甲寅年。

州、自治县。这些卫所本质上就是之前的女真、蒙古部落，明朝册封各部首领以明朝官职，这种职位可以世袭，明廷不干预卫所内部的日常行政，但卫所有义务定期朝贡，明朝皇帝可在战时向其征召军队。当然，人家也有可能不进贡、不出兵，至于这些不听招呼的卫所会不会挨揍，视当时皇帝的能力和性格而定。

概括来说，明廷对女真卫所有宗主权、召集权而无治权，类似盟主与盟友的关系。那么问题来了，人家凭什么就听你明朝的安排呢？

答案就是朝贡。

在东北大开发之前，东北平原遍布沼泽、森林，基本没有农业、手工业，但盛产马、貂鼠皮、舍利狲（一种大猫）皮、海东青（猎鹰）、兔鹘（白鹰）、黄鹰、殊角（海象牙）等土特产。这些东西在我们看来是好东西，它们也确实是好东西。但是，它们既不能当衣服穿，也不能天天吃。女真人日常生活所需要的粮食、布匹、铁器、瓷器等，还有购买这些东西所需要的金银，都需要用土特产去换。

这时，如果某部首领被明朝授予官职，就可以向明朝进贡，明朝则回馈丝绸、布匹、金银等作为赏赐。本着"薄来厚往"的原则，明朝回馈给进贡者的价值，往往几倍甚至十几倍于贡品价值。例如成化年间，西域各国听说永乐年间"贡狮子"的赏赐巨多，竟然争相进贡，每年送来十几头狮子，以至于当时的明朝礼部认为，"永乐赏例，岁久难从"①。也就是当年的赏赐太厚，如果按照永乐时期的赏赐比例，时间一长明朝都给不起钱了。

进贡有这么丰厚的回报，再加上必要的招抚措施，这就是明朝统治女真诸部的套路。

当然，朱棣老兄是很狡猾的，他的钱可不能白给。他用着女真，也防着女真，主要有两招。

第一招，众建诸侯以少其力。

这一招源自汉朝的推恩令，也就是多封几个首领，让他们形不成合力。多到什么份上呢？

---

① 《明宪宗实录》，本书引用的《明实录》内容，使用国立北平图书馆藏红格钞本影印版（1962年）。引自该书卷245，成化十九年十月戊寅条。

截至万历十五（1587年）年，明朝累计在东北地区设"卫"三百八十四个、"所"二十四个、"地面"七个、"站"七个、"寨"一个①，合计超过四百个。本来东北当地的部落只有百余个，明朝却再将它们划分为四百多个卫所。

像建州女真，明朝就在其地域内设立了"建州卫、毛怜卫、虎儿文卫、禾屯吉卫、渚冬河卫"等卫所。在建州卫下，明朝又先后分出"建州卫、建州左卫、建州右卫"，即著名的"建州三卫"。景泰二年（1451年），根据朝鲜人的统计，建州三卫的人口加起来只有两千三百余户，还不及现在一个镇的规模。如此多的卫所自然使得单个的地盘较小、人口较少，很难形成较为强大的部落，也就无法对明朝形成威胁。

第二招，分等级册封。

为了让卫所首领们听招呼，有足够的上进心，明朝还准备了不同级别的官职用来册封，由大到小分别为：都督、都指挥、指挥、千户、百户、镇抚等。

这些官职中，像都督，听着官很大，但其实跟明朝直辖地区的同名官职区别很大。明朝五军都督府的"左、右都督"，是正一品高官，全国不过十人。而万历初年，东北诸部的都督就已经有二十二人之多。一个都督管辖的地域相当于现在的县级市、地级市规模，人口可能只有镇、乡规模。某部首领表现好，明朝可以升其官职；表现不好，也可以剥夺其官职。谁强大了，明朝就册封他旁边的部落首领以更高官职，激起他们内心的斗争精神，让其互相制衡。

虽然这招有点儿损，但是效果还不错。永乐年间，女真诸部虽然偶尔也有入内地劫掠的行为，但总体而言还是比较消停的。

但是，这种盟主与盟友的关系能够维持稳定，有一个先决条件，那就是盟主必须足够强大，才能镇得住场子。朱棣当政那会儿，问题倒是不大，可是等他死后，就出事了。土木堡之战，明军大败，明英宗被俘。这样，在周边各部族首领心中，"明帝国不可战胜"的印象瞬间破灭，明朝的威信大大下降。这时，建州女真开始蠢蠢欲动。史载："建州等卫女直②都督李满住、董山等，自

---

① ［清］张廷玉等撰，《明史》，北京：中华书局，1974年。引自该书卷90，志第六十六，兵二，卫所班军。
② 明朝史料中，"女直"即为"女真"。

正统十四年（1449年）以来，乘间窃掠边境，辽东为之困敝。"①

正统十四年即为土木堡之战爆发的年份，这一年之后，建州女真首领<u>李满柱</u>（即李满住）、<u>董山</u>多次带领族人劫掠辽东，并暗中勾结蒙古和朝鲜。为了剪除边患，明宪宗决定联合朝鲜东西夹击，对建州女真进行征伐。

成化三年（1467年）七月，明军杀董山等26人；当年十月，明军兵分三路攻入建州，攻破张打必纳、戴咬纳、朗家、嘹哈四寨；成化四年（1468年）正月，朝鲜军队过鸭绿江，攻破兀狄府诸寨，生擒李满柱和他的儿子古纳哈等人；成化十五年（1479年）十月，明宪宗再次联合朝鲜对建州三卫进行征伐。②

明朝的军事行动对建州女真造成了毁灭性打击，从此该部一蹶不振，消停了近百年。

---

① 《明英宗实录》卷209，景泰二年十月乙酉条。
② 赵尔巽等撰，《清史稿》，北京：中华书局，1977年。参见该书卷222，列传九。

第二节 起兵之前的努尔哈赤

努尔哈赤，爱新觉罗氏，嘉靖三十八年（1559年）出生于赫图阿拉，即今天的辽宁省抚顺市新宾满族自治县。根据史料记载，努尔哈赤生得很好，"凤眼大耳，面如冠玉，身体高耸，骨格雄伟"[①]。村里的算命先生对其母说道："满洲[②]必有大贤人出，戡乱致治，服诸国而为帝。"[③]

我可以负责任地告诉你，上面这段记载是后人编的。因为在当时，努尔哈赤并没有显现出任何可以当开国君主的征兆。相反，他的青少年时期是比较惨的。

应该说，努尔哈赤的出身还算不错，他爷爷觉昌安是建州左卫都指挥使，相当于自治县县长。然而，我上文也说过，这个官职手下能有一千户人口就不错了。而在当时的东北，据不完全统计，还有如下女真部落："苏苏河部、浑河部、王家部、东果部、折陈部、长白山内阴部、鸭绿江部、东海兀吉部、斡儿哈部、虎儿哈部、胡笼国中兀喇部、哈达部、夜黑（叶赫）部、辉发部"[④]等。

[①]《清太祖武皇帝弩儿哈奇实录》（之后简称《清太祖武皇帝实录》），共四卷，北平故宫博物院排印本（1932年）。引自该书卷一。

[②]"满洲"是族群名称，大致等于"女真"，但不完全相同。关于该词的来历以及它与女真的区别，本书后文会详解。实际上，在努尔哈赤时期，这个词尚未产生。此时的史料中之所以会出现，是因为这一时期的史料是清朝建国后整理而成的，故史官直接用当时的称呼"满洲"代指"女真"。

[③]《清太祖武皇帝实录》，卷一。

[④]同上书。

这些部落中，有的地盘跟建州左卫差不多，像东果部、折陈部；有的则比建州左卫大很多，像海西女真的叶赫部、哈达部。诸部之间"皆称王争长，互相战杀"①。就这么个环境，你说努尔哈赤要想"服诸部而为帝"，得打到哪年、哪月才是个头呢？弄不好一战就全族覆灭了。

更惨的是，努尔哈赤还不受他老爹的待见，能不能接班都是个问题。

由于清朝史官的人为删改，我们现在已经很少知道努尔哈赤二十岁之前的事情了。从史书中的只言片语中，只能确认以下事实。十岁那年，努尔哈赤的生母去世，他爹很快续弦，给他找了个后妈，然而这个后妈很不喜欢前任生的几个儿子。到了努尔哈赤十九岁那年②，他爹听从后妈的建议，与努尔哈赤分家，只给了"些许家私"。

也就是说，到这会儿，努尔哈赤可能连他家族世袭的"建州左卫都指挥使"都继承不了，还谈什么"称帝"呢？

然而，就在同年，努尔哈赤迎来了人生的重大转折，他娶了一个叫哈哈纳扎青的妹子，因为这个妹子是佟佳氏，所以后文简称其为"佟妹子"。这里就有个疑问了，努尔哈赤是分家后才娶了佟妹子，还是因为要娶佟妹子所以才分的家？

在回答这个问题之前，我要先说说这个妹子。这是个很不一般的妹子，不是因为她有多漂亮，也不是妹子身材"凹凸"的问题，而是她的姓氏，她姓"佟"。

佟佳氏，女真姓氏，以地名为姓，明朝时期族内有不少人迁入辽东地区，逐渐汉化，汉姓简称为佟。这是个很牛的姓氏，从明清时期一直牛到了近代，几乎每个时代都有几位大名人。例如康熙帝的生母孝康章皇后佟佳氏，清宫戏红人佟国维、隆科多，抗日名将佟麟阁等，都出自辽东佟氏。

同样拜清朝史官所赐，关于佟妹子的详细身世，史料中记载甚少。但是，我们仍然可以通过关联方的信息，来了解一下她背后的家族势力。

康熙二十七（1688年）年，佟国纲上疏康熙帝言道："蒙太祖恩谕：'朕福

---

① 《清太祖武皇帝实录》，卷一。
② 清朝史料中，年龄通常用虚岁，本书中如无特别说明，表述某人年龄时均用虚岁。

晋系佟佳氏塔本巴彦之女，尔佟姓兄弟分散入汉之故，朕知之久矣。'"①

解释一下：上疏的佟国纲是佟养真的孙子。佟养真跟佟妹子是平辈，是最早一批投靠努尔哈赤的佟氏族人之一。他这次上疏康熙的目的，是请求将他的户口从八旗汉军转移到八旗满洲，你可以理解为更改户口本的民族分类。他的依据是，当年努尔哈赤曾经对他的爷爷佟养真说过这么一段话："我的原配夫人（即佟妹子）是你们佟氏族人'塔本巴彦'的女儿，她很早之前就跟我说过，你们佟氏兄弟迁入汉人地盘的缘由。"

这段记载至少能够说明，佟妹子与佟养真是同一家族，而且还是血缘关系较近的支脉。不然，作为一个不问世事的女性，她不太可能对佟氏兄弟的事情了解得这么详细。下面，我们再来看看，佟养真家族是个什么情况。

根据佟养真的堂兄弟（也有说是亲兄弟的）佟养性的传记记载："先世本满洲，居佟佳，以地为氏。有达尔哈齐者，入明边为商，自开原徙抚顺，遂家焉。"②

翻译一下：佟养性的老祖宗叫<u>达尔哈齐</u>，女真佟佳氏。明朝初期，他从开原搬到抚顺安家。

根据《明佟进墓志》记载："始祖达礼赤，洪武初仗义归顺，功升开原指挥佥事。"③

翻译一下：佟进的老祖宗叫<u>达礼赤</u>，他在明太祖时期归附明朝，因战功升任开原地方的明军指挥佥事。

这里，达尔哈齐与达礼赤这两个人名，其实是一个人。除了上述两者之外，它还有其他几种写法。《明实录》中称其为<u>佟答剌哈</u>；《八旗满洲氏族通谱》中称其为<u>达尔汉图墨图</u>。经当代学者考证，以上名称均为同一人，之所以书写不同，是因为音译时产生的误差导致的。就像<u>季莫申科</u>与<u>铁木辛哥</u>，在外文中其实是一个词，而音译成汉字之后则完全不同。

综上，佟妹子、佟养真与佟进，有着共同的祖宗，是同一大家族。好啦，

---

① 梁志龙、靳军、崔维著，"'佟登为努尔哈赤岳父'辩驳"一文，刊登于《东北史地》2012年04期，东北史地杂志社（2012年）。转引自《八旗通志初集》卷143。
② 赵尔巽等撰，《清史稿》卷23，列传十八。
③ 梁志龙、靳军、崔维著，"'佟登为努尔哈赤岳父'辩驳"。

下面说说佟氏家族的几个牛人。

佟进的父亲叫佟恩,《明实录》记载:"嘉靖二十一年十一月辛亥,建州达贼从凤凰城入寇,杀守备指挥佟恩"①。也就是说,佟恩是明军的"指挥同知",在与入寇的建州女真人战斗时阵亡。

再说说佟进的哥哥佟登。《明实录》记载:"嘉靖四十二年正月,升佟登为署都督佥事充总兵官,镇守山西"②;"嘉靖四十二年九月,改镇守山西总兵官署都督佥事佟登于辽东"③;"嘉靖四十五年六月,因辽东战事不利,总兵佟登仕回卫下"④。

这个佟登更了不得,他先后做过山西、辽东的总兵,相当于军区司令,于嘉靖四十五年(1566年)因战事不利被迫退休。佟登退休后的第二年,李成梁因屡建战功,升职为辽东副总兵,协守辽阳。所以说,这个担任过辽东总兵的佟登,是李成梁的前任。而李成梁是个什么角色,相信看过《明朝那些事儿》的朋友们应该知道。

除此之外,佟氏第四世佟瑛,初授定辽中卫指挥同知,后授怀远将军;第五世佟棠(佟养真即为其后裔),追赠荣禄大夫、中军都督府都督同知。

所以,佟氏一门并不是在清朝才开始显贵的,整个明朝时期,人家在辽东地区都是相当牛的。他们虽是女真人,但是高度汉化,族内多人为明朝高官,与汉人无异。后来佟氏兄弟投靠努尔哈赤时,直接被编入汉军牛录,可见不管是佟氏族人还是努尔哈赤,大概都忘了佟家的老祖宗是女真人。

综上,努尔哈赤娶的是一个辽东世族家中的妹子。

现在,我可以回答之前提出的问题了,即努尔哈赤与父亲分家和他娶佟妹子的因果关系。我认为,是因为努尔哈赤娶了佟妹子,所以他才与父亲分家。当时的建州在大山深处,而佟妹子则住在抚顺这种相对较大的城市,她是不太可能跑去建州陪努尔哈赤的。所以,因为结婚,努尔哈赤必须分家去抚顺。而结婚之后跑去老婆家住的行为,学名叫"入赘",通俗点儿叫"上门女婿"。

---

① 《明世宗实录》卷 268,嘉靖二十一年十一月辛亥条。
② 《明世宗实录》卷 517,嘉靖四十二年正月庚辰条。
③ 《明世宗实录》卷 525,嘉靖四十二年九月乙未条。
④ 《明世宗实录》卷 559,嘉靖四十五年辛未条。

努尔哈赤结婚是在万历五年（1577年），他因祖、父被杀而起兵是在万历十一年（1583年），关于这段时间他干了什么，史书上一片空白。这里，我们按照正常人的行为逻辑来推测一下。

上门女婿去了丈人家，自然会接触老婆的娘家人，也就是其他佟氏族人。年龄相仿的，自然情投意合，交往密切。刚好，佟养性、佟养真就是第一批投靠努尔哈赤的人。甚至于，在努尔哈赤对明开战前，佟养性就当了相当长时间的两面间谍。

努尔哈赤结婚后住在丈人家，自然就不会管建州左卫的事。这也就能解释，为什么他爷爷觉昌安、他爹塔克世带领族人跟着李成梁出去打仗，却没带上正当青壮年的努尔哈赤。

努尔哈赤对明开战后，第一个目标就是抚顺。他没有光明正大地攻城，而是派出奸细扮作互市商人，混入抚顺城里应外合，并积极招降守城的明军将领李永芳。如此大费周章，当然是为了保障自己丈人一家的生命财产安全。

综上，与佟氏联姻，可以说是努尔哈赤人生中的第一桶金。他赚没赚到真金我不知道，但是这桩婚姻让他通晓了大明辽东地区的风土人情和管理体制，进入了当地富商、官僚的关系网，这些东西比真金更值钱。

然而，努尔哈赤入赘的美好生活仅仅持续了六年。万历十一年（1583年），努尔哈赤的祖父觉昌安和父亲塔克世，在配合明军征伐女真部落首领阿台的过程中，被明军误杀。此事过后，努尔哈赤回到建州，以祖传的十三副铠甲起兵。

第三节 努尔哈赤起兵之后的

照常理来说，自己的祖父、父亲被明军所杀，努尔哈赤起兵后针对的目标应该是明朝。那么，我们就先来看看，他起兵之后对自己的大仇人都干了些什么。

"奴儿哈赤亦时时于抚顺诸堡送所掠人口，自结于汉。"①

翻译一下：努尔哈赤经常将其他女真部落掳掠的辽东人口送还抚顺等明军堡垒，表示自己对大明十分忠顺。

"有住牧木札河部夷克五十等，掠柴河堡，射追骑，杀指挥刘斧，走建州。宣谕奴酋，即斩克五十以献，乞升赏。"②

翻译一下：有个叫克五十的女真人率部众抢掠柴河堡，守堡明军追赶，此人又射杀了明军指挥官刘斧，逃入建州女真。努尔哈赤遵照明朝命令，杀了克五十，把他的首级送给明军，并请求封赏。

"又因贡夷马三非，述祖父与图王杲、阿台，有殉国忠，今复身率三十二酋保塞，且铃束建州、毛怜等卫，验马起贡，请得升职，长东夷。"③

翻译一下：趁着进贡的时机，努尔哈赤托自己的进贡使者马三非，向明朝官员转述自己祖、父两代人为大明殉难的事迹。他还表示，自己也愿意效仿父

---

① [明]苕上愚公撰，《东夷考略》，收录于《清人关前史料选辑》，北京：中国人民大学出版社，1984年。引自该书第一辑，"三、东夷考略之建州"。
② 同上书。
③ 同上书。

辈,率领三十二个小头目保卫明朝边塞,请求让他正式管理建州三卫、毛怜卫等卫所,获得更多的朝贡名额,提升他的职位,作为建州女真的头领人物。

是不是很惊讶?

努尔哈赤起兵之后,并没有去攻打大明,而是一门心思地帮助明朝守卫边疆,并多次请求封赏。这种表现,被一个人看在了眼里,他就是当时的大明辽东总兵——李成梁。说到这里,我就不得不聊聊李成梁与努尔哈赤之间千丝万缕的瓜葛。

明朝官员姚希孟写过这样一段内容:"(明军)又杀叫场及其子他失。叫场、他失者,奴儿哈赤之祖若父也。时奴儿哈赤年十五六,抱成梁马足请死。成梁怜之,不杀,留帐下卵翼,如养子。出入京师,每挟奴儿哈赤与俱。"①

解释一下:在征讨王杲的战斗中,明军误杀了努尔哈赤的爷爷觉昌安(文中的"叫场")和父亲塔克世(文中的"他失")。这一年努尔哈赤十五六岁,看到父祖被杀后,他抱住李成梁的马腿请求同死。李成梁怜悯他,将他留在身边培养,如同养子一般。李成梁去北京办事时,都要带上努尔哈赤。

根据该文记载,这场战斗发生在万历二年(1574年)冬。这一年努尔哈赤确实是十六岁,在《明神宗实录》万历二年十一月的内容中,也确实有"辽东荡平逆酋王杲等报捷"②的记载。时间、地点、人物、事件都对得上,但是结果却不对。《东夷考略》《建州私志》《清太祖武皇帝实录》《明实录》《清史稿》等明清史料中均记载,觉昌安、塔克世死于明军征伐阿台(王杲之子)的战斗中,这件事情发生在万历十一年(1583年)。

所以,我们可以得出结论,姚希孟记录的内容确实发生过,但是他把两件事情混淆在一起了,即他把明军征伐阿台的结果嫁接到了征伐王杲的战斗中。而这件事情的真实情况是:万历二年的一次战斗中,努尔哈赤的祖、父协助明军打仗,过程很惨烈,但他的祖、父并未遇难。战后,李成梁将努尔哈赤带走进行教养。

这样就能解释,为什么努尔哈赤作为一个大山深处的部落头领之子,能够

---

① [明]陈子龙等选辑,《皇明经世文编》卷501,"建夷授官始末"。
② 《明神宗实录》卷31,万历二年十一月己卯条。

攀上抚顺望族佟氏的高枝。因为他算是李成梁的小跟班，在当时，李大总兵可是辽东王一般的存在。

综上，捋一下努尔哈赤的早期经历。

十岁时（隆庆二年），他爹续弦；

十六岁时（万历二年），他被李成梁收养；

十九岁时（万历五年），他娶了佟妹子，与父亲分家；

二十五岁时（万历十一年），祖、父被误杀，他回到建州正式接班。

之后，就是他对明朝一系列恭顺的表现。

其实呢，虽然史料中说是养父子关系，但是李成梁也不见得有多么待见努尔哈赤。李成梁的亲生儿子有一堆，手下还有辽东祖氏一门（代表人物祖大寿，后文详述）作为家丁部队的核心，他身边有的是心腹，努尔哈赤这种小角色并不在李大总兵的特别关注范围之内。

然而，虽然谈不上有多么重要，但努尔哈赤卖力表现的方式、时点却恰到好处。

首先，他爷爷、他爹帮助李成梁打仗，却被明军误杀，这相当于李成梁欠了他一个小人情。所以，之后略加照顾一下，也是人之常情。

其次，万历十一年的李成梁，已经是辽东总兵（军区司令）、加太保衔（正一品）、世荫本卫指挥使（荫袭职位）、宁远伯（世袭爵位），手握天下精兵，位列三公，给子孙挣到了金饭碗。作为一名武将，他已经获得"大满贯"了。之后的几年，除非是蒙古的察哈尔、内喀尔喀等大部率几万骑兵来犯，他才肯亲自带兵打一下，其他小部落的劫掠行为，他都懒得管了。这时，努尔哈赤主动帮他打打杂，稳定边境治安，是他十分乐见的。

当然，李成梁对努尔哈赤的"格外照顾"，有一个大前提，那就是努尔哈赤足够弱，这一点你马上就能看到。

从努尔哈赤宣布起兵的万历十一年到李成梁第一次退休的万历十九年（1591年），努尔哈赤迅速由弱变强，手中的敕书爆炸式增长，仗也是越打越大。

敕书是什么？

敕书＝钱。

上文说过，女真有特产，但是明朝不允许民间自由交换，只能通过官方指定的贸易方式，主要有两种：一是在边境的指定地点开马市、木市；二是进京朝贡。

可是，进贡这种稳赚不赔的好事，大家都想干，要是女真人一窝蜂地涌进北京城，那还受得了？所以，明朝就用敕书来规范进贡流程。所谓"敕书"，你可以理解为"护照＋贸易许可证"。

正统年间明英宗规定："今后外夷以事来朝者，止许二三人或四五人，非有印信公文，毋辄令入境。"①这里的"印信公文"，就是敕书。有了这东西，你就可以带着你的货物到北京进贡，一敕一人次。入境时，要将敕书、贡品和准备贸易的商品交给明朝官员进行检查，限人、限量并通过质检才能入关。

而且，敕书也分等级发放。明朝按官职高低和地盘大小给女真各部首领发放不同数量的敕书，进贡者的官职越大、地盘越大，得到的敕书数量就越多，可以交易的东西也就越多。像海西女真的叶赫部，敕书数量达到三百多道，另一部哈达部，更是一度高达六百多道（首领王台当政期间）。而努尔哈赤接手建州左卫时，敕书数量只有三十道。由此可见，初期的努尔哈赤有多弱。

决定各部敕书发放数量的人，名义上是万历皇帝，实际上是李成梁。因为深爱深宫生活的万历老兄，是不可能去东北调研一下，看看该给各部发放多少的。而且此时的辽东没有镇守太监（嘉靖年间裁撤了），也就没人给万历打小报告，汇报地方情况。所以，到底谁强谁弱，谁表现好，只能是李成梁说了算。此外，女真各部之间也可以通过打仗的方式硬抢，这东西在当时可是抢手货，比真金白银都值钱。努尔哈赤那三十道敕书，就是李成梁从王杲手里抢来、再赏赐给努尔哈赤的。

那么，一道敕书可以挣多少钱呢？

这个史料中无记载，但是，我们可以通过努尔哈赤打仗动用的人数与同期敕书数量的比值，来大致估算一下。

努尔哈赤刚接班那会儿，有三十道敕书。第二年，他率军攻打东果部，出动四百人；第三年，他率军攻打折陈部，出动五百人。也就是说，一道敕书所获得的利益，大概能养活十五至二十名壮丁。

---

① 《明英宗实录》卷35，正统二年十月癸未条。

在不断的战争中，努尔哈赤获得的敕书越来越多，有的来自战争中的抢夺，有的来自明朝的赏赐。万历十六年（1588年），努尔哈赤一统建州三卫和周边小部后，"与大明通好，遣人朝贡，执五百道敕书，领年例赏物"①。到这会儿，努尔哈赤的敕书数量已经与海西女真的几个大部相当了。

李成梁对努尔哈赤"闷头发大财、绝不扰边"的表现也很满意，万历十七年（1589年）九月，明廷任命努尔哈赤为"建州卫都督佥事"，相当于正式委任努尔哈赤为建州女真所有卫所的管理者，并给他升了一级。

看到努尔哈赤坐大、明廷持续对他封赏，海西女真的几个大佬很不高兴。万历二十一年（1593年），海西女真四大部，叶赫、哈达、乌拉、辉发，联合蒙古科尔沁部和其他四个小部，组成九部联军，总兵力达三万人，对建州女真发起攻击。努尔哈赤集中一万人，于古勒山设伏，大败联军，追杀上百里，"斩级四千，获马三千匹、铠胄千副"②，大量杀伤了海西女真诸部的有生力量，改变了双方的力量对比。

此战也从侧面证明了上文所说的敕书数量与壮丁数量的比例。此时努尔哈赤执五百道敕书，即动用了一万军队。

这一战是努尔哈赤统一女真战争中的转折点，战后，建州女真"军威大震，远迩慑服"，他的部落成为当仁不让的女真第一大部，其他两三个部联合都不足以对其构成威胁。明朝也相当应景地任命努尔哈赤为"左都督"，加"龙虎将军"封号。都督是东北卫所的最高实职，龙虎将军相当于荣誉称号，这是明朝皇帝对女真部落首领的最高封赏。

当然，努尔哈赤并不是唯一一个获得此封赏的人。在他之前，海西女真哈达部首领王台（上文曾执六百道敕书的那位，此时已死）就已经获得了这两大荣誉。然而，哈达部已经在古勒山之战中被打残了，其实力已经不能与建州女

---

① 《清太祖武皇帝实录》卷一。
② 本书引用的《清实录》内容，包括《满洲实录》、《清太祖高皇帝实录》、《清太宗文皇帝实录》（简称《清太宗实录》）、《清世祖章皇帝实录》（简称《清世祖实录》）、《清圣祖仁皇帝实录》（简称《清圣祖实录》）、《清世宗宪皇帝实录》（简称《清世宗实录》）、《清高宗纯皇帝实录》（简称《清高宗实录》），使用中华书局（1985-1986年）影印版。引自《清太祖高皇帝实录》卷二，乙酉岁至戊戌岁。

真相比。

这一战爆发时，李成梁已经被言官弹劾下野。但努尔哈赤并没有因为知遇之人的离任而造次，他仍然老老实实地进贡。根据《明神宗实录》的不完全统计，万历十八年至万历四十三年（1590—1615年），建州女真朝贡不绝，努尔哈赤本人也先后八次①去北京进贡。

与此同时，他也没有停止扩张的步伐。古勒山之战后，努尔哈赤对海西女真各部进行分化、打击，保持每六至八年灭一大部的频次。

万历二十七年（1599年），兼并哈达部；

万历三十五年（1607年），攻灭辉发部；

万历四十一年（1613年），攻灭乌拉部。

攻破乌拉部之役，建州女真"破敌三万，斩杀万人，获甲七千副"；"分俘虏，编一万户，携之以归"。②至此，海西女真只剩下叶赫部还在硬撑着，努尔哈赤已经统一了建州、海西其他所有女真部落。这时的努尔哈赤手握敕书一千五百道，足够他养活三万精兵。

除了进贡的收益，努尔哈赤的官职也给他带来大量金钱。对于来京进贡者，明廷有不同规格的赏赐③。进贡者的官职越大，得到的赏赐就越多。那么，努尔哈赤获得的赏赐有多少呢？

据他自己所说："坐受左都督敕书，续封龙虎将军大敕一道，每年给银八百

---

① 根据《明神宗实录》的记载：

万历十八年四月，建州等卫女直夷人奴儿哈赤等一百八员名进贡到京，宴赏如例。

万历二十年八月，建州卫都督奴儿哈赤等奏文四道，乞升赏职衔冠服、敕书，赐宴如例。

万历二十五年五月，建州等卫都督指挥奴儿哈赤等一百员名进贡方物，赐宴赏如例。

万历二十五年七月，建州等卫夷人都督都指挥速儿哈赤（努尔哈赤的弟弟）等一百员俱赴京贡，赐宴如例。

万历二十六年十月，宴建州等卫进贡夷人奴儿哈赤等，遣侯陈良弼待。

万历二十九年十二月，宴建州等卫贡夷奴儿哈赤等一百九十九名，侯陈良弼待。

万历三十六年十二月，颁给建州等卫女直夷人奴儿哈赤兀勒等三百五十七名，贡赏如例。

万历三十九年十月，颁给建州等卫补贡夷人奴儿哈赤等二百五十名各双赏绢疋银钞。

②《满文老档》太祖皇帝第一函、第二册，辛亥年至癸丑年。

③ 都督：每人赏彩缎四表里，折钞绢二匹，织金纻丝衣一套；都指挥：每人彩缎二表里，绢四匹，折钞绢一匹，织金纻丝衣一套；往下的指挥、千户、百户也各有赏赐。

两，蟒段十五匹。"①

万历年间，一两银子可以购买大米两石，而同时期明朝正一品大员的年俸约为一千石大米，换算成白银是五百两左右。也就是说，努尔哈赤每年从明朝领的工资，比明朝一品官的年薪还要多，而这种俸禄，他一领就是二十多年。

万历二十九年（1601年），由于前几任同行的衬托，也就是镇不住场子，李成梁再次出任辽东总兵。这时努尔哈赤的实力与十八年前相比，已经是天壤之别。

现在很多人认为，李成梁是故意坐视努尔哈赤壮大的。但是，努尔哈赤超出可控范围的时点，是古勒山之战爆发的万历二十一年（1593年），那会儿李成梁正在家里赋闲。等到李成梁再次上任时，在战场上厮杀了一辈子的他明白，自己已经奈何不了努尔哈赤了。更何况，这一年他已经七十六岁。

先不说他能不能跨上战马去剿平建州，也不说努尔哈赤的恭顺表现让人实在是找不到开战的由头，单说说这个岁数的正常老人应该想什么？

土埋大半截身子，还想什么建功立业，肯定是安度晚年，混个自然死亡罢了。所以，李成梁采取了极为保守的策略。

太监高淮在辽东胡作非为（下文会详解），他不管，也管不了；努尔哈赤日渐强盛，他不汇报，因为汇报了也无可奈何；更有甚者，为了集中兵力、缩小防御线，他主动放弃了宽甸六堡（临近建州女真）这片碉堡区。这就是李成梁的策略——混、瞒、缩，安安稳稳地把辽东局势拖到他死，就好。

万历三十七年（1609年）二月，明朝辽东巡按②熊廷弼弹劾李成梁弃地八百里（即宽甸六堡）、驱民迁移，竟然还以此为由邀功。随后，朝内言官争相弹劾，万历皇帝被迫将李成梁解任，但保留了他的爵位和待遇。此时，明朝满朝文武都在跟万历老兄"争国本"，言官们对李成梁的弹劾也都集中在辽东军军纪问题和其个人过于奢靡的问题上，并没有人注意到努尔哈赤有什么异样。

直到万历四十一年（1613年），努尔哈赤准备发兵攻打海西女真仅存的叶赫部。走投无路的叶赫部首领派人向明朝求救，告诉万历：努尔哈赤已经搞定

---

① 《清太祖武皇帝实录》卷一。
② 巡按，全称"巡按御史"，中央派到地方的监察官员。

了乌拉、哈达、辉发等女真大部，正准备对叶赫动手，再下一步就要攻打大明了。这时，辽东巨大的隐患才浮出水面。

万历老兄猛然发现，这几年净忙着跟大臣们瞎折腾了，一不注意，怎么辽东建州那只恭顺的波斯猫，越长越像老虎了呢？

于是，他一方面派出一千明军，协助叶赫部守城，并警告努尔哈赤，不得对叶赫动兵；另一方面限制建州女真的进贡规模，一次性将进贡人数从一千五百人砍到十五人。

十五人进贡换来的收益，怎么能养活数万军队呢？所以，不好意思，你不给，我只能动手抢了。这就是明清战争爆发的根本原因。

其实，努尔哈赤在七大恨中所说的那些"恨"，他都不是太恨。他爷爷、他爹死的时候，他并没有起兵复仇，而是以此为资本，向明朝要官职、要钱。现在过了三十多年，他才想起来要"恨"一把，这个反射弧也太长了吧？

至于其他的恨，像汉人越界采参、明朝偏袒叶赫部、嫁女风波等，纯粹是凑数的。努尔哈赤真正所恨的，正是明朝对他发布的"限贡令"，这才是他的痛处。

要说呢，经过这么多年的资本积累，等到努尔哈赤正式与明朝开战时，他可是一点儿都不穷。

天启元年（1621年），两个蒙古小头领带着645户部众投靠努尔哈赤，得到的赏赐如下：皮草大衣20件、丝绸礼服9件、绸缎41匹、布500匹、黄金10两、白银500两，还有武器、盔甲、奴仆、牛马、房产等物。就这么两个小角色，努尔哈赤就赏赐了这么多东西，你说他的小金库得有多么富裕？

看到这里，是不是感觉明朝很仗义呢？

别急，更仗义的还在后面。

第四节 盔甲的秘密

要说呢,努尔哈赤就算再有钱,也不能直接用钱把仗打赢。要想兼并其他部落,多数情况下只有一个办法——打。所以,他需要有一支强悍的军队,不然的话,他只不过是一个富家翁而已。身处东北,女真军队有一个先天优势,即恶劣的环境。

《金史·世纪》记载:"旧俗无室庐,负山水坎地,梁木其上,覆以土。夏则出随水草以居,冬则入处其中。"

翻译一下:按照传统习俗,女真人并没有房屋。他们在地面凹陷处,也就是"坑"内安家。在坑上架设木头组成房梁,房梁上再覆盖泥土。夏天外出,逐水草狩猎,冬天就窝在这里面过冬。

不管零下多少度,他们只能住在这种"房屋"内。直到解放战争时,解放军进入东北深山剿匪,发现仍有少数部落生活在树洞、山洞之中。妇女孕、产也是在这种环境中,生病了只能硬扛着。更残酷的是,各部之间没有完善的法律和统一的领导,经常互相抢、互相打,导致女真人从小不是跟野兽打就是跟同族打。这种环境下还能活到成年的男子,大概率是很壮、很猛的,这就叫"自然选择"。所以,女真兵源的身体素质较高。

然而,打仗这种事情,并不是你身体壮、力气大就能打赢的,盔甲、武器、训练、阵型,比体质重要得多。下面,我就说说打仗的基本要求——盔甲。

说起盔甲,大家可能会联想到古装电视剧中的士兵,多数情况下,他们的铠甲只能包裹躯干,四肢部分都穿着布衣。这种现象的出现,纯粹是剧组为了

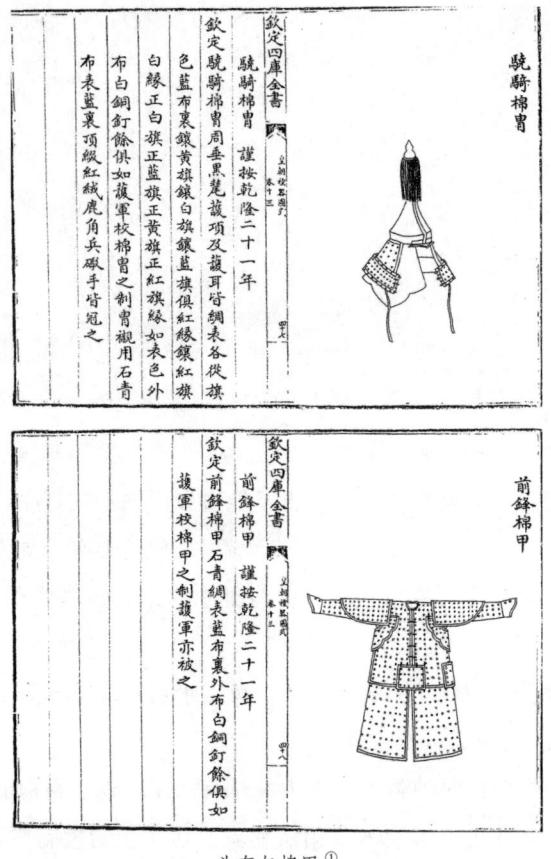

头盔与棉甲①

节省成本而使用简易道具造成的。事实上，明清时期真正的精锐部队，连士兵都是武装到牙齿的。

上图中的盔甲，并不是某个清军将领的，而是全体八旗士兵的标准装束。大家可以看到，全身皆被甲衣覆盖，肩部、腋下、裆部进行了加强防护，有两层甲。八旗常备兵就用"披甲之人"来形容，不披甲，你都没资格当兵，由此可见清军对盔甲的重视程度。

下面，我们再来看看努尔哈赤起兵初期的盔甲情况。

---

① 本书武器、盔甲类图片，如无特别说明，均引自《四库全书》收录的《皇朝礼器图式》。

"万历十三年四月,太祖率马步兵五百征折陈部,时大水,令众兵回,止带绵甲五十人、铁甲三十人进掠。"①

翻译一下:努尔哈赤起兵后第三年,带着五百人征讨折陈部,半道河水上涨,大部队无法通过,努尔哈赤就只带了五十名绵甲兵和三十名铁甲兵去攻击。

值得注意的是,起兵后仅两年,努尔哈赤就从十三副盔甲发展成至少有八十名披甲士兵。那么,这些甲是什么样子的呢?

先来看绵甲。绵甲,即为"棉甲",这种甲胄的制作方法如下:将数斤棉花放进模具内(通常用布袋),先泡水,然后反复踩踏、压实、晒干,形成一层"棉片";将串联好的铁片夹于两层或数层棉片之间,用棉布作为"棉夹铁"的表层;最后用铜钉穿入,固定各层位置。所以,棉甲的典型特征就是表面密密麻麻的铜钉。

这种甲对各种轻火器的弹丸有着不错的防护效果,而且还可以保暖,所以多用于北方军队。我们在上文看到的那副盔甲,就是棉甲。

再说铁甲。铁甲,即大家印象中的那种铠甲,用皮条、绳索将方形的铁片串联而成,内衬棉衣、毛皮。铁片外表不上漆,但打磨抛光,如同水银一般,故朝鲜人称之为"水银甲",徐光启则称之为"明光重铠"。根据徐光启的描述,轻型鸟铳都不能穿透此种盔甲,可见其防护效果更好。

亲历过明清战争的朝鲜人郑忠信曾记载过,八旗中的精锐部队"别抄军",即穿水银甲,有别于其他士兵的盔甲,在军队中很显眼。他们行军时在最前列,列阵时则护卫中央,专门用于最后决战。

在明朝古画《出警入跸图》中,我们也能见到这两种盔甲(见文前彩图1《出警入跸图》局部)。该图画于万历年间,描述的是明神宗谒陵的全过程。因画中有很多士兵负责保护御驾,让我们可以直观地看到明军的盔甲情况。

该图右上方士兵所穿的盔甲即为水银甲,注意其表面银色的铁片;桥上士兵所穿的蓝色盔甲即为棉甲,注意其表面密密麻麻的铜钉。看到这里,一些朋友可能会问:为什么明军的制式铠甲,却成了努尔哈赤军队的标准装备呢?

当然,在万历十三年(1585年)这个节点,努尔哈赤是明朝委任的建州左

---

① 《清太祖武皇帝实录》卷一。

卫都指挥使，理论上隶属于明军，可以理解为不在编的合同工。但是，明朝官方并没有向这些编外人员提供盔甲的成例。

那么，这些盔甲是努尔哈赤命人仿制的吗？

要回答这个问题，请大家先听我讲一则努尔哈赤传记中记载的事情。万历十二年（1584年），努尔哈赤在家睡觉，有个刺客趁夜潜入他家行刺。努尔哈赤发现后，先把几个孩子藏好，再让老婆假装上厕所，以便吸引刺客的注意力，他自己则趁机用刀背将刺客打倒。这就是当时的努尔哈赤，一大家子住在一起，身边连个卫兵都没有，得靠老婆帮忙才能制服刺客，与现在的农村家庭无异。

而上文所说努尔哈赤征伐折陈部时，全族也不过凑了五百名壮丁。往多了说，此时他管理的人口能有一千户就不错了。你认为这个大一点儿的村子，有能力冶铁、打磨铁片、制作铜钉、编织成甲吗？

好像不太可能。

所以，在努尔哈赤起兵初期，其军队盔甲来源只可能有一个——大明辽东军。

在明代，私藏盔甲就是死罪，更不用说走私盔甲了。所以这种内容，史书上肯定不会记载。但是，由上文我所介绍的佟氏家族、李成梁与努尔哈赤的关系来看，是存在这种可能的。

我之前看到过一种说法，努尔哈赤起兵时的"祖传十三副盔甲"，并不是他自己家祖传的，而是来自他的岳父佟家。这种说法并非没有依据，毕竟佟氏一门中，多人曾在辽东军为高官，家里收藏十几件盔甲也是正常的。

而且，佟氏家族确实在大力支持女婿的事业。在努尔哈赤对明朝用兵前，佟养性就一直在给他"潜输款"，也就是偷偷地给他送钱。一个地方上的地主，竟然可以支援一个割据政权，你说这户人家得富裕到什么程度？而佟氏兄弟与抚顺驻军多有往来，有的史料说佟养真就是辽东军的基层军官，既然能送钱，送点儿盔甲、武器也是正常的。

另一方面，努尔哈赤发达后，史书上一些"光明正大"的记载，也能看出其与辽东军之间不同寻常的关系。下面，我通过两件事来说明一下。

第一件，万历三十六年（1608年），建州都督努尔哈赤，与辽阳副将（史料中无名字）、抚顺备御（抚顺最高军政长官）李永芳，签署了划定建州与辽东都司边界的文书,双方杀白马祭天,立碑为誓:"各守皇帝边境,敢有窃逾者,无论满洲与汉人,见之即杀。若见面不杀,殃及于不杀之人。大明国若负此盟,广宁巡抚、总兵,辽阳道副将,开原道参将等官,必受其殃。若满洲国负此盟,满洲必受其殃。"①

这是一种什么行为呢?

一个自治州州长,与辽东军区的一个副司令、一个县级市军政长官,私自把大明国的辽东地盘给分了。你要注意,碑文上说的是"各守皇帝边境"。也就是说,此时努尔哈赤承认万历是他的皇帝,他是大明的臣子。既然辽东、建州都是大明的地盘,这划得是哪门子界呢?你说这种行为如果被万历老兄知道了,后果会怎样?

你们分老子的地盘,连个招呼也不打吗?

而后来,这件事也真的被曝了出来。还是在熊廷弼巡按辽东期间,发现了这些分界石碑,他向万历告状言道:"(努尔哈赤)曰必为我立碑,(李成梁)则许之;(努要求)立碑必依我夷文,(李)则许之;(努要求)刻夷文必副将盟誓,(李)则又许之";"碑文有所谓'你中国'、'我外国'、'两家'、'一家'者,种种悖漫。"②

由上可见,辽东军上下对努尔哈赤的迁就程度。

所以,这件事说明:一是努尔哈赤与辽东军的关系不错,两家可以私下商量着划界;二是双方彼此足够信任,因为这种划界是私下进行的,不能被皇帝知道。

第二件,"明使告太祖,诫毋侵叶赫。太祖以书与明,言叶赫渝盟悔婚,复匿布占泰,不得已而用兵,躬诣抚顺所,永芳迎三里外,导入教场,太祖出书畀永芳,乃引师还"。③

翻译一下:明朝警告努尔哈赤,不得侵犯叶赫。努尔哈赤以书面形式向明朝陈述了对叶赫用兵的缘由,并亲自将书信送去抚顺。李永芳出城三里迎接,

---

① 《清太祖武皇帝实录》卷二。
② 《明神宗实录》卷455,万历三十七年二月辛巳条。
③ 赵尔巽等撰,《清史稿》卷231,列传十八。

将努尔哈赤请入城内教场。努尔哈赤将书信交与李永芳，然后大摇大摆地走了。

既然明朝是在警告努尔哈赤，说明双方的关系已经恶化。如果努尔哈赤不听，那就得打了。作为抚顺的最高军政长官，李永芳不可能不知道这一点。可是，努尔哈赤依然可以大摇大摆地进入明朝地盘，地方军政长官竟然还得高规格接待。这说明什么呢？

说明他俩之前就很熟，很可能是一伙儿的。想想也明白，努尔哈赤娶的佟妹子就是抚顺人，佟氏一门的历史我上文也介绍了。如此大的地方势力，相当于县太爷的李永芳自然要巴结一下。那么，佟家的女婿努尔哈赤，跟他的关系自然也是不错的。

当然，当时的抚顺驻军也就千余人，这点儿规模的支援，只能是锦上添花，并不能雪中送炭。努尔哈赤盔甲来源的真正大头，来自另一条途径，即逃亡的辽东军户。

第五节 辽东军户的悲惨人生

这里，我有必要先介绍一下明朝的军制。

朱元璋创立明朝后，吸取元朝军户制度的优点，创立了明朝版本的"卫所军户制度"。请注意，这里的"卫所"，虽然与上文女真地区的"卫所"名称相同，但是制度内容完全不同。

可以这么理解，我们将明朝疆域分为三层，最外层是奴儿干都司、乌斯藏都司和朵甘都司，在这三大自治区内，明朝不直接管理，而是当地部族自治，属于自治卫所。

中层就是我们这一节所说的"卫所军户"地区，分布在明朝两京十三省[①]的边缘，沿长城、河西走廊、横断山区排列，属于明朝直辖军区。例如辽东都司、山西行都司（大同），其下又设立广宁卫、大同卫等。

内层就是两京十三省，也就是传统意义上的关内地区。

下面，我重点说明一下中间这一层。

洪武十七年（1384年），朱元璋在全国各个军事要地设立"军卫"，至洪武二十六年，"定天下都司、卫所，共计都司十有七，留守司一，内外卫

[①] 两京即为"京师"（今北京）和"南京"，又称北直隶、南直隶。北直隶大致相当于今天的河北、北京、天津；南直隶大致相当于今天的江苏、安徽、上海。

十三省：山东、山西、河南、陕西、四川、湖广（湖南、湖北）、江西、浙江、广东、广西、云南、贵州、福建。

三百二十九，守御千户所六十五。"①

这里的"都司"，即为军区；这里的"卫"，即为军区内军队屯驻的地点，一卫通常驻军5600人（可以理解为5600个军户）。在卫下设千户所（额定1120户）、百户所（额定112户），首领称之为千总、百总。千户、百户中的"户"，就是军户，也就是在卫所内屯驻的人家。

军户即为军人户口，既是军籍也是户籍，代代相传。明朝的军户来源有两个渠道，一是在元朝时期即为军户的人家；二是跟着老朱打天下的士兵。并不是所有军户都要当兵，在大部分卫所内，每三至八个军户才抽调一人进入常备兵，称作"正军"。如果在战时，比例会相应提高。正军免除所有差役，也就是不用为国家义务劳动。国家会分给正军一定的房屋、土地，每个月还发口粮。

此外，明朝已经是火器时代，运输弹药、装填火器很麻烦。这时，正军需要一个助手，称作"在营余丁"，配合正军打仗。余丁就没有正军那么高的待遇了，只能免除他所在户口本中一名男丁的差役，其他人还得为国家义务劳动。

对此种制度，朱元璋骄傲地说道："吾养兵百万，不费百姓粒米。"②

然而，这个制度看起来很美好，但施行起来却有很大的弊端。

普通农民租用地主的土地，向地主们交租；卫所军户种的是国家分配的土地，向卫所长官们缴税。两者看起来是差不多的。但是，地主们多少受当地县太爷、知府的约束，不敢太明目张胆；而卫所长官们则是县太爷兼军队司令兼大地主，军政一体，一手遮天。所以，他们想怎么干，就怎么干。

有的长官没收军户土地，把人家从自耕农变成自己手下的佃农；有的长官吃空额，本来只有五千人，上报朝廷说有一万人，多出来的田地、粮饷全部装进自己的腰包；有的长官勾结当地土豪、士绅，把卫所的田地卖给他们耕种，牟取暴利。举几个例子。

正统六年（1441年），贵州二十卫所屯田、池塘共九十五万七千六百余亩，"良田为官豪所占"，"贫穷军士无寸地可耕"。③

---

① [清]张廷玉等撰，《明史》卷90，志第六十六，兵二，卫所班军。
② 《明神宗实录》卷587，万历四十七年十月庚戌条。
③ [明]陈子龙等选辑，《皇明经世文编》卷28，"贵州军粮疏"。

正统九年（1444年），大宁都司官军都指挥佥事田礼等人"侵占屯地四千一百二十七顷有奇，递年不输子粒"。①

弘治年间，陕西榆林的卫所官员，"侵夺屯田，隐占为业，祖孙相继，盘踞自如，凡应纳屯粮，悉置诸度外"；"富豪者种无粮之地，贫弱者输无地之粮"。②

以上情况，不胜枚举。

而辽东地区，则是军户制度的重灾区，因为这里只有军户，没有其他户口。洪武十五年（1382年），朱元璋决定，因辽东地区"早寒、土旷、人稀，不欲建置劳民"，所以"但立卫，以兵戍之"。③即朱元璋将整个辽东地区作为军区管理，不设管民机构。如果你的户籍在这里，那么你就只能是军户。你说倒霉不倒霉？

因为上文列举的原因，辽东军户大量逃亡，到什么份上呢？

《全边略记》记载，正统八年（1443年），明朝锦衣卫指挥吴良（好名字）去海西女真卫所巡视，看到在女真地主家种地的都是汉人。逃亡的辽东军户甚至还喊出了口号："生于辽，不如走于胡。"

到了万历年间，本来就如同负重骆驼一般的辽东军户，被压上了最后一根稻草——"高淮乱辽"。

其实这个事一开始跟高淮没啥关系，而是一个叫阎大经的千户给万历出了一个馊主意。万历二十七年（1599年）三月，阎大经向万历建议："辽东地方金银矿洞及马方物，税课开采，有裨国用。"④即辽东地区的宝贝多，应该让他们经常上交一些；同时，在辽东开矿，收取矿税。

开矿收税，本是天经地义之事，看起来没什么不妥。但是，万历老兄充分发扬创新精神，创造了两种税收管理新模式。

第一，征税人员不是政府官员，而是由万历老兄自行指定，大部分是太监。

第二，收上来的税不进国库，而是进皇帝内库，也就是万历老兄的私人存款账号。

---

① 《明英宗实录》卷123，正统九年十一月丁亥条。
② ［明］陈子龙等选辑，《皇明经世文编》卷359，"清理延绥屯田疏"。
③ 《明太祖实录》卷145，洪武十五年五月。
④ ［明］陈子龙等选辑，《皇明经世文编》卷425，"请罢辽左开采疏"。

太监收税，皇帝私吞，真可谓是千年创新之举。

万历老兄派去辽东征税的太监叫高淮。之前，他隶属于尚膳监，负责管理皇帝的伙食。让一个管伙食的太监去当收税官，万历老兄也真是心大。下面，我们就来看看高公公是如何在辽东征税的。

万历三十一年（1603年）初春，高公公率数百家丁，"自前屯起辽阳、镇江、金（州）、复（州）、海（州）、盖（州）一带大小城堡，无不迂回遍历。但有百金上下之家，尽行搜刮。得银不下十数万，闾阎一空"①。

翻译一下：高公公带着一群家丁，到辽东军区各城镇、堡垒进行地毯式搜刮，但凡有点儿钱的军户，他都以征税为名进行勒索。累计搜刮十几万两白银，军户们的钱财被掠夺一空。

值得表扬的是，高公公还是很一视同仁的，他并不只针对辽东军，连朝鲜也不放过，即"时时出塞射猎，发黄票龙旗，走朝鲜，索冠珠、貂马"②。同时，高公公还很有上进心，没事就抢个功劳什么的，"数与边将争功，山海关内外咸被其毒，又扣除军士月粮"③。

由于高公公的"精彩表现"，辽东军不时哗变。

万历三十六年（1608年）四月，因不堪高淮勒索，"前屯卫军甲而噪，誓食淮肉"④；"致激众怒，歃血齐盟，欲挈家北投虏地"⑤。到了六月，锦州、松山再次发生兵变。

其实呢，高公公干的这点儿事，在李成梁眼中都是小儿科。

万历十九年（1591年），明朝吏科都给事中⑥侯先春，在实地调查辽东情况后，给万历写了一份标准的八股文报告，名为《安边二十四议疏》，其中写道："每丁军所至，城堡骚然，酒食尽出于民家，妇女多遭其淫辱。稍不如意，尽行毁房。马蹄经过，鸡犬一空。其丁军未必御虏，而先遭一强虏也。民谣有云：

---

① ［明］陈子龙等选辑，《皇明经世文编》卷436，"论辽东税监高淮揭"。
② ［清］张廷玉等撰，《明史》卷305，列传第一百九十三，宦官二。
③ 同上书。
④ 同上书。
⑤ 《明神宗实录》卷445，万历三十六年四月乙酉条。
⑥ "都给事中"为官名，可以理解为明朝中央六部的审计、监察官员。

'若遭大房还有命，若遭家丁没得剩'"。①

翻译一下：李成梁主政辽东期间，他的家丁军队到了哪里，就在民家白吃、白住、白睡，睡的时候还要拉上良家妇女。民家敢不从，他们就杀人、烧房子。这些人哪里是在防御胡虏，他们本身就是一群胡虏。民谣唱道：鞑虏过来抢，还能留条命；家丁过来抢，什么都不剩。

这就叫逼良为娼。万历皇帝、收税太监、李成梁的所作所为，将大量辽东军户、基层士兵送给了努尔哈赤，是其劳动力、盔甲、武器的主要来源。

在很多人的印象中，被女真掳掠的汉人，即为奴隶，也就是失去人身自由而任人驱使的群体，是很悲惨的。这么说倒不假，毕竟这些人不能随意外出，和平时期要干活，打仗的时候要保障后勤。

但是，我想反问一下，难道辽东军户在明朝时不是如此吗？

况且，这些逃亡的人，相当一部分过得还是很不错的。还是根据侯先春所言："迩岁以来，虏岁掠我人以万计，辄散处于板城而恩养之。给之妇，使生子女，给之牛马田土，使孳息耕种。待其心志无变易，而后用为奸细，用为响导。"②

翻译一下：近几年来，蒙古、女真各部（以下统称"胡虏"）每年都要掳掠上万辽东人口，将他们安置在"板城"③之中。胡虏首领发给他们妇女，让他们生育后代；发给他们牲畜和土地，让他们耕种。等这些人回过味来，发现当胡虏的奴隶比当辽东军户舒服多了，就开始为胡虏效力，潜入辽东搞破坏。

在胡虏那边当奴隶，竟然可以发牲畜、发土地、发妹子，如果这种好事被河北那几万名为了进宫而自宫的候选太监们知道了，怕是要悔青肠子了，还不如去东北当奴隶呢，至少是个完整的人。

更讽刺的是，因为这些逃亡军户熟悉明朝情况，痛恨压迫他们的各级军官，所以他们在跟随胡虏进犯的过程中，破坏力更大。"入犯之时，为之四散掳掠者，亦多中国人。有挖人地窖者；有指人粟谷之数而逼索之者；有呼雠人之名

---

① ［明］陈子龙等选辑，《皇明经世文编》卷428，"安边二十四议疏"。
② 同上书。
③ "板城"为明朝时期塞外汉人村落的专用名称，"百姓"的谐音。

而焚其庐、掘其冢者,皆汉人也。"①

这些自愿逃跑、被掳掠的人口有多少呢?

根据明朝巡按御史何尔健的统计,仅截至万历三十一年(1603年),跑到女真地盘的汉人"无虑十万有余"。

在努尔哈赤一统女真诸部后,建州女真就成为辽东军户逃亡的第一选择,他们给努尔哈赤带去大量的劳动力、盔甲、兵器。所以,万历皇帝才是努尔哈赤崛起的第一功臣。

不好意思,说错了,万历不是臣,而是第一"功皇帝"。

---

① [明]陈子龙等选辑,《皇明经世文编》卷428,"安边二十四议疏"。

第六节 立业五大战

在万历皇帝、李成梁、收税太监、抚顺军官、佟氏家族或主观或客观的大力"支持"下,在努尔哈赤三十余年的不懈征伐后,他有了地盘、金钱、劳动力和强大的军队。

万历四十四年（1616年）正月初一,也就是万历皇帝将建州女真进贡人数限制为十五人后的第二年元旦①,努尔哈赤在赫图阿拉称"列国沾恩明皇帝",又作"抚育诸国英明汗",建国号"大金",史称"后金"②,定年号为"天命"③。

不管是大汗还是皇帝,老努算是正式自立门户。这一年,他已经五十八岁,再拖,这辈子可能就没机会与明朝一战了。

那就打吧！

由于内战并非本书讲述的重点,所以这里我只简单说一下。

第一战,抚顺—清河之战。

---

① 清朝的"元旦"为阴历正月初一。
② 后金即为清朝前身,两者以崇德元年（1636年）为界。
③ 努尔哈赤时期明朝与后金的年号对应关系如下表。

公历年份	1616	1617	1618	1619	1620	1621	1622	1623	1624	1625	1626
明朝年号	万历					天启					
	四十四	四十五	四十六	四十七	万历四十八/泰昌元年	元年	二	三	四	五	六
清朝年号	天命										
	元年	二	三	四	五	六	七	八	九	十	十一

万历四十六年（天命三年，1618年）四月，努尔哈赤率军攻打抚顺，抚顺游击将军李永芳、中军赵一鹤开城投降，佟养真、佟养性兄弟也一并归附。进攻抚顺的同时，后金军还攻占了抚顺周边的东州堡、马根丹堡等115座台堡。明军总兵张承荫率军救援，后金军于抚顺城东大败援军，追杀四十里，杀明朝各级军官五十余人，三千援军几乎全军覆没。三个月后，努尔哈赤又率军强攻清河，破城后，杀明军六千四百余人。

这两战，后金掳掠人畜三十万，招降明军一千余户，缴获战马九千匹，盔甲七千副，火器、武器、器械不计其数。

这就开始滚雪球了。

第二战，萨尔浒之战。

努尔哈赤攻击抚顺、清河的举动，引来了明军的反击。万历皇帝决定联合努尔哈赤的世仇叶赫部和朝鲜，共同出兵，剿灭建州。一直以来，此战都被当作以少胜多、以弱胜强的经典案例，即后金军人数少，战胜了人数更多的明军，但其实此战是典型的多打少、强打弱。

万历四十六年（天命三年，1618年）七月，兵部尚书黄嘉善上疏万历皇帝，汇报征伐建州女真的兵力调配情况："辽东全镇额兵不过六万，除城堡、驿站、差拨外，实在仅二万余，又各有防守之责。今合蓟镇援兵仅三万余，选调宣（府）、大（同）、山西、延（绥）、宁（夏）、甘（肃）、固（原）七镇兵马一万六千，蓟镇各营路兵丁数千，及辽镇召募新兵二万，通共未满八万。"①

翻译一下黄嘉善汇报的内容：虽然辽东军的兵额有六万，但可调动的兵力只有两万多，还不能全部都用，因为他们也各有防守之责。加上河北镇援兵才三万多，此外还有调来山西、陕西、甘肃等处援兵共一万六千，辽东军新兵两万，还有杂七杂八的军队几千人，以上合计也不到八万人。

考虑到兵力不足，黄嘉善就令从四川赶来的刘綎征调西南土司②兵二万人参战，但刘綎实际只带来了汉人土司兵9829人。

以上满打满算，不过九万人。

---

① 《明神宗实录》卷572，万历四十六年七月甲寅条。
② 土司为西南少数民族部落头领。

然而，这些军队并未全部出关，江西道御史薛贞上疏万历皇帝称："调到援兵皆伏地哀号，不愿出关。"① 根据明军统帅杨镐的统计，出关作战的明军只有七万人。七万明军加上叶赫部残军和朝鲜军队，明军的实际参战兵力也就九万人左右。

努尔哈赤这边，在这个时点，后金共有二百三十一个牛录，一牛录满编为三百壮丁，但是很多做不到满编，能上阵的壮丁大概有六万人。这么比起来，好像还是明军多一些。但是，有两个情况一直以来被大众所忽略。

第一，明军兵分四路，但有一路压根没有参战，这一路就是李如柏（李成梁的儿子）率领的中路右翼军（自清河出发）。李如柏的军队是辽东军精锐，其行军路程最短，距后金大本营赫图阿拉最近。但是，他刚出明朝实控地界，就掉头回师，这样明军的参战兵力就少了四分之一。

没有证据，我也不好妄下定论，但是结合前文所说的辽东军与努尔哈赤的关系，其实也不难明白。

第二，努尔哈赤在抚顺之战中掳掠人畜三十万，加上之前收容的逃亡军户，使得后金军有大量的后勤劳动力负责保障作战。辽东巡抚周永春就曾在战前向万历汇报：后金军骁勇惯战者约有五六万，掳掠的汉人民兵亦有二三万。

更何况，后金军在过去几十年中一直在打仗，是百战精锐；而明军来源复杂，有临时招募的新兵、西南土司兵和其他卫所的援军，有些甲胄不齐，有些未经训练，很多人第一次上战场。

这么一对比，孰强孰弱就一目了然。人数、士兵素质、指挥官素质都不占优，明军要是能打得赢那就见鬼了。

此战，明军"文武将吏前后死者三百一十余人，军士四万五千八百余人，亡失马驼甲仗无算"②。更重要的是，作战明军的两万多件火器和弹药，几乎都扔在了战场上。努尔哈赤又发了一笔大财，雪球越滚越大。

萨尔浒之战对于辽东军的影响，类似土木堡之战对建州女真的影响。辽东军中、下层军官，是一个个活生生的人。他们亲历过死太监高淮的敲诈勒索，

---

① 《明神宗实录》卷571，万历四十六年六月壬戌条。
② ［清］张廷玉等撰，《明史》卷259，列传第一百四十七。

也没少受上头高官的盘剥，很多人还是李成梁迁移宽甸六堡的受害者，他们早就对明朝心怀不满。之前他们之所以没有反抗，是因为没有猛人领头，担心反抗之后被消灭。现在，努尔哈赤打败了明朝大军，主动投降老努的李永芳、佟养性受到优待。这时，"保家卫国"这个概念对他们而言就太过奢侈了。

第三战，开原之战。

万历四十七年（天命四年，1619年）六月，努尔哈赤率兵攻打开原，辽东军千总金玉和、王一屏、戴集宾、白奇策等人投降。此战明军死伤万余人，后金军"驻三日，其俘虏财物，收之不尽，军马驮之不完，乃以所获之驴骡马匹驮运，以牛车装载，仍有所余"①。

第四战，辽沈之战。

天启元年（天命六年，1621年）三月，努尔哈赤率军攻打沈阳。城内蒙古饥民打开城门，放后金军入城，明军大败，辽东军精锐尽失。紧接着，努尔哈赤率军攻打辽阳，此地为明朝辽东都司驻地，相当于省会。

简单点儿说，辽东经略袁应泰被之前发生的"开城门事件"搞怕了，率军出城作战，但野战失利，又变成了守城战。这时，辽阳城的小西门莫名其妙地发生了火药爆炸，既而引发大火，明军守城部队陷入混乱。后金军趁机入城，袁应泰自尽殉国，城内一万余件各型火器均落入后金军手中。

之后，后金军乘胜攻下金州、复州、海州、盖州等七十余座城池，尽占辽河以东之地。

第五战，广宁之战。

天启二年（天命七年，1622年）初，努尔哈赤率兵攻打广宁。游击将军孙得功出城投降，为后金军引路；守城门的明军守备石廷柱打开城门，放后金军入城。与这二位仁兄一起投降的还有守备张士彦、黄进，千总郎绍贞、鲁国志、石天柱。

在努尔哈赤攻打辽河诸城堡的过程中，还有如下仁兄投降。

参将：刘世勋；

游击将军：罗方言，何世延，闫印；

———————
① 《满文老档》太祖皇帝第二函、第十册，天命四年五月至六月。

第一章　　　　　　　　　　　　　　　　缘起建州

都司：金砺、刘式章、李维龙、王有功、陈尚智；

备御：朱世勋、黄宗鲁；

中军：王志高；

守堡：闵云龙，俞鸿渐，郑登，崔进忠，李诗，徐镇静，郑维翰，臧国祚，周元勋，王国泰。①

人心散了，队伍就不好带了。

以上战争，我称之为努尔哈赤的"立业五大战"。这五战中，后金掳掠人口六至八万户，占领辽河以东地区，杀伤明军十万余人，扒死人盔甲、缴获库存盔甲以十万计，缴获各型火器两万余件，可谓是赚得盆满钵满。

然而，以上这些还只是硬实力的收获。在这个过程中，约一万名辽东军中、下层军官和士兵投降后金。这是辽东军第一次大规模投降后金（清朝），后面还会有三次，这一次他们的统一特征如下。

第一，级别较低，官职最高的也就是参将，相当于现在的团长，大部分是营长、连长级别。

第二，投降后大都得到妥善安置，相当大比例受到重用。最重要的两个人，佟养性、李永芳分别被授予总兵、副将（副总兵）的官职。努尔哈赤还把自己的孙女嫁给了李永芳，你要知道，他俩可以说是同辈人……

这也从侧面说明，他俩之前的交情就很不一般。

与李永芳一起投降的一千户部众，努尔哈赤安排如下："给以马、牛、奴仆、衣服、被褥、粮食等。又给牛一千头，以供食用。每户分给大母猪二口、犬四条、鸭五只、鸡十只，以供饲养，并给与器皿等一应物件。仍依明制，设大小官员，著交其原主游击李永芳管辖。"②

其他投降的将官，虽然在努尔哈赤当政时期不像李、佟二人那般受重视，但之后也大都飞黄腾达。

金玉和投降前相当于连长，投降后官至正黄旗汉军副都统。石廷柱投降前相当于营长，投降后因功累进至镶红旗汉军都统，授爵位三等伯，以太子太保

---

① 赵尔巽等撰，《清史稿》卷231，列传十八。
② 《满文老档》太祖皇帝第二函、第六册，天命三年正月至闰四月。

致仕，他的曾孙女还嫁给了康熙帝的太子胤礽；金砺投降前相当于营长，投降后因功累进至陕西四川总督，加太子太保致仕。

这些人成建制地投降，给努尔哈赤带去的并不仅仅是军队、武器和盔甲，还有明军的火器战法和工匠手艺。老努对主动投降的明朝官兵高度重视，军官、士兵均被编入八旗，是后来汉军旗的第一批主力。

第七节 强大的军队与拙劣的民治

关于后金军装备、战法等方面的内容,有一个人记载得相当详细,即徐光启。教科书上讲过,他是明朝时期的科学家,和西洋传教士利玛窦共同翻译了《几何原本》。其实,数学只是徐光启擅长的学科之一,在其他多个领域,他都有很高的造诣。

他的八股文写得很好,万历三十二年(1604年)考中进士,崇祯年间官至礼部尚书,还曾入阁为次辅;他对天文历法也很精通,是中国最早系统阐述"地球是球形"的人,作品有《崇祯历法》《简平仪说》;他对农业也有研究,著有《甘薯疏》《种棉花法》等书;最有名的当数《农政全书》这部巨著,徐光启博采前人的农学文献,进行系统的摘录与评述,全书达六十万字。

最后,他还是一名火器专家,与同道好友孙元化一起,致力于提高明军的火器装备水平。下面,我们就来看看徐光启老先生各种"恨铁不成钢"的吐槽。辽阳之战后,他接连向天启皇帝陈奏以下内容。

一、盔甲

"据朝鲜报称:奴寨北门,铁匠居之,专治铠甲。向亦闻其铁工所居,延袤数里。臣又见在辽回还人等,言贼兵所带盔甲面具臂手,悉皆精铁,马亦如之。"①

翻译一下:根据朝鲜方面的奏报,后金军大营的北寨,是专门供铁匠制作、

---

① [明]陈子龙等选辑,《皇明经世文编》卷488,"辽左阽危已甚疏"。

修理铠甲的地方。我之前就曾听说后金军有专门的铁匠营寨，范围达数里之广。我又询问了辽东前线回来的士兵，他们说敌军所穿戴的盔甲、面具、护臂、护手，都是精铁所制，连战马都身披同样的盔甲。

二、火器

"辽左再败之后，贼则昔无今有，有而且多；我则昔多今少，少而且劣。我虽旧有，用之甚拙；贼虽创有，用之甚工。"①

翻译一下：辽阳之战再次失败后，之前敌军没有的火器，现在有了，而且更多；之前我军的火器虽多，但是现在损失很大，而且质量也比不过对手。虽然我军之前长时间使用火器，但使用方法拙劣；虽然敌军上手火器的时间并不长，但是用得颇有章法。

三、战法

"如近攻辽东门，贼来止七百人，车载大铳，我川兵千人逆之。贼发虚铳二次，我兵不损一人，因而直前搏战。迨至二三十步真铳齐发，我兵存者七人而已。"②

翻译一下：辽阳东门之战，后金军只有七百人，摆出火炮阵，防守此处的是明军川兵一千人。后金军放了两轮空炮，川兵无人受伤，误以为后金军的炮是摆设，无法伤人，就贸然上前搏杀。等到川兵走进距后金军二三十步距离时，后金军开始真的打炮，川兵死伤无数，仅有七人生还。

由徐光启陈奏的内容可见，此时后金军已经可以自制盔甲，火器战法也相当娴熟，甚至超过了他们的老师——明军。所以，并不像网络盛传的那般，努尔哈赤靠马刀、弓箭打天下，事实上，在他对明开战后的第三年，后金军就已经成建制使用火器了。

为了进一步规范火器使用，努尔哈赤先后两次对后金军进行大规模整编。

天启二年（天命七年，1622年）正月，努尔哈赤正式成立专门的火器部队。"著汉官管四千人者，以二百人充兵，其一百兵，配以大炮十门，长铳有

---

① ［明］陈子龙等选辑，《皇明经世文编》卷489，"略陈台铳事宜并申愚见疏"。
② 同上书。

第一章　缘起建州

八十只，另一百兵，听尔调遣；诸申①官管二千七百人者，以一百三十五人充兵，其六十七人，配以大炮六门，长铳四十五只，另六十七人，听尔调遣。"②

说明一下：努尔哈赤将在战争中掳掠的汉人壮丁，分配给八旗各旗旗主和明朝投降官员管理。旗主每人分2700人，汉总兵每人分4000人，他们之下的各级官员也按照品级分配不同数量的壮丁③。这些汉人的主要任务是种地、纳税和服徭役，部分人也要当兵。后金的火器部队，就是从这些人中抽调组建的，比例为二十抽一。

汉官管理的4000人中，挑选200人，其中100人为正规军，配备火炮10门、火枪80杆；另外100人负责后勤保障工作。女真旗主管理的2700人，挑选135人，其中67人为正规军，配备火炮6门、火枪45杆；另外67人负责后勤保障工作。其他各级官员管理的汉人，也按照相同比例抽调。这支军队全部是汉人，全部使用火器，总数约为3000人。

努尔哈赤对原有的八旗兵也重新整编。

天启三年（天命八年，1623年）四月，努尔哈赤下令："著每牛录遣甲兵百人，以十人为白巴牙喇，携炮二门，枪三枝；再将九十甲兵分之，其四十甲兵为红巴牙喇、携炮十门、枪二十枝，又十人，携盾车二辆、水壶二个。黑营五十人，携炮十门、枪二十枝，又二十人携盾车二辆、梯一架，绵甲十五副。每一甲喇携大炮二门。"④

先说明一下，上文中的"枪"指冷兵器长枪，即长矛；"炮"指鸟枪、火门枪；"大炮"才是我们理解的火炮。

翻译一下：以300名壮丁为一个单位，抽出100人披甲，进入八旗常备军，这100人的编制情况如下。

（一）"白护军"（白巴牙喇）10人，其中用火枪的两人，用长矛的三人，其他人用马刀。

---

① 清朝史料中，"诸申"即为"女真"。
② 《满文老档》太祖皇帝第五函、第三十二册，天命七年正月。
③ 此时后金汉人官员分为三档，即总兵、副将、游击（参将），副将分给3000人，游击分给2000人；女真官员分四个等级，除各旗旗主外，其他三级分别分给1700、1000、500人。
④ 《满文老档》太祖皇帝第六函、第四十八册，天命八年三月至四月。

（二）"红护军"（红巴牙喇）40人，其中用火枪的10人，用长矛的20人，推楯车的10人。

（三）"黑营军"50人，其中用火枪的10人，用长矛的20人，推楯车、搬云梯等器械的工程兵20人。黑营军由于工程兵居多，需要推楯车、爬云梯，所以额外给棉甲15副，交战时冲锋的士兵身披两层棉甲，增强防护力。

上述这些"百人队"，凑够五百人就携带火炮两门。

这是八旗的常备兵，此时约有两万人。火器兵占22%，冷兵器士兵占48%，工程兵占30%，披甲率115%。

在战法方面，后金军也进行了改革。

立业五大战之前，后金军的战法是："当兵刃相接时，被坚甲、执长矛大刀者为前锋；被轻甲、善射者从后冲击；俾精兵立他处，勿下马，相机接应。"①

翻译一下：重甲步兵持长刀、长矛列阵向前；轻甲士兵持弓箭在后，射击对手；骑兵在战场外集结，伺机冲击对方军阵侧翼。

立业五大战之后，后金军战法升级为：工程兵推楯车为前列，火器兵、弓箭手在其掩护下紧随其后，重甲步兵负责保护远程兵种。到了火器射程之内，以楯车为掩护，枪、炮、箭齐发；压制对手后，重甲步兵持长兵器列阵向前碾压；在此期间，骑兵伺机出击，冲击对手军阵侧翼。

此外，每一队士兵之后，都有一个督战官。他持弓箭站在队伍末尾，箭头上涂有红色油漆。谁脱离队伍、向后逃跑，他就射谁。战争结束后，凡是发现背后有红色油漆的士兵，一概斩首。

由上可见，此时的后金军已经是一支可用兵力达6万人、常备兵2.3万人（2万常规军队，3000火器部队）、全员披甲、建制标准化、火器专业化、军令严格的军队了。

虽然明朝总兵额有二三百万人，但是面对这样一支军队，如果继续之前传统的调兵策略，即遇到战争就从全国各地调兵，人员、武器、盔甲、火器都不统一，装备水平参差不齐，各地将领们之间互相不服气，就算调来军队百万，也只不过是更大规模的萨尔浒而已。

---

① 《清太祖高皇帝实录》卷四，壬子岁至乙卯岁。

好啦，到这会儿，努尔哈赤可谓是志得意满。女真诸部被他打服了，大明被他打败了，蒙古诸部就敢瞎嚷嚷，不敢真动手，人生巅峰就这么达成了。

巅峰即为最高点，到达巅峰后，就该走下坡路了。努尔哈赤之所以下坡，是因为他遇到了一个全新的课题——治国。这是一项非常繁琐、复杂的系统性工程，包括民治、政治、军事、外交等多方面。对大部分开创者而言，创业初期这些都是一片空白。

举几个例子。

（一）直到万历四十一年（1613年），老努才号召国人垦荒，在各村建立粮库，而之前并没有，就原始到这个份上。

（二）在古代，盐和铁是战略资源，由国家专卖，是赋税的重要来源。然而，老努并不懂，他是这么分盐的："至东海熬盐之参将阿尔布尼返回，计国中男丁数散给。至八堡汉人所煮之盐，按丁分给彼等。"① 看到了吧，国家熬的盐，也不出售，直接按人头平分。

（三）老努收取的税赋也很搞笑，与其说是"税赋"，不如说是贡品。像"张游击献王瓜一盘、樱桃一盘、杏二盘。刘游击献王瓜二盘、樱桃二盘。京立屯王英献樱桃一盘。"②

各地地方官交上来的，就是这么些东西。由上述史料你也能看出，"张游击""刘游击"都是军职。是的，老努先生并不设县官这种行政单位，所有地区都是军政一体，军官兼县太爷。这些大老粗要是能治理好地方，那就见鬼了。

（四）老努还很有"事无巨细"的精神，类似"张家娶了李家已聘之女""某家侍女与某家家仆私通"这种事，他都要亲自断案。那他断案的依据是什么呢？

他自己所言："律云：妇人不得出言干预。"③ 即法律规定：男人的事，妇女不能发表意见！这要是被现在的女权朋友们知道了，老努怕是要被喷死。

---

① 《满文老档》太祖皇帝第三函、第十七册，天命五年九月至六年闰二月。
② 《满文老档》太祖皇帝第三函、第二十二册，天命六年五月。
③ 《满文老档》太祖皇帝第三函、第十八册，天命六年闰二月至三月。

（五）老努还经常给下面的人出一些"科学点子"。在当时，明军奸细和后金境内反抗的汉人，经常故意把猪毒死，再卖给女真人吃。老努教下面如此做法："我兵丁购猪，当日勿宰，留二三日，待药毒散尽，再行宰食。"①

……至少应该洗一洗吧，不然药毒如何"散尽"？

（六）老努对主仆关系也很有想法。天命六年老努谕旨："奴才爱主子，主子爱奴才。奴才耕种之谷，与主子共食，主子阵获之财物，与奴才共用，猎获之肉，与奴才共食。"②

……不予评说了。

要说呢，立业五大战之前，老努治国的问题还不那么明显。就人口来说，那会儿后金直辖的人口不过几万户，相当于现在大一点儿的镇。而且人口成分相对单一，不是女真人就是逃亡的辽东军户，大家都很穷、很朴实，乱点儿就乱点儿了。

就地盘来说，那会儿老努直接管理的地域仅相当于今天辽宁省的东部山区。他确实"统一"了建州、海西女真诸部，但并不是"国家管理县"的模式，而是把人家打服了，建立类似盟主与盟友的关系。

然而，立业五大战之后，后金掳掠了大量汉人，控制了辽河以东的广大地区，管理这种规模的地盘、人口，就需要完善的户籍管理制度、税收制度、土地制度、盐铁管制制度等。

而这些，老努先生只有半吊子的户籍制度（即八旗制度），其他通通没有。他的治国理念是，想到哪儿就治到哪儿。

当然，老努也有些好的方面，像重视手工业。天命六年六月初七，海州城下属的村子进献所制的绿瓷碗、罐3510个。老努很高兴，说道："素称东珠、金、银为宝，何其为宝，寒者可衣乎？饥者可食乎？国中所养之贤人知人所不知，匠人能人所能，彼等实为宝也！"③

总结一下就是一句话：金银皆是假宝，手工业人才是真宝啊！之后，他又

---

① 《满文老档》太祖皇帝第四函、第二十三册，天命六年六月。
② 《满文老档》太祖皇帝第三函、第十七册，天命五年九月至六年闰二月。
③ 《满文老档》太祖皇帝第四函、第二十三册，天命六年六月。

要求属下拟定方案，对各种有手艺的匠人授以官爵。

但是，综合来看，在治国方面努尔哈赤很单纯、很质朴，或者可以说是很幼稚。显然，当从一个镇级干部突然升格为副省级干部时，他并没有做好准备。

第八节 三大弊政

然而，我上文说的这些内容，还不是老努在治国过程中存在的核心问题。他最失败的地方有三个：一是合居令；二是迁移令；三是剃发令。

一、合居令

这个法令的全称是"女真、汉人合屯同居令"，内容也很简单，按照努尔哈赤的原话说就是："诸申人、汉人同居一屯，粮则共食，共以草料喂养牲畜。诸申人不得欺压汉人，勿得抢夺汉人诸物。倘如抢夺侵害，汉人来诉，则治罪。汉人尔等亦勿得无中生有捏造浮言。"①

翻译一下：将掳掠而来的汉人和迁移而来的女真人混编，分为一个个村落。种的粮食大家一起吃，割的草料一起喂牲口。女真人不能欺负汉人，如果发生了这种情况且证据确凿，汉人可以向各级官员诉讼，将犯罪的女真人治罪。当然，汉人也不能无中生有，编排事端诬告女真人。

用一个词来形容这个法令，那就是"幼稚"！

这里，我要先替老努辩白一下，对于他所知道的"女真人欺负汉人"事件，他确实采取了雷霆手段。

"天命六年，延朱虎牛录下有三人夺汉人之猪，杀而食之。遂刑二人，杀一人。"② 抢汉人的猪吃，就是死罪。

---

① 《满文老档》太祖皇帝第四函、第二十九册，天命六年十一月。
② 《满文老档》太祖皇帝第四函、第二十六册，天命六年九月。

"天命七年，工匠茂海奸宿户下汉人之妇，按八旗裂尸八段，悬八门以示众。"① 通奸汉人妻子，死罪，裂尸示众。

然而，虽然老努的惩罚措施很果决、很严厉，但是这些案例只是个例。倒不是说老努不愿意秉公执法，而是在司法制度不健全或者说是基本没有司法制度的后金，受到欺负的汉人能够如实地将情况反映给老努，几乎没有可能。

当然，受点儿欺负还不是最严重的问题，更严重的还在后面。

按照努尔哈赤的意思，合屯居住的女真人、汉人要搞大锅饭，即"粮则共食"，劳动成果一起分配。这就有了下面这一连串的反问。

汉人大都是被掳掠而来，说不准同村的女真人就曾杀害过他们的亲属，双方会彼此尊重吗？

大部分女真人之前靠渔猎、采集为生，他们能习惯种地吗？

女真人不种地，就要吃汉人种的粮食，汉人会乐意吗？

所以，有的汉人就把粮食藏起来，等其他人没有粮食吃了，他们再高价卖出；如果实在没地方藏了，就把粮食糟蹋了，喂猪、喂鸡、当柴火烧，反正就是不给其他人吃；还有的汉人索性不种地了，比一比谁先饿死；更多汉人直接逃亡，跑回明朝的地盘。

努尔哈赤得知这些情况后，又规定："诸申、汉人不得糜费或买卖粮谷，倘知有买卖者等，则必治罪。开粮窖时，诸申、汉人合开。汉人、诸申每月每口给粮汉斗四斗。"②

翻译一下：禁止浪费、买卖粮食，一旦查出就要治罪。开粮窖取粮时，必须是女真人和汉人一起开启。粮窖内的粮食按人头发放，汉人、女真人一样，每人每月给粮食四斗。

很明显，这种吃大锅饭的政策无法解决我上文说过的问题。老努不知道，生产力与生产关系的适应度，并不是武力或是法令能够解决的，这种现象的学名叫"棍棒打不垮经济理论"。所以，公家粮窖里还是没有粮食，女真人还是没有饭吃；粮食依然是该卖的卖，该私藏的私藏；种粮食的人依然是跑的跑，怠

---

① 《满文老档》太祖皇帝第五函、第三十四册，天命七年正月至二月。
② 《满文老档》太祖皇帝第四函、第二十九册，天命六年十一月。

工的怠工。

二、迁移令

与很多人想象的不同，老努的志向并不太远大，他既不想入主中原，也不想吞并大明。按照他的话说，他起兵的原因是"万历帝无端干预边外之事"，而他的目标则是"以万历帝河东之地界我"。①

也就是说，老努只想占着辽河以东的地盘，其他地盘不关他的事。所以，在攻取辽河以西的地方后，他均不占据，而是掳掠当地居民回辽河以东。这是第一种迁徙。

之后，毛文龙开始在皮岛闹腾，皮岛位于朝鲜西海岸，在辽东半岛东侧，老努东边的地盘又不安宁。所以，他就向内迁徙这些地方的居民。这是第二种迁徙。

当时，很多汉人农户沿辽河居住，形成了一个个分散的村落。努尔哈赤沿辽河修建防御工事，强迫这些居民迁入工事堡垒之内。这是第三种迁徙。

还有更离谱的。努尔哈赤占据辽阳城后，打算在此定都。但是他嫌辽阳旧城太大，城墙太广，怕自己领军出征时，防守兵力不足。所以，他竟然拆了旧辽阳城，再盖一处新城，称之为辽东城。这是何等规模的工程，相信大家都明白。而筑城就需要劳工，就得让境内各处居民轮流前来服劳役。这是第四种迁徙。

更无语的是，到了天命十年（1625年），老努又决定不在辽阳建都，改在沈阳，这又是一拨迁徙……

对以上情况，史载："将镇江、汤山、镇东堡、镇彝堡所属小屯城堡之人，皆携往萨尔浒，其房屋皆放火焚烧"；"以孤山为界，由此往南之房屋皆焚烧"；"命将长甸、永甸、大甸、新甸、古河及沿江而居之各屯汉人，悉行移入就近各城堡"。②

更有甚者，老努还下令："尔等若不全收，置之（汉民）于外，与其被敌所

---

① 《满文老档》太祖皇帝第四函、第三十一册，天命六年十二月。
② 《满文老档》太祖皇帝第四函、第二十八册，天命六年十一月。

掳，不如杀之。"① 也就是说，在老努看来，不愿意迁徙的汉人不如杀死，以防其为明军所用。

综上，这种迁移并不是自愿的，而是强制性命令，且没有任何补偿措施。老努不管你在某地居住了多少代、多少年，在我的地盘内你就得听我的。不迁徙就烧毁你的房屋，还不走就杀掉你。

这是暴政，赤裸裸的暴政！

然而，我还是得替老努解释一下，他并不是一个有极深"民族仇恨"的人，也不是一个见人就杀的暴君。对迁移之民，他曾多次给出保护政策。

例如"驻堡军士勿淫妇女，勿抢财物，勿使马畜践踏田禾"；"我迁户至此之旧诸申，不得视汉人为异国之民，毋夺其衣食和柴草，不可窃杀其豕鸡"。②

类似的法令，他发出过很多。但是，正如我上文所言，虽然他有保护政策，但是并没有建立配套的管理体制、司法体制、奖惩体制。所以，他说的话基本等于放屁，甚至于法令能不能传达下去都是个问题，基层士兵依然是该抢就抢、该烧就烧。

由于合居令和迁移令的实施，后金境内的汉人大量逃亡。看到这里，有很多朋友可能会说：这不是自相矛盾吗？上文说过，辽东军户逃到女真那边过得挺好，到这里怎么又变成汉人往回跑了呢？

是的，我前文确实写过以上内容。但是你要知道，主动逃亡的那些人，大多是在明朝无法生存的人，除了逃亡只能等死。而被后金军强行掳掠的这些人，在明朝那边大部分是可以保障衣食的。像大名鼎鼎的范文程，被后金军掳走时还是个秀才，生活是很小康的。

努尔哈赤对逃亡之人和被掳掠之人，均一视同仁，即"豢养之"。所谓"豢养"，是喂养牲口之意。这种方式的"养"，对那些原本衣食无着的人而言或许是幸福生活，但是对原本就有衣有食的人来说并不美好。加之与女真人合屯居住，经常受欺负；自己种的粮食，又得全部充公；然后又是迁过来、迁过去，整年不得安生。这些就是汉人逃亡的原因。

---

① 《满文老档》太祖皇帝第四函、第二十八册，天命六年十一月。
② 《满文老档》太祖皇帝第三函、第二十二册，天命六年五月。

比较搞笑的是，老努非但不知道这些，反而被自己的举动所感动。像辽阳之战后，他说道："攻辽东城时，我兵士亦多有死亡矣。如斯死战而得之辽东城人，竟待以不死，悉加豢养，使之安居如故"；"若赦而养之，诸物咸出尔手，用之互市，更以佳物美果来献，则受益无穷也"。①

翻译一下：攻打辽阳城时，我们死了那么多士兵。这么惨烈的战役过后，我竟然饶城内之人不死，把他们都豢养起来，让他们像之前一样生活——这种行为太感人啦！我之所以这么做，是因为他们可以为我种粮食、制作手工品、进贡各种好吃的水果，这些东西还可以拿来与明朝贸易，简直是好处多多啊！

想得美！

此后，有的汉人向东跑到朝鲜境内，或是投奔毛文龙控制的东江地区；有的汉人向西跑到明朝境内；有的汉人充当明军奸细，在后金境内搞破坏、投毒；还有的汉人则成为流匪，占山为王，遇到落单的民户、猎户，就劫掠残杀。

面对这种情况，努尔哈赤又发布了第三道法令——"薙发令"（薙即为剃）。

三、剃发令

天启二年（天命七年，1622年），努尔哈赤谕令："凡地方之人，皆速薙发归降。各城之人，薙发归降以后，宜前来叩见汗。老年人，可不薙发，年少者，皆令薙发。差遣之人，供给肉饭，勿令饮酒。即是都堂所遣之人挟逼索财，亦勿给之。"②

翻译一下：除老头之外，全民剃发。剃发之后，可以去拜见努尔哈赤——这个人就是后金的"国人"啦。如果士兵经过你们的村庄，你们要提供肉饭，不需要提供酒；如果官员派人向你们勒索财物，不要给他们。

看完翻译之后，是不是还是懵懵的，什么意思呢？

我解释一下。在此之前，只有女真人、汉官和八旗中的汉军需要剃发，被掳掠的民众并不剃发。这样，在后金境内，剃发者就成为高人一等的特殊群体，他们经常要挟、勒索辖区内的汉人，索要酒食、财物。

努尔哈赤就以"剃发"作为后金的"国民身份证"。在他看来，汉人剃发

---

① 《满文老档》太祖皇帝第三函、第二十册，天命六年三月至四月。
② 《满文老档》太祖皇帝第五函、第三十四册，天命七年正月至二月。

后,即与女真人一样,有资格觐见老努,成为后金国人。除了履行应尽的义务外,像"供给肉饭",各级官员的其他不正当要求,汉人均可以光明正大地拒绝。

除此之外,剃发还有个好处。大家都知道,头发剃了容易,再长出来很难。在明朝那边看来,只要把头剃了,就不是汉人了,这些人再逃回明朝地界,那边接不接收都是个问题。而且,明朝派过来的奸细,大多也不剃发,非常容易辨认。

也就是说,剃发方便了对汉人的敌我识别。

例如后金军在攻打辽阳城时,努尔哈赤就曾令骑兵持红旗向城内军民高喊:"自髡者赏不杀"[①],也就是把头剃了就可以免死,这正是为了在战时区分敌友。

这就是清朝最著名的弊政——"剃发令"的开端。客观而言,这个法令的初衷并不是民族压迫,只是为了标识"后金国民"这个身份,并防止民众外逃和汉民充当奸细。但是,这是一项不尊重汉文化传统的法令,是一项相当不得民心的法令,很快在后金境内激起大规模反抗。

综上,在军事上取得巨大成功后,努尔哈赤并没有在政治制度建设、生产管理方面显示出同军事方面一样的天赋。他发布了一系列简单的、脱离实际的、理想化的法令,使得后金境内生产力与生产关系严重不适应,大量劳力逃亡,生产资料被破坏、闲置。

而与此同时,明朝正在进行积极的军事改革。

---

① 《明熹宗实录》卷八,天启元年三月丁卯条。

明朝的反击

上文说过，在努尔哈赤对后金军进行整编、改革后，以明朝当时的军队，是无法将其击败的。所以，摆在明朝眼前只有一条路，组建一支与后金军类似的军队，人员来自同一地方，配备更精良的盔甲、更先进的火器，严加训练，找几个会打仗的将领去统帅他们。应该说，当时的明朝还是有明白人的，这个明白人就是木匠皇帝天启。

是的，我并没有打错字，我说的就是明熹宗朱由校。对于这个说法，相信很多人会有异议。别急，请听我解释。

天启元年（1621年），木匠皇帝刚刚接班，沈阳、辽阳就相继失守，明朝在关外的形势如累卵之危。面对危局，木匠皇帝于天启二年派出两位重臣去收拾残局，一位是孙承宗，另一位是袁可立。

按照天启帝的宏观规划，孙承宗负责山海关内外及辽西地区，袁可立负责登莱和东江。孙承宗、袁可立到任后，又各自找了一位前台将领统兵，即大名鼎鼎的袁崇焕和毛文龙。同期明朝所练的三支精锐部队，正是在他们的主持下完成的。下面，我就分别说明一下。

第一支，关宁军。

关于这支军队的情况，当年明月老师在《明朝那些事儿》中介绍过，即书中所说的"关宁铁骑"。这支军队的组建思路是"以辽人守辽土"，即以之前一系列战争中所产生的辽东难民为兵源，组建的一支新军。这些人刚刚在战争中失去了家园和亲人，思想觉悟高，打起仗来不需要动员。

关宁军的建设前后分为三拨。

第一拨即天启年间袁崇焕所练的关宁军，人数并不多，约一万人左右。袁崇焕守宁远时，城内军队即一万余人。正是这支军队，送给了努尔哈赤起兵后的第一场大败。

第二拨即崇祯年间袁崇焕复起之后所练的军队，约两万人①。

第三拨是崇祯朝中晚期吴三桂所办的关宁团练，这支军队总数为四万人。因其成军时间太晚，在崇祯年间基本没起到过作用，这里就不统计在内了。

辽西走廊的这三万关宁军以骑兵为主，搭配火器，全员重甲，可以正面硬杠后金八旗兵。

崇祯二年（1629年），袁崇焕被崇祯帝下狱后，这支军队分成三部分：一部分入关镇压农民军；一部分随吴襄父子守山海关；一部分随祖大寿镇守辽西走廊。

第二支，旧辽东军。

这支军队由祖大寿收拢辽东军残军组建而成。祖大寿是祖承训的儿子，祖承训是李成梁家丁军队的统领，官至辽东副总兵。

努尔哈赤对明开战时（万历四十六年，即1618年），李家已经没落了。李成梁本人在万历四十三年（1615年）去世；其长子李如松在万历二十六年（1598年）战死，第五子李如梅在万历四十年（1612年）病死，次子李如柏参加了萨尔浒之战，但临阵脱逃，被言官弹劾，于天启元年（1621年）自尽。

李家的猛人死得差不多了，祖大寿就成为原辽东军的老大。不仅是军队，连李家当年的土地，也大都归入祖氏门下。广宁之战后，各路明军败逃关内，只有祖大寿不往回跑。这并不是他的觉悟有多么高，而是因为辽西走廊北侧的土地就有他自己家的，他舍不得跑。

孙承宗主政辽东后，十分欣赏祖大寿，让他主持修建宁远城，并以此为基地收拢溃散的辽东军。这支军队的底子就是李成梁的家丁部队，人数并不多，

---

① 崇祯元年，袁崇焕复起，清查辽东军人数，统计结果是：关内兵55345人，关外兵78340人，马骡22847匹。崇祯二年八月，经过袁崇焕的一番整顿、练兵后，辽东军区四镇官兵共计153182人，马骡81603匹。由此可见，辽东军此时较上一年增加了2万军队、6万马匹，应为新练之兵。

约为七千人。

该军装备精良，全员重甲，全部为骑兵。明朝史科给事中宋玫就曾说过："榆关（山海关）外控惟宁锦八城，而八城厚势，惟祖大寿一旅"[1]；皇太极在给各路明军排名时，也将祖大寿的军队列在第一位，即"明所恃者，惟祖大寿之兵"[2]。能让敌我两方都视其为精锐，可见这支军队的战斗力之强。

与李成梁时期一样，这支军队的军纪很差，属于兵痞一类。后来祖大寿的家丁统领祖宽带领部分军队入关镇压农民军，四处烧杀淫掠，祸害地方。以至于崇祯帝下令将其处斩时，竟无人为其求情。

多说一句，吴襄是祖大寿的小舅子，两家是亲家。所以，祖大寿是吴襄之子吴三桂的舅舅（不是亲的）。也就是说，在袁崇焕死后，旧辽东军和新练的关宁军，大部分都在祖、吴两家手中。

第三支，东江、登莱军。

所谓"东江"，就是毛文龙的皮岛及其控制下的辽东半岛东南沿海地区和大片岛屿；所谓"登莱"，就是今天胶东半岛蓬莱市周边。这两处是怎么联系上了呢？

这还要从毛文龙说起。辽沈之战后，毛文龙率领二百人跑到了朝鲜西海岸的皮岛，之后不断劫掠后金领地，并在辽东半岛东南沿海驻兵屯田、收纳逃民。到天启四年，毛文龙的控制区域达到最大，几乎占据了辽东半岛东侧全部沿海地区。史载："复地自金州至永宁堡、旅顺、岫岩、盖州以及清河、宽奠、叆阳、汤站、凤凰城并镇江一带，计地千有余里，已经遣将分守设防。"[3]

根据袁崇焕的统计，这一时期，毛文龙手下有正规军两万八千人，屯田民众十几万。关于毛文龙的事迹当年明月老师曾科普过，这里不再赘述。但是，大家不觉得奇怪吗，毛文龙如何以区区二百人，建立这么大规模的根据地呢？别的不说，他是如何造船的呢？

这个问题的答案叫袁可立。猛人，超级猛人，被《明朝那些事儿》所忽略

---

[1]《崇祯长编》，"中央研究院"历史语言研究所（1962年）校印本，明实录附录之四。引自该书卷50。
[2]《清太宗实录》卷64，崇德八年三月丙申条。
[3]《明熹宗实录》卷46，天启四年九月庚辰条。

的猛人。天启二年（1622年），木匠皇帝敕令："（袁可立）节制两镇（东江和登莱），凡一应兵马钱粮、征收调遣、防剿功罪尽归经理。"①

袁可立到任后，整肃登莱军，招募新军两万人，于登莱沿海设炮台、烽火台，新建战船数千艘。他所练的军队主要是水军，这支军队一方面支持毛文龙的物资供应，一方面去辽东半岛沿海收容逃亡难民。事实上，毛文龙正是在袁可立的大力举荐下，才当上皮岛总兵的。

除了练兵，袁可立还很有情报意识，他策反了后金在辽南的守备大将——刘兴祚。

刘兴祚，辽东开原人，有的史料说他是汉人，还有的史料说他是汉化女真人。他投靠努尔哈赤的时间非常早，是在万历三十三年（1605年），这会儿的老努还在老老实实地向万历皇帝进贡。刘兴祚到来后，努尔哈赤非常赏识他，把自己的女儿嫁给了他，将他编入满洲正红旗，委任其以八旗官职，并称其为"爱塔"。

立业五大战后，后金占据了辽河以东的地盘。老努授刘兴祚以副将之职，让他管理盖、复、金三州②，相当于委任其为后金的封疆大吏。在此期间，老努经常差人去看望刘兴祚，其中有一次，甚至将自己所穿的"细线貂皮袄"捎给了他。

就是这么个人，被袁可立策反了。

综上，在努尔哈赤执政中后期，也就是天启皇帝执政期间，明朝已经对后金形成战略半包围态势。

东部：毛文龙东江军和朝鲜军队。

西部：袁崇焕、祖大寿、满桂的关宁军和旧辽东军。

南部：袁可立的登莱军，还有袁可立策反的辽南刘兴祚。

兵练好了，宏观布局好了，还有了内应，就该折腾老努了。

天启三年（1623年）三月，袁可立奏报：他亲自挑选精兵三千六百人，"出

---

① 《明熹宗实录》卷42，天启三年十二月壬辰条。
② 三州位于辽东半岛西海岸，约占半岛一半的面积。

海于旅顺、皇城、广鹿、平山等岛，相机进剿"①。明军所到之处，"舳舻相接，奴酋胆寒"②。同时，皮岛的毛文龙也是不断地折腾，每年出去抢几回。

这些军事行动是努尔哈赤发布迁移令、兴建防御工程的根本原因，而迁移令和大兴土木，又导致后金境内民变四起、汉人逃亡，这是典型的恶性循环。

东边、南边被折腾得够呛后，老努又打算继续往西打。天启六年（天命十一年，1626年），老努率军攻打袁崇焕防守的宁远城，即为著名的"宁远之战"。这段大家应该就比较熟悉了，此战，老努遭遇了自起兵以来的最大挫折，攻宁远城不克，士卒死伤甚多，于当年郁郁而终。

接下来，就轮到他的儿子皇太极登场了。

---

① 《明熹宗实录》卷32，天启三年三月癸卯条。
② 《明熹宗实录》卷33，天启三年四月丁卯条。

第二章 ◇

皇太极

大一统帝国的奠基者

第一节 清太宗文皇帝

咱们国家古代的皇帝，通常有各种各样的称号，像刘彻为汉武帝，李世民为唐太宗，玄烨为康熙帝，又称清圣祖。这些形形色色的称号是怎么回事呢？

我们来简单聊聊。上述称号，可以分为三类：庙号、谥号和年号。

庙号，相当于宗室内部的称号，也就是皇帝的家族在太庙立牌位祭祀时所用的，你可以理解为某家族宗谱上的尊号。其命名原则简单点儿说是：开创者称"祖"，守成者称"宗"。

祖一类有：太祖、高祖、烈祖、世祖、成祖、圣祖等。

宗一类有：太宗、世宗、高宗、中宗、仁宗、孝宗等。

使用庙号时，通常会在其庙号之前加上朝代名，例如汉太祖刘邦。

两汉时期，并不是所有皇帝都有资格拥有庙号。像西汉，就只有刘邦（太祖）、刘恒（太宗）、刘彻（世宗）、刘询（中宗）这四人有庙号。也就是说，这会儿只有牛皇帝才配有庙号，其他不太牛的皇帝，就不好意思了，一边凉快去吧。

可是，那些没有庙号的皇帝，直接称呼其名字好像也不太方便。没关系，皇帝还有个"谥号"，这个基本上就是"帝帝都有"了。就像我们现在年终总结会评定等级一样，谥号就是某位皇帝死了之后，对其当政期间表现的综合评价。

好的谥号有："文、武、高、明、睿、康、景、庄、宣"等。

不好的谥号有："炀、厉、荒、幽、灵"等。

表示哀悼、惋惜的谥号有："愍、怀、思、哀"等。

两汉时期，接班的君主给前任选的谥号还是比较靠谱的。像东汉末年表现不好或命短的几个皇帝，分别为汉殇帝、汉灵帝、汉献帝等，还是相对符合其表现的。

然而，自南北朝开始，谥号就乱了，不管是好皇帝、烂皇帝还是奇葩皇帝，只要不改朝换代，大概率都能从接班者那里混个好谥号。像北齐皇帝高洋，死后竟然被谥为"文宣"，这简直是强奸了这两个字。根据谥法的解释：慈惠爱民曰"文"；能布令德曰"宣"。而高洋当皇帝期间，强奸老爹的妃嫔未遂、在大街上裸奔、cosplay（扮演）女装、亲手杀嫔妃、当面辱骂母亲、以人骨制成琵琶，这些行为跟"文宣"二字完全不沾边。如果我给他选，一定谥"武厉"二字，毕竟他在外战方面还是颇有建树的。

当然，你要是强行举李世民的例子，即他杀兄弟、杀侄子、睡弟媳后，还能混个"文"，我也没话说。

综上，隋唐之前部分皇帝有两个"号"，即庙号和谥号。像刘邦，他既是汉太祖（庙号），也是汉高帝（谥号），即为"汉太祖高皇帝"，所以现在多简称其为"汉高祖"。但是，大部分皇帝只有谥号。基于以上原因，从汉到隋的这段时间，即使是有庙号的皇帝，也通常以谥号来称呼，像汉文帝（太宗）、魏武帝（太祖）、吴大帝（太祖）等。

且慢，这个"吴大帝"是个什么鬼？

其实这个人大家很熟悉，就是《三国演义》中的孙权。他的谥号可谓前无古人、后无来者，他谥了个"大"字，即"吴太祖大皇帝"。就是这么霸气，一股浓浓的土鳖味。

如果没有意外，以谥号来称呼皇帝的这个传统会一直延续下去。然而，到了唐朝时期，出了两个奇葩皇帝，即武则天和李隆基，打破了这一传统。

武则天作为一个妹子，自然比较爱慕虚荣，没事就给自己上"尊号"玩。她当皇后那会儿，就自称"天后"。可是，你自己当天后，把你的前夫兼公爹李世民往哪儿放呢？

没关系，武则天有招，她给李世民加字数、改谥号。武则天尊李世民为"文武圣皇帝"。之后，这种不太好的风气就刹不住车了。

武则天的孙子李隆基接班后，再将李世民的谥号改为"文武大圣大广孝皇帝"。到这儿，如果继续按照之前以谥号来称呼皇帝的习惯，那么李世民就应该是"唐文武大圣大广孝帝"，而李隆基自己则是"唐至道大圣大明孝帝"。这就没法念了，而且全是大圣、大孝，也不容易区分。

恰好，自三国以来庙号贬值，但凡是个皇帝，都可以混到庙号。所以唐朝之后，就约定俗成地以庙号来称呼某皇帝，像唐太宗、宋太祖等。但是，用庙号也有个问题，那就是太容易混淆。像北宋，宋太宗、宋真宗、宋仁宗、宋英宗、宋神宗、宋哲宗等，不太熟悉历史的朋友，根本分不出谁是谁的谁。所以在明清时期，多以"年号"来称呼某皇帝。

所谓年号，是用来纪年的一种名号，是汉武帝发明的。通俗点儿说，皇帝登基，从一堆吉祥词中选择一个，作为民间纪年的方式，即××元年、××三年等。一个皇帝可以有一个年号，也可以有多个年号。自明朝开始，除了明英宗（在位时间分为两段，使用不同年号）和皇太极（中途改国号、改年号）之外，大部分皇帝都使用单一年号。所以，这一时期就多以年号来称呼某皇帝，例如大家所熟知的嘉靖、乾隆等。

因为这个原因，很多有趣的谥号就不广为人知了。例如乾隆帝的谥号为"法天隆运至诚先觉体元立极敷文奋武钦明孝慈神圣纯"，简称"纯"。所以，按照汉朝皇帝的叫法，乾隆帝即为"清纯帝"……

由于本书所要讲述的内容多发生在明清时期，所以书中也以年号来称呼某皇帝。

之所以要啰唆这半天，是为了说明一个历史小巧合，那就是：中国古代的封建王朝，庙号为"太宗"、谥号（或主谥，即简称）为"文"的皇帝，也就是拥有"太宗文皇帝"这个称号组合的皇帝，大概率是很牛的，很多人上过历史教科书。你要知道，我们的教科书可是惜字如金，凡是能在上面露脸的皇帝，不是超级牛就是超级熊。

举例说明。

汉太宗文皇帝刘恒，即电视剧中窦漪房的老公，教科书中"文景之治"的那个"文"，不多介绍了。

唐太宗文皇帝李世民，不多介绍了。

辽太宗文皇帝<u>耶律德光</u>，这个大家可能有点儿陌生，但是他有一个很有名的典故，也上过教科书，他是石敬瑭的"爸爸"。说到这里，很多朋友就应该有印象了。他在位期间，兼并燕云十六州，出兵助石敬瑭灭掉后唐政权，也是很牛的。

金太宗文烈皇帝完颜吴乞买，这个大家可能也有点儿陌生，但是他也有一个很有名且上过教科书的典故，他活捉了宋徽宗（《水浒传》中的那个皇帝）、宋钦宗，一手导演了"靖康之变"。他在位期间，先灭辽、再灭北宋，也是个很牛的皇帝。

明太宗文皇帝朱棣①，不多介绍了。

综上，作为一个中国古代的皇帝，如果你内政没点儿建树、外战不灭掉几个国家，都没脸叫太宗文皇帝。

是的，抬起头来，不要脸红，说的就是你，高粱河驴车车神、小周后骑士、文武都不太行的宋太宗文武皇帝——赵光义。他大概是中国大一统王朝中最挫的太宗文皇帝了。

而在清朝，清太宗文皇帝即为本章的主角——皇太极，他会有怎样的表现呢？

皇太极，爱新觉罗氏，努尔哈赤第八子，生于万历二十年（1592年），生母为叶赫那拉氏。这里，为了让大家有个清晰的时间概念，我先说明一下明、清两朝的年号对应关系。

公历年份	1627	1628	1629	1630	1631	1632	1633	1634	1635	1636	1637	1638	1639	1640	1641	1642	1643
明朝年号	天启七	崇祯元年	二	三	四	五	六	七	八	九	十	十一	十二	十三	十四	十五	十六
清朝年号	天聪（皇太极）									崇德（皇太极）							
	元年	二	三	四	五	六	七	八	九	天聪十年/崇德元年	二	三	四	五	六	七	八

由上可见，皇太极与崇祯帝大致在同一时间段当政。之前，与几位爱好

---

① 起初朱棣的庙号为"太宗"，后被嘉靖皇帝改为"成祖"。原因很复杂，这里不多讨论了。

和历史的朋友聊天时，我曾提出过一个让众人瞠目结舌的观点，即皇太极接班时所面临的局势，比崇祯帝接班时要困难、复杂得多，这个观点相信很多人难以接受。

拜当年明月老师科普，很多朋友知道，崇祯初年，陕西境内发生了严重的旱灾，不久即演变为大规模农民起义；辽东的后金又时时进犯，这种局势对明朝而言可谓是腹背受敌，难道皇太极接班时的局面会更差？

下面，我就逐一说明一下。

其实，崇祯朝初期的旱灾，或者说是气候异常，并不仅仅只发生在陕西。同一时点，卫拉特蒙古（天山北麓）、漠南蒙古（今内蒙古）和后金，史料中都出现了大规模寒潮、干旱的记载。

在恶劣气候的影响下，天启七年（天聪元年，1627年），也就是皇太极接班后的第二年，当年崇祯帝也接班了，史载："时（后金）国中大饥，其一金斗粮价银八两。民中有食人肉者。"[①]

加之之前努尔哈赤施行的种种弊政，天灾人祸之下，当时后金境内的劳动力大量逃亡，土地、耕牛等生产资料被闲置、杀死，市面上粮食、布匹、牲畜、铁器等，什么都缺。这就引发了一种经济现象——通货膨胀。

史载："彼时国中银两虽多，然无处贸易，是以银两贱而诸物昂贵。良马一，值银三百两。壮牛一，值银一百两。蟒缎一，值银一百五十两。毛青布一，其值银九两。"[②]

前文说过，后金控制着一部分游牧地区（海西女真），马匹供给充足。然而，此时其境内一匹马的价格竟然高达三百两白银。作为对比，康熙年间，关内一匹马的市价还不到十两；即便是缺马的明朝，一匹马的价格也不过几十两。后金当地的特产都如此昂贵，那么他们不擅长生产制造的粮食、布匹、绸缎等物就更不用说了，都是正常价格的几十倍。

国内天灾人祸、通货膨胀，别急，这不算惨。

因为迁移令、剃发令的逼迫，此时后金境内的治安状况是："盗贼蜂起，偷

---

① 《满文老档》太宗皇帝第一函、第六册，天聪元年五月至六月。
② 同上书。

窃牛马，人相惨杀，致国中大乱。"[1]

对比一下，崇祯初年明朝乱的地方，不过是西北一带，而后金则是全境饥荒、大乱兼整体性通货膨胀。

这还不算惨，且往下看。

上一章我们讲过，在努尔哈赤晚年，孙承宗和袁可立已经布局完毕，对后金形成战略半包围态势。到皇太极接班这会儿，虽然孙承宗、袁可立因为魏公公的原因相继下野，但是他们所构筑的半包围圈并没有下野，此时的袁崇焕正在镇守辽西走廊。

天启七年（天聪元年，1627年），袁崇焕继续扩大战略纵深，派人在辽西走廊东北侧的锦州、大凌河、小凌河筑城屯田。皇太极听闻此事，于当年五月率军攻打锦州，却遭遇惨败。后金史料记载："明三面守城兵来援，火炮矢石齐发，我军攻而不克"[2]；"攻锦州城南隅，因城壕深濶，时值酷暑，战则难以骤拔，乃于已刻退兵。是役也，士卒阵亡甚众"[3]。

这会儿，因为新练的几支精兵和西式火炮的引进（后文会详解），明军整体实力重新占据上风。不管是宏观战局还是微观战场，后金均无优势。

新官上任，首战即败，三面被围……

稳住，这还不算惨。在努尔哈赤死的这个节点，后金高层权力架构也有问题。

明朝这边，崇祯的前任天启皇帝把权力都交给魏忠贤，这相当于在变相帮助接班者集权。崇祯一旦干掉魏忠贤，死太监的所有权力都会转移到崇祯手中，正是俗语所说的"换梁不换柱"。所以，崇祯帝剿灭阉党后，不管是朝臣还是武将，都认他这个领导，也听他指挥。

而皇太极的前任努尔哈赤，却处处给接班人挖坑，可谓是史上最能坑儿子的皇帝老爹。

---

[1]《满文老档》太宗皇帝第一函、第六册，天聪元年五月至六月。
[2]《满文老档》太宗皇帝第一函、第五册，天聪元年四月至五月。
[3]《满文老档》太宗皇帝第一函、第六册，天聪元年五月至六月。

第二节 努尔哈赤的三大坑

第一坑，八王议政。

天命七年（1622年）三月，努尔哈赤定"八贝勒议政制度"，俗称"八王议政"。即"尔八王治理国政，一人心有所得，直陈所见，其余七人则赞成之。如己无能，又不赞成他人之能而缄默坐视，则当易之，择其子弟为王"①。

翻译一下：你们八个贝勒治国理政，一定要有啥说啥。如果其中一人说得对，其他七人都赞成，这个事就通过了。如果某人不提建议，也不表态，毫无作为，我就要撤换他。

这里先解释一下"八贝勒"。努尔哈赤时期的"贝勒"，是个很宽泛的爵位名，其满语意为"首长"。八旗各旗旗主在这会儿通常被称之为"固山贝勒"或"和硕贝勒"②，其他的宗室小贵族也是贝勒。要注意，这会儿的贝勒与后来皇太极称帝后所定的"贝勒爵位"是不同的，后文会介绍。

在努尔哈赤执政晚期，八旗旗主分布如下。

正黄旗、镶黄旗，旗主为老努本人。但是老努生前就规定，在他死后，<u>多铎</u>领正黄旗，<u>阿济格</u>③领镶黄旗。

正红旗、镶红旗，旗主为<u>代善</u>和<u>岳托</u>，代善是努尔哈赤的次子，岳托是代

---

① 《满文老档》太祖皇帝第五函、第三十八册，天命七年三月。
② "固山"在满语中意为"旗"，"和硕"在满语中意为"地方"。
③ 阿济格、多尔衮、多铎分别为努尔哈赤第十一子、十四子、十五子。三人为胞兄弟，即一母所生。

善的长子。

正蓝旗，旗主为莽古尔泰，努尔哈赤第五子。

镶蓝旗，旗主为阿敏，努尔哈赤胞弟舒尔哈齐之子，也就是努尔哈赤的侄子。

正白旗，旗主为皇太极。

镶白旗，旗主为杜度，努尔哈赤长子褚英的儿子，也就是努尔哈赤的孙子。

以上这八个人，都是贝勒。按地位排序为：代善、阿敏、莽古尔泰、皇太极、杜度、阿济格、多铎、岳托。前四位年龄大、辈分大，为四大贝勒；后四位有的岁数小，有的辈分小，为四小贝勒。

看到这里，很多朋友可能会问：怎么不见大名人多尔衮呢？难道已经内定接班了？

根本没那回事。多尔衮小朋友此时并不在八贝勒之列，天命年间的很多重大活动，他甚至连参加的资格都没有。换句话说，老努并不怎么待见他。

现在有些观点认为，当时议政的八贝勒就是这八个人，我不太赞同。在天命七年这个节点，阿济格十七岁，多铎只有八岁，这个岁数怎么议政？所以，我认为有资格议政的，不一定非得是旗主或准旗主，证明材料如下。

皇太极接班后，在斥责阿巴泰时曾说过："台吉德格类、台吉济尔哈郎、台吉杜度、台吉岳托及台吉硕托①，早已随班议政。"②

由皇太极的这番话我们可以看出，议政会的成员应该是上文所说的四大贝勒加皇太极口述的这些人。

两红旗：代善、岳托、硕托。

正蓝旗：莽古尔泰、德格类。

镶蓝旗：阿敏、济尔哈朗（即济尔哈郎）。

正白旗：皇太极。

镶白旗：杜度。

---

① 德格类隶正蓝旗，是莽古尔泰的胞弟；济尔哈郎隶镶蓝旗，是阿敏的弟弟；硕托隶正红旗，是代善的次子，岳托之弟。
② 《满文老档》太宗皇帝第一函、第八册，天聪元年九月至十二月。

这个议政模式才比较合理。八旗中的每一旗，都有其自身的历史沿革，都是亲缘关系较近的贵族抱团组成的。

代善的两红旗即为代善家族的势力，旗内有代善和他的儿子岳讬、硕讬、萨哈璘等人，都是成年猛将。

莽古尔泰的正蓝旗也是一股较大的势力，旗内有他的胞弟德格类、胞姐莽古济。莽古济嫁给了海西女真哈达部首领吴尔古代，算是努尔哈赤政治联姻的产物。海西女真部众则是老努早期创业时的重要兵源。

阿敏的镶蓝旗是他爹舒尔哈齐留下的部众，由阿敏和他的弟弟济尔哈朗共同管理。

剩下的两白旗情况比较特殊。白旗在分为正白、镶白两旗之前（努尔哈赤最早设立的四旗），其首领就是上文说过的吴尔古代。后来努尔哈赤以他的长子褚英代替吴尔古代，可是不久之后褚英又犯事，努尔哈赤就让他的长孙杜度和第八子皇太极接管。杜度在其父褚英获罪后，长期追随他的亲叔叔代善。所以，他实际上是两红旗一派的，而皇太极则是自成一派。这两个旗的壮丁数量、整体实力是八旗中最少、最弱的。

这样，八旗内就分成五大势力。努尔哈赤自领两黄旗，所以两黄旗不参与议政，其他六旗则分为四大派，即两红、正蓝、镶蓝和正白。

应该说，以老努镇长级别的治理头脑，能想出这个制度是很不容易的。这种制度在历史上有个学名，叫"贵族共和制"。八贝勒议政会，也可以称之为"贵族议会"。乍看之下，这种制度很前卫、很合理。议政会分为四大派，每派代表自己的利益，每人都有一票否决权。只要不符合本旗利益，就可以否决。

然而，这种上层建筑既不适应当时后金生产力的发展水平，也不适应当时的整体局势。本质上，后金是一个军事贵族政权。一方面，它需要不断地进行战争，因为老努并没有能力发展内部生产力，只能通过战争获取财富和物资；另一方面，它也必须不断地进行战争，因为即便是它不打明朝，明朝也惦记着揍它。

对于一个以战争为导向的政权而言，最重要的就是集权。有一个说一不二的人主持内政、军事，才能通过强权压制集团内部小的利益分歧，动员最广大的力量投入到战争中去。而现在呢，老努却决定共和一把。

其实，在老努活着的时候倒也无所谓，大家都听他的。可是一旦他死了，没有任何一个人的威望能够与他媲美，这种制度就很成问题了。在同一时期的欧洲，有一个国家就在施行这种制度，各种贵族担任议会议员，每个议员都有一票否决权。此后，在不到一个世纪的时间内，这个国家就被瓜分干净了。

是的，这个国家就是波兰。

这种制度，就从努尔哈赤手中原封不动地传给了皇太极。

第二坑，群发"免死权"。

天命十年（1625年），也就是努尔哈赤去世的前一年，他诏谕群臣："古圣王之治天下者，皆以武力定黎民，未有纯尚文义而不修武备者。故我仿古而设武官。凡受此敕书之人，恩及父祖，福荫子孙，身家永昌矣。"[1]

翻译一下：自古以来英明的君王治理天下，依仗的都是强大武力，"文义"什么的不如武力好使（这是从哪儿学来的……）。所以，我老努效法古贤，设立世袭武官，按功劳、地位分别授予八旗内的大小贵族（绝大部分是女真人）敕书一道，这些人的后代也可以继承敕书上的特权。

这种敕书的内容是什么呢？

例如"康古里，著为三等总兵官，免三次死罪，子孙世代勿绝恤典。"[2]

通俗点儿说，这道敕书就是"免死铁券＋爵位证书"。"免死"是个什么分量，相信大家都明白。像当年的朱元璋，他就发出过三十多道免死铁券，也算是不少了。那么老努发了多少呢？

我本来打算数一数，然而还是放弃了。仅两黄旗下，就有近百人获得这种敕书，其中有"免死 N（N ≥ 1）次"特权的多达 44 人。

这就是挖坑。通常而言，明白事的皇帝老爹在死之前，要故意贬黜一些重臣、功臣，让儿子接班后有机会提拔他们，赚个人情。像李世民在弥留之际贬黜大将李勣，就是为了让儿子李治在接班后有机会对其施以恩惠，使其成为儿子的忠臣。

可是努尔哈赤呢？他不仅不贬黜，还疯狂封赏全部武官，赐予他们各种世

---

[1]《满文老档》太祖皇帝第九函、第六十七册，天命十年。
[2] 同上书。

袭特权。这些人受封后，就会愈加有恃无恐、肆无忌惮。接班人上台后，想要约束他们的行为，必须施行严刑峻法。这时，人家就会笑呵呵地拿出老努的敕书说道：咋啦，你老爹刚死，你就不认账了吗？

你说新君还怎么干？

这会儿，我仿佛听到了老努的心声：我干不好，接班的也别想干好！

看完这两坑，有些朋友可能会认为，努尔哈赤是不是跟皇太极不太对付呢？怎么这么针对他呢？

这里我最后一次替老努辩白一下，人家还真不是针对皇太极。事实上，他压根没打算让皇太极接班。

第三坑，独宠幼子，不指定接班人。

与中原王朝传统的嫡长子继承制不同，北方少数民族历来没有明确的传承制度。在形形色色的传承方式中，有一条不成文的习俗叫"长子继业、幼子继产（守灶）"，即年长的儿子继承其父的地位，幼子继承其父的资产。我查了很多资料，想了解为什么会有这么奇葩的规定，但是众说纷纭，其中有一条比较靠谱的解释是这样的。

北方少数民族的头领，年轻的时候经常需要外出打仗。茫茫草原作战，可能一年半载都回不了家，这就导致首领的老婆或老婆们长时间独守空房。由于她们没有三纲五常的约束（其实就算有也不好说），很容易耐不住寂寞，也就有可能与隔壁老王们发生一些不可描述的事情。而一旦孩子降生，老婆们会一口咬定这就是首领的种。在那个没有亲子鉴定的年代，首领就无法确定早期出生的儿子们是不是自己的后代。

等到第一批出生的儿子们长大了，可以代父出征了，这时候老头儿就可以天天老婆、孩子、热炕头了，此时再下种，那就绝对是自己的没错了。所以，就让那些成年的、能打的"可疑后代"去继承自己的地位，带领部众继续打仗；再把自己的产业交给小儿子们，也就是"可靠后代"去继承。

这个说法虽然比较搞笑，但我认为是靠谱的。

然而，到了老努这里，他并没有落实"长子继业"，却严格执行了"幼子继产"。老努特别喜欢大妃阿巴亥，也特别喜欢阿巴亥给他生的三个小儿子，即阿济格、多尔衮和多铎，其中又特别特别喜欢多铎。在老努死之前，他把自己亲领的两黄旗（牛录数约占当时八旗的三分之一）及旗下亲军全部都交给了这三个儿子，并明确指定多铎为正黄旗（当时八旗的首旗）旗主，阿济格为镶黄旗旗主。至于接班人是谁，在老努看来无所谓，操那心干吗。

所以，等老努咽气后，就有了如下史料："太祖崩，储嗣未定。代善与其子岳讬、萨哈廉以上才德冠世，与诸贝勒议请嗣位。"①

也就是说，皇太极的"汗位"，并不是老努传给他的，而是代善和他的两个儿子岳讬、萨哈璘拥立的。被人拥立得到的皇位与老爹指定继承的皇位，是很不一样的。老爹指定，接班人头上就自带老爹生前的威望光环，就先天具有合法性。被别人拥立，是因为大家认为你"行"你才上的；反之，如果后面大家认为你"不行"了，你也可以下来。

皇太极为了给自己增加点儿光环，可谓是用心良苦，甚至在自己的名字上做起了文章。"皇太极"这个词，与蒙古人的"珲台吉"②一样，源自汉语"皇太子"一词。皇太极就以此为由说道："当年老爹给我起名，其实就是随便选了一个。没想到选到的名字'皇太极'，在汉语中正是'皇太子'的意思。看来我能接班，是天意啊！"

你说尴尬不？

然而，这种没光环的汗位终究是比不上老爹官方授权的，皇太极也就不能像努尔哈赤一样，一个人掌控全局。在他执政初期，后金实际上仍然是"贵族共和制"，而且是四大贝勒共同执政。

"昔满洲国礼，大贝勒（代善）、阿敏、莽古尔泰三贝勒，以兄行敬，命生于汗左右，无论何处，均亦命与汗列坐，不令下坐。"③

也就是说，皇太极登基那会儿，四大贝勒是平起平坐的。由于皇太极岁数最小，所以他在称呼其他三位时，还要加上个"兄"字，其他三位称呼皇太极则为"汗弟"。

你说这个领导当得窝不窝囊？

---

① 赵尔巽等撰，《清史稿》卷二，本纪二，太宗本纪一。
② "台吉"源自汉语的"太子"，是蒙古、女真地区封建领主（即部落头领）的称号，"珲台吉"要更尊贵一些。
③ 《满文老档》太宗皇帝第一函、第一册，天聪元年正月至二月。

第三节 抚民篇

概括一下，皇太极接班时的局势如下。

生产方面：国内汉人逃亡，土地无人耕种，又赶上天灾，粮食歉收，通货膨胀，人食人的现象已经出现。

治安方面：盗贼、奸细、土匪遍布，基层管理一片混乱。

政治方面：军事贵族集团内部分权，事权不统一，没有强力的中央集权。

八旗内部：大小贵族均被努尔哈赤赐予"免死铁券"，要想约束十分困难。

军事方面：宏观上被明朝三面军事围困，微观上火器劣势已经显现，皇太极接班后第一次对明作战就大败而归。

到这会儿，你还认为崇祯老兄接的盘很差吗？

其实，如果没有魏公公瞎折腾导致孙承宗、袁可立先后下野；如果袁崇焕不杀掉毛文龙；如果努尔哈赤能够多坚持几年再咽气。以上三个如果，只要有一个变成现实，那么后金就完了，不是亡于内部起义，就是亡于外部军事围困。

这么看，袁崇焕的罪过还真是不小，他一个人就终结了两个如果。杀毛文龙的事就不多说了，老努咽气也跟他有关。如果他不用大炮把人家轰抑郁了，老努不就能多挺几年了吗？

然而，以上如果都没有发生，这就给了皇太极力挽狂澜的机会。

皇太极当政十八年，马不停蹄地干了六件大事和两件小事。六件大事分别是：一则抚民；二则集权；三则拉人；四则融合；五则建制；六则扩张。还有两件比较独立的小事，一是搜集、制造红衣大炮，二是爱海兰珠。由于这些事情的时间线互相交错，如果以时间顺序讲述会显得很乱，这里我就分类说说。

先说抚民篇，即恢复、发展生产力方面的举措。

牛皇帝最大的特征是：能够敏锐地发现导致困局出现的根本原因并采取针对性措施。皇太极的"抚民"，就是从解放生产力、保护生产资料、建立恰当的生产关系、理顺基层治理这四方面入手的。

一、分屯别居令

皇太极登基后的当月，就针对他老爹的"合居令"，发布了"分屯别居令"。

"令汉人与满洲分屯别居。每备御止留八人，余悉编为民户，处以别屯，择汉官廉正者理之。"①

解释一下：之前女真、汉人合居的村屯，按照最小的编制单位"备御"来计算，将其中的汉人由之前的十三人减为八人，分配的耕牛由七头减为两头。独立出来的五名汉人和五头牛，按壮丁编为民户，单独成立汉屯，由清正的汉人官员管理其生产。

前文已经介绍过"合居"的弊端，这里"分屯别居"的优点就不多解释了，这相当于解放了后金境内约40%（5/13）的汉人生产力。

二、不复兴筑令

"工筑之兴，有妨农务，前以城郭边墙，事关守御，有劳民力，良非得已。兹后止葺颓坏，不复兴筑，俾民专勤南亩。"②

前文说过，努尔哈赤时期大兴土木工程，先后修建了新辽阳城、沈阳城和辽河防御工事，占用了大量的农业生产力。现在，皇太极下令不再新建各种城池、工事，大幅减轻徭役，令农民以务农为本，这也是解放生产力的法令之一。

三、生产资料保护令

天聪元年（1627年）九月初一，皇太极谕令："马骡以备乘骑之，牛驴以资负载，羊、山羊、豕、鸡、鸭、鹅等供食用。嗣汗及诸贝勒，以至小民，凡祭祀及筵宴、殡葬、市卖所用牛马驴骡，永行禁止之。"③

---

① 赵尔巽等撰，《清史稿》卷二，本纪二，太宗本纪一。
② 同上书。
③ 《满文老档》太宗皇帝第一函、第八册，天聪元年九月至十二月。

解释一下：女真人信奉萨满教，传统习俗是杀牛祭天，不管是红白喜事还是祭祀先祖，都要杀牛。皇太极所针对的，就是以上习俗。他规定：马和骡子只能用来骑，牛和驴只能用来耕作、拉磨，只有羊、猪、鸡、鸭、鹅可以吃。国内不管是贵族还是平民，都不能宰杀牛、马、驴、骡用于非生产目的。一旦有人违规，不管是贵族还是平民，通通治罪。连祭祀他爹努尔哈赤，皇太极规定也只能用小牛。

这项举措，保护了生产资料，对后金境内农业生产的恢复有着重要意义。

四、往罪不论令

努尔哈赤时期，大量汉人逃亡、为匪、当奸细。对此，皇太极谕令："汉官民有私计遁逃及令奸细往来者，虽首告[1]勿论。"[2]

翻译一下：后金境内的汉官、汉民，之前有试图潜逃的，包括至今仍在为明朝当奸细的，即便是有人举发也不再追究，只要今后不再做这些事情就可以了。

这个政策是什么分量，就不需要多解释了。

五、满汉一体

皇太极登基后，多次强调汉人与女真人处在平等地位，将扰害汉民的行为定性为"隳坏基业"。他规定："满洲、汉人，毋或异视，讼狱差徭，务使均一"；"凡贝勒大臣有掠归降城堡财物者斩，擅杀降民者抵罪"；"天以明土地、人民予我，其民即吾民，宜饬军士勿加侵害，违者治罪"。[3]

很容易懂，不解释了。

天聪二年（1628年），皇太极进一步封赏汉官，跟他老爹一样，他也发了上百道敕书，全部是给汉官的世职爵位证书。

例如"王子登，尔原系监督冶铁之卫官；并斩毛文龙遣来引诱之千总，擢为参将。王子登倘或有咎，依法赎罪。此职子子孙孙世袭罔替。"[4]

看到这里，一些朋友可能会说，这不是跟努尔哈赤一个水平吗？

---

[1] "首告"可以理解为实名举报。
[2] 赵尔巽等撰，《清史稿》卷二，本纪二，太宗本纪一。
[3] 同上书。
[4] 《满文老档》太宗皇帝第二函、第十五册。

不一样。

首先，皇太极的这一举措，正是针对他爹群发的"免死券"。

皇太极索性再扩大特权范围，但凡有点儿功劳的、有官职的，全部都给。这就好比颁发奖章，一千人中给五百人发，这个奖章就是荣誉；一千人中所有人都发，这个奖章就什么都不是了。皇太极通过此举，稀释了免死券的功效，大家都一样，就不叫特权了。

其次，这次领到世职敕书的人，绝大多数都是汉官。这些人正是在前朝不受重视的，现在被皇太极特别封赏，自然也就成为他的忠实班底。

六、严格约束八旗基层官员

天聪元年（1627年），皇太极谕令："如管堡拨硕库有不修葺堡中倒塌之墙垣，不稽察盗贼者，则与贼同罪。如牧马之人，不查收马匹，纵贼乘骑行窃者，与贼同罪。守门之人，将随时查出入人等而不行详查者，亦与贼同罪。如管堡拨什库，有敛民食物，贿赂往查田亩粮谷及马匹等诸物之官员者，罪之。官员有受贿者，亦罪之。前因扎尔库敛民食物，已正法矣。"①

翻译一下：某堡垒发生盗窃事件，如果是因为日常整修不到位导致城墙坍塌才使盗贼潜入的，或者是管理堡垒的拨什库②不作为以致盗贼潜入的，则拨什库与盗贼同罪。同理，不认真管理马匹的官员、不严格核查出入者的守城官兵、向庄屯索贿的拨什库，均与犯罪者同罪。为了达到警示目的，皇太极还举例：扎尔库私自收敛民户的粮食，已经被正法。

以上措施，也有两层意思。

一方面还是针对他爹群发的免死券，皇太极就索性在八旗内实行连坐制。但凡能沾边的，都给你定罪，看看是你免死的次数多，还是我给你定的罪多。

另一方面是因为他爹生前对八旗各级军官过于宽纵，导致八旗上下毫无纪律可言。所以，皇太极就施行严刑峻法，以扭转八旗内的混乱风气。

通过以上六大措施，皇太极基本理顺了后金境内基层管理模式和生产模式，建立了适应当时生产力发展水平的生产关系，对解放生产力和发展农业经济有

---

① 《满文老档》太宗皇帝第一函、第六册，天聪元年五月至六月。
② "拨什库"可以理解为八旗基层文官。

着重要意义。

当然,本着客观叙史的原则,我必须指出,皇太极对平民也曾发出过一些比较残酷的命令。他执政期间,后金军先后五次攻入关内,其间也存在战争暴行,并掳掠了大量的汉人。虽然皇太极给这些人分房子、分地,但是很多关内之人不愿意背井离乡,跑到苦寒的辽东地区讨生活,多有逃亡。

对此,崇德六年(1641年),皇太极谕令:"自兹以后,有从三城(锦州、松山、查山)内逃出者,十五岁以下准留为奴,十六岁以上勿赦。"①

但是总体而言,皇太极的施政还是很温和的。像前文所说,他刚接班那会儿,国内盗贼横行、民众外逃,诸王公大臣都建议严惩犯罪之人,皇太极却说道:"今岁国中粮食失收,民将饿死,是以行盗也。被缉获者,鞭而释之。未被拿获者,免之可也。而粮食失收,咎在我等,不在于民。"②

翻译一下:今年遭遇天灾,国内粮食歉收、民将饿死,这才是盗贼横行的原因,情有可原。犯罪后被抓获的人,鞭打后即释放;没有被抓获的人,免于处罚。至于粮食歉收的原因,是我们(其实是他老爹)的施政有问题,与百姓无关。

当年,皇太极动用库银十万两,赈济灾民。这是后金乃至后来的清朝官方赈灾之始,被此后历任清朝皇帝延为定制。康熙帝创造了中国古代史上单一皇帝发放赈济银、减免税赋的纪录,后来这个纪录又被乾隆帝打破。

---

① 《清太宗实录》卷58,崇德六年十二月辛酉条。
② 《满文老档》太宗皇帝第一函、第六册,天聪元年五月至六月。

第四节 第一讲 八旗制度

在讲述皇太极的其他举措之前，我有必要先说明一下"八旗制度"。说起八旗，很多人就会想到八旗子弟，就是那一群干吃国家粮食、游手好闲、无所事事的贵族成员。这种看法是有点儿片面的，事实上，八旗是一项以户籍管理为基础，综合行政、军事、生产等多方面内容的管理制度，其内容相当繁杂。

一、丁

八旗最基础的组成单位是"丁"，也就是一个壮丁。每一个十六岁以上、符合条件的成年男子，会被单独编立为八旗的一个户口，户主就是丁。该户口下所有的人口、资产，被称为"旗下"；这个丁，就被称为"旗人"。但是，并不是所有人都有资格成为旗人。

万历四十三年（1615年），努尔哈赤正式建立八旗制度，"将收集众多之国人，尽行清点之，均匀排列，每三百丁编一牛录，牛录设额真一人。"①

由上面这段史料可见，能够成为旗人的，只是"国人"，在当时其范围包括：一是未犯罪、犯法的建州、海西女真人；二是主动投靠、投降后金的其他女真、蒙古部落和明军。

总之，如果不是老努基本盘内的女真人，要想进八旗，就得有点儿立功表现。相对地，战败被俘、被掳掠、犯罪、犯法的各类人群，大部分就没有资格

---
① 《满文老档》太祖皇帝第一函、第四册，乙卯年。

进入八旗。

"非国人"中,又分为两类。

一类是"民",也就是民户。他们多是逃亡的明朝辽东军户和努尔哈赤四处征战时掳掠的平民,未做出过突出贡献但也没有犯罪、犯法。这些民众中的大部分人,就无法入八旗为丁。这里有两方面原因,一是因为他们没有立功表现,组织不接收;二是这些人大多是普通农民,不会骑马、射箭,兵源素质差。

当然,民也不是完全没有机会。努尔哈赤时期,就先后多次从民户中征召健壮者入八旗为丁,遴选比例不一,大致为二十选一,即组成了我在前章节讲过的专业火器部队。

另一类是"包衣",这一类人我会在后文详解。

二、牛录(佐领)

努尔哈赤时期规定:

(一)三百个旗下的丁,编为一"牛录",你可以将这个单位理解为"营",营长被称为"牛录额真",汉语名为"佐领"①。

(二)再往上一层,就是"甲喇",五牛录为一甲喇,你可以理解为"团",团长被称为"甲喇额真",汉语名为"参领"。

(三)再往上一层,就是"固山",你可以理解为"师",师长被称为"固山额真",汉语名为"都统"。固山=旗,就是"正黄旗、镶黄旗"的那个"旗"。

需要说明的是,固山额真并不是旗主,旗主通常被称为"固山贝勒"或"管旗王爷",两者的区别我会在下文解释。

综上,由小到大依次是:丁(壮丁)×300→佐领(营长)×5→参领(团长)×5→都统(师长)。

为了让大家有更直观的概念,我把这些官职与明朝的武官对应一下。

---

① 由于入关后清朝通常以"佐领"代指"牛录",所以在后文中,佐领=牛录。

八旗官职的满语名称	八旗官职的汉语名称	明军中与之对应的军职名称	与之地位相当的现代军衔
固山额真	都统	总兵	师
梅勒额真	副都统	副将	副师
甲喇额真	参领	参将/游击	团
牛录额真	佐领	千户、百户之间	营

做个小注释，从地位上讲，明朝的总兵其实相当于"军区司令员"。但是，不同地区的总兵管辖的军队数量差异很大，从几千人到几万人不等，这里就不细究了。

由上可见，佐领是八旗的基础组织单位。通常来说，被编入同一佐领内的人群，大都是血缘相近、成分相似的。例如同一拨投降的明军，同一拨前来归附的蒙古、女真部落。

努尔哈赤时期投靠后金的，多是蒙古、女真的小部落和辽东军千户长、百户长这种级别的官员，他们手下的壮丁往往不足三百人，也就编不成一个完整的佐领。对这种情况，努尔哈赤或将几拨小势力挤在一个佐领下，或是直接建立一个不满编的佐领，这给八旗的管理带来诸多不便。

所以，皇太极接班后，将一佐领的满编人数从三百人降到二百人。之后，康熙帝又定为一百五十人，延为定制。这样，八旗下大部分佐领都可以做到满编且成分相对单一了。

当然，也有特例。如果前来投靠的人独立性很强，像雅克萨之战期间主动投降的俄国人，其壮丁数不足二百人，也可以为其单独设置"半分佐领"，也就是半个佐领，这也是一个独立的组织单位。入关前，八旗下有半分佐领二十八个。之后，随着这些半分佐领下的人口滋生，它们中的大部分成为完整佐领。至乾隆末年，半分佐领已减至六个。

三、包衣

"包衣"，满语全称为"包衣阿哈"。其中，包衣的意思为"家里的"，阿哈的意思为"奴仆"，合起来就是"家奴"，通常简称为包衣或阿哈，汉译为奴仆或奴才。

包衣有两大来源。

清军入关前，包衣主要是犯罪、战败的八旗官员及其家属，被罚没为奴，这些人被编入"辛者库牛录"。"辛者库"的意思为"食斗米口粮的奴仆"。这种牛录虽然也在八旗之内，但并不享受旗人待遇。他们是八旗最底层人群，没有人身自由，大部分人终身都要为皇室或王府从事各种劳役。可以这么说，这些人就是现在大部分人印象中的那种"包衣"，即奴隶。

清军入关后，因京畿地区百姓的"投充"，包衣群体再次扩大，其地位也发生变化。关于这一点，我会在后面章节详解。

四、披甲

并不是所有旗人都需要当兵。可以这么理解，旗下所有壮丁是八旗兵的兵源备选池，需要多少军队，就按照相应的比例抽取。

努尔哈赤最初对明用兵那会儿，八旗全员皆兵，凡是编入八旗的壮丁、包衣，绝大多数都要上阵。这也是萨尔浒之战时，努尔哈赤能够凑出六万军队的原因。萨尔浒之战后，努尔哈赤发现明军的战斗力并不太强，没必要进行总动员；且后金占据的地盘越来越大，后方需要留人防守，所以部分旗下壮丁就不再出征了。例如天命七年，努尔哈赤出征广宁，每牛录下三百人，只征召一百人出征、五十人留守。

皇太极接班后，继续平衡战争与生产的关系，他从丁中按比例选取一部分人当兵，作为八旗的常备军。崇德六年（1641年），皇太极规定："每牛录满洲三人中许一人披甲，以六十名为常数。其中或多或少，务于三人中选一人。他牛录甲虽有余，亦不许补不足。"①

这里先解释一下"披甲"。八旗壮丁中被抽去当兵的人，称之为"披甲"。想要披甲，必须满足条件且通过一系列考试。披甲的基础条件是年满十六岁，考试内容是马战、步战、射箭，全部通过后，就可以披甲了。上文中皇太极规定的抽甲比例，相当于三抽一，并设定了每佐领披甲的上限，即为六十人。

当然，特殊情况下，抽甲的比例可以提高。像多尔衮率清军入关时，就带走了三分之二的满洲、蒙古兵，这个抽甲的比例就相当于三抽二。

看到这里，很多人可能会说，被抽中的"甲"还真是倒霉，要是不被抽中，

---

① 《钦定八旗通志》，嘉庆四年刊本影印本，台湾学生书局（1968年）。引自该书卷32。

不就可以领着钱粮上街遛鸟了嘛？

想得美！

这里就要说明一下旗人的工资待遇了。只要是旗人，国家就会按照你的爵位和官职分配给你定额的土地，大部分情况下不需要缴纳国家规定的赋税。清军入关后规定：一个普通旗下壮丁分配的土地为三十六亩，这在当时相当于一户普通农民的耕地面积，远达不到地主、富农的层次。

如果你属于披甲行列，那么每月你还可以领到饷银和禄米，不同兵种数量不同。饷银每月从一两到四两不等，禄米每年从一石六斗到二十四石四斗不等。以上这些数字，你可以理解为"小康生活水平"，大部分八旗披甲士兵，没有嫖、赌等不良嗜好，养活一个全职太太和一两个子女是没有问题的。

由上可见，披甲者其实就是职业军人，在中世纪的欧洲，他们有一个相当高大上的称呼——"骑士"。

比较一下：两者都出身平民阶层；两者都是专职军人；两者都要经过严格训练、层层选拔；两者都有全套甲胄；两者都有一小块封地（庄园）；两者都要效忠于国王（皇帝）或领主（旗主）。这么看，这些披甲之人就很洋气了。

八旗中还有一类人，他们没有爵位、官职也不披甲，但是依然可以领到银子和禄米。这类人在十岁左右时，每月就可以领二两银子；二十岁开始，每月领三两银子，每年给米二十一石一斗，妥妥的小康水平。说到这儿，很多朋友可能就会双眼放光，不打仗、干领钱，到哪找这样的好事呢？

不好意思，人家姓"爱新觉罗"。换句话说，人家是宗室。

这些老努和他兄弟们的后代，有很多人没有爵位，也没有本事谋得一官半职，也没有本事当兵，就只好每月领这点儿工资了。这大概是封建王朝中宗室的"低保"级别待遇了。

如果你既不是宗室也不披甲还没有爵位、官职，那就不好意思了，自谋生计吧。其实，这种旗人跟普通民户的差别并不大，只是自带三十多亩不能买卖的自留地罢了。

正是这种"不当差不发饷"的政策，激励旗下壮丁踊跃参军。虽然打仗这种事情的风险很高，但是也有很大概率获得高收益。例如你在战争中砍了人头、招降碉堡、第一个爬上城楼等，都是有赏赐的，有的给钱，有的直接封爵位。

清朝前期还规定，如果你所在的军队打败了抵抗的敌军（主动投降的不算），那么对方军中的俘虏、财物等，就由你这支军队分配。即便是你战死了，国家也会给你的家属发放高额抚恤金。

士兵们待遇优厚，这样就吃得好、穿得好，身体就壮，就有时间健身、练习射箭、演习火器，打起仗来就没有后顾之忧，不需要担心自己死了亲属没人管，这就进一步激发了他们的主观能动性。

相对地，如果打了败仗，处罚也很严厉，清朝军法是中国古代史上最严厉的。清朝中前期的几个皇帝，除了康熙比较好说话，其他几位对于失地、败阵、被俘的将领，处理意见高度一致——斩！而且杀起来一视同仁，不论你是什么级别的官职、爵位，大学士可以杀、亲王可以杀、宗室更可以杀。此外，战败将领的家属也可能受到牵连，即没入上文所说的辛者库牛录为奴。

所以，战争的胜负对八旗官兵而言是有直接利害关系的，这种体制，将他们牢牢地绑在了帝国的战车上。

第五节 集权篇

政治斗争的核心就是控制兵权,看完上文大家应该就能发现,在入关前,后金军其实就是八旗军①,控制八旗就是控制军权。所以,皇太极的集权措施主要是在八旗中进行的。他接班这会儿,八旗旗主分布如下:

正黄旗:多铎;镶黄旗:阿济格。

两红旗:代善和岳托。

正白旗:皇太极;镶白旗:杜度。

正蓝旗:莽古尔泰;镶蓝旗:阿敏。

此时八旗可以分为四派:

(一)多尔衮三兄弟,即阿济格、多尔衮和多铎。多铎和阿济格分别接管两黄旗。老努临终前,计划将镶白旗旗主杜度调往镶红旗,把镶白旗交给无旗的多尔衮。②如果这一计划得以实施,那么多尔衮三兄弟就手握三旗,是八旗内绝对的最强势力。

(二)皇太极一派,即皇太极和支持他上位的代善家族,分别控制正白旗和

---

① 后期还有漠南蒙古诸部的军队,后文会解释。
② 根据《满文老档》记载,皇太极曾说过:"阿哥阿济格、阿哥多尔衮、阿哥多铎,皆后父汗分给全旗之子。"由此可见,除了阿济格和多铎,努尔哈赤也曾计划给多尔衮一旗。在当时,唯一有可能交给多尔衮的旗就是杜度的镶白旗。一是因为该旗为八旗下牛录数最少、也是最弱的一旗,其牛录数仅为正黄旗的1/3;二是因为皇太极登基后杜度转隶镶红旗,说明他之前确实交出了镶白旗。

两红旗。

（三）莽古尔泰的正蓝旗和阿敏的镶蓝旗，各成一派。

在很多人看来，作为后金的一把手，皇太极要搞这些旗主是很容易的，把旗主杀了，把旗下的人口归为己有就是了。

其实不然，上文说过，每旗都有自己的历史沿革，旗下的牛录，要么是从老爹那里继承的部众，要么是联姻拉来的部众，要么是在战场上收降的部众，与旗主关系紧密，一旗之内各种姻亲、关系网盘根错节。你可以设想一下，现在一共有八个村，归一个乡长管理。某天，乡长突然杀了你当村长的表叔，换成乡长的亲戚当村长，后果会怎样？

所以，贸然杀旗主，必然引起八旗内乱。基于此，努尔哈赤生前就规定：各旗已有的牛录，任何人不能随便剥夺。即使某个旗主犯了罪，其他的旗主也不能把该旗下的牛录占为己有，只能在旗内交予与犯罪者亲缘关系较近的兄弟、子侄。这又提高了皇太极的游戏难度。

下面，我们就来看一下皇太极的集权措施。

一、夺镶白旗，打压阿济格

天命十一年（1626年），就在杜度交出镶白旗、多尔衮准备接手时，老努"嘎嘣"咽气了。皇太极一接班，就联合其他三大贝勒，拿出了努尔哈赤生前的"预遗言"，令多尔衮三兄弟的母亲阿巴亥殉葬。

这一招的名字叫"釜底抽薪"，相当狠。这一年，阿济格二十一岁，多尔衮十四岁，多铎十二岁，除了阿济格，另外两人还在青春期，没有民事行为能力。皇太极把他们后面的母亲弄死，再对他们动手就方便多了。

接着，皇太极就以镶白旗无人署理为由，将该旗纳入自己麾下。因为这一举动并不涉及其他三大贝勒的利益，所以无人提出异议。可怜的多尔衮就这么错过了第一次当旗主的机会。需要说明的是，即便是皇太极独领两白旗，这两旗的牛录数量之和还是要小于多铎的正黄旗一旗。由此可见，老努对多铎的喜爱之深。

随后，皇太极借口自己是大汗，服色、旗色必须用黄色，用自己手里的两白旗，强行与多铎、阿济格的两黄旗换色。也就是说，人口还是原来那些人口，只不过把军队的服色、旗帜换一下。这样，皇太极就成为两黄旗旗主，而多铎和阿济格则分别为正白、镶白旗主。

皇太极这一系列举动让已经成年的阿济格产生了强烈的危机意识。他们三兄弟没战功、没资历、没人脉，却手握最肥的两旗，这就像一个孩童拿着黄金行走于闹市之上，是典型的"怀璧其罪"。所以，阿济格决定干点儿什么，他计划让多铎娶他们三兄弟的亲舅舅阿布泰的女儿。

阿布泰是阿巴亥的亲弟弟，同时阿布泰又娶了努尔哈赤的女儿，算是国舅加驸马。多铎的这门亲事，相当于娶了自己的亲表姐，亲上加亲。其中还有强烈的政治因素，也就是三兄弟依仗母亲娘家的势力，对抗皇太极。

皇太极当然知道这一层，他借此事狠整了阿济格一道。他以阿济格"擅自派人说媒"为由，免去其镶白旗旗主之位，将该旗交予多尔衮，并罚银一千两。同时，他将阿布泰从游击降为备御，这已经是相当小的官了。

皇太极这一招可谓是"一石三鸟"。

首先，他打压阿济格的举动，与其他三大贝勒无关，这三个实力派人物不会干涉。

其次，因为老爹生前的规定，皇太极无法将阿济格的镶白旗据为己有。所以，他让年轻的多尔衮接管，多尔衮与阿济格是亲兄弟，不违反老努之前的规定。而且，这还相当于还了之前抢多尔衮镶白旗的人情。

最后，他这一招在不知不觉间就离间了多尔衮三兄弟的感情，一个升、一个贬，被贬者自然对高升者心怀怨恨。

为了加深这种怨恨，皇太极在狠整阿济格的同时，厚待多尔衮和多铎。

天聪元年（1627年），皇太极带着这两个初中生远征蒙古，凯旋之后，对他俩大加赞赏。他赐多尔衮"墨尔根戴青"的称号，墨尔根在蒙古语中意为"聪明"，即汉语的"睿智"，多尔衮后来被封为"睿亲王"，即源于此；赐多铎为"额尔克楚虎尔"，这个词在蒙古语中意为"勇敢的将军"。多铎后来被封为"豫亲王"，"豫"字即为"勇"的谐音。

受封之后，多尔衮很识趣。皇太极喜欢精通汉语的人，他就学汉语；皇太极喜欢汉人饱读之士，他就天天跟这些人搅在一起；皇太极喜欢打仗猛的，他就带头冲锋，有一次差点儿死在了明军的堑壕里。

受封之后，多铎很不识趣。元旦庆贺，他送给皇太极一匹劣马；跟阿济格走得很近，一个蒙古部落归顺时，他伙同阿济格抢人家首领的老婆；皇太极带兵征伐明朝，他半路吵着要回家。

两人之所以会有这么大的差异，是因为经历不同。多铎在老努时期那是很红的，要多红有多红，八岁就被确立为首旗旗主。所以，皇太极给的这点儿恩惠，他看不上眼。多尔衮在老努时期并不受宠，所以他格外珍惜皇太极给他的机会。

多尔衮乖巧的举动也被皇太极看在了眼里，之后，多尔衮的地位以火箭般的速度提升。天聪五年（1631年），皇太极仿照明朝初设六部，任命年仅十九岁的多尔衮分管六部之首的吏部。后来，皇太极甚至当着自己亲儿子豪格（他比多尔衮还大三岁）的面儿，对多尔衮谕旨："朕爱尔过于诸子弟，锡予独厚。"①你说在场的豪格听到这句话，心里会怎么想？

这种"爱来爱去"的君臣关系，也被多尔衮学去了，他后来就曾对洪承畴说过："凡我所心爱之人，虽万金不惜。"②

正是这种破格拔擢，让多尔衮能够在众多兄弟子侄中脱颖而出，有资格参与后面那场皇位争夺战。

二、夺镶蓝旗，搞倒阿敏

前文说过，皇太极登基初期，后金被明朝三面围困，他试图从辽西走廊突破，攻打锦州，大败而归。之后，皇太极决定，进行战略迂回，绕过辽西走廊入关。

崇祯二年（天聪三年，1629年）十月，皇太极避开宁远、锦州，绕道今天的内蒙古，分兵三路从龙井关、洪山口、大安口突入关内，包围北京城。攻城不克后，后金军又攻克滦州、永平、迁安、遵化四城。

这四城位于今天河北省的东北部，在山海关与北京之间。皇太极的打算是，占住这四城，作为后金在关内的基地。隔断北京与山海关联系的同时，对山海关及辽西走廊形成南北夹击的战略态势，进而跳出明朝的辽东包围圈，对明朝

---

① 赵尔巽等撰，《清史稿》卷218，列传五，诸王四。
② 中国人民大学清史研究所编撰，《清史编年》（共十二卷），中国人民大学出版社（2000年）。本书引用内容涉及第一卷（顺治朝）、第二卷（康熙朝）上、第三卷（康熙朝）下、第四卷（雍正朝）、第五卷（乾隆朝）上、第六卷（乾隆朝）下。引自《清史编年》第一卷（顺治朝），88页。

的辽西走廊形成反包围。而率军留守这四城的，正是阿敏。

此番出征前，皇太极定军令如下："若归降之民虽鸡豚勿得侵扰；俘获之人，勿离散其父子夫妇，勿淫人妇女，勿掠人衣服，勿折房舍庙宇，勿毁器皿，勿伐果木；若达令杀降者、淫妇女者斩；毁房屋、庙宇，伐果木，掠衣服，离本纛及入村落私掠者，从重鞭打。"[1]

军令如此细致，可谓是面面俱到。然而，阿敏老兄完全不把这些军令当回事。占领四城期间，他肆意屠杀、掳掠当地百姓，导致后金根本无法在当地建立稳固的统治。天聪四年，阿敏被孙承宗打败，逃回盛京[2]。

阿敏的失败和关内四城的失守，打乱了皇太极既定的战略规划，着实让他痛心。但是，这也让他看到了一个整倒阿敏的绝佳机会。下面，就让我们来看一段"通过政治手段整垮手握兵权大将"的标准流程。

第一步：

崇祯三年（天聪四年，1630年）六月初四，阿敏率领大军返回盛京。皇太极"未令诸贝勒、大臣入城，营于十五里外，惟令军士入城"[3]。也就是把高级将领全部留在城外，却把士兵放进城，这是什么意思呢？

你换位思考一下，如果你是一名士兵，在外面辛辛苦苦打了两年仗，好不容易回到家门口，守城门的不让你进，你会做何反应？

谁敢不让进，老子跟谁玩命！这都不需要做思想动员。

然而，一旦你进了城，就是老婆、孩子、热炕头。这时，有人招呼你："我跟老大不和，你跟我一起去砍他！"你还会去吗？

你爱和不和，关我啥事，这就叫"百炼钢化作绕指柔"。

此外，将领在外、军队在内，自然也就割裂了将领与士兵的联系。

第二步：

皇太极派出几个大臣去向阿敏问罪，类似如下内容：

"你是不是把滦州、永平给丢了？"

---

[1]《满文老档》太宗皇帝第三函、第十七册，天聪三年七月至十月。
[2] 天命十年（1625年），努尔哈赤定都沈阳，并改"沈阳"为"盛京"。
[3]《满文老档》太宗皇帝第五函、第二十九册，天聪四年五月至六月。

"你是不是损失了不少军队？"

"你的军队是不是掳掠了不少人口？"

这些事阿敏当然干了，皇太极也早就知道，所以，阿敏就痛快地认罪了。而皇太极要的就是"阿敏已经认罪"这个事实。

第三步：

皇太极下令，把进城军队中的中层军官全部绑了，召集城内一众王公贵族，给他们开批斗会。会上，皇太极声情并茂地说道："尔等既能将财帛、瘸足女人携之而归，为何不能收我军士俱归耶？我军士亦瘸乎？彼有何辜，呼天叫地而死也！我念及此，马能怀，岂不伤感？"①

翻译一下：你们既然能够把抢掠的财物和裹足妇女带回来，为什么不能把那些受伤的、被俘的士兵带回来呢？他们也瘸吗？他们有什么过错，呼天喊地、客死他乡？我想到那些死难的士兵，痛心不已；如果马有感情，连它们也会感到悲伤。

说罢，潸然泪下，痛哭不已，在场的王公大臣也纷纷落泪。

戏演完了，开始处罚。团长（甲喇章京，参领）以上的军官均不释放，交由相关部门定罪；团长以下的军官免罪。也就是只追究中高层领导责任，其他不问。

第四步：

六月初七，皇太极在阿敏不在场的情况下，召集群臣宣布阿敏的罪行。上来他就表示，之前阿敏已经认罪，现在要宣布他的罪行。然而，皇太极所宣布的罪行，就不是上面说过的那几个问号了，而是"十三大罪"。

这些罪名可谓是百花齐放，从阿敏他爹舒尔哈齐被杀那会儿开始算起，打朝鲜犯了哪些罪，打蒙古犯了哪些罪，跟兄弟相处犯了哪些罪，条条罗列。

还有些比较搞笑的。例如阿敏和岳讬打朝鲜的时候，岳讬找到个妹子，打算把她献给皇太极。阿敏说道："我取之何为不可？"②

岳讬没同意，还是把妹子献给了皇太极。皇太极也没收，而是赐给了其他

---

① 《满文老档》太宗皇帝第五函、第二十九册，天聪四年五月至六月。
② 《满文老档》太宗皇帝第五函、第三十册，天聪四年六月。

大臣。之后，皇太极就发现阿敏"面无喜色，背地怨恨"①。这也是一大罪。

在最后三条，皇太极点出了压轴的罪行："自至永平后恨城中汉人，因汗抚养降民，心甚不悦"；"榛子镇人自愿归降，令军士尽掠降民牲畜财物，驱该城汉人至永平，分给八家为奴"；"悉诛永平、迁安官民，以财物牲畜、瘸足妇人为重"。②

接着，皇太极让诸王公大臣议罪。都闹到这个份上了，还有啥好议的，不就是个死吗？

这时，皇太极又回忆起他与阿敏并肩战斗的岁月，作垂泪不忍状，令"免死下狱"，即永久禁锢。但是，阿敏的正蓝旗下所有人丁、军队、财物、牲畜，均被剥夺，交予其弟济尔哈朗。

济尔哈朗是谁？

他是阿敏的弟弟，努尔哈赤的侄子。在父亲舒尔哈齐死后，他被努尔哈赤收养，自小在宫中长大。在此期间，跟济尔哈朗关系最近的人，就是皇太极。

明白了吧？

当天，一队卫兵到城外，绑了一脸蒙圈的阿敏，将其下狱，永久禁锢。到这会儿，阿敏才知道，原来自己犯了十三大罪……

皇太极搞倒阿敏的过程，前后仅用四天，可谓釜底抽薪、干净利落，阿敏不要说反抗，连辩白的机会都没有。真是又损又狠！

通过这一举措，皇太极不仅搞定了镶蓝旗，而且以阿敏为榜样，有效震慑了在努尔哈赤时期肆意杀戮的八旗中高层军官。自此之后到清军入关前，虽然后金军（清军）在战争中仍然存在一些杀戮平民的行为，但像阿敏这般大规模、公开化的暴行基本禁绝了。

多说一句，被阿敏掳掠回来的妇孺，皇太极下令"编为民户，以房舍、衣食给之"③。

---

① 《满文老档》太宗皇帝第五函、第三十册，天聪四年六月。
② 同上书。
③ 赵尔巽等撰，《清史稿》卷二，本纪二，太宗本纪一。

三、搞倒莽古尔泰

阿敏被整倒后,八旗局势如下:

两黄旗:皇太极。

正白旗:多铎;镶白旗:多尔衮。

两红旗:代善和岳托。

正蓝旗:莽古尔泰;镶蓝旗:济尔哈朗。

两黄旗由皇太极亲掌;镶白旗的多尔衮、镶蓝旗的济尔哈朗都是皇太极扶植上位的,是他的铁杆嫡系;代善本来就是支持皇太极的,这时皇太极在八旗中已经处在绝对优势。但是,他还嫌不够,又将目光转向了莽古尔泰。说起来,这算是个偶然事件。

崇祯四年(天聪五年,1631年),皇太极率军攻打大凌河城,让莽古尔泰的正蓝旗打头阵,多有死伤。莽古尔泰气不过,去找皇太极理论,说道:"我部下人,凡有差遣者每倍于人,何曾违误?"① 即每次打仗,我这一旗分配的作战任务总是比其他旗多好几倍,我啥时候说过半个不字?

皇太极答道:"果尔,则告者诬也。"② 即你被人挑拨啦!告诉你这话的人是在诬陷我。说罢,皇太极准备上马离开。

莽古尔泰喝了点儿酒,不依不饶,继续说道:"为汗者,宜从公闻谕,何独与我为难耶?我为汗一切承顺,仍不中意,是欲诛我也!"③ 即当领导的,得一碗水端平,你怎么老是为难我啊?我处处听你的,你还是不满意,你这是想弄死我啊!

说罢,他握着佩刀刀柄向皇太极走去。

当时,代善、德格类(莽古尔泰的胞弟)都在场。德格类上前拦阻,说道:"尔之举动,不成体统矣!"④ 边拦阻还边揍了莽古尔泰几拳。很明显,德格类这是在保护莽古尔泰。

没想到莽古尔泰挨完揍后火气更大,大声对德格类说道:"爹个鸟,尔为何

---

① 《满文老档》太宗皇帝第七函、第四十册,天聪五年八月至九月。
② 同上书。
③ 同上书。
④ 同上书。

拳殴我耶！"①即我怎么怎么你爹（其实也是他自己的爹），你怎么揍我啊！说这话的同时，他还拔出了半截刀。

其实呢，我们结合上下文来看，莽古尔泰拔刀的举动，针对的应该是德格类。然而，皇太极却发现了一个绝好的机会。他不走了，回到帐篷里坐下。他心里盘算的是：如果这个莽夫砍伤德格类或是砍死几个侍卫，就可以把"弑君"这个罪名扣到他的脑袋上了。

可是没想到，皇太极回来后，莽古尔泰居然怂了，把刀收了起来。皇太极一看对方不上套，就继续拱火，他骂道："尔所衣食，均我所剩，得倚我为生。"②即你从小没人管，吃穿都是我剩下的，没有我你能活到今天？

"尔何得斫我耶？尔原系肌瘦将死之人也！"③即你凭什么要砍我啊？没有我，你就是将要饿死之人！

挨完骂后，莽古尔泰依旧是怂怂的。一看对方还不上套，皇太极也急了，他拔出佩刀，去骂侍卫："我恩养尔等何用？彼手出佩刀欲斫我，时尔等何不拔刀趋立我前耶？昔姜太公云操刀必割，执斧必伐等语。彼引佩刀，欲斫我也。"④即我养你们何用啊？他拔刀了啊！这是要砍我啊！你们怎么不拔刀挡在我身前呢？人家姜子牙曾经说过：拔刀那就是要砍人，持斧就是要伐木。他拔刀一定是要砍我啊！

这叫什么？

这就叫"拔刀为号"。皇太极话里隐含的意思是：他拔刀了啊！你们怎么还不上去砍他呀！你们不砍他，他怎么还手？他不还手，我怎么坐实他的罪状啊！

要是侍卫机灵点，这会儿就该上去砍莽古尔泰了，可是还是没有人上前。由此可见，"大汗的哥哥"这个头衔还是很有震慑力的。

到这儿，莽古尔泰弑君的帽子就没法扣了，皇太极这个伤心啊，"含怨入团

---

①《满文老档》太宗皇帝第七函、第四十册，天聪五年八月至九月。
②同上书。
③同上书。
④同上书。

帐房"①。

当晚，莽古尔泰主动去找皇太极谢罪，皇太极不见。莽古尔泰只好派人传话说道："我以枵腹饮酒四杯，因对汗弟狂言，言出于我之口，竟不自知。特来叩首请罪于汗。"②

皇太极仍然不见，派人答复："白日拔刀欲杀我，晚间复来何为？"③看见没，皇太极不知不觉地就将莽古尔泰的"拔刀举动"，定性为"拔刀欲杀我"。

真够坏的！

"莽古尔泰弑君未遂"事件一经传播，那还了得？各路王公、大臣们群情激奋，纷纷要求给莽古尔泰定罪。

这时，皇太极表示：这个案子我属于原告，所以我不能参与审判。老大是原告，下面的人还能饶得了莽古尔泰？

最后定罪：莽古尔泰降爵，从四大贝勒中除名，剥夺其管理的五个牛录，交给他的弟弟德格类，罚银一万两。之后，莽古尔泰彻底身败名裂，天天郁郁寡欢。

第二年，莽古尔泰病死，德格类接管正蓝旗。天聪九年（1635年），德格类也病死，当年，这两兄弟的亲姐姐莽古济被其丈夫告发谋逆。查案过程中，又"意外"发现了莽古尔泰谋逆的证据。皇太极随后处死莽古济和莽古尔泰的儿子，并将这姐弟三人及他们的后代从宗室档案中除名。

这就是连根拔起了。这样，正蓝旗就空了出来。皇太极将正蓝旗与自己的两黄旗打乱重组，成立了新的正蓝旗，并将这一旗交给自己的长子豪格管理。同时，皇太极还将皇室户口全部落到新的镶黄旗内。这样，镶黄旗就成为八旗首旗，之后成为定制。

如果说整倒阿敏展现了皇太极的谋划、布局能力，那么整倒莽古尔泰就展现了他超卓的临场应变能力。在搞倒这两人的过程中，皇太极丝毫不拖泥带水，只要撕破脸，一定连根拔起，不留后患。所谓优秀的政治家，或者说是政治机

---

① 《满文老档》太宗皇帝第七函、第四十册，天聪五年八月至九月。
② 同上书。
③ 同上书。

器，大概如此。

四、各种微操

搞倒莽古尔泰后，就到了崇德元年（1636年），皇太极在盛京改元称帝。此时，八旗局势如下：

两黄旗：皇太极。

正白旗：多铎；镶白旗：多尔衮。

两红旗：代善和岳讬。

正蓝旗：豪格；镶蓝旗：济尔哈朗。

豪格、多尔衮、济尔哈朗这三旗的旗主都是皇太极扶植上位的，是皇太极的嫡系；代善家族曾支持皇太极上位；两黄旗由皇太极亲掌。除了多铎这个刺头之外，其他七旗都被皇太极搞定了。然而，他还是不太满意。

代善家族掌握两旗，代善的资历又比自己老，代善的几个成年儿子打仗又很猛，这些在皇太极眼中都是威胁。于是，皇太极又开始整代善。

天聪九年，皇太极在杀掉莽古济之前，就以"代善请莽古济吃饭"为罪名，狠整了代善一道。弟弟请姐姐吃饭，也有罪……

崇德二年（1637年），皇太极定代善六条大罪，当众宣布后，再将其赦免；崇德三年，代善根据往年的规律，估摸着又到了皇太极整自己的时候了。所以他反复自查，终于发现自己犯罪了，这个罪名是：没有及时安排好内院的值班表……

于是他主动自首，皇太极将其赦免。

再说说代善的长子岳讬。崇德元年，岳讬是成亲王，宗室最高爵位；当年，他因"挑拨罪"被连降两级，成为贝勒；第二年，岳讬因为在宴席上与蒙古部落头领发生冲突，爵位再降一级，成为贝子，这已经是很低的宗室爵位了。

然而，代善的二儿子硕讬更惨。崇德四年（1639年），硕讬因"僭越罪"，爵位降为"辅国公"；第二年，因为多尔衮被处罚，硕讬受到牵连，直接被削去爵位……

就是这么个搞法。

当然，皇太极也没忘记敲打其他人。阿济格、多铎就不必说了，这两个刺头动辄被降爵、罚款；杜度一辈子的爵位都没变，对于这位没有靠山的努尔哈赤长孙，皇太极甚至懒得动手敲打他；连皇太极的长子豪格，也被重罚过三次。

唯二的例外是多尔衮和济尔哈朗，前者只被重罚过一次，后者则从未被重罚过。由此可见，他俩才是皇太极的铁杆儿嫡系，这也是他俩后来能够摄政的重要原因。

之后，皇太极借着处罚多铎的由头，将两白旗打乱重组，将多铎的部分牛录分给多尔衮，并以多尔衮为正白旗旗主，多铎为镶白旗旗主。这样，在皇太极执政晚期，八旗局势如下：

两黄旗：皇太极。

正白旗：多尔衮；镶白旗：多铎。

两红旗：代善、阿达礼①、硕讬。

正蓝旗：豪格；镶蓝旗：济尔哈朗。

至此，皇太极终于满意了。

---

① 此时岳讬、萨哈璘已死，阿达礼是萨哈璘之子，代善之孙。

第六节 拉人篇——大凌河之战

现在主流观点认为，明清之战的转折点是崇祯十三年（1640年）爆发的松锦大战。这一战，洪承畴的十三万大军几乎全军覆没。其实呢，松锦大战就如同之前所说的萨尔浒之战一样，还没开打，结果就可以预见了。这一战明朝的十三万大军，是崇祯帝仓皇之下从全国各地拼凑起来的军队，我前面也说过，这样的军队是无法击败清军的。而明清战争真正的转折点，是崇祯四年（1631年）的大凌河之战。

先交待一下此战的背景。

崇祯二年（1629年），袁崇焕杀毛文龙。这个事很有名，详细过程我就不介绍了，我主要说说这个事的影响。

你换位思考一下，如果你是一名皮岛上的士兵，孤悬海外，与本土联系断绝，常年处在战争第一线，这是一种怎样的体验？

当然是很苦闷的。还好，你有个在辽东待了二十多年、熟悉当地风土人情的毛老大。他能按时发放军饷（不一定足额），能带你打一些胜仗，能够准确掌握每年息工的时间，既不让上头领导发火，还能让士兵充分休息，劳逸结合。所以，虽然苦闷，但日子还过得下去。

这时，中央派来一个文官主持辽东局势，上来就把毛老大干掉了，你会怎么想？

根据朝鲜方面记载，毛文龙死后，岛内将士都痛哭流涕。而且谁当新老大都有不服的，互相打来打去。这样，皮岛就乱了，再也没人想着打后金的事了。

从士兵到军官，都想早点离开这个鬼地方，为自己谋一条出路。

这种情况下，一些将领就不想在皮岛待了，其中就有毛文龙的两个干儿子（也有说是干孙子）——孔有德和耿仲明。由于之前东江与登莱的关系密切，所以他俩就去新任登莱巡抚孙元化那儿报到，想讨份差事。

孙元化是徐光启的好友，也是个火炮专家，与葡萄牙传教士交往密切。当时，他聘请二十七名葡萄牙人作为教官，正在对登莱地区的明军进行西式改革。

根据徐光启奏折中所言，这支军队每营四千人；其中战斗部队两千人，后勤人员两千人；配重炮十六门、中炮八十门、鹰铳一百门、鸟铳一千二百杆，并有各种炮车、战车数百辆。

为了配合孙元化的军事改革，崇祯帝还将进口的西式火炮运往登州（今山东烟台蓬莱市），使得当时登州城内新式火炮齐备，装备水平甚至超过了辽东前线的明军。

孔有德和耿仲明的到来，让孙元化很高兴，他此时特别需要有实战经验的中层军官来领导新军。孙元化以孔有德为骑兵参将，以耿仲明为登州要塞守将。

之后，从东江投奔登莱的人越来越多，加之此时朝鲜已经被皇太极打服，东江镇失去陆上后勤供应渠道，其对后金的牵制作用已经形同鸡肋。所以，孙元化上疏崇祯帝，建议尽撤皮岛驻军，加强辽南半岛沿海、登莱地区和辽西走廊的防御力量。

这会儿，从管理关系上讲，辽东军区的老大是蓟辽总督梁廷栋、管民政的老二是辽东巡抚①邱禾嘉、管军政的老二是辽东前锋总兵祖大寿。除了祖大寿，都是生面孔。这是因为，孙承宗去北京当兵部尚书了，毛文龙已经被袁崇焕杀了，袁崇焕已经被崇祯帝杀了。

梁廷栋部分采纳了孙元化的观点，他也认为辽西走廊纵深太浅，不足以作为关内的屏障。所以，崇祯四年（1631年）初，他派祖大寿去锦州东北的大凌河畔筑城。即"大寿以兵四千据其地，发班军万四千人筑之，护以石硅土兵

---

① 明清时期，"总督"通常管几个省或地区（也出现过总督管一个省的情况），"巡抚"则为一省的最高民政长官，可以理解为省长。

万人"①。

这会儿的大凌河城内共有军队两万八千人,其中祖大寿直领的军队(即旧辽东军)四千人,轮戍的辽东班军一万四千人,石砫兵(四川土司兵)一万人。应该说,这个兵力应对后金军的进攻还是没问题的。

然而,就在大凌河城刚刚竣工的节骨眼,梁廷栋被罢免了,邱禾嘉的靠山没了。当时朝中的言官们纷纷议论:大凌河过于荒远,不应当筑城,应该将军队撤回关内。

邱禾嘉听说了这个事很害怕,担心"贸然筑城"的罪名落在自己头上,加之他与祖大寿一直不和。于是,当年五月,邱禾嘉"尽撤防兵,留班军万人,输粮万石济之"②。

到这会儿,大凌河城内的军队就只剩下祖大寿直领的四千人和轮戍的班军一万人,此外还有劳工和商人数千。这个数量的守城军队,如果遭遇后金军进攻就有点儿吃不消了。而且,邱禾嘉给的一万石粮食看起来很多,其实并不够。在明代,一石约为120斤。这里我们假设大凌河城内的军汉、劳工每人每天只吃一斤粮食,那么这一万石就仅够两万人吃两个月。

请大家记住这个时点,邱禾嘉是在五月送的粮食,大概六月能送到大凌河。

崇祯四年(天聪五年)八月,皇太极率三万军队抵达大凌河城下,掘壕沟、筑墙围城;他另派出一支军队,截击自锦州方向而来的明朝援军。

之后一个多月,明朝像羊拉屎似的向大凌河派出援军。

第一次两千人⋯⋯

第二次六千人⋯⋯

第三次六千人⋯⋯

最后一次是四万人。

以上四拨援军,均被后金军击败。特别是最后一次,几乎全军覆没,明军主帅张春、副统帅张洪谟、三员副将、四员参将、九员游击、二员都司、七员备御、六员千总,共计三十三名将官被生擒,后金军俘虏的马、驼、骡、牛、

---

① [清]张廷玉等撰,《明史》卷261,列传一百四十九。
② [清]张廷玉等撰,《明史》卷261,列传一百四十九。

驴及甲胄、军械等不计其数。①

在此期间，皇太极一直在劝降祖大寿。他派岳讬与城内的明军代表接洽，转述皇太极的原话："前屠杀辽东之民，乃先汗之事，当时不谙理义。提及此事我等追悔不已。若有二身，必诛其一身；若有二头，则必劈其一头矣。后杀永平兵民者，乃二贝勒杀之。因此，已将二贝勒治罪，幽禁牢中，尽夺其所属诸申等民。"②

翻译一下：之前屠杀辽民的事，是我爹干的，那会儿他不懂公理和道义。说起这件事，我们都追悔不已，如果我有两条命，一定自杀一次以谢罪。后来在永平屠戮兵民，是二贝勒阿敏下的命令，我已经将其永久禁锢，剥夺其所有人丁和财产。

在这段话中，皇太极检讨了后金军之前的滥杀行为，直接指斥他老爹"不谙理义"，并保证痛改前非。这也算是相当可以了，毕竟他在骂的是自己的父亲。然而，皇太极诚恳到这个份上，祖大寿也没有投降。

而明朝那边，再也没有援军到来了。一直到当年十月末，城内守军已经用仅够吃两个月的粮食坚持了五个月，实在没办法，祖大寿这才投降了。

祖大寿出城当天，皇太极准备了规模盛大的欢迎仪式。他先派诸贝勒、王公到营外迎接，祖大寿入营后，后金军擂鼓欢迎。祖随后去往皇太极大帐，此时皇太极已经在大帐外等候。祖大寿刚准备跪拜，皇太极上前将他拉起，行"抱见礼"。进大帐时，皇太极又执意请祖大寿先入；祖推辞，皇太极就拉着他的手一起进了大帐。

相当可以了。

然而，不久之后，祖大寿就借口回明朝当内应走了，一去不回。可是，跟随祖大寿投降的一众官兵没法走，名单如下。

副将：刘天禄、张存仁（吴三桂好友）、祖泽洪（祖大寿从子）、祖可法（祖大寿养子）、曹恭诚、韩大勋、孙定辽、裴国珍、陈邦选、李云、邓长春、刘毓英、窦承武。

---

① 《满文老档》太宗皇帝第七函、第四十一册，天聪五年九月。
② 《满文老档》太宗皇帝第七函、第四十二册，天聪五年十月。

参将、游击：吴良辅、高光辉、刘士英、盛忠、祖泽远、胡弘先、祖克勇、祖邦武、施大勇、夏德胜、李一忠、刘良臣、张可范、萧永祚、韩栋、段学孔、张廉、吴泰成、方一元、涂应乾、陈变武、方献可、刘武元、杨名世等。①

以及明军11682人，包括祖大寿直领的精锐四千人。此外，之前后金军围点打援时，也俘获张春等将官三十三人，俘虏士卒人数不详，少说也有数千人。

现在，祖大寿背信弃义地跑了，对一般皇帝而言，杀掉这些俘虏泄愤是很有必要的，再不济，也不会厚待他们。然而，皇太极并没有这么做。他非但没有为难这些人，反而制定了一整套安置方法。

皇太极规定：跟随祖大寿投降的明军官兵，全部编入八旗。对高级将领，皇太极为他们聘贝勒、大臣的女儿为妻，嫁娶费用由八旗贝勒共同承担；高级将领的贴身随从、部将，让他们娶旗下未嫁、寡居的妇女；投降的普通士兵，让他们娶后金民户中未嫁、寡居的妇女。

如果符合条件的妇女数量不够，或从各旗旗主所辖的牛录内选妹子，或让八旗内殷实的庄头（可以理解为小地主）将他们收为养子，或让辖内殷实的富商分出财产拨给这些人。有了钱，就不愁找老婆的事了。

之所以如此细致地安排，皇太极解释道："至前杀之事，纵极为辩白，人亦不信。如今，天与我以此众，正欲使人知我之善养人也。"②

注意，人家皇太极用的就不是"豢养"，而是"善养"。一字之差，天壤之别。

插一段，说说祖大寿的结局。十年之后，类似大凌河的场景再次上演。崇祯十四年（崇德六年，1641年），祖大寿守锦州，皇太极率兵围锦州。救援的明军再次被击败，祖大寿、祖泽远（祖大寿从子）再次投降。这次，连祖大寿的老部下、当时已经给清朝打工的张存仁都认为，即便是不杀祖大寿，也不应再让他领兵了，即"大寿悔盟负约，势穷来归。即欲生之，以不杀足矣，勿宜复任使"③。

---

① 赵尔巽等撰，《清史稿》卷234，列传二十一。
② 《满文老档》太宗皇帝第八函、第四十五册，天聪六年正月。
③ 赵尔巽等撰，《清史稿》卷234，列传二十一。

皇太极是怎么做的呢？

他召祖大寿、祖泽远到沈阳崇政殿，祖大寿刚想跪拜，皇太极起身将他扶起，对祖大寿说道："尔背我为尔主，为尔妻子宗族耳。朕尝语内院诸臣，谓祖大寿必不能死，后且复降，然朕决不加诛。往事已毕，自后能竭力事朕则善矣。"①

这个就不翻译了。

接着皇太极又对祖泽远说道："曩朕莅视杏山，尔明知为朕，而特举炮，岂非背恩？尔举炮能伤几人耶？朕见人过，即为明言，不复省念。大寿且无责，尔复何诛？尔年方少壮，努力战阵可已。"②

翻译一下：之前你我两军在杏山交战之时，你明知道我在军中，却命令手下向我开炮，这是一种背恩行为。况且你不想想，你们放的炮又能伤到几人呢？我与别人的恩怨，都是当面言明，过去了就过去了，不再记仇。祖大寿我都不杀，更何况是你。你现在年轻力壮，今后好好打仗就是了。

史载："泽远感激泣下。"③

之后，皇太极令祖大寿隶属正黄旗汉军，仍为总兵；以祖泽润为正黄旗汉军都统；祖可法、祖泽洪、裴国珍、祖泽远等祖系降将分别为各旗汉军副都统。

要论收买人心，同时期皇太极排第二，没人敢排第一。

而且，以上举动的背后更有深意。祖大寿归降后不久，皇太极就请他给山海关的吴三桂写劝降信，前文说过，吴三桂是祖大寿的外甥。布局就精细到这个份上，这种心机、这种手腕，崇祯怎么斗得过人家呢？

回头继续说大凌河之战。

单看战果，此战明军损失约四万军队，皇太极增加一万余军队，这并不足以使双方的力量对比产生决定性逆转。但是，这场战争还有几个后续影响。

崇祯四年（天聪五年）八月，登莱巡抚孙元化听闻大凌河之战爆发，派出孔有德率领八百骑兵去大凌河救援，孔军与前往支援的山东军队一起行进。由

---

① 赵尔巽等撰，《清史稿》卷234，列传二十一。
② 同上书。
③ 同上书。

于孔军多为辽人，与山东士兵不和，且沿途被各地乡绅刁难，士气十分低落。当他们走到河北沧州吴桥时，积累多时的矛盾终于爆发，孔有德率军叛乱，袭杀明军。随后，他掉头攻打山东各州县，从河北一路打回登州，与城防守将耿仲明里应外合，占据该城。城中的葡萄牙教官大多战死，孔有德控制了城内约两个营的新军和所有西式火器。以上事件，史称"吴桥之变"。

之后，孔军以登州为基地，四面出击，打家劫舍。崇祯帝先后调动多路明军平叛，可是孙元化所练的新军战斗力太强，各路地方军队根本不是对手。崇祯帝无奈，只能调动关外精锐到山东平叛，这才打下了登州城，而此时叛乱已经历时达十八个月之久。

然而，在破城之前，孔有德、耿仲明已经率领万余军民，带着至少十二门红衣大炮和三百余门各型新式火炮，乘船从海上逃走。在逃跑前，孔有德提前派人与皇太极接洽投降事宜，皇太极派出济尔哈朗、阿济格、杜度三大贝勒去鸭绿江口接应。

崇祯六年（天聪七年，1633年）六月，孔有德、耿仲明到达盛京，皇太极率满朝王公大臣出城十里相迎，并大宴庆贺。宴上，皇太极亲自为孔有德斟酒，并赐蟒袍、貂裘、撒袋、鞍马等物。

投降后，孔有德、耿仲明又设法联系上了他们之前的好友尚可喜，劝说他投降后金。尚可喜当时驻守广鹿岛，该岛位于辽东半岛东南海中，属于东江镇。崇祯七年（天聪八年，1634年）二月，尚可喜率领广鹿岛，大、小长山岛，石城岛，海洋岛等五岛军民万余人，携军械、物资航海归降后金。皇太极照例率满朝文武出城三十里相迎。

孔有德的反叛，可谓是大凌河之战的衍生品。叛乱期间，山东境内饱受战火蹂躏，袁可立在登莱沿海所设的炮台、船厂、物资储备被破坏殆尽，部分战船、新式火器被孔有德带去后金。东江镇之前所占据的辽南沿海地区，不久之后也被后金军攻占。以上这些，严重削弱了明帝国的战争潜力。

前文说过，为了应对后金八旗兵，明朝新练了三支精兵。祖大寿守大凌河城的军队有一万四千人，其中有四千人是祖大寿直领的"旧辽东军"，剩下的一万辽东班军中也有袁崇焕所练的关宁军。前后四拨去大凌河支援的六万余明军，其中也有不少关宁军。除了去关内镇压农民起义的，基本上都跑去大凌河了。孔有德叛乱的主力，就是孙元化以登莱军、东江军为兵源所练的西式新军，尚可喜带到后金的一万余军民，就是之前的东江军。

也就是说，到这会儿，明朝最精锐的三支军队——关宁军、东江军、登莱军和旧辽东军，要么死在了战场上，要么给后金打工了。

军队与军队是不一样的。袁崇焕所练的关宁军、祖宽带领的旧辽东军，在关外打八旗兵是五五开，到了关内打民军却是所向披靡，经常几千人撵着十几万农民军跑，这就是战斗力。而新练一支军队，从兵源、到训练、到盔甲、到火器，都需要从头开始，周期是很长的。明朝好不容易趁着努尔哈赤瞎折腾的时候练了三支精兵，结果却变成了这样。

自此之后，大事去矣。

然而，以上这些，还不是此战最重要的影响。祖大寿系和孔、耿、尚的军队，分别是第二拨和第三拨大规模投降后金的辽东军，加上努尔哈赤时期的第一拨，以及期间零散投降的明军，共计约四万人，均被编入八旗。而这会儿，八旗下的满、蒙壮丁总数不过八万人，这就使得汉军成为八旗中举足轻重的一股力量。基于此，皇太极决定将八旗重新整合，由之前的女真贵族军事集团转变为满、蒙、汉三方军事贵族的联合体。

第七节 融合篇——重建八旗(八旗)制度第二讲

努尔哈赤立业五大战后,八旗中编入了数量不菲的明朝降兵和蒙古人,这些人根据上文所述的"相似族群编入同一佐领"的原则,成立了相应的汉军佐领和蒙古佐领。但是,努尔哈赤并没有为这两种佐领单独设立上层管理机构,这些佐领归各旗旗主统一管理。皇太极接班后,先后四次对八旗架构进行改革。

第一次改革,单独设立蒙古二旗、汉军一旗。

天聪初年,皇太极将大部分蒙古佐领从八旗中拿出,单独编立为"蒙古二旗"。这二旗不隶属于之前的任何一旗,直接听命于皇太极,相当于独立的二旗。这一举措,其实也是在配合皇太极在八旗中的集权,相当于他自己多了直辖两旗。

天聪五年(1631年)正月,皇太极又将新、旧降附的汉人从八旗中拿出,编为"汉军一旗",以佟养性为旗主,总理该旗民政、军政。

这时的汉军主要是努尔哈赤时期第一拨归降的明军,为了与后文进行区分,我称其为"旧汉军"。该旗同样不隶属于八旗任何一旗,直接听命于皇太极。旗下军官像石廷柱、金玉和、金砺等人,均为第一拨投降的辽东军军官。因皇太极将后金的所有重炮都划归汉军旗使用,故该军在满语中被称为"乌真超哈",翻译成汉语即为"重兵"。

此时的汉军旗共有各级军官327人,行营兵(野战部队)1660人,守兵(城防部队)1620人,炮手24人,合计3631人。按照"三丁抽一甲"的比例,此时汉军旗的壮丁数约为一万人,这也是当时八旗各旗的标准壮丁数。

到这会儿，后金相当于有十一个旗，即女真八旗、蒙古二旗和汉军一旗。

第二次改革，安插大凌河之战后归降的明军。

大凌河之战后，祖大寿系、张春属下投降的明军有一万余人，之后的孔、耿、尚三人又带来了一万余名士兵，我称这些人为"新汉军"。对这两拨人，皇太极采取了不同的整编方式。

由于祖大寿是被迫投降，而且他降而复叛，加之他的军队人数太多，所以皇太极并未将祖大寿系军队编入汉军旗或是再成立独立的旗，而是将他们分编为汉军佐领，安插入原有的八旗之中。跟随祖大寿投降的军官，也被分别安插进八旗之内，他们之前在明朝是什么官职，现在依旧是什么官职，待遇不变。

孔有德、耿仲明投降后，皇太极令该军"旗纛用皂（黑）色"。尚可喜投降后，皇太极令："（旗帜）以白镶皂，号有德、仲明军为天祐兵，可喜军为天助兵。国语谓汉军'乌真超哈'，有德等自将所部不相属。"①

解释一下，皇太极将孔、尚、耿三人的军队编为两支独立作战部队，即"天祐兵"和"天助兵"，旗色分别为黑色和白镶黑，不隶属于八旗的任何一旗，也不隶属于此时的汉军旗。你可以将其理解为两个新旗，即黑旗和镶黑旗，两军整编后合计约八千人。这两军独立性极强，皇太极赐给孔、尚、耿三人敕印，以孔有德为尊，除了调兵和刑罚这两件事需要向皇太极汇报，其他像任免属下将官、训练士兵、分配战利品等，三人均可以自作主张，无需请示。

到这会儿，后金军就相当于有十三个旗，即安插入祖大寿军队的传统八旗＋汉军一旗（旧汉军）＋蒙古二旗＋天祐兵＋天助兵。

第三次改革，成立八旗蒙古。

天聪九年（1635年），皇太极征服察哈尔蒙古（后章节会详解）后，收降了大量蒙古军队。

皇太极考虑到，蒙古、女真士兵差异不大，都能骑马、射箭，没有必要区别对待。而且此时他已经搞倒了阿敏和莽古尔泰，八旗集权已经完成，再单独设立蒙古旗就没有必要了。所以当年，皇太极将之前的蒙古二旗和新归附的蒙

---

① 赵尔巽等撰，《清史稿》卷234，列传二十一。

古部众整编为一个个蒙古佐领,再次分别插入八旗之中。

与努尔哈赤时期不同的是,这次,皇太极在每旗旗下单独设立"蒙古都统"(蒙古固山额真)一人、"蒙古副都统"(蒙古梅勒章京)两人,负责管理旗下的蒙古佐领。这就相当于在八旗的每一旗内,设立两套管理体系,即女真体系与蒙古体系。

到这会儿,就相当于是十一个旗,即拥有两套管理体系的原八旗+汉军旗+天助兵、天祐兵。

当年,皇太极还将旧族名"女真"改为"满洲"。关于这个词是怎么来的,有多种说法,有的说是取自建州女真首领"李满柱"的"满柱",有的说是取自"文殊菩萨"中的"文殊",这里我就不细究了。近代"伪满洲国"出现后,又出现了"满洲地名说""民族压迫说"等说法。

其实"满洲"这个词出现的原因很简单,就是要"标识族群"。之前说过,辽东地区汉夷杂处,族群十分复杂,举例说明。

汉化女真人,除了前文说过的佟氏,还有很多,例如:"石廷柱,辽东人,先世居苏完,姓瓜尔佳氏。"①

汉化蒙古人,比较有名的像明朝总兵满桂,不太有名的像"和济格尔,失其氏,蒙古乌鲁特部人,入明为千总"②。

女真化蒙古人,例如叶赫部首领的姓氏就是蒙古姓"土默特"。

女真化汉人,例如前文所说的刘兴祚,还有李永芳的一群儿子,像其第三子刚阿泰,第五子巴颜,这些都是典型的女真名字。

所以,辽东这个地方,夷人入汉为汉,汉人入夷为夷,文化、血统杂乱,在八旗内极难定义到底谁是什么人。

所以,皇太极就将居住在"明辽东都司以外东北地区"的族群,定义为"满洲",包括女真人、女真化蒙古人和女真化汉人。原辽东都司境内的汉人、汉化女真人和汉化蒙古人,则定义为"汉军"。佟养性、石廷柱这两位都是汉化女真人,所以就被编在汉军旗中。这相当于不以血统为依据,而是根据人群的

---

① 赵尔巽等撰,《清史稿》卷231,列传十八。
② 赵尔巽等撰,《清史稿》卷229,列传十六。

成长、文化环境，在八旗内部搞了一次族群分类。

需要特别说明的是，这一举动并不是因为女真人汉化了就排斥他们。事实上，皇太极当政期间，八旗汉军的地位非常高，甚至要高过八旗满洲。例如崇德八年（1643年），贝勒罗洛宏（爱新觉罗氏）就与镶红旗的布善、车尔布议论道："恭顺王、怀顺王、智顺王（即孔、尚、耿），肥马华屋。而我之兵马，何独赢瘦。"① 由此可见，皇太极时期汉军待遇之优厚。

而皇太极之所以要搞这种分类，就是为了方便八旗的户籍管理。前文讲过，八旗户口既是军籍也是户籍，现在，皇太极在八旗内搞了三套管理体系，即八旗满洲、八旗蒙古和汉军旗，就必须将对应的户籍放在相应的体系内，如果不定义族群，就无法分类。

此外，这次族群分类还有一个比较搞笑的现实原因。这一时期，八旗兵已经是全员骑马机动。也就是说，即便是步兵，行军时也要骑马，到了战场之后再下马作战。而很多汉人不会骑马，其中也包括汉化后的女真人、蒙古人。标识族群后，皇太极就可以根据不同族群的特点，将他们安排到不同的兵种下，汉军是以火器兵、工程兵为主，满洲、蒙古则多是重甲步兵、骑兵。

第四次改革，成立八旗汉军。

皇太极执政后期，归降的明军越来越多。

崇德二年（1637年）七月，皇太极分汉军为左、右翼二旗，旗色均用纯青。崇德四年（1639年）六月，皇太极再次将汉军扩建为四旗，旗色分别为青镶黄、青镶白、青镶红、纯青。

到了崇德七年（1642年），汉军的人数已经远超八旗之下的蒙古人。皇太极决定，不再增设汉军旗，而是将汉军整合入八旗之中，其旗色、官制均与八旗满洲、蒙古相同。

这样，在八旗的每一旗中，都有满洲、汉军、蒙古三大体系，分别管理各自所属的佐领。其中，八旗满洲的佐领数最多，其下还管理部分蒙古佐领和汉军佐领，八旗蒙古的佐领数最少，八旗汉军居中。每一旗都有三个都统，即满洲都统、蒙古都统和汉军都统，三个都统均受该旗旗主管辖。这里我用正白旗

---

① 《清太宗实录》卷64，崇德八年正月辛酉条。

举个例子。

正白旗旗主：多尔衮		
满洲都统*1	蒙古都统*1	汉军都统*1
副都统*2	副都统*2	副都统*2
参领*5	参领*2	参领*5

由上可见，都统虽为一旗之中最高级别的官职，但并非旗主。八旗蒙古由于人数较少，所以一旗之内只设两个参领。这样，一旗之下的军队就相当于两个师加两个团，你可以将这会儿的"旗"理解为"军"。

在崇德七年这个节点，八旗汉军各旗的都统、副都统共二十二人。其中，属于旧汉军的有十二人，属于祖大寿系新汉军的有七人，零散投降的有三人。由此可见，所谓的八旗汉军，其主力就是努尔哈赤时期第一拨投降的辽东军和皇太极时期投降的祖大寿系辽东军。

看完以上，一些朋友可能会问，怎么没有孔、尚、耿三人？他们竟然连个副都统都混不上吗？

不是的，这三人超级牛。八旗汉军成立时，孔、尚、耿及他们所属官兵的户籍都被编入八旗汉军，但是，他们的军队仍然不隶属于任何一旗。也就是说，人家仍然是独立的两旗，而且地位与八旗平等。注意，不是与某一旗的汉军平等，而是与一个整旗平等。皇太极曾明确规定，这三人在重大仪式上，与各旗旗主同列第一班。多尔衮率军入关时，史料中仍然特别注明："恭顺等三王（即孔、尚、耿）和续顺公[①]所部兵"。

他们之所以如此特别，是因为这些士兵都是熟练的火器兵，皇太极舍不得"三抽一"。他规定：孔、尚、耿、沈四人所属的佐领，百分百披甲，后来吴三桂的军队也享受了这个待遇。四人所辖的佐领数及披甲人数如下表。

[①] "续顺公"即为沈志祥，之前他是毛文龙的属下，崇德三年率军民两千五百人归附清朝，皇太极封其为续顺公，将其军队按照孔、尚、耿的模式整编。

	孔有德	尚可喜	耿仲明	沈志祥	合计
佐领数	15	12	11	5	43
披甲人数	3100	2300	2500	1100	9000

之后的有清一代，虽然八旗下三大系统的佐领数不断变化，但是这个管理体系始终未变。

崇德末年，八旗满洲共有佐领 309 个、半分佐领 18 个；八旗汉军（不包括孔、尚、耿、沈所属的佐领）共有佐领 157 个，半分佐领 5 个；八旗蒙古共有佐领 117 个、半分佐领 5 个。以上合计有完整佐领 583 个，半分佐领 28 个。

按照每佐领六十人披甲计算，八旗常备军为 3.6 万人；孔、尚、耿、沈的两个独立师为 0.9 万人，合计为 4.5 万人。

清军入关时，以三抽二的超额比例抽调八旗满洲、蒙古军队，加上正常比例抽调的八旗汉军，合计约为六万人，再加上孔、尚、耿、沈的九千人和吴三桂的二万余人[1]，总计约九万人，这就是清军入关的全部家当。

由上述兵力构成可以看出，其中约四万人为原明朝辽东军，兵力占比达到 44%，而且大多是火器部队。这么一分析，你就能明白皇太极拉人的意义了。

对大凌河之战的一系列影响，《清史稿》总结道："有德、仲明，毛文龙部曲；可喜，东江偏将；志祥又文龙部曲之余也。文龙不死，诸人者非明边将之良欤？大寿大凌河既败，锦州复守，相持至十年。明兵能力援，残疆可尽守也。太宗抚有德等，恩纪周至，终收绩效。其于大寿，不惟不加罪，并谓其'能久守者，读书明理之效'。推诚以得人，节善以励众，其诸为兴王之度也欤！"[2]

---

[1] 吴三桂投降清朝前手握四万军队，但随即在山海关大战中损失一万余人。
[2] 赵尔巽等撰，《清史稿》卷 234，列传二十一。

第八节 八旗汉军与红衣大炮

由上文可见，皇太极对孔、尚、耿三人的军队似乎是好得有点儿过分了。其实原因也很简单，他们是专业的火器部队。

这里，我要先聊聊明清时期的火器情况。从16世纪（明朝中期）开始到鸦片战争前，世界上所有的火器，也就是各种枪炮，都是同一个原理。

第一步，制作一根前端开口、后端密闭或半密闭的铁管或铜管，后端要在火药室处留出点火的小孔，学名叫"火门"（见彩图2 大炮火门）。

第二步，将适量的火药装填进金属管底部。

第三步，将石弹、铁弹或铅弹塞入金属管内。

最后，自火门处引燃火药，火药在密闭的金属管内爆炸，产生的火药气体会推动弹丸射出。

就是这么简单。

需要说明的是，这一时期几乎所有的"弹"都是实心的，炮弹内部不装火药，完全靠动能杀伤。

在此期间，确实出现过一些内部中空、装填火药的"开花弹"，通俗点儿说就是打出去会爆炸的炮弹，但并没有普及。这是因为：这种炮弹的火药引信先要在炮管内承受一次火药爆炸的高温，确保不会立刻引爆炮弹；当炮弹打出去后，引信又得在适当的时机引爆。在那个年代，这个操作的难度实在是太高。真正会爆炸的炮弹，直到鸦片战争后才大规模登上历史舞台。

这些火器按照重量分类，即为"枪"和"炮"。

口径小、装药小、弹丸小、可手持发射的火器，即为火枪，又分为三类。

最原始的叫火门枪，类似我们放的礼炮，其后端有火门，点火即为发射。明朝辽东军普遍装备的"三眼铳"，即为火门枪。

第二种叫火绳枪，明清时期称之为"鸟枪、鸟铳、鸟炮"等。之所以如此命名，并不是因为枪的形制像鸟，而是因为这种枪可以控制发射时间，能够从容瞄准并击中天上的飞鸟，故如此命名。

相比火门枪，这种枪拥有"枪机"（控制发射的开关），用来控制点火装置"火绳"的位置。发射原理不变，依然是装药、装弹。以上步骤完成后，持枪者点燃火绳，但是火绳并不直接连接火药，而是缓慢燃烧于火门的上方。需要发射的时候，射手扣动扳机，火绳在扳机的牵引下扣向火门，点燃火药，完成发射。

第三种叫燧发枪，与火绳枪本质上是一种东西，只是点火方式不同。这种枪用燧石（可以理解为能打出火花的石头）代替火绳，扳机与燧石联动，扣动扳机时，燧石砸向火门旁的击砧，产生火花，引燃火药，完成发射。因其发射时不需要点燃火绳，故清朝称其为"自来火"。

口径大、装药多、弹丸大、不能手持发射的火器，即为火炮。

火炮的花样就更多了，单就炮弹而言就分为多种。

一个圆滚滚的铁弹，大家都知道，不解释了；用铁链绑着的两个铁弹，这是专门打桅杆的；一串半固定的小铁弹、铅弹，西方称之为"葡萄弹"，一打一大片，类似霰弹。

在明清战场，最主流的两种炮即为"子母铳"和"红衣炮"，均从西方流入中国。

子母铳又称子母炮、弗朗机，大部分属于轻炮一类，你可以将其理解为速射炮。这种炮分为"子铳"和"母铳"两部分，母铳即为主炮身，是一根后端开口、留有凹槽的炮管；子铳即为与母铳凹槽尺寸契合的铁桶状容器。子铳底部塞火药，其上放炮弹、铁弹、铁钉、碎石等皆可。

通常，一个母铳会准备多个子铳，打仗的时候，开完一炮，就把打空了的子铳拿出来，再把炮管冷却一下，接着放入下一个子铳。如此，便可实现速射。

这种炮轻便、射速快，适合山地行军，被明军广泛使用。但是，由于其主

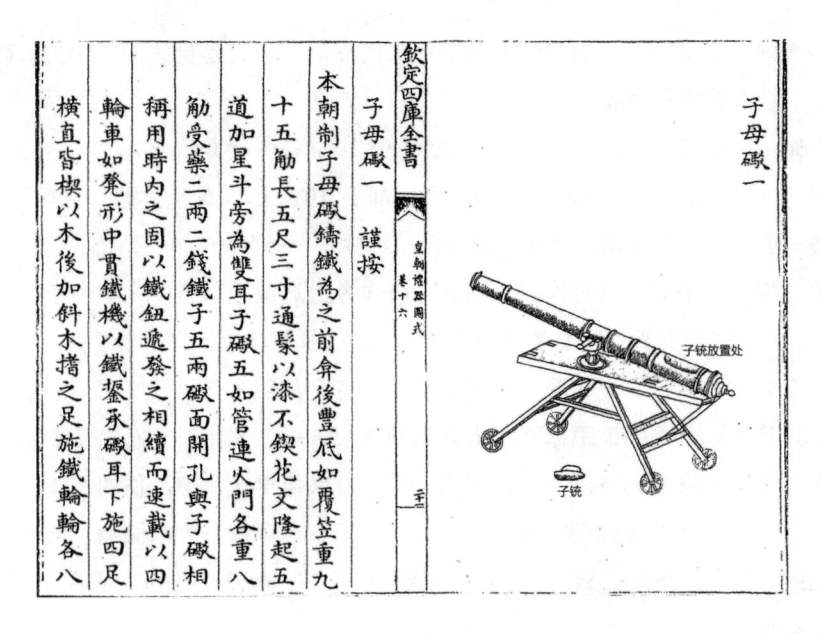

子母铳

炮管后端大开口，火药气体爆炸时容易外泄，产生的推力（学名叫"膛压"）不够大，所以其射程较短，威力也小。

在当时，世界范围内最主流也是最猛的炮，即为长身管加农炮。所谓"加农炮"，可以理解为"反建筑炮"，是以摧毁对手器材、舰船、建筑为目的的火炮。这种炮长身管、弹道平直、弹丸动能大、射程远、穿透力强。

其操作方法是，先从炮口向炮管底部塞火药；然后塞入一些麻绳、麻布类的缓冲物；再把一个直径略小于炮管口径的铁球从炮口放进去；再用一根长木条将铁弹和火药压实；最后，从后端的火门点火发射。明清电视剧中经常出现的红衣炮，就是这种炮。

红衣大炮，明朝称之为"红夷大炮"，是 16 世纪初发明于欧洲的一种重型、纺锤形、长身管加农炮。由于明朝称荷兰人为"红夷"，故如此命名。清军获得该炮后，对"夷"字比较忌讳，故改称"红衣大炮"（见彩图 3　山海关景区存放红衣炮实物）。

所谓红衣炮，不是一种炮，而是一类炮，其最大的外貌特征就是"前弇后丰"，通俗点儿说就是炮口小而内膛大。如此设计是为了在炮尾装填更多火药，使得爆炸更有威力，从而使弹丸具备更大的动能，也就是更大的杀伤力。简单介绍下红衣炮的实战威力。

野战时的场景：阵中，你正在摩拳擦掌，准备待会儿砍死几人。这时，只听得一声轰鸣，一个时速达200米/秒、重达10斤的铁球从你脸旁呼啸而过。旁边的老兄上一秒还信心满满，这会儿已经少了一条胳膊。你感觉脸上湿湿的，用手一摸，一手血。这时你回头一看，跟你旁边那位倒霉蛋杵在同一条直线上的人，都少了点儿部件。有的少了肩膀，有的少了胳膊，还有的没了头。

守城时的场景：你正阴在城垛后，准备待会从射击孔里好好狙杀一番。这时，只听得一声轰鸣，距你五六米处的城垛嵌进一枚铁蛋，砖石出现裂纹。你正窃喜，幸亏没砸到自己身上。突然，另一枚铁蛋再次命中受伤的城垛，直接穿透了躲在后面的那位倒霉蛋，在他肚子上留下一个碗口大的圆洞。同时，碎石飞溅，你旁边那位仁兄的脸上嵌入一颗石子，正傻傻地问你："兄弟，我怎么感觉脸有点儿疼呢？"

经历完以上场景，相信90%的人不会再想打仗了，这就是重炮的威慑力。

关于红衣炮流入中国的时间和方式，说法众多，这里我就不细究了。明朝最早使用这类火炮，始于万历四十八年（1620年），明朝官员自澳门购入大铁铳四门，即为长身管加农炮。天启年间，陆续又有四十二门西方原版的红衣炮解运至北方，参与了同期的明清战争。袁崇焕正是凭借十一门红衣大炮和宁远的坚城，送给了努尔哈赤起兵以来最大的一次败仗。

值得一提的是，从上文介绍的红衣炮特点来看，明朝奏折中描述红衣炮的威力，即"（炮弹）至处遍地开花，尽皆糜烂"，是不可能的。红衣炮的炮弹，既不能开花，也没有化学功能。该炮之所以对后金攻城部队造成巨大杀伤，是因为其强大的穿透力天然克制后金军的重型攻城器械，像楯车和轮式云梯。

宁远之战后，袁崇焕总结经验："虏利野战，惟有凭坚城以利大炮一著。"[①]此后，明朝更加重视引进西式火炮，使得明军的火器水平在努尔哈赤执政后期大幅领先后金。皇太极接班后，在锦州城也见识了这种炮的厉害，之后，他就疯狂迷恋上收集、制造红衣大炮。

---

① 《明熹宗实录》卷79，天启六年十二月庚申条。

然而，这种炮并不太好造。红衣炮之所以威力大，是因为炮管内装填火药多，弹丸重。由上文红衣炮的构造可以看出，这种炮的炮管是近乎密闭的。这样，大量的火药在密闭的炮管内爆炸，就容易把炮管炸裂，学名叫"炸膛"。所以，这种炮对冶铁技术有着极高的要求。天启二年（1622年），孙元化就曾在关外试制红衣炮，三门均炸膛。

同时，这种炮还很娇贵。理论上，红衣炮可以做到每分钟发射一到两发炮弹。但是，由于火药气体爆炸产生的热量导致炮管过热，如果发射完毕后立刻装填火药，必然引发殉爆，所以每次发射后都要冷却一段时间。通常情况下，该炮只能做到五到十分钟发射一次。而且，由于每放一炮，炮管就要承受一次火药气体的冲击，所以它的寿命也很短，铁制炮管通常为六百发，铜制炮管通常为一千发。

为了解决以上问题，明朝想了一系列办法。简单的方法是少装火药，避免炸膛，这么做的代价就是缩短了威力和射程；复杂点儿的方法是使用铜体、铁心的方式铸炮，这就是物理知识了，已经超出了我能够解释的范围。

到了崇祯朝，明朝掀起了全国制造红衣炮的浪潮，东南诸省纷纷试制。一些史料记载，广东、福建就曾各向北方解运过超过一百门仿制的红衣炮，卢象升、吴三桂也曾捐钱制造过大炮。

然而需要说明的是，虽然史料中记载明朝自制的红衣炮数量不菲，但出现在关外战场的寥寥无几。大凌河之战、松锦之战都是关系重大的战略决战，明朝必然把家底都拿出来。而且这两战明军都是成建制溃败，不可能及时回收战场上的重型火炮。但是，这两战清军缴获的红衣炮数量分别为二门和十六门，与史料中记载的明朝红衣炮数量相差巨大。

为什么会出现这种情况，史料中也无解释。根据我的推测，有两个原因。

一是使用方式问题。明朝笃信的是"坚城利炮"，即凭借坚城和大炮防备后金攻击。然而在皇太极征服漠南蒙古后，整个长城都是战线，这就需要处处配炮，几百门分摊下来，每一处的炮就很少了。

二是技术问题。

一则，冶炼、铸造技术不过关，就必须拼命加厚炮管壁，防备炸膛，使得整炮重量过大，无法用于野战。

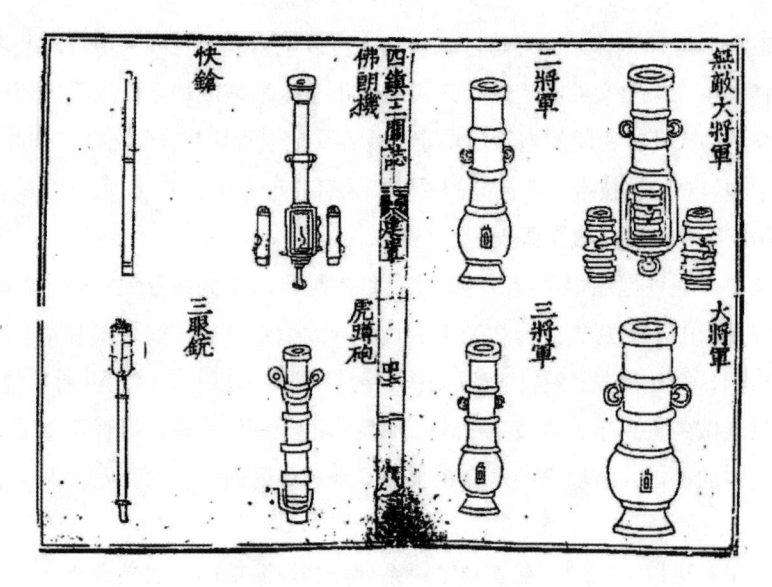

《四镇三关志》中记载的明军火器图样

二则，质量不过关，不敢上战场。例如松锦之战清军缴获红衣炮十六门，其中的四门已经炸膛，一次战斗就轰出了 25% 的炸膛率，其质量实在是不敢恭维。

后金这边，皇太极也在积极行动，他获取红衣炮的途径主要有三条。

一是战场上缴获，这个大家都明白。像松锦大战后，清军就缴获各型火炮三千余门。还是上文所述的原因，明军所装备的火器数量虽多，但大多工艺落后、质量低劣、不堪使用，很多被清军裁汰。

二是投诚的明军所携，这个就不多解释了。

三是自制。很多人可能想不到，从红衣炮国产化的时间上来讲，后金与明朝几乎同步。

崇祯四年（天聪五年，1631年）正月，后金"铸红衣大炮成，镌曰'天祐助威大将军'，军中造炮自此始"[1]。

这是怎么做到的呢？

答案是重视人才。

---

[1] 赵尔巽等撰，《清史稿》卷二，本纪二，太宗本纪一。

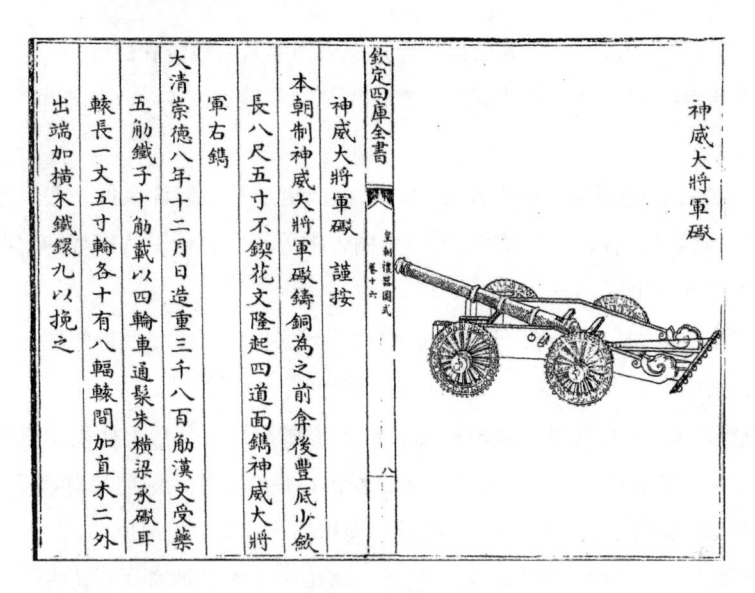

神威大将军炮

铸炮的第一功臣王天相，他本是永平人，天聪四年（1630年）被后金军掳掠回辽东。清查户口时，他说自己是铁器工匠，皇太极当即将其编入八旗，擢升为千户。

铸炮的第二功臣金世祥，原本就隶属于汉军旗。铸炮成功后他犯罪当被处死，皇太极念其铸炮有功，下令免死。

监造官丁启明，原为明军将领，天聪四年被俘，因其在明朝时接触过葡萄牙人的西式练兵、铸炮之法，被皇太极拔擢为副将。

可以说，凡是能造大炮的人才，皇太极不吝赏赐、不怕违规赦免、不惜破格提拔。在这种态度的指引下，后金军的新式火炮数量迅速增长。

天命年间，后金的重型加农炮仅三门，即努尔哈赤攻打辽阳时所缴获的"吕宋大铜炮"。到皇太极后期，清军装备的红衣大炮数量已经超过一百门，其他各型火炮千余门。

当然，同时期后金铸造的红衣炮质量也高不到哪去，屡有炸膛事件发生。然则后金有两个长处，一是他们缴获的红衣炮大多是西方原装货，即天启朝运往辽东的那一批和孔有德所携的那一批，质量较好；二是他们将红衣炮集中使用，用于野战，炸膛几门并不影响整体规模。

在搜罗武器的同时，皇太极也相当重视火器部队的地位和建设。

天聪五年三月，皇太极检阅汉军旗，因该军"验放火炮、鸟枪娴熟"，赏赐全体汉军。

孔有德带领登莱西式新军投降后，皇太极更是拿他们像宝贝一般，各种不隶属于任何编制，各种独立使用。《清史稿》中关于孔有德军队作战的记载，基本上都离不开一个字——"炮"。

"崇德三年，从攻锦州，有德等以炮攻下戚家堡、石家堡及锦州城西台，降大福堡；又以炮攻下大台一；又以炮攻五里河台，台隅圮。"

"崇德四年，（孔有德）从攻松山，以炮击城东隅台，台上药发，自燔，歼其余众，又降道旁台二。上（皇太极）至松山，使有德等以炮攻其南郭。"①

在皇太极时期，八旗汉军、天助兵、天祐兵有着崇高的地位。

"崇德八年，大阅于沈阳北郊，前列汉军炮手，次满洲步兵、蒙古步兵，次骑兵，次守城应援兵，次守城炮兵，绵亘二十里，闻炮合战。"②最前列和压轴的军队都是汉军炮兵，这是什么分量，相信大家都明白。

在孔、尚、耿三人投降前，清军面对明朝的坚城多次失利，像老努的宁远之战、皇太极的第一次锦州之战。而这三人的火器部队投降后，清军的攻坚能力上了好几个台阶，不再惧怕明朝的坚城，这就是皇太极重视这三人的根本原因。经过皇太极的一番努力，在崇德年间，清军的火器水平再次超越明军。

综上，经过皇太极的一系列改革后，八旗常备兵是这样一支军队：满、蒙、汉三方联合，常备兵力约为五万人，全员披甲，全员骑马机动，其中火器部队约为两万人，配备重炮一百余门。在当时的东亚范围内，是毫无疑问的第一陆军。

当然，如果与西班牙、法国、奥斯曼土耳其等同期西方陆军强国相比，此时的清军仍然存在一定的差距，主要表现在军队规模、轻火器装备率和先进程度上。但是，此时的清朝毕竟只是割据政权，其军队使用火器尚不足三十年。几十年后，皇太极的孙子会进行一次更大规模的火器改革，使清军进入世界陆军第一梯队。

---

① 赵尔巽等撰，《清史稿》卷234，列传二十一。
② 赵尔巽等撰，《清史稿》卷139，志114，兵十。

第九节 聊聊皇太极

看完以上内容，很多朋友可能会认为，皇太极简直就是一台政治机器，仿佛没有血肉感情。其实并不是这样的，举几个小例子。

天聪三年（1629年）正月十二日，投靠后金的蒙古小部落首领昂坤达尔汉和绍齐病故。皇太极亲往吊唁，在棺材旁痛哭，哭完后把自己穿的貂皮大衣解下来，给死者的遗体穿上。就算这是收买人心之举，演得也是十分逼真。

大凌河之战时，后金一名士兵被大炮打断了腿，皇太极亲往探视，发现伤口已经生蛆。皇太极痛哭，责骂分管的军官说道："尔等如不能治，为何不早来奏于我"；"前代之事，尔等何有不知者。古一良将于行兵之处，有遗箪醪者，虑不能遍饮，遂投醪于河，与士卒同饮其流。又一卒生疽，将军吴起得知，亲为吮之"。然后，他要求手下军官，今后"凡士卒，伤则调治之，病则往视之"。①

皇太极援引的，是霍去病和吴起的典故。霍去病远征河西走廊，将武帝所赐的美酒倒入泉水，与士兵共饮，是为"酒泉"；吴起则是亲自为士兵吮吸毒疮。皇太极就以这两个典故教育手下将官，当爱兵如子。

天聪六年（1632年）底，上文说过的莽古尔泰病死，皇太极亲往吊唁，哭完后回到家里也颇为伤感。于是他叫来岳讬、多尔衮和豪格，坐在自己家侧门口聊了个通宵，感叹道："有生有死，例来如此！"整你归整你，那是政治；哀

---

① 《满文老档》太宗皇帝第七函、第四十册，天聪五年八月至九月。

悼归哀悼，毕竟兄弟。

当然，最能体现皇太极重感情的事件，是他对海兰珠的深情。

拜现在热播的各种清宫戏科普，很多朋友知道，多尔衮与大玉儿①是青梅竹马，皇太极横刀夺爱，强行娶了大玉儿。

其实这是比较扯淡的。

布木布泰是在科尔沁草原长大的，多尔衮先住在赫图阿拉，之后住在沈阳，他俩的生活区域并没有交集，怎么就能"青梅竹马"了呢？

布木布泰出嫁那年才十二岁，多尔衮十三岁。这种年纪，有可能山盟海誓、海枯石烂吗？

他俩唯一可能产生情愫的时点，是在布木布泰嫁给皇太极之后。那会儿后金内廷的风气还比较开放，小叔子去嫂子那儿坐坐，老爹的小妾给儿子送点东西吃，都是常事。加之皇太极对多尔衮十分喜爱，后者自然也就有了很多便利条件，有可能与嫂子产生点儿什么。

以上内容纯属猜测，但如果属实，那就不是皇太极抢了多尔衮的未婚妻，而是多尔衮通奸嫂子。这到底是谁吃亏了呢？

说回皇太极对海兰珠，真可谓是爱出水平、爱出创意、爱出了一片新的天地。

崇德元年（1636年），皇太极封海兰珠为"关雎宫宸妃"。关雎宫位于沈阳故宫内宫廷区的东宫，地位仅次于中宫（皇后所居），宫殿名字取自《诗经》中的《关雎》，即大家耳熟能详的"关关雎鸠，在河之洲"。

崇德二年（1637年），海兰珠为皇太极诞下一子，皇太极大喜，发布了清朝立国以来的第二道大赦令，可见皇太极对这个儿子的重视。照这个趋势发展下去，可能就没有后面豪格、多尔衮争皇位那些乱七八糟的事了。然而，半年之后，这个孩子就夭折了。海兰珠痛不欲生，从此身体状况开始恶化。尽管皇太极精心照顾，但她还是一天不如一天。

崇德六年（1641年），明、清爆发松锦大战，皇太极亲赴前线督战。九月

---

① 影视形象"大玉儿"在历史上名为"布木布泰"，博尔济吉特氏，皇太极的庄妃，顺治帝的生母，康熙帝的祖母，死后谥号为"孝庄文皇后"。

十二日，皇太极在前线听闻海兰珠病重；九月十三日早晨不到六点，皇太极拔营赶回盛京；九月十七日，皇太极在辽河边上扎营，当晚八点左右，盛京来人报海兰珠病危；皇太极即刻拔营，并派两名大学士飞驰回盛京探视情况；九月十八日清晨五点，皇太极赶回盛京，走到沈阳故宫内宫廷门口时，海兰珠病逝。

之后六天，皇太极恸哭不已，几乎未曾进食。他边哭还边反省："我爹死了我都没有这么悲伤过，我不孝啊！"

九月二十三日，因多日不眠不食，皇太极晕厥，意识模糊。

崇德七年（1642年）元旦，因宸妃去世，皇太极下令免朝贺，罢宴乐，举国不许作乐。

当年五月初五，洪承畴、祖大寿率军投降，照例要给人家摆酒宴接风，爱才如命的皇太极竟然身着素衣且不出席宴会。为了防止二人误会，皇太极特地派索尼前去解释，是因为宸妃的"丧期未满"，所以他不能饮乐。

就到这个份上。

自从海兰珠死后，皇太极的身体状况急剧恶化，时常"身体违和"，两年后去世。他的"情种基因"，原封不动地传给了他的子孙。顺治帝对董鄂氏、康熙帝对赫舍里氏、乾隆帝对富察氏，都是爱得花样百出。

综上，皇太极也是个普通人，也有自己的情感，只因为他是皇帝，很多时候为了国家的整体利益，不得不压制个人的情感。说到国家的整体利益，皇太极一生所做得最重要的一件事，莫过于"汉化"。

说来比较有趣，努尔哈赤从结婚后就在汉人地界厮混，有学习汉语的语言环境，汉语说得很地道，读过的典籍也不少。

然而，他最后就悟出了"历代圣王皆以武力定黎民"这么个道理。而皇太极呢，他从小可是在女真环境下成长起来的，并没有学习汉语的环境。在这种情况下，皇太极学到的汉文化远比努尔哈赤更为精髓，用他自己的话说就是："自古及今，文武并用，以文治世，以武克敌。"[①]

上文说过的我就不再重复了，这里说说其他方面。

皇太极对于历史事件的评价，基本能够秉持客观、公正的立场。例如他在

[①] 赵尔巽等撰，《清史稿》卷二，本纪二，太宗本纪一。

评价金灭辽、元灭金这两个事件时,并没有因为金朝同为女真人创立而有所偏袒。他说道:"大辽之天祚帝,无故欲杀金太祖,遂启兵端;金之章宗帝乃无故欲杀元太祖汗,又启异端。"①

在通读正史的同时,皇太极肯定也没少看小说。他拉人入伙的那一套,我怎么看都有刘备、宋江的影子。

同时,皇太极也有自己的偶像——朱元璋。他曾说过:照着《大明会典》治国,可谓是得心应手。《大明会典》是明朝官方编纂的制度合集,包括行政法规、诸司(部门、地方行政机构)执掌、朱元璋的祖训、各种礼制、《大明律》等内容,可谓是治国的综合性指南。

在皇太极的影响下,他的一群兄弟、子侄也开始精研汉学。宗室之中的萨哈璘、多尔衮等人,就是因为"精通满、蒙、汉文义"而备受皇太极赏识;非宗室中的索尼、希福等人,也因为同样的原因而被迅速拔擢。

除了要求女真人学习汉文化,皇太极对汉官也相当倚重,这里用范文程举例。

每次议政,他先问道:"范章京(范文程)知否?"②

有些事情做不了决定,他就说道:"何不与范章京议之?"③

与周边各政权的往来文件,都由范文程起草,递给皇太极后,他也不仔细复审,只是说道:"汝当无谬也。"④

某次,皇太极请范文程吃饭,范文程考虑到家里的老父亲还没吃,就下不去筷子。皇太极观察到了,立刻让人把菜肴分出一些,送给范文程的父亲范楠。

对臣下做到这个份上,算是相当不易了。

至于皇太极建立的统治架构,也基本上照抄明朝。天聪五年(1631年)八月,皇太极设立吏、户、礼、兵、刑、工六部,每部均设满、汉官员。崇德元年他改元称帝后,又增设都察院(监察机构)和内三院大学士。这些都与明朝完全一致,后章节会详解。

---

① 《满文老档》太宗皇帝第一函、第三册,天聪元年四月。
② 赵尔巽等撰,《清史稿》卷232,列传十九。
③ 同上书。
④ 同上书。

甚至于连宗室爵位，皇太极都照抄明朝。

明朝的宗室爵位顺序为：亲王、郡王、镇国将军、辅国将军、奉国将军等。

皇太极所确定的清朝宗室爵位顺序为：亲王、郡王、贝勒、贝子、镇国公、辅国公等。

除了"贝勒、贝子"，其他连名称都懒得换。

同时，皇太极也有针对性地对明朝的体制进行了改革。

当时后金管辖范围内，有满、蒙、汉、朝鲜等多民族，官员以满、汉为主，不同民族之间语言不通。皇太极在六部中均设"启心郎"一职，"启心"即为"启迪心声"，其表面任务就是翻译。然而，皇太极还给这个官职赋予另一项职责——监察。道理很简单，不同语言的文书，都需要通过启心郎进行翻译，所以这些官员掌握着大量第一手资料。这样，就可以根据文书内容，监督官员的履职情况，再向皇太极汇报。

启心郎的权力极大，甚至可以监察、弹劾皇帝。像天聪六年二月，礼部启心郎祁充格就以皇太极出门没带"旗伞"为由，罚了他一只羊。

皇太极就用这种监察制度，代替了明朝的太监和锦衣卫监察体系。当然，这种监察制度还不是很完善，后来皇太极的子孙们又想出了一个更好的监察方法，让官员们互相监督、检举，即为密折专奏。

综上，到皇太极正式建国称帝①那会儿，清朝的统治架构已经相当成熟，是标准的中原王朝体制。

在皇太极这一系列政策实施后，很多满洲贵族的权益受到损害，他们对此多有不满。以至于在皇太极执政后期，满洲贵族内部出现了这样的论调："昔太祖（努尔哈赤）诛戮汉人，抚养满洲。今汉人有为王者矣，有为昂邦章京（即都统）者矣。至于宗室，今有为官者，有为民者。时势颠倒，一至于此。"②

当然，皇太极时期仍然存在一些弊政，例如剃发令。这一时期的归顺者依旧需要剃发，但并没有上升到"不剃发即死"的程度。像大凌河之战中被俘的明军统帅张春，就一直拒绝剃发，照样活得好好的。

---

① 皇太极于崇德元年（明崇祯九年，1636年）改国号为清，后章节会详述。
②《清太宗实录》卷64，崇德八年正月辛酉条。

好啦，情感、汉化、建制方面就说到这里，下面说说"武功"。虽然皇太极在内政建设方面取得了很高的成就，但是仍然不及他在战争中的建树那般耀眼。皇太极一生中的征伐清单如下。

（一）两次征伐朝鲜，使朝鲜成为清朝属国。

（二）攻占皮岛、旅顺及辽南沿海岛屿，攻灭明朝东江镇。

（三）在辽西走廊爆发的两次决定性战役，即大凌河之战和松锦之战中，歼灭明军野战主力兵团，攻破宁锦防线，控制了大半个辽西走廊。

（四）五次攻入明帝国关内。

（五）五次征伐察哈尔，兼并整个漠南蒙古，终结了延续四百余年的蒙古汗国。

（六）二十五次征伐黑龙江，使得牛满江以西的黑龙江女真诸部归附清廷。

皇太极接班那会儿，后金的实际控制地域相当于今天的辽宁省中部、吉林省和松花江下游。到崇德八年皇太极去世时，清朝已经实控了今天的东北三省、内蒙古（无阿拉善地区和呼伦贝尔草原）和黑龙江中上游北岸地区。这个开拓成绩，在明清两代的皇帝中是可以排进前五的。

上述清单中的前四项属于内战性质，我就不多介绍了。第五项和第六项，我会放在后面两章详述。下一章，让我们来看看明清时期的蒙古是什么情况吧。

第三章 ◊

瓦剌与鞑靼

相杀相爱二百年

第一节 "大汗有毒"时代

成吉思汗死后，他创立的"大蒙古国"分裂成东、西两大部分。东边即为元帝国；西边俗称"四大汗国"，元朝史料中称其为"西北诸王"，即窝阔台汗国、察合台汗国、伊尔汗国和钦察汗国（又称金帐汗国）。这些政权的建立者均为成吉思汗的子孙，它们的疆域从日本海一直延伸到黑海，囊括了大半个亚欧大陆。

在很多人的印象中，元帝国的灭亡，就是蒙古人统治的终结，其实并不是这样的。

洪武元年（1368年），明军攻占大都，元顺帝北逃，在漠北建立政权，恢复国号"蒙古"，史料中通常称之为"北元"。以此事件为标志，元朝灭亡，明朝建立。在这个节点，整个亚欧大陆的腹地，依然处在蒙古人的统治之下。

在今天的中亚地区，自称是成吉思汗后裔的蒙古贵族帖木儿刚刚自立，建立"帖木儿帝国"。四十年后，这个帝国的疆域西至爱琴海，东达印度河；北至里海，南达波斯湾。之后，帖木儿的后裔还统一了大半个南亚，建立"莫卧儿帝国"①。

在今天的新疆以及中亚东部，是察合台（成吉思汗次子）的后裔建立的"东察合台汗国"，明朝称其为"亦力把里"，这个政权一直延续到清朝康熙年间。

---

① "莫卧儿"，又作"蒙兀儿"，即"Moghul"，是"Mongol"（蒙古）一词的转音。

从乌克兰大草原到额尔齐斯河，拔都（成吉思汗的孙子）建立的"金帐汗国"（即上文所说的"钦察汗国"）依旧强盛。这会儿，几乎所有俄罗斯人都是金帐汗国的臣民。

东亚这边，北元跑到漠北后，仍然统治着从额尔齐斯河至嫩江流域这片广袤的地域。

也就是说，相比元朝和四大汗国时期，蒙古人统治下的地盘只是少了明帝国而已。由此可见，初期的明朝还是很武德充沛的。

在我们的教科书中，称这一时期的蒙古为"瓦剌"与"鞑靼"，相当于两大部分。都是蒙古人，怎么会分成两部分呢？

这还得从蒙古的统治架构说起，跟我们理解的中央集权不同，蒙古人的统治，类似周朝的分封制。

成吉思汗时期，以能打仗的壮丁①为单位编立户口，采用十进制模式，即十户、百户、千户、万户。打仗的时候，就从这些军户中抽人，兵民一体。

看到这里，细心的朋友可能会发现，这段内容之前好像看到过。明朝的卫所军户制，后金的八旗制度，都是以壮丁为单位编户口，按一定比例抽人当兵。怎么元朝也是这一套呢？

没错，这三个朝代的军事制度是有延续性的，而且它们都有同一个母版，即金朝的"猛安谋克制"。请注意，这个"金朝"并不是努尔哈赤建立的后金，而是"辽、宋、金"的那个"金"。

金朝的创建者完颜阿骨打规定，以三百户为一谋克，十谋克为一猛安。换句话说，"谋克"等于八旗中的"佐领"；"猛安"则介于"参领"和"都统"之间，相当于"旅"这个编制。由上可见，不管是汉族还是少数民族建立的封建王朝，它们之间都是有共通性的。

所以，我一直认为，自铁木真的崛起开始，中国的古代史就是汉人、蒙古、女真三族鼎立的状态。先是金、南宋、蒙古三方割据；接着是元朝完成了一次大一统；再是明朝完成了汉人、女真的小一统，蒙古人割据北方草原；最后清朝再次完成了大一统。任何两方的联合，必然对另一方形成绝对优势。像蒙古

---

① 年龄在17岁以上、70岁以下。

与南宋联合，攻灭金朝；朱棣与女真联合，对蒙古形成绝对军事优势；本章节后面还要讲到女真与蒙古的联合。

好啦，言归正传。铁木真时期的一个万户，你可以理解为八旗的一旗。凡是主动投降、归顺的部落，铁木真就把他们编入军户。百户、千户通常仍由原部落首领管理，到了几千户、万户这个级别，则由铁木真派蒙古贵族管理。与八旗制度不同的是，铁木真不仅分人，还分地盘，每个万户都有自己的分封区域。

这样，除了蒙古高原这片自留地，在其他地区实质上是"蒙古上层统治当地部族"的状态。这种少数统治多数的模式，使得蒙古人很难将当地部族"蒙古化"，反而有很多蒙古贵族被同化。像西亚的"波斯化蒙古人"，东欧草原的"突厥化蒙古人"，都是这么产生的。建立元帝国的蒙古贵族也大都汉化。

这些万户和封地，被视作"资产"一类，铁木真将这些资产分别赐予功臣、兄弟、子侄，有的给万户，有的给几千户，并划定各自封地。被册封者的儿子可以继承老爹的人口和地盘，如果儿子有好多个，老爹有权自行分配。不管下一任蒙古汗王或元朝皇帝是谁，通常都不会改变这种分封架构。

元朝皇帝也有自己直辖的万户，即"怯薛军"，你可以理解为后金两黄旗的亲军。铁木真时期入选怯薛军的条件十分苛刻，不仅要身板壮、会骑射，还必须是跟着铁木真打天下的功臣、贵族之后。

忽必烈上位后，重整大汗/皇帝直属军队。一方面仍是以勋贵子弟为主体，组建怯薛军，分为四部分，即"四怯薛"；另一方面，在怯薛军之外，组建一支以汉兵为主体，兼容女真、高丽、契丹、钦察、阿速[①]等多民族士兵的侍卫亲军。我们可以这么理解，将元朝的军队比作一个圆形，最核心的部分即为怯薛军，再往外一环即为侍卫亲军，再往外是其他军队。

综上，蒙古人的统治架构类似周天子的分封制度，每个万户类似诸侯，其弊端也与周朝类似。如果周天子的拳头大、实力强，那么大家都会听他的。然而，当天子不太行了的时候，就没人搭理他了。从某种意义上讲，瓦剌和鞑靼，就是这么形成的。

---

① 钦察人为中亚游牧民族；阿速人为高加索游牧民族。

从历史分封上来看，北元的地盘内原本就有东、西两大势力，两者大致以杭爱山脉为界。

西边的地盘，我们暂时称之为"西蒙古"，原为成吉思汗之孙<u>阿里不哥</u>的封地。东边的地盘，我们暂时称之为"东蒙古"，原为成吉思汗四个弟弟的封地。元顺帝北逃后，这里又挤进了一个北元皇帝。

按照传统，东、西两边的蒙古人，都应该听北元皇帝的。然而，朱元璋的军事行动打破了这一传统。洪武一朝，先后十三次对北元用兵，史称"明太祖北征"。老朱打击的重点目标就是北元皇帝的直属部众，打得人家在广袤的蒙古高原到处跑，可谓要多惨、有多惨。于是，就有了下面这段史料。友情提示，各种蒙古名字比较难记。

元顺帝北逃后，于洪武三年（1370年）四月病死于应昌，他的儿子<u>爱猷识理答腊</u>接班，次年改元宣光，是为"元昭宗"，蒙古汗号为"必里秃汗"……

这是一位很有想法的老兄，跑到大草原后还不忘"恢复中原"。他给自己定的年号"宣光"，就取自杜甫《北征》一诗中的"周汉获再兴，宣光果明哲"，即表示他要像周宣王、汉光武帝一样复兴大元，可见其汉化程度之深。

然而理想很丰满，现实很骨感。明太祖的第一次至第六次北征，打击的重点目标就是北元皇室的直属部队。北元虽然有击败徐达军团这种壮举，但大部分战役还是失败了。洪武十一年（1378年），元昭宗带着他恢复中原的梦想郁郁而终。相比继任者，他还算是好的，最起码是善终。

元昭宗死后，他的弟弟<u>脱古思帖木儿</u>接班，是为"天元帝"，蒙古汗号为"乌思哈勒汗"。这位老兄更惨，先是在捕鱼儿海①被明军击败，儿子和一堆老婆都被明朝大将蓝玉抢走。战败后，他又遭到西蒙古阿里不哥后裔<u>也速迭儿</u>的伏击，被同族所杀，连皇帝大印都被抢走了。

天元帝的死，正式开启了一个时代，即"大汗有毒"时代。

这里先说明一下，由于之后发生的事情涉及的人物实在太多，且关系复杂，所以我给每个北元大汗赋一个英文字母编号，规则如下：

北元皇帝的直系后裔，我称之为"元系"，赋编号 A，用数字区分不同皇

---

① 今贝尔湖，不是贝加尔湖。

帝，例如"A1、A2"。

阿里不哥的后裔，我称之为"阿系"，赋编号 B，规则同上。

窝阔台（成吉思汗第三子）的后裔，我称之为"窝系"，赋编号 C，规则同上。

重量级的"非大汗"人物，也赋予他们编号，从 X 开始。同理，同一家族的人，也用数字区分先后，例如"X1、X2"。简介如下表。

北元大汗世系表[①]							
序列号	汗系编号	名字	上位原因	上位时间	下台时间	持续期间	死因
1	B1	也速迭儿（卓里克图汗）	袭杀天元帝，抢夺汗位	1388	1391	四年	不详
2	B2	B1之子"昂克"	继承其父	1391	1394	四年	因内乱被杀
3	A1	买的里八剌（"额勒伯克汗"），爱猷识理达腊（元昭宗）之子	Y1哈什哈、X1浩海达裕拥立	1394	1399	六年	被Y1哈什哈所杀
4	B3	坤帖木儿	Y1哈什哈拥立	1399	1402	四年	被X2马哈木废黜后死亡
5	C1	鬼力赤	Z阿鲁台拥立	1402	1408	七年	被Z阿鲁台所杀
6	A2	A1之子"本雅失里"	Z阿鲁台拥立	1408	1411	四年	被X2马哈木所杀
7	B4	答里巴	X2马哈木拥立	1411	1415	五年	被Z阿鲁台击败后身死
8	C2	C1之子"阿台"	Z阿鲁台拥立	1410	1438	二十九年	被X3脱欢击败后身死
9	B5	斡亦剌歹	Y2太平拥立	1415	1425	十一年	被X3脱欢废黜后身死
10	A3	A1曾孙"脱脱不花"	X3脱欢拥立	1433	1452	十九年	被X4也先所杀
11	A4	A3之弟"阿噶巴尔济"	X4也先拥立	1451	1452	二年	被X4也先所杀
附录							
三大猛人家族	编号	家族世系			死因		
	X	X1浩海达裕；X2马哈木；X3脱欢；X4也先			X1被A1误杀；X2被Z所杀		
	Y	Y1哈什哈；Y2太平			Y1被X2所杀；Y2被X3所杀		
	Z	Z阿鲁台			被X3所杀		

① 蒙古可汗世系及各汗上位、离任时间，根据"15世纪中叶前的北元可汗世系及政局"[作者：宝音德力根，刊登于《蒙古史研究（第六辑）》]一文整理。

看完以上内容，相信大家只有一个感觉——乱！

怎么可能不乱？从 1388 年到 1452 年这 65 年间，北元一共换了 11 个大汗，平均每人在位不到六年，只有一个可能是正常死亡案例。在以上这段既混乱、又伤感的"杀大汗运动"背后，是瓦剌与鞑靼分裂的原因。

下面，我们先来捋一捋，经常废立大汗的几位牛人的成绩。

X 家族，浩海达裕、马哈木、脱欢、也先这一家四代人，拥立大汗五人，杀大汗六人，杀 Y1 哈什哈、Y2 太平，杀 Z 阿鲁台。

Y 家族，哈什哈和他的儿子太平，拥立大汗三人，杀大汗一人。

Z 家族，阿鲁台拥立大汗三人，杀大汗两人，杀 X2 马哈木。

捋完了之后大家就可以发现，在这段时间内，蒙古的权力就掌握在以上三伙人手中。

第二节 "太师时代"形成的东、西蒙古格局

哈什哈、阿鲁台、马哈木这三伙人之所以能够掌控权力,是因为他们手里有军队。他们的军队之所以能够躲过朱元璋的十三次北征,是因为"地缘"。上文说过,朱元璋北征针对的主要目标就是北元皇帝一系的部众,从当时北元的整体范围来看,朱元璋打击的区域相当于这片地域的中部。

自天元帝兵败捕鱼儿海之后,北元皇帝/大汗一脉的直属军队基本被打光了。而处在边缘位置的部族,就很好地保存了军力。上述三伙人,就是在这个背景下获得军权的。其中,哈什哈、马哈木两伙在西蒙古范围内;阿鲁台在东蒙古范围内。下面,我来介绍一下这三大势力。

一、西蒙古的哈什哈

他所依仗的势力,主要有两大部分。

一是吉尔吉斯部,又作乞儿吉思,就是现在吉尔吉斯斯坦的那个"吉尔吉斯",唐朝时称之为黠戛斯,属于广义的突厥人。明朝时期,该部落游牧于叶尼塞河中上游。

二是土尔扈特部,就是教科书里那个"土尔扈特",成吉思汗分封给翁罕的部落,明朝时期游牧于阿尔泰山西侧。

元末明初,哈什哈家族出身吉尔吉斯贵族,控制着土尔扈特部。这两部处在北元地域范围的西北角,十分偏远,使其得以躲过朱元璋的军事打击。

二、马哈木一家,即"绰罗斯氏"

细心的朋友可能会发现,根据上文所述,马哈木家族是有点儿牛的,家族

四代人，动辄拥立大汗、杀大汗。这里我要负责任地告诉你，"有点儿牛"这个形容词不太准确，这个家族不是"牛"，也不是"很牛"，而是"相当、相当牛"。马哈木"杀大汗、拥立大汗"这点儿成绩，在这个家族的一众子孙中，甚至排不进前五。这个家族建立的政权，从朱棣时期一直延续到乾隆年间，存续时间超过三百年。咱们这本书后面要介绍的几个重量级反派角色，多是这一家族的后代。

根据当代学者的研究，"绰罗斯氏"是乃蛮人的后裔，属于广义的突厥人，世居阿尔泰山。《倚天屠龙记》中赵敏的父亲察罕帖木儿，即为乃蛮氏。不过他的汉姓并非"赵"，而是"李"。

13世纪初，成吉思汗派哲别（《射雕英雄传》中射箭很好的那位）西征，征服了该部，后归阿里不哥管辖。整个元朝期间，这个部落默默无闻。到了明初，与上文的哈什哈一样，在朱元璋北伐的过程中，该部也占了地缘的便宜，偏居阿尔泰山，明军够不着它，使其得以保存军力。接着，在一次拥立事件中，这个家族开始崛起。

洪武二十七年（1394年），编号为B2的大汗昂克死后，这一脉的传承就断了。绰罗斯家族的X1浩海达裕（马哈木之父）与Y1哈什哈联合，拥立元朝皇室后裔、元昭宗之子买的里八剌为大汗，即为A1额勒伯克汗。作为回报，额勒伯克汗上位后，任命浩海达裕为太尉，掌管军队。

浩海达裕拥立额勒伯克汗的原因，并不是他有多么忠心，而是想借助北元皇帝嫡系血统的光环，提高自己的地位。他不断地挑拨大汗与身边重臣、贵族的关系，试图孤立大汗，让额勒伯克汗只能倚重自己，进而扩充势力。

他挑拨来、挑拨去，竟然挑拨到了额勒伯克汗的儿子头上。

浩海达裕利用额勒伯克汗觊觎儿媳的想法，怂恿大汗杀死了自己的儿子，进而霸占儿媳洪郭斡拜济。

出乎浩海达裕意料的是，洪郭斡拜济更不是个省油的灯。在丈夫被杀的节点，她已有了三个月身孕，浩海达裕和额勒伯克汗却并不清楚这一情况。丈夫死后，洪郭斡拜济得知了死因，在跟公公正式成亲之前，她热情地邀请浩海达裕去自己的卧室参观。浩海达裕也没多想，就去了。他一进屋，洪郭斡拜济就开始脱衣服，继而大喊："啊！不要啊！你快出去呀！"

听到了新老婆的叫喊声，额勒伯克汗就率卫兵前来查看，发现了一脸蒙圈的浩海达裕和衣衫不整的洪郭斡拜济。这就应了那句歇后语：黄泥巴落在裤裆里——不是屎也是屎了。

浩海达裕有很强的临场应变能力，他知道这个事是解释不清楚的，所以他一不做二不休，索性鱼死网破一把。他拿起随身携带的弓箭就射额勒伯克汗。大汗伸手去挡，被射断一根手指。随后，侍卫们一拥而上，将浩海达裕砍死。

事后，惊魂未定的额勒伯克汗特别需要稳定情绪，这时，某些不可描述的床上运动就可以缓解紧张带来的压力。可是，就在运动开始之前，额勒伯克汗惊讶地发现，原来洪郭斡拜济已有身孕。他这才恍然大悟，意识到自己错怪了浩海达裕。

作为补偿，额勒伯克汗把浩海达裕的儿子马哈木找来，任命他为丞相，并将自己的女儿萨穆尔公主许配给他，还许诺让他管理整个西蒙古。这样，绰罗斯氏就与北元皇室结成了姻亲。

听闻这一消息，哈什哈不干了。绰罗斯家族与哈什哈家族是当时西蒙古内最大的两派势力，哈什哈的实力还要在绰罗斯之上。在哈什哈看来：老子拥立你，你竟然让绰罗斯家管理整个西蒙古？把老子往哪儿放？

然后，哈什哈就以额勒伯克汗"杀子、霸占儿媳、委任绰罗斯家族管理西蒙古"等罪名，把大汗给杀了。接着，他拥立阿里不哥的另一位后裔称汗，是为B3坤帖木儿汗。

哈什哈顺道把已有身孕的洪郭斡拜济也收纳了，并让她生下了前夫的遗腹子，即为阿寨台吉。哈什哈当时肯定想不到，他的这个举动，竟然改变了整个蒙古的历史进程。这个事先放一放。

额勒伯克汗被杀之后，马哈木着实忍了几年，积聚自己的实力。之后的建文四年（1402年），马哈木瞅准机会，把哈什哈和他拥立的坤帖木儿汗通通干掉。但是，他要想兼并哈什哈背后庞大的势力，短期内也不现实。所以，马哈木就让哈什哈的儿子Y2太平继续统领其部落，两方算是结成了西蒙古同盟。

这样，马哈木基本上控制了整个西蒙古。但是，他没有再拥立新的大汗，而是与东蒙古的Z阿鲁台合作，共尊额勒伯克汗的儿子A2本雅失里为大汗。好啦，这里就要说说东蒙古的阿鲁台了。

三、阿鲁台

阿鲁台出身于元朝皇帝的侍卫亲军，隶属于该军下的"阿速卫"，该卫由中亚、东欧的突厥人组成，即元朝所称的"色目人"，并不是传统意义上的蒙古人。前文讲过，在洪武朝，朱元璋对北元进行了一系列的征伐，北元皇室的直属军队基本被打光。在这一过程中，阿鲁台以阿速卫和钦察卫（主体也是色目人）两支军队为基础，积极收拢各股残兵，同时躲避与明军的正面交锋，逐渐形成一股较强的力量，游牧于今内蒙古的东部地区。这些部众后来形成了阿苏特部和喀喇沁部。

同时，阿鲁台凭借其卓越的个人能力，积极拉拢东蒙古内的另外两大势力。

第一个是科尔沁部。这个大家应该听说过，清宫戏中经常出现。科尔沁部是成吉思汗分封给其二弟哈布图哈萨尔的部众，大致位于今内蒙古的东北部，在科尔沁草原、呼伦贝尔草原附近。

第二个是朵颜三卫。前文说过，嫩江流域有一个部落叫兀良哈，他们的祖上是建立辽王朝的契丹人。成吉思汗征服此地后，将兀良哈的大部分分封给了自己的幼弟铁木哥斡赤斤，小部分分封给了自己的二弟哈布图哈萨尔。

元朝灭亡后，这拨人的独立性较强，属于雇佣军一类，不管是北元还是明朝，谁给钱他们就帮谁打仗。朱棣发起靖难之役时，兀良哈就曾出兵协助。基于这种关系，明朝在这里设立三个蒙古卫所，分别为朵颜卫、泰宁卫、福余卫，统称"朵颜三卫"，也是奴儿干都司的首席三卫。

综上，阿鲁台、科尔沁、兀良哈这三部所在的位置都比较偏，相当于北元控制地域的东界。遇到明军来攻就可以往兴安岭、嫩江流域避难，使其得以在朱元璋的军事打击下保存实力。而在北元皇室势力衰落后，阿鲁台就成为东蒙古范围内最强大的势力。

然而，阿鲁台、马哈木这两伙人虽然手中有兵、掌握实权，却无法直接当大汗。自铁木真建立"大蒙古国"后，原则上有资格称"汗"的，必须姓孛儿只斤，清朝翻译为博尔济吉特，也就是铁木真及其兄弟的后代，现在称之为"黄金家族"。不是这个姓，你就没资格称"汗"。所以，这些权臣们就只能拥立黄金家族的后裔称汗，把大汗捏在手里装样子，以"太师"（也可以翻译为"丞相"）的角色掌握实权，这就是蒙古草原的"太师时代"。

马哈木和阿鲁台这两大势力,一个在西、一个在东,形成了瓦剌与鞑靼的雏形。北元正式分裂的标志,是两人各自拥立一个大汗。

永乐八年(1410年),阿鲁台拥立 C2 阿台(又作阿岱汗)为汗;永乐九年(1411年),马哈木拥立阿里不哥的后裔 B4 答里巴为汗。到这儿,北元算是正式分裂为鞑靼与瓦剌。

鞑靼,是明朝对东部蒙古的统称,其地域大致为今天的中国内蒙古自治区和蒙古国。清朝将这两个地域分别命名为"漠南蒙古"和"漠北蒙古(又称喀尔喀蒙古)"。

其实呢,"鞑靼"这个称谓,本是金朝对蒙古的称呼,又作"达达儿"。蒙古人称自己一直为"蒙古",又作"蒙兀儿"、"忙豁仑"。但是,明朝觉得他们不配,明朝认为,配称蒙古的,那得是被他们推翻的元政权,这拨北逃的残兵败将只能叫鞑靼。

比较讽刺的是,明朝不仅称蒙古为"鞑靼",连女真人也被他们称为"鞑",又衍生出"鞑虏""鞑子"等多种称呼,均带有一定的贬义。金朝人创造这个词的时候,大概率想不到他们的后裔也会进入这个词的范畴。还有更离谱的,俄罗斯人称东欧草原上的突厥化蒙古人也为"鞑靼"。也就是说,东起黑龙江,西至黑海,这一片游牧族群,均获得了这个称呼,虽然他们并非同一族群。

言归正传,通俗点儿说,鞑靼=东蒙古=漠南蒙古+漠北蒙古=清朝的内、外蒙古=大家印象中的那个"蒙古"。

相对地,"瓦剌"就是明朝对西部蒙古的统称,清朝将其分类为"漠西蒙古",称其为"厄鲁特",现在多称其为"卫拉特"。即瓦剌=西部蒙古=卫拉特/厄鲁特=漠西蒙古。

元末明初,瓦剌的分布范围为阿尔泰山以北、鄂木河(额尔齐斯河支流)以南、额尔齐斯河以东、安加拉河(叶尼塞河支流)以西,相当于西伯利亚的西部地区,大部分位于今天俄罗斯境内。其统治的核心地域在阿尔泰山和额尔齐斯河中上游,总体上是土尔扈特、绰罗斯两部联盟的格局。

在瓦剌和鞑靼的北部,还有两大蒙古族群,即贝加尔周边的"布里亚特"和叶尼塞河上游的"吉尔吉斯"。

前文已经介绍过吉尔吉斯,这里再说一下布里亚特。

布里亚特，明朝称之为<u>不里牙惕</u>，是一个相当古老的部族。他们的祖先为<u>丁零人</u>，又有铁勒、<u>高车</u>等称呼，可以追溯到汉朝初期。布里亚特人世代游牧于贝加尔湖附近，在匈奴以北，曾经从属于匈奴。现在史学界普遍认为，入侵欧洲的匈人并不是匈奴，而是匈奴更北方的部族。所以，我十分怀疑匈人之中就有布里亚特的老祖宗丁零人。

这两大部从属于鞑靼与瓦剌，两者谁更为强盛，他们就依附谁。明朝大部分时间内，吉尔吉斯从属于瓦剌，布里亚特从属于鞑靼。

总体而言，鞑靼的"蒙古成分"要比瓦剌高，鞑靼是成吉思汗当年的基本盘，而瓦剌的主体部族多为蒙古化突厥人。两者之间没有固定的疆界，谁强大了占的地方就多点儿。

第三节 瓦剌的崛起与衰落

以马哈木为首的瓦剌和以阿鲁台为首的鞑靼成型后,两者就与明帝国形成了三国演义的关系。然而,与三国中蜀、吴两个弱方联合对抗强魏不同,瓦剌与鞑靼这两个弱方却是势不两立。它们并没有因为同为"蒙古"而同仇敌忾,反而互相看不顺眼,必欲置对方于死地而后快。同时,由于马哈木和阿鲁台都不是北元皇室的后裔,与明朝没有啥深仇大恨,所以他俩都去讨好此时的明朝皇帝——朱棣。

率先开始行动的是马哈木,从朱棣上位开始,他就向明朝遣使进贡,请求明朝册封。朱棣这个人是很狡猾的,他同意了马哈木的请求,却在瓦剌内部封了三个王。

永乐七年(1409年),朱棣封马哈木为"顺宁王";封太平(哈什哈之子)为"贤义王";封把秃孛罗(瓦剌境内辉特部首领)为"安乐王"。这一招与明朝在女真地区众建卫所类似,多封几个王,反正也花不了多少钱,让你们自己去争吧。

相比马哈木顺利讨得王位,鞑靼的阿鲁台就比较尴尬了。当时阿鲁台所立的大汗 C1 鬼力赤,是个很有"荣辱感"的人。鬼力赤一想到明朝与自己的家族有血海深仇,就气不打一处来,对于明朝的招抚使臣,他要么不理睬、要么拘禁。

看看,这就是不懂事了。在阿鲁台看来,你不过是老子扶植的一个傀儡,竟敢耽误我向老朱家表忠心?于是,阿鲁台就把鬼力赤杀了,然后向明朝请求册封。

但是，朱棣的册封也不是谁都给的，这会儿他对阿鲁台很不满意。因为阿鲁台正在干一件十分危险的事情，即上文所说的"拉拢朵颜三卫、科尔沁部抱团"。朱棣不管你姓啥，也不在乎什么瓦剌或鞑靼，他只在乎谁强大。谁强了，谁就是他的敌人。

于是，永乐八年（1410年），朱棣亲率大军征伐阿鲁台。听闻这个消息，阿鲁台与当时的大汗 A2 本雅失里都决定逃跑，但是因逃跑方向的选择，两人产生了矛盾。最后阿鲁台向东逃，本雅失里向西逃。

明军先揍本雅失里，大败之，本雅失里逃入瓦剌，被马哈木所杀；明军再揍阿鲁台，大败之。战后，阿鲁台向朱棣上表谢罪、请求入贡，支持阿鲁台的朵颜三卫首领也一同请罪。看到对方的认错态度良好，朱棣就于永乐十一年封阿鲁台为"和宁王"。

这时，西边的马哈木又不干了。在他看来，只能自己去舔朱棣，阿鲁台再去舔，就是抢生意，就是跟他过不去。刚好，阿鲁台也是这么认为的。此后，他俩不断向朱棣揭发对方的黑材料，都请求朱棣讨伐对方。

永乐十年（1412年）五月，马哈木遣使向朱棣奏称："既灭本雅失里，得其传国玉玺，欲遣使进献，虑为阿鲁台所要，请天兵除之。"①

永乐十一年（1413年）五月，阿鲁台遣使向朱棣奏称："马哈木等弑其主，收传国玺，又擅立答里巴为主，请发兵讨之，愿率所部为先锋。"②

其实呢，他俩这样争来斗去是朱棣所乐见的。当然，如果任何一方稍有强大，朱棣就要出兵揍他一下，以保持北方草原的战略平衡。这会儿，鞑靼的阿鲁台刚刚被朱棣胖揍一顿，实力稍弱。所以，瓦剌的马哈木就打算趁机兼并鞑靼，率领军队跑到了鞑靼的地盘上。

这种行为是朱棣所不能容忍的。永乐十二年（1414年），朱棣率军亲征瓦剌，答里巴汗、马哈木、太平三者联合率军迎战，即为著名的"忽兰忽失温之战"，瓦剌大败，数千人被杀。

---

① 《明太宗实录》卷128，永乐十年五月乙酉条。
② 《明太宗实录》卷140，永乐十一年五月庚子条。

按说呢，被打败了就该老老实实地休养几年，等元气恢复了再打，可是马哈木偏偏不消停。这位老兄挨完揍后是越想越气，比较搞笑的是，他气的并不是朱棣，而是阿鲁台。他认为朱棣之所以揍自己，是因为阿鲁台挑拨他与明朝的关系，所以他决定找阿鲁台算账。

永乐十三年（1415年），也就是忽兰忽失温战后的第二年，马哈木率军攻打阿鲁台，大败，马哈木被阿鲁台所杀，他的儿子脱欢也被俘。杀仇人之身、俘虏其子，阿鲁台老兄可谓是走向了人生巅峰。然而不久之后，阿鲁台又将脱欢放回瓦剌。至于原因，说法众多，这里我就不深究了。

然后，就是脱欢的王子复仇记。说起来，他最大的助力还是朱棣。在忽兰忽失温猛揍瓦剌一顿之后，朱棣就有点儿后悔了。因为第二年马哈木就被阿鲁台干掉了，这打破了草原上的战略平衡。恰好此时，脱欢回到瓦剌，朱棣就于永乐十六年（1418年）正式册封其为顺宁王（第二任），算是官方确认了脱欢的地位。

脱欢认真总结了老爹失败的教训，他认为他爹之前多次"要求"朱棣揍阿鲁台的做法是错误的，这让朱棣产生了"被命令之感"。其实呢，只要瓦剌挨揍后装可怜，朱棣自然会对阿鲁台动手。于是，脱欢开始了装孙子之旅。

永乐十七至十九年（1419—1421年）间，阿鲁台两次攻打瓦剌，瓦剌均被击败，脱欢只是不断地向朱棣进贡、说明自己的惨状。看到脱欢一副惨兮兮的样子，朱棣也就放心了。之后，他将重点攻击目标转向鞑靼的阿鲁台。朱棣晚年，先后三次攻伐阿鲁台，最后一次甚至死在了出征的归途，这些征伐重创鞑靼。史载："（朱棣）发兵尽收虏所弃牛羊驼马，焚其辎重。"①

而朱棣前脚刚刚打完，脱欢后脚就跟着来了。史载："阿鲁台今夏为瓦剌顺宁王脱欢等所败，掠其人口、马驼、牛羊殆尽，部落溃散无所。"②

明朝与瓦剌的轮番军事打击，让阿鲁台苦不堪言。宣德六年（1431年），鞑靼的阿台汗、阿鲁台再次被瓦剌击败。史载："阿鲁台与瓦剌脱欢战，阿鲁台

---

① 《明太宗实录》卷250，永乐二十年六月己未条。
② 《明太宗实录》卷263，永乐二十一年九月癸巳条。

败北,部曲离散,多于近边假息。"①三年后,阿鲁台被瓦剌军队所杀,脱欢控制了东蒙古。

这里,我先评价一下朱棣对蒙古人的策略。简单点儿说,不管对方是什么部族、什么立场,谁敢变强,朱棣就要把人家打成小强。在当时来看,这无疑是明朝的胜利。但是,朱棣这种只管杀、不管抚的策略,使得明朝在草原地区始终没有类似汉朝之西域都护府,唐朝之安西、北庭都护府这种半羁縻、半军管机构,处在权力真空状态。这就导致马哈木败亡后有阿鲁台,阿鲁台败亡后有脱欢,俗语叫"按下葫芦浮起瓢"。

朱棣在位时,问题倒不大,他又猛又能打,明朝此时也很强,谁敢冒头就揍谁。可是,当朱棣死后,他的大胖儿子(明仁宗)、病秧子孙子(明宣宗)和自私、腹黑、窝囊、卑鄙、无耻的曾孙子(明英宗),就没有朱棣的本事了,也就搞不定蒙古人。

另一方面,朱棣的行为在蒙古人看来是不可理喻的。蒙古人尊元朝后裔为大汗,朱棣揍他们;杀了大汗,朱棣揍他们;与明朝建立朝贡关系、接受明朝封号,朱棣揍他们;两个太师互相打,朱棣揍他们;甚至于曾经帮助朱棣靖难的朵颜三卫,也要挨揍。

所以,在蒙古人眼里,明朝是个不讲道理的邻居,是不可信任的。之后的有明一代,虽然明朝皇帝封了很多蒙古部族首领为"王",但这种关系连羁縻统治都算不上,类似吐蕃与唐朝的关系。明朝中后期,长城沿线连年烽火,经常是前脚封赏、后脚开打,蒙古边患始终是困扰明朝统治者的大问题。

好啦,回头继续聊脱欢的崛起之路。在对外征伐的同时,脱欢还在瓦剌内部进行集权。朱棣病逝的当年,脱欢就把朱棣封的贤义王太平、安乐王把秃孛罗通通杀掉,尽收其部众。由于当时绰罗斯部在瓦剌内部并不占绝对优势,所以在干掉两大部首领后,脱欢决定从被他征服的鞑靼境内,迁徙一支忠于自己的部众,用来平衡瓦剌的内部局势。

他选择的这支部众,就是历来以雇佣军闻名的朵颜三卫(兀良哈部)。脱欢拉拢兀良哈部首领之一<u>乌噜克特穆尔</u>,将自己的女儿嫁给了他,将他的部众

---

① 《明宣宗实录》卷76,宣德六年二月丙申条。

西迁瓦剌，并赐该部名为"和硕特"。可是，把人家迁入瓦剌，就得给人家分地盘，而瓦剌各部的地盘都是固定的，分谁的人家也不愿意。

脱欢想了个损招。他把和硕特部安置在今天的乌鲁木齐周边，而在当时，这片地方是<u>亦力把里</u>（东察合台汗国）的地盘。所以，脱欢这一招实际上是借助东蒙古的力量去对抗东察合台汗国。此后，瓦剌的势力不断向南扩展，其统治重心逐渐由阿尔泰山南移至"伊犁—乌鲁木齐"一线。

在此期间，和硕特部的部分部众北上，进入萨彦岭山区，征服了此地的图瓦人，逐渐形成一个较为独立的部落。他们对外仍然自称"兀良哈"，清朝称之为<u>乌梁海</u>，大名鼎鼎的<u>唐努乌梁海</u>即为其中一部。和硕特部的西迁对后世产生了深远影响，这个咱们后文再说。

综上，经过浩海达裕至脱欢这三代人的努力，绰罗斯家族完成了东、西蒙古的统一。

脱欢死后，他的儿子<u>也先</u>接班，瓦剌声势大振。此时的明朝皇帝是"北狩战神"明英宗朱祁镇。要说呢，起初明英宗还真没显示出"战神本色"，反而相当怀柔。史载："朝使至瓦剌，也先等有所请乞，无不许"[①]。也就是人家要什么，明朝就给什么。

看到明朝这么大方，也先也没客气。正统十二年（1447年），他竟然一次性派出三千人去北京进贡，并虚报贡品数目，要求明朝按他给出的清单赏赐。明朝礼部官员清点贡品后，按照实际价值回馈瓦剌使团，只有也先要求金额的五分之一。也先大怒，决定对明朝开战。

随后的故事大家就耳熟能详了。正统十四年（1449年），也先率军在土木堡跟明军打了一仗，明军大败，明英宗被也先盛情且强制地带去草原"打猎"。之后，也先又带着明英宗到长城边上，挨个关口"叫门"，结果没搭理他的。也先气不过，带着军队去北京强行闯门，被于谦率军揍得灰头土脸，跑回了老家。

这一战，也先带着几万人在长城周边转悠了小半年，没抢到多少东西不说，还伤亡惨重，内部矛盾也由此激化。为了稳定内部，也先派人去明朝请求和亲，恢复互市，好淘换点儿生活必需品，被拒绝；他干脆把朱祁镇送回去，表达善

---

① ［清］张廷玉等撰，《明史》卷328，列传第二百十六，外国九。

意，明朝还是没有回应。

这种情况下，也先手下的部将、入股的部落首领纷纷质疑：跟着你出去打仗，就是为了抢点儿东西回来，仗打成这个样子，你要负主要领导责任！一个叫阿剌的贵族还表示：就你这水平也能当太师？我上我也行！

为了控制内部局势，加强中央集权，景泰四年（1453年），也先不顾自己不是黄金家族后裔的事实，强行称汗，是为"天圣大可汗"，建号"添元"。在也先看来，之前之所以有那么多反对的声音，是因为他不是大汗，现在他称汗了，反对的人自然就消停了。然而，这种幼稚的想法很快被证明是错误的。在称汗的第二年，也先就被上面那个"我上我也行"的阿剌刺杀了。

也先死后，绰罗斯氏族发生分裂，也先的两个儿子分割部众，各成一部。长子名为博罗纳哈勒，成立了"杜尔伯特部"，向额尔齐斯河中上游迁徙；次子名为额斯墨特达尔汉诺颜，成立了"准噶尔部"，向伊犁方向迁徙。绰罗斯氏的实力大为削弱，之前被脱欢兼并的土尔扈特部重新独立。这样，瓦剌就分成四部，即准噶尔、杜尔伯特、土尔扈特、和硕特。

此后，瓦剌的势力退出鞑靼，东、西蒙古再次分裂。瓦剌将开拓方向转向西边的哈萨克。双方的战争持续二百多年，史称"二百年战争"，争夺的核心是"七河地区"①。

在长期的战争中，准噶尔、土尔扈特损失了相当数量的部众。到明朝中后期，外来户和硕特部反而成为瓦剌内部最强大的部落，此时各部情况如下。

和硕特部，博尔济吉特氏，以乌鲁木齐为核心区域，沿额敏河两岸至乌鲁木齐游牧。

准噶尔部，绰罗斯氏，以伊犁为核心区域，在伊犁河流域游牧。

杜尔伯特部，绰罗斯氏，沿额尔齐斯河上游游牧。另有辉特小部，依附杜尔伯特部。

土尔扈特部，以塔尔巴哈台为核心区域，在其周边游牧。

四部之间无明显边界，实控地区犬牙交错。

---

① 指巴尔喀什湖东南、锡尔河上游纳林河以北地区，大致为现在网络上所谓的"外西北"中部和南部。

从这会儿开始，我就不用"瓦剌"这个词了，蒙古人习惯称其为"四卫拉特"，清朝史料通常称其为"厄鲁特"，我们在后文就用"卫拉特"这个称呼，其实都是一回事。

第四节 鞑靼中兴

瓦剌停止在东边闹腾后,鞑靼的境况并没有改观。经过朱棣一通猛揍、瓦剌一通折腾,这会儿的鞑靼境内已是人丁匮乏,一些从未登上过历史舞台的小部落首领,也纷纷以"太师"自居。在这个背景下,一个家族开始收拾旧山河,试图重新恢复北元皇室的荣光。这个家族就是上文那位<u>洪郭斡拜济</u>的后代。先捋一下这个家族的辈分。

第一辈:额勒伯克汗的儿媳洪郭斡拜济生遗腹子①<u>阿寨台吉</u>。

第二辈:阿寨台吉的三个儿子,<u>脱脱不花</u>、<u>阿噶巴尔济</u>和<u>满都鲁</u>。

(一)脱脱不花于 1433 年被脱欢拥立为汗<u>(大汗编号为 A3)</u>,1452 年被也先所杀。

(二)阿噶巴尔济于 1451 年称汗<u>(A4)</u>,1452 年被也先所杀,他的儿子<u>哈尔固楚克台吉</u>也被也先所杀。

(三)满都鲁于 1475 年被拥立为汗,1479 年病死。

第三辈:脱脱不花的两个儿子死于非命,满都鲁无子,阿噶巴尔济的儿子也死了,这一辈空缺。

第四辈:阿噶巴尔济的孙子、哈尔固楚克台吉的儿子——<u>伯颜猛可</u>,他也是个遗腹子。

第五辈:伯颜猛可的儿子——<u>巴图孟克</u>。

---

① "遗腹子"指怀孕妇人于丈夫死后所生的孩子。

鞑靼复兴的始于满都鲁（第二辈）的经营。满都鲁上位前，北元皇室的后裔已经被明朝和各种太师杀得所剩无几了，他的两个哥哥（脱脱不花和阿噶巴尔济）也先后被也先所杀。满都鲁和他的侄孙伯颜猛可（第四辈，又作"孛鲁忽"）成为硕果仅存的一支北元皇室成年血脉，也是各种太师们争相拉拢的优质傀儡。

满都鲁利用这个优势，娶了当时鞑靼实权派人物<u>乩加思兰太师</u>的女儿，成为大汗，在鞑靼站稳了脚跟。然而好景不长，满都鲁刚刚起势，乩加思兰太师就挑拨他与伯颜猛可的关系。二人生衅，反目成仇，伯颜猛可死于非命，不久之后满都鲁也死了。

满都鲁死的这会儿，元朝皇室的血脉就只剩下一根独苗，即伯颜猛可年仅六岁的儿子——巴图孟克（第五辈）。蒙古人不讲周公辅政这一套，没有哪个太师愿意帮助这位小朋友成长。当时，各个实权派人物都在追求一个女人，即满都鲁的另一个老婆——满都海哈屯①。

北方少数民族历来有"收继婚"的传统，即父、兄死后，弟弟、儿子、侄子等收纳父兄的妻妾作为自己的老婆。被收继的女人有两个约定俗成的条件，一是有生育能力，二是与收纳者无血缘关系。这是个很古老的习俗，从匈奴那会儿就有，《史记·匈奴列传》记载："父死，妻其后母；兄弟死，皆取其妻妻之。"

站在中原传统文化的角度来看，这无疑是一种乱伦行为。然而，这种习俗在北方少数民族中产生，有着非常现实的原因。

首先，就是我在前文所说的，游牧所导致的生育环境恶劣，妇女生产难，婴儿存活更难。所以，必须把所有适龄的、有生育能力的妇女有效"利用"起来，才能保证人口滋生。

其次，关内与草原的环境不同。

中原的寡妇可以带着孩子去种地，草原的寡妇如何带着孩子去放牧？

不同部落之间没有统一的法律约束，遇到别的部落来抢，谁来保护她们？

---

① 满都海并非"乩加思兰太师"的女儿，出自蒙古土默特部。"哈屯"又作"可敦"、"合屯"，相当于汉语的"王后"。

所以，收继婚这种看似落后的制度，实际上是为了保证人口增长和保护弱势群体，在草原地区是非常有必要的。

这样，在满都鲁死后，他的老婆满都海哈屯也需要被收继。

然而，当时的情况异常尴尬。上文说了，满都鲁没有儿子，他的兄弟、侄子、侄孙都死光了，这就意味着，家族内实在没有适龄的成年男性去收继他的老婆。看来，肥水只能流外人田了。而且，这个水不是一般的肥。满都海哈屯身为"王后"的特殊身份，就导致不管谁收继了她，都有资格成为新一任大汗。所以，各种太师们就争相上门求婚。

这时，满都海哈屯毅然决定，自己这汪肥水，一定要流到自留地里。她让自己的曾侄孙、当时年仅六周岁的巴图孟克收继自己。就这样，满都海既是巴图孟克的曾婶奶奶兼监护人，还是他的老婆，两人相差二十六岁……

这不算什么，更奇迹的是，巴图孟克成年后，他俩生了七个儿子。

这还不算什么，更、更奇迹的是，这七个儿子之中，竟然有三对是双胞胎。

这还不算什么，更、更、更奇迹的是，差不多在同一时点，大明皇宫中也正在进行着一场类似的爱情，明宪宗朱见深与大他十九岁的万保姆兼贵妃。

所以，历史有时候还是很有趣的。好啦，停止我们的少儿不宜内容，言归正传。

说起巴图孟克小朋友的血统，那真是贵不可言。前文说过，额勒伯克汗是元昭宗的儿子，其后裔巴图孟克自然就是北元皇帝一脉的血统。从辈分上讲，巴图孟克是成吉思汗的十五世孙。同时，巴图孟克的奶奶是也先的女儿，所以，巴图孟克就是瓦剌大汗也先的外曾孙。也就是说，巴图孟克身兼东、西蒙古两大汗系的血统。

然而，血统再贵，接班那会儿的巴图孟克也只不过是个六岁的小朋友，并没有处理朝政、上阵杀敌的能力。这样，他的曾婶奶奶满都海哈屯就扮演了"周公"的角色。从巴图孟克接班的成化十六年（1480年）至他亲政的成化二十三年（1487年）之间，鞑靼的日常政务、军务都是满都海哈屯在处理，据说她还曾抱着自己的小丈夫上阵杀敌。

成化二十三年，巴图孟克亲政，是为"达延车臣汗"①。在他掌权初期，鞑靼仍然处在四分五裂的状态，达延汗直辖的部众仅为满都海娘家的土默特万户，而当时的鞑靼范围内约有七个万户。面对这种局势，达延汗采取了一种相当聪明的策略，即"以大汗的身份挟诸侯"。

形象点儿说是这样的。因为达延汗的正统血统，所以他是名义上的蒙古最高领导者。他充分利用这个条件，丝毫没把自己当外人，派出自己的亲信、子侄到各部进行管理。在达延汗看来，管他名不名义，既然我是老大，我就可以派人管理你们。

这种情况下，有些部落选择顺从，认可达延汗下属的管理；也有的部落不顺从，杀死达延汗派来的人。这时，达延汗就以大汗之尊号召群雄，表示："大家看，这个部落竟然杀死了成吉思汗的后代派出的管理者，这简直是无法无天，大家一起去揍他！"

"成吉思汗直系后裔"这个身份，在蒙古草原是相当有号召力的。就这样，达延汗在鞑靼范围内进行了大转型，将之前"太师林立的战国时代"转变为"以自己为尊的共主时代"。转型完成后，达延汗再派自己的儿子分管各个部落。整合内部的同时，达延汗还对瓦剌发起大规模征伐，取得了瓦剌的宗主地位。

经过二十年的奋斗，达延汗在事实上统一了鞑靼，在形式上控制着瓦剌，各蒙古部落共尊他为全蒙古大汗。依据蒙古人的传统，达延汗统一鞑靼后，再次进行分封，共分为六大部，即六万户，除兀良哈外，各万户首领均为达延汗的儿子。

左翼：兀良哈（未西迁的部众）、察哈尔、喀尔喀。

右翼：鄂尔多斯、永谢布②、土默特。

先科普一个小知识，与中原王朝不同，蒙古人的地图观是"坐北朝南"。所以，在我们惯用的地图上（即"上北下南左西右东"），蒙古的左翼通常是地图的右边；右翼则是地图的左边。请大家记住这个小知识点，后面会经常用到。

---

① "达延"即为"大元"的转音；"车臣"与今天俄罗斯的"车臣共和国"无关，该词在蒙古汗王的尊号中经常出现，清朝亦写作"彻辰"，意为"睿智、聪明"。

② 永谢布万户的主体，即当年阿鲁台所属的喀喇沁部和阿苏特部。

达延汗将其直辖的地盘和部众命名为察哈尔，领地在今天的内蒙古中部地区，其地位类似后金的两黄旗，为之后历任大汗所直领。此举确定了察哈尔部在全蒙古的核心地位。每一个万户之下，又分为若干小部，像察哈尔就分为八部。这里先不放图了，因为这次分封后不久，又发生了三件事，将鞑靼的六大万户变为五大势力。

一、科尔沁部的特殊地位

看完上文大家可以发现，在明朝中前期纷乱复杂的蒙古政局中，草原东界的科尔沁部一直处在隔岸观火的状态，实力保存较好。达延汗也注意到了这一点。他并没有将科尔沁部强行纳入其直接管辖之下，而是将其作为"自治藩王"管理。达延汗尊科尔沁部首领为"叔王"，将其独立于分封的六万户之外，相当于一个独立的万户，两方保持结盟关系。到这儿，鞑靼就是七大部。

二、喀尔喀分裂

达延汗将喀尔喀万户分为两大部分。喀尔喀河[①]以西的地区为"外喀尔喀"，分封给他的第十一子格哷森扎扎赉尔；喀尔喀河以东的地区为"内喀尔喀"，分封给他的第五子阿尔楚博罗特。内喀尔喀位于今天内蒙古自治区的东部；外喀尔喀即后来的喀尔喀蒙古，俗称"外蒙古"，大致范围为今天的蒙古国。

从地缘上看，整个蒙古高原的腹地是茫茫戈壁沙漠，无法游牧，古称"瀚海"[②]。外喀尔喀正位于瀚海以北地区，也就是"漠北"。这让外喀尔喀与其他万户之间产生了天然的地理隔断，为其"闷声发大财"提供了有利的地缘环境。

到这儿，鞑靼就是八大部。

三、俺答汗崛起

俺答汗，又作"索多汗""阿勒坦汗"。其名字为"阿勒坦"，意为"黄金"[③]，达延汗之孙，蒙古右翼土默特部首领，就是《明朝那些事儿》中抢了自己的孙媳妇三娘子、导致孙子投降明朝的那位。

看到这里，很多朋友应该会发现，明朝时期与蒙古有关的称呼，像鞑靼、

[①] 今蒙古国东方省东部的哈拉哈河，注入贝尔湖。
[②] 位于今蒙古国南部的中戈壁省、东戈壁省、南戈壁省境内。
[③] 蒙古语中，"阿勒坦"与阿尔泰山的"阿尔泰"来自同一词根。《皇朝经世文三编》卷六十六（工政六、治河）记载："阿尔泰山即古金山，一作阿勒坦鄂拉"。

瓦剌、俺答等，都显得特别"土"、特别"蛮"。这是明朝特有的翻译风格，明朝的翻译官员对蒙古的人名、部名、地名，怎么土、怎么难听，就怎么翻。像清朝所称的图门，明朝翻译为土蛮；像呼图克图，明朝翻译为虎墩兔；像博硕克图，明朝翻译为卜失兔；像察哈尔，明朝翻译为插汉……

言归正传。在鞑靼的历史上，俺答汗与达延汗类似，是一个里程碑式的人物。嘉靖初年，俺答汗率领土默特部迅速崛起，统一了右翼三个万户，即土默特、鄂尔多斯和永谢布。之后，他干了下面五件影响深远的事情。

（一）瓜分兀良哈。

从十八岁开始，俺答汗就对兀良哈用兵，前后共六次，持续达二十年之久，给予该部毁灭性打击。兀良哈大部分部众被其他五部瓜分，还有相当数量的部众投靠了邻近的科尔沁。

兀良哈被消灭后，之前其所在的嫩江流域，基本被并入科尔沁的地盘。

（二）建立青海蒙古，引入藏传佛教格鲁派。

嘉靖中期，俺答汗派兵攻入青海，占领青海北部地区，并向此地区迁移部众，建立"青海土默特蒙古"，是为第一代青海蒙古。在这里，俺答汗接触到藏传佛教"格鲁派"，倍加推崇。

藏传佛教是传入中国西藏的佛教分支，内部分为不同派别。虽然各派属于同一体系，但是它们之间的传承制度、教义理论等都有很大区别。格鲁派是其中比较主流的一派，因格鲁派修行者通常戴黄帽子，所以又称其为"黄教"。

万历六年（1578年），俺答汗在青海湖畔册封格鲁派高僧索南嘉措为"达赖喇嘛"（意为"像大海一样的上师"），是为第一任达赖喇嘛[①]，并将藏传佛教格鲁派引入蒙古，之后迅速在全蒙古普及。作为回报，索南嘉措尊俺答汗为"咱克喇瓦尔第彻辰汗"，并在自己死后"转世"为俺答汗的曾孙云丹嘉措，即为"四世达赖"。

这里解释一下"转世"。藏传佛教认为，"生"是灵魂附着肉体的过程，"死"是灵魂脱离肉体的过程。所以，活佛虽然肉体死去，但是其灵魂会附在一个新生儿身上重生，这个过程的学名叫"灵童转世"。

---

① 索南嘉措向上追认两世，自称"三世达赖"。

（三）两次征伐瓦剌。

此时的瓦剌实在弱得可怜，具体细节我就不讲了，后文会详述。

（四）引发"庚戌之变"。

嘉靖年间，俺答汗多次率军攻打明朝。

"二十一年六月辛卯，俺答寇朔州；壬寅，入雁门关；丁未，犯太原；己未，俺答寇潞安，掠沁、汾、襄垣、长子，参将张世忠战死。"

"二十二年春，俺答屡入塞；秋八月，犯延绥。"

"二十三年春正月丙寅，俺答犯黄崖口；秋七月，俺答犯大同。"

"二十四年八月庚戌，俺答犯松子岭，杀守备张文瀚。是月，犯大同，参将张凤、指挥刘钦等战死。"

"二十五年六月甲辰，犯宣府，千户汪洪战死；七月，俺答犯延安、庆阳；九月，俺答犯宁夏。冬十月丁亥，犯清平堡，游击高极战死。"[①]

其实俺答汗与明朝并没有深仇大恨，他孜孜不倦地用兵，只是为了逼迫明朝开放朝贡贸易，好给自己庞大的部众换回钱和生活日用品。按说这也不难，明朝皇帝封他一个"某某王"，允许蒙古右翼每年进贡淘换点儿东西，他也就不折腾了。不幸的是，当时的明朝皇帝是嘉靖，当皇帝只是他的辅业，其本职工作是修道升仙。不管是东南的倭寇抢，还是北方的蒙古抢，他都懒得理会。在嘉靖看来：反正马刀砍不到我头上，操那心干吗？

于是，更大规模的入侵行动发生了。嘉靖二十九年（1550年）夏，俺答汗率军大举入寇，攻破古北口长城，明军溃败。随后，蒙古军队"掠通州，驻白河，分掠畿甸州县"[②]。明朝各处守军均闭关不出，蒙古军队在北京周边肆意劫掠，掳掠各州县人畜二百余万后扬长而去，史称"庚戌之变"。

按说都这样了，嘉靖道长也该做点儿啥了，要么打、要么给钱，总得有点儿举动。然而，他依旧是我行我素，不打也不和。从庚戌之变爆发到嘉靖死，俺答汗依旧是每年入寇，嘉靖依旧是修道炼丹。把皇帝当到这个份上，嘉靖也算是开创了一片新的天地。

---

① ［清］张廷玉等撰，《明史》卷18，本纪第十八，世宗二。
② 同上书。

呸!

(五) 察哈尔东迁。

庚戌之变产生了一个影响极为深远的副作用。当年达延汗分封时，察哈尔的封地即在明朝宣大地区的北侧，俺答汗对明朝的军事行动正经过察哈尔的地盘。俺答汗的军队虽然没有直接进攻察哈尔，却深深震慑了当时的察哈尔首领<u>达费逊库登汗</u>（明朝翻译为"打来孙"）。庚戌之变当年，达费逊库登汗迫于俺答汗的军事威胁，自宣大北侧的察哈尔故地举族东迁，到达今天的内蒙古东部、辽宁西部地区。

以上事件交代完毕后，当年达延汗分封的六个万户和科尔沁，就变成五大势力，即察哈尔、以土默特为首的右翼蒙古、外喀尔喀、内喀尔喀和科尔沁。

第五节 明朝与后金对蒙古的策略

嘉靖死后，接班的明穆宗朱载坖终于开始处理蒙古右翼军队年年寇边的问题。隆庆五年（1571年）三月，明朝正式册封俺答汗为"顺义王"，双方定期通贡互市。说是"互市"，其实明朝给予对方的物品价值要高得多，相当于花钱买了个和平。俺答汗得了便宜，自然就不闹腾了，"约束诸部无入犯，岁来贡市，西塞以宁"①。

右翼蒙古与明朝的亲热关系被察哈尔看在了眼里。此时的察哈尔首领为图门汗（明朝翻译为"土蛮"），他认为，既然明朝能跟西边的土默特做买卖，自然也能跟自己做买卖。万历元年（1573年）春，图门汗率军跑到喜峰口长城，要求与明朝通贡互市。

此时，右翼土默特的实力要强于察哈尔。面对这个现状，明朝采取了一种令人不齿的策略，用官方的话说就是"耀威于东（察哈尔）而树德于西（土默特）"，通俗点儿说就是"柿子尽挑软的捏"。明朝拒绝察哈尔的朝贡请求，关停双方的马市、木市，没有任何赏赐。

本来察哈尔与土默特就不对付，现在明朝又偏心眼，厚待土默特而断了察哈尔的财路，这让它相当不爽。于是，就有了如下史料。

"（万历）九年春正月癸酉，土蛮犯锦州，游击周之望败没；甲申，辽东总兵官李成梁袭败土蛮于袄郎兔。三月，土蛮犯辽阳，副总兵曹簠御之，败绩。

---

① ［清］张廷玉等撰，《明史》卷327，列传第二百十五，外国八，鞑靼。

冬十月己亥，土蛮犯广宁、义州，李成梁御却之。"①

仅这一年，图门汗就率军三次大规模进犯辽东。整个万历朝，这几乎是常态，即"土蛮部落东西煽动，将士疲于奔命，未尝得安枕也"②。

明朝也进行了残酷的报复。李成梁主政辽东期间，累计斩杀蒙古人过万，顺道还杀了女真人七千。接班的杜松没事就去蒙古那边劫掠一把，捣毁营寨、抢掠马匹、焚烧草场、诱降杀俘等，无所不用其极。

双方几乎年年打、月月打，从万历元年（1573年）一直打到万历末期，血战近半个世纪，均元气大伤。前章节说过，万历末期，辽东的一只波斯猫变成了老虎，开始咬人了，这就是努尔哈赤崛起的外部环境。可以说，明朝"厚西薄东"的策略是损人不利己的。

接下来，就是努尔哈赤的立业五大战。战后，明帝国北方形成了如下格局。

后金，控制辽河以东、鸭绿江以西地区。

明朝，在山海关外控制辽西走廊和东江镇。

察哈尔，控制辽河中上游地区。

内喀尔喀部，位于今内蒙古东部，与察哈尔相邻。

科尔沁部，位于科尔沁草原和嫩江流域。

右翼土默特部，控制今内蒙古中西部地区。

面对这种局势，明朝高层又寄希望于"用夷攻夷"，也就是用蒙古人去打努尔哈赤。从地缘上看，此时与后金挨着的就是科尔沁和察哈尔。明朝拉拢的主要对象，就是之前与之血战了半个世纪的察哈尔，拉拢的手段也很简单——给钱。

此时，察哈尔的首领为林丹汗（明朝称"凌丹憨"），又称呼图克图汗。虽然名义上察哈尔仍是蒙古各部的老大，但是由于右翼土默特的强势崛起，察哈尔的核心地位受到冲击，蒙古各部已经不怎么搭理他了。

明朝拉拢林丹汗的时间非常早，万历四十七年的萨尔浒之战刚刚打完，明朝就派出使者带着四千两白银，去拜见林丹汗的老婆苏泰。可是，人家压根没

---

① [清] 张廷玉等撰，《明史》卷20，本纪第二十，神宗一。
② [清] 张廷玉等撰，《明史》卷91，志第六十七，兵三。

把这点儿钱放在眼里。对于明朝来使，林丹汗推脱不见，理由也很搞笑——帐内没人认识汉字。

明朝这些官员都是老油条，一听说这种情况就明白是怎么回事——钱给少了。于是，明朝将"岁赏"提升到每年四万两白银，林丹汗这才同意出兵，协助明军守卫广宁城。当年，林丹汗致书努尔哈赤，简单摘录如下。

开头即为："蒙古国统四十万众英主青吉汗[1]，谕问水滨三万人英主（指努尔哈赤）安否？"[2] 这就很不客气了，颇有威慑之意。

接下来林丹汗又明确表示："大明于吾二国，乃雠也。"[3] 即对于后金和蒙古来说，明朝是大仇敌。你说如果明朝知道了这个事，得有多么尴尬。人家把你看成仇敌，你去拉拢人家、给人家钱。

接着林丹汗解释，他之所以要帮助大仇人明朝守卫广宁，并不是因为他和明朝和好，而是因为明朝给他钱。最后林丹汗警告努尔哈赤，广宁是他的地盘，后金不能攻打。

老努处理这起"恐吓事件"的方式很简单：斩来使，打广宁！

天启元年（天命六年，1621年）三月，努尔哈赤率军攻占辽阳、沈阳，察哈尔援军没来。辽东宁前道王化贞急了，他上疏言道："请发帑金百万，宣谕诸夷，有能起兵讨奴者予金若干，遂灭奴者有其地，仍比顺义王事例，岁赏若干。"[4]

翻译一下：王化贞请求天启帝拨款一百万两白银，向蒙古诸部言明，能够出兵揍努尔哈赤的，就给钱；能够灭掉努尔哈赤的，就将后金的地盘划给他。并仿照当年俺答汗封贡互市的模式，与其每年朝贡互市。

这也算是豁出血本了，看到这么优厚的赏赐，林丹汗满口答应出兵。

天启二年（天命七年，1622年）正月初，后金军进攻广宁城外的西平堡，察哈尔援军没来。正月二十日，后金军尽占广宁外围，察哈尔援军没来。一直到后金军攻入广宁，将该城劫掠一空后，林丹汗的两万军队才到达战场。可是

---

[1] "青吉汗"，又作"青吉斯汗"，即"成吉思汗"，林丹汗用此称号代指自己是全蒙古大汗。
[2] 《清太祖武皇帝实录》卷三。
[3] 同上书。
[4] 《明熹宗实录》卷八，天启元年三月辛酉条。

后金军已经班师了，他们来了又有什么用呢？

然而，林丹汗不管这一套，他的逻辑是，军队既然来了，明朝就得给钱。于是，蒙古军队跑到明军的各个关口、城堡附近，赖着不走，等着给赏钱。最终，经过一番讨价还价，明朝还是给这些啥也没干的"援军"约八万两白银……

其实呢，"联盟察哈尔失败"这件事，也不能完全怪明朝，因为林丹汗自己也有问题。综合评价一下他就是：志大而才疏，人怂却胆大。

前文说过，俺答汗确立了藏传佛教格鲁派在蒙古地区的主导地位。林丹汗上位后，认为俺答汗并不是全蒙古的正统领导者，他确立的规矩不作数。他要求蒙古各部改信藏传佛教萨迦派，也就是"花教"。本来蒙古各部信黄教信得好好的，林丹汗却通盘改了教材，这让其他蒙古部落非常不满。

除此之外，林丹汗对蒙古内部王公并立的现状也不满，按照他自己的话说就是："南朝止一大明皇帝，北边止我一人，何得处处称王？我当先处理，后处外。"①

翻译一下：南边的明朝只有一个皇帝，我在北边也相当于皇帝，怎么周围有这么多乱七八糟的"汗"？我应该先把内部这些王爷们摆平，再对外征伐。

在这种思想的指导下，林丹汗肆意攻击其他蒙古部落，搞得各部不得安宁。这时，有一对长得五大三粗的父子出现在逃难的蒙古部众面前，亲切地对他们说道："来我这边入伙吧，分钱、分房子、分地、分武器、分盔甲、分妇女。"

是的，这对父子就是努尔哈赤和皇太极。

对蒙古，努尔哈赤曾有这样的评价："蒙古之国，犹此云然，云合则致雨，蒙古部合则成兵，其散犹如云收而雨止也。俟其散时，吾当亟取之。"②

翻译一下：蒙古各部就像天上的云，如果他们同心协力，就是乌云聚集，立时会下起狂风暴雨。如果他们分散为各个部落，就像云散雨止。如果遇到这种机会，我一定要快速收服他们。

所以，努尔哈赤积极收纳那些前来投奔的蒙古小部落，哪怕是只有几百户，

---

① 《崇祯长编》卷十一。
② 《清太祖武皇帝实录》卷四。

他也厚加赏赐，爵位、官职、人口、盔甲、田产、鞍马、绸缎、貂裘等，有什么给什么。

皇太极接班后，进一步升级了这种政策。概括评价一下，皇太极对蒙古人的策略是：分类对待、恩威并施，有用的、没明着撕破脸的他就诚心对待，没用的、还不老实的他就坚决打击。用他自己的话说就是："我向来处事之道，善者不欺，恶者不惧。"①

一、坚决打击蒙古各部中的骑墙派

这里我用内喀尔喀举个例子。努尔哈赤时期，内喀尔喀在明朝与后金之间摇摆，两次与后金盟誓和好，又三次背盟，即"私与大明和，杀满洲斥堠军，献首于大明，多受其赏，又屡劫满洲使者财物生畜"②。对这种部落，皇太极只有一个政策——铁拳伺候。

当时，内喀尔喀分为扎噜特、巴林、巴岳特、翁吉喇特、乌齐呼特等部，其中最不服的是巴林部。

天启六年（天命十一年，1626年）四月，皇太极和代善、阿敏率领后金军大举征讨巴林部，首战即杀死其首领幼子囊奴，劫掠其营寨，巴林部众多逃入察哈尔。接着，后金军一万二千人渡西拉木伦河，深入察哈尔境内追击巴林部众，劫掠其人畜五万六千五百，可谓是赶尽杀绝。

揍完揍后，巴林部仍然不服，联合同属内喀尔喀的扎噜特部劫掠后金领地，作为对皇太极军事打击的报复。当年，皇太极再派大贝勒代善率军征讨扎噜特部，斩其首领鄂尔斋图，擒获另一位首领巴克和他的两个儿子以及十四名小贵族，俘获该部大部分部众。

你敢打我，我就打死你。以上军事行动结束后，内喀尔喀五部均臣服于后金。

二、将"结盟科尔沁"定为国策

在努尔哈赤执政后期，科尔沁部与后金交好。然而，当努尔哈赤死后，科尔沁部首领奥巴的态度发生了变化。反映到行动上，就有了以下事件。

---

① 《满文老档》太宗皇帝第一函、第一册，天聪元年正月至二月。
② 《清太祖武皇帝实录》卷四。

后金将舒尔哈齐的孙女嫁到科尔沁,并陪嫁大量财物,奥巴却将来自察哈尔的老婆作为正妻,以后金公主为侧室,仅赠送劣马八匹作为回礼;皇太极第一次率军征伐察哈尔时,奥巴不按约出兵;奥巴还曾两次派出使节出访明朝。

其实奥巴的这种变化也在情理之中。首先,科尔沁与后金毕竟不是同族,心有芥蒂;其次,努尔哈赤执政后期的一系列弊政,搞得后金内部混乱、三面被围,眼看着就不太行了;最后,面对明朝、察哈尔的军事威胁,奥巴也不敢同后金走得太近。

对于奥巴的举动,皇太极并没有动兵,而是采取了一种相当古典的方式去拉拢对方——联姻。

皇太极的国福晋①哲哲,宸妃海兰珠,庄妃布木布泰;多尔衮的嫡福晋、四福晋、五福晋(豪格死后多尔衮收继其妻);阿济格的继福晋;多铎的嫡福晋、继福晋,以上妹子均出自科尔沁部。皇太极执政期间,后金从皇帝到王公再到宗室重臣,都与科尔沁部联姻,这让双方结下了血肉之盟。

皇太极此举大有深意。从地缘位置上讲,科尔沁部紧邻后金,是后金防御蒙古诸部进攻的天然屏障。从历史渊源上讲,有明一代,蒙古各部混战,而科尔沁部从未遭受重创,有大量有生力量,是实力强劲的盟友。

在皇太极的大力拉拢之下,科尔沁部与后金结成了牢固的同盟。之后,后金的大部分军事行动,例如征伐察哈尔、攻入明朝关内、大凌河之战等,科尔沁部均出兵配合作战。

---

① 福晋即为"妃",国福晋为皇后,嫡福晋为正妻,继福晋为续弦后的正妻,侧福晋为侧室。

第六节 皇太极五征察哈尔

打完骑墙派、拉住嫡系之后，皇太极就将打击目标转向了察哈尔。

皇太极与林丹汗的第一次交手，就发生在救援科尔沁部的行动中。天启五年（天命十年，1625年）冬天，察哈尔攻打科尔沁，努尔哈赤命皇太极率领五千骑兵前去救援。没成想，林丹汗怂了。史载："林丹汗围奥巴城已数日，攻之不下，闻满洲援兵至，急夜遁。"①

由上可见，这会儿的林丹汗已经很惧怕后金了。所以，他就不想在东边待了，打算回到当年察哈尔位于宣大以北的故地，并趁机征服蒙古右翼。与明朝一样，林丹汗这也是在挑软柿子捏。

天启七年（天聪元年，1627年）十月，林丹汗以"其祖先被俺答汗欺凌"为由，率军西进。第二年，察哈尔军击败土默特部博硕克图汗（明朝翻译为"卜失兔"），兼并右翼蒙古，占领归化城②，北元的传国玉玺也被林丹汗所得。在进军途中，林丹汗还顺道入侵了喀喇沁部（属永谢布万户），即"崇祯元年，虎墩兔（林丹汗）攻哈喇慎（喀喇沁）及白言台吉、卜失兔诸部，皆破之。"③

林丹汗的这番操作，使得漠南蒙古各部人心惶惶，各部都担心自己会成为林丹汗的攻击目标。崇祯初年，东亚北部又是大范围的气候异常，蒙古草原天

---

① 《清太祖武皇帝实录》卷四。
② 今呼和浩特旧城，俺答汗所建，右翼蒙古的都城。
③ ［清］张廷玉等撰，《明史》卷327，列传第二百十五，外国八，鞑靼。

气寒冷，牲畜倒毙，粮食奇缺，可谓是天灾人祸。这时，部分蒙古部落就开始心向明朝，跑到长城边上请求赈济。

大好的收买人心的机会，刚刚登基的崇祯帝却不干。甚至于，为了防止明军边将私自赈济蒙古灾民，崇祯帝将河北、宣大地区按惯例应该给予蒙古右翼的"岁赏"全部停发。

而这么好的机会，皇太极是不会错过的。崇祯元年（天聪二年，1628年）二月，皇太极接班后首次率军出征察哈尔，杀察哈尔多罗特部首领古鲁，俘获其部众一万一千二百人。到这会儿，林丹汗依然不改初衷，他不敢打后金，却去打了朵颜束不部，结果被人家击败，部众死伤万余人。

看到林丹汗这么个折腾法，自己的赈灾要求又被崇祯帝驳回，之前臣服于察哈尔的喀喇沁部于当年七月举族归附后金。当然，这会儿的皇太极也不富裕，并没有钱帮助喀喇沁渡过难关。但是，皇太极有兵。喀喇沁部位于今天内蒙古赤峰市附近，当时其部分牧场被察哈尔所占。当年九月，皇太极借着喀喇沁归附的机会，对察哈尔发起第二次大规模征伐，帮助喀喇沁夺回了被占据的牧场。

更关键的是，占据此地后，皇太极基本控制了今天的内蒙古东半部。这就意味着，后金军可以经由喀喇沁的地盘攻入明朝关内，进而跳出明朝在辽东所设立的半包围圈。

皇太极在东边忙活，林丹汗在西边也没闲着，他在干吗呢？

他在攻打明朝的宣府和大同，即"崇祯元年，插汉虎墩兔入犯，杀掠万计"①。

而明朝的应对策略还是老套路——给钱。从崇祯元年七月至崇祯三年正月，明朝累计给了林丹汗一百余万两白银。之所以会给这么多钱，是因为明朝把之前应该给右翼蒙古（土默特、永谢布、鄂尔多斯三个万户）和喀尔喀诸部的岁赏，通通交给了林丹汗。由上可见，此时的明朝依旧对林丹汗寄予厚望，希望借助其力量抗衡后金。

而林丹汗收下了明朝的钱，却并没有出兵，而是搬来小板凳、炒了盘花生米、弄了瓶酒，坐看明清大战。

崇祯二年（天聪三年，1629年）十月，皇太极率军绕过辽西走廊，经由喀

---

① ［清］张廷玉等撰，《明史》卷248，列传第一百三十六。

喇沁的地盘攻入关内，包围北京，占据关内四城，史称"己巳之变"，足足折腾了三个月。在此期间，林丹汗的军队就在宣大外围，但是他未出动一兵一卒救援明朝。

而在皇太极看来，察哈尔部赖在宣大外围不走，是个重大利好消息。蒙古部落以游牧为生，机动性强，对其大规模征伐很容易扑空。现在，林丹汗率部众跑到了长城边上，这时皇太极再对其用兵，就绝对不会扑空了。因为即便是打不着林丹汗，也可以经由宣大入关，劫掠明朝内地。

崇祯五年（天聪六年，1632年）三月，皇太极率领后金军第三次征伐察哈尔，浩浩荡荡地向宣大方向杀来。明朝边将的反应很搞笑，他们首先考虑的不是如何应对皇太极，而是担心林丹汗跑了会导致后金军转移攻击目标。于是，宣府总兵王世忠、巡抚沈棨派人星夜去见林丹汗，送去三千两白银，请求他不要走。林丹汗"攒刀说誓"，保证不跑。等明朝使者走后，林丹汗却连夜驱赶部众向西逃遁，一直跑到了今天的宁夏北部。

后金军兵不血刃地占领归化城，只掳掠蒙古人畜十余万，并未占到多少便宜。于是，皇太极率军掉头南下，直逼明长城。当时，在后金军的威慑下，有不少察哈尔部众躲入明军的边防堡垒。皇太极先是派人到明军驻守的沙河堡要人，言道："我北征察哈尔，穷追四十一日，擒其哨卒讯之云，（林丹汗）已星夜遁去；近闻察哈尔所遗人畜财物，为尔等收留，此系我未经收尽者，当一一还我。（否则），自取祸患。"①

然后，沙河堡官员就把收留的320名察哈尔属民、1440头牲畜以及之前明朝赏赐他们的6490匹锦缎、布帛全部交出。仅这300多人，就赏赐了这么多东西，明朝对察哈尔的赏赐之厚可见一斑。

随后，皇太极率军班师，沿途反复用此招数恐吓明朝边将，这些人也很配合，纷纷献出金银、绸缎、毛皮，恭送后金军凯旋……

皇太极得了便宜，还不忘"同情"一下崇祯。当年十月，他写信给崇祯帝，要求议和，信中说道："今春往征察哈尔时，见尔一年之内，与彼银百万有余。

---

① 《清太宗实录》卷12，天聪六年六月丁卯朔。

与其以有用之金钱，费于无用之察哈尔，何如遣一解事人来，早决和事。"①

林丹汗的西逃、崇祯帝的无情、明朝边将的表现、后金军的战力、皇太极的手腕，让全蒙古各部首领都看明白了，到底谁才是爸爸。于是，漠南蒙古大部分部落，包括之前因战乱逃入喀尔喀的部众，还有察哈尔的本部部众，纷纷归附后金。而明朝这边，也终于放弃了联盟林丹汗的想法，停止了对他的赏赐。

然而，在林丹汗看来，这是你说不给就可以不给的吗？

崇祯六年（天聪七年，1633年）五月，林丹汗联合鄂尔多斯部出动五万骑兵，自宁夏横城、清水突入长城，围攻灵州，"连屯数十里，杀掠惨甚"②。到这儿，两家算是彻底撕破脸了。

而皇太极这边，则是趁你病、要你命。崇祯七年（天聪八年，1634年）五月，皇太极亲率大军第四次征伐察哈尔，林丹汗不得已再次向西逃窜，进入明朝甘肃境内，于当年闰八月在青海大草滩病死。跟随林丹汗一起西逃的察哈尔部众，由于长途跋涉、缺衣少食，此时也处在分崩离析的边缘。

这时，被察哈尔戏弄了许久的大明终于雄起了，战绩如下："宁夏总兵马世龙，斩八百九十余级"；"宁夏广武营官兵，击斩四百十六级"。③

还有更无语的。

崇祯八年（1635年）正月，大同中军孙良弼上报：林丹汗的老婆带着三千余人跑到边塞，请求赈济。崇祯帝答复："不得轻信，致有疏虞。"④

更有甚者，崇祯的心肝肉、时任宣大总督的杨嗣昌还出了这么一个好主意："插汉部落，实有数万，小王子至归化城先求开市。臣意剿之不能拒之，应就其计，借市马为操纵。"⑤

翻译一下：察哈尔部有数万人，不好对付。现在林丹汗的儿子跑回归化城，派出使者到我这里，请求互市。我的意思是趁机剿灭他们，先答应其互市请求，再诱他们进城，进而控制他们。

---

① 《清太宗实录》卷12，天聪六年十月乙丑朔。
② 《崇祯实录》卷六，崇祯六年五月壬寅条。
③ 《崇祯实录》卷七。
④ 《崇祯实录》卷八，崇祯八年正月己巳条。
⑤ 《崇祯实录》卷七，崇祯七年十二月丙申条。

人家上门要饭，还要杀人家，这是什么操作？

逼良为娼啊！

与之相比，之前猛揍察哈尔的皇太极反而"仁义"了许多。崇祯八年（天聪九年，1635年）二月，皇太极派出多尔衮率军西征，是为第五次征伐察哈尔。但这次征伐的目的就不再是打仗了，而是收降、招抚林丹汗的残部。

善者不欺，恶者不惧，然也。

当年五月，在黄河西岸的<u>托里图</u>，林丹汗的儿子<u>额尔克孔果尔额哲</u>（以下简称"额哲"）和他的母亲苏泰，以及林丹汗的大小老婆、亲属、部众，集体归附后金，并献上刻有"制诰之宝"字样的元朝传国玉玺。

第七节 大一统帝国初建

在很多人看来,皇太极对察哈尔的征伐,只不过是征服了一个蒙古部落而已。其实并不这么简单。

一则,当年达延汗分封了六个万户加科尔沁一个独立的万户。现在,除了喀尔喀(即分封时的"外喀尔喀"),察哈尔、蒙古右翼、科尔沁、内喀尔喀这四大势力、六个半万户,全部归入皇太极的统治之下。

二则,达延汗确立了察哈尔在全蒙古的核心地位,俺答汗又确立了右翼土默特的核心地位。现在,这两个核心也都归入皇太极的统治之下。

三则,从成吉思汗创建大蒙古国以来,东蒙古这片地方,一直是黄金家族的后裔在统治,各种太师们再怎么牛,也不敢僭越称汗。而现在,元朝皇室后裔、蒙古汗国的正统继承人、林丹汗的儿子额哲,向皇太极投降了。

综上,皇太极干掉的并不是察哈尔一部,而是终结了延续四百余年的蒙古汗国。

收服漠南蒙古[①]后,皇太极在此地施行一种全新的统治模式,即"盟旗制度"。

行政区划方面,皇太极设立"盟—部—旗"三级管理架构。"盟"可以理解为地级市,相当于一个万户,各盟以会盟地点命名;"部"可以理解为传统的蒙古各部落;"旗"可以理解为县级市,一部之下可设多旗。漠南蒙古被划分为六

---

① 相较于今天的内蒙古自治区,此时清廷尚未直接管辖呼伦贝尔草原和阿拉善。

盟、二十四部、四十九旗。①

户籍管理方面，与八旗制度类似，漠南蒙古各旗的户口编制也是以成年壮丁为单位，每二百人编为一牛录；每四至六个牛录为一甲喇；甲喇之上为旗，就是四十九旗的"旗"。一旗的最高领导被称为"旗札萨克"（"札萨克"的蒙古语意为"部"），你可以将其理解为旗主；康熙朝另设协理台吉和管旗章京，协助旗札萨克处理旗务，你可以将其理解为副旗主。

行政管理方面，皇太极采取高度自治的管理模式。

清廷理藩院②统一管理各盟旗，管理内容有：确定各部首领的人选及其爵位、俸禄；每三年组织一次会盟，也就是开一次阶段性工作总结大会，检查各部情况；规范进贡制度；制定司法刑罚规章制度；定期进行户籍编审。

自治方面主要表现在：清廷通常不干预各部、旗的日常管理；各部、旗只需要向清廷进贡，不需要上缴赋税；各旗札萨克可以自行训练军队，军队的武器、装备和军费，由各部自己解决。

但是，各旗札萨克无调兵权和外交权，这两项统归清廷中央。发生战事时，清朝皇帝有权力征发各部壮丁服劳役，征用各部牲畜补充军需，征调各部军队打仗。

从后面的历史进程来看，这项制度非常成功。

---

① 具体盟旗如下。
  哲里木盟，辖科尔沁、杜尔伯特、郭尔罗斯、扎赉特四部，分为十旗。
  昭乌达盟，辖敖汉、奈曼、巴林、扎噜特、翁牛特、内喀尔喀左翼、阿鲁科尔沁、克什克腾八部，分为十一旗。
  卓索图盟，辖喀喇沁、土默特二部，分为五旗。
  锡林郭勒盟，辖苏尼特、阿巴嘎、阿巴嘎纳尔、浩济特、乌珠穆沁五部，分为十旗。
  乌兰察布盟，辖四子部落、内喀尔喀右翼、乌拉特、茂明安四部，分为六旗。
  伊克昭盟，辖鄂尔多斯部，分为七旗。
② 理藩院是清朝特有的行政机构，执掌十分复杂。总体而言，其管辖范围可以分为三大方面：一是负责管理国内藩部（可以理解为自治区）；二是负责协调与周边属国的宗藩关系；三是处理与其他国家的外交事务，例如沙俄。乾隆朝中期之后，清朝藩部、属国情况如下。
  藩部：内蒙古（即漠南蒙古，共二十四部、四十九旗），外蒙古（即喀尔喀蒙古，共四部、八十六旗），卫拉特蒙古，青海蒙古，西藏，乌梁海蒙古。
  属国：朝鲜、琉球、越南、缅甸、暹罗、南掌、苏禄、廓尔喀、浩罕、布鲁特、哈萨克、安集延、玛尔噶朗、那木干、塔什干、巴达克山、博罗尔、阿富汗、坎巨提。

首先，其尊重蒙古各部的历史、文化传统，没有打乱之前的管理架构。

其次，皇太极设立的部、旗足够多，这就导致单一部落很难形成强大势力。但是这也不能怪皇太极"众设诸侯"，因为蒙古人的传统就是分封制，一个大贵族往往带着几个甚至十几个小贵族，划分如此多的旗是大部分蒙古贵族所乐见的。

最后，虽然清廷在该地区不征税，但是在没有任何开销的情况下多了一支随时可以征用、总数在十万人左右的冷兵器轻骑兵军团。相较于养兵的费用，清廷的税收损失不值一提。

正是因为这种制度的优越性，后来清廷在收服喀尔喀蒙古、乌梁海蒙古、青海蒙古、卫拉特蒙古后，均在当地施行此制度。

需要说明的是，虽然漠南蒙古四十九旗的户口编制模式与八旗相仿，但这四十九旗与八旗中的"八旗蒙古"完全是两回事。

首先，八旗蒙古或驻守京师、或分驻外地，均不在传统蒙古的地盘内。而漠南蒙古四十九旗本质上就是之前的鞑靼各部，各部、旗被限定在清廷划分的牧场内，保持传统的生活、生产习惯。

其次，漠南蒙古各旗札萨克由清廷授予不同等级的爵位，可以世袭；而八旗蒙古的各旗都统，则是由皇帝委派，相当于官职。

再次，八旗蒙古由清廷分发土地、粮饷，披甲士兵的武器、装备也由国家统一配备，属于正规军；而漠南蒙古诸部的军队则是自备武器，清廷并不拨款。

最后，漠南蒙古各旗事务由清廷理藩院统一管理，而八旗蒙古则归各旗旗主管理。

攻灭察哈尔后，崇祯九年（崇德元年，1636年）四月，皇太极在盛京改元称帝，定国号为"大清"，改年号为"崇德"。

皇太极的这次称帝，跟中国历史上大部分皇帝有很大区别。

登基时，先是三个群体，即八旗宗室贵族；孔有德、尚可喜、耿仲明；满、汉、蒙诸大臣，为皇太极上尊号为"宽温仁圣皇帝"。再是三个群体，即林丹汗嫡长子额哲；漠南蒙古四十九旗首领；卫拉特、喀尔喀蒙古十六部使者，为皇太极上尊号为"和尔摩斯达额尔德穆图博克达撤辰汗"①，通常写作"博格达（德）彻辰汗"②。

这样，皇太极就有了三重身份，他既是满、汉地区的大清皇帝，还是漠南蒙古大汗，还兼任周边一众蒙古部落的宗主。

前文说过，自铁木真的崛起开始，东亚范围内就是蒙古、女真、汉人"三族演义"的状态。现在，皇太极在关外就完成了三族的"小一统"，即统一了明朝辽东地区、东北女真诸部和漠南蒙古。这为后来清朝成为多民族、大一统帝国奠定了基础。

在登基的当年，皇太极分封诸王，确定行政架构。

一、封宗室贵族郡王以上七人

代善为和硕兄礼亲王，掌正红旗；

济尔哈朗为和硕郑亲王，掌镶蓝旗，分管刑部；

多尔衮为和硕睿亲王，掌镶白旗③，分管吏部；

多铎为和硕豫亲王，掌正白旗，分管礼部；

豪格为和硕肃亲王，掌正蓝旗，分管户部；

岳讬为和硕成亲王，掌镶红旗，分管兵部；

阿济格为多罗武英郡王。

二、封蒙古亲王、郡王八人

巴达礼为和硕土谢图亲王，吴克善为和硕卓礼克图亲王，布塔齐为多罗札萨克图郡王，满硃习礼为多罗巴图鲁郡王，这四人均为科尔沁部贵族。

剩余四人：林丹汗的儿子额哲为和硕亲王；衮出斯巴图鲁为多罗达尔汉郡王；孙杜棱为多罗杜棱郡王；班第为多罗郡王。这四人均为主动率部归附后金的蒙古部落首领。

值得一提的是，额哲还被皇太极招为女婿。逼死其父却收其子为婿，也是很有魄力。

---

① ［清］张廷玉等撰，《清史稿》卷525，列传三百十二，藩部八。
② "博格达彻辰"是对皇太极第一个年号"天聪"的直译，即"天赐聪慧之汗"。
③ 此时皇太极尚未将两白旗打乱重组，多尔衮仍为镶白旗旗主。

三、封汉王三人

孔有德为恭顺王，耿仲明为怀顺王，尚可喜为智顺王。看到这里，一些朋友可能会问，怎么汉人的王爵这么少？这不是民族歧视吗？

这里我解释一下，不是汉人的王爵少，而是在清朝，非爱新觉罗氏或博尔济吉特氏，通常不会被封王，不分满、汉、蒙。

清朝的爵位分为三种。

第一种是宗室爵位，给爱新觉罗氏族准备的，也就是努尔哈赤及其兄弟的后代，分为十二个等级，即"亲王、郡王、贝勒、贝子"等。

第二种是给博尔济吉特氏族准备的，与宗室爵位类似，其前六级的名称与宗室爵位相同。

如果某人不属于这两大氏族，那么不管他是何民族，通常也不会被封王，俗称"异姓不封王"。像后来战功赫赫的图海、兆惠、阿桂等人，他们虽然隶属于八旗满洲，但是都未封王；而同样战功显赫的策棱，则因是博尔济吉特氏，所以被封为"超勇亲王"。

清廷之所以给予博尔济吉特氏特殊爵位，就是因为皇太极是蒙古大汗。蒙古这片地方，历来都是非博尔济吉特氏不能称汗。所以，清廷赐予传统蒙古王室类似宗室的爵位，以便名正言顺地统治蒙古各部。

但是请注意，并不是所有姓博尔济吉特的蒙古贵族都能获得爵位。清廷给爵位的前提是：某部首领率领足够多的部众主动归附。像科尔沁四王和额哲被授予王爵，都是因为这个原因。而如果你是被俘入伙的，那你就拿不到爵位了，姓什么都不好使；同理，如果你的部众不够多，也无法获得高级爵位。

孔、尚、耿三人的"王"，其实就是这么得来的。前章节讲过，明辽东军前后共有四次大规模投降。第一次为老努时期，以李永芳、孙得功、石廷柱、金玉和等人为代表，共计约一万人；第二次为大凌河之战后，祖大寿率明军1.1万人投降；第三次为山东叛乱后，孔有德、耿仲明与尚可喜分别率万余军民投降；第四次为山海关大战后，吴三桂率两万余人加入清军。

其中的第一次，因投降军官的官阶均不高，每人所属的军队有限，加之老努对汉官的偏见，所以这一批军官均未获得王爵。第二次，因祖大寿降而复叛，所以皇太极也未给予祖大寿或其族人王爵；第三次、第四次投降的领导者，均被授予王爵。所以，我一直感觉，如果祖大寿不降而复叛，那么他大概率会被授予王爵。

需要说明的是，这三人的王爵与宗室爵位的亲王、郡王不同，也不在普通爵位之列，而且在不同时期其地位也有差异。皇太极时期，这三王的地位与八旗旗主亲王相当；清军入关后，多尔衮又规定在重大仪式的座位排序中，这三王的地位低于宗室郡王，高于普通爵位。其实，他们三人真正值钱的并不是"王"这个称号，而是他们手下的近万人军队。当时，八旗一旗的常备兵只有五千人左右，这三人的军队相当于两个旗，你可以将他们理解为旗主。

除了孔、尚、耿，"异姓不封王"的惯例也有破例的情况。吴三桂、孙可望我就不说了，死后追封的有：扬古利死后追赠武勋王，黄芳度自尽殉国后追封忠勇王，福康安死后追赠嘉勇郡王。

此外，藏区、准部、回部、土尔扈特部的世袭贵族，虽然并非清朝宗室或博尔济吉特氏范畴，但是也被清廷授予类似宗室的爵位，后文会详述。

第三种是普通爵位，是给非上述两种人准备的，即"公、侯、伯、子、男"等，每种爵位又分为若干等，例如"公"就分为一等、二等、三等，合计二十七个等级。年羹尧、岳钟琪、兆惠、阿桂等人，均为公爵。

四、仿照明朝设立殿阁大学士

希福（满）为内弘文院大学士，主要职责是为皇帝、皇子讲解中原王朝历史，总结行政得失；范文程（汉）、鲍承先（汉）为内秘书院大学士，主要职责为撰写外交文书、礼仪祭祀文书和整理各部、各衙门上报的情况；刚林（满）为内国史院大学士，主要职责为记录皇帝日常起居言行，编纂史书及实录等。以上三院，合称"内三院"。

这里的"大学士"，在明朝时类似唐宋时期的宰相。清朝这边，在皇太极时期，大学士所干的活儿类似皇家顾问和秘书，比明朝大学士的权力要小得多。清军入关后，大学士的地位有所提升。多尔衮当政时期，在内三院各置满、汉大学士一人，共六人，兼各部尚书衔。到这会儿，清朝大学士的级别就与明朝相当了。

五、设六部及都察院

以张存仁为都察院（监察机构）承政①，祖泽洪为吏部承政，韩大勋为户部承政，姜新为礼部承政，祖泽润为兵部承政，李云为刑部承政，裴国珍为工部承政。

综上，皇太极册封爱新觉罗宗室亲王、郡王七人，分掌六旗并分管六部；封与后金关系紧密的蒙古部落首领亲王、郡王八人，以他们作为清廷在漠南蒙古统治的代理人；封汉人三王，作为专业火器部队的统帅；设皇帝顾问、秘书团队一支，由满、汉各两位大学士组成；设六部及都察院作为辽东地区的行政、监察机构，部长均由汉官担任。除了漠南蒙古的王爷们，其他人的户口都在八旗之下。

这个安排，体现了皇太极为清帝国所设定的统治架构。

首先，以八旗军事贵族集团为统治核心，在集团内部兼容满、汉、蒙三方势力，可以视作统治阶级的统一战线。

其次，在直辖地区沿用明朝行政体制，以汉人官员为主，管理日常政务，由宗室贵族分管。以皇太极独创的启心郎监察制度代替明朝的太监、锦衣卫监察制度。

最后，以盟旗自治制度代替传统的藩属朝贡制度。

这是一个兼容满、汉、蒙三大族群的统治架构，为之后历任清朝皇帝所沿用。

其实这会儿，清朝只能算是刚刚建国。其直接管辖范围大致为今天的辽宁省（无辽西走廊）和吉林省（北界至黑龙江省牡丹江市），间接控制朝鲜和漠南蒙古，对朝鲜征税②不征兵，对漠南蒙古征兵不征税，并羁縻统治黑龙江女真诸部。此时的明朝依然健在，依然控制着整个关内。整体而言，明朝是中央政权，清朝只是割据政权。然而，这个割据政权已经强大得有点儿不太像话了。

皇太极称帝后，喀尔喀蒙古诸部、卫拉特蒙古诸部、青藏高原的和硕特汗

---

① "承政"可以理解为"部长"，每部下还各设参政、启心郎等官职。
② 清朝前期，朝鲜进贡物品的价值远超蒙古部落，类似税赋。例如顺治二年，朝鲜向北京解运白米五万七千八百八十余石；康熙三十二年，朝鲜进贡鸟枪三千杆、黄金百两及蓝青红木棉。

国及吐鲁番,都向后金朝贡。在蒙古地区有巨大影响力的藏传佛教势力也向后金示好。崇祯十五年(崇德七年,1642年),五世达赖派专使伊拉古克三胡土克图到盛京,主动表示要与清朝通好。

换句话说,清军还没入关,周边的一众部落、政权,就已经不约而同地把它当成宗主国了。

第八节 沙俄东扩篇（上）

在皇太极兼并漠南蒙古的同时，一个庞大的身影出现在东亚北部，它的名字叫沙皇俄国。

说起来，俄国人能够征服西伯利亚，实在是占了一个相当大的便宜。在16世纪之前，世界上存在"政权"这种东西的地区并不多。撒哈拉以南的非洲、澳大利亚、大半个美洲、大半个西伯利亚，基本处在原始部落状态。

这些地区即便是存在所谓的"政权"，与我国同期的封建王朝相比也有着相当大的差距。像被西班牙殖民者皮萨罗征服的"印加帝国"，其控制地域北起哥伦比亚、南至阿根廷北部，面积约为200万平方公里，是相当广阔的。然而，在西班牙人到来之前，这个所谓的"帝国军队"没有骑兵、没有火枪，甚至连铁制武器都十分罕见，士兵手中最强大的武器竟然是黑曜石矛头和青铜箭头。而同时期的明朝军队，哪次打仗不带千八百个火铳都不好意思出门。西方殖民者与他们的战争强度，要远小于同时期的明清战争。

所以，西班牙人、葡萄牙人之所以能够迅速征服拉丁美洲，并不是因为他们拥有远超当时世界水平的军力，只是因为发达的航海技术让他们发现了远落后于世界水平的大陆而已。

而当时并没有强大海军的沙俄，却恰好紧邻着亚欧大陆上唯一一片无政权地区——西伯利亚。

今天俄罗斯、白俄罗斯、乌克兰这三个国家，主体民族为"东斯拉夫人"。在建立一个强大的帝国之前，东斯拉夫人也曾长期处在散居部落状态，他们先后被匈人、瓦良格人①、钦察人和蒙古人统治过。其中，蒙古人的统治对俄罗斯的影响最大。

在东欧，大致以基辅所在的纬度为界，以北为森林地区，以南地为草原地区。13世纪初，蒙古人征服了这片地域。1243年，成吉思汗的孙子拔都在草原地区建立金帐汗国，将首都建在伏尔加格勒（旧名"斯大林格勒"）附近的萨莱，直接管理当地部众。在森林地区，蒙古人施行羁縻统治，册封当地斯拉夫部落首领以贵族头衔，建立一个个"公国"，定期向它们收取贡赋。

蒙古人统治的老传统就是编户口，他们在斯拉夫地区搞了人口普查，按壮丁编户、收税、征兵。这让斯拉夫人大开眼界，他们也开始按照蒙古人的方式管理部众。换句话说，蒙古人相当于手把手地教会了斯拉夫人如何治国家。

1276年，蒙古人册封<u>丹尼尔·亚历山德罗维奇</u>为贵族，封地在莫斯科。当时的莫斯科是一个位于森林深处的小村子，蒙古人到来后将其改建为一处军事要塞。莫斯科公国由此成立，初建时面积为240平方公里。注意，数字后面没有"万"。

之后200年，莫斯科公国一方面对蒙古人恭顺地进贡，另一方面不断兼并周边的公国，逐渐形成了一股较强的势力。14世纪初，公国面积增长为1300平方公里；15世纪中叶，公国面积达到3.8万平方公里，相当于中国台湾岛的面积，在地图上能够清晰地看到了。然而，在当时的欧洲，它依旧是一个默默无闻的小国。马克思曾说道："当伊凡在位之初，（欧洲）几乎不知道夹在鞑靼人和立陶宛人之间还存在着一个莫斯科公国。"

莫斯科公国命运的转折点发生在1453年，奥斯曼军队攻陷君士坦丁堡，东罗马帝国灭亡。城破之前，尚在襁褓中的东罗马皇帝的侄女<u>索菲娅·帕列奥罗格</u>被父亲抱着自水路逃出，后来到达罗马，由罗马教皇抚养成人。

此前，罗马、君士坦丁堡分别为天主教和东正教的宗教中心。君士坦丁堡被攻陷后，东正教衰落，罗马教皇试图趁机扩大天主教的影响力。他将在天主教环境下成长起来的索菲娅嫁到莫斯科，试图将莫斯科公国纳入天主教的教区。

1472年，索菲娅嫁给比自己大九岁且刚刚丧偶鳏居的伊凡三世。婚后，她

---

① 瓦良格人即维京人，属于广义的日耳曼人一支，发祥自北欧。

却并未推广天主教，而是孜孜不倦地向丈夫灌输如下思想："我是东罗马帝国的末代公主，也就是帝国的继承人。我现在嫁给了你，你的国家就是东罗马的延续和再生。君士坦丁堡曾经是第二罗马，现在莫斯科就是第三罗马。你继承的是恺撒、屋大维等一堆猛人的事业，你不再是蒙古人的奴仆，而是祖上阔过、身负国仇家恨的国王，整个东正教世界都在盼着你王者归来。"

在她的怂恿下，伊凡三世开始全面 cosplay 东罗马帝国的各项制度，包括宫廷礼仪和东正教文化，并继承了东罗马标志性的国徽——双头鹰。"沙皇"一词，即来自拉丁语"凯撒"的转音。伊凡三世的孙子伊凡四世，开始自称沙皇，这个称呼后来一直延续到了1918年。

在娶索菲娅之前，伊凡三世依然小心翼翼地伺候着南边的蒙古人。婚后，在妹子的一通忽悠下，他突然有了强烈的使命感，认为自己作为第三罗马的领导者，再向蒙古人卑躬屈膝就太窝囊了。于是，他拒绝向金帐汗国进贡，并于1480年率军在乌格拉河与前来讨伐的蒙古军队对峙，迫使对方撤军。此举标志着莫斯科公国获得真正的独立地位。

在此期间，压在斯拉夫人头上二百余年的金帐汗国发生分裂，陆续分出了"喀山汗国、克里米亚汗国、阿斯特拉罕汗国、大帐汗国和西伯利亚汗国"。伊凡三世、瓦西里三世、伊凡四世（伊凡雷帝）这祖孙三代人，持续不断地对这些汗国用兵。

1502年（弘治十五年），大帐汗国因克里米亚汗国和莫斯科公国的进攻而分崩离析；1552年（嘉靖三十一年），伊凡四世率军攻陷喀山城，喀山汗国覆灭；1556年（嘉靖三十五年），伊凡四世率军攻克阿斯特拉罕，阿斯特拉罕汗国覆灭。

俄国人的胜利，一方面是因为蒙古人的衰落，更重要的在于欧洲火器的进步。在攻灭喀山汗国的战斗中，俄国人正是在丹麦技师的帮助下，用炸药爆破了喀山城墙。

从伊凡四世开始，莫斯科公国正式改称为"沙皇俄国"，又作"俄罗斯帝国"。16世纪下半叶，沙俄已经大致形成了今天俄罗斯欧洲地区的版图。之后，俄国人就将目光转向了西伯利亚。

说到沙俄东扩，我们首先要回答三个问题：

（一）沙俄为什么要东扩？

（二）是谁在完成这项任务？

（三）他们是如何在短时间内控制如此广袤地域的？

第一个问题：沙俄为什么要东扩？

一个国家就像一个人，没有利益的驱动，在那个并不需要石油、稀有金属的年代，是不会主动去苦寒之地冒险的。对俄国人而言，这个利益的名字叫貂皮和黄金。

在17世纪的欧洲，貂皮有个更响亮的名字，叫"软黄金"。欧洲贵族们非常喜欢奢华的皮草大衣，越冷的地方需求越大。而全世界毛皮储备最丰富的地方，就是西伯利亚。俄国人对貂皮的需求不仅仅是贵族自己穿这么简单，更重要的在于毛皮出口是沙俄重要的外汇来源。俄国人在西伯利亚抢掠的貂皮，经过加工后倒卖到欧洲，换取了大量外汇。

对黄金的追求也是沙俄东扩的重要原因，阿尔泰山、叶尔羌（塔里木盆地）都是黄金产地。

综上，对黄金和毛皮的需求，是沙俄东扩的源动力。

第二个问题，执行东扩任务的，是些什么人？

主力是哥萨克，辅助以少量的正规军。所谓的"哥萨克"，并不一定是俄国人，也不是一个民族，而是一群人的统称。俄国人自己定义为：从"一部分定居的、醉心于固定的农业劳动的居民"[①]中分化出来的。

这是一种相当委婉的说法。用比较直白的话说就是：这是一类在东欧各国境内，或因遭受贵族、农奴主的压迫而失去土地，或因犯罪服刑而被流放的底层人群。他们中有俄罗斯人、乌克兰人、波兰人甚至还有鞑靼人[②]。这群人唯一的共同点就是：在原来居住的地方活不下去了。

起初，他们并没有去亚洲东扩，而是跑到今天的乌克兰大草原，组成一股股流动性很强的土匪势力。有的帮助当地的鞑靼人劫掠沙俄，抢钱、抢东西、

---

① [俄] А.П. 瓦西里耶夫著，《外贝加尔的哥萨克（史纲）》第一卷，原著名为"Забайкальские казаки Исторический очерк Том I."（1916年），北京师范大学清史组：徐滨、许淑明等译，商务印书馆（1977年）。引自该书第13页。

② 此处的"鞑靼"非"东部蒙古"，而是指东欧草原上的突厥化蒙古人，多为原金帐汗国的部众。

第三章

抢妹子，然后转手卖给土耳其人；有的帮助俄国人打克里米亚鞑靼人和土耳其人。他们没有统一的组织，不遵从任何国家的法律，一度让沙俄政府很头疼。通俗点儿说，哥萨克就是俄罗斯版的梁山好汉。

16世纪初，苦于国内军队战斗力孱弱的波兰国王，把扎波罗热的哥萨克编入自己的军队，给他们发武器、发钱，让他们保卫波兰边境，防备克里米亚鞑靼人的劫掠。这种"以毒攻毒"的做法，让当时同样饱受鞑靼人、哥萨克劫掠之苦的沙俄眼前一亮，原来还有这么损的招。

于是乎，16世纪末，沙皇也开始通过发工资、分封土地等手段收买哥萨克的头头们，驱使他们为沙俄东扩充当马前卒，通俗点儿说就是俄罗斯版的"招安"。

这么做有几个好处。

（一）对哥萨克而言，他们本身就是土匪武装，现在有了当编外军人的机会，何乐而不为呢？对沙皇而言，正所谓"打死敌人除外患、打死哥萨克除内乱"，一举两得，怎么都不赔。

（二）由于哥萨克出身底层，对于苦寒环境和军官压迫有着较强的适应能力，这一特质在西伯利亚尤其重要。

根据俄国史料记载，哥萨克在西伯利亚的生活是："冬天吃面糊，夏天吃菜汤"，除了外出抢劫当地部落，还要制造各种船、器械。更惨的是，这些人在远征之前大都变卖了家产，而等到了西伯利亚之后，他们才发现这里什么都没有。他们耕地的农具、战斗的枪支甚至是所穿的衣服，都要向当地各种长官们购买。如果没有强大的忍耐力，怎么待得下去呢？

综上，哥萨克类似雇佣军，沙俄政府为他们提供武器和后勤支持，让他们去东方探险。他们每建立一个据点，沙俄政府都会委派真正的俄军将领去驻守，再让哥萨克去探索新的领土。

俄国史料中对哥萨克给予高度评价："对这些人来说，战争是他们的主要职业。这样一来，国境上就住满了哥萨克；在殖民史上他们具有重大意义，他们是殖民化的带路人，他们是通往新村庄道路的开辟者。"[①]

[①]［俄］А.П.瓦西里耶夫著，《外贝加尔的哥萨克（史纲）》第一卷，13页。

第九节 沙俄东扩篇（下）

第三个问题，哥萨克如何在短时间内占据广袤的西伯利亚？

在16世纪，西伯利亚只存在一个类似"政权"的组织，即位于乌拉尔河与额尔齐斯河之间的古楚汗部（与卫拉特蒙古相邻），又称西伯利亚汗国，元朝史料称之为失必儿。

它是自金帐汗国分裂出来的一个部落，约有三万壮丁，即三万户。该部所处的位置正好是西伯利亚的门户，为消灭该部，沙俄着实准备了不少人。

1594年（万历二十二年），沙俄组建了一支1540人的军队。其中，来自莫斯科、托博尔斯克的火枪手197人，战俘50人，木匠20人，哥萨克和原金帐汗国的蒙古人1273人。

这就是沙俄东扩过程中军队的典型配置，约10%～20%的正规军，其他为战俘、鞑靼人和哥萨克。虽说是"杂牌军"，但是他们的装备一点儿也不落后，几乎人手一杆火枪，火器装备率甚至要高于当时的沙俄正规军。使用冷兵器的古楚汗部根本无法抵抗，不久之后该部即被沙俄征服。

当时的俄国人可能不曾想到，对古楚汗的军事行动，竟然是他们在未来80年之内（雅克萨之战前），在西伯利亚单次军事行动中所出动的最大规模军队。攻灭古楚汗部后，俄国人发现了一片新的天地。从叶尼塞河中下游到堪察加半岛这边广袤的地域，分散居住着数百个原住民氏族部落，单个部落由一百至三百户家庭组成，有些甚至更少。他们或游牧、或渔猎，生活方式十分原始。对付这种散居的小部落，根本不需要出动大股军队。

哥萨克们首先会在位置重要的河口附近建立据点，然后以十几人为一队，带上玻璃珠、铁质农具等手工品，外出寻找当地部落。找到后，就与部落首领谈判，先给他一些不太值钱但是当地稀缺的小东西，换取该部落定期向据点缴纳实物税。对方同意，这事就完了；对方不同意，哥萨克就把首领扣下当人质，威胁该部就范；如果该部落敢于反抗，就用火枪解决。

当然，西伯利亚南缘也有比较强大的部族，即瓦剌和鞑靼北部的三大蒙古部落：萨彦岭的乌梁海蒙古、叶尼塞河上游的吉尔吉斯部和贝加尔湖周边的布里亚特蒙古。在这三大族群内，很多部落都有超过千人的骑兵部队，这就不是十几个哥萨克所能应对的了。

面对这种情况，俄国人显露出极为狡猾的一面。哥萨克每到一个蒙古部落后，先做的第一件事就是行贿。他们去拜见该部落首领，给对方钱，说自己很可怜，请求给予自己一些不值钱的地方栖身。大部分情况下，蒙古部落的头领会同意他们的请求。就这样，哥萨克在各蒙古部落实际控制范围的边缘地区，建立一个个据点。

平常时期，哥萨克会用自己带来的铁器、琥珀等交换毛皮、肉类，维持生存。一旦这个部落发生变故，例如雪灾、战乱等，他们就会从据点里跑出来，以武力迫使该部落首领臣服。

损不损？

当然，随着哥萨克的这种招数用得越来越多，大部分蒙古部落首领知道了他们是群什么东西，开始驱逐他们。这时，哥萨克就会来硬的，坚守据点。

部分朋友可能认为，这些所谓的"据点"，就是几个帐篷、几个屋子。其实不然，沙俄东扩最大的法宝就是筑城。俄国人建立的这种建筑物有很多称呼，像据点、城堡、堡垒、要塞等，都是一个意思，以下统称其为"据点"。据点从构造上来讲分为两大类，即土制和木制。

木制据点，通常是用一排或多排圆木围成的栅寨，寨墙上有射击孔，四角建有塔楼，大一点儿的据点还设有炮台；土制堡垒或用土石为原料，或用土木为原料，整体架构与木制堡垒类似，但规模通常要大一些。

不管是土制还是木制，俄国人都习惯将其建设为"棱堡"。所谓"棱堡"，就是把传统的四方形城墙建设成凹多边形，使得对手无论进攻城堡的哪一点，都会暴露在多个城墙的防御面下，防守方可以使用多重火力进行打击。

在同时期的欧洲，对付棱堡最有效的方法就是不用人去攻城，而是直接用大炮轰。然而，蒙古人没有大炮。

首先，造炮需要大量的铁，北方草原自古以来就缺铁，与中原王朝的互市贸易中铁器都是抢手货。没有铁，还怎么造大炮？

其次，就算是铁矿石供应充足，那也需要冶铁。冶铁设备又大又重，很难转移。而游牧民族需要定期迁徙，迁徙的时候这些东西怎么搬？

最后，就算是有铁、能铸造大炮，那么在茫茫草原作战时，这些炮如何跟得上骑兵的速度？皇太极时期的一门红衣炮即需要十头牛驮载。

此外，伺候一门炮可不是拉着绳、点个火那么简单，得有人运弹药、储存引火之物，日常还要校正、保养，最关键的是还得配置充足的火药。而人力资源和科技，正是各蒙古部落短缺的。

所以，没有炮就得硬着头皮爬城墙，爬城墙就得遭受好几个方向的火枪射击，攻城成本非常高。

对于这个损招，俄国人自己总结如下："战术上是在城堡里防御，战略上是乘单桅平底木船沿河流湖泊进攻"；"其他问题由火药武器解决，几十名哥萨克躲在城堡墙壁的后面，是不怕数千名用弓箭武装起来的布里亚特人的"。①

筑城这一招，掐住了从东到西蒙古人的三寸之处，让游牧民族最大的强项——骑兵所特有的战略机动性和战术冲击力，完全无从施展。

好啦，解释完沙俄东扩的目的、执行者和手段，我们再来看看进程。其开始时间和进展速度，超出很多人的想象。

1586年（万历十四年），俄国人在图腊河与秋明河的汇合处，建立了在西伯利亚的第一个据点，后来发展为城镇，即为秋明城。

1587年（万历十五年），俄国人在托博尔河口建立了托博尔斯克据点，以此为驻地，成立了其在西伯利亚的第一个督军区，后来这里成为整个西伯利亚俄军的大后方。

"督军区"类似军区，督军长官由沙皇指定，通常从莫斯科的贵族、内大臣

---

① ［俄］А.П.瓦西里耶夫著，《外贝加尔的哥萨克（史纲）》第一卷，82页。

中选择。督军区内军政一体，督军长官既是民政长官也是军区司令，权力很大。他们负责安置欧洲地区的移民、对西伯利亚各部落发起战争、向臣服的部落征税并兼任督军区内的最高法官。

攻灭西伯利亚汗国后，俄国人从鄂毕河流域来到叶尼塞河流域。1619年（万历四十七年），也就是萨尔浒之战爆发的当年，俄国人建立叶尼塞斯克据点，这里很快成为沙俄在西伯利亚的第三个督军区（第二个是托木斯克）驻地。随后，前来这里屯垦的人越来越多，商业也繁荣起来。1626年冬天，有一百多艘商人的平底货船被冻结在河面上。

俄国人以叶尼塞斯克为基地，向贝加尔湖区渗透，在这里，他们终于遇到了像样一点儿的抵抗，来自布里亚特蒙古人。

1629年（崇祯二年），一支130人的哥萨克队伍在奥卡河口建立了布拉茨克据点，这里是布里亚特蒙古人的地盘。以此为基地，俄国人抓捕附近的部落首领作为人质，征收实物税。

起初，布里亚特各部各自为战，屡屡战败。到了1635年（崇祯八年），布里亚特人联合起来，攻陷布拉茨克，杀死城内52名哥萨克。此后，双方在贝加尔湖西侧反复争夺，互有死伤。从1630年至1655年，俄国人用了整整25年的时间，才将布里亚特蒙古人赶到了贝加尔湖以东。

相比而言，俄国人在勒拿河流域的扩张就轻松多了。1632年（崇祯五年），俄国人占领雅库茨克。起初，当地原住民雅库特人热情地接纳了俄国人，并同他们进行贸易，提供兽皮和肉类。然而不久之后，俄国人就凭借武力强行向他们征收实物税。1639年（崇祯十二年），雅库茨克成为沙俄在西伯利亚的第四个督军区。

沙俄在西伯利亚的殖民统治，给当地各部族带来了深重的灾难。强行征收实物税、杀戮原住民这些事情我就不说了。最残忍的是哥萨克对原住民妇女的掳掠，相当于变相进行种族灭绝。

由于去西伯利亚的哥萨克大多是男性单身汉，找老婆始终是个大问题。沙皇曾经以行政命令的方式，试图从托博尔斯克和邻近据点调配"无家无业的妇女"，给予西伯利亚的移民和哥萨克为妻。例如在1637年（崇祯十年），沙皇向雅库茨克移民300户并送去150个单身姑娘。然而，对于数万移民和哥萨克而言，这只是杯水车薪。找老婆的问题，还得从西伯利亚当地解决。

俄国史料记载："在俘房里经常有有夫之妇和姑娘，异族妇女在新主人家备受屈辱"①；"少数民族人口增加缓慢，在很大程度上是因为缺少妇女。督军们、服役人员（即哥萨克）和少数民族妇女同居，如同妻子一样。他们有时购买她们，有时就是抢夺。1641年塔尔县死去的147名少数民族男子中，仅有5人留下妻室儿女"②。

也就是说，一个原住民部落内的147名成年男子，只有5人有老婆，而这种状况的结果就是"少数民族的灭绝"。这些内容来自俄国人自己的史料，我没有任何添油加醋的成分。

就这样，这短短的半个世纪内，沙俄以哥萨克为主力军，以舟船为主要交通手段，以据点为支撑，倚仗火器优势，建立了一条横贯整个西伯利亚的战略蚕食线。在这些大大小小的据点中，有四个尤为重要：托博尔斯克、托木斯克、叶尼塞斯克和雅库茨克。

托博尔斯克距沙俄本土最近，是其在西伯利亚扩张的大本营；托木斯克在鄂毕河上游，属于卫拉特牧民的游牧之地，是沙俄蚕食卫拉特领地的大本营；叶尼塞斯克在叶尼塞河上游，是沙俄在西伯利亚东、西方之间重要的连接点，同时是沙俄蚕食贝加尔湖区的大本营；雅库茨克在勒拿河中游，是后来沙俄入侵黑龙江流域的大本营。

面对如此局面，蒙古人会怎样应对呢？

---

① ［俄］А.П.瓦西里耶夫著，《外贝加尔的哥萨克（史纲）》第一卷，376页。
② 同上书，340页。

第十节 蒙古（喀尔喀）——卫拉特联盟

达延汗分封后，喀尔喀部①分到了一片相当不错的地方，在漠南蒙古诸部与明朝、后金各种折腾的时候，他们一直在休养生息。到17世纪初，当初这不到万户的部落已经发展为数十万众。根据蒙古人的老传统，爹死了就要继续分封儿子，喀尔喀也被分为左、右两翼三大部，我们暂时将其命名为"东部、中部和西部"。

三部首领都是达延汗的子孙，具体谁是谁的谁这里就不细究了。在当时，这三部都瞅上了西边的邻居——卫拉特。

这会儿的卫拉特，已经不太行了。达延汗时期，打得他们叫爸爸；俺答汗上台后，又打得他们叫爸爸；在西边，他们与哈萨克还在进行着没有尽头的战争；在北边，俄国人已经进入吉尔吉斯人的领地。巨大的外部压力，逼迫卫拉特四部走向联合。

16世纪中期，和硕特部首领博贝密尔咱招呼准噶尔、土尔扈特、杜尔伯特三部会盟，约定停止内部斗争，一致对外。他们建立了一个联盟领导机构，名为"丘尔干"，主要负责协调各部关系，共同抵御外部侵略。四部共尊和硕特部首领为"汗"，即"卫拉特汗"。不过，这个"汗"并非卫拉特的领导者，而是盟主的角色，有召集权，无领导权。

然而，这种抱团取暖的行为并没有什么用，因为此时的卫拉特已经弱

---

① 即外喀尔喀，内喀尔喀已被后金兼并，下文不再特别说明。

到——即便是四部联盟也无力抵御外部侵略的地步了。喀尔喀东、中、西三大部，都对卫拉特这个"弱鸡"垂涎三尺，都想复制一下前辈们"打得卫拉特叫爸爸"的成就。

最早动手的是西部首领赉瑚尔汗，他感觉反正闲得也是无聊，不如去征服一下卫拉特吧。结果，赉瑚尔汗被卫拉特联军击败，他本人也被杀死……

中部首领阿巴岱汗听说这个事，当时就火了。什么？你个弱鸡卫拉特竟然还敢还手？

于是，万历十四年（1586年），阿巴岱汗率军西征卫拉特，把人家按在地上痛扁一顿后，整个卫拉特沦为他的臣民。阿巴岱汗此举大壮声势，喀尔喀三大部一致尊称他为"土谢图汗"，从此该部历任首领都用此汗号，之后我们就称该部为"土谢图汗部"。

阿巴岱汗的成功让西部的首领们很不爽，尤其是被卫拉特杀死的赉瑚尔汗的堂弟硕垒乌巴什，他一直在寻找机会证明一下，证明他也可以打得卫拉特叫爸爸。

17世纪初，硕垒乌巴什数次对卫拉特用兵，再次打服了整个卫拉特，并取得了乌梁海蒙古和叶尼塞河上游地区吉尔吉斯部的宗主权。但是，由于硕垒乌巴什不是西部首领嫡系一脉，所以他自己没有称汗，而是尊赉瑚尔汗的儿子素巴第为"札萨克图汗"，从此西部历任首领都沿用这个汗号，之后我们就称该部为"札萨克图汗部"。

硕垒乌巴什则自立门户，建立"和托辉特部"①，自称"台吉"。应该说，他这个"台吉"比"汗"还要牛。这会儿和托辉特部的领地包括：萨彦岭、叶尼塞河上游和阿尔泰山区。虽然该部在形式上从属于札萨克图汗，但实际独立性较强。卫拉特四部都要向他称臣进贡，这种统治持续了近二十年，直到天启三年（1623年）卫拉特才重新取得独立地位。

当时，俄国人正在东扩，遇到了叶尼塞河上游的吉尔吉斯人，向他们打听周边这片地方谁最厉害。吉尔吉斯人回答：是阿勒坦汗（即俺答汗）。然后，俄国人就派出使者南下，试图联络"阿勒坦汗"。然而使者发现，不管走到哪儿，

---

① 与卫拉特蒙古的"辉特部"进行区别，两者不是一回事。

都是硕垒乌巴什的地盘。所以，他们就误认为硕垒乌巴什是阿勒坦汗，并称和托辉特部为"阿勒坦汗国"。虽然这是个乌龙，但也能从侧面反映出和托辉特部的强大。

相较于土谢图汗部、札萨克图汗部、和托辉特部，喀尔喀最东边那一部就很惨了。由于相隔较远，该部迟迟得不到揍卫拉特的机会，也就无法证明自己，导致该部首领硕垒直到崇祯三年（1630年）才称汗，是为"车臣汗"，之后我们就称该部为"车臣汗部"。

到这儿，喀尔喀左、右翼四大部就成型了。

左翼：土谢图汗部，车臣汗部。

右翼：札萨克图汗部，以及从属于前者的和托辉特部。

相较于喀尔喀的强盛，卫拉特这边已经跌到了谷底。北有正在东扩的沙俄，西有世仇哈萨克，南有叶尔羌汗国①和吐鲁番，东部是正值巅峰的喀尔喀。这是典型的四战之地。

外战屡败，导致卫拉特西边（七河地区）、东边（阿尔泰山区）、北边（额尔齐斯河中游）的大片牧场被外族所占；雪上加霜的是，崇祯初年东亚北部的大范围气候异常同样影响了天山地区；再加之长期粗放游牧的破坏，天山草场不断退化。以上的失地、天灾、人祸，导致卫拉特各部都面临着"羊多地少、无处放牧"的窘境。这时，卫拉特内部发生了两件不大不小的事，改变了历史进程。

一、土尔扈特部西迁

沙俄东扩后，最先与杜尔伯特部（额尔齐斯河上游）发生冲突，导致杜伯特部不得不向南迁徙，与其南方的邻居土尔扈特部发生了领地之争。

同时，准噶尔部首领巴图尔珲台吉与土尔扈特部首领和鄂尔勒克不和，而准噶尔与杜尔伯特又同为绰罗斯氏，且一个在南、一个在北，对土尔扈特形成夹击之势。这让和鄂尔勒克意识到，卫拉特这个地方是没法待了。于是，在冲突爆发前，和鄂尔勒克通过联盟协调会"丘尔干"向其他首领表示：世界那么大，我想出去走走。

---

① 东察合台汗国王室后裔建立的政权，疆域大致为今天的塔里木盆地。

崇祯元年（1628年），和鄂尔勒克率领土尔扈特五万余帐①部众，横跨哈萨克大草原，向西迁徙。崇祯三年（1630年），土尔扈特部到达伏尔加河下游，占据了乌拉尔河至伏尔加河之间辽阔的土地。在这里，他们向沙皇称臣、纳税，沙皇则允许他们留居在此放牧。

就在土尔扈特部西迁的过程中，杜尔伯特部首领去世，首领的哥哥和首领的儿子争地盘，内部四分五裂。一部分杜尔伯特部众就跟随土尔扈特部去往伏尔加河，另一部分则选择依附准噶尔。

这样，未迁走的土尔扈特、杜尔伯特属民和两部的大部分地盘，都被准噶尔收入囊中。此后，土尔扈特与卫拉特本土三部保持了良好关系，和鄂尔勒克的三个姐妹就分别嫁给了其他三部首领；巴图尔珲台吉也把女儿嫁给了和鄂尔勒克的孙子朋楚克。

二、固始汗入藏

几乎在同一时点，卫拉特的带头大哥和硕特部，也面临着同样的问题，人多地少，没有地盘放牧。跟土尔扈特部一样，他们也决定主动走出去，带头大哥名为图鲁拜琥，即后来的"固始汗"。此人在当代的名头不是很大，然而在明末清初，他却是一个超级牛人，是一个堪与达延汗、俺答汗并列的人物。

图鲁拜琥，博尔济吉特氏，生于万历十年（1582年），成吉思汗弟弟哈布图哈萨尔的后裔，官N代、富N代，他爷爷、他爹、他大哥、他自己、他侄子都是和硕特部首领兼卫拉特汗。

图鲁拜琥于崇祯二年（1629年）上位，自从土尔扈特部西迁、杜尔伯特部解体之后，准噶尔尽收两部剩余人口和地盘，实力已不在和硕特部之下。这让图鲁拜琥这个卫拉特汗的处境有点儿尴尬，作为带头大哥的他实际上已无力约束准噶尔。

寻常首领应对这种局势无非是两种方案，要么武力解决，要么把盟主之位让给对方。然而，图鲁拜琥以超卓的眼光，创造出第三种方案，这个方案分为三步。

第一步，放低姿态，联盟准噶尔，共御外敌。

---

① "帐"相当于"户"。

崇祯七年（1634年）冬，准噶尔部首领巴图尔珲台吉发起对哈萨克的远征，和硕特部配合准部出兵，大胜。随后，俄军攻击准部所有的亚梅什盐湖，和硕特部联合准噶尔部共同对沙俄提出抗议，并随准军攻击沙俄的秋明城作为报复。

注意，这些行动的召集者并非作为卫拉特汗的图鲁拜琥，而是准噶尔的巴图尔珲台吉。但是，图鲁拜琥都以平等身份协同作战，并默认了双方平起平坐的事实。这在短期内保证了卫拉特内部的稳定。

第二步，远交强援，结好清帝国。

崇祯九年（崇德元年，1636年），皇太极在盛京改元称帝，图鲁拜琥带领卫拉特蒙古诸部，遣使至盛京恭贺，并尊皇太极为"博格达彻辰汗"；崇祯十二年（崇德四年，1639年），图鲁拜琥又遣使赴盛京朝贡，尊皇太极为"曼殊师利大皇帝"①。

前文说过，这会儿的清朝并不是后来那个统一全国的"中国"，只是一个割据政权而已。然而，图鲁拜琥就是有眼光，敏锐地发现这是一支潜力股，果断放下身段去进贡。

第三步，跳出卫拉特的小圈子，开拓新的疆域。

当时的青藏高原分为两派，一派为藏巴汗政权，信奉藏传佛教"噶举派"；一派为达赖和班禅的势力，信奉藏传佛教"格鲁派"。藏巴汗对格鲁派多有迫害，双方矛盾极深。

以五世达赖为首的格鲁派打算借外援推翻藏巴汗政权。他最早找的外援是喀尔喀，但是这支军队被藏巴汗击败。听闻这个消息，图鲁拜琥乔装成拜佛的香客，亲自潜入西藏，与五世达赖面谈。双方一拍即合，商定了具体的进军方案，随后图鲁拜琥返回卫拉特整军备战。

崇祯九年（1636年），图鲁拜琥率领卫拉特联军出征青藏高原，这支联军的主力为和硕特部，准噶尔也出动了部分军队，联军共一万余骑兵。进入青藏高原后，卫拉特联军先占据了青海。接着，在五世达赖的协助下，联军分别于崇祯十二年（1639年）、崇祯十四年（1641年）攻取康藏和西藏，推翻藏巴汗

---

① "曼殊师利"即文殊菩萨的梵文"Manjusri"，之后藏人多用"文殊菩萨大皇帝"来称呼清朝皇帝。

政权。此后，固始汗在青藏高原建立了"和硕特汗国"①。

因为图鲁拜琥恢复格鲁派地位的巨大功绩，他被五世达赖封为护教法王"固始汗"（清史中作"顾实汗"），"固始"即为汉语"国师"的音译。

出征青藏高原前，固始汗令他的侄子留守卫拉特和硕特部；在青藏高原站稳脚跟后，固始汗册封他的侄子为鄂齐尔图汗，正式委任其为卫拉特和硕特部首领。换句话说，和硕特汗国相当于卫拉特和硕特部的"飞地"②，只不过这块飞地的面积要远大于本土。

和硕特汗国建立后，固始汗管理军事和外交，五世达赖管宗教和俗务，一内一外，相得益彰。在管辖地域上，固始汗常驻拉萨，将他的儿子们分封到青海，并将留在卫拉特的部分部众迁徙到青海，这些人构成了第二代青海蒙古③的主体。《雍正王朝》中在青海叛乱的罗卜藏丹津，就是固始汗的孙子。

固始汗入藏的举动，虽然使和硕特部开拓了新的疆土，但却彻底改变了卫拉特的内部架构。虽说之前准噶尔的实力要强于和硕特，但两部并没有显著差距。而现在，和硕特部众一半多出走青藏高原，实力遭到大幅削弱。这样，准噶尔部就成为卫拉特内部的绝对强者，之后卫拉特形成了准噶尔、和硕特两部共主的局面。

这样，在皇太极改元称帝（崇德元年，1636 年）这个节点，东亚大陆的局势就可以捋一下了。在喀尔喀和卫拉特的南方，是刚刚兼并漠南蒙古的清帝国；在其北方，是占据大半个西伯利亚的沙皇俄国。这种局势完美解释了成语"腹背受敌"。

皇太极登基当年，喀尔喀诸部向清朝遣使进贡。皇太极定"九白之贡"，即各部岁贡"白马八匹、白驼一头"，确定了双方的朝贡关系。这种场面看似和谐，但是喀尔喀诸部首领的内心深处很不是滋味。因为被皇太极兼并的部落首领与他们有着同一个祖宗，他们都是成吉思汗、达延汗的子孙。在诸部首领心

---

① 中国明清史料中，并无"和硕特汗国"的称呼，清朝方面通常称该政权为"土伯特"（即"吐蕃"）或"某某汗"。本书仅为与卫拉特和硕特部、青海和硕特蒙古进行区分，故如此称呼，该政权仍为清朝藩属。
② 飞地为境外不接壤的领土。
③ 第一代青海蒙古为俺答汗建立的"青海土默特蒙古"。

中，向往的是恢复元帝国的强盛，而不是成为清帝国的一部分。

同时，卫拉特和喀尔喀也都面临着沙俄的军事威胁，俄军已经在吉尔吉斯、布里亚特地区建立据点了。蒙古人意识到，如果继续之前互相征伐①、各自为战的状态，那么属于他们的地盘将会越来越少。这样，共同的战略需求将本属同族却相杀相爱了二百余年的两大族群，推进到同一战壕。

崇祯十三年（崇德五年，1640年），在准噶尔部巴图尔珲台吉、和硕特部鄂齐尔图汗、喀尔喀右翼札萨克图汗的共同倡议下，喀尔喀、卫拉特两大族群共四十四位封建领主在塔尔巴哈台会盟。这是一次空前绝后的盛会，亚洲大陆腹地的大部分蒙古部落都参与其中，此时已不在传统东、西蒙古范围内的土尔扈特部、和硕特汗国也派遣使节参会。只有漠南蒙古诸部未参与，因为此地已成为清帝国直辖领土，各部首领无外交权。

会上，各部首领共同签署了《蒙古（喀尔喀）—卫拉特法典》。这部法典以法律形式确定了东、西蒙古的宗教教规、社会治安、司法制度、文化教育等方面内容；更重要的是，法典规定，蒙古各部应内部团结、共御外敌。各部首领一致确认，而今唯有搁置内部矛盾，协调各部关系，一致对外，蒙古人才能在清、俄两大帝国之间获得生存空间。

至此，东起大兴安岭、西至额尔齐斯河中游、南并青藏高原，这一片蒙古部落，形成了一个松散的军事、政治联盟。这个大联盟的成立，产生了三大方面的影响。

第一，在之后约二十年的时间内，联盟确实有效遏制了沙俄的扩张。

在崇祯十三年（1640年）之前，俄国人在西伯利亚如入无人之境，五十年内拓展了超过六百万平方公里的土地。而联盟成立后，俄国人与卫拉特、喀尔喀诸部均陷入缠斗状态，每建立一个据点都要付出巨大代价，甚至在卫拉特方向还吐出了不少之前占领的地盘，其在亚欧大陆腹地迅速扩张的态势被遏制。

第二，虽然联盟成立的初衷也针对清帝国，但是客观上却帮助了清帝国。

在这个节点，明、清正在辽西走廊的松山、锦州一带进行大决战。此战，清军全歼明军的关外野战主力兵团。之后的十几年里，清朝进行了统一全国的

---

① 1636年，喀尔喀还在对卫拉特用兵。

战争，几乎年年有大战，没有一年消停过，根本没工夫管蒙古草原的事。

而此时如果没有这个联盟，蒙古各部继续各自为战的状态，则很难应对沙俄的侵略。这样沙俄就会过早抢占蒙古人的地盘，成为他们的"自古以来"，并有可能从北方威胁清帝国。

而现在，蒙古人团结起来，形成了这道战略防御带，沙俄就很难啃得动，这也给清朝统一全国、稳定内部创造了时间和空间。

第三，虽然这道战略隔离带足够广阔，但还是有缝隙，这个缝隙就在黑龙江流域。由于沙俄在卫拉特、喀尔喀方向的侵略受阻，所以他们继续向东，把侵略重点转向黑龙江流域。在这里，清、俄两大帝国将第一次遭遇。

第四章 ◇

以义击暴,以德服远
顺治朝的抗俄斗争

第一节 清军入关，五大弊政

崇祯十六年（崇德八年，1643年）八月初九，皇太极病逝于盛京。经过激烈的皇位争夺，皇太极第九子福临继位，是为顺治皇帝。因其年幼，由多尔衮和济尔哈朗辅政，掌控清廷实权。这一年是清军入关的前一年，此时李自成已经自陕西出发，向北京进军；张献忠占据武昌周边，割据称王。

在这个时点，明帝国在长江以北尚有四支军队。

一是吴三桂新练的关宁军，共4万人，驻山海关；

二是姜瓖的宣大军，兵额8万人，在宣府、大同地区；

三是左良玉的军队，人数是个谜，战斗力也很迷，约摸有4~8万人，在湖北；

四是从山西到南直隶的北方各省驻军，也是后来南明①江北四镇的主力，约20万人。

以上合计约40万人，是明朝最后的家底。

顺治元年（1644年）四月初九，清摄政和硕睿亲王多尔衮亲自挂帅，豫郡王多铎、武英郡王阿济格为副，统率八旗兵6.1万人（八旗满洲、蒙古按照三抽二的比例征发），及孔、尚、耿、沈所属的0.9万人，合计约7万人，自盛京出

---

① 李自成率军攻入北京后，崇祯帝自尽，明朝灭亡。明朝南京兵部尚书史可法、庐凤总督马士英，于顺治元年五月初一，在南京拥立朱由崧为"监国"，后朱称帝，年号"弘光"，国号仍为"大明"，史称"南明"。南明有三个被普遍认可的政权，按照时间排序分别为弘光（持续一年）、隆武（持续两年）、永历（持续十七年）。

发，入关平定中原。

在之后两年多的时间内，多尔衮先招降吴三桂，与其合兵在山海关击败李自成，占领北京；又兵分两路，分别以阿济格和多铎为统帅，占领陕西，攻灭李自成的大顺政权；最后，多铎军团南下南京，攻灭南明弘光政权。在这个过程中，上述明朝四大军团的大部分军队投降清朝。仅多铎一路，就整编明朝降军23.83万人。清军也相继占领北直隶、河南、山西、陕西、山东和南直隶，基本统一北方。

更诡异的是，清朝的另外两大对手——李自成和张献忠，分别在顺治二年、三年因极为偶然的事件身死。李自成在九宫山附近带着二十八人进村找粮食，被当地乡勇所杀；张献忠则是在大雾中登瞭望台观察敌情，被清军将领雅牙兰以强弓发冷箭射中动脉而死。

可以说，入关初期，清廷局势一片大好，统一关内只是时间问题。能有这个局面，除了清军战斗力强、运气好的因素之外，还因为多尔衮实施的政策好。

是的，你没看错，入关初期，多尔衮施行了不少善政。

对待投降者，多尔衮基本延续了皇太极的那一套。像吴三桂来降时，多尔衮携其手入大营，当场封其为"平西王"。以摄政王之尊，与投降者结血肉之盟，即"以白马、乌牛祭天地，歃血为誓"①。

这段记载看似平常，其实有着深刻的寓意。女真人的传统是杀牛祭天，中原王朝帝王的传统是杀白马盟誓。像刘邦，他与刘氏诸王就是杀白马盟誓，"非刘而王者，天下共诛之"；像李世民，他与颉利可汗在渭水盟誓，"斩白马，盟于便桥之上"。

多尔衮的这一举动，既兼顾了满、汉两大族群的传统文化，又将自己与吴三桂同置于帝王的高度，给予投降者极高的尊重。被如此对待，吴三桂自然是死心塌地地为清朝卖命。

入关后，多尔衮多次严明军纪，像进北京城后的第四天，多尔衮就下令："（清军）凡强取民间一切细物者，鞭八十，贯耳。"②对那些犯罪的八旗官兵，多

---

① 《清史编年》第一卷（顺治朝），21页。
② 《清世祖实录》卷五，顺治元年五月癸巳条。

尔衮也进行了严厉的惩罚。例如正黄旗尼雅翰牛录下的三人杀了平民家的狗，狗的主人向他们讨要说法，一人用弓箭射伤主人。多尔衮得知此事后，下令将伤人者处死，另外两人鞭打一百，并用利刃贯穿耳、鼻。

行政方面，多尔衮不仅照搬了明朝的行政架构，连官员都没换，即"令在京故明内阁六部都察院等衙门官员，俱以原官同满官一体办事"①。他还主动招揽前明官员出仕，严惩贪官污吏，限制宦官权力，尊孔、尊儒，罢免了之前明朝加派的"辽饷、新饷、练饷、召买"②等苛捐杂税。

这些政策，就像是将明朝这栋大房子换了根房梁，维持其原有架构，并修补各处虫蠹处，是非常正统的封建王朝统治策略，大多是有益民生的。

然而，在顺治二年，当多铎率军攻下南京后，巨大的成功冲昏了多尔衮的头脑。他嫌游戏难度太低，非要强行提高难度，搞出了"圈地、投充、逃人、剃发、衣冠"这五大弊政，简单说说这些弊政的逻辑关系。

一、因为八旗制度的特点，所以必须圈地

拜当年明月老师的科普，很多人都知道，李成梁的辽东军是"军事地主制"，即一个大地主带着一群小地主，抢了地方就分地。其实这就是明朝的"卫所军户制"，只要是军人，政府就分地。辽东军这些小地主们不仅自己种地，还抢人、收留流民来种。这种军事打击、抢地分地、找（抢）人种地的生产方式，其实就是五大弊政中的"圈地"和"投充"。

清军入关前，明朝在辽东曾有三支主力军队，也是三大地主势力，即吴三桂系、毛文龙系和祖大寿系。吴氏一门的土地在辽西走廊南侧，吴三桂投降后，多尔衮就曾说过："山海关外地土，原以一半与平西王吴三桂"③；毛文龙更是大规模在辽东半岛东部沿海地区屯田，尚可喜、沈志祥即为东江镇地主代表；祖氏一门的土地在辽西走廊北侧。现在，这三大地主集团都给清朝打工了，再加上原有的八旗兵丁，你说这得分多少地？

结合前文你也能发现，八旗兵的盔甲、武器、军制、利益分配方式，与大

---

① 《清史编年》第一卷（顺治朝），25页。
② 同上书，46页。
③ 同上书，165页。

明辽东军高度相似。所以，从本质上讲，后金（清朝）是边军造反所形成的割据政权。

清军入关后，八旗下的大小地主们从辽东来到关内，无法继续耕种关外的土地。鉴于此情况，阿济格就曾提出，抢完北京后回关外。这种愚蠢的建议当然被多尔衮断然否决，然而为了稳住军心，必须想办法解决这个问题，就只能在北京附近圈占土地给八旗官兵了，这就是圈地政策实施的根本原因。

在当时，也有实施圈地的客观条件。因为连年战乱，平民流离失所；李自成进京后，发起"追赃助饷"运动，又杀了很多明朝的贵族、高官。这些人的土地就空了出来，北方各省都有大量的无主荒地。举几个例子。

顺治元年（1644年）八月二十日，户部议复山东巡抚方大猷的奏折："州、县、卫所荒地无主者，分给流民及官民屯种；有主无力者，官给牛种，三年起科。"①

当年十二月初六，真定巡按周允疏言："各处田地荒芜，百姓流亡者十居六七。"②

基于以上情况，在完成迁都和平定河北、河南后，多尔衮于顺治元年十二月二十三日下令圈地。多尔衮传谕户部："我朝建都燕京，期于久远，凡近京各州县民人无主荒田及明国皇亲、驸马、公、侯、伯、太监等死于寇乱者，无主田地甚多，尔部可概行清查。若本主尚存，或本主已死而子弟存者，量口给与，其余田地尽行分给东来诸王、勋臣、兵丁人等。此非利其地土，良以东来诸王、勋臣、兵丁人等无处安置，故不得不如此区画。可令各府州县乡村，满汉分居，各理疆界，以杜异日争端。"③

客观来说，多尔衮发布圈地令，初衷并不那么坏。被圈的土地都是无主荒地，主人死了而兄弟、子侄尚在的，也按照人口数量分拨土地，剩下的土地才在圈占之列。同时，为了防止旗人欺负汉民，多尔衮沿用了皇太极制定的"满汉分屯别居"法令。而且，多尔衮自己也感觉这种做法有点儿说不过去，所以

---

① 《清史编年》第一卷（顺治朝），40页。
② 同上书，53页。
③ 《清世祖实录》卷12，顺治元年十二月丁丑条。

在谕令中还有"因彼等无处安置，故不得不如此区画"的言语，颇有些无奈和愧疚的意思。

我们先来看看清朝圈地的规模。有清一代，清朝累计赐给八旗"王、贝勒、贝子、公等宗室（不包括皇室）"的庄田面积合计为 1.33 万顷①。这是个什么概念呢？

我们来对比一下明朝宗室分赐土地的情况。

明宪宗赐"宜兴长公主武清县塌河水甸地一千八十顷"②；赐其弟德王"山东寿张等县闲地四千一百余顷"③。

明孝宗赐周王"河南睢州等处地五千二百一十余顷"④；又先后赐庄田给徽、兴（嘉靖他爹）、岐、衡四王至七千余顷。以上各王还各赐"盐引"⑤，像赐"徽王见沛两淮盐岁七百引"⑥，"命岐王之国后岁给食盐千引"⑦。

明神宗赐其子福王朱常洵赡田二万顷⑧、盐引万计，国库为之一空。

明熹宗效仿他的爷爷，赐给瑞王陕西之田二万顷。陕西总督王之采统计了一下，发现全陕西也没有这么多地可赐。无奈之下，只能从四川、山西、河南三省凑。直到崇祯帝上台，才定瑞王"汉中庄田八千顷"⑨。

到这儿，仅这八个明朝王爷、一个公主，就已经被赐土地 4.5 万顷，是清朝赐给所有宗室庄田之和的三倍多。所以，清朝宗室的圈地规模并不是很夸张。那么，清朝的圈地为什么会成为弊政呢？

其一，我上面所说的数字仅仅是清廷赐予宗室的土地，请不要忘记，八旗下的大小官员、士兵，都是要分地的。清军入关这个节点，旗下有十余万壮丁。即便是取每人分配土地的最小值 36 亩，这也是近 4 万顷土地。所以，虽然清朝

---

① 赵尔巽等撰，《清史稿》卷 120，志九十五，食货一。
② 《明宪宗实录》卷 211，成化十七年正月癸巳条。
③ 《明宪宗实录》卷 50，成化四年正月丁卯条。
④ 《明孝宗实录》卷 182，弘治十四年十二月戊辰条。
⑤ 盐引为食盐运销许可凭证。
⑥ 《明孝宗实录》卷 142，弘治十一年十月辛未条。
⑦ 《明孝宗实录》卷 96，弘治八年正月壬子条。
⑧ 《明神宗实录》卷 515，万历四十四年五月丙子条。
⑨ 《崇祯实录》卷 3。

宗室分配的土地不算多，但是八旗官兵的占地规模是很恐怖的，到清末，已经达到14.9万顷之巨。

再告诉大家一个更恐怖的事实，清廷赐给宗室和八旗官兵的土地之和，还是不及明朝皇帝赐给各种朱姓王爷们的土地多，网络上盛传的"藩王吃垮了明朝"，并非空穴来风。

其二，清朝前期，因八旗官兵大都在北京屯驻，所以圈地主要集中在北京周边，用俗语说就是"羊毛紧着一只薅"，自然就导致北京周边用地紧张，激化了人地矛盾。

其三，配套政策落实困难。清朝圈地是有制度的，并不是民间传说的"跑马圈地"。多尔衮规定："凡民间房产有为满洲圈占、兑换他处者，俱视其田产美恶速行补给，务令均平。倘有瞻顾徇庇，不从公速拨，耽延时日，尔部察出，从重处分。"① 也就是说，在北京周边被圈地的人，多尔衮要求在其他地方给人家补上，还要求"均平"。

好啦，下面，请多尔衮同学回答以下问题：

田产的"美恶"怎么判定？

如果跨县补给，别的县官愿意理会其他县来的难民吗？

被圈占的土地之上建好的屋舍怎么算？牛棚、驴棚怎么算？磨盘怎么算？死人的坟怎么办？

当然，多尔衮对这些也有所考虑，他曾谕令户部："凡圈占地内，所有民间坟墓不许毁坏耕种，所植树木毋得砍伐，违者治罪。"② 可是，土地所有权都易主了，原主还怎么保护土地上的附着物呢？

以上，就是圈地成为弊政的原因。

二、地圈好了，就得找人耕种，这就引发了"投充"

"投"者，投靠也，"充"者，充当也，所以投充的字面意思就是投靠旗人充当包衣。现在很多人认为这种现象是清朝特有的，其实不然。《元史》《宋史》中曾多次出现该词，例如投充为乡兵、投充入王府等。从本质上来讲，古代富

---

① 《清世祖实录》卷14，顺治二年二月己未条。
② 《清世祖实录》卷14，顺治二年二月丙寅条。

人娶妾、买入仆役，就是投充的具体表现形式。与圈地类似，虽然投充毫无疑问是弊政，但是在清军入关初期，多尔衮实施这项制度的初衷是好的。

根据他自己所言："诚恐贫穷小民失其生理，困于饥寒，流为盗贼，故谕愿投充满洲以资糊口者听。"① 明末因为战乱产生了大量的饥民、流民，这项政策的初衷是允许他们投充旗下，混口饭吃。

初期的配套政策也不错。顺治初年，京畿地区成年男丁单身投充，清廷每人给地一绳（42 亩），这种包衣就被称为"绳地人"。每亩地每年纳银三分（5%左右的税率）、草一束，也不算是太大的负担。只要好好种地，大部分年景都能交上税赋。

然而，与圈地一样，虽然其初衷不是恶意，但是在实施过程中却是弊端百出。

其一，有很多人并不属于饥民、流民，却在八旗贵族、官兵的胁迫下被迫投充。还有一种情况，在战争中被俘的敌方非战斗人员，被清军视为战俘分配，也是一种强迫投充方式。

以上两类人投充后，大量逃亡，多尔衮就推出了"逃人法"，也就是对投充后逃亡的包衣、隐匿者和收留者进行的严酷惩罚，"逃人鞭一百，归还原主；隐匿犯人从重治罪"②。

为了配合逃人法的实施，多尔衮又施行了"保甲法"和"连坐法"，在各个乡村设立保甲，"若一家隐匿，其邻佑九家、甲长、总甲不行首告，俱治以重罪不贷"③。

逃人法折腾了顺治一朝，史料中隔几天就出现一次，我个人认为是比圈地、投充更为恶劣的弊政。

其二，有的汉民本来家境不错，但是他们也选择了投充，还是带着房子、土地、家口投充，这是为什么呢？

答案是"大树底下好乘凉"。这些人生活富裕，脑子活泛，他们投身八旗贵

---

① 《清史编年》第一卷（顺治朝），160 页。
② 同上书，127 页。
③ 同上书，38 页。

族门下，依托旗人权势，经商、放高利贷、强买强卖，谋取暴利。

说到这里，我就得解释一下入关后的包衣了。我们现在对这类人群的理解，即为端茶倒水、清扫院落、倒马桶的奴仆，其实并非如此。包衣除了干传统意义上奴仆的活儿之外，还有秘书、管家、信使、侍卫、司机等职业，像秘书、侍卫、司机这些职业是什么分量，相信懂的人都懂。

需要说明的是，除在辛者库牛录（八旗贵族家人被罚没为奴者）内的包衣，其他包衣有着较大的人身自由，甚至可以参加科举考试，成为朝廷的正式在编官员。像托恩多，他是年羹尧老婆家里的包衣，后来竟然当上了乾隆朝的吏部尚书。像曹雪芹的爷爷曹寅，他的家族出身于多尔衮王府包衣。曹寅小时候入宫为侍卫，与康熙的私交颇深，他的家族在江宁织造①这个肥差上干了近四十年。我一直感觉，韦小宝的原型就是曹寅＋索额图。

其三，还有一类人属于"假投充"，他们并没有投充却冒充旗下之人，到处招摇撞骗，为非作歹。

陕西道御史罗国士就曾上奏："近有奸宄之徒托名满洲者，或悍仆借之以欺故主；或狡吏借之凌本官；或贱役借之以侮缙绅；或亡赖借之以倾富室。种种为害不可枚举。"②

那么问题来了，这些骗子是如何冒充旗人的呢？

答案很简单——"剃发易服"。这些人把头一剃，把衣服一换，一冒充一个准。

三、这就引出了最有名的弊政——剃发令

顺治元年（1644年）五月初三，清军进北京城的第二天，多尔衮就下令："凡投诚官吏、军民皆著薙发，衣冠悉遵本朝制度。"③

之后的五月二十四日，也就是该政策施行后的第二十一天，多尔衮又谕令兵部："予前因归顺之民无所分别，故令其薙发以别顺逆，今闻甚拂民愿；自兹以后，天下臣民照旧束发，悉从其便。"④

---

① 江南织造为经营丝绸制品的官僚商人，位于南京。
② 《清世祖实录》卷22，顺治二年十二月甲申条。
③ 《清世祖实录》卷5，顺治元年五月庚寅条。
④ 《清世祖实录》卷5，顺治元年五月辛亥条。

甚至于，多铎攻下南京后，南明左都御史李乔主动剃发易服，跑去清军大营拜见多铎，反而被多铎大骂，理由是其擅自剃发。多铎令人在各城门张贴告示言明："剃头一事，本国相沿成俗。今大兵所到，剃武不剃文，剃兵不剃民，尔等毋得不遵法度，自行剃之。"[①]

由上可见，清军入关初期的剃发政策，只是为了身份识别。本来八旗兵的服饰就与明朝北方边军类似，多铎率军南下的过程中，又整编了二十余万投降的明军，他们的服装与未投降的明军一致，不剃发就无法分辨是敌是友。

那么，为什么后来多尔衮又变卦了呢？

其一，给清朝打工的原明朝官员之间的发型之争。

我上文说过，多尔衮进京后，施行了二十一天的剃发令，在这个区间内，有不少明朝官员剃发了，典型代表就是冯铨和孙之獬。然而，还有很多官员在剃发区间之外进入清朝官场，就没有剃发。

所以，每次汉官们凑到一起，都会遇到很尴尬的场面。顶着光秃秃脑袋的冯铨一伙如果跟未剃发的汉官们在一起，就会迎来很多不和谐的目光；如果他们去找来自关外的官员凑伙，又语言、习俗不通。所以，这些剃发的汉官们就决心，一定要把所有人的头都剃了。之后，孙之獬上疏，建议多尔衮恢复之前发布的剃发令。

其二，部分投降清朝的原明朝官员，将"服饰、发型"上升到了"礼乐制度"的层次，批判女真人的剃发传统，认为这是野蛮未开化的表现。

例如多尔衮派出三位来自关外的官员去山东上任，山东巡按朱朗鑅上疏言道："中外臣工，皆以衣冠礼乐覃敷文教。若不加冠服以临民，恐人心惊骇。"[②]

这个意思就是，不论是关内还是关外的官员，都应该穿明朝传统冠服，这样才能传播礼乐文教（才是正经的官员）。这三人穿着清朝的官服，恐怕老百姓要对他们的发型、衣冠感到惧怕。

多尔衮对这些言论颇为恼怒，他对大学士们说道："近览章奏屡以剃头一事引礼乐制度为言，甚属不伦。本朝何尝无礼乐制度？若云身体发肤受之父母，

---

① 《清史编年》第一卷（顺治朝），78 页。
② 《清世祖实录》卷 6，顺治元年七月己亥条。

不敢毁伤，犹自有理；若谆谆言礼乐制度，此不通之说。予一向怜爱群臣，听其自便，不愿剃头者不强，今既纷纷如此说，便该传旨叫官民尽皆剃头。"①

其三，就是我们上文所说的，一些奸猾之徒把头一剃，或冒充旗下之人，或冒充清朝大官，在各地方招摇撞骗、为非作歹。

最后，是多尔衮自己的原因。入关后，清军在不到两年的时间控制了整个北方，巨大的成功冲昏了多尔衮的头脑，让他感觉自己可以任性一点、放肆一些，可以强迫被统治者做一些他们不愿意做的事情了。于是，剃发令就这样实施了。

综上，这五大弊政的逻辑如下：生产资料（土地）的再分配，引发了生产力的再分配（投充）；不合理的生产关系（强迫投充），导致劳动力逃亡（逃人）；混乱的基层治理，导致出现假的投充者；假的投充者和上文所述的其他三大原因，让多尔衮实施了剃发和衣冠两大弊政；以上弊政的实施，激起了被压迫人民的反抗，清廷出兵镇压，在部分地区出现了封建王朝的战争暴行。

---

①《清史编年》第一卷（顺治朝），79页。

第二节 顺治帝亲政

自顺治二年（1645年）开始，全国大乱，各地义军蜂拥而起，北方主要是反抗圈地令、投充令和逃人法，南方则在士绅阶层的带领下反抗剃发令。

清军前期的胜利也起到了为渊驱鱼的效果，李自成的大顺军残部、张献忠的大西军残部与南明联合，共同对抗清廷，形成了三大势力。南明官员何腾蛟整合大顺军李过、高一功部，在湖南站稳脚跟。孙可望、李定国（原为张献忠属下）整合大西军，进军云贵，支持南明永历帝。南明大将郑成功以金门、厦门为基地，在海上誓师抗清，不断袭扰东南沿海。

说来比较讽刺，此时清廷平叛的主力多为原明朝降军，以李成栋、金声桓、刘良佐为代表；反抗清廷、保卫南明的主力，却是之前反明的农民起义军，即大顺军和大西军。这些事都从哪说起呢？

面对这些反抗，起初多尔衮并未引起重视，反而变本加厉。顺治三年（1646年）十月十三日，他谕令内外诸臣："有为薙发、衣冠、圈地、投充、逃人牵连五事具疏者，一概治罪，本不许封进。"① 也即是说，对那些因五大弊政而上疏的官员，先治罪，本章不看。此时的多尔衮，已经处在成为暴君的边缘。他再往前走一步，清朝大概率要回关外了。

然而，不久之后，多尔衮还是让步了。一方面是现实原因，各地起义浪潮风起云涌，之前投降的明朝将官陆续反叛，形势逼迫，不得已而妥协；另一方

---

① 《清世祖实录》卷28，顺治三年十月乙酉条。

面,多尔衮毕竟是皇太极一手调教出来的政治家,诚然他施行了很多弊政,但其初衷并不是为了搞乱这个国家。既然之前错了,那就改吧。

顺治四年(1647年)三月二十八日,多尔衮谕令户部:"近闻汉人不论贫富,相率投充。甚至投充满洲之后,横行乡里,抗拒官府,大非轸恤穷民初意。自今以后,投充一事,著永行停止。"①

第二天,多尔衮谕令户部:"数年以来,圈拨田屋,实出于万不得已,非以扰累吾民也。今闻被圈之民流离失所,煽惑讹言,相从为盗,以致陷罪者多,深可怜悯。自今以后,民间田屋不得复行圈拨,著永行禁止。其先经被圈之家著作速拨给,如该地方官怠玩,不为速补,重困吾民,听户部严察究处。"②

两天之内,多尔衮先后废止圈地令和投充令,这是有一定进步性的。然而,他并没有废止剃发令和逃人法,各地的反抗仍在继续。顺治帝就是在这样的背景下亲政的。

说起顺治,大部分人的第一印象是"出家",接下来就是"软"。"顺治"嘛,自然是比较恭顺的皇帝。然而,历史上的顺治帝,却是一位个性鲜明的君主,是一位很强势的皇帝。

先说内政方面。

顺治帝的皇位,是皇太极的贴身秘书索尼和皇太极的卫兵队长鳌拜、图赖等人舍命保住的。

皇太极死后,继位人选未定。在当时,多尔衮是有希望继位的,毕竟他们兄弟三人手握两旗,而且他自己也想继位。他找索尼去三官庙商量事,想让索大秘书搞出份"先帝遗诏",直接让他当皇帝。索尼却一点不给面儿,丢下一句:"先帝有皇子在,必立其一,他非所知也。"③

既然阴谋搞不成,就只能搞阳谋了,王公大臣们聚在沈阳故宫崇政殿公议新君人选。开会时,负责会场安保工作的是鳌拜、图赖、遏必隆这些两黄旗侍卫头领,他们带上亲军,"张弓挟矢,环立宫殿,率以诣崇政殿"④。大有不立皇

---

① 《清世祖实录》卷31,顺治四年三月己巳条。
② 《清世祖实录》卷31,顺治四年三月庚午条。
③ 赵尔巽等撰,《清史稿》卷249,列传三十六。
④ 同上书。

子，就不让多尔衮活着出门的架势。这种局势迫使多尔衮让步，以他和济尔哈朗辅政为条件，拥立福临登基。

当多尔衮掌权后，这些人的下场也就可想而知了。鳌拜先后三次被"论死"，出征张献忠获得大捷，回来后竟然还要被问罪；索尼更惨，被免官、抄家，派去昭陵看坟。

顺治帝亲政后，立刻为这些人平反，特别是索尼和鳌拜，被他当成心腹看待。索尼在顺治帝亲政的当年即被从昭陵召回，"累进一等伯世袭，擢内大臣兼议政大臣，总管内务府"①，相当于皇室的大管家。鳌拜也在当年晋升为一等侯爵，第二年又提升为二等公爵，这一年他才三十五岁。顺治帝将他留在身边，作为自己的军事、政务顾问，并负责皇宫安保工作。其他遭到多尔衮迫害的两黄旗官员，像遏必隆、希尔良、希福、祖泽润、雅赖、纳穆海等人，均被平反，成为顺治帝的忠实班底。

培植自己班底的同时，顺治帝还拉拢原多尔衮的亲信苏克萨哈、詹岱、穆济伦等人，让他们作为污点证人，举发多尔衮"谋逆"的罪状。这些人很快整理了多尔衮的黑材料上报，顺治帝依照他们找到的证据，将阿济格以及多尔衮的亲信罗什、博尔惠、额克亲、吴拜、河洛会等人通通治罪，将其势力彻底清除。

之后，顺治帝将多尔衮生前亲掌的正白旗收归皇帝直辖，与正黄旗、镶黄旗共同构成"上三旗"。这一举动对后世产生了深远的影响。

在此之前，努尔哈赤、皇太极都是亲掌两黄旗，其他六旗归各旗旗主王爷管理。这些王爷虽无封地割据，但却掌控着八旗四分之三的军队。皇太极凭借其个人能力集权，搞定了大部分旗，但并没有形成定制，无法使继任皇帝绝对控制八旗。皇太极死后，多尔衮三兄弟就控制了正白、镶白、正蓝（抢自豪格）三旗，超过了皇帝的两旗，成为八旗内第一大势力。

顺治帝一揽上三旗的举动，使得皇帝直辖三旗，加强了皇权。他还提高上三旗的地位，相较于下五旗，上三旗的旗人在实补官缺、充当侍卫、留驻京师、军饷待遇等方面，都有优先权。甚至于上三旗所属的包衣，也统归"内务府"

---

① 赵尔巽等撰，《清史稿》卷249，列传三十六。

管理，这是个什么机构，相信大家都明白。

以上这一系列集权举措，顺治帝只用了不到三个月的时间就完成了。当时，前来朝贺的朝鲜使臣回国禀报：顺治帝年仅十四岁，却稳坐殿上指挥诸将，旁若无人。由此可见，顺治绝不是一个软弱无能的君主，而是一个极有手腕、干练果决的皇帝。

统一战争方面，顺治帝重用汉人四王和洪承畴，基本完成了关内的统一。

在多尔衮当政时期，清朝出征军队的统帅通常是宗室将领。像山海关之战，多尔衮亲自挂帅；攻灭大顺之战，多铎和阿济格两人挂帅；攻灭南明弘光政权，多铎挂帅；攻灭南明隆武政权，博洛①挂帅；攻灭南明何腾蛟部，勒克德浑②挂帅；平定姜瓖叛乱，先是阿济格挂帅，后是多尔衮亲征。可以说，在多尔衮执政的大部分时间内，他更信任的还是清朝宗室王公。

同一时期，孔有德、尚可喜、耿仲明三王，一度只能给宗室统帅们打打下手。吴三桂更惨，他的四万关宁军在山海关大战中充当肉盾，遭受重创，战后却没有得到应有的补充。入关后的很长时间内，吴三桂和李国翰一直率军在陕西转悠，镇压各地起义军，多尔衮这是把他们当治安部队使用。

到了多尔衮执政后期，在长期的平叛战争中，八旗军队死伤惨重。特别是李成栋、金声桓、姜瓖这些明朝降将降而复叛后，八旗兵力更是捉襟见肘。这时，多尔衮和随后亲政的顺治帝，开始重用汉人四王，将他们作为平定南方的主力军。

顺治六年（1649年）五月十九日，清廷下诏：改封恭顺王孔有德为定南王；怀顺王耿仲明为靖南王；智顺王尚可喜为平南王，各授金册、金印。三人的封号中都有"南"，可见清廷对他们平定南方的期望之深。

同时，清廷"令定南王孔有德率旧兵三千一百，及新增兵一万六千九百，共二万，往剿广西，挈家驻防，其全省巡抚、道、府、州、县各官并印信俱令携往。靖南王耿仲明率旧兵二千五百，及新增兵七千五百；平南王尚可喜率旧兵二千三百，及新增兵七千七百，共二万，往剿广东，挈家驻防，其全省巡抚、

---

① 努尔哈赤之孙，阿巴泰第三子。
② 努尔哈赤之曾孙，代善之孙，萨哈璘次子。

道、府、州、县各官并印信俱令携往。"①

解释一下，清廷将这三人的军队，从之前的七千九百人增加为四万人，其中孔有德领二万，攻打广西；耿、尚二人各领一万，攻打广东。你要知道，当时八旗的常备兵也只有约四万人，而这三人手下就有四万人。

清廷的敕令中还有"挈家驻防""听王便宜从事"的字样。也就是说，只要打下这些地盘，这些王爷就驻扎当地，作为最高军政长官。这就属于"封藩"，也就是裂土封王，这也是"藩王"这个词的由来。

顺治帝亲政后，吴三桂的戏份也迅速增加。顺治八年（1651年）九月初八，顺治帝赐平西王吴三桂金册金印，命其统领所部攻打四川，吴三桂顺利完成了任务。

顺治十五年（1658年）十二月，清廷兵分三路，分别由安远大将军多尼、征西大将军吴三桂、征南将军赵布泰率领，出征云贵。顺治十六年，清军占领云南，将南明永历帝赶到了缅甸。当年，吴三桂封藩云南，康熙元年又兼领贵州。

与此同时，尚可喜和耿继茂（耿仲明长子）也顺利拿下了广东，随后分别封藩广东、福建。

只有孔有德比较倒霉，他遇到了一个强劲的对手——南明名将李定国。顺治九年（1652年），孔有德被李定国围困于桂林，举家自焚而死。清廷感其忠义，攻下广西后，以孔有德的女婿孙延龄为"广西将军"，镇守广西。

到这儿，"三藩"和"一将军"就成型了，即吴三桂的云贵、尚可喜的广东、耿继茂的福建和孙延龄的广西。

截至康熙元年，除台、澎、金、厦之外，清廷已统一关内。

就在这一过程中，黑龙江流域传来了激烈的炮火声。

---

①《清世祖实录》卷44，顺治六年五月丁丑条。

第三节 明末清初的黑龙江女真

从广义的女真分类来讲，黑龙江流域的原住民即是"野人、东海女真"。野人女真泛指黑龙江中上游地区的达斡尔、鄂温克、鄂伦春等部族；东海女真泛指黑龙江下游地区和库页岛的赫哲、费雅喀、库页等部族。在各部族之下，又衍生出很多小部。像鄂温克部即分为"本部、使马部、使鹿部"三部，其中的使鹿部即为鄂伦春部。换句话说，鄂温克与鄂伦春的亲缘关系较近。同理，从广义上讲，赫哲和费雅喀合称"使犬部"，又有"鱼皮部"等称呼。

野人女真与东海女真的分界线，大致在精奇里江江口[①]一带。由于他们各部之间的生活方式、传统习俗相差不大，以下统称他们为黑龙江原住民。

原住民通常以氏族为单位，在黑龙江南北两岸的河谷中建立村落，大一点儿的村子有上百户，但这种规模的村子很少，总共只有十几个，大部分村子只有几十户甚至十几户。

原住民的服饰比较简单，夏天穿布衣，冬天穿兽皮；饮食中粮食、肉类大致各半，也食用各种野菜、蔬菜。像达斡尔族的传统菜品代表即为"手把肉"和"库木勒菜"[②]。

部分部族的生产方式比较先进，以农耕生产模式为主，在黑土地上种植各

---

① "某河（江）口"指该河流汇入主流或是大海的地方，也可以理解为该河流的终点，松花江江口即松花江汇入黑龙江的地点。
② 东北当地野菜，汉语名为"柳叶蒿"。

种作物，有燕麦、荞麦、黄瓜、大豆、豌豆等，辅助以畜牧业。但是大部分部族的生产模式相当原始，以渔猎和采集为生。

此外，当地手工业极不发达，铁器、纺织品、陶瓷器的制造能力几乎没有；无文字，不知生辰岁月；原住民生病了基本看天，能扛得过就扛，扛不过去就无可奈何；虎、熊、狼遍布，出门必须携带弓箭等武器，不然就眼睁睁着成为野兽的腹中之物；各部之间没有统一的法律约束，村寨之间偷盗、劫掠、仇杀事件层出不穷。

明朝前期，这里曾受奴儿干都司的羁縻管理。大一点儿的部落酋长会接受明朝册封的官职，定期向卫所进贡貂皮，换取明朝回赠的白银、铁器、纺织品等。明朝中期之后，对黑龙江流域各卫所的控制力下降，这里就成为近乎与世隔绝的世外桃源。

在努尔哈赤统一女真的过程中，这里的平静被打破了。

虽然同为女真，但是初期后金对黑龙江原住民的了解并不多。后金将黑龙江中上游的原住民（即野人女真）统称为"索伦部"，而"索伦"这个词原本是达斡尔人对鄂伦春人①的称呼；将东海女真则统称为"东海部"。这两大族群内的各个小部，后金分别命名为"虎尔哈部、瓦尔喀部、库尔喀部、萨哈尔察部、萨哈连部、兀扎喇部、费雅喀部、奇勒尔部、使鹿部、使犬部"等。

用一个字来形容，那就是"乱"！这里我用东海部下的"虎尔哈"（又作"虎儿哈"）举个例子。

在这一时期的清朝史料中，虎尔哈既是地名也是部族名，大致位于精奇里江江口以东地区。俄国史料称这一地区的人群为"久契尔人"，可以理解为广义的女真人。在达斡尔人口口相传的记载中，则认为虎尔哈为"达斡尔化的海西女真人"。到这儿，就已经很绕口了。别急，更乱的在下面。

万历四十七年，虎尔哈部众南下，"携户两千，男丁两千，家口六千"②，归附后金。然而，在之后的天启二年，努尔哈赤又派兵北上征伐虎尔哈部，"降喀

---

① 鄂伦春人生活在大兴安岭周边，"索伦"意为"山里人"。
② 《满文老档》太祖皇帝第二函、第九册，天命四年三月至五月。

尔喀木等十屯，俘壮丁千余及牲畜、辎重以归。"① 仅这个"虎尔哈"，就不下百余次出现在清朝史料中，时降时叛、时打时和，搞得我痛不欲生，分不出到底谁是谁的谁。由此可见，初期后金对此地的了解也是一笔糊涂账，大概是某个地方的族群都起了某个名字。

努尔哈赤对黑龙江女真诸部的政策也很简单，归顺的就厚加赏赐，不服的那就开打。

万历二十七年（1599年），"东海渥集部之虎尔哈路路长王格、张格率百人朝谒，贡黑、白、红三色狐皮，黑、白二色貂皮。"② 这是主动归顺的，努尔哈赤给予其丰厚的赏赐，还与其联姻，"以大臣女六，配其六长"③。

对那些不服的，努尔哈赤则是直接开打。天命元年（1616年）七月，后金派出两千军队出征黑龙江，途中降服兀尔简河④ 南北的三十六个村寨，之后又"进攻萨哈连部，取十一寨，降其三路"⑤。

努尔哈赤通过既打且拉的方式，让黑龙江女真各部知道了后金的存在和强大，部分部落与后金建立朝贡关系。

皇太极接班后，采取了更为怀柔的政策，用他的原话说就是："勿贪得而轻杀，勿妄取以为俘。抗拒者，谕之使降；杀伤我兵者，自当诛戮；若归附则编为户口。"⑥

在这种政策的指引下，至崇德二年（1637年），"虎尔哈部托科罗氏、克益克勒氏⑦、耨野勒氏，黑龙江索伦部博穆博果尔，黑龙江巴尔达齐（精奇里氏），精格里河扈育布禄俱来朝。"⑧

虎尔哈在黑龙江中游，博穆博果尔在黑龙江上游，精格里河即精奇里江，为黑龙江北岸最大支流。由此可见，黑龙江中上游地区南北两岸大一点儿的部

---

① 赵尔巽等撰，《清史稿》卷233，列传二十。
② 《清太祖武皇帝实录》卷3，万历二十七年至三十九年己亥条。
③ 同上条。
④ 今黑龙江省鹤岗市伏尔基河。
⑤ 赵尔巽等撰，《清史稿》卷225，列传十二。
⑥ 《钦定八旗通志》卷首之七，崇德四年八月甲午条。
⑦ 即当代达斡尔族的"克音氏"。
⑧ 赵尔巽等撰，《清史稿》卷3，本纪三，太宗本纪二。

落，这会儿都来朝贡了。

皇太极盛情款待了远道而来的诸部首领。其中，他尤其重视索伦部首领<u>博穆博果尔</u>。他留博穆博果尔在盛京居住了近两个月，赏赐其"鞍马、蟒衣、凉帽、玲珑鞓带、撒袋、弓矢、甲胄、缎布"等物。礼品中有"弓矢、甲胄"，说明皇太极对其十分信任，允许他武装本部落；"蟒衣、玲珑鞓带"等物，是八旗官员才能穿戴的，说明此时的博穆博果尔已经接受清朝册封。

崇德三年（1638年）十月，博穆博果尔再次到盛京进贡，这次的贡品是"貂皮、猞狸狲皮"。皇太极在崇政殿亲自召见博穆博果尔，并赐宴款待，赐予其"衣服、马匹、弓、矢、房屋及一切器物"，真可谓要什么给什么，什么都好说。

皇太极之所以对这位老兄格外看重，是因为他很强。上文说过，当时整个黑龙江流域大一点儿的村寨不过十几处，博穆博果尔一人就占了五处，黑龙江中上游南、北两岸各村寨都奉他为老大。皇太极的打算是，拉拢博穆博果尔，让他成为清廷统治索伦诸部的代理人。

对那些不肯朝贡的部落，皇太极则采取强硬措施。崇德四年（1639年）十一月，皇太极令<u>索海</u>、<u>萨穆什喀</u>、<u>穆成格</u>等率军征伐不肯降服的索伦部落。出征前，皇太极担心清军不加区分，肆意劫掠，还传谕统兵将领说道："尔等师行所经屯内，有已经归附纳贡之屯，此屯内又有博穆博果尔取米之屯，恐尔等不知，误行侵扰。特开列屯名数目付尔，毋得违命骚扰侵害。"①

翻译一下：这次你们进军过程中经过的村寨，其中有一些已经归顺、进贡，还有一些是博穆博果尔管辖的。我怕你们不了解情况，肆意攻取，所以特意列了一张村寨白名单，名单上的村寨你们不得骚扰、侵害。

怕手下人不当回事，在谕旨的后半部分，皇太极又嘱托道："勿喧哗，勿参差散乱，勿忘纪律。"② 这也算是苦口婆心、用心良苦了，然而并没有用。在说结果之前，我们先看战况。

此战显示出双方战力存在巨大的差距，举个小例子。"（索伦部）铎陈、阿

---

① 《清太宗实录》卷49，崇德四年十一月辛酉条。
② 同上书。

萨津二城以兵四百逆战，（清军）<u>卓布泰</u>与牛录额真<u>萨弼图</u>率甲士九十人击败之，斩级五十。"① 前文说过清军的装备和素质，这些村寨之中的农户、猎户根本不是对手。

而且，领兵的清军将领并没有把皇太极的嘱托放在心上，清军这次出征战果如下："共获男子三千一百五十四人，妇女二千七百一十三口，幼小一千八十九口，共六千九百五十六名口。马四百二十四，牛七百有四。又先后获貂、猞狸狲、狐、狼、青鼠、水獭等皮共五千四百有奇。貂、猞狸狲、狐、狼皮等裘共二十领。"② 抓了人家近七千人，抢了各种牲畜一千多头，还有五千四百张毛皮、二十件皮草大衣，这是去打草谷了……

虽说清军打了胜仗，但统军将领纵兵劫掠的行为让皇太极十分恼火。清军班师后，皇太极以违反纪律为由，从重处罚本次领军将领，即"定征索伦违律罪，萨木什喀等黜罚有差"③。

皇太极的恼怒是有原因的。黑龙江原住民多以氏族为单位居住，不同村寨之间互相联姻，说不准被抢的村寨中就有博穆博果尔的亲戚，这很容易激起他的反抗。

清军的劫掠行为，果然激怒了博穆博果尔，他集结了各部军队6000人，于崇德五年三月袭击了正在征伐虎尔哈的清军，双方各有胜负。6000人在当时的黑龙江流域是个很恐怖的概念，根据后来俄国人的统计，黑龙江下游未归顺清廷的七个部落一共只有1070名弓箭手。而在中上游地区，博穆博果尔竟然能凑够6000人。而他公然攻击清军的行为，已经属于反叛了。

崇德五年（1640年）七月，皇太极令<u>席特库</u>、<u>济什哈</u>率领清军和蒙古诸部军队联军，兵分两路，再次征伐索伦部，在甘河④一带击败索伦部军队。战败后，博穆博果尔北逃，清军穷追不舍，一直追到齐洛台（今俄罗斯赤塔）附近，战果是："擒博穆博果尔，俘九百余人。"⑤ 此后，索伦部再也未能形成较大规模

---

① 赵尔巽等撰，《清史稿》卷236，列传二十三。
② 《清太宗实录》卷51，崇德五年三月己巳条。
③ 赵尔巽等撰，《清史稿》卷3，本纪三，太宗本纪二。
④ 位于今内蒙古自治区呼伦贝尔市鄂伦春自治旗境内。
⑤ 赵尔巽等撰，《清史稿》卷3，本纪三，太宗本纪二。

的反抗力量。

与此同时,皇太极还派兵对永远打不完的虎尔哈进行征伐。这一系列战争过后,西起雅克萨,东至乌苏里江河口,这片地区的原住民部落大都与清朝建立了朝贡关系。

皇太极的蒙古汗号为"博格达彻辰汗",当地部众就称呼皇太极以及之后的历任清朝皇帝为"博格德汗"。清廷在宁古塔设收税官约五十人,定期到黑龙江流域收取各部贡赋,回赠清廷赏赐,相当于将此地纳入清帝国的羁縻统治之下。

这是一个相当漫长的过程,根据我的不完全统计,努尔哈赤时期,对黑龙江用兵十三次;皇太极登基后至清军入关前,清廷又先后用兵二十五次。父子两代之所以如此执着于对此地用兵,有着三方面的考量。

(一)这是历代大一统王朝都要经历的阶段,即与边地建立朝贡关系。如果对方不愿意被纳入朝贡体系,那就需要付诸武力征伐。这么做的好处是,在直辖领土之外建立一个防御外部侵略的缓冲带。

(二)最主要的原因,补充八旗壮丁。清朝统治者十分重视黑龙江原住民,他们认为这些人与建州女真语言相通、习俗相近,而且"勇不畏死,一人便能杀虎",是非常优质的兵源。清军历次出兵掳掠的人口,大都被编入八旗之内,作为后备兵源。对于那些实在不想留在清朝境内的原住民,皇太极允许他们返回故土。

(三)从皇太极的宏观战略来看,这一系列战争也是必要的。崇德五年(崇祯十三年,1640年),清军即将与明军在关外展开决战,即松锦之战。如果此时黑龙江流域出现一股较大的敌对势力,将大大牵制清军的力量,使得清廷后方不稳。

然而,皇太极未曾想到的是,这一系列军事打击和大批原住民迁入内地,造成了一个负面影响。当俄国人从北边入侵时,没有统一领导、人丁稀少的黑龙江诸部毫无还手之力。

第四节 哥萨克入侵黑龙江

1643年（崇祯十六年）6月15日，沙俄雅库茨克督军彼得·戈洛文派遣瓦西里·波雅尔科夫去黑龙江流域探险。戈洛文家族跟中国可谓是渊源颇深，后来中俄尼布楚谈判时俄方的全权代表（相当于清朝的钦差大臣）奥多尔·戈洛文，就是彼得·戈洛文的孙子。

这支探险队共有133人，包括112名哥萨克、15名流浪汉志愿者、2名监察官、2名翻译和2名铁匠。军人每人配火绳枪一杆，全队携铁炮一门。探险队自雅库茨克出发，沿河流南下。在不同河流之间，他们雇佣（其实更多时候是胁迫）当地原住民搬运船只。四个月后，波雅尔科夫率队翻越外兴安岭，进入精奇里江（又称结雅河）流域。

精奇里江是黑龙江北岸最大支流，在黑龙江中游汇入，后来清朝建立的瑷珲城即位于该江江口。在这里，波雅尔科夫发现了当地达斡尔人村寨。通常，俄国人对付西伯利亚原住民部落的套路是这样：俄国人先谎称自己是迷路的猎人，请求进入村寨暂时居住；然后趁机抓捕村寨酋长作为人质；之后以人质为筹码，要挟该村寨降服，缴纳实物税。

然而，出乎俄国人意料的是，这个村寨的酋长并没有允许他们进入。不过，好心的原住民还是给了俄国人三个帐篷，让他们在村寨附近安营，又给了他们"十头牲口和四十筐燕麦粒"作为食物。

原住民的善意并没有换来俄国人的感恩，第二天，俄军就强行闯入村寨，抓住两位酋长。村民们并没有因为酋长被俘而投降，反而进行了顽强的反击，附近村寨的村民也骑马赶来助战。混战中，俄国人的火绳枪无法发挥优势，被迫退出村寨。在之后的十天内，俄国人因饥饿和原住民的袭击，有40人丧命。

初期的失败并没有让波雅尔科夫停下探险的脚步，他继续沿精奇里江南下，进入黑龙江，并顺流向大海方向前进。沿途，俄国人反复使用前述套路，时而奏效、时而失败，不断与河流两岸的原住民部落发生冲突。到达黑龙江入海口时，这支探险队只剩下60人。

此时探险队已经断粮，只有波雅尔科夫和少数军官背包里还有干粮，大部分哥萨克只能掘草根为食。这时，波雅尔科夫显示出令人发指的残酷，他命人放火焚烧草场、树林，烧毁了哥萨克赖以生存的草根、树叶，逼迫他们劫掠当地原住民，以获得他想要的毛皮和金银。这些哥萨克在走投无路的情况下，深入丛林寻找原住民村寨，肆意烧杀抢掠，甚至吃掉了50人。从此，黑龙江原住民给俄国人起了一个绰号——"食人恶魔"。

探险队在黑龙江入海口度过了1644年（顺治元年）的冬天。第二年夏，波雅尔科夫率队从入海口北上，自海上返程。他们乘坐小型平底船进行了艰难的海航，最终与1646年（顺治三年）6月返回了雅库茨克。探险队虽然带回了十二捆貂皮和六件皮衣，但是有80人丧命，全队只剩下53人。

这次探险，是俄国人第一次对黑龙江流域进行实地侦察，获得了大量的第一手资料。

第一，俄国人从俘获的原住民口中得知，黑龙江地区没有银矿，他们的银子来自中国皇帝博格德汗（此时是顺治帝）的赏赐。整个黑龙江地区隶属于一位权力极大的满洲王爷（宁古塔镇守官员），而这个王爷又隶属于博格德汗。

第二，探险队探明了黑龙江当地部族的分布情况。根据俄国人的调查，黑龙江中游地区的九个酋长是中国属民，向中国皇帝进贡；下游地区的七个酋长是独立的，他们共有1070名弓箭手。

第三，波雅尔科夫为之后的探险者提供了地图和路标。探险队此次的行进路线是：阿尔丹河→乌楚尔河→戈纳姆河→努雅姆卡河→精奇里江→黑龙江→鄂霍次克海→阿尔丹河。这个路线相当于围着黑龙江中下游转了个圈。波雅尔科夫不仅绘制了此地的水文地理图，还在行进沿途用树木制作成路标，上面标明此地位置、下一站走向，为之后入侵的俄国人提供指引。

回到雅库茨克后，波雅尔科夫一本正经地制定了征服黑龙江的计划。在他看来，沙俄只需要派出 300 人，在精奇里江、黑龙江中游、下游各设一个城堡，每个城堡 50 人，剩下的 150 人作为机动部队，向当地各部落征收实物税。这样，俄国人就可以统治黑龙江了。就是这么简单、粗暴，一股浓浓的"俄味"。

"博格德汗国有银矿"这个消息迅速传遍了雅库茨克，一些有想法的野心家也开始蠢蠢欲动，其中的代表人物就是<u>叶罗菲伊·哈巴罗夫</u>。

哈巴罗夫出生于俄国大乌斯秋格市，此地位于莫斯科东北 700 公里处。与大部分来到西伯利亚的人不同，哈巴罗夫之前并不穷，还相当富裕。用现在的话说，他是个企业老板，经营过几个熬盐场。

1636 年（崇祯九年），哈巴罗夫举家迁居西伯利亚，最初在叶尼塞斯克附近种地。从之后他的家产来看，他种地的规模应该不会小。他迁往雅库茨克时，雇用了 27 人为他搬运物资，包括他囤积的面粉、捕鱼网、丝绒、呢料、铜材等。到达雅库茨克后，他的生意越做越大，从猎貂到船运，从熬盐到农庄，什么都干，什么都挣钱。

然而，哈巴罗夫忽略了一个很重要的客观事实，这里是"督军区"。所谓督军区，就是督军一手遮天的地方，当时的督军正是前文说过的彼得·戈洛文。彼得老头儿对这个在自己眼皮子底下上蹿下跳、左右发财的土财主很不满，找了个由头把哈巴罗夫关进了监狱，并将他的盐场"收归国有"，也就是"收归督军所有"。

彼得老头儿退休后，哈巴罗夫才被放了出来，此时他的财力已经大不如前。恰在此时，波雅尔科夫带回了"博格德汗有银矿"这个消息，这又激起哈巴罗夫的贪欲。他决定赌一把，自己出钱组织军队，在黑龙江流域建立新的殖民地。

1649 年（顺治六年）3 月，哈巴罗夫向新任督军<u>弗兰茨别科夫</u>提出申请，他要自费组织军队，远征黑龙江。对于这种不花钱还能扩大地盘的好事，弗兰茨别科夫是很愿意做的。他同意了哈巴罗夫的请求，甚至还以自己的名义借给哈巴罗夫一些钱，当然，就是利息有点高。

哈巴罗夫组织了 70 人的志愿者队伍，其中有猎人、农民、罪犯等，反正都是些盲流特征很浓厚的人。军队的粮食、船只、火枪、铅弹等，通通由哈巴罗夫自己购买。当年 3 月 6 日，这支远征军启程。跟之前波雅尔科夫的行进路线不同，哈巴罗夫并没有走精奇里江，而是在翻越外兴安岭后，直接到达黑龙江上游地区。该区域在雅克萨附近，是索伦部的地盘。

博穆博果尔被清军生擒后，达斡尔头人拉夫凯继承了他的地盘，依旧控制着五个大一点儿的村寨。哈巴罗夫找到了前两个村寨，发现都是空的。走到第三个村寨时，拉夫凯带着四个人在这里等候他们。俄国人还是老套路，上来就谎称自己是打猎的。因为拉夫凯之前已经遇到过一名哥萨克探险者，此人透露了哈巴罗夫军队的目的，所以拉夫凯当场拆穿哈巴罗夫的谎言，他说道："你们想把我们所有的人都杀死，抢劫财产，把妻子儿女抓为俘虏。"①

哈巴罗夫一看这是个明白事的人，就撕下伪装，要求拉夫凯臣服沙俄，并缴纳实物税。拉夫凯没有立刻答应，而是说道："我们还要看一看，看你们究竟是些什么样的人。"② 说罢策马离去。

哈巴罗夫很可能是第一次上战场，反应有点儿迟钝，竟然没有下令将这五人扣为人质。等他回过神来的时候，对方已经走远了。

之后，俄国人继续寻找达斡尔人的藏身之处，走到第五座村寨时，发现了一名掉队的达斡尔妇女。俄国人对她进行了严刑拷打，逼问她关于拉夫凯部众的去向。这个妇女供出，拉夫凯带着部众和2500匹马，躲到了同族酋长希尔吉涅伊和吉尔迪古那里去了。除此之外，这个妇女还说出了很多俄国人第一次听到的情报。

"博格德汗的城市很大，全是土城"；"在博格德汗的辖地内，有许多金、银、贵重商品和宝石"；"博格德汗用大炮和火枪打仗，此外，还有弓箭和马刀"。③

由此可见，这个女人是见过大世面的。她很可能是之前清军征伐博穆博果尔时被俘虏的一员，后又被清军放回。听完这个女人的描述，哈巴罗夫吓得不要不要的。他意识到，博格德汗的军队跟这些原住民不一样，是有火器的，自己手下这点儿人很可能打不过对方。

所以，他留下50人驻守第五处村寨，本人则于1650年（顺治七年）5月

---

① [俄] А.П.瓦西里耶夫著，《外贝加尔的哥萨克（史纲）》第一卷，99页。
② 同上书，99页。
③ 同上书，100页。

26 日返回雅库茨克，请求更大规模的支援。弗兰茨别科夫也够意思，他给哈巴罗夫调拨了 20 名哥萨克和三门火炮，并授予其临机专断权，即哈巴罗夫有权对黑龙江流域的原住民生杀予夺，不需要向督军汇报。哈巴罗夫自己又征召 150 名志愿者，这些人于当年秋天从雅库茨克出发，在入冬之前到达黑龙江。

当年 11 月 10 日，哈巴罗夫决定在黑龙江过冬。他从五座城寨中挑了一处，将其加固为俄式寨堡，并将其命名为阿尔巴津，即为雅克萨。过冬期间，哈巴罗夫派出小股军队，用雪橇驮着大炮四面出击，以武力威胁各部落缴纳实物税，在此期间，他征得 166 张貂皮和一件皮袄。与此同时，他听到了更多关于博格德汗军队的传闻。他以此为由，继续向雅库茨克方面请求增援。

弗兰茨别科夫再次给哈巴罗夫派来 137 人，这样，黑龙江的俄军总人数达到 377 人。新来的军队还带来了弗兰茨别科夫给顺治帝写的劝降信："我们的国君是强盛的、伟大的、令人敬畏的，是许多皇帝和王侯的统治者……，他的圣旨要你霞沙汗（按：顺治皇帝）率领你的全体氏族和所有达斡尔酋长接受国君的统治，终身做他的奴隶。"①

夜郎自大到这种程度，也是相当可以了。

1651 年（顺治八年）夏天，黑龙江河流解冻，哈巴罗夫决定发起一场征服整个黑龙江的远征。6 月 2 日，哈巴罗夫带领二百余人，携带火炮三门启程。出征的路线也很简单，沿黑龙江主航道一路向东。下面简单说说侵略者的暴行。

6 月 3 日，俄军攻打达斡尔村寨伊古达尔，屠城，城内的成年男丁全部被杀，留下尸体 661 具。243 名妇女、118 名儿童、237 匹马、113 头牛羊被俄军掳掠。俄军 4 人战死，45 人受伤。

7 月 20 日，在精奇里江江口附近，俄军突袭原住民村寨，俘虏成年男子 100 人，妇女 170 人，全部被扣为人质。

此后，哈巴罗夫继续顺流而下，一路烧杀抢掠，抓捕各部落头领作为人质，掳掠妇孺、牲畜。

10 月 5 日，俄军到达黑龙江下游地区，江面开始冻结，哈巴罗夫决定在当地的乌扎拉村过冬。

---

① ［俄］А.П.瓦西里耶夫著，《外贝加尔的哥萨克（史纲）》第一卷，106 页。

第五节 兵败乌扎拉村

对于俄军在东北的入侵，顺治帝并非一无所知。史载："顺治七年七月初六，索伦部、使鹿部各进贡貂皮，宴赏如例。"①顺治七年即为1650年，正是哈巴罗夫率军入侵的节点。此时，黑龙江各部原住民妻离子散、故土尽失。当地部落的进贡使者到了北京，不可能不说这些情况。然而，此时顺治帝尚未亲政，没有实权，所以清廷并未行动。

之后的1651年（顺治八年）6月3日，俄军攻屠伊古达尔村寨时，有清廷驻宁古塔的收税官在场，他们将这个情况汇报给了顺治帝。此时顺治帝已经亲政，听闻这个消息后，他做出的决策很简单，一个字："打！"

史料中没有记载决策过程，我个人分析有两个原因。

一是因为俄军的暴行让人发指，顺治帝是一个明辨是非的君主，对于这种行径，不加以惩罚实在是说不过去。

二是因为黑龙江流域是当时清朝在关外直辖地区的屏障。如果任由俄国人折腾，迟早会南下，威胁清帝国在关外的统治核心，即今天的辽宁、吉林。

所以，顺治帝令驻防宁古塔章京海塞派兵前往黑龙江，率所部驱逐侵略者，战于乌扎拉村。

这里，我先要说明一下此时清朝在东北的行政架构。与明朝的辽东都司类

---

① 《清史编年》第一卷（顺治朝），266页。

似，此时清朝在东北地区设立的也是一个军政一体机构，即"盛京昂邦章京"①，又称"盛京将军"。

一方面，可以将其理解为驻守盛京的军区司令。在顺治朝，盛京将军的地位与八旗一旗的都统相当，都是正一品，是驻防东北各处八旗兵的最高领导。

另一方面，盛京将军还有行政管理职能，其直接管辖地域南起旅顺，北至牡丹江，大致相当于今天的辽宁省、吉林省全部以及黑龙江省南部地区，同时羁縻管辖黑龙江流域诸部。

综上，此时清廷将整个东北作为一个省来管理，盛京将军既是省长也是军区司令。

在盛京将军之下，清廷设立"宁古塔梅勒章京"，又称"宁古塔副将"，驻地在宁古塔，这也是一个军政一体机构。宁古塔位于今天黑龙江省牡丹江海林市境内，宁古塔梅勒章京负责向黑龙江诸部征收贡赋，并统帅军队保卫边疆。整个顺治朝，宁古塔是清廷在关外最靠北的行政机构驻地。

而顺治帝的命令，就是发给宁古塔梅勒章京海塞的。海塞接到命令后，又令自己属下的捕牲翼长希福率军出击。

这里的"翼长"，你可以理解为现在的团长或营长；"捕牲"则是东北驻军特有的职业。清朝各坛庙祭祀典礼中，经常用鹿作为牺牲（祭祀而宰杀的牲畜）；皇室贵族的日常饮食中，也有鹿羔等菜肴。所以，东北驻军就需要定期构筑围场抓捕野生动物，主要是梅花鹿。这个翼长希福，就是负责抓鹿的。

由上可见，不管是顺治帝还是海塞，初期并没有对俄国人的入侵引起足够的重视。他们将俄国人视作一般的土匪、草寇，认为只要清军正规军出动，就一定可以剿灭他们。

很快，清军就将迎来一场惨败。

关于这场战争，清朝方面的史料描述十分简略。所以，这里我用俄国史学家瓦西里耶夫所著《外贝加尔的哥萨克》中的记叙，作为主要的史料依据，日期使用俄历。

前文说过，1651 年（顺治八年）秋，哈巴罗夫率领二百余人盘踞在乌扎拉

---

① 章京是满语对汉语"将军"一词的音译。下文的"梅勒章京"，即为副将军，简称"副将"。

第四章　以义击暴，以德服远

村过冬，此地大致位于今天俄罗斯共青城附近。在这里，俄国人构筑了一个寨堡，在寨堡的四角架起了瞭望塔楼，寨堡内设有炮台，寨堡四面的木质墙壁上开有射击孔。

当地部族向清军报告了这一情况，希福随后率军出击乌扎拉村。清军这次出动的军队有：驻防宁古塔八旗兵 600 人，东北当地部族壮丁 920 人。全军携火炮六门，多管火门枪 30 支，陶土雷 12 个。

火炮我就不多介绍了。多管火门枪其实就是"三眼铳"，是一种比较原始、落后的火枪，射程、精度、威力均不及同期俄军装备的火绳枪。陶土雷你可以理解为爆破筒，就是在一个陶土容器内填装炸药，靠爆炸威力和爆破后的陶器碎片杀伤敌人。

清军初期的战法也没有问题。希福率军发起攻击的时点，是 1652 年（顺治九年）3 月 24 日黎明，希福本来打算趁夜色掩护，突袭进入寨内。但是清军的行动被在瞭望塔上值班的俄国士兵发现，这样，突袭就变成了强攻。

其实强攻的事，清军更熟。当年明军的宁锦防线，就是由一片堡垒群构成的，清军对付明军堡垒的标准操作流程是：先用大炮轰，轰塌城墙后重甲步兵推着楯车列阵向前，搬开障碍物，先近距离对射，再冲上去肉搏，或是直接用火攻。这次，清军也采用了这个战法，希福架起了大炮，开始炮击俄军寨堡。

最初听到炮声时，哈巴罗夫还以为是自己的军队在开炮，让人去查是谁在违令开火。直到炮弹打得木质围墙阵阵发抖，他这才明白，原来博格德汗的军队真的有大炮。哈巴罗夫随即命令俄军开炮还击，双方开始对轰。

俄国人的围墙构筑得十分牢固。他们先用圆木竖立排列，钉入地面，形成木墙的雏形。再用横排圆木钉在木墙之上，最后在横排圆木的两端再钉上两根圆木，反复加固。而这支清军只是边防军，装备的火炮威力不大，对这种双层围墙的穿透力不足。

双方从早上一直对轰到了傍晚，俄国人的木墙被打出了一个大洞，希福随后命令清军发起进攻。拿着三眼铳和弓箭的清军在楯车的掩护下靠近破洞射击，拿着爆破土雷的清军也到寨堡墙下，准备引火爆破。到这里，战局对清军是有利的。

然而，就在俄军即将绝望的时候，希福突然对正在进攻的清军高喊："别放火烧城,别杀死哥萨克,抓活的!"听到这个命令,正在战斗的清军一下蒙了。正在射击的士兵不再开火,准备爆破的士兵也停了下来,大家都像木头人一样定住了。

可是,俄国人并没有接到不准杀人的命令。哈巴罗夫随即命人在破洞处安置一门火炮,并组织火枪手在此线列排射,不能杀人的清军就这样被枪炮打散了。清军后队看到前队往回跑,他们也跟着跑。再加上九百多名当地壮丁压根没受过正经的军事训练,一看这种态势立时溃散,局势瞬间逆转。

哈巴罗夫带领156名身着盔甲的俄军冲出木墙,追杀溃散的清军。他们顺着清军逃跑的方向一路追赶,找到了停靠在江边的平底运兵船,缴获了清军带来的所有粮食、弹药。

此战,根据俄国人统计,战场上留下清军尸体667具,俄国人缴获马837匹,多管火门枪17枝,铁炮两门。这个伤亡统计数字应该是有点儿夸张的,因为真正的清军一共就来了600人,而且清军全部身着棉甲,防弹性较好。根据朝鲜人申浏的记载,此战清军有一百余名中丸(铅弹)死,其他五百多名阵亡者应该是跟随来战的当地民兵。俄军有10人战死,78人受伤。

清朝史料对这一战的记载大都是只言片语,像《清世祖实录》记载:"驻防宁古塔章京海塞,遣捕牲翼长希福等率兵往黑龙江,与罗刹战,败绩,海塞伏诛。"[1]

总结一下此战。

首先,导致战败最关键的一点,是清军统帅希福下的那道智障般的命令。在此之前,清俄从未交过手。在希福眼中,所谓"罗刹军",不过跟当地原住民一样,只是多几杆火枪罢了。既然清军已经攻入城内,城内守军必然惊慌失措,如果此时抓活的,就可以带回北京献俘,自己也将得到顺治帝丰厚的奖赏,何乐而不为呢?

"献俘"这个事,在明清两代盛行。每当大军凯旋,都要在午门前向皇帝敬献战俘,然后当众把战俘砍了,这个过程称为献俘礼。万历朝鲜之役后,明神宗就干过这事。所以,正是这种"想在皇帝面前显摆一下的心理",让希福下了

---

[1]《清世祖实录》卷68,顺治九年九月丙戌条。

那道导致兵败的命令。

其次，俄军也的确比清军往常遇到的匪寇乃至明军要强。此战，清军以三倍兵力围攻，火力准备充分（六门火炮），直接攻击时以火门枪和弓箭压制。这是清军攻击明军堡垒的标准战法，但是对付俄国人却失败了。俄军在重火力不足（三门火炮）、寨堡被轰破之后，依仗近距离火枪排射，在劣势情况下发起反冲锋，这是之前清军从未遇到过的。

打了败仗的消息传到北京，顺治帝震怒，当即下令将海塞斩首，并革去希福职务，鞭一百，仍留宁古塔军前效力。

俄军这边，他们虽然打了胜仗，但结局却相当凄惨。

1652年（顺治九年）4月22日，黑龙江解冻，哈巴罗夫一伙儿人踏上归途。他们逆流而上，走到精奇里江江口时，遇到了雅库茨克派来的接应部队，即切奇金所率领的144人①。两军会合后，队伍内出现了对立的两派。

一派是哈巴罗夫和切奇金，支持他们的多是老哥萨克。他们主张在精奇里江江口筑城，以此为根据地，继续劫掠当地部族。

另一派是哈巴罗夫之前招募的志愿者，他们主张返回雅库茨克。此时他们的抢劫之旅已经历时三年，不少同伴葬身此地，他们不想再打了，想回家享受胜利果实。同时，当时各个原住民部落都在流传这样一则消息，顺治帝即将集结大军剿灭俄军，大军人数从一万到四万不等，俄军内部人心惶惶。

就这样，两派争执不下，去留不定。之后，在一个月黑风高的夜晚，积累多时的矛盾终于爆发。130名俄军乘坐三艘船，带着两门火炮、全部军饷和之前劫掠的貂皮等物资连夜出逃。哈巴罗夫发现后，率军追赶，追上之后就是开打，打来打去，也没能消灭叛逃者，而且途中有大量的火药、两门火炮以及部分劫掠物资沉江。

在俄军内乱的同时，雅库茨克督军将"哈巴罗夫大胜博格德汗军队"的战报上报莫斯科。沙皇听闻后大喜，他按照战报中所说900人的标准准备了赏赐物，即哈巴罗夫、200名哥萨克军人和700名志愿者，人人有份。这些赏赐物由季诺维也夫率使团携带，前去黑龙江赏赐给哈巴罗夫一行人。

---

① 切奇金一行人于1651年9月到达黑龙江。

季诺维也夫是个莫斯科小贵族，一向瞧不起野蛮、粗俗、贪婪的哥萨克。1653年（顺治十年）8月，季诺维也夫到达黑龙江，找到了哈巴罗夫。季诺维也夫先是发现军队的人数不对，接着又对哈巴罗夫过于奢华的着装表示不满，指责他侵吞公产，也就是将当地部族缴纳的实物税变成了他身上的貂皮大衣。

哈巴罗夫也不是省油的灯，直接顶撞了这个莫斯科的小贵族。季诺维也夫秉承了俄国人简单粗暴的办事方法，直接将哈巴罗夫捆了，带回莫斯科。黑龙江当地俄军则由哈巴罗夫的副手斯捷潘诺夫统率。

回到莫斯科后，哈巴罗夫受到了沙皇高规格接待，沙皇的御用文人写出了一堆歌颂他的"英雄史诗"，他成了俄罗斯家喻户晓的"大英雄""领土开拓者"。作为奖赏，哈巴罗夫被沙皇授予军事贵族爵位，并担任西伯利亚一片农耕区的总管。之后，哈巴罗夫要求继续去黑龙江流域开展"征服事业"，但是未获批准。

当时的哈巴老兄还很沮丧，但从后面的历史进程来看，他应该心存感激，因为这让他成为"征服者"中为数不多的幸存者之一。

第六节 选将调兵,整军再战

就在俄国人报捷、受赏、内讧、火并的这段时间里,顺治帝也没闲着,他在总结失败的教训。乌扎拉村之战,是中、俄第一次直接军事对抗。如此败绩,惊醒了顺治帝。他认识到,俄军与一般的土匪不同,战斗力相当强,需要认真应对。然后,他做了以下三方面工作。

一、提升宁古塔的行政级别

顺治十年(1653年),清廷"设宁古塔昂邦章京一、梅勒章京二,辖佐领、骁骑校八,满洲兵四百三十人。"①

上文说过,盛京将军(盛京昂邦章京)是东北最高级别的官员。现在,顺治帝将宁古塔也提升为昂邦章京,与盛京将军同级。这相当于在关外设了盛京、宁古塔两个省级行政单位,宁古塔昂邦章京即后来"吉林将军"的前身。

这样做有什么好处呢?

这会儿的松花江、黑龙江流域,遍地是湿地沼泽,没有官道、驿站。在宁古塔升格之前,黑龙江的战事要先报到宁古塔,再报到盛京,再报到北京,前后共需一个月的时间。现在,可以由宁古塔直接报到北京,减少了中间层级,缩短了高层决策的时间。

二、选用<u>沙尔虎达</u>为宁古塔昂邦章京

顺治九年(1652年)七月,顺治帝谕令:"命梅勒章京沙尔虎达,甲喇章京

---

①《清史编年》第一卷(顺治朝),395页。

海塔、尼噶礼，统官兵驻防宁古塔。"①

其实，当时的沙尔虎达并不是一个非常了不得的人物。他是瓜尔佳氏，隶满洲镶蓝旗，在顺治帝亲政的这个节点，他的爵位只是男爵，官职是镶蓝旗满洲副都统，像这种人在八旗中一抓一大把。作为对比，同出瓜尔佳氏、比沙尔虎达还小十岁的鳌拜，此时已经是顺治帝的贴身顾问，爵位二等公爵，比他高了近十个档次。

那么，顺治帝为什么要选用这样一个并不起眼的人物呢？

首先，沙尔虎达算是三朝老将，在过去的几十年中，他一直在打仗，从朝鲜打到南京，朝鲜人、蒙古人、辽东军、民军、地方土匪他都打过，作战经验丰富。

其次，也是最重要的一点，对沙尔虎达来说，他去黑龙江真的是"保家卫国"。在投靠后金之前，沙尔虎达的部落出自虎尔哈，正分布在黑龙江中游地区。俄军入侵的地方，正是沙尔虎达的族人祖祖辈辈居住过的地方。他通晓那里的风俗习惯，熟悉那里的地理人情。对他而言，打俄国人，既是卫国，更是保家。

顺治帝的这番心思没有白费。沙尔虎达到任后，利用自己独特的身份，对黑龙江流域的达斡尔、赫哲、费雅喀、虎尔哈、奇勒尔等十几个部族进行招抚。他以顺治帝的名义，册封各部落首领以清朝官职、爵位，相当于将这些部落纳入清帝国的直接统治之下。

这项工作看似简单，但真正实施起来很难。在此之前，当地部族无文字，不知历法纪年；没有法律约束，举止行为随意；甚至于清廷赐予的官爵，他们也不知道意味着什么。招抚难，管理更难。沙尔虎达相当细心，他先是联络当地部落头人，耐心解释了清廷的招抚之意。然后在头人的带领下，逐个村落走访，将各部人口集中，发给他们种子、口粮，用于屯田耕种。恩威之下，使这些居于偏远地域的部族纷纷归附清廷，相约共同抗击沙俄。

同时，沙尔虎达在黑龙江流域施行坚壁清野政策，号召当地各原住民部落内迁，中上游地区的部落迁移至嫩江流域，中下游地区的部落迁移至松花江、

---

① 《清世祖实录》卷66，顺治九年七月丁亥条。

乌苏里江流域，让俄国人在黑龙江当地抢无可抢。

三、弥补火器劣势

当时东北驻防八旗兵装备的轻火器，主要是火门枪，结构原始、射程近、杀伤力小，与俄军使用的重火绳枪相比有很大劣势。但是，要想大规模制造、改良火枪，短时间内也来不及。于是，顺治帝想到了朝鲜。

明朝抗倭援朝之役后，朝鲜朝野上下意识到了与日本的火器差距，开始大规模列装火枪，特别是大量仿制西洋鸟枪。到顺治初年，朝鲜军队已经成为一支火器装备率超过50%的军队。

为了弥补火枪劣势，顺治帝令朝鲜选拔100名火枪手到宁古塔报到。朝鲜随即派出了一支152人的队伍，其中领军1人，翻译2人，旗鼓手、辎重兵48人，火枪兵101人。

好啦，万事俱备，出门报仇吧。

哈巴罗夫走后，俄军在斯捷潘诺夫的统领下，以呼玛尔寨为根据地，继续在黑龙江中上游四处劫掠。呼玛尔寨位于今天黑龙江省的呼玛县，建立在呼玛河汇入黑龙江的河口，在雅克萨的东南方向。

自从沙尔虎达上任后，俄国人的情况是一天不如一天。由于沙尔虎达施行的坚壁清野政策，黑龙江两岸部众内迁，几百名俄军抢不到粮食，自己种又得等大半年，情况十分窘迫。无奈之下，斯捷潘诺夫只好决定，冒险去松花江流域抢劫。

1654年（顺治十一年）5月20日，斯捷潘诺夫率领四百余名俄军出发，于6月初进入松花江。此前，沙尔虎达已经在松花江口设立哨所，俄军进入松花江的消息很快被清军侦知。随后，沙尔虎达挑选八旗兵300人、赫哲民兵300人、朝鲜兵100人，战斗部队共计700人，协同后勤保障人员，水陆两路并进，出击俄军。

清军的船队有大船20艘，每艘可容纳17人，小船140艘，每艘仅能容纳四五人；骑兵则列队在江岸行进。全军自宁古塔出发，沿牡丹江左岸支流海浪河顺流而下，先入牡丹江，再入松花江，搜寻俄军。6月6日，两军在松花江下游地区遭遇。

根据朝鲜方面的描述，俄军共有战船39艘，其中大船13艘，小船26艘，不管大船、小船，均比清军乘坐的同类船只要大，类似朝鲜之役中日本人的战船。此战为沙尔虎达第一次与俄军交战，面对俄军的大船，他没有选择硬拼，而是令清军船队向岸边靠拢。同时，他令岸上的清军迅速占领制高点，布设火炮阵地；令朝鲜兵在岸边以树木、土墙作为屏障，布置火枪阵地。

根据俄国史料记载："6月6日，哥萨克沿松花江航行时，遭到一些乘小船航行的中国人的攻击，而中国的陆军就在江岸上。中国人用大炮向斯捷潘诺夫的船只射击，又从土筐垒成的防御工事和土壕里向外射箭。还有一部分中国人乘舢板切断哥萨克前进的道路"①；"许多哥萨克受了伤，火药和铅弹打完了"②；"他们打起仗来是有兵法、有队形的"③。

朝鲜人的记载："彼贼不能抵挡，且多死伤而遁走。"④

双方对射，在岸边有固定阵地的清朝联军占有一定优势。两方记载也基本吻合，这一战的胜负自明。各方史料中都未给出此战清俄两军的伤亡情况，但朝鲜军队有记录，无一阵亡。

此战虽获胜，但清军的战船劣势仍然让沙尔虎达不安。他认为俄军船大，清军皆是小船，在水战中吃亏，且不能持续追击俄军。于是，他上奏顺治帝，请求在三姓（今黑龙江省依兰县）设船厂，建造新式大船，顺治帝当即批准。

另一方面，听闻清军获胜的消息，顺治帝十分振奋，决心一劳永逸地铲除黑龙江流域的俄军。

顺治十一年（1654年）十一月，顺治帝命议政大臣明安达礼亲自挂帅，率军征伐罗刹。明安达礼是个猛人，一年前他还是兵部尚书，相当于国防部长。之前他跟着多铎远征喀尔喀时，一战之中曾亲手斩杀敌军十一人，可谓是死人堆里滚出来的将军。根据顺治帝的计划，明安达礼这次出征不再以野战为目的，而是直捣俄军老巢——呼玛尔寨。

俄军这边，松花江口作战失利后，西伯利亚各要塞又陆续向黑龙江流域补

---

① ［俄］А.П.瓦西里耶夫著，《外贝加尔的哥萨克（史纲）》第一卷，135页。
② 同上书，135页。
③ 同上书，136页。
④ 高永一著，"从《行中记事》看一六五八年的黑龙江之战"，刊登于《延边大学学报（社会科学版）》1988年02期。

充兵力，寨中俄军增至五百名。在补充来的军人中，有一个叫<u>别克托夫</u>的老哥萨克，是一名要塞建设专家。听闻中国大军即将到来的消息，别克托夫将呼玛尔寨进行了全方位的升级。

他首先将寨堡四周的围墙加固，在之前一层木栅的基础上，隔出约二十厘米的距离，再筑一层木栅。两层木栅之间，填筑粗砂土，再浇水。冬天一到，围墙就自然冻住，构成了一道木土复合城墙。在寨堡的四角，他构筑四座炮台，在城墙上开口作为射击孔。在寨堡的中央，他垒土建立一个制高炮台，炮口高于城墙，将口径最大的火炮放在此处。

寨堡内还建立了灭火系统，以水井为中心，向四面城墙挖引水渠，保证各方向都能就近取水。在寨堡外围，他挖了宽、深各两米的壕沟。壕沟内外，插上倒置的箭头，其上再铺上薄薄的一层草土进行伪装。

不愧是老哥萨克，真是损到了骨子里。

1655年（顺治十二年）3月13日，明安达礼率军到达呼玛尔堡。根据俄方史料的描述，清军此次出动了一万大军。这个数字肯定是夸张了，一万多人在没有驿站、粮库的地方长途跋涉，不要说打仗，不溃散就是奇迹。所以，我估计清军此次出动的兵力大致在两千至三千人。

清军到达时，有二十名哥萨克在寨堡外砍柴，被清军直接击毙，这场冲突让寨堡内的俄军发现了清军。比较搞笑的是，由于乌扎拉村的胜利，起初斯捷潘诺夫压根没把清军当回事，他竟然还主动出击，派出一百余人冲击清军阵营。结果可想而知，其中的84颗脑袋被清军挂在了裤腰带上。之后，俄军就不再出击了，开始龟缩防御。

清军则在城外架设四处炮台，炮击俄军寨堡。但由于寨堡建设得太过坚固，且此时清军的火炮威力也一般，并未对寨堡造成严重杀伤。清军连续炮击数天，并于3月25日夜发动一次突袭，由于壕沟阻拦、寨堡城墙坚固等原因，未能攻克。

此时，清军的情况就有点儿危险了。要知道，俄历的3月即为阴历的二月，还是黑龙江的二月，那是相当、相当冷的。而清军的补给都要从后方运输，迁延日久，大军自溃。所以，明安达礼选择了主动撤军。

这次远征给了清军一个教训，在没有驿站、粮库和行政机构的地方作战，不宜带过多军队，不然一旦后勤物资用完，就会陷入进退两难的境地。

虽然清军撤了，但是俄国人的处境并没有改观。清军撤离时，烧毁了寨堡周边俄军种的庄稼和冻结在江面上的俄军船只。俄国人本来就没多少粮食，现在来年收获的希望、抢劫用的船都没了。即便如此，相比同行，斯捷潘诺夫这伙儿人还算是混得不错的。

1655 年（顺治十二年），雅库茨克督军区内一个叫<u>索罗金</u>的俄国人不堪忍受督军官员的压迫，鼓动周边农民起义，组成了"索罗金匪帮"。匪帮共聚集了三百多人，先抢勒拿河地区的俄国人，再跑到黑龙江流域抢当地原住民。南下的时候，他们跟哈巴罗夫一样，怀揣着占领博格德汗银矿的远大梦想。

匪帮到达黑龙江后，好巧不巧的碰到了清军与当地民兵组成的巡哨部队，当即被打死四十人。从此之后，这伙儿匪徒就不敢继续南下了，而是待在黑龙江以北空无一人的森林中。当年，匪帮成员全部被饿死。斯捷潘诺夫率军去黑龙江下游抢粮食时，发现了这些人的尸体，这正应了成语"兔死狐悲"。为了避免落得跟同胞一样的下场，斯捷潘诺夫不得已再次派人去松花江流域抢劫。

1657 年（顺治十四年），斯捷潘诺夫派出一小队俄军深入松花江流域找粮食，在<u>尚坚乌黑</u>地方（牡丹江汇入松花江江口附近）遭遇清军。清军以阵亡三人的代价，全歼该股俄军。

到这会儿，黑龙江对俄国人而言就如同鸡肋一般，继续占着捞不到好处，放弃又感觉太可惜。但是对沙皇而言，他并不在乎前线俄军的死活，占领新的领土和博格德汗的银矿才是他关注的重点。1655 年，沙皇宣布在黑龙江流域建立"阿穆尔①督军区"，这个意思是打算在这里常住下去。

既然不愿意走，那就只好用武力请你们搬家了。

---

① "阿穆尔河"为俄国人对黑龙江的称呼。

第七节 决胜混同江

至顺治十五年（1658年），清军这边可谓是万事俱备。

（一）三姓造船厂新建五十余艘大船，每艘船上都配备一门火炮。

（二）由于之前沙尔虎达的招抚政策，黑龙江女真诸部大都与宁古塔定期联络，清军的情报网四通八达，对俄军动态了如指掌。

（三）顺治帝再次要求朝鲜提供二百名火枪手。同时，宁古塔驻防八旗兵也装备了鸟枪，火器劣势已不复存在。

接下来，就是开打。

这次出征，沙尔虎达准备了"大船三十六只，中小船十二只"；船上共有"大小诸炮五十座，同炮手一百名"，大船每艘配清军、朝鲜火枪手各五人。[①] 此次出征的军队，有清军约一千人，其中火枪手一百余人，火炮五十门；朝鲜军队二百人，全部为火枪手。当年六月初四，中朝联军自三姓出发，沿松花江顺流而下，搜寻俄军。

俄军这边，斯捷潘诺夫不敢去松花江抢，只好跑去黑龙江下游抢。他带着五百余名俄军，乘坐十几艘船，在松花江口至乌苏里江口这段江面徘徊，伺机登岸抢掠。

六月初十，中朝联军进入黑龙江，在距松花江口二十里的地方[②]遭遇俄军船

---

① 参考高永一著，"从《行中记事》看一六五八年的黑龙江之战"。
② 今黑龙江省同江市境内。

队。此地为松花江、黑龙江的汇合处，故又称"混同江"。

此战，双方的力量对比悬殊。之前俄军的大船都被明安达礼烧了，现在他们只有十几艘小船，而清军则是清一色的新造大船。由于之前几次战役的失败，部分俄军患上了"恐清症"，看到清军五颜六色的旗帜沿江而来，竟有180名俄军不战而逃，他们驾船向下游疾驰，逃离战场。

这样，五百名俄军只剩下三百余人。斯捷潘诺夫只能带着剩下的俄军，硬着头皮开战。面对两军战船的巨大差距，他cosplay（扮演）了一把沙尔虎达的战术，下令俄军全部船只靠岸结阵，试图依托岸边掩护物，与清军对射。具体交战情况，我们直接来看史料原文。

先是俄国人的。

"1658年6月30日，斯捷潘诺夫带领五百名哥萨克顺阿穆尔河下航去搜刮粮食，在松花江河口的下游，被中国人包围了"；"长期把生命当儿戏的哥萨克们，显然在敌人面前洒了鲜血，代价是昂贵的"；"（斯捷潘诺夫）最后在敌人中间消逝了，就像一座悬崖，被大浪吞没了一样"。[①]

再看看朝鲜人的记叙，这个就比较详尽了，将整个战役的过程分为三步。

第一步："诸船一时梉射炮，俱发丸矢如雨，势急呼吸。贼率在屋上放炮者，不能抵挡，并皆隐入屋下，或弃船走匿于草莽中。"[②]

翻译一下：清军船队靠近俄船，各船的火炮、火枪、弓箭齐射，频率比呼吸频次还高。之前在甲板上射击的俄军无法抵挡，要么躲到甲板之下，要么弃船跑到岸边的草丛中。

第二步："诸船环绕贼船，以要钩金拘接贼船，射炮手俱登贼船上，举火焚一船"；"（后又）急发火箭，连焚七船"。[③]

翻译一下：等到俄军的火枪手都偃旗息鼓了，清军船只开向俄船，将它们围住，并用铁钩拴住。火枪手登上敌船，放火焚烧，将那些躲在甲板下的俄军逼出来。之后继续向其他敌船发射火箭，一连烧了七艘。

---

① ［俄］А.П.瓦西里耶夫著，《外贝加尔的哥萨克（史纲）》第一卷，144页。
② 高永一著，"从《行中记事》看一六五八年的黑龙江之战"。
③ 同上文。

第三步:"贼卒下岸者四十余人,后营诸船一时直追,射斩贼人四十余名。"①

这个就不需要翻译啦。

此战战果如下:清军焚烧敌船七艘,缴获三艘;俄酋斯捷潘诺夫被当场击毙,斩获俄军首级 270 个,生擒十余人,救出被掳妇女一百余人。俄军的三门火炮及全部武器弹药,还有他们之前抢掠的貂皮 3080 张,均被清军缴获。

中朝联军伤亡情况:清军阵亡 90 人,伤 200 余人;朝鲜军队阵亡 8 人,伤 37 人。

别急,还没完。

上文说过,有 180 名俄军还没开打就跑了。在半路,他们遇到了尼布楚据点派来接应的 30 名俄军。接下来,搞笑的一幕出现了。这些逃兵不敢跟清军打,在自己人面前反而抖起了威风。他们把接应部队结实地揍了一顿,洗劫了他们的财物和武器,之后跑到黑龙江下游地区继续作恶。

本着除恶务尽的原则,沙尔虎达并没有忘记他们。顺治十七年(1660 年),沙尔虎达的儿子巴海率军出击,在黑龙江下游地区遭遇俄军。史载:"俄罗斯人败,弃舟走,巴海逐战,斩六十余级。俄罗斯人入水死者甚众,得其舟、枪、炮若他械。"②之后,巴海又捣毁俄军据点古法坛村,全歼据点内俄军,救出被掳妇女四十七人,招抚周边费雅喀部十五村、一百二十余户。

古法坛村在今俄罗斯境内的伯力市附近,现在俄方称伯力为哈巴罗夫斯克,是的,就是以上文那个哈巴罗夫来命名的。他是幸运的,因为退休,导致他成为硕果仅存的、未被清军打死的"黑龙江开拓英雄",这才让他的名字能够出现在今天的地图上。我一直在想,要是沙皇批准了哈巴罗夫"再征黑龙江"的请求,这个事就算圆满了。

盘踞在呼玛尔堡、不足百人的俄军残部,也在弹尽粮绝后,于顺治十七年(1660 年)返回雅库茨克。至此,自雅克萨至黑龙江入海口,所有俄国侵略者被全部肃清。

---

① 高永一著,"从《行中记事》看一六五八年的黑龙江之战"。
② 赵尔巽等撰,《清史稿》卷 243,列传三十。

自崇祯十六年（公元1643年）波雅尔科夫率133人窜入黑龙江流域以来，沙俄累计派出两千余人进犯此地。据不完全统计，侵略者累计屠杀、掳掠当地原住民部众四千多人，为祸达十七年之久。

顺治帝亲政后，决心以武力驱逐侵略者。自顺治九年（1652年）至顺治十七年（1660年），清廷先后六次对俄用兵，分别为乌扎拉村之战、松花江之战、呼玛尔堡之战、尚坚乌黑之战、两次黑龙江之战。最终，除了哈巴罗夫等少数幸运儿外，绝大多数侵略者将他们的尸体永远地留在了这片黑土地上。

对于第一阶段的黑龙江征服运动，俄国人也承认了自己的失败。

《外贝加尔的哥萨克》中写道："雅库次克人的远征失败了。"①

《西伯利亚史》中写道："至少可以认为，十年之内往阿穆尔去的和死在那里的达一千五百人。"②

用我们的传统话术总结就是："义武奋扬，跳梁者，虽强必戮。"

说说战后的事。

顺治十六年（1659年），沙尔虎达病逝于宁古塔，享年六十一岁。在去世前的几个月，他还在整理军备，准备剿灭在黑龙江下游为祸的俄军残部。

当年三月二十五日，这位戍边老将的棺椁运抵北京，顺治帝令内大臣、一等公爱星阿及礼部副部长甯古里等前往迎奠，并由二人安排丧葬事务。顺治帝有感于老将军功勋卓著，为其定谥号为"襄壮"，立碑纪念。令沙尔虎达的儿子巴海承袭其父的官职，仍为镇守宁古塔将军，保卫边疆。

在此之前，居住在黑龙江下游及库页岛的费雅喀部从未向清廷朝贡。俄寇被驱逐后，费雅喀部温屯村等九村首领，感恩顺治帝出兵驱逐沙俄，帮助他们恢复家园，于顺治十六年（1659年）来到宁古塔，主动要求进京朝贡，贡品为上等的黑狐皮、貂皮。

顺治帝念其路途遥远，往来不易，有旨："以后该部进贡即送至宁古塔，将贡使遣回，贡品转送京师。"为防止对方误解，顺治帝又加了一句，"因该部初

---

① ［俄］А.П.瓦西里耶夫著，《外贝加尔的哥萨克（史纲）》第一卷，147页。
② 同上书，150页。转引自斯洛夫错夫著《西伯利亚史》，第55页。

附,有欲赴京朝见者,从其便。"①

以义击暴,以德服远,然也。

这里,我献丑古体诗一首,纪念一下有点儿冷门的沙尔虎达和更冷门的顺治朝抗俄斗争。

黑水行

长山连东海,大江裂北荒;
世外桃源地,何辜尽凋伤。
罗刹显峥嵘,逞凶恃火枪;
庐舍化灰土,百姓各奔亡。
天子钦点兵,宿将归故乡;
八荒布教化,六合张罗网。
连旗白山下,列船黑水上;
炮鸣惊霄汉,铳发震穹苍。
俄酋肝胆裂,逆战不复行;
火龙覆敌船,决胜混同江。
义兵击暴匪,德政服远方;
魂归华夏冢,襄壮奠国殇。

顺治帝这种恩威并施的做法,使得黑龙江流域各部族对清廷感恩戴德,下一步清廷派遣官员管理、建立行政机构,进而将此地纳入清帝国直辖版图,就顺理成章了。然而不巧的是,顺治十七年(1660)八月十九日,董鄂妃病逝,之后,顺治帝的日子也不多了,所以这件事就耽搁了下来,算是一个不大不小的遗憾。

顺治朝对俄军事行动,在当代已经很冷门了。然而在当时,对俄、蒙两方均产生了重大影响。

---

① 《清史编年》第一卷(顺治朝),553 页。

一、对蒙古

黑龙江流域这一系列战争，是沙俄进入西伯利亚以来遭受的最大挫折。战后，清帝国在周边藩属政权、部落中树立了"公正、强大、仗义"的形象，这对前文所说的"蒙古（喀尔喀）—卫拉特联盟"产生了重大影响。关于这一点，我会在后文详解。

二、对沙俄

顺治朝的一系列战争，沉重打击了沙俄对黑龙江流域的征服计划。在入侵黑龙江之前，整个雅库茨克督军区能拿枪的成年俄国男子也就一千余人，基本上全部死在了黑龙江，这相当于打废了沙俄在西伯利亚的一个督军区。之前那些怀揣着"占领博格德汗国银矿"梦想的野心家，也纷纷偃旗息鼓了。

此战之后，沙皇和西伯利亚的督军们都意识到，与中国人作战，是一项长久的系统性工程，一味使用暴力、单靠某个督军区，是无法征服黑龙江的。

所以，俄国人开始稳扎稳打，他们自黑龙江上游地区开始运营，在此建立前沿据点，以整个西伯利亚乃至莫斯科的力量去保障这个据点的物资供应。这个据点被俄国人命名为"涅尔琴斯克"，即大名鼎鼎的"尼布楚"。

不久之后，康熙帝也将子承父业，继续与侵略者斗争。

第五章 ◇

平三藩、收台湾
一代英主初长成

第一节 两位猛人，两位牛爹

明末清初，可谓是一个猛人辈出的时代。民军的猛人有高迎祥、李自成、张献忠等；明朝的猛人有孙承宗、孙传庭、袁崇焕等；清朝的猛人有皇太极、多尔衮、多铎等；南明的猛人有何腾蛟、李定国等，轮番登场，逐鹿天下。在这诸多的猛人之中，有两位是十分特别的，因为他俩同时具备以下六个特点。

（一）并非明、清宗室出身，也没打着义军的旗号去推翻现政权，却能够凭借老爹积累的资本和自己的本事在乱世中打下一片地方，作为异姓封王，名正言顺地割据一方。

（二）在关乎人生命运的节点，即是否向清军投降这件事情上，他俩能够做出明智的判断。一个毫无原则地投降了，一个坚持原则不投降，后面的历史发展证明，他俩的抉择都获得了巨大的收益。

（三）他俩的爹都在敌方手里，敌方都曾用人质威胁他俩就范，他俩则表示：有本事你就杀！而对方最后也真杀了。

（四）在同期己方阵营的武将战功排名中不会跌出前二。

（五）与清廷敌对后，他俩活着的时候都能让清军对其无可奈何。

（六）在位极人臣、享尽荣华、裂土封王、阅女无数、杀人如麻、以割据对正统、以一隅抗全国之后，他俩都混了个自然死亡。

说到这里，大家应该就能猜个八九不离十了，这两位仁兄即为吴三桂和郑成功。说起来，他俩都属于官二代，他俩的爹也都是牛人。

先说说吴三桂父子。

吴三桂的父亲叫吴襄，字两环，祖籍南直隶高邮（今江苏省高邮市）。天启二年，他参加科举考试，考中武进士。武举中第后，吴襄当上辽东都指挥使，进入军队系统。从后面历次战争的表现来看，吴襄打仗的水平实在是让人不敢恭维，但是他搞关系是把好手，先后抱住了两条大腿。

第一条大腿叫"祖大寿"，吴襄娶了他的妹妹，两家结成姻亲。祖大寿我在前章节介绍过，这里不再赘述。

第二条大腿叫"高起潜"，这位老兄是个太监，深得崇祯帝信任，担任过"宁锦、关宁监军太监"，最擅长的事情就是杀良冒功，后来他还坑死了卢象升。就这么个人，吴襄极力巴结，让吴三桂认高太监当了干爹。

这样，吴襄在朝中有太监撑腰，在辽东又跟地头蛇联姻，迅速成长为一股强大的势力。袁崇焕死后，锦州到山海关这片地方，基本是祖、吴两家的天下。

这种家庭环境下成长起来的吴三桂，起步自然很高。他从小学文习武，不到二十岁就考中了武举。再加上他天赋异禀，膂力绝伦，很快就在关宁军中小有名气。可是呢，吴襄还嫌儿子进步不够快，随后，他用一种十分特殊的方式帮助儿子进步。

崇祯四年（1631年），吴襄率军救援被围大凌河的祖大寿，作战时带头逃跑，导致明军溃败；崇祯七年（1634年），他率军救援大同，再次溃败。这种水平，就不适合再领兵打仗了。于是，吴襄退居二线，吴三桂登上前台。

崇祯八年（1635年），因吴三桂在平定孔有德山东叛乱的过程中表现突出，崇祯帝任命其为"前锋右营副将"，相当于副总兵；崇祯十二年（1639年），在高起潜的举荐下，吴三桂升任"钦差镇守宁远中左中右等处地方团练总兵官、右军都督府都督同知"[①]。通俗点儿说，这是一个负责练兵的军区司令，山海关外到宁远这片地方的练兵事宜，吴三桂说了算。这一年他还不到三十岁，之后他练就精兵四万。

自己打败仗，让儿子接班，吴襄这也算是"煞费苦心"了。

接下来，就是清军入关了。现在很多人骂吴三桂是汉奸，其实如果分析一下当时的局势，你就会发现吴三桂降清才是人之常情，不降清反而是怪事。

[①]《清史编年》第一卷（顺治朝），13页。

首先，在这个节点，吴三桂的舅舅祖大寿、老上司洪承畴、哥哥吴三凤、表兄弟祖可法、好友张存仁等，都在清朝那边儿打工（皇太极是真能拉人），而且混得都不错。而崇祯帝手里握着的，只有在北京的吴襄，你说吴三桂跟哪边更亲呢？

其次，崇祯十七年（1644年）三月，李自成都快打到北京了。崇祯帝才紧急加封吴三桂为"平西伯"，令他放弃山海关以外的城池，率军入关保卫北京。这种临时抱佛脚的行为，是很不厚道的。你要知道，吴家的基本盘就在辽西走廊，这里有他家的田庄、佃农、房产，现在崇祯帝让他放弃，他舍得吗？

最后，虽然明朝皇帝封边将为伯爵已经是很高的封赏了，但是人家清朝那边儿的筹码更高，多尔衮许诺吴三桂的爵位是平西王，比伯爵要高三个档次。

综上，换作是你面对这种局势，大概率也会选择降清，况且吴三桂本来就是个不太讲原则的人。

接下来的山海关大战，吴三桂以四万关宁军出城当肉盾，被李自成的十万大顺军①团团包围，硬是顽强地顶住了。等到两军精疲力竭之际，多尔衮令多铎、阿济格率领两万八旗骑兵，从吴军右翼阵后突然杀出，冲击大顺军包围圈的左翼，内外夹击，大顺军溃败。随后，吴三桂率军一路追击，在北京城外再次击败大顺军，把李自成撵出北京城。可以说，李自成的精锐主力，就是被吴三桂打垮的。

入关后，吴三桂率军"攻克山、陕二省五十八城"②。顺治帝亲政后更是委其以重任，让他独当一面。他又打下了四川、贵州、云南，攻入缅甸，生擒南明永历帝朱由榔，随后封藩云南、贵州。这就是吴三桂在清朝统一战争中的整体表现。按军功排名，他在清朝这边儿仅次于多铎。两人在内战中的表现不分伯仲，但多铎胜在有突出的外战表现，他率军远征漠北，重创喀尔喀左翼，后章节会详解。

再说说郑芝龙、郑成功父子。

---

① 《清世祖实录》《小腆纪年附考》中记载，李自成军队人数为二十万，笔者认为不太可能。这里取《南明史》中的记载，即十万人。
② 《清世祖实录》卷60，顺治八年九月壬午条。

虽说吴三桂的爹已经算是很牛了，但是比起郑成功的爹，还是逊色不少。用比较时髦的词来形容，郑芝龙就是明末的"海贼王"。

郑芝龙，初名一官，字飞黄，福建南安人，出身于明朝公务员家庭，家族世代为"府掾"，也就是县官审案时旁边站着的师爷。要说这个身世也算不错了，但是由于福建南安比较贫穷，当府掾也没啥油水可捞；而且郑芝龙又不喜欢读书，眼看着也不能接他爹的班。所以，在郑芝龙十七岁那年，他爹就把他们兄弟几人通通逐出家门，让他们自谋生路。

郑氏兄弟先是去澳门投靠舅舅黄程，为他运送货物，干一些走私买卖。某次，郑芝龙护送货物去日本平户，机缘巧合地认识了日本华人李旦，并投入其门下，这是郑芝龙发家的起点。

李旦，福建泉州人，久居日本，海盗巨魁。他有一支庞大的武装船队，常年在东南亚和中国近海打劫过往商船。由于郑芝龙在澳门期间学会了葡萄牙语和荷兰语，所以他经常充当翻译，处理李旦海盗集团的涉外纠纷，成为其得力助手。有些史料记载，李旦将郑芝龙"抚为义子"，郑芝龙对李旦则是"以父事之"。

李旦死后，郑芝龙继承了李旦的部分船队和其在明朝东南沿海的势力范围。换句话说，郑芝龙也成为一名海盗，"据海岛，截商粟"①。但是，郑芝龙所做的事情，与传统的海盗不太一样。

首先，郑芝龙不怎么杀人。史载："芝龙之势如此，而不追、不杀、不焚掠。"②被他抢劫的地方、船只，只要按照他的要求缴税就可以了，其他不问。

其次，郑芝龙不仅不杀人，还给贫苦无依的人发放钱米赈济，时"闽中大饥，望海米不至，于是求食者多往（郑芝龙处）投之"③。郑芝龙帮助这些饥民谋生路，将他们移民到台湾种地。

再次，郑芝龙与荷兰人很不对付。

天启四年（1624年），荷兰东印度公司入侵台湾，占据西南部的台湾城

---

① [清]谷应泰撰，《明史纪事本末》，共四册、80卷，中华书局（1977年）。引自该书卷76，"郑芝龙受抚"。
② 同上书。
③ 同上书。

（今安平）和赤嵌城（今台南），开展殖民统治。史载："（荷兰）侵夺台湾地，筑室耕田，久留不去。"①在当时，很多海盗与荷兰人勾结，沆瀣一气，但郑芝龙却不这样做。他向台湾移民种地，跟荷兰人抢地盘，而且动辄打劫荷兰商船，双方屡有冲突。

最后，郑芝龙与其他海盗很不对付。当时东南沿海的海盗团伙可不止郑氏一家，史载："袁进、李忠、杨禄、杨策、郑芝龙、李魁奇、钟斌、刘香相继为乱，海上岁无宁息。"②而郑芝龙很有产权意识，他规定，东南沿海是他的地盘，其他海盗不准来，来了他就打。

郑芝龙的这些特点，可以归纳为"欺强不凌弱"，很有点儿梁山好汉的意思。这一点被当时的明朝福建巡抚熊文灿看在了眼里，他改剿为抚，于崇祯元年（1628年）招安郑芝龙，授其为明朝的海防游击将军。

虽说郑芝龙接受了招安，但其实换汤不换药，他的军队依旧只听他的指挥，他相当于东南沿海的一股割据力量。然而，正是这股割据力量，为保卫明朝海疆作出了巨大贡献。下面，我就以大海盗刘香举例，聊聊郑芝龙的实力。

崇祯五年二月，"海寇刘香乱，遣游击郑芝龙击破之。"③

"崇祯五年十一月，海盗刘香老犯福建小埕，游击郑芝龙击走之。"

"崇祯八年夏四月，福建游击郑芝龙合粤兵击刘香老于田尾远洋。香老势蹙，自焚溺死。"④

同样，荷兰人也没少挨揍。史载："红夷（荷兰）乘间袭陷厦门城，大掠。……芝龙亦驰援，焚其三舟"⑤；"崇祯中，（荷兰）为郑芝龙所破，不敢窥内地者数年"⑥。

总结一下就是，谁不服就揍谁，我的地盘我说了算，名副其实的海贼王。就这样，海盗们被打死了，荷兰人被打怕了，朝廷被其武功折服了，有了"八

---

① ［清］张廷玉等撰，《明史》卷325，列传第二百十三，外国六。
② ［清］张廷玉等撰，《明史》卷323，列传第二百十一，外国四。
③ ［清］张廷玉等撰，《明史》卷235，列传第一百二十三。
④ ［清］谷应泰撰，《明史纪事本末》卷76，"郑芝龙受抚"。
⑤ ［清］张廷玉等撰，《明史》卷235，列传第一百二十三。
⑥ ［清］张廷玉等撰，《明史》卷325，列传第二百十三，外国六。

闽以郑氏为长城"的说法，民间称其为"闽海王"。郑芝龙手握雄兵，称雄海上，虽无藩王之名，实有割据之实。

清军入关后，攻灭了南明第一个政权弘光，占领南京。在这个背景下，割据福建的郑芝龙与南明礼部尚书黄道周，于顺治二年（1645年）六月二十七日在福州拥立明朝宗室唐王朱聿键称帝，是为"隆武帝"，也是南明第二位皇帝。

隆武帝登基后仅两个月，也就是当年八月，清军就在博洛（努尔哈赤之孙）的率领下大举进攻福建。郑芝龙奉行不抵抗政策，将福建北部的守军后撤，陆军屯驻在安平，海军屯驻在金门。九月间，清军先后攻占兴化、泉州、漳州等州府，占领大半个福建。

郑芝龙之所以这么做，是因为早在当年六月，他就秘密联络清朝江南总督洪承畴，相约投降。博洛进军后，又给郑芝龙去信言道："西粤未平，今铸闽粤总督印以相待。"[1] 博洛的意思即：广东尚未平定，我先铸造"闽粤总督"的大印预备着。等你打下了广东，你就可以节制福建、广东两省。

郑芝龙收到信后大喜，一方面让自己的军队后撤，避免与清军交战；另一方面让亲属子弟收拾东西，准备投降。这时，有两个人坚决反对，一个是他的老婆田川松，另一个是他的儿子郑成功。

---

[1]《清史编年》第一卷（顺治朝），143页。

第二节 郑成功——英雄当如是

田川松，日本人，万历三十年（1602年）出生于日本平户藩。其生父早亡，其母改嫁中国移民翁翊皇，田川松也成为翁翊皇的继女，所以她也被称为"翁氏"。

郑芝龙在日本期间，由李旦牵线，娶田川松为妻。婚后，郑芝龙出海回国，一走就是七年。他走后不久，田川松为其诞下一子，由于丈夫不在身边，她就用自己的方式为孩子取名。她将"福"字夹在"郑"与"松"之间，即为"郑福松"，寓意两人生下了一个福宝宝。

顺治元年（1644年），郑芝龙将郑福松接回南京求学，拜大名人钱谦益为师。钱老师认为"福松"二字太过俗气，将其改为"森"，即"郑森"，字"大木"，取"整肃、繁茂"之意。隆武帝在福州登基后，接见了郑森，惊为天人，委任其为自己的亲军统领，并再次为其改名为"成功"。这就是"郑成功"这三个字的来历。

当郑芝龙决意降清时，郑成功哭谏、田川松苦谏，郑芝龙不听。随后，郑成功与父决裂，率部众进驻金门。临走前，郑成功颇为讥讽地对他爹说道："从来父教子以忠，未闻教子以贰。"[1]

由上可见，郑成功不投降是出于"道义"。其实，就算是从"道理"这个角度来讲，郑芝龙降清的方式也很有问题。投降是门大学问，要想投降后获得高

---

[1]《清史编年》第一卷（顺治朝），143页。

收益，那你要么投得"好"、要么投得"早"，不然最好别投。

所谓"好"，是你得有价值。例如吴三桂，虽然在他正式投降前，多尔衮就许诺其为"平西王"，但是正式的封王仪式直到山海关大战之后才举行。这是因为，吴三桂的军队在山海关大战中表现出了强大的实力，让多尔衮认为其值得"平西王"这个爵位。

反例就是孙可望，他在兵败图穷之际投降清廷，已经没啥利用价值了。清廷虽然仍按照之前的许诺封其为"义王"，但两年后他就离奇身死。他的儿子继承了他的王位，几个月后也因不明原因身死，其后代承袭的爵位也依次递减。

郑芝龙比孙可望还要离谱。其实，郑芝龙本来是很有价值的，他的表现我上文也说了。但是，当清军攻入福建时，他不抵抗；要投降了，儿子和其他不愿投降的郑氏族人又拉走了不少队伍。对外没展示出战斗力，对内没展示出凝聚力，这种水平还值得"闽粤总督"这个官吗？

所谓"早"，是因为投降这种事情就像投资，原始股最值钱，第二拨投资者收益就会减少，高点买入的人就等着赔吧。

像最早投降老努的李永芳、佟养性、石廷柱等人，算是买了原始股，直接从明朝的连长、营长进入军队高级领导层。第二拨投降的孔、尚、耿三人，虽然买的不是原始股，但是这只股票正处在上升期，而且这三人手中的资本足够强大，所以他们也赚了。

等到清军入关后再投降的，就属于中晚期投资者了。例如姜瓖带着八万宣大军投降，得到的官职只是个总兵，与明朝时期一样；李成栋投降清朝后，几乎以一己之力攻下广东，得到的官职也只不过是个广东总兵而已。而郑芝龙投降的时间比上述两人还要晚，表现比他俩还要差，这是典型的高点买入，不赔都算是赚了。

果不其然，郑芝龙投降后的第四天，他和一众亲属、亲信就被清军"护送"到北京，随后被软禁。郑芝龙启程前，曾召田川松同行，被拒绝。顺治三年（1646年）十一月，清军将领韩岱率军攻打安平。城内的田川松不肯逃亡，而是整理衣装，持剑端坐正堂。清军入城后，田川松剖腹自杀殉国，卒年四十五岁。

见识、气节皆不如一妇人，吾窃为闽海王不齿！

郑成功听闻母亲殉国的消息，"擗踊号哭"。父亲降清被囚，母亲自杀殉国，自此，郑成功与清朝结下了血海深仇。顺治四年（1647年）正月，郑成功令全军身穿白衣、白甲，返回安平，安葬母亲，设明高皇帝牌位，自称"招讨大将军罪臣"，誓师抗清。

下面，我就简单摘录一下郑成功之后的表现。

顺治四年四月，郑成功与郑彩、杨耿合兵，率军攻入海澄、九都；当年八月，郑成功与郑鸿逵合兵攻打泉州，大败清军提督赵国祚所率的两千军队。

顺治七年（1650年）正月，郑成功攻打广东潮阳县，该城知县开城投降。当年八月，郑成功杀郑联，招降郑彩，一统郑氏诸部，占据金门、厦门，声势大振。当年十月，郑成功率军攻取铜山、闽安、南澳诸岛。

顺治九年（1652年）正月，郑成功再次率军攻打海澄，清朝守将郝文兴开城投降。①

整个顺治朝，郑成功几乎是年年折腾，没有一年消停。由于此时清军没有强大的水师，只能沿海据守，处处被动挨打。

比较有趣的是，顺治帝亲政后，反倒是十分欣赏郑成功，尝试了多次诚意十足的招安。

顺治十年（1653年）五月，顺治帝第一次招安郑成功，封其为"海澄公"，封郑芝龙为"同安侯"，封郑鸿逵为"奉化伯"，封郑芝豹为"左都督总兵官"。在招抚谕旨中，顺治帝说道："朕推心置腹，不吝爵赏，嘉与更始；敕谕到日，满洲大军即行撤回，闽海地方保障事宜悉以委托。"②

为了表示诚意，顺治帝还命招抚官员带上福建沿海州县的印敕，交予郑成功管理，用于委任官吏。郑成功也没客气，将印敕照单全收。然后，他命人拿着印敕去沿海各州县征税，却绝口不提投降的事。

看到郑成功不给回话，当年十一月，顺治帝再发谕旨："兹封尔为海澄公，给靖海将军敕印，照例食俸。因尔部弁兵房地原在泉、漳、惠、潮四府，即命住此四府地方"；"其管民文官俱听部选，尔原辖武官听尔酌量委用"。③

---

① 郑成功战绩根据《清史编年》第一卷（顺治朝）整理。
② 《清史编年》第一卷（顺治朝），375页。
③ 《清世祖实录》卷79，顺治十年十一月戊戌条。

这份谕旨就更真诚了。这相当于将福建的泉州、漳州和广东的惠州、潮州这四个地级市，让与郑成功封藩。四州之内，民务由清廷负责，军务由郑成功管理，军费由清廷按之前四州之内的兵额划拨，但超额部分不管。这都快赶上一个省的地盘了，而当时，郑成功所占的地盘远没有这么大。

谕旨末尾，顺治帝还加了一句："朕再三宣谕，不欲加兵，为地方频年兵火之苦，暨尔父子间隔之情，尔即多所词说，皆所不计。"①这就有点恳求的意思了，顺治这是放低姿态在跟郑成功商量事。

在招抚期间，清朝官员张学圣等四人趁着郑军防备疏忽，偷袭郑军大本营厦门。顺治帝得知后大怒，立刻将这四人革职，令刑部派人将他们押解回京，严刑讯问，做得也是够可以了。

郑成功却答复："请益地方，原为安插数十万之兵将。"②这个意思是，我手下有几十万军队，四个地级市怎么够安插呢？郑成功要求浙江、福建及广东东部所有沿海州县均听其节制，这显然是顺治帝不可能接受的。

招抚期间，顺治帝还让郑芝龙及郑氏子弟写信给郑成功劝降。郑成功回复其父言道："儿名闻四海，苟且作事，亦贻笑于天下。吾父已入彀中，得全至今，幸也；万一不幸，惟有缟素复仇，以结忠孝之局耳，他何言哉！"回复其弟言道："兄之忠贞自待，不特利害不足动吾心，即斧钺亦不能移吾志。"③

大英雄当如是也！

顺治十一年（1654年）七月，南明永历帝有感于郑成功不为清廷裂土封藩的诱惑所动，矢志不渝，册封其为"延平王"。

顺治十五年（1658年）五月，郑成功将积蓄多年的军力组织起来，发起了一场规模浩大的北征。全军共有十七万人，驾大小战船近万艘，自厦门出发，直指南京。然而，天公不作美，当年八月，当郑军走到浙江羊山附近时遭遇飓风，船只沉没五千余艘，士卒淹死八千余人，郑成功的六位妃嫔、三个儿子俱被淹死。但是，郑成功北伐决心已定，他没有返航，而是移师浙江舟山，联络

---

① 《清世祖实录》卷79，顺治十年十一月戊戌条。
② 《清史编年》第一卷（顺治朝），420页。
③ 同上书，420页。

当地抗清将领张煌言,整军再战。

第二年六月,郑成功再次出师,率船队入长江口,逆流而上,接连攻克瓜州、镇江,沿江清军望风而溃。在一个月的时间内,太平、宁国、池州、徽州、和州、滁州等州府俱降,郑军包围南京,张煌言甚至已经计划攻打江西了。

郑成功的军事行动让顺治帝既惊且怒,他用剑砍碎了御座,并一度计划御驾亲征,后被群臣阻拦未行。到这里,郑军的前景一片大好,但危机却悄然浮现。郑军在海上是条龙,在陆上就不太行了。由于他们多为水军,缺乏攻城用的重型器械,面对南京这种坚城,办法实在不多。同时,南京城内的清军最高统帅、江南总督郎廷佐还用了一招缓兵之计,他派人对郑成功说:"我们这边规定,如果守将坚守城池超过一个月再投降,就可以免除对妻子、儿女的处罚,请求给予一个月的宽限期。"这明显是从《三国演义》中抄来的计策,可是,郑成功竟然信了。

就这样,既有客观困难,又有主观臆断,郑成功下令围而不攻。等待一月期限的到来,也等着城中粮尽,迫使守军投降。

要说呢,你围城就好好围,但是初期的巨大胜利让郑成功和属下军官都放松了警惕,郑军"部将复释戈开宴,纵酒捕鱼为乐。"①

看到城外的郑军军纪如此松懈,顺治十六年(1659年)七月二十三日夜,清军苏松镇总兵梁化凤率军冲出南京城,突袭郑军营垒。围城的郑军营垒布置分散,且无统一的指挥号令。一营败后,其他各营看到火光和败军,也跟着一起跑,迅速演变为全军溃败。郑成功本来打算集中水师再战,然而他到江上一看,各部水师也在向东后撤,他只好率军返航。此战,郑军主力损失大半,之前占领的南京周边州府全部丢失。

此战就是我认为郑成功的军功只能排南明将领第二的原因,相比李定国的两厥名王,他还差点儿意思。

这次失利,让郑成功意识到两点:一是在陆地上,郑军的战斗力与清军仍然有着巨大的差距,不能急于求成;二是必须有一处稳固的后方基地,不然兵员损失了无从补充。在这种情况下,郑成功决定收复台湾,作为自己的大后方。

---

① 《清史编年》第一卷(顺治朝),567 页。

顺治十八年（1661年）二月，郑成功率船队自厦门出发，启程收台，令其长子郑经留守厦门。当年四月，郑军攻克荷兰军队据守的赤嵌城，荷兰殖民者驻台湾总督揆一率残部退守台湾城。与攻打南京城的场景类似，郑军因缺乏重型攻城器械，只能以兵围困，待其粮尽后自降。

当年八月，自雅加达而来的荷兰支援舰队进抵台湾海峡，试图与台湾城内守军内外夹击，攻击郑军。郑成功令陆军继续围困，自己则率水师拦截荷兰舰队，一举击沉荷兰战船两艘、俘获两艘。荷兰舰队退入台湾港内，此后再未敢出战。当年十二月，城内弹尽粮绝，揆一出城投降。郑成功对其宽大处理，允许其率残部五百人离台。

收复台湾后，郑成功制定了一系列行政、教育方面的规章制度，组织军队和当地民众屯垦。然而，郑军的形势却每况愈下。郑军士兵多来自大陆，到台湾后与故乡、家人远隔，士气低落、军心离散，很多人偷渡回国降清。加之清廷此时杀郑芝龙、掘郑氏祖坟；南明最后一任皇帝永历帝又被吴三桂绞杀，郑成功为此忧郁成疾。

在此期间，留守厦门的郑经与其弟的乳母通奸生子。消息传来，向来极其重视封建礼教的郑成功震怒，传命金厦守将处死郑经及其母董氏。金厦诸将以郑成功正在病中为由，拒绝执行该命令，实则是计划拥立郑经割据金厦。

消息传来，郑成功既怒且恨，病情迅速恶化，于康熙元年（1662年）五月初八病逝于台湾，享年三十九岁。

郑成功死后，郑氏集团发生内乱，经过一番争斗，郑经取得胜利，继位为延平王。内乱期间，很多将领对郑氏的前景不抱乐观态度，投降清朝。仅康熙元年至三年（1662—1664年），郑氏投降清朝的文武官员就有3985人，士兵40962人，壮丁64230人，家属6.3万人，大小战船九百余艘。[1]

---

[1] 参考《清史编年》第二卷（康熙朝）上，35页。

第三节 弊政百出的四大辅政

在这些投降官兵中,有两个人至为关键,一个叫施琅,一个叫黄梧。这两人的投降,都与郑成功有着莫大的关系。

郑成功是大英雄,大英雄往往就脾气大,而坏事也就坏在脾气大上。一方面,郑成功在治下施行严刑峻法,败阵、失地即是死罪;另一方面,他又多有徇情,对与自己关系较近的人网开一面。

施琅原为郑成功的部将,打仗很有一套,作战方案经常与郑成功相左。两人属于牛人相轻,互相看对方不顺眼。顺治八年(1651年),施琅的一个部下犯法,按律当斩。此人向郑成功求饶,郑成功就派人告诉施琅不要杀他。施琅没有听从命令,将犯罪之人斩杀。郑成功得知后大怒,立刻认定施琅的行为是反叛,将施琅的父亲、弟弟囚禁。施琅走投无路,于当年四月降清,顺治帝任命他为驻守同安副将。

黄梧也是郑成功的部将。顺治十三年(1656年),郑成功兵分两路伐清。一路是由他自己亲率的主力,攻打浙江;另一路是偏师,由苏茂率领,攻打广东,为郑成功的主力军拉扯战略空间。

郑成功这一路比较顺利,大胜而归;苏茂比较倒霉,他遭遇了耿精忠、尚可喜两大藩王的主力,于揭阳战败。按说,苏茂的失败是情有可原的,然而,郑成功回来后,不由分说地斩了苏茂,并处罚随苏茂一起出征的黄梧盔甲五百副,黄梧对此愤愤不平。

当年六月,黄梧与苏茂的堂弟苏明率军官86名、士兵1700名,并携火炮三百余门，献海澄城降清，顺治帝随后封黄梧为"海澄公"。黄梧投降后，先后出了两个损招。一是要求清廷彻底断绝与郑成功和谈的念想，杀郑芝龙，掘郑氏祖坟；二是要求清廷施行迁界禁海。

顺治帝活着的时候，仍然对招抚郑成功抱有一丝希望，并没有把事情做绝。顺治十八年（1661年）正月，顺治帝病逝，其第三子玄烨接班，是为康熙帝。因此时康熙帝年仅七周岁，无处理朝政能力。所以顺治帝在临死之前，令索尼、苏克萨哈、遏必隆、鳌拜四人共同辅政，代理皇帝处理日常政务。

顺治帝之所以选择这四人，是因为他们足够"忠诚"，索尼、鳌拜、遏必隆曾拼死保住了顺治的皇位，苏克萨哈是举发多尔衮的污点证人。然而，这四人的能力实在有限。鳌拜、遏必隆出身于皇太极的侍卫，确实打过不少仗，但从未独当一面；索尼出身于皇太极的秘书，长期负责整理皇室档案；苏克萨哈是多尔衮的近臣，类似索尼之于皇太极。让这些出身于保镖、秘书、顾问的人当清帝国实际的统治者，确实有点儿勉为其难。

皇帝不管事，内阁集体决策，这种制度贯穿了明朝中后期的大部分时间。这就好比一个公司，董事长不管事，找几个部长来经营。这几个人的首要目的就是不出事故，这样自己就可以按时拿高薪。至于改革创新、提高职工待遇什么的，费那劲干吗，反正干好了自己也分不到多少，干不好还要背锅。

这四人当政后，认为黄梧的建议很好，"迁界禁海"既可以防范沿海居民通敌，还能断绝郑氏补给，所以他们立刻将此事付诸行动。当年八月十三日，清廷下"迁界令"，福建、广东、江南①、浙江四省的沿海居民向内地迁移三十里，东南沿海地区成为无人区。

这是一条彻头彻尾的暴政！史载："寸板不许下海，界外不许闲行，出界以违旨立杀"；"（迁移居民）谋生无策，丐食无门，卖身无所，展转待毙，惨不堪言"。②

当年十月，四大辅政又以郑芝龙监押期间私自与郑成功通信为由，杀郑芝龙及其子郑世恩、郑世荫、郑世袭等人，掘郑氏祖坟。

---

① 江南省大致为今天的江苏、上海和安徽。
② 《清史编年》第一卷（顺治朝），636页。转引自《榕城纪闻》（海外散人）。

第四节 三藩之乱的危局

扳倒鳌拜后，康熙帝做的第一件事，就是下令永远禁止圈占关内土地。之后旗人无地的，一律从古北口长城外的荒地中调拨。自此之后，圈地这项弊政被彻底废止了。然后，他就开始处理民生、河务方面的事，并没有急于削藩。对吴三桂，康熙采取的是分化瓦解的做法。

自康熙九年（1670年）开始，康熙帝陆续将云贵地区、非吴三桂心腹的领兵将领，升调外省为将。例如王辅臣，就从云南去陕西当了提督。康熙十一年（1672年），康熙帝又下令重新议叙"进兵缅甸擒获南明永历帝"的战功，赏赐吴三桂下属的138位将领以不同爵位，吴三桂的铁杆儿心腹吴国贵、夏国相都在封赏之列。

一方面，将那些可以争取的人从吴三桂身边拿走；另一方面，以世袭爵位安抚吴三桂的嫡系。这是一种见效比较慢但是很稳健的做法，就像温水煮青蛙，逐渐瓦解吴三桂的势力。然而，一件突发事件让康熙改变了主意。

康熙十二年（1673年）三月十二日，平南王尚可喜突然上疏："臣年七十，精力已衰，愿归老辽东。有旧赐地亩房舍，乞仍赐给。"[①] 奏折中，尚可喜还请求将自己所属的四千多户官兵及家属一并返回辽东，让自己的儿子尚之信留在广东，承袭"平南王"爵位。

需要说明的是，尚可喜这次上疏并非试探，他是真的不想干了，但是他也

---

① 《清圣祖实录》卷41，康熙十二年三月壬午条。

不想撤藩，怎么回事呢？

当时的尚可喜已经七十岁了，眼睛有毛病，看不清东西，所以他就把治下的军务、政务交给长子尚之信管理。尚之信为人骄横、残暴，多行不法之事。尚可喜担心自己今后会受到牵连，所以他才上疏请求回归辽东，并请求让尚之信留在广东，承袭藩王。这样，既能保住他打拼一辈子换来的封藩广东，还能远离尚之信，可谓一举两得。

让尚可喜失望的是，康熙批准了他北迁的请求，但以"藩王现存，子无移袭之例"①为由，婉拒了尚之信承袭平南王爵位的请求，并要求尚之信一同北迁。这样，康熙就将尚可喜请求的"北迁"变成了"撤藩"。

吴三桂听说这个事后，于当年七月初三上疏请求撤藩北归。紧接着，七月初九，靖南王耿精忠②请求撤藩的奏折也到了。两人的奏折相隔仅六天，这说明什么？

这说明他俩为这事提前商量过，而他们之所以请求撤藩，是迫于尚可喜的退休请求而不得不做的一种姿态。

康熙帝召集议政王、贝勒、大臣、九卿、六部尚书共同讨论此事，兵部尚书明珠、户部尚书米恩翰、刑部尚书莫洛等人主张撤藩，大学士图海等人坚决反对，包括康熙帝心腹之臣索额图在内的其他大臣缄默不语，保持中立。

最后，康熙帝拍板，决定撤藩，理由是："（吴三桂等）蓄彼凶谋已久，今若不及早除之，使其养痈成患，何以善后？况其势已成，撤亦反，不撤亦反，不若先发制之可也。"③随后，他派出大臣分赴三藩，主持撤藩事宜，还给三藩属下的兵丁每人预支了六个月的饷银。

这一年，康熙年仅十九周岁，正是容易热血上头的年纪。但是，他做出这个决定并非因为一时冲动，而是有一定依据的。

首先，吴三桂的儿子吴应熊在北京当人质，并娶了康熙的姑姑建宁公主为妻，两家是姻亲。

---

① 《清史编年》第二卷（康熙朝）上，163 页。
② 耿精忠为耿仲明之孙，耿继茂之子，第三任靖南王。
③ 《清史编年》第二卷（康熙朝）上，166 页。

其次，对入关前即投靠清朝的原明朝官员，清廷大都妥为安置。佟氏一门、李永芳一门、石氏兄弟一门、金砺、孙得功一门、三王一公、祖氏一门、张存仁、洪承畴等，个个高官厚禄。所以，康熙认为吴三桂也应该看到这一点，放心北归。

最后，当年吴三桂已经61周岁了，黄土埋半截身子，早就过了适合造反的年龄。

然而，年轻的康熙并不知道，吴三桂这辈子都不信公理、道义，他所信奉的只有强权。如果谁夺去他手中的军队和地盘，就相当于从一个老人手中抢走了拐杖，这是他无论如何都不可能接受的。而且，康熙在谋划撤藩时忘了一件十分重要的事情，那就是准备军队。他所想的只是吴三桂老老实实地接受撤藩，并没有考虑到万一吴三桂叛乱，该如何应对。

大祸就此酿成。

康熙十二年（1673年）十一月二十一日，吴三桂杀云南巡抚朱国治，起兵反清。他自称"天下都招讨兵马大元帅"，建国号为"周"，以下一年为周王昭武元年。云南提督①张国柱、贵州提督李本深从叛。其军队旗帜用白色，步骑兵皆以白毡为帽。②

相比康熙，吴三桂起兵后的操作就老辣多了。他第一时间派兵封锁了云、贵两省的各处关隘，只准进、不准出。随后开始甄别各州府官员，凡是不愿意跟随自己反叛的，统统撤换、杀死。他还写信给平南王、靖南王，以及湖南、陕西、四川的原下属官员，相约共同起兵。

同一时间，耿精忠也在密谋反叛。早在当年八月，也就是他上疏请求撤藩后不久，他就派人去台湾联络郑经，相约共同起兵。耿精忠的计划是，郑经从海上攻击舟山、南京，他自己由陆路出兵，北上浙江、西进江西。作为酬劳，耿精忠许诺，事成之后以漳州、泉州赠与郑氏。

直到当年十二月二十一日，也就是吴三桂反叛后的一个月，康熙才收到了吴三桂起兵的消息。一时之间，朝野纷乱，人心惶惶。大学士索额图密奏，请

---

① 提督为一省或一地区的绿旗总兵。
② 《清史编年》第二卷（康熙朝）上，172页。

求效法汉景帝诛杀晁错之例,杀主张撤藩的官员,以稳住吴三桂。康熙帝大怒,言道:"此出自朕意,他人何罪?"①

变乱来临,不推卸责任,不改变初衷,此举诚然需要惊人的勇气与气魄。但是,勇气与气魄并改变不了急转直下的局势。

康熙十三年(1674年)正月,康熙帝得报:"四川巡抚罗森、提督郑蛟麟、总兵官谭弘、吴之茂等以四川省叛降吴三桂。"②随后,吴之茂率军向秦州方向进兵;吴军主力则大举向湖南进军,杨宝荫攻陷常德,夏国相攻陷澧州,张国柱攻陷衡州,吴应麟攻陷岳州。至此,吴三桂起兵仅三个月,就已经占据四川和湖南两个大省。

再说说其他几路叛军。

当年二月,广西将军孙延龄杀驻扎广西的清军八旗都统王永年、副都统孟一茂,自称"安远大将军",公开反叛。

当年三月十六日,耿精忠蓄发易服,公开反叛,随后派兵控制了福建全省,计划攻打江西、浙江。同时,他派人联络郑经出兵,并许诺福建水师归郑经指挥。

当年四月,江西爆发大范围的农民起义,大半个江西脱离清廷控制。

当年十二月,清陕西提督王辅臣在进军四川平叛的路上,杀死一同进军的陕西经略莫洛,公开反叛。

唯一的好消息是,广东的尚可喜并没有跟风反叛。当年四月,尚可喜上疏言道:"唯知捐驱(躯)矢志,竭力保固岭南"③,康熙帝当即降旨嘉奖、勉励,并下令停止广东撤藩。

好啦,到这里就可以捋一捋局势了。

截至康熙十三年底,叛乱爆发仅一年,云南、贵州、四川、广西、福建、湖南全部失控,江西、陕西、甘肃部分失控,可以说是半壁江山沦陷。

特别是在西部战场,清廷同时丢了陇右(王辅臣)和湘北(吴军主力),这

---

① 赵尔巽等撰,《清史稿》卷269,列传五十六。
② 《清史编年》第二卷(康熙朝)上,181页。
③ 同上书,189页。

两个方向对中原地区形成了战略钳击态势，这是当年诸葛武侯梦寐以求的地缘格局。

在说康熙帝的举措之前，我首先要纠正一下部分朋友对"三藩之乱"的几个误区。

首先，在叛乱发生的大部分时间内，广东的尚可喜并没有反叛。实际反叛的主力军是吴三桂、孙延龄、王辅臣和耿精忠。郑氏与清廷一直不对付，也就说不上"反叛"了。

其次，吴三桂反叛的目的，既不是"反清复明"，也不是"驱虏兴汉"，打从一开始，他就建国号为"周"。通常情况下，建国号就该立皇帝，但是吴三桂自己没当皇帝，也没立皇帝，而是自称"大元帅"。

这叫什么？

这就叫当失足妇女还想立牌坊，名不正、言不顺。而且，他不仅自己"既当且立"，还要求其他人跟他保持一致。康熙十三年六月，吴三桂写信给郑经言道："倡义除暴，首当削号，故改为周。"收到信后，郑经感叹道："吴藩萌念已差，不但不能取信天下，号召英雄，实为后世羞耳。"①

这种名不正、言不顺的老大，自然就无法号召群雄。所以，三藩之乱并非以吴三桂为首，而是叛乱各方各成一派。广西孙延龄从反叛伊始就不听吴三桂的号令，后来又自称"安远王"，割据广西；耿精忠反叛后天天穿着黄色的衣服、打着黄色的旗帜，俨然把自己当成皇帝一般；至于郑经，更是独门独户，不向任何势力低头。只有陕西的王辅臣配合吴三桂进军，却被吴给卖了，这一点我后文会讲到。

下面，我再来捋一捋参与反叛的各方军力。

按照标准军额，在反叛前，吴三桂下属的八旗兵有53个佐领②。与孔、尚、耿三人所属的佐领一样，吴三桂所属的佐领也是百分百披甲，有1.06万名士兵。吴三桂藩下的绿旗兵（即"绿营"）分为忠勇五营、义勇五营，额定为1.2万人。

耿精忠下属的八旗兵有11个佐领，披甲2500人；绿旗兵额定为7500人。

---

① 《清史编年》第二卷（康熙朝）上，198页。转引自[清]江日升撰《台湾外记》卷六。
② 康熙朝初期八旗一佐领为二百人。

尚可喜下属的八旗兵有 12 个佐领，披甲 2300 人；绿旗兵额定为 7700 人。至于孙延龄，他在反叛后一直窝在广西，几乎没跟清军打过一仗，这里就不讨论了。

综上，参与反叛的吴、耿两军，额定应有八旗兵 1.31 万人，绿旗兵 1.95 万人，看起来不是很多。

然而，以上数字只是标准状态。顺治朝吴三桂在云贵作战期间，招降了大量的南明官兵，都被吴三桂编入自己的军队。此外，云南提督张国柱、贵州提督李本深均为吴三桂嫡系，这两人手下各有三千绿旗兵。加上吴三桂拉拢的云贵土司兵，在开战前，其实际控制的军队就有约九万人。在反叛后，他又临时招募了不少兵丁，使其军队总数达到二十万人，比较能打的约有六万人。

耿精忠在反叛前就收降了数万郑氏军队，反叛后又收编了福建部分绿旗兵，使其总兵力达到五万人，比较能打的约有两万人。

其他两位，郑经的常备兵力约为一万人；王辅臣麾下绿旗兵有四千人。这两位也在战时临时招募了不少军队，后来图海平定王辅臣后，就上疏言道："查王辅臣所辖官兵，原系多事之时添设。"[1]

以上，叛军合计约三十万人，比较能打的约十万人。

清朝这边，根据顺治五年的统计，八旗下壮丁合计有十三万人[2]。这里我们假设到康熙十三年，八旗壮丁增长到二十万，约一千个佐领，按照正常的抽甲比例（康熙朝为五抽一），应该有八旗常备兵四万人，全国各地的绿旗兵有六十万人[3]。

从纸面上看，叛军的总兵力不及清军的一半，还是清军占优势。但是，这里有两个一直被大众所忽视的情况。

首先，吴三桂、耿精忠的军队一直是清军火器部队的主力。特别是顺治帝亲政后，四藩王一直在南方前线作战，八旗大部分火器都交给了他们。后来清军缴获的吴军浑铜炮，重者可达 1.26 吨，是相当先进的长身管加农炮。

郑氏军队也是如此，他们常年与西洋人打交道，通过打捞沉海火炮、战争

---

[1]《清圣祖实录》卷 97，康熙二十年九月丁卯条。
[2] 未计入包衣和藩下所属壮丁。
[3] 顺治朝后期，全国绿旗兵额定为 66 万人，此处减去加入叛军的人数。

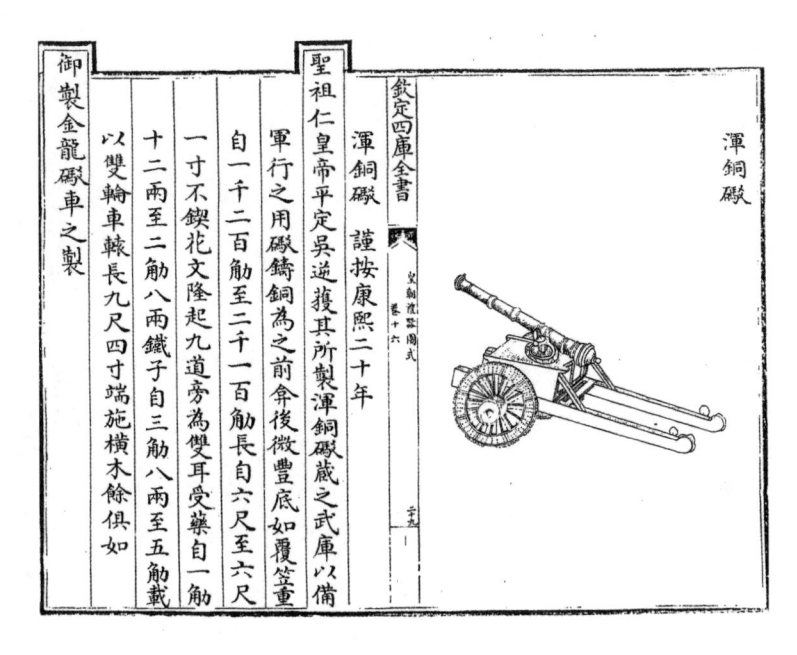

吴军浑铜炮

缴获、走私购买等渠道，获得了大量西洋火器，其火器水平也很高。清朝统一台湾后，缴获郑氏"台湾炮"，最重的达到4.2吨，是当时东亚范围内最大的长身管加农炮。

综上，叛军的火器装备率、先进程度均要高于同时期的清军。

其次，吴、耿、郑三支军队在过去的二十年中，一直在打仗，战斗经验丰富。反观清朝这边，其所属的六十万绿旗兵，此时还是装备片刀、长矛的冷兵器军队，平常也只是管管治安，类似警察，这种军队上阵后的效果可想而知。至于八旗兵，数量少不说，还被抽去了火器，战斗力也是大打折扣。

所以，虽然清军总人数占优，但整体战斗力并没有优势。

第五节 少年天子的应变之道

先说说康熙帝在非军事方面的举措。

一、打仗的目的是保民，而不是殃民

康熙十二年（1673年）底，康熙帝派出先头部队赴荆州防御，军队临行前，康熙帝谕令："凡兵丁厮役，于所在地方掠民财物、拆人庐舍、坏人器具、污人妇女、扰害生民及损坏运河闸板桩木，从重治罪。"①

平叛主力大军出发后，康熙再发谕令："凡（清军）经过处所，兵丁厮役不许私离营伍，致犯民间秋毫，有违禁者，统兵主帅即行从重治罪。"②

康熙十三年（1674年），清廷局势已是累卵之危，王辅臣所部就是因为发不出军饷才反叛的。就是这样，康熙也没松口，反而更加严厉地约束士卒。当年，康熙帝谕令："一应军需不得私派③，除征收钱粮正项外不得丝毫加派民间。"④

按照清军之前的规定，攻破敌营后，敌军家属就由这支军队分配，成为旗下包衣。这次康熙帝却下令："贼营妇女多系掳掠胁从，破贼之后，凡所掳难民子女，许民间认领，不得一概妄收。"⑤

---

①《清圣祖实录》卷44，康熙十二年十二月癸亥条。
②《清圣祖实录》卷46，康熙十三年二月庚申条。
③"私派"指于正额税赋外，额外征收的百姓钱粮。
④《清史编年》第二卷（康熙朝）上，225页。
⑤《清圣祖实录》卷50，康熙十三年十一月辛未条。

这就连士兵分配战利品的权利都给剥夺了。

综上，康熙的态度是：朝廷没钱发军饷导致军队叛乱、战败，我认了；但是军队想借口此事从老百姓手中要钱，坚决不行！

可是，要想马儿跑，就必须给马儿吃草。不让官员加征赋税，不让士兵从民间抢，还不许分配战利品，人家凭啥给你卖命呢？

康熙也明白这一点，所以，他将目光转向了有钱人的荷包。

康熙十五年（1676年），清廷下令："凡缙绅之家于本户钱粮原额外，加征十分之三。"① 也就是说，清廷向在任、在籍的乡绅、贡生、监生等有功名的人，加征30%的个人所得税，这项制度直到康熙二十一年（1682年）才停止。

康熙十六年（1677年），清廷又在江南、浙江、湖广等比较富裕的省份加征契税。所谓契税，就是购买田产、房屋时所缴纳的税。能买得起房子、土地的人，自然穷不到哪去。这项政策还有个附加好处，那就是抑制了战时的土地兼并。契税涨了，买地的成本高了，那些想趁着国难兼并土地的富人们也就能稍稍消停点儿了。

当然，虽然康熙采取了以上两种增加财政收入的措施，但是国库依然是捉襟见肘，截至康熙十七年（1678年）底，户部存银仅为334万两白银，创下了康熙朝的最低纪录。

二、宽大处理与叛军有涉的人员

（一）对正在给吴三桂打工的文武官员，康熙帝诏谕："尔等各宜安分自保，无听诱胁，即或误从贼党，但能悔罪归诚，悉赦已往，不复究治。"② 也就是说，康熙并没有要求这些人立即反正，而是要求他们先要"安分自保"，即便是为了自保而委曲求全、在敌营任职，只要今后能够"悔罪归诚"，也不予追究。

（二）对曾给吴三桂打过工、叛乱发生后正在给清廷打工的文武官员，康熙帝诏谕："伊等原系朕之官民，叛逆之事与伊等并无干涉，虽有父子兄弟见（现）在云南，亦概不株连治罪。"③

---

① 《清史编年》第二卷（康熙朝）上，270页。转引自［清］叶梦珠《阅世编》卷六。
② 《清圣祖实录》卷44，康熙十二年十二月壬戌条。
③ 《清圣祖实录》卷44，康熙十二年十二月戊午条。

（三）对参与叛乱的士兵、群众，康熙帝诏谕："若大兵所至、概行诛戮，非朕救民水火之意，百姓无由自新"；"嗣后大兵进剿，有乡民持械拒敌及窃踞城池山寨不即迎降者，仍行诛戮，其余概从宽免。"①

（四）对叛军占领区内割辫、蓄发的群众，康熙帝诏谕："事起仓卒（猝），情可矜原。今特布宽典，予以自新。其临巩、平庆等处文武官员军民人等，凡有割辫去缨者，一概赦免不究。官俱照旧供职，兵丁各归原伍，百姓各安生理。"②

概括一下，对与叛军有涉的各方面人群，康熙都给出路、给政策，不翻旧账、不搞牵连，各种赦免。只要不是战场上的敌人，一切好说。通过此举大大稳定了民心。

三、宽大处理战败的将领

前文说过，有清一代，军法极其严厉。凡败阵或失地，无皇帝特赦，必斩主帅或镇守官员。前章节的乌扎拉村之战就是个案例，顺治帝毫不犹豫地斩了清军主帅海塞。

这次，康熙并没有一刀切。三藩之乱初期，南方半壁沦陷，前线将领人人自危。康熙十三年正月二十六日，康熙帝派人去湖北前线，传谕蔡毓荣等前线将领："所属地方虽有沦陷，尔等不必怀忧。朕闻尔等勤力共保荆州，其为可嘉。俟王师之至，恢复疆宇，是即尔等之功。"③

在三藩之乱期间，鲜有因战败被处死的清军将领，康熙通过此举稳定了军心。

四、建设军情传递网

通过上文分析大家可以看出，这次叛乱所牵涉的势力、地域十分广泛。叛乱初期，各个战场几乎每天都有军情报来。为了及时了解各战场动态，康熙在之前传统驿站的基础上，每四百里增设"笔帖式"、"拨什库"各一人，用于传递紧急军情。

---

① 《清圣祖实录》卷50，康熙十三年十一月辛未条。
② 《清圣祖实录》卷53，康熙十四年二月壬寅条。
③ 《清圣祖实录》卷45，康熙十三年正月辛卯条。

北京至荆州设七站，郑州至武昌设三站，真定至汉中设十站，北京至南昌设十一站。[①]这些机构的设置，使得正常情况下的军情传递可以达到每昼夜千余里，已经超过了传统"八百里急报"的距离。这也是有清一代"要打仗、先建驿"的开端。

五、首恶必办，招抚胁从

除了吴三桂，康熙对其他参与叛乱的各方势力都大开招抚之门，这一点你很快就能看到。

再说说康熙帝在军事方面的布局。

由于三藩之乱涉及的地域实在是太广，我只能逐个战场讲解。这里，我将其分为四大战场，即湖南的主战场，陕甘战场，江西、广东战场和福建、浙江战场。

一、福建、浙江战场

这一战场的叛军主力为耿精忠和台湾郑氏。

耿精忠起兵后，在福建境内尚有部分清军将领不愿意跟随他反叛，像驻守漳州的海澄公黄梧之子黄芳度，泉州提督王进功之子王锡藩等。但是，他们此时孤处东南沿海，与清廷的联系已被叛军隔断，想要抵抗，他们又打不过叛军。于是乎，黄芳度想了个损招。

王锡藩和黄芳度先假装同意跟随耿精忠起兵叛乱，随后又杀死了耿精忠派来监视的官员，献漳州、泉州投降郑经。耿精忠听闻后，派人向郑经要地、要人，郑经拒绝，答复道："天下仍我太祖（朱元璋）之天下，与尔主（耿精忠）何干？尔主请本藩渡海，故本藩不惜跋涉，提师前来。岂墨迹未干，遂尔背约？"[②]这个意思是，泉州、漳州是明朝的地盘，你耿精忠有什么理由前来索要？而且是你自己请我来的，难道你想背约吗？

这样耿精忠就尴尬了，起兵后还没怎么打，就先丢了两个地级市。这就让刚刚联合的耿、郑两方出现了矛盾。

---

① 参考《清史编年》第二卷（康熙朝）上，186页。
② 《清史编年》第二卷（康熙朝）上，195页。转引自［清］江日升《台湾外记》卷六。

暗地里，黄芳度又上疏康熙，表示自己是不得已暂投郑经，已经秘密招募军队六千人，斩杀郑氏派来监视的官员三人，据守漳州，请求康熙派大军入闽救援。康熙接到奏报后，立即派出杰书率大军去往浙江。

杰书是礼亲王代善的孙子，他率军来到浙江后，在金华一住就是两年，黄芳度直到死都没等来援军。

这里我要说明一下，杰书之所以不入闽救援，倒不是因为他的能力问题，而是因为康熙给他的"大军"人数实在是太感人了。这支"平叛大军"一共不到两千人，而耿精忠派来进攻金华的军队，一次是两万人，一次是三万人和两万土匪。杰书能自保就不错了，还怎么深入敌境救援呢？

还好，浙江有位猛人，即时任浙江总督的李之芳。康熙十三年，耿军主力部队进犯浙江衢州，康熙本来打算调拨其他地方的军队前去救援，李之芳却上疏言道："臣标兵单可虞。"这个意思就是，陛下您留着军队救别的地方吧，我这儿自己就能搞定。接着，李之芳就率领自己属下的三千绿旗兵与耿精忠的三万人打了一仗，大胜，歼敌七千。

除了能打，李之芳还很能拉，三藩之乱期间，他累计招抚浙江、福建反叛兵民近十万人。

在叛军阵营里，郑经也在大力"配合"清军的行动。自他与耿精忠闹翻后，郑军不断袭击耿精忠后方，先后攻占漳州、泉州、汀州、兴化府等州县，耿精忠腹背受敌。

这种情况下，康熙十五年九月，耿精忠向清军投降。康熙帝采取了十分宽大的政策，在这个时点，他不但没杀耿精忠①，还保留了他的靖南王爵，甚至保留了他的兵权。军队人数仍为反叛前的兵额，多出的士兵归农，并命其率所部继续征剿郑经赎罪。

二、江西战场

负责这一路的统帅叫岳乐，他是努尔哈赤的孙子，阿巴泰第四子。与杰书

---

① 康熙十九年八月，耿精忠的二弟耿昭忠、三弟耿聚忠上疏劾耿精忠，内容有背恩叛乱、逼迫其母而死、诬陷其祖耿仲明私约吴三桂等。康熙随后将此事交由刑部办理，最后定罪，耿精忠被凌迟处死，他的儿子耿显祚和跟随其叛乱的十五名将领处斩，其他耿氏族人及参与叛乱的官兵家属免罪。

类似，康熙给他的平叛大军数量也很感人，岳乐从北京带走了不到三千人，其中大部分还是从包衣佐领中抽调的士兵。

不过，岳乐这一路所面对的主要是江西当地的农民起义军，还有耿精忠的部分军队，难度较小。出兵第一年，岳乐就招抚叛军近两万人，连战连捷。吴三桂一听江西不保，担心自己所占据的湖南侧翼暴露，就派出八万军队救援江西，被岳乐的万余军队击败于建昌。

然而，大家都知道，老板通常是不会让下属舒舒服服上班的。在康熙看来，既然你这么能干，那就给你加点儿活儿。随后，康熙一会儿命令岳乐去打长沙（属于主战场范围），一会儿又命令他去救援广东（非既定作战目标），各种让人家加班。就这么个折腾法，岳乐仍然是隔几个月报一次战功，要么是招抚上万人，要么歼敌上万人。

当然，被这么使唤，岳乐心里也不那么痛快。在他看来，湖南是主战场，康熙在那里下了血本，自己从北京带走的军队连人家的零头都不到，现在却要去帮忙，谁心服呢？于是，岳乐向康熙提出了攻打长沙的条件，即"非绿旗兵无以搜其险阻，非红衣炮不能破其营垒。"①

这就是应对领导加班要求的标准做法，摆困难、讲道理、提条件。康熙是个明理的人，只要你能干，条件都好说。随后，绿旗兵、红衣炮都被派往岳乐军前。这样，康熙十五年三月，岳乐军团进抵长沙周边，出现在了湖南吴三桂主力兵团的侧翼。

三、陕甘战场

叛乱之初，康熙帝令陕西经略莫洛与陕西提督王辅臣合兵进攻四川。康熙十三年底，王辅臣于进兵途中反叛，杀死莫洛。吴三桂随后封其为"大将军"，王辅臣陆续控制了固原、定边、临洮、兰州、同州等州县，宁夏也发生了叛乱。这些地方位于今天的甘肃东部、陕西西部，王辅臣叛军与四川的吴军即将形成合兵之势，形势可谓是万分危机。

一则，吴军、王辅臣川陕连结后，占尽关中地利，隔断了清廷与甘肃的联系，整个西北都会有危险。二则，此时康熙手中已经无机动兵力可派，虽然他

---

①《清圣祖实录》卷58，康熙十四年十一月庚子条。

派出董额、阿密达等分率"大军"入陕西平叛，但这两路"大军"加起来也不过千余人。正当康熙一筹莫展之际，陕甘的捷报却频频传来。

康熙十四年（1675年）二月，西宁总兵王进宝率所部于新城击败王辅臣叛军；四月，在甘肃提督张勇的指挥下，王进宝、凉州提督孙思克[①]分率所部，攻克临洮府、金县、安定县、靖远卫；六月，王进宝部围攻兰州，叛军总兵赵士升率五千官兵开城投降；第二年，宁夏提督赵良栋平定宁夏叛乱。陕甘局势得到控制。

张勇、王进宝、赵良栋、孙思克这四位仁兄，大家应该比较熟悉，他们在《鹿鼎记》中亮过相。在历史上，这四位也是战功赫赫，还有个专门的称呼——"河西四将"。《清史稿》评价他们："以勇为冠，忠勇笃诚。"[②]特别是张勇，可谓猛人中的猛人。三藩之乱期间，这位老兄一边忙着平定叛乱，一边还要在青海方向要防着蒙古人劫掠，最西边还要监视正在崛起的噶尔丹，真可谓是分身有术。

这几位的表现，让康熙眼前一亮，这会儿他的原则就是，谁能打，那就使劲儿用。当年三月，康熙帝授张勇为"靖逆将军"；当年闰五月，他又令张勇节制全陕军务。

张勇这个人虽然能力很强，但是心眼小、脾气大，康熙也深知这一点。但是，他没有劝说张勇改正，而是让其他人尽量迁就。康熙帝派董额（宗室将领，多铎第三子，爵位比张勇高）率军去陕西平叛的时候就嘱托道：一定要与张勇搞好关系，"慎勿轻侮，致滋嫌隙"[③]。由此可见，只要你够牛，就算你脾气臭，领导也会尊重你。

一直到王辅臣反叛后的第十个月，吴三桂才派出军队进入陕甘地界。康熙十四年十月，吴军兵分四路出击陕西，策应王辅臣。总兵魏某出黑水峪；王屏藩出汉中；谭弘出西河；吴之茂进驻单家河[④]。四路军队同时向秦州进发。

虽然看起来声势浩大，但其实吴军的人数并不多，这是因为吴三桂把主力

[①]孙思克为孙得功次子。
[②]赵尔巽等撰，《清史稿》卷255，列传四十二。
[③]《清史编年》第二卷（康熙朝）上，237页。
[④]同上书，241页。

十四万人留在了湖南。听闻这个消息,康熙帝令陕甘诸将固守,又派出图海领军入陕西平叛。

到了康熙十五年(1676年)七月,因图海大军正在跟孙思克部会攻王辅臣所据守的平凉,迟迟未到,张勇、王进宝实在是等不及了。于是,他俩仅率本部兵马,与吴之茂战于秦州、乐门等处。

史载:张勇率军"至十八盘坡,与之茂兵遇,张两翼冲击,之茂兵溃,乘胜复通渭。进攻乐门,之茂据险,列十一寨,勇度地,令横营山梁。营甫立,贼齐出,勇令兵持草一束,与都统赫叶分击南北山梁,贼亦南北应战。火器发,贼败走入寨,兵投草填堑直进,杀贼千余。"①

吴军大败,吴之茂仅率十几名骑兵逃走。之后,张勇、王进宝率所部如同钉子一般,牢牢地钉在四川的吴军与王辅臣的叛军之间,让他们始终无法合兵。

这几位仁兄之所以这么抢戏,除了他们本身确实能征善战之外,还因为他们手下的兵很猛,即陕甘绿旗兵。从明朝开始,陕甘军队就以彪悍著称。洪承畴的洪兵、孙传庭的秦兵、李自成的精锐主力,都是来自陕甘,其兵源素质可以与辽人、女真人媲美。在之后平定准噶尔的过程中,陕甘绿旗兵还将继续大放异彩。

言归正传,上文说的"图海大军"是怎么回事呢?

这还要从察哈尔王**布尔尼**的反叛说起。三藩之乱爆发之初,康熙帝召漠南蒙古诸部首领到北京开会,布尔尼也来了。到北京后,这位老兄发现北京守城门的士兵都是十几岁的少年,兵力十分空虚。于是他心生妄念,于康熙十四年三月起兵反叛,杀向北京,并煽动奈曼等其他蒙古部落一起反叛。

接下来,就是电视剧《康熙王朝》里的剧情了。康熙帝左右为难之际,孝庄太皇太后推荐图海挂帅。图海又献计,从八旗王公的家奴(即包衣)中挑选壮丁组成一支军队,并在出征前向这些人宣传:"察哈尔承元之后,数百年之基业,珠玉宝货不可胜计。"②

家奴们一听这话,两眼放光,撒开腿就向察哈尔奔去,看到人家的部落就

---

① 赵尔巽等撰,《清史稿》卷255,列传四十二。
② 《清史编年》第二卷(康熙朝)上,229页。转引自[清]昭梿《啸亭杂录》。

抢。当年四月二十二日，图海大军遭遇察哈尔叛军主力，大败之，布尔尼仅率三十骑逃走，后被科尔沁亲王<u>沙津</u>射杀。值得一提的是，战后康熙帝宽恕了其他跟风叛乱的蒙古部落首领，仅免去他们的爵位，保留了他们的家口和资产。

平定察哈尔叛乱后，康熙十五年二月，康熙帝以图海为"抚远大将军"，率军入陕甘平叛。当年五月，图海大军抵达王辅臣所据守的平凉城下，与之前即在这里的孙思克部合兵。这样，王辅臣就很尴尬了。吴三桂给他派出的援军被张勇、王进宝堵在南边，图海大军又向自己杀来。但是，他还是不死心，想做最后一搏。接下来，就是孙思克的表演时间了。

五月十七日，孙思克率部登平凉城北的虎山墩侦察地形。突然，叛军一万余人向其杀来。孙思克率所部坚守山头，死战不退。先用鸟枪、弓箭射击，再与叛军肉搏。混战之中，孙思克被敌人砍伤右臂，"伤筋骨，已成残疾"①，但他仍然死战不退。与此同时，图海的主力军队也没闲着。之前，康熙帝已经令<u>海尔图</u>给陕西清军送去南怀仁监制的新式大炮二十门。这样，叛军攻山，孙思克部防御，清军主力在远处炮击爬山的叛军，你说这个仗还怎么打？

于是，叛军大败，退回城中。当年六月，王辅臣也投降了。

要说呢，王辅臣这个人比吴三桂还要恶心。人家吴三桂只不过是投降过一次、叛乱过一次，而王辅臣却堪称"N姓家奴"。

他先是参加明末的农民起义，后又投靠明朝宣大总兵姜瓖；清军入关后，他跟着姜瓖投降清朝；顺治六年，他再跟着姜瓖叛乱；叛乱平定后，他被俘，成为阿济格的家奴；顺治帝亲政后，欣赏其勇武，派他跟着洪承畴去攻灭南明；在此过程中，他又被吴三桂看重，成为其麾下大将；吴三桂叛乱后，他也跟着叛了；现在，他又降清了。

你数一数，王辅臣老兄换了多少次门庭。

就这么个人，康熙也宽大了，依旧让王辅臣带兵，"着复其原官，加太子太保，擢靖寇将军，立功赎罪。部下官弁，照衔给劄"②。太子太保是从一品虚衔，靖寇将军是荣誉称号。这倒好，王辅臣叛乱了一遭，还升官了……

---

① 赵尔巽等撰，《清史稿》卷255，列传四十二。
②《清圣祖实录》卷61，康熙十五年六月戊寅条。

很厚道啦！

这样，陕甘地区的叛乱主力也被平定了。

说说王辅臣的结局。史料记载，王辅臣于康熙二十年（1681年）九月病死，这一年清廷平定三藩之乱。然而，在死之前，王辅臣做了一件很不可思议的事情，他将他的大小老婆们都勒死了。所以，我个人推测，王辅臣大概率是自杀的。

经过是这样的。康熙十九年（1680年），康熙帝处死耿精忠，与耿精忠罪过相当的王辅臣，自觉时日无多。于是，他先把大小老婆们弄死，然后自杀。

需要说明的是，史料中没有任何证据表明，康熙有杀王辅臣的意向。而且我上文也说过，康熙帝虽然处死了耿精忠，但并未牵扯其家人。所以，这些死难的妹子们，完全是因为王辅臣的多疑与自私而死的。

呸！

第六节 平三藩，收台湾

最后，我们来说说湖南的主战场。

负责主战场的清军将领是"宁南靖寇大将军"勒尔锦，他是礼亲王代善的曾孙。看完上文大家应该可以发现，清军在其他各个战场的兵力都捉襟见肘，平叛大军动辄只有几千人，军队都去哪了呢？

答案就在湖南的主战场。勒尔锦从北京带走的兵力，是八旗满洲、蒙古每佐领抽十八人、八旗汉军每佐领抽五人组成的，总人数约为1.7万人，当时京师八旗常备兵一共只有四万人。这支军队不仅人数多，待遇也优厚。照例，八旗兵出征，每人应给银十两。这次康熙命令，每人给二十两，相当于双薪。

下面，我们来看看这支大军的精彩表现。

他们是在康熙十三年（1674年）正月初十出发的，当年三月十一日才到达荆州，整整走了两个月。今天从北京到荆州的陆路交通是1260公里，也就是说，这支大军平均每天行进21公里。八旗兵全员骑马机动，辎重、火炮、粮草也用牛马驮载，正常情况下每天可以行进30公里。而这支大军最夸张的速度，是从武昌到荆州不到600里的路程，走了一个月，平均每天约10公里……

大军出发时，岳州还没丢；大军抵达荆州后，岳州、长沙两大重镇都丢了。康熙帝斥责勒尔锦说道："靡费粮饷倍于他处，究之寸步不能前进。"[1]

按说，被领导批评了，就该查漏补缺、积极进取。然而，勒尔锦老兄着实

---

[1]《清圣祖实录》卷55，康熙十四年五月壬辰条。

心大,到了荆州后,他就不挪窝了,而且隔三岔五就向康熙请求支援。

康熙十四年(1675年)七月,康熙帝调拨河南、兖州驻防八旗兵和河南绿旗鸟枪兵三千人,增援荆州。当年九月,康熙帝允许勒尔锦在荆州当地增募绿旗兵七千人,又从北京调拨鸟枪二千五百杆给他送去。仅这一年,康熙帝就给勒尔锦送去了八旗兵数千、绿旗兵一万,这个待遇,绝对是其他几大战场的将领所没有的。如果让岳乐、张勇等人打这种富裕仗,说不定吴三桂早就完蛋了。

但是,勒尔锦收下了军队、拿到了火枪之后,依旧是不挪窝。康熙再三催促,勒尔锦才于康熙十五年首次率军过长江作战,却兵败太平街,随即全军退回荆州。

战报传来,康熙帝震怒。当年十一月,康熙再骂勒尔锦:"出师三年,未获尺寸。坐失机会,使疆圉日逼、贼势鸱张。糜饷困民,误国孰甚。罪在王、贝勒、将军、大臣,与众官兵无与。"①

但是骂归骂,骂完后,康熙又从北京选马一千九百匹送到勒尔锦军前,又调河南、陕西兵增补荆州。之后的康熙十七年(1678年),康熙一次性给勒尔锦送去鸟枪一万二千杆,用于在荆州当地招募绿旗火枪手。

据不完全统计,在勒尔锦坐守荆州的五年内,康熙派去的援军和他自己招募的军队超过五万人,而且一半是火枪兵。然而,五年之内,清军的湖南战线几乎未曾移动,岳州、长沙等重镇也未收复。一直到康熙十八年(1679年),岳乐军团加入战场、清军实际指挥将领换成了察尼、吴三桂已病死,有了这三大条件,清军这才拿下了岳州,取得了决定性胜利。

看完以上内容,勒尔锦的形象就能浮现在大家眼前了,像废柴、废物、庸才等名词就可以套在他身上了。但是,这里我不得不为勒尔锦老兄说句公道话。虽然他打得很保守、很窝囊,却在客观上为清军保存了有生力量,熬到了吴三桂死。

康熙派给勒尔锦的军队确实不少,火器也很多,然而即便如此,与吴军相比也并无多少优势。康熙自己后来就曾说过:"夫火器孰有多于吴三桂者乎?"②

---

① 《清圣祖实录》卷64,康熙十五年十一月丁亥条。
② 《清圣祖实录》卷104,康熙二十一年八月己卯条。

可见吴军的火器装备水平之高。所以，正是因为勒尔锦的消极避战，让清军可以在战时逐步加强火器建设，招募新兵，最终改变了双方的力量对比。

而勒尔锦之所以能够做到这一点，也是因为吴三桂的大力"配合"。如果你仔细回想一下三藩之乱的形势，你就会发现，吴三桂起兵三个月后战线即推到了湖南、湖北交界处，而他起兵后第六年的战线依旧在这里，这是为什么呢？

答案叫自私。

吴三桂起兵反清的目的只有一个，占领一定的地盘，保住自己的军权和地位。只要达成这个目的，其他都无所谓了。

所以，他不顾在北京当人质的儿子的死活，毅然起兵；所以，他起兵后不去协调其他反清势力分路共进，因为他并没有统一天下的宏伟抱负；所以，当他占据四省后，就不再进取，因为这已经足够要挟清廷；所以，当王辅臣起兵后，他仍然将主力放在湖南，并在人家打了快一年之后才出兵协助；所以，他眼看着耿精忠、王辅臣覆亡而不施以援手。

吴三桂这种自私的心态，最大的受害者就是跟随他起兵的将领和战乱地区的百姓。后者不必说，大家都明白。前者要想保住脑袋，就必须彻底消灭清廷，建立新的王朝，不然他们就是乱臣贼子，不得善终。

说白了，吴三桂这是在用自己手下将领、士兵的牺牲为筹码，向清廷展示自己的实力，换取自己的军权和吴氏一门的代代荣华。占领湖南后，他一直在等，等康熙的招抚使臣到来，让他裂土西南四省，安享晚年。

然而，康熙把吴三桂的心思都琢磨透了。所以他的原则是，跟谁议和都行，管你是附逆还是从犯，凡是反叛者投降的，战时都给予妥善安置。像耿精忠、王辅臣这种重量级叛徒，投降后竟然还能保留军权。唯独你吴三桂坚决不行，就是拖也要拖死你！

吴三桂等啊等，等得各路叛军败的败、降的降，也没等到康熙的议和使者。终于，康熙十七年八月十七日，吴三桂病死于衡州，终年六十七岁。当时正在攻打永兴的吴军将领马宝、胡国柱听闻消息，焚营撤军，拥立吴三桂的孙子吴世璠登基称帝。之后，吴军节节败退，康熙二十年（1681 年），清廷平定云南全境，三藩之乱结束。

在平定三藩的同时，康熙帝也在准备解决台湾郑氏割据势力。

清廷的条件是：郑经登岸、剃发、称臣。

郑经的条件是：仿朝鲜例，称臣，不登岸，不剃发。

对此，康熙帝答复："朝鲜为从来所有之外国，郑经乃中国之人。"①

这个意思是：朝鲜历来为中国的藩属之国，但台湾岛上所居住的郑氏及其属民，都是中国人，两者性质不同，台湾不能成为藩属国。接着，康熙帝重新启用施琅，并准备武力统一台湾。

要攻台，先造船。明末清初，仍是木质风帆战舰的时代，清军与郑军战船的母版，都源自荷兰人的"三桅风帆战舰"，其三根桅杆上的风帆可以有效组合利用，大大提高了航海效率。清朝称这种船为"夹板船"，之所以如此称呼，是因为其有两层甲板，甲板两侧均可放置火炮，船的侧身有发射孔。总体而言，这种船类似电影《加勒比海盗》中的海盗船。

参照夹板船，并结合明朝传统的"福船"样式，清军和郑军都建造了数量不菲的"大鸟船"。

这种船也是三桅、两层甲板。郑军的大鸟船每艘装备"三四千斤之红衣大炮一门（置于船头），熕②二十余门，（子母）铳一二百门不等"③。根据清郑两军历次作战记录，郑军至少装备了五十艘大鸟船。清军的大鸟船形制与之类似，只是没有船头的超重型红衣炮。

清军还装备了一型较小的战船，即"赶缯船"。这是一种单层甲板、双桅的中小型战船，两侧共有炮位 12～18 个。

康熙帝决定武力攻台后，清军累计建造约八十艘大鸟船，一百余艘赶缯船，还有其他中小型风帆战船约百艘。到了康熙二十年这个节点，郑军、清军的水师战船都已经大型化、标准化，不再是郑成功北伐那会儿的上万艘各型船只了。

需要说明的是，虽然清、郑两军的战船构造、火器水平并不落后于时代，数量也尚可，但比起同时期西方海军强国，仍然有着不小的差距。

1677 年（康熙十六年），英国海军按照战舰可装载重型火炮（不计入子母

---

① 《清史编年》第二卷（康熙朝）上，117 页。

② "熕"指重型长身管加农炮，类似红衣炮，置于船身两侧。

③ 《清史编年》第二卷（康熙朝）上，457 页。

铳等轻炮）的数量，对战舰进行划型。"100炮战舰"为第一级，"80炮战舰"为第二级，这两级战舰均有三层甲板。按照英军的分类，大鸟船仅相当于第五、第六级战舰。

当然，这也不能怪清朝和郑氏不思进取，这里有两个原因。

主观方面，不管是郑氏还是清朝，都没有远洋利益，也就不需要建造太大的船。

客观方面，当时与郑氏、清朝接触最多的欧洲国家就是荷兰，而恰好荷兰人偏好建造"三桅杆、二层甲板"的中型战船。当时荷兰人所造的最大战舰即为"七省号"，也只是一种三桅杆、两层甲板、80炮战船。所以，清朝、郑氏所能参照的战船母版本来就小，自己造的船小一些也就在情理之中了。

好啦，关于船的事就说到这里。

康熙二十年正月，郑经病逝于台湾，郑氏内部再次发生内乱。郑经的庶出长子郑克臧之前曾任监国，按说应该由他接班。但是冯锡范与郑经的几个弟弟

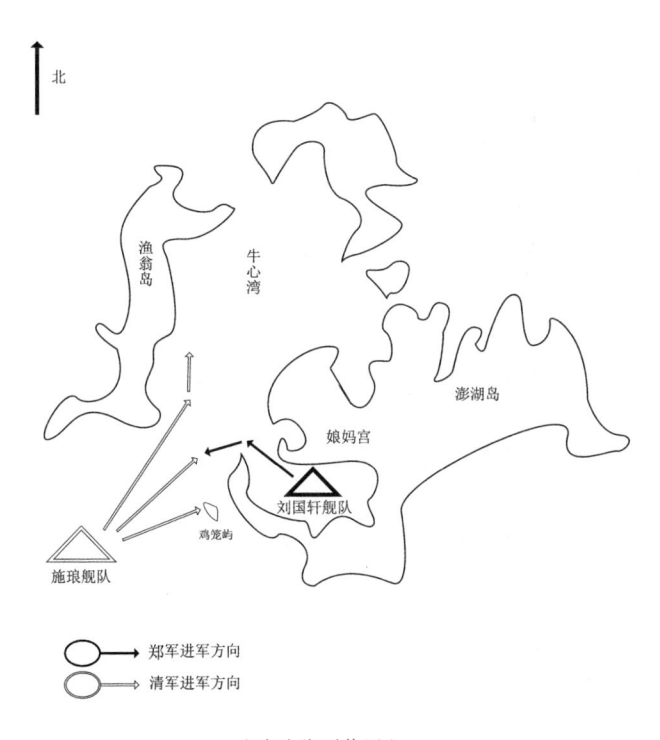

澎湖海战形势图之一

合谋，处死郑克臧，改立郑经次子郑克塽接班。这一废长立幼的举动，激起了郑氏内部很多人的不满，矛盾日趋尖锐。

这种情况下，康熙二十二年（1683年），施琅率水师官兵2.1万人、战船238艘攻打台湾。其中，大鸟船70艘，赶缯船103艘，其他中小型战船65艘。

上文说过，康熙四年（1665年）时，施琅就曾率军攻台，但是遭遇台风、损失惨重。所以这次施琅决定，缩短攻击距离，先打下澎湖，然后以澎湖为跳板，再攻台湾。

六月二十二日，清军舰队到达澎湖主岛。施琅将舰队分为四部分，50艘赶缯船进入牛心湾作为疑兵，作出清军计划在此登陆的战术佯动；50艘赶缯船入鸡笼屿，在主力舰队侧翼集结，准备夹攻郑氏舰队；施琅亲率56艘大鸟船居中结阵，主力船阵的后方留船82艘，作为预备队。

驻守澎湖的郑军水师将领是刘国轩，在他麾下有大小战船二百余艘，其中

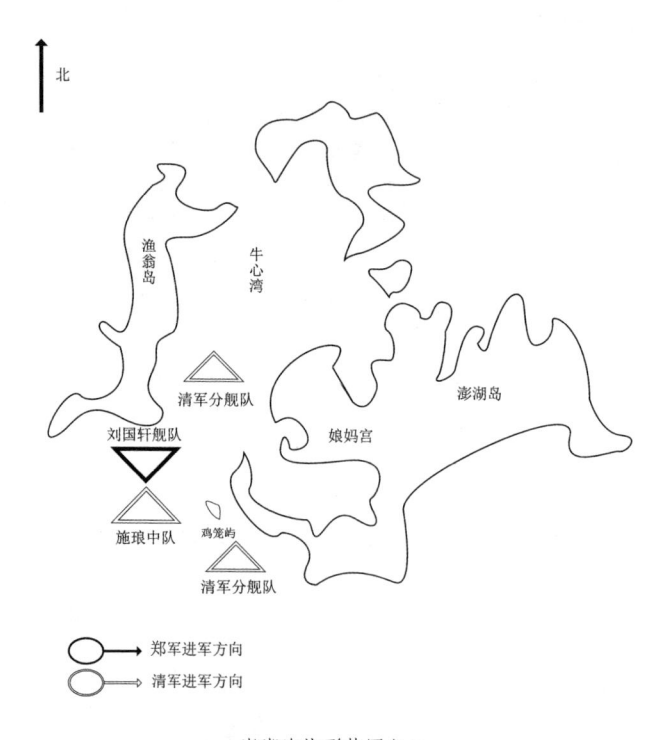

澎湖海战形势图之二

大鸟船级别有二十余艘,整体实力不如清军。起初,刘国轩的计划是固守娘妈宫港,他率舰队背靠岸边山势列阵,等待施琅率军进攻。然而开战伊始,他发现清军船队进入牛心湾,可能会登陆,这迫使他不得不率军出港拦截。

上午七点,两方主力舰队在渔翁岛南侧海域遭遇。此时海上是西北风,郑军处在顺风攻击的状态。刘国轩率领郑氏水师攻入清军船队之中,"双方炮火矢石交攻,有如雨点,烟焰蔽天,咫尺莫辨"①。清军总兵朱天贵、游击郑邦试战死。

两个小时后,海上风向突然转变,刮起了南风,风向有利于清军。施琅立刻令后队的小型船只装载引火之物,乘风扬帆、纵列向前,突入郑军船队之中,抛射火桶、火罐。由于风向对郑军不利,郑军无法摆脱火器船的纠缠,或被击沉、或被焚毁,大败而归,刘国轩仅率战船31艘逃走。

此战,清军击沉、焚毁郑军战船159艘,俘获战船35艘;击毙郑军将官300余人,士卒1.2万余人;招降郑军将官165人,士卒4853人;澎湖36岛全部归附。清军伤亡2000余人,战船无一艘沉没,施琅本人的右眼被击伤,但并无大碍。②

此战过后,郑军的水师主力被打垮,再无抵抗能力。当年七月,郑氏派出使臣请降。

按说这就完了,然而就在这时,清廷朝内出现一股"弃台"的舆论,这些官员认为台湾孤处海外,不易管理,应移其民于大陆,放弃此处。

施琅对这种言论进行了激烈的批判,他上疏言道:"此地原为红毛(荷兰人)住处,无时不在涎贪,亦必乘隙以图";"若以此既得数千里之膏腴复付依泊,必合党伙窃窥边场,迫近门庭。此乃种祸后来,沿海诸省,断难晏然无虞";"是守台湾则所以固澎湖,台湾、澎湖一守兼之";"台湾一地实关四省之安害";"弃之必酿成大祸,留之诚永固边圉"。③

施琅从国防安全的角度系统阐述了台湾对于大陆海防的重要性,认为一旦

---

① 《清史编年》第二卷(康熙朝)上,457页。
② 同上书,458页。
③ 同上书,477页。

弃守台湾，必然被西方殖民者所占，则东南沿海永无宁日。

最终，康熙帝决定，在台湾设府驻军。清廷在台湾设台湾府一处，相当于地级市，隶属于福建省，下辖台湾、凤山、诸罗三县。在台湾岛设总兵一人，副将二人，驻军八千人，分为水陆八营；在澎湖列岛设副将一人，驻军两千人，分为二营。①

郑氏投降后，康熙帝将原郑氏集团的高层人员，郑克塽、刘国轩、冯锡范、陈永华（此时已死，应为其子嗣）等人召入北京，编入八旗，分赐官职爵位。值得一提的是，各类影视剧中天地会总舵主"陈近南"的原型，即为"陈永华"。也就是说，陈近南的后人成了旗人……

统一台湾后，康熙帝立刻下令废止"迁界令"，并开放海禁，允许沿海居民出洋贸易。"闽粤两省沿海居民纷纷群集，焚香跪迎，稽首欢呼沿途不绝。"②

至此，四大辅政当政期间所施行的两大弊政，即圈地令和迁界禁海令，全部被康熙废除了。四大辅政未能解决的三藩问题和台湾问题，也都被康熙搞定了。

善莫大焉。

总结一下。

三藩之乱，是康熙帝执政生涯中经历的第一次大规模战争，也是最危急的一次。相比之后康熙的对手们，吴三桂的军队并不是最强的。然而，康熙朝前十几年无大战，军备懈怠；八旗兵被抽去火器；加之四大辅政执政期间施行的一系列弊政，导致清廷在关内的统治基础并不牢固。这就使得叛乱骤然爆发之际，确实有大厦将倾之势。

危难时刻，康熙帝不推卸责任、不敛财于民、不与吴三桂媾和，积极招抚，纵横捭阖，最终平稳度过了这次危机。

有一点是我特别佩服的，叛乱爆发初期和岳州之战迟迟打不开局面的时候，康熙帝都曾计划亲征。

第一次，"王辅臣叛，经略莫洛死之，上议亲征。王大臣以京师根本重地，

---

① 《清史编年》第二卷（康熙朝）上，483 页。
② 同上书，486 页。

太皇太后年高，力谏乃止。"①

第二次，康熙十七年（1678年）八月十六日，康熙帝谕议政王大臣曰："今日之事，岳州最重要，朕欲亲统六师躬行伐罪。"②

这就叫不怕事，真正贯彻了皇太极"善者不欺、恶者不惧"的处事风格。与他爹顺治相比，康熙更为怀柔、更为老到（或狡猾）且更富战略眼光，这些更像他的爷爷皇太极。

通过平定三藩之乱，康熙帝磨砺了坚韧性，锻炼了决策手腕，提升了战略眼光。当然，还有最重要的一点，在战时和战后，康熙帝进行了大规模的军事改革，使得清军发生了脱胎换骨的变化。

---

① 赵尔巽等撰，《清史稿》卷6，本纪六，圣祖本纪一。
②《清史编年》第二卷（康熙朝）上，313页。

第七节

第三讲 八旗制度

入关后，清军由三大部分组成，分别是八旗兵、绿旗兵和蒙古骑兵。

绿旗兵是驻守关内各省的地方军队，由汉人组成，类似募兵制，当兵拿饷，但待遇低于八旗兵。顺治朝后期兵额达到六十六万人，之后基本保持了这一数字。

蒙古骑兵是清属蒙古诸部的军队，闲时为牧，战时为兵，大部分是冷兵器轻骑兵，清初约为十万人。康熙朝喀尔喀蒙古和青海蒙古归附后，总数达到二十万人。

重点讲讲入关后的八旗兵。

入关后，八旗兵进一步职业化。士兵不再承担生产任务，全天候保持战备状态，有固定的薪俸，定期演习，随时待命。

马匹由清廷统一拨发，盔甲、武器也根据固定标准统一定制。

例如八旗前锋营士兵每人有两套盔甲，一套为上身棉甲、下身扎甲，如下图。

一套则是纯棉甲，如下图。

士兵也可以根据个人习惯，于制式武器之外携带自己称手的兵器，或是带上自己家里的马匹、骆驼，甚至于带上家中的包衣协同作战，这些都是被允许的。但是有一点，包衣不能代替家主当兵。一旦被发现，家主将遭受严厉的惩罚。

从驻扎地域上分类，入关后，八旗兵分为"京师八旗"和"驻防八旗"。

前锋甲

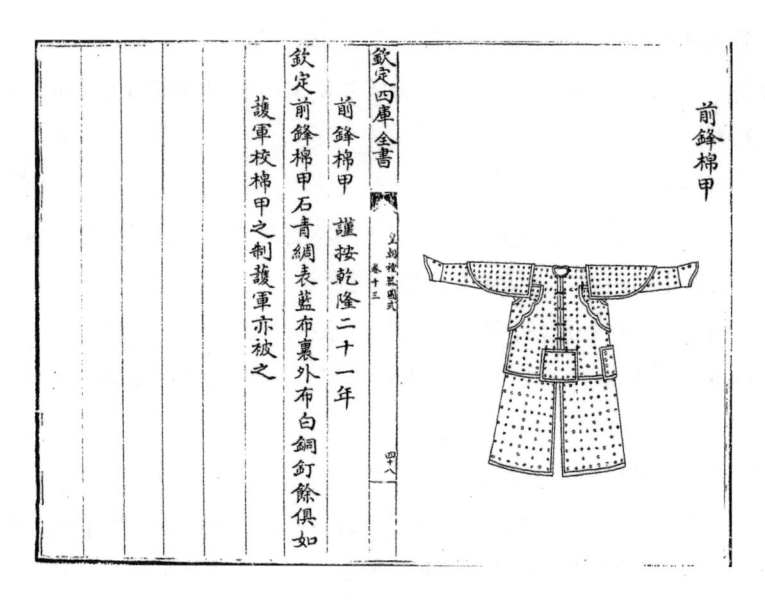

欽定四庫全書

前鋒甲 謹按

本朝定制前鋒甲青布表月白裏緣如表色不施采繡餘俱如前鋒校甲之制護軍綠營兵皆被之

前鋒甲

前鋒棉甲

欽定四庫全書

前鋒棉甲 謹按乾隆二十一年

欽定前鋒棉甲石青綢表藍布裏外布白銅釘餘俱如護軍校棉甲之制護軍亦被之

前鋒棉甲

京师八旗，顾名思义驻扎在北京；驻防八旗，是指驻扎在全国各个行政枢纽的八旗兵，也分为两部分。

一是关外驻防八旗，康熙初年主要是盛京和宁古塔驻军，之后又陆续新增黑龙江（瑷珲城）、哈密、科布多、西藏（拉萨）、青海（西宁）、乌里雅苏台、伊犁、喀什噶尔等地驻军。

二是关内驻防八旗，指驻扎在山海关内各省的驻军，例如江宁（南京）、杭州、荆州等地驻军，由满、蒙、汉三军合驻。

驻防八旗不受所在地区督、抚的管理，调动权统归中央兵部。在各个驻防地点，清廷为驻防八旗修建"驻防城"，也就是民间所说的"满城"。在大部分人的印象中，这些驻防军队在地方上是很恶霸的，动辄欺男霸女、搅扰地方，其实并非如此。清廷对驻防八旗官兵有着严格的纪律约束，不要说为祸地方，连进出驻防城都需要层层审查。

（一）"旗人及旗下官员，私自出境取债、探亲者，均照逃走例分别办理。"[1]

即旗人不向上级请示，私自离开划定的居住区域，一律视为"逃人"，依照逃人法的规定治罪。前文讲过逃人法的严厉程度，这里不再赘述。

（二）"凡八旗兵丁及拜唐阿[2]如有告假前往各省以及口外者，俱令禀明该管官，系何事前往何处及告假限期，详晰声明存档，给领印票，回日圈销。傥有告假逾限不回及回而不交纳原领印票者，鞭五十。如不领印票私行前往或领有印票私往别处者，俱鞭一百。"[3]

即八旗士兵要想出远门，必须向上级官员详细写明事由、目的地和外出期限并存档，才能领取通行证，并须在返回之日销假。超过规定期限返回或者返回后不销假的，鞭打五十；无通行证擅自离开或者被发现中途去往别处的，鞭打一百。

由此可见，驻防旗人的人身自由是相当受限的。

至于网络盛传的"满汉不通婚"，也是一种错误认识。例如康熙的生母佟佳

---

[1] ［清］薛允升撰，《读例存疑》，共54卷，光绪三十一年京师刊本。引自该书卷53，"旗人私出境外"条。
[2] "拜唐阿"指各衙门管事而无品级者。
[3] ［清］薛允升撰，《读例存疑》卷53，"旗人告假领票"条。

氏，就是我之前说过的佟氏后裔，生康熙那会儿她就隶属于汉军旗。年羹尧娶了大文人纳兰性德（叶赫那拉氏）的女儿，纳兰性德隶属于满洲正黄旗。这些都属于满汉通婚的案例。

而清朝禁止的，是旗人与非旗人的通婚。这种规定固然有保护贵族阶层利益的因素，但其实更多的是在保护底层人民的利益。你作这样一种设想，村里有三个地主，是允许地主娶民女的危害大，还是不允许地主娶民女、只能在地主阶层内部联姻的危害大呢？

好啦，言归正传。

康熙初年，京师八旗加驻防八旗的总数约为六万人。康熙三十年（1691年）之后，该数字突破十万。之后，京师八旗长期维持在十万人左右（包括郎卫和步军，下文详解），驻防八旗的数量则因驻防地的增多而持续增长。到道光年间，八旗兵总数达到二十余万，京师与驻防各半。下面，我就以京师八旗兵为例，说说八旗内部的兵种分类。

前章节说过，八旗兵是以"每佐领抽甲"的方式组成的军队，在抽甲比例固定的情况下，影响总人数的因素就是佐领的数量。清朝中前期，八旗佐领数不断发生变化，军队的人数也在变化。为了方便统计，这里我先取一个佐领数的固定值，先看两则史料。

康熙三十五年（1696年），"征噶尔丹，（京师）八旗满洲、蒙古、汉军每佐领出骆驼一头，共一千一百八十八头。"① 这里，我们通过骆驼的数量，可以推算出在康熙三十五年，京师八旗共有1188个佐领。

乾隆朝中期，乾隆帝对八旗佐领数量做了规定："满洲佐领六百八十一，蒙古佐领二百零四，汉军佐领二百六十六，驻防佐领八百四十"②。合计为1991个佐领，其中京师八旗1151个，驻防八旗840个。

由上可见，自康熙中期到乾隆年间，京师八旗的佐领数量并没有发生太大的变化。由于本书所要重点讲述的战争，多发生在这一时期。所以，这里我就采用乾隆帝规定的佐领数，作为计算京师八旗各兵种人数的依据。

---

① 《清史编年》第二卷（康熙朝）上，173页。转引自《清圣祖实录》卷146。
② 同上书。转引自《乾隆会典》。

为了方便计算，咱们就去掉零头，取满洲佐领为 680 个，蒙古佐领为 200 个，汉军佐领为 270 个，合计为 1150 个。

下面说说八旗下的几大兵种。

从宏观上看，八旗兵分为三大类型，即"郎卫""警卫"（这个词是我自己发明的）和"兵卫"。郎卫专门负责保障皇室安全，你可以理解为皇家卫队；警卫负责京师日常治安，你可以理解为警察和城管；兵卫负责外出征战，也就是我们通常理解的"军队"。

一、郎卫类

（一）亲军营，这是最早成军的一支郎卫，专门负责保障皇宫内部及皇帝出行时的銮驾安全，也就是电视剧中所谓的"大内高手"。其士兵由上三旗满洲、蒙古（无汉军）每佐领抽二甲组成，总人数为八百人。

士兵进入亲军营后，还要进行第二轮选拔，即从世胄之家子弟（各种官 N 代、爵 N 代）中，挑选出骑射娴熟者一百八十人，入"侍卫班"。侍卫班大有来头，可谓是清朝的黄埔军校。这里，我就要说说清朝的当官渠道，主要有四个。

一是科举，这个大家比较熟悉，基本是为关内汉人准备的。顺治朝时，由于清廷划分旗人科举和普通人科举，人为限定两者的名额，导致旗人科举占了很大优势（基数少），出现过满洲状元的情况。康熙帝亲政后，不再单独为旗人设榜，规定旗人在乡试、会试中与汉人一体考试汉文，同榜发布成绩。更过分的是，即便是满洲考生在考试中考取第一名，也要自动向后顺延，俗称"满不点元"。此后，科举中第者绝大多数是汉人。像张廷玉、刘统勋、刘墉、年羹尧等名臣，都是进士出身。

二是"捐"，通俗点儿说就是买官。康熙朝晚期西北用兵期间、雍正朝、乾隆朝都曾卖过官。雍正帝的心肝肉李卫，就是花钱买的官。所以，人家真的不是叫花子，反倒是相当有钱。三朝名将岳钟琪，早期也是花钱买的官。

三是"包衣"群体，前文介绍过，这里不再赘述。

四是"侍卫班"和"笔帖式"。

这两个群体，都是从宗室、功勋将领、大臣的子弟中挑人组成的。侍卫班相当于皇帝的贴身保镖，笔帖式相当于各行政机构的底层秘书。这两个群体的成员，通常熬七八年资历，表现优异就可以当官了。而且起步很高，外放就是巡抚级别，京官可以干到一部的副部长。这是因为清朝的侍卫本身级别就很高，一等侍卫相当于三品官，二等侍卫相当于四品；笔帖式的级别比侍卫低，但也在六品至九品之间。

清宫戏中的红人，像遏必隆、纳兰明珠、隆科多、福康安等，都出自侍卫群体；图海、兆惠、松筠等人则出身笔帖式。当然，其中最有名的一位，当属和珅。

亲军营和侍卫班，全部归"领侍卫内大臣"管理，正一品，是清朝级别最高的武官。领侍卫内大臣共设六人，由上三旗满洲、蒙古每旗选二人担任，轮流当值，分掌本旗的亲军营。

（二）善扑营，这支军队大有来头。康熙八年（1669年）五月十六日，康熙帝召鳌拜入宫。鳌拜入殿后，平常在宫中演练摔跤的一群少年突然将其扑倒、捆缚，此即为"智擒鳌拜"，而演练摔跤的这些少年，就是善扑营的班底。

该营满编为三百人，从八旗各旗中海选组成。其中：善于摔跤者称之为"善扑人"，有二百名；善于射箭者称之为"勇射人"，有五十名；善于马术者称

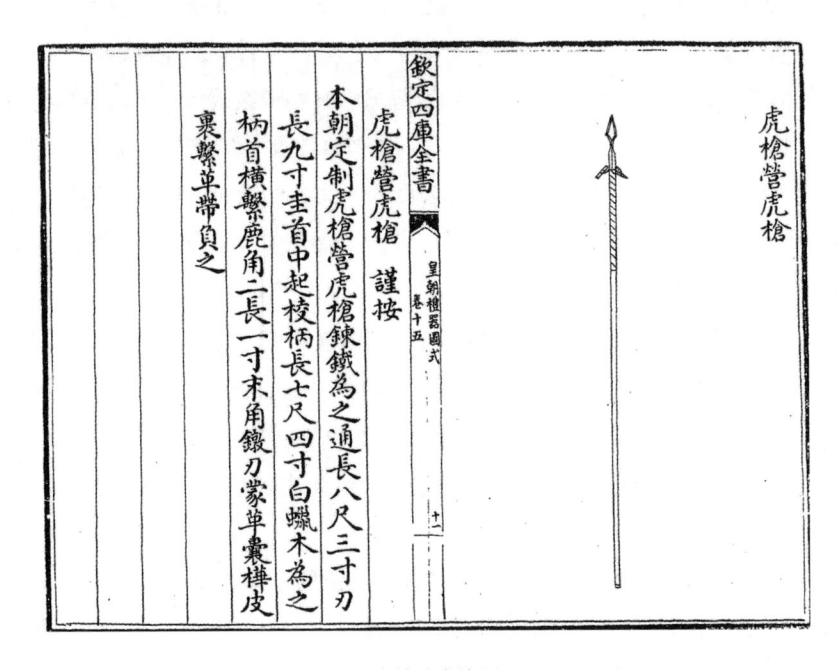

虎枪营虎枪

之为"骗马人",有五十名。

善扑营除担任宫廷宿卫外,还有随印行走、办理皇帝机密事务等任务。

(三)虎枪营,于康熙二十三年(1684年)设置,兵源由黑龙江将军从当地的原住民中选拔,入选条件是"精通骑射、擅杀猛虎"。初期为三百六十人,雍正元年增为六百人。

这支军队虽然属于郎卫,但是他们的职责并不是保卫皇宫,而是保护皇帝打猎。凡皇帝围猎时,他们就随御驾扈从,遇到猛兽时,他们就用虎枪刺杀。

所以你懂了吗?康熙帝一生之中射杀的数百猛兽,多半是他们的功劳。

综上,郎卫类共设三营,分别为亲军营、善扑营和虎枪营,总人数为一千七百人。

二、警卫类

该类只有一营,即步军营。其管理机构称为"提督九门步军、巡捕五营统领衙门",简称"步军统领衙门",最高长官为"九门提督",武职正二品。

如果说亲军营的职责是保卫皇宫内部的安全,那么步军营的职责就是保卫皇宫各个城门以及整个北京城的安全,并负责京城内外的日常治安,包括巡街、巡夜、救火、查户口、处理刑事案件等,相当于现在的警察兼城管兼消防队兼执法队兼保安。

步军营分为两部分,八旗步军营和绿旗巡捕五营。

八旗步军营由八旗满洲、蒙古每佐领下抽调二十人、八旗汉军每佐领下抽调十三人组成,总人数在两万人左右。绿旗巡捕五营有马、步兵一万余人。两营合计有三万余人。

话剧《茶馆》中的宋恩子和吴祥子,就隶属于步军营。这可是个肥差,没有点儿关系你都进不去,看过《茶馆》的朋友应该能懂。除了维持日常治安,当皇帝外出谒陵、打猎,皇子、大臣外出办事时,步兵营也要派官兵随行护卫。

看完以上内容后,相信大家就能明白,为什么清宫戏中某某人要搞政变前,必要拉拢领侍卫内大臣和九门提督,因为这两个职位掌握着整个北京城的兵权。

需要说明的是,大部分情况下,步兵营仅限于维持北京城的治安,不参与清朝的内、外战争。

第八节 康熙帝的军事改革（八旗制度第四讲）

这一节再来讲讲兵卫类。

接下来要介绍的几支军队，全部是兵卫，也是真正的军队。

（一）护军营，这是八旗最早成立的主力攻坚部队，满文名称为"巴牙喇营"，即努尔哈赤时期的红护军。早期这支军队属于重装步兵，武器以长矛、马刀、长柄斧为主，也装备火门枪、陶土雷、铁炮等火器，火器装备率[①]在20%左右。护军营虽然不属于专业的骑兵部队，但是入选时需要考试骑射，打仗时骑马机动。康熙朝开始，他们也被当作骑兵使用。

这支军队由八旗满洲、蒙古（无汉军）每佐领抽十七甲组成。按照我在上文确定的八旗佐领数，满蒙八旗佐领合计880个，这支军队的标准人数即为 $880 \times 17 = 14960$ 人。

无战事时，护军营也要兼职郎卫，上三旗的护军保卫皇宫周边，下五旗的护军保卫王公、大臣的府邸。下文要介绍的前锋营、骁骑营也有同样的职责，之后不再赘述。

（二）前锋营，这也是八旗最早成立的部队之一，满文名为"噶布什贤超哈"，早期隶属于护军营，被称为"护军前哨兵"，即努尔哈赤时期的"白护军"。

前章节我曾说过，朝鲜人称身穿水银甲的八旗兵为"别抄"，其实就是"前

[①] 火器装备率指使用火器的人数占军队总人数的比例。

哨"的音译。换句话说，前锋营就是从护军营中挑选精壮者组建的，可谓是精锐中的精锐，武器装备水平要高于普通八旗兵。该营士兵标配的武器有：弓、箭、佩刀、顺刀（短剑，较匕首略大）、短斧、镰刀、短矛、钩鞭等，虽然不够"十八般兵器"的标准，但也称得上是武装到牙齿。

这支军队由八旗满洲、蒙古每佐领抽二甲组建而成，其标准人数即为 $880 \times 2 = 1760$ 人。

（三）骁骑营，顾名思义，这是一支骑兵军队，也是八旗成军较早的部队。其原名为"阿礼哈超哈"，汉语意为"行营兵"；其士兵称之为"马甲"，汉语意为"骑兵、马兵"。

康熙朝初期，骁骑营是八旗兵中编制最大的部队，由八旗满洲、蒙古每佐领抽 20 甲、八旗汉军每佐领抽 40 甲组建而成，

其标准人数为 $880 \times 20 + 270 \times 40 = 28400$ 人。

此外，骁骑营中还辖有一支火器部队，由汉军每佐领抽二甲组成，专门使用鸟枪，即为"鸟枪骁骑"，康熙朝初期仅有 540 人。

（四）鹿角营，满语名为"鄂尔布"，抽调八旗汉军中的不会骑马者组建

鹿角

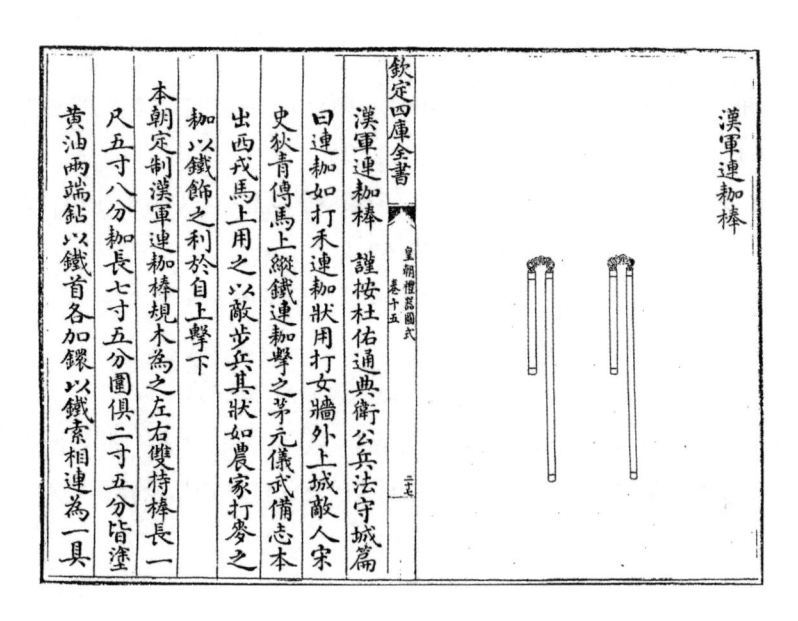

汉军连枷棒

欽定四庫全書

漢軍連枷棒 謹按杜佑通典衛公兵法守城篇曰連枷如打禾連枷狀用打女牆外上城敵人宋史狄青傳馬上縱鐵連枷擊之茅元儀武備志本出西戎馬上用之以敵步兵其狀如農家打麥之枷以鐵飾之利於自上擊下

本朝定制漢軍連枷棒梘木為之左右雙持棒長一尺五寸八分枷長七寸五分俱一寸五分皆塗黃油兩端鉆以鐵首各加鐶以鐵索相連為一具

汉军连枷棒

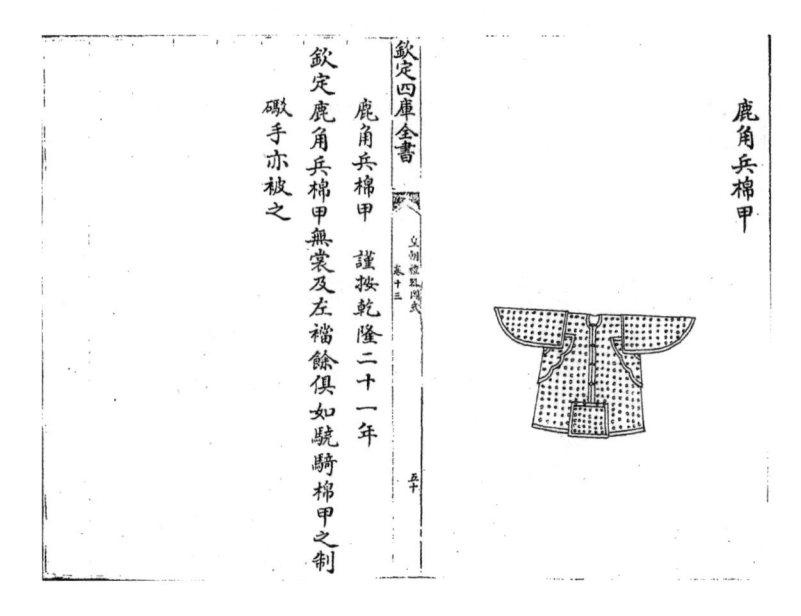

鹿角兵棉甲

欽定四庫全書

鹿角兵棉甲 謹按乾隆二十一年欽定鹿角兵棉甲無裳及左襠餘俱如驍騎棉甲之制礮手亦被之

鹿角兵棉甲

而成。

"鹿角"是一种防御工事，主要用来防御敌方骑兵冲击。因其形状类似鹿角，故如此命名。

这支军队由八旗汉军每佐领抽八甲组成，每人配大号双节棍一根，每八人配鹿角一架，其标准人数为 270 × 8 = 2160 人。

比较有趣的是，鹿角营士兵和火器营炮手所穿的盔甲没有"裳"，也就是下半身无甲，是八旗各营中最简陋的。

（五）藤牌营，这是一支说新也新，说旧也旧的部队。

说它旧，是因为这支部队在明朝时就存在，大名鼎鼎的"戚家军鸳鸯阵"所用的盾牌即为藤牌。这种盾牌比较轻便，虽然无法防御鸟枪弹，但对冷兵器有着不错的防御效果。

对清朝而言，这是一支新军，收复台湾后才组建成军。康熙帝对藤牌兵极为重视，在八旗、绿旗中均设有藤牌营。其中，八旗藤牌兵每旗一百人，共八百人。藤牌营的军服也很有特点，如下图，穿在身上应该很有喜感。

康熙将藤牌兵作为小范围、技巧性肉搏的主力兵种，算是八旗重甲兵的补

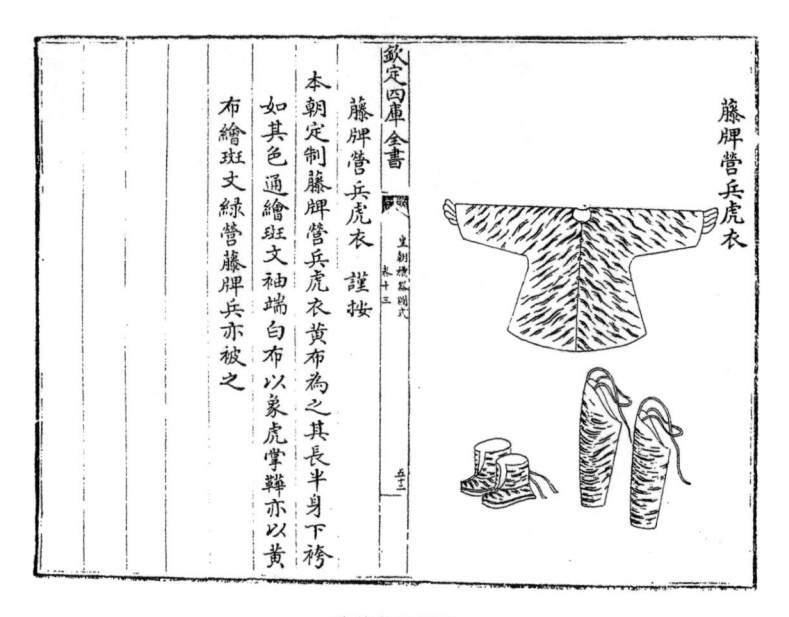

藤牌营兵军服

充。全员骑马、重甲的八旗兵，适合在草原上对冲，却不适合在山林之中搜索、肉搏。所以，康熙派出军队作战时，特别喜欢搭配数百名藤牌兵，一旦遇到河流、山林战场，就让他们出战。后来的雅克萨、昭莫多战役中，藤牌兵都有着出色的表现。

（六）健锐营，这支军队成军较晚。乾隆十二年，乾隆帝派兵征讨大金川（位于今天的横断山区），当地反叛的土司将寨堡建于高山断崖之上，易守难攻，清军初战失利。

为了培养善于攀爬的特种兵，乾隆帝于乾隆十四年设健锐营，从八旗前锋营、护军营中挑选擅长攀爬作业的士兵组建而成。最初该营设一千人，至乾隆十九年增至三千人。士兵日常除演练云梯攀爬之术外，骑射、鸟枪、骗马等传统技艺照旧练习。

（七）养育兵，相当于八旗兵的预备役。

顺治十七年，顺治帝设养育兵，从无业的八旗壮丁中挑选健壮者组建而成，初期有 4800 人。养育兵的考试、考核、训练与八旗常备兵一样，只是他们的工资是常备兵的一半。康熙、雍正两朝，养育兵的规模不断扩大，到乾隆十八年，养育兵增至 26200 人，约为八旗常备兵的四分之一。

以上，就是八旗兵卫下的几大兵种。看到这里，很多朋友会说：不对呀，你之前不是说过，八旗汉军都是火器部队，怎么现在变成骑兵和鹿角兵了呢？

这是因为，清军入关后，将原八旗汉军的火器大部分（无重炮）拨给了几个藩王的军队。隶属于藩下的八旗兵多达 2 万人，还有额定绿旗兵 4.4 万人，这些军队才是清军火器部队的主力。

在平定三藩之乱的过程中，康熙帝下令大规模制造火炮、火枪。由于战时八旗兵的编制不宜大动，所以这些火器并未大规模装备八旗兵，而是新招募了相当数量的绿旗火器兵。三藩之乱平定后，康熙帝进一步在八旗中推广火器，先后进行了两次大规模军事改革。

（一）八旗汉军二次火器化。

康熙二十二年（1683 年）五月，康熙帝召议政王、贝勒、大臣开会，决定："八旗汉军马兵鸟枪手，每佐领增十八人，共二十人演习鸟枪事"。他还对与会大臣说道："火器关系武备，甚为紧要，应严加操练，以裨实用。"①

解释一下，康熙帝将骁骑营中八旗汉军使用鸟枪的人数，从之前的每佐领2人增加为每佐领20名，并将这些人从骁骑营中整体剥离，组成"汉军火器营"。

之后，康熙帝又定汉军每旗出四十人，作为专业的炮手；每二百人为一个炮兵单位，除炮手外，其余士兵称之为"随炮兵"。炮手专门负责"打炮"，随炮兵负责保护炮手、装填弹药、校正弹道等工作。

根据后来康熙的调兵命令分析，清军通常将子母铳编入鸟枪部队中，不算作"炮"。汉军这320名炮手，每人配一门真正的火炮。中型、重型火炮通常是每二百人携带八门，轻炮则是每二百人携带十六门，京师八旗每旗备有野战炮50至60门。

这样，整个八旗汉军又变成一支专业的火器部队了。其中，使用鸟枪的人数为：$270 \times 20 = 5400$ 人；使用火炮的人数约为5000人。

（二）在八旗满洲、蒙古中推广火器。

康熙二十九年（1690年）九月，康熙帝"令八旗满兵每佐领选护军二名、骁骑三名，演习鸟枪"。②

解释一下，从护军营、骁骑营的满洲、蒙古每佐领中，各抽调二人、三人使用鸟枪。康熙三十年，康熙帝再次从前锋营、护军营、骁骑营的满洲、蒙古每佐领中各抽调一人、合计三人使用鸟枪。③

八旗满洲、蒙古每佐领下还设"炮甲"或"枪甲"一人，使用子母铳。其中，使用传统子母铳的称之为"炮甲"，有528人；使用新式子母铳的称之为"枪甲"，有352人，合计为880人。关于这两种子母铳的区别，后文会解释。

这样，经过这两次军事改革后，康熙朝中后期，京师八旗的编制情况如下表。

---

① 《清圣祖实录》卷109，康熙二十二年五月己未条。
② 《清圣祖实录》卷148，康熙二十九年九月癸巳条。
③ 根据《清世宗实录》记载，前锋营使用鸟枪的时间是在雍正年间。本文采用的是"《清朝文献通考》（张廷玉等撰）卷194、兵考十六"中记录的鸟枪使用情况，即文中列出的时间和数字。

兵种	抽甲标准	人数
1. 前锋营	满蒙每佐领抽 2 甲	1760
冷兵器	1	880
鸟枪	1	880
2. 护军营	满蒙每佐领抽 17 甲	14960
冷兵器	14	12320
鸟枪	3	2640
3. 骁骑营	满蒙每佐领抽 20 甲	17600
冷兵器	15	13200
鸟枪	4	3520
子母铳	1	880
4. 汉军火器营	汉军每佐领抽 40 甲	10400
鸟枪	20	5400
火炮	每旗 40 门	5000
5. 鹿角营	汉军每佐领抽 8 甲	2160
6. 藤牌营	每旗 100 人	800
冷兵器		27200
火器		18320
器械		2160
合计		47680

表格中列出的是八旗正规军，除此之外，在北京还有两支装备相仿但比较特殊的八旗军队。

一则，八旗每个营都有自己的养育兵，约占该营人数的四分之一，总数即为 1.2 万人；二则，八旗各旗下的"包衣佐领"也抽调壮丁披甲，组成了一支结构类似的军队，总人数约为 1.9 万人。

相较于京师八旗，单一地方驻防八旗的人数就要少得多了，通常在五百至五千之间。然而麻雀虽小、五脏俱全，各地的驻防八旗也按照京师八旗的模式编为不同的营。例如湖北荆州驻防八旗兵约五千人，其中前锋营200人，火器营2000人，骁骑营1800人，子母炮手（即炮甲或枪甲）84人，步军营700人，养育兵400人。

以上，就是康熙三十年之后八旗军队的总体情况。此时京师八旗的火器装备率为38%。到了雍正朝，鸟枪护军增至每佐领六人，火器装备率提升至44%，鸦片战争前基本维持了这个水准。

需要说明的是，八旗兵之所以不全员装备火器，并不是因为清廷造不起火枪。事实上，康熙朝中期以后，清军的火器储备相当充足。例如康熙五十四年（1715年）四月，康熙帝调兵往归化城，即调动"黑龙江兵五百名并打牲索伦打虎儿兵五百名、三处喀喇沁兵一千名，每人各带长枪、鸟枪"①。由此可见，如果需要，清军的火枪配备可以做到每人一杆。

而八旗兵中之所以保留相当数量的冷兵器部队，是因为八旗的骑兵占比太高。八旗专业的骑兵部队占比接近40%，而且八旗兵全员骑马机动，前锋营、护军营也可以作为骑兵使用。在很多人的印象中，如果能将传统的骑马射箭升级为骑兵加火枪，那就无敌了。然而，直到第一次世界大战那会儿，欧洲的骑兵仍在使用长矛。这是因为，骑兵与火器是一对儿天然的冤家。

在16世纪到19世纪之间，西方火枪兵的使用模式是线列阵，即士兵排成若干行，线列齐射；第一排装弹时，第二排再射，如此反复。开枪时，士兵也不需要特定瞄准某个目标，只要所有人持枪保持大致相同的高度，对敌人的军阵进行火力覆盖即可。

之所以如此战法，是因为这会儿的火枪装填慢、弹道不稳，只能依靠齐射的密集火力覆盖敌军。而骑马时，你就端不稳枪，就无法形成统一的线列和高度，就打不出火力覆盖面，而且射完后，也无法在装弹时转换前后排。所以，火枪加骑兵看起来很美，其实不具备实战价值。

这也是八旗兵在大规模列装鸟枪后，仍然装备弓箭的原因。

其实在这会儿，火枪和弓箭并不是替代关系，而是各有优劣。火枪主要胜在威力和射程，而弓箭则胜在射速和弹道（可以在骑马时抛射）。同一时期欧洲

---

① 《清圣祖实录》卷263，康熙五十四年四月丁亥条。

人之所以淘汰了弓箭，并不是因为他们的火枪足够先进，而是因为他们的战争多发生在欧洲乡间田园，没有足够广阔的战场供骑兵在机动过程中骑射。而清军的对外战争多发生在北方草原，战场足够广阔，保留弓箭可以大大提高战场反应力（线列阵需要长时间列队），并发挥骑兵的机动性。

说回清军的火枪兵战法，相较于西方更加多样化。根据八旗鸟枪骑兵总管长泰给康熙的汇报，主要有以下几种。

（一）"有马上放一枪、又射一箭者。"这是应急战法，即骑马状态下放枪、射箭，保持火力密度。

（二）"有趋进时放枪不绝者。"这种类似西方的线列阵，即排成一排，边行进边开枪。

（三）"有连环旋转放枪者。"这种是以环状阵型应对机动敌人，即清军围成一个圈，没有传统阵型的侧翼，可以应对骑兵来自各个方向的冲击。

（四）"有跪而放枪者，有仰卧而放枪者。"① 这种就是标准的阵地战法，我就不多介绍了。

在火器化改革的过程中，康熙帝还因地制宜，根据驻防地区的假想敌特点来配备武器。

例如黑龙江八旗的驻防地点靠近沙俄，其假想敌就是俄军据点。所以，虽然该地驻防八旗兵仅有两千人，却配备了轻重火炮四十门，用来轰坚固堡垒。陕甘地区靠近准噶尔，需要应对其火器骑兵，康熙帝就在当地驻防八旗、绿旗兵中大力普及轻火器和子母铳，用来排枪射骑兵。清朝中前期，陕甘绿旗兵的战斗力是不亚于八旗兵的存在。到了雍正朝，连南方绿旗兵的火器装备率都达到了50%。

下面，我们借郎世宁（意大利传教士，乾隆御用画家）所画的《乾隆皇帝大阅图》（以下简称《大阅图》）②，来看一下八旗军的整体面貌，并附乾隆帝阅兵戎装图一幅（见彩图6　乾隆皇帝阅兵戎装图）。

---

① 四条均引自《清圣祖实录》卷156，康熙三十一年九月癸酉条。
② 该画描绘的是乾隆皇帝于乾隆四年检阅京师八旗兵情景，由于画卷太长，这里只截取三个片段（见彩图4《乾隆皇帝大阅图》局部之一、彩图5《乾隆皇帝大阅图》局部之二、彩图7《乾隆皇帝大阅图》局部之三）。

《大阅图》之一，阵中央骑白马者，就是乾隆老佛爷啦。

《大阅图》之二，右侧为八旗骁骑营；左侧为八旗火器营。

《大阅图》之三，从后方视角看八旗火器营，每人背后都有一杆火枪。

好啦，关于八旗的军种，就介绍到这里。

第九节 康熙朝的火器制造

介绍完兵种，再来说一下火器。

先说火枪。自三藩之乱爆发后，清朝开始大规模、批量制造鸟枪，种类多达四十余种。由于本人对枪械实在没啥研究，这里我只放几张图。

"御制自来火大枪"，属于燧发枪。

"兵丁鸟枪"，属于火绳枪。

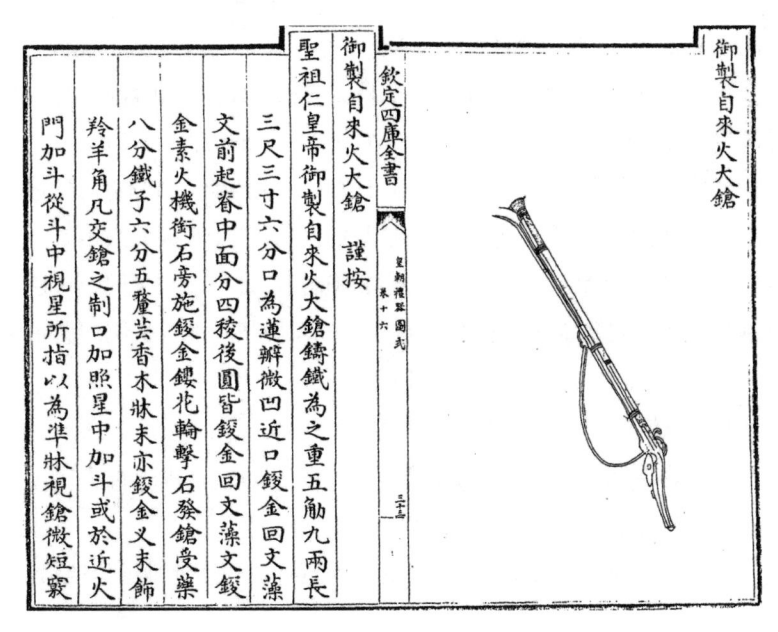

御制自来火大枪

兵丁鸟枪

前文说过，当时世界主流的轻火器就是火绳枪和燧发枪。到康熙朝中期，这两型枪清军都已经批量装备了。

现在很多人认为，所谓"御制"，是只能供皇帝使用而非普遍列装的兵器，这是错误的。自康熙朝中期开始，清朝中央制造火器的地方有三处。

第一处是养心殿造办处①，第二处位于景山，这两处工坊制造的枪炮即称之为"御制"，主要供八旗兵使用。第三处是铁匠营，位于今天北京市丰台区，此处制造的火器主要供绿旗兵使用，即为"非御制"。此外，在全国各省还有固定的火器制造工坊，这些工坊制造的火器也属于非御制。也就是说，御制只是为了区分造办地点，御制兵器也是普遍列装的。

再聊聊子母铳，清朝列装的子母铳主要有两种。

第一种即为明朝时期的传统子母铳，之前介绍过，这里不再赘述。使用这种子母铳的八旗兵，即称之为"炮甲"。

第二种你可以理解为大型鸟枪，重达八十五斤。使用此种子母铳的八旗兵，

---

① 初期位于紫禁城养心殿，后迁出。

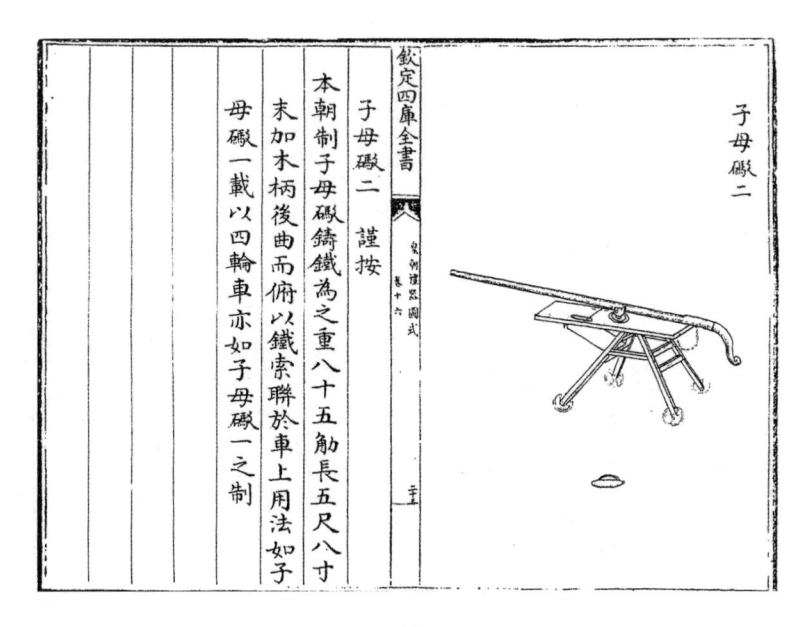

子母铳二

即称之为"枪甲"。

除上述两种主流子母铳外,清军还实验性装备过一种"奇炮",重达三十斤,也相当于一种大型鸟枪。据说此炮实现了连续发射,但具体如何操作我也不太明白,这里就不误人子弟了。

子母铳比传统火炮轻便,能架设在驼马背上运输、发射;射程、威力又胜于鸟枪,所以它特别适合在草原上打骑兵。

《清代琉球记录》中记载清军实战,三百步以内,可以放子母铳;八十步以内,可以放鸟枪;四十步以内,才能放箭。

清朝的一步等于五尺,一尺约等于30厘米,所以一步就是1.5米。如果用鸟枪排射对方的骑兵群,需要等到与对方相距120米时才能开火,万一打不中,人家的马刀就朝你的脑袋招呼过来了。而用子母铳,则可以在450米的距离开火,这就比较稳妥了。

最后聊聊镇国神器——火炮。说起康熙朝的火炮制造,就不得不提一个人——南怀仁。

南怀仁,比利时人,传教士。顺治十四年(1657年)来华,拜顺治朝钦天

奇炮

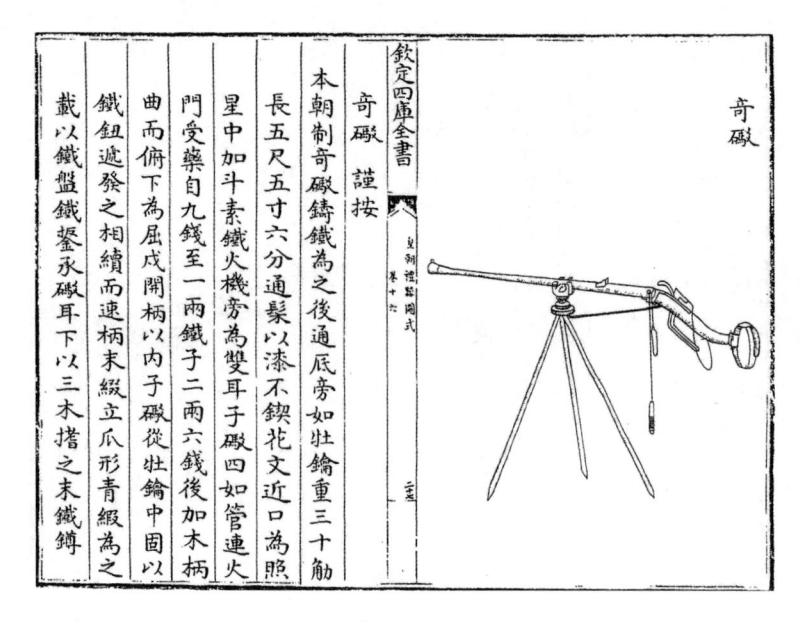

（图中古籍文字，自右至左竖排：）

钦定四库全书　皇朝礼器图式卷十六

奇礮谨按

本朝制奇礮铸铁为之后通底旁如牡铳重三十觔长五尺五寸六分通鋈以漆不鏻花文近口为照星中加斗素铁火机旁为双耳子礮四如管连火门受药自九钱至一两铁子二两六钱从牡铳中固以曲而俯下为屈戌开柄以内子礮从牡铳后加木柄铁钮遮发之相续而速柄末缀以瓜形青绦为之戴以铁盘铁錾承礮耳下以三木撑之末铁镈

监监正汤若望为师，进入清朝宫廷。康熙三年（1664年），鳌拜对西洋来华传教士进行大规模迫害，南怀仁一度入狱，次年被释放。康熙帝扳倒鳌拜后，重新启用南怀仁，令其执掌钦天监，负责天文历法方面的工作。

三藩之乱爆发后，初期清军暴露出巨大的火器劣势。康熙帝随即启用南怀仁负责设计、监督制造火炮。仅康熙十二年至十三年（1673—1674年），南怀仁就监工制造各式轻炮350门，发往前线。王辅臣反叛后，陕西局势危急，急需重型火炮。南怀仁组织工匠在28天的时间内铸造红衣炮20门，发往前线。三藩之乱平定后，康熙帝设立八旗火器营，南怀仁受命制作了一系列新式火炮。

这里，我先作一个名词解释。17世纪初，英国人为了将火炮制作标准化，以可发射炮弹的重量对火炮进行分类，分别为4磅[①]、6磅、9磅、12磅、18磅、24磅、32磅和42磅。其中，9至12磅炮是陆军野战重炮，12磅以上的火炮基本无法在陆地机动，只能放在舰船和城墙之上固定使用。

---

① 1磅 ≈ 0.45千克。

第五章　平三藩、收台湾

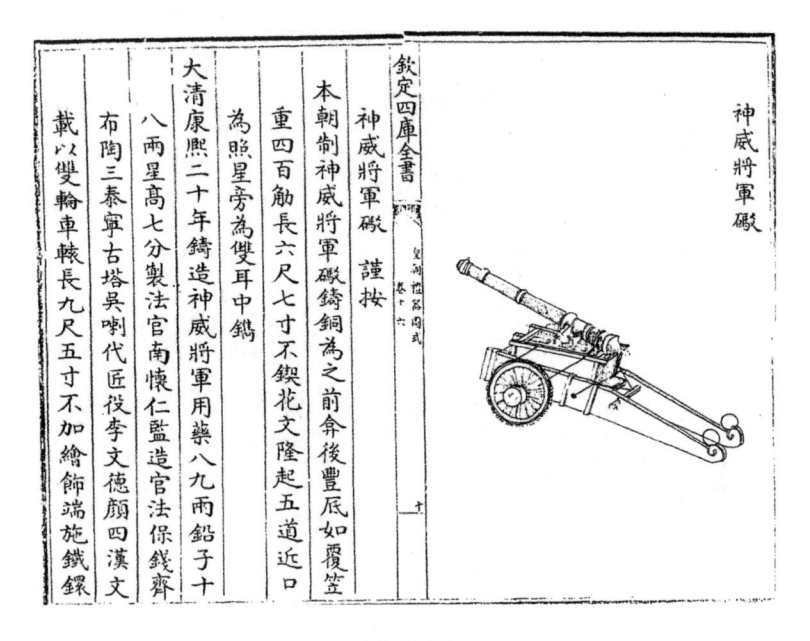

神威将军炮

清朝这边，为实现火炮制作的标准化，也对发射炮弹的重量进行了规范，使用的计量单位是"斤"和"两"[①]。下面，我们就来看一下八旗兵装备的几种火炮。

（一）神威将军炮。此为制式火炮，康熙二十年（1681年）制成，康熙朝共计铸造240门，八旗每旗30门。炮重240千克，炮弹重约0.7千克，相当于1.5磅炮，属于野战轻炮。其炮车设计精巧，炮口可在前向180度范围内旋转，可调节高低仰角。

该炮质量极佳，康熙帝曾命240名炮手于卢沟桥练习发射，240门炮于三个月内发射21600次，无一炸膛。

（二）神功将军炮。康熙二十八年（1689年）制成，康熙朝共计铸造80门。炮重600千克，炮弹重约2.1千克，相当于5磅炮，属于野战中型火炮。炮车为三轮制，炮管可调节高低仰角。

---

① 清朝的1斤≈0.6千克，1两≈37克。

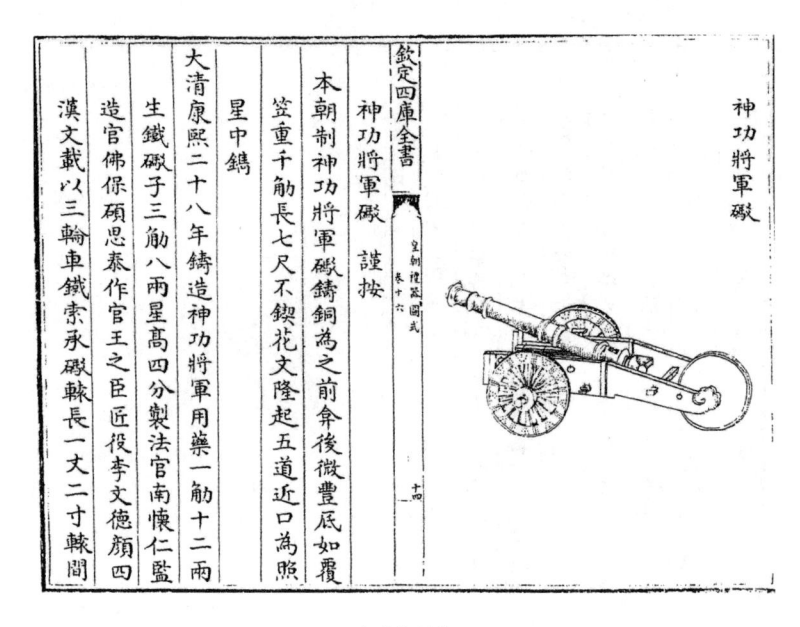

神功将军炮

（三）神威无敌大将军炮。这种炮本质上就是红衣炮，康熙朝制造的这一批改良了铸造工艺、冶炼技术，并增加瞄准装置。该炮分为两个型号，铜炮重1.36吨，炮弹重4.8千克，相当于11磅炮；木镶铜炮[①]重0.5吨，炮弹重3.6千克，相当于8磅炮，两型炮都可归入野战重炮。该炮首门于康熙十五年（1676年）三月铸造成功，当年铸造铜炮32门，木镶铜炮20门。

在黑龙江将军辖下，就有12门该型火炮，其中的八门参加了两次雅克萨之战和尼布楚谈判。

此外，康熙朝还铸造了"严威炮""得胜炮""御制金龙炮""御制制胜将军炮"等多型火炮。下表为笔者根据《钦定大清会典则例一百八十卷》第130卷整理的康熙朝部分新造火炮清单。

---

① 为适应南方山地作战环境，以"木表铜芯"的方式铸造的火炮，以减轻炮体重量。

第五章　平三藩、收台湾　317

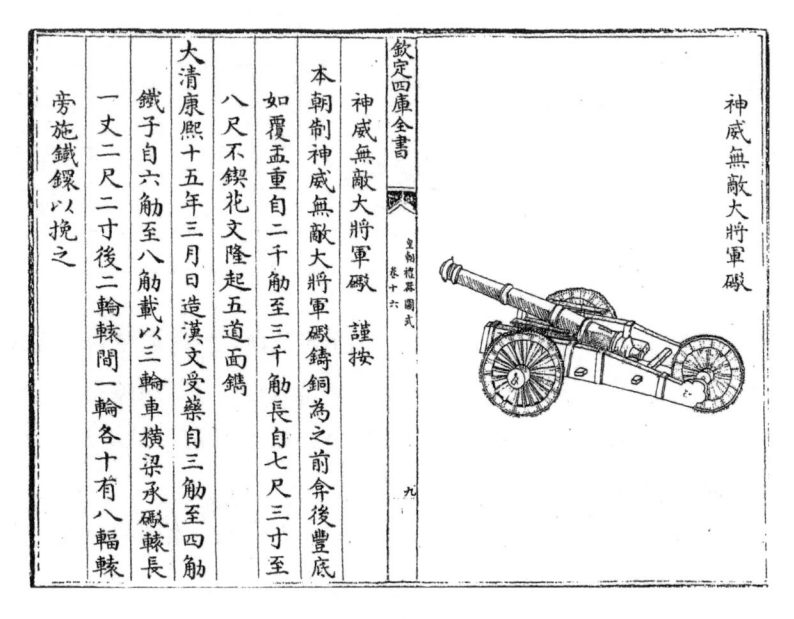

神威无敌大将军炮

铸造年份	名称	数量	分类
康熙十四年	神威大将军	80	中型
康熙十五年	神威无敌大将军（铜）	32	重型
	神威无敌大将军（木镶铜）	20	重型
康熙十九年	金龙炮	8	轻型
康熙二十年	神威将军炮	240	轻型
康熙二十四年	铁心铜炮	85	轻型
	奇炮	1	子母铳
康熙二十五年	金龙炮	1	轻型
康熙二十六年	威远将军炮（冲天炮）Ⅰ型	5	重型
康熙二十八年	武成永固大将军	61	重型
	神功将军	80	中型
康熙二十九年	铁子母炮	202	子母铳
	铜冲天炮	8	重型
康熙三十四年	制胜将军	46	中型
康熙五十七年	威远将军炮（冲天炮）Ⅱ型	10	轻型

铸造年份	名称	数量	分类
康熙五十八年	威远将军炮（冲天炮）Ⅲ型	16	轻型
康熙六十年	铁子母炮	6	子母铳
	铁虎尾炮	2	轻型
合计		903	

在康熙朝前期，战争多发生于关内，像平定三藩之乱和收复台澎之战，道路交通条件较好，故此时清廷多铸造中型、重型火炮；到了康熙朝中后期，战场主要在北方草原地区，重型火炮难以机动，故清廷多铸造轻型火炮。

此外，清军还列装了几种特种炮。

一种以"御制威远将军炮"（即"冲天炮"）为代表，康熙朝两者共计铸造39门。其形制类似臼炮，身管短、口径大、射程近、装药多。这里以威远将军炮（冲天炮）Ⅰ型为例，该炮重450千克，可发射18至21千克的炮弹。其炮弹不是一整个，而是多个炮子串联，欧洲称之为"葡萄弹"，你可以将其理解为霰

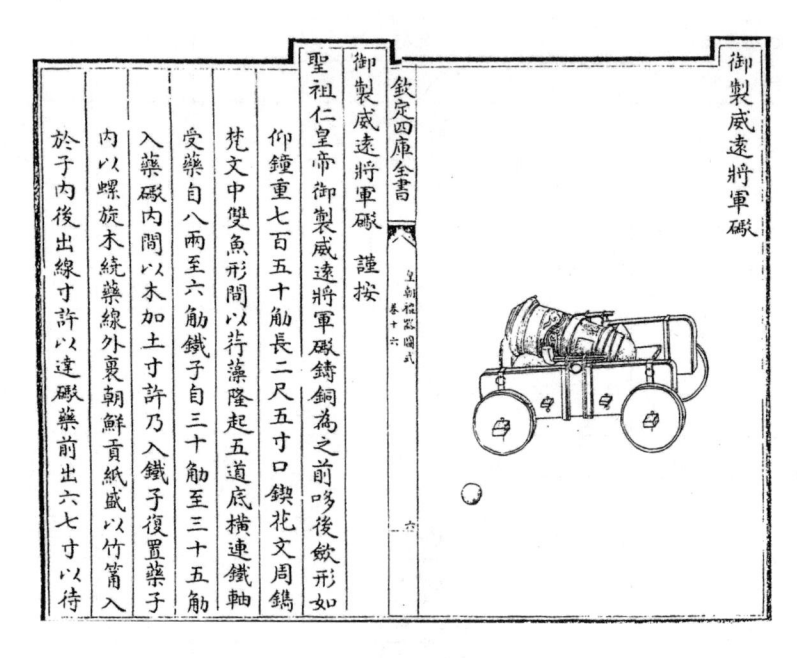

御制威远将军炮

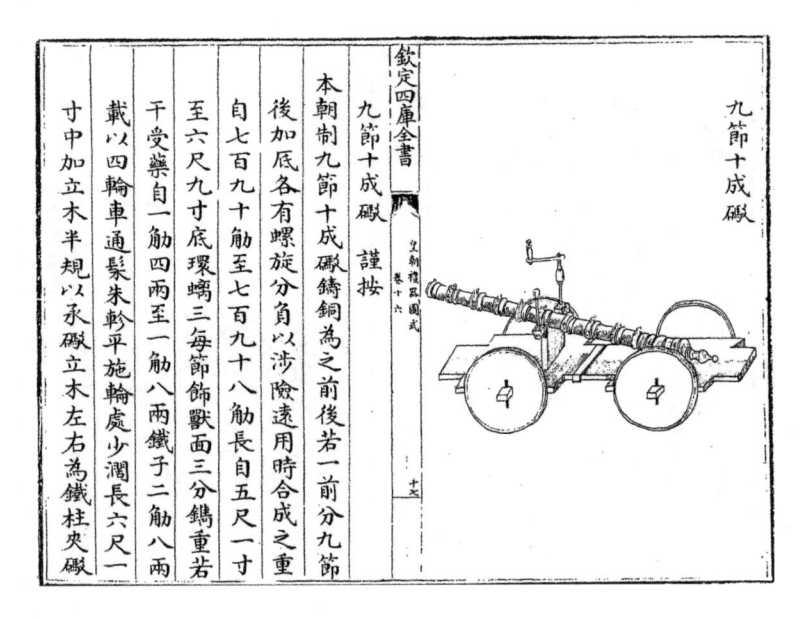

九节十成炮

弹。其针对的主要目标就是密集人群，打出去一爆一大片，画美不看。

一种名为"九节十成炮"（乾隆年间装备），该炮的炮管可以拆解成九节，每节前后都有类似螺母的纹理。在无法行车的山间、密林中行进时，士兵们每人带一节炮管，作战时再组装成炮。

这一时期清朝铸造的火炮，相较于明末有了大幅进步。故宫博物院内现存一门道光年间铸造的神威将军铜炮，该炮为铜制，铸造细腻，工艺精良，科学运用了物理知识，用五道加强箍对炮管进行加固，在容易炸膛的炮口和炮身后部，各有两道加强箍。

该炮还设有"星斗"瞄准装置，所谓星，即为准星，位于炮口；所谓斗，即为照门，位于炮尾。直射时，星斗相对，即可命中。要想抛射，则需要用到几何、弹道知识。为此，南怀仁制作了"炮弹远度比例表"、"勾股形内造象限仪"等工具，用于调整火炮的仰角和炮弹落点。这已经超出了我能够解释的范围，这里就不多介绍了。

更重要的是，该炮的相关数据与南怀仁当年设计的数据基本一致，说明早在康熙朝，火炮制造已经实现了标准化。

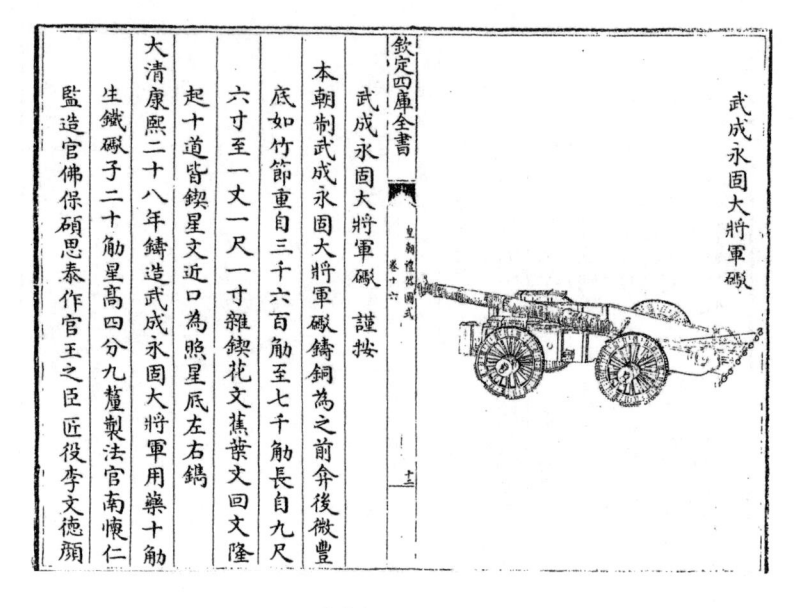

武成永固大将军炮

仅仅装备火器还不够，康熙帝还对火器兵、炮兵的演练做出了严格的规定。

每年春秋两季，京师八旗各旗的火器兵都要选出一部分，齐聚卢沟桥进行演习。工作人员会提前做好标靶，以"鸟枪护军、炮兵、火器营兵、鸟枪骁骑"的顺序进行射击，"开阵演枪炮九次至十次，炮与鸟枪连环无间"①。

最后，说一下清军的超级大杀器——武成永固大将军炮。

该炮于康熙二十八年（1689年）铸造成功，共计铸造61门。分为轻、重两型。轻型炮重2.2吨，炮弹重6千克，相当于13磅炮；重型炮重4.2吨，炮弹重12千克，相当于27磅炮。

经当代实测，重型炮长达3.62米，口径为15.5厘米，膛深3.3米；身管前细后粗，有八道宽加强箍，每道宽箍又由数道细箍组成；在炮口还做了特别加强，使得炮口外径达到了46.15厘米；炮尾有球形尾珠，炮身中部有"炮耳"，用于架设在炮车之上，可以调节高低仰角；设有星斗瞄准装置，炮身铭刻"星高六分三厘"。整炮做工精美，炮身铭刻各种图案、文字，堪称17世纪铸炮的

---

① 赵尔巽等撰，《清史稿》卷139，志一百十四，兵十。

顶级水平。

令人唏嘘的是，晚清战乱，列强军队在中国横行，当年的镇国神器也沦为了他们的战利品。西方人惊讶于该炮的威力和工艺的精湛，争相收藏。现在，全世界尚存武成永固大将军炮18门，大部分陈列在德国、瑞士、奥地利等国的博物馆中。亚洲仅有四门，其中，中国国家博物馆存放一门，中国台湾两门，日本一门。

经历了多少春秋，见证了多少荣辱！

现在，说起17世纪的军事改革，很多人的第一印象就是瑞典国王古斯塔夫二世的改革，要么就是稍后的沙皇彼得一世改革。而在我看来，这两位进行的军事改革，只是将一支原本已经火器化的军队在编制和战法上进行了调整，增加了部分火炮，并没有使原有军队产生脱胎换骨的变化。

我个人认为，17世纪最重要的军队改革，就是康熙帝的这一次。他将清军（包括八旗兵和绿旗兵）从一支以使用冷兵器为主、远落后于时代的军队，变成了一支突出骑兵、炮兵的多兵种混成部队，并新造了数量惊人的各型火器。这使得清朝陆军的战斗力在17世纪末进入世界陆军第一梯队，并将这个地位保持到了乾隆朝中期（18世纪中期）。

第六章 ◇

联盟解体，四方博弈

清准大战前传

第一节 准噶尔崛起

崇祯十三年（1640年），《蒙古（喀尔喀）—卫拉特法典》签订后，卫拉特、喀尔喀两大族群结成一个松散的政治、军事联盟。主要入盟者如下表。

卫拉特	位置	卫拉特本部		伏尔加河	青藏高原
	部名	准噶尔	和硕特	土尔扈特	和硕特汗国
喀尔喀	位置	左翼		右翼	
	部名	土谢图汗	车臣汗	札萨克图汗	和托辉特

蒙古大联盟建立后，在之后约十年的时间内大致还算团结，有效遏制了沙俄的蚕食。然而，在此期间发生了三件事，对联盟的未来走向产生重大影响，第一件即为准噶尔的崛起。

前章节讲过，固始汗入藏后，将和硕特一半多部众迁徙至青海，此举导致留在卫拉特的和硕特部实力大幅削弱。这样，准噶尔部就成为卫拉特内部的绝对强者。

崇祯七年（1634年），<u>多和沁</u>（绰罗斯氏）成为准噶尔首领，号<u>巴图尔珲台吉</u>①，这是准部崛起的起点。

---

① "巴图尔"在蒙古语中意为"勇士、英雄"，即巴图尔=巴图鲁（满语"勇士"）=巴特尔（就是打篮球那位），都是一个意思。这里的"珲台吉"，是蒙古贵族头衔，其词源于汉语"皇太子"，在卫拉特内部相当于"王公"。所以，"巴图尔珲台吉"可以理解为汉语的"勇亲王"。

其实，早在万历四十四年（1616年），巴图尔珲台吉就已经自立门户。这一年，他受父命去额尔齐斯河上游屯驻，协助杜尔伯特部守卫亚梅什湖。此地虽然名为"湖"，其实并非湖泊，而是额尔齐斯河中游右岸的一座盐池。在古代，盐可是战略资源，意义非凡。

此外，由于亚梅什盐湖位于卫拉特、哈萨克、沙俄三方地盘的交界处，战略位置也很重要。自沙俄东扩至此，三方就不断在此地发生武装冲突。在长期的战斗中，巴图尔珲台吉积累了丰富的作战经验，并锻炼出一支强大的骑兵。

为了报复沙俄的入侵，巴图尔珲台吉还率军主动出击，攻击俄军在西伯利亚的据点，抢掠人口、财物。俄国史料记载：1634年（即巴图尔珲台吉正式上位的年份），卫拉特蒙古人洗劫了秋明地区，并不时攻击塔拉、亚梅什、库兹涅次克等地方。以至于沙俄政府不得不将在这些地方定居的移民，向叶尼塞斯克和雅库茨克督军区迁移。在这一时期沙俄西伯利亚衙门报告档案中，"珲台吉"这个名词出现频率极高，在俄国人眼中如同恶魔一般。

认识到准噶尔的厉害后，俄国人开始变得乖巧，不再对卫拉特蒙古部落肆意劫掠，而是采取一种"搁置争议、共同开发"的方案。即准噶尔默许沙俄在卫拉特北部边境地区建立据点，沙俄则允许准噶尔属民在据点周边放牧。两边各干各的，互不侵扰。同时，沙俄开放秋明城，作为与准噶尔人交易的固定场所。准噶尔提供毛皮、肉奶，沙俄则提供铁器、牲畜良种及日用品。

但是，巴图尔珲台吉向俄国人明确规定：准噶尔与沙俄的领土分界线为鄂木河①，此河以南所有土地均为准噶尔所有。

用一句比较经典的话来形容，巴图尔珲台吉对沙俄的态度是"以斗争求和平"，双方各取所需。在贸易的同时，巴图尔珲台吉并没有放松对沙俄的警惕。正是在他的大力倡导下，蒙古—卫拉特联盟得以建立。

同时，巴图尔珲台吉与固始汗一样，也懂得远交强援的道理，清军尚未入关时，他就主动遣使向清朝朝贡。崇祯十四年（崇德六年，1641年），巴图尔珲台吉派遣弟弟墨尔根戴青到盛京，向皇太极进贡马匹。清军入关后，以巴图尔

---

① 鄂木河为额尔齐斯河右岸支流。

珲台吉、固始汗、鄂齐尔图汗①为首的二十三位卫拉特封建领主，于顺治三年到北京联名进贡，这标志着整个卫拉特蒙古与和硕特汗国成为清帝国的藩属，之后延为定制。

综合来看，巴图尔珲台吉是一位杰出的领袖，是准噶尔崛起的奠基人。他执政期间，发展手工业，改良军队装备，组建火器骑兵部队；坚持武力对抗沙俄，有效遏制了其快速扩张的态势；倡导组建"蒙古－卫拉特联盟"，交好清帝国，保持蒙古内部团结，一致对外。

更难能可贵的是，即便是准噶尔已经成为卫拉特第一大部，巴图尔珲台吉也没有要求"卫拉特汗"的称号，仍然与和硕特部交好，这让卫拉特内部保持了长时间的稳定。

巴图尔珲台吉有十二个儿子，由于他十分宠爱妃子玉姆阿噶，也就特别看重她所生的第五子僧格和第六子噶尔丹。噶尔丹②的事咱们后面再说，这里先说说僧格。

巴图尔珲台吉为僧格选定的老婆名为阿奴（博尔济吉特氏），她是和硕特部首领鄂齐尔图汗的孙女。这是一桩政治色彩浓厚的婚姻，通过此举，卫拉特内部最强大的两部结成姻亲。

在巴图尔珲台吉去世前，按照蒙古人的分封传统，他将自己直辖的部众平分为两半，一半给了僧格，另一半给了其他几个儿子，并让僧格继承自己的地位。顺治十年（1653年），巴图尔珲台吉去世，僧格正式接班。

老爹这种偏心眼的遗产分配方式，让其他几个儿子十分不满。僧格的同父异母哥哥车臣台吉（巴图尔珲台吉长子）和卓特巴巴图尔（次子）联合起来反对僧格，僧格则得到岳祖父鄂齐尔图汗和叔叔楚琥尔乌巴什的支持。僧格一方的实力明显占优，击败了他的哥哥们，但并未对其造成致命打击。为了维护准噶尔内部的稳定，僧格并没有赶尽杀绝，而是请卫拉特高僧咱雅班第达③出面调停，两方暂时达成和解。

---

① 留在卫拉特的和硕特部首领，固始汗的侄子。
② "噶"字读"gá"。
③ 创建托忒蒙古文，相对于卫拉特自己的蒙古文字。

执政方面，僧格基本延续了父亲的统治思路。对内与和硕特部保持联盟关系，对外交好清帝国，保持双方的朝贡关系。对沙俄，僧格则继续采取强硬立场，曾出兵攻袭俄军据点，但他也不拒绝与沙俄贸易。

最后，僧格执政期间干得最牛的一件事，就是攻灭和托辉特部，这还要从腾机思叛乱、喀尔喀内讧说起。

第二节 腾机思叛乱

顺治二年（1645年），多尔衮在全国推行剃发令，天下大乱。

由于喀尔喀各部每年都要去北京进贡，所以对关内的形势比较了解。这时，车臣汗作为蒙古—卫拉特联盟的加盟者之一，自恃背后有了倚仗，心中出现一些不安分的想法。他打算趁着清朝内乱，在清朝控制的漠南蒙古占点儿便宜。但是让他率兵正面来打，他又不太敢。于是，车臣汗玩了一招阴的。

顺治三年（1646年）四月，在车臣汗的唆使下，清朝控制的漠南蒙古苏尼特部公开反叛，宣布脱离清帝国，加入喀尔喀。该部首领腾机思[①]带领全体部众北上，进入车臣汗牧区。

外行人看来，腾机思叛乱不过是个芝麻大点儿的事。当时的漠南蒙古有几十个部落，这不过是其中一个头领带着几千部众外逃而已，能有多大损失呢？然而，如果结合当时清朝的内外局势分析一下，你就会发现这其实是一个巨大阴谋的开端。

前章节说过，自顺治二年开始，因多尔衮一系列弊政的实施，清朝关内已是遍地烽火，形势如累卵之危。车臣汗在这个时候煽动漠南蒙古部落叛乱，很容易引发连锁效应。一旦清廷对此事不闻不问，那么其他漠南蒙古部落会争先效仿，毕竟人家与喀尔喀同出一脉，血浓于水。这样的话，南北方都出事，清廷的统治会濒临崩溃。

[①] 腾机思，博尔济吉特氏，黄金家族后裔。皇太极时期率众归附清朝，游牧于今天的内蒙古中部。

虽然多尔衮在入关后施政有误,但他是个明白事的人,他敏锐地察觉到这一点。所以,这件事他必须管,还得大管。

顺治三年五月初二,多尔衮命漠南蒙古军队于克鲁伦河畔集结;命多铎为扬威大将军,率八旗兵自北京出发,全权节制北征的八旗、蒙古军队,征讨腾机思。多铎此次带去的军队共有两万骑兵,是当时八旗野战主力兵团之一,另外一支在阿济格手中。关于八旗兵的战斗力,我在前章节讲过,这里不再赘述。

多铎大军北上,先追腾机思叛军,打了两仗,叛军大败,腾机思的三个孙子、两个侄子都被清军斩杀。腾机思随即派人向喀尔喀各部求救,土谢图汗派出两万人、车臣汗派出三万人救援腾机思。

今天的蒙古国才二百余万人,车臣汗、土谢图汗的地盘也就今天半个蒙古国大小。考虑到当时的生活条件,这两部的总人口能有三十万就不错了。一次性派出五万骑兵,大概是能上马的男丁都来了。从这里可以看出,此时的喀尔喀还是相当团结的。

然而并没有什么用。当年七月十三日,清军击败土谢图汗;七月十四日,清军击败车臣汗。

这里说明一下,并不是我不想详细说明交战过程,而是几乎所有史料都是这么简单的几句话。想想也明白,两队对阵,清军用重炮轰击对方骑兵群,马惊则军阵自乱。然后清军重甲步兵列阵向前,骑兵再从侧面冲过去,对方就可以结束游戏了,就是这么简单。

多铎本来打算一鼓作气,占领整个喀尔喀左翼。但由于国内战事吃紧,多尔衮叫停,大军班师。此次北征,多铎军团战果如下:"斩级数千,俘千余,获驼千九百、马二万一千一百、牛万六千九百、羊十三万五千三百有奇。"①

清军一共两万余人,就抢了人家近二十万头牲畜。这要是不知道前因后果,还以为他们是去打草谷的……

此战过后,车臣汗、土谢图汗意识到,老虎的屁股是摸不得的,还是老实点儿好。于是,他俩派人到北京进贡、谢罪。但多尔衮是个得理不饶人的人,他觉得自己的家奴跑到别人家里、自己的弟弟带人闯进人家家里、把家奴和主

---

① 赵尔巽等撰,《清史稿》卷218,列传五,诸王四。

人按在地上打一顿、抢走不少东西、人家再上门赔礼道歉还不够，远远不够。他要求什么呢？

"命其擒叛部首领腾机思来献，或（喀尔喀）以亲信大臣来京为质，（否则）朝廷将遣偏师前往剿灭叛部。"①

一听这话，车臣汗和土谢图汗也急呀。腾机思这会儿并不在他们手中，蒙古草原那么大，去哪找人呢？为了稳住多尔衮，他俩就托同属喀尔喀但并未参战的札萨克图汗去说情。

札萨克图汗派使臣向多尔衮解释，大致意思是："腾机思叛乱，跑到我们这边。你们追到我们的地界，我们确实派人去了，但不是为了跟你们打仗，而是去说和，顺便看看能不能为大军提供点儿后勤补给。没想到你们上来就打，打完就走，我们连解释的机会都没有啊。"

多尔衮则答复札萨克图汗："来书不名，又尔我相称。"②

即我是摄政王，你是臣属之国，竟敢在文书中"你呀、我呀"的，不知道自己什么身份吗？

"素知与尔无干；尔等欲前来分理曲直；尔果能议？"③

即我知道这个事跟你没关系，你来掺和啥？你几斤几两啊？这是你有资格议论的吗？

这就很不讲道理了，好好跟你说话呢，你急啥？一般人到这儿就恼了。然后，就在多尔衮答复完扎萨克图汗的第六天，"扎萨克图汗部俄木布额尔德尼、土谢图汗部泽卜尊丹巴胡土克图等员进贡方物"④……

没办法，拳头没人家大，不忍咋办？

后来双方为这个事继续扯皮，多尔衮不断骂，喀尔喀左翼两部不断进贡、不断道歉、不断解释。到了顺治五年，喀尔喀左翼顶不住了，主动交出了叛逃的部众。此时腾机思已死，苏尼特部在<u>腾机特</u>（腾机思之弟）的带领下回归清朝。顺治帝赦免了苏尼特部及喀尔喀左翼的罪行，令腾机思的儿子承袭其父爵

---

① 《清史编年》第一卷（顺治朝），162 页。
② 同上书，166 页。
③ 同上书，166 页。
④ 同上书，167 页。

位,令苏尼特部继续在漠南蒙古故地游牧。

这件事对蒙古—卫拉特联盟产生了重大影响。

一方面,卫拉特入盟的目的是抗击沙俄;喀尔喀入盟的目的既是北抗沙俄,还是南防清帝国。当然,如果能凭借联盟的力量重新占据漠南蒙古更好。而现在,有了联盟还是被清军上门一顿胖揍,挨完揍还得主动赔罪,赔罪的同时还得挨骂,挨骂的同时也得进贡。这简直把成吉思汗、达延汗这些老祖宗的脸都丢干净了。别说占人家便宜,差点儿连老本都赔进去。

另一方面,顺治帝亲政后,将入侵黑龙江的俄军剿杀殆尽,显示了清帝国的实力;又赦免了苏尼特部的罪行,显示了顺治帝的胸怀。

综上,清帝国是一个包容性强、战斗力猛的大靠山。

同时,在顺治十二年(1655年),之前与清廷闹别扭的车臣汗硕垒、土谢图汗衮布同时亡故,新一任车臣汗巴布和土谢图汗察珲多尔济接班。新官上任,没有历史恩怨的包袱,面对这种局势,他俩就开始琢磨了,与其跟一群熊兄弟报团取暖,还不如直接去抱顺治这条大腿。既能保证自己的安全,还能借助其力量抗击沙俄。

顺治十二年十月初十,土谢图汗、车臣汗及二者所属的部落头领联合盟誓,与清廷和好。此后,这两部一心一意地投入了清朝的怀抱,成为忠实盟友。右翼的扎萨克图汗初期不肯低头,但当左翼服软后,他也于顺治十四年(1657年)遣使朝贡,与清朝建立宗藩关系。

然而,虽说喀尔喀诸部在形式上归附,但顺治并不太放心。因为此时的喀尔喀只是清朝的藩属,并非领土,不受清廷直接管辖。更何况,左翼刚刚还惹出不小的祸事,右翼也是口服心不服。不要紧,对付这种爱惹事的藩属部落,中原王朝的统治者们有着丰富的经验可循。

顺治十二年十一月二十一日,顺治帝效仿汉朝推恩令,将喀尔喀原本的三部分为八部,即"八札萨克",分别为:土谢图汗、车臣汗、丹津喇嘛、墨尔根诺颜、毕席勒尔图汗(即札萨克图汗)、鲁卜藏诺颜(和托辉特部首领)、车臣济农、坤都伦陀音。这八部首领均进"九白之贡",清廷照例赏赐,成为定制。①

---

① 《清史编年》第一卷(顺治朝),452页。

其中有什么玄机呢？

你可以把自己想象成原三大部之一的札萨克图汗，之前，你管理自己这一摊，你的二弟、三弟都在你的地盘内，都得听你的。

某天，你认了顺治当大哥，过年过节给人家送点儿东西。这时，顺治对你二弟、三弟说："鉴于你俩表现不错，我决定，今后你俩可以各管一摊。以后过节送东西，你俩也各准备一份，跟札萨克图汗一起来吧。"

你的二弟、三弟会怎么想？以后还会认你这个哥哥吗？

也就是说，这个政策让喀尔喀内部产生了一些新的、名义上的部落头领。虽然此举并没有改变喀尔喀传统三大部的统治架构，但却足以激起这些新贵们内心的斗争精神。顺治老大都说，我能自立了，你凭啥不给我地盘？

这就是顺治帝的算盘。

而喀尔喀内讧，就不能形成合力，就得找人当裁判，就没工夫管别的地方，这些对当时内部尚不稳定的清帝国都是有益无害的。

第三节 喀尔喀内乱

下面，我们来聊聊这八大札萨克。

A 土谢图汗、B 车臣汗、C 札萨克图汗，不多解释了。

D 鲁卜藏诺颜（又作罗卜藏台吉）是尊号，其名字为额璘沁。他是和托辉特部第三任首领，是该部创始人硕垒乌巴什的孙子。请记住这个名字，本节将频繁出现。

上述这四者，就是喀尔喀传统三大部、四大势力。

E 丹津喇嘛、F 墨尔根诺颜这两个新封的札萨克，隶属于土谢图汗部；G 车臣济农，H 坤都伦陀音隶属于札萨克图汗部。综上，顺治帝在土谢图汗部之下新封了两位首领，在右翼传统的札萨克图汗部、和托辉特部之外，新封了两位首领。

土谢图汗部倒没啥太大的问题，分出来的这两个札萨克都比较老实，但是右翼就有问题了。

传统上，札萨克图汗部可以分为四大派势力，即札萨克图汗（C）、和托辉特（D）、车臣济农（G）和额尔济根（顺治帝未册封）。他们之间的关系是：前两部的创始人是亲兄弟，后两部的创始人是亲兄弟；后两部创始人是前两部创始人的堂叔；后三部在名义上隶属于札萨克图汗。

这里，我根据后来喀尔喀归附后清廷设旗的数量，来大致推算一下各部的规模。清廷在喀尔喀右翼共设有 19 个旗，札萨克图汗系有三旗，和托辉特系有五旗，车臣济农系有五旗，额尔济根系有两旗，合计 15 旗。由此可见，这四大部拥有右翼 79% 的部众。而顺治帝册封了前三者，却没有给额尔济根应有的封号。他册封的 H 坤都伦陀音，虽然也是个比较大的部落，但是与上述四者的亲缘关系比较远，后来清廷在其部内也只设了一旗。综上，不管是从血缘关系上讲还是从部众规模上讲，坤都伦陀音都不应该被册封。

这就叫挑事。

分封之后，札萨克图汗就开始动歪脑筋啦，既然你额尔济根没有被顺治老大认可，那么我是不是就可以搞你一下呢？

顺治朝后期，札萨克图汗联合和托辉特部攻打额尔济根，抢掠其人口、牲畜。额尔济根部分部众跑到土谢图汗那里避难，土谢图汗将人口、牲畜照单全收。

康熙元年（1662 年），上次为合作方的和托辉特部与札萨克图汗部，因分赃不均和继承地位问题，再次发生内讧。和托辉特部首领额璘沁出兵击杀新任札萨克图汗宾图阿海，这种公然杀汗的行为在全喀尔喀引起轩然大波。土谢图汗和车臣汗随即以此为借口，率军攻打和托辉特部，再次掳掠了右翼大量的人口和牲畜，并扶植旺舒克为新任札萨克图汗。额璘沁不敌，跑到准噶尔部寻求庇护，此时的准噶尔首领正是僧格。

额璘沁请求僧格出兵，帮助他确立在喀尔喀右翼的统治地位。僧格热情地答应了，但是提出一个稍微有点儿过分的要求，即作为对准噶尔出兵的报酬，和托辉特部必须放弃叶尼塞河流域吉尔吉斯部的宗主权，将该部的地盘转让给准噶尔。额璘沁满口答应，表示没问题。随后，僧格派出军队，帮助额璘沁重新控制了喀尔喀右翼。

然而，在回到故土之后，额璘沁却仿佛得了失忆症，忘却了自己曾经的许诺，继续向吉尔吉斯人征税，这让僧格大为恼火。

康熙六年（1667 年），僧格以额璘沁"擅自派人去叶尼塞河征税"为由，出兵攻打和托辉特部，该部遭到毁灭性打击。俄国史料记载："准噶尔珲台吉打败了蒙古阿勒坦汗[1]，其势力向东扩张到阿勒坦牧民区。"[2]

---

[1] "阿勒坦汗"为俄国人对和托辉特部首领的称呼。
[2] ［俄］А.П.瓦西里耶夫著，《外贝加尔的哥萨克（史纲）》第一卷，175 页。

额璘沁和他的三个儿子都被准噶尔军队生擒。作为惩罚和羞辱，僧格不仅强占了额璘沁的妹妹，还将额璘沁的右臂砍去一半，并把狗肉塞进他的嘴里。

战后，准噶尔占据和托辉特部领地（清朝称"科布多"），取得了乌梁海（萨彦岭）和吉尔吉斯部（叶尼塞河上游）的宗主权，地盘较之前扩大一倍有余。战争期间，喀尔喀右翼又有大量部众跑到左翼避难，土谢图汗再次照单全收。

僧格和土谢图汗一个抢地盘，一个抢人，都赚得盆满钵满。他俩的所作所为无疑是一种背叛行为，背叛了《喀尔喀—卫拉特法典》所确立的"内部团结、共御外敌"的宗旨，所谓的联盟已经名存实亡。联盟破裂后，他俩之间又产生了新的矛盾。

攻灭和托辉特部后，僧格以自己的名义册立成衮为新一任札萨克图汗。成衮将自己的女儿嫁给僧格的侄孙，两家成为亲家，也是事实上的准盟友。僧格的举动让土谢图汗十分不满。在他看来，喀尔喀右翼内讧，是喀尔喀内部的事，你一个卫拉特王公跑来主持公道，我们喀尔喀诸王公的脸往哪放？

然后，他就开始报复。

第一招，你联姻，我也联姻。

僧格跟成衮联姻，土谢图汗就去找卫拉特另一大部和硕特部联姻。土谢图汗将自己的女儿嫁给和硕特部鄂齐尔图汗的儿子衮布喇卜坦为妻，两家结成亲家。

第二招，僧格册立的"汗"，我不认。

土谢图汗认为成衮的汗位来自僧格的册立，既不是喀尔喀诸王公会盟确立的，也不是蒙古传统继承制度下产生的，长期不承认成衮的汗位。长期到啥份上呢？

一直到成衮死，土谢图汗都不承认其地位。

第三招，抢来的东西，我不交。

经过长达十年的内讧，喀尔喀右翼已是一片萧条，人丁稀少，逃跑的人口、牲畜大部分被土谢图汗据为己有。成衮上台后，向土谢图汗索要右翼的逃人和资产，土谢图汗拒绝交出。

他拒绝交出的理由也很搞笑。土谢图汗的逻辑是，成衮的汗位是非法的，那么成衮的札萨克图汗部此时就处在无政府状态，所以自己先代合法的也是虚拟的札萨克图汗保管这些人口和资产，等虚拟变成现实，他再交人、交东西。

成衮没办法，又跑去找僧格求援。可是不巧，康熙九年（1670年），僧格被杀，准噶尔部内群龙无首，处在分裂边缘。就这样，成衮的靠山也没了。可怜的成衮是求天天不应，求地地不灵。天地都不好使，那就只好求佛祖了。

不开玩笑，这是真的。成衮派人去拉萨，求五世达赖出面调解。当时的喀尔喀与卫拉特各部均信奉藏传佛教，而五世达赖是藏传佛教的宗教领袖，这招看似是有效的。然而，土谢图汗又祭出他的大招——本土活佛。

明朝末年，喀尔喀各部从西藏迎来一位高僧传教，其驻所在土谢图汗辖区内。崇祯七年（1634年），这位高僧圆寂。按照教义，高僧的灵魂是不灭的，这就需要转世。当时的土谢图汗叫衮布，就是上文抢东西的那位土谢图汗的父亲。衮布亲自主持了这次"转世"。

崇祯八年（1635年），也就是高僧圆寂的第二年，衮布的王妃生下一个孩子。衮布老兄抱起孩子一看，当即大惊失色，惊呼："这就是'灵童'啊！"就这样，衮布的儿子就成为转世的活佛，也就是喀尔喀的本土活佛，从而使土谢图汗部成为全喀尔喀的宗教中心。

活佛的全称为哲布尊丹巴呼图克图。其中，哲布尊丹巴意为"圣贤尊者"，呼图克图意为"长寿之人"，合起来的意思就是"永生的圣贤尊者"。

这样，在成衮要求五世达赖主持公道时，土谢图汗就把自己的活佛弟弟（他俩都是衮布的儿子）搬了出来，表示自己的所作所为都是按照本土活佛的意愿做的，对五世达赖的说和、调解置若罔闻。

到这会儿，土谢图汗可谓是志得意满。准噶尔内乱，无暇东顾；喀尔喀右翼衰落，打不过他；五世达赖成了摆设，他有自己的活佛；他对清朝一直十分恭顺，算是背后还有靠山。

看似没人治得了他。

就在这时，一个治得了他的人登场了，他的名字叫噶尔丹。

第四节 噶尔丹的扩张

噶尔丹，绰罗斯氏，出生于顺治元年（1644年），北元太尉浩海达裕的后裔，巴图尔珲台吉第六子，僧格胞弟。其名取自藏语"甘丹"，意为兜率天。

与土谢图汗将活佛转世为自己儿子的举动类似，噶尔丹出生后，巴图尔珲台吉也将这个儿子认定为<u>温萨活佛</u>转世。他派往北京进贡的使团，就曾以温萨活佛的名义进贡礼品，而当时的噶尔丹还不到十岁。由此可见，巴图尔珲台吉对这个孩子的喜爱程度。

史料中描写少年时期的噶尔丹："有大志，好立奇功，父母深爱之，欲立为黄台吉。嘎尔旦（即噶尔丹）曰：'阿哥在'，乃尽髡其发，独身往乌思藏。"①

翻译一下：少年时期的噶尔丹志向远大，经常孤身犯险、好立奇功。父母都很喜欢他，想让他接班。噶尔丹却说："我哥哥还在，让他接班，我要去留学。"然后，他剃度出家，去西藏拜五世达赖为师，修行藏传佛教。

在西藏留学期间，五世达赖对噶尔丹格外照顾，与他结下了深厚的师生之谊。在这种"深厚感情"的背后，是五世达赖的长远规划。当时的喀尔喀和卫拉特各部都信奉藏传佛教，按说都应该奉五世达赖为宗教领袖。但是，喀尔喀的土谢图汗搞出了一个本土活佛，即上文所说的哲布尊丹巴。此后喀尔喀左翼以本土活佛为尊，对五世达赖爱答不理，这让他相当不爽。

---

① ［清］梁份著，《秦边纪略》，赵盛世、王子贞、陈希夷校注，青海人民出版社（1987年）。引自该书卷6，"嘎尔旦传"。

所以，五世达赖对噶尔丹的格外器重，就是为了让他回到卫拉特后成为有影响力的人物，扩大以自己为尊的藏传佛教的影响力，保持达赖喇嘛的崇高地位。

在此期间，噶尔丹还结识了五世达赖的另一位学生桑结嘉措，两人的友谊对后面的历史进程产生了重大影响，这个咱们后文再说。

虽说噶尔丹去西藏是为了修行佛法，但是他对此并不太感兴趣，反倒是更喜欢舞刀弄枪。史载："居乌斯藏日久，不甚学梵书，唯取短枪摩弄。"①

以上，就是噶尔丹留学期间的大致情况。

康熙九年（1670年），僧格被异母兄车臣台吉和卓特巴巴图尔毒杀，僧格的儿子索诺木阿拉布坦继位。由于索诺木的年龄小，此时还不到十岁，不能服众，导致准噶尔内部派系林立，处在分裂的边缘。即"僧格遇害，部落有逃而结聚者百十骑，屯大碛东，未知所附"②。

这时，噶尔丹站了出来。关于噶尔丹是何时回到准部的，说法众多，这里就不深究了，单讲讲他的出场方式。"夜，（僧格残部）忽见火光千百，远远从东方来，皆大惊，群起勒马持满（弓）以待。比至，则噶尔旦，手捉一枪，众审视惊喜，下马罗拜以为神。"③

就是这么炫酷！

此时的噶尔丹是上一任首领的胞弟，是新任首领的六叔，是僧格老婆阿奴（鄂齐尔图汗的孙女）的老相好，是留学归来的高才生，是转世的温萨活佛，是五世达赖的得意高徒。这是各种网络小说中男主人公的标准配置，在当时的准噶尔简直是振臂一呼、应者如云的英雄。

噶尔丹跟他嫂子还有点儿事？

根据《秦边纪略》记载，阿奴深爱噶尔丹，后者在西藏留学期间，阿奴曾托人将自己的衵服（内衣）捎给他。考虑到噶尔丹启程留学那年才十二岁，发生这种大尺度事情的可能性微乎其微，两者大概是青梅竹马、两小无猜的关系。

---

① ［清］梁份著，《秦边纪略》卷6，"噶尔旦传"。
② 同上书。
③ 同上书。

除上述因素之外，当时卫拉特内部的实力派人物，噶尔丹的叔父楚琥尔乌巴什以及和硕特部鄂齐尔图汗，都不希望准噶尔发生内乱，稳定的准噶尔是整个卫拉特联盟保持团结、共御外敌的基础。所以，他俩都希望已经成年的噶尔丹主持大局，给予其大力支持。

康熙十年（1671年），噶尔丹召集僧格旧部千余骑，与暗杀僧格的车臣台吉和卓特巴巴图尔在阿尔泰山口开战。此战，噶尔丹"独当先，跃马挺枪，最先入，斩杀百十骑，溃其军，身不著一矢"①。接着，噶尔丹率二十人冲入敌阵，生擒车臣台吉，卓特巴巴图尔逃往青海。战后，噶尔丹稳定了僧格死后濒临分裂的准部，之前僧格所属的部众、资产都归入他的名下，也包括僧格的老婆和儿子。

康熙十二年（1673年），噶尔丹依照蒙古收继婚的习俗，娶僧格的遗孀阿奴为妻。相比两人的爱情，噶尔丹更看重阿奴背后的势力，即阿奴的爷爷鄂齐尔图汗。当年，在鄂齐尔图汗和叔父楚琥尔乌巴什的支持下，噶尔丹取代索诺木阿拉布坦，成为准部首领，自称"大台吉"。

此事过后，噶尔丹的叔父感觉他帮侄子上位出了大力，就找噶尔丹商量，要求分更多的地盘和人口，噶尔丹一口回绝，双方因为这件事闹翻了。当年，噶尔丹与叔父开战，楚琥尔乌巴什战败，与他的儿子一起被俘，两人皆被杀死于噶尔丹军营之中。战后噶尔丹兼并其部落，控制了整个准部。

康熙十五年（1676年），噶尔丹对和硕特部发动突然袭击，和硕特部大败，鄂齐尔图汗被生擒②，战后准噶尔兼并和硕特部。

至此，噶尔丹统一了整个卫拉特蒙古。然而，他并没有停止扩张的脚步。

康熙十七年（1678年），噶尔丹率军出征和硕特汗国，试图兼并整个青藏高原，但因路途遥远且担心后方叛乱而中途作罢。

康熙十八年（1679年），噶尔丹出兵占领吐鲁番和哈密，生擒回部首领阿卜都里什特。

康熙二十一年（1682年），噶尔丹以武力迫使叶尔羌汗国臣服。

---

① [清]梁份著，《秦边纪略》卷6"噶尔旦传"。
②《清史稿》中记载其被杀。

这里说明一下，之后，我将叶尔羌汗国和吐鲁番的民众统称为"回部"，将两者的地域统称为"南疆"。

噶尔丹在南疆采取"人质制"的统治模式，他令南疆各城首领送一个儿子到伊犁为人质。噶尔丹不干预回部的日常行政、司法，但回部各城必须每年向准噶尔缴纳定额的贡赋，合计约为十万两白银和二十四万斤小麦。

噶尔丹的成功让他的老师五世达赖欣喜若狂，康熙十八年，五世达赖迫不及待地册封噶尔丹为"博硕克图汗"，准噶尔正式升格为游牧帝国，"准噶尔汗国"①这个名词登上历史舞台。

这里我要解释一下"汗"这个头衔。前文说过，蒙古传统中，原则上只有成吉思汗和他兄弟的后裔有资格称汗。例如土谢图汗、车臣汗、鄂齐尔图汗等，他们占的地盘并不大，但由于他们是黄金家族后裔，所以他们都是汗。而拥有差不多地盘却不姓博尔济吉特的多和沁，只能称珲台吉。噶尔丹成为准部首领初期，称号也只是大台吉。

但是，当噶尔丹一统卫拉特、兼并南疆之后，他这个"汗"就比靠血统称的"汗"要尊贵得多。在蒙古传统中，如果某人统一了某个地理单元，那么他就应该是"汗"。完成这一壮举的像达延汗（统一东蒙古）、俺答汗（控制漠南蒙古一半）、固始汗（统一青藏高原）、博格达彻辰汗（即皇太极，统一漠南蒙古）等，他们在蒙古都有着崇高的地位。

通俗点儿说，只靠血统的那些"小汗"，最多相当于王爷；而第二种"汗"，则相当于皇帝。

到这儿，噶尔丹还是不满足，他又将扩张的矛头转向中亚。

康熙二十年（1681年），噶尔丹亲自率军西征哈萨克，初战失利。战后，他给哈萨克头克汗写了一封恐怖性十足的书信："汝不来降，则自今以往，岁用兵，夏蹂汝耕，秋烧庄稼，今我年未四十，迨至于发白齿落后而止。"②

翻译一下：你敢不来投降，那么从今往后，我每年都去抢。夏天让你没法

---

① 与之前的"和硕特汗国"类似，清朝官方史料中无"准噶尔汗国"的称呼，这里仅为与之前的"准噶尔部"作区分，该政权仍为清朝的藩属。
② [清]梁份著，《秦边纪略》卷6"噶尔旦传"。

耕作，秋天烧了你的庄稼。我今年还不到四十岁，预计要打到头白、齿落为止。

康熙二十二年（1683年），准噶尔军队再次攻伐哈萨克，擒获其两位"苏丹"（相当于部落首领），扣为人质。同年，准噶尔军队又征服了安集延。

康熙二十三年（1684年），准噶尔军队向西攻入锡尔河中游，攻破此地有"美人国"之誉的<u>诺盖部</u>。当年，噶尔丹派他的侄子<u>策妄阿拉布坦</u>再次西征哈萨克，攻破重镇赛里木城，生擒哈萨克头克汗的儿子，将其送去拉萨向五世达赖献俘。

至此，准噶尔汗国的疆域囊括了天山南北、帕米尔高原、七河地区、阿尔泰山区以及额尔齐斯河、鄂毕河、叶尼塞河的上游地区，实际控制地域约为四百万平方公里，相当于今天两个半新疆的面积。

其境内有叶尔羌城[①]、喀什噶尔（即今喀什）、塔什干、安集延、撒马尔罕等文明古城、商贸枢纽，总人口约为四百万，其中，卫拉特、和托辉特、乌梁海等蒙古人总数在七十万至一百万之间，是一个真正意义的游牧帝国。

---

① 今新疆维吾尔自治区莎车县。

第五节 清、准、俄、蒙四方博弈（上）

在噶尔丹完成第一阶段的扩张后，东亚这盘大棋局的博弈者就少了很多，除了准噶尔，就只剩下清帝国、沙俄和喀尔喀。

在这个节点，噶尔丹和康熙帝都可谓是"武功显赫"。噶尔丹统一卫拉特蒙古，陆续兼并南疆、中亚地区的各个政权，建立准噶尔汗国；康熙帝平定三藩之乱，收复台湾，完成关内的统一。

在双方实力不断增长的过程中，矛盾也在日趋尖锐。这里，我以清准矛盾为主线，说明一下从康熙十年（噶尔丹上位）至康熙二十四年（1671—1686年，雅克萨之战爆发）这期间，清、准、俄、蒙（喀尔喀）四方之间的博弈。概括一下即为：难民问题、进贡问题、对俄立场问题和准喀矛盾。

一、难民问题

上文讲过，噶尔丹突袭和硕特部，生擒其首领鄂齐尔图汗。康熙十六年（1677年）五月十九日，噶尔丹将战争中缴获的弓箭等兵器送到北京，向康熙帝献俘。这种行为看似恭顺，但其实是给康熙出了一道难题。如果康熙收下，就说明清朝认可了噶尔丹对和硕特部的侵略行为；如果康熙不收，那就是驳了进贡者的面子，不合惯例。

当然，这种难度的题目并难不倒康熙，他是这么答复的："鄂齐尔图车臣汗与噶尔丹台吉向俱进贡，今噶尔丹台吉与鄂齐尔图车臣汗内自相残，以阵获弓矢等物来献，若径收纳，朕心不忍，可止收其常贡之物。"①

也就是说，康熙只收下常规贡品，退回战利品。这种答复，既表达了对败亡者的同情，还没有伤及胜利者的面子，给出了这道题的完美答案。然而，这只是个开头，之后噶尔丹出的难题越来越多。

从康熙十七年（1678年）到康熙十九年（1680年），靖逆将军张勇多次疏报："噶尔丹向有侵青海之意，因人心不一而未动"；"甘凉近南山一带有青海蒙古庐帐数千，肃州境内有万余帐，皆系为噶尔丹所败，自西逃入内地者"；"近时入内地行劫者，皆系被噶尔丹击败来奔、贫无所依之人"；"传闻噶尔丹将侵吐鲁番，前哨已达哈密"。②

靖逆将军张勇就是平定三藩之乱的那个张勇，前文介绍过，这里不再赘述。

解释一下：噶尔丹在天山南北四面出击，被他击败的部落产生了大量难民，这些人跑到甘肃、青海一带避难。难民贫无所依，就进入清朝领地劫掠，扰乱当地治安。噶尔丹攻灭吐鲁番后，其领地已经与清朝甘肃接壤。

这又是一道难题。这些难民因战乱走投无路，入内地劫掠，虽然理无可恕，但是情有可原。这些人的代表是罗卜藏滚布阿拉布坦③、巴图尔额尔克济农，他俩是鄂齐尔图汗的子侄，而鄂齐尔图汗之前一直对康熙很恭顺。如果康熙派兵打他们，道义上说不通，还有点儿逼良为娼的意思。更关键的是，清朝出兵的行为很可能给被噶尔丹入侵的部落种下"他俩是一伙儿的"印象。

没关系，康熙有办法。

今天内蒙古西部有一大片地方，地理名词为"阿拉善沙漠"。沙漠没啥水草，不适合人类居住。所以在顺治六年（1649年），多尔衮将原这里游牧的蒙古人移到水草丰美的河套草原，这个地方就空出来了。在康熙初年，此地无人、无驻军、无行政机构，处在无政府状态。这可不是个小地方，其总面积约为27万平方公里，比江苏和山东加起来的面积还要大。

康熙帝敏锐地发现了这个地方。康熙二十四年（1685年），康熙帝将被噶

---

① 《清圣祖实录》卷67，康熙十六年五月甲午条。
② 《清史编年》第二卷（康熙朝）上，313页、292页、342页、334页。
③ 此人即为前文娶土谢图汗女儿的"衮布喇卜坦"，鄂齐尔图汗之子。

尔丹赶出家园的卫拉特难民安置在阿拉善，并给他们分发食物、牲畜，让他们在此地放牧。康熙三十六年（1697年），清廷正式在此地设置阿拉善厄鲁特旗，建立行政机构，将此地纳入清帝国的版图。

这种做法有三大好处。

第一，解决难民的生计问题。

虽说阿拉善境内大部分地区是荒漠，但边缘地区还有些水草地。如果康熙移清朝境内其他部落去放牧，人家不爱去，原因无他，太贫瘠。但是，对这些难民就不一样了。他们现在首先要解决的是生计问题，只要给牲畜、给粮食、给地方，再艰苦他们也爱去。

第二，康熙安置难民后，难民代表巴图尔额尔克济农进北京谢恩。康熙帝对他说道："噶尔丹攻灭鄂齐尔图车臣汗，遣使献俘，朕不忍受而却之。尔等奔来边境，侵扰边民，念系迫于饥穷，后尔又引罪自首，即予宽宥。"①

翻译一下：噶尔丹攻灭鄂齐尔图汗后，曾派人把缴获的战利品送过来，我不忍心收啊。后来你们跑到边境侵扰边民，虽然有罪，但是考虑到你们是为生计所迫，而且还有自首表现，我就宽恕你们了。

你换位思考下，如果你是难民的一员，吃着人家的饭，听完这番话，能不死心塌地地跟着康熙对付噶尔丹呢？

第三，从宏观地缘来看，阿拉善是清准两方天然的战略隔离带。

噶尔丹攻灭吐鲁番后，其领土已经与清朝接壤，而甘肃和阿拉善就成为清准之间的战略缓冲区。现在，康熙在阿拉善地区填上了一群与噶尔丹势不两立的人，他们自然而然地就成为清朝边境的保卫者。噶尔丹要想通过河西走廊和内蒙古西部入侵，就得先啃这些硬骨头。

二、进贡问题

噶尔丹刚刚上位那会儿，对康熙还是很恭顺的。"康熙十一年（1672年）正月二十三日，厄鲁特蒙古噶尔丹台吉疏请，如其兄僧格台吉生前之例，照常遣员进贡。"② 康熙许之。

---

① 《清史编年》第二卷（康熙朝）上，521页。
② 同上书，147页。

此时的噶尔丹刚刚击败暗杀他哥哥的仇人，就第一时间派人来通报康熙，说他已经控制准部，并请求像他哥哥之前一样向清廷进贡。

与明朝类似，清朝给予进贡者的回馈也要高于其贡品价值，举个例子。

顺治十二年（1655 年），顺治帝确立喀尔喀诸部贡品和清廷赏赐的定制。喀尔喀八大札萨克需进"九白之贡"，作为回礼，清廷赏赐的东西为：银茶筒一（重三十两），银盆一，缎三十匹、青布七十匹。[①]

先看贡品的价值。在清代，由于清廷始终控制着马匹产地漠南蒙古，供给充足，所以马的价格相当便宜，康熙年间关内一匹马的市价还不到十两白银。也就是说，满打满算，喀尔喀各部贡品的价值大概也就一百两白银。

再看看清廷赏赐的价值。康熙年间，一匹绸缎约合白银二两，两匹布约合白银一两，银盆参考我们日用铜盆的大小，约为八十两。将以上东西换算一下，那么清廷赏赐的价值就超过二百两白银。

此外，清廷对贡使也有赏赐。"贡使一等者：上号蟒缎一，帽缎、彭缎各一，毛青布二十四，银茶桶一，重三十两。随从五人：各彭缎一，毛青布八。"[②]这又是接近一百两白银。

由上可见，喀尔喀诸部在进贡过程中所获得的赏赐，相当于其贡品价值的两倍多。更关键的是，像银器皿、丝绸、布帛，这些东西蒙古人造不出来，不进贡的话就算有钱也买不到。所以，这些藩属部落都渴望着进贡。占便宜的事，谁不想干呢？

噶尔丹也是这么想的。此时准噶尔与沙俄常年互市，双方各取所需。但是，俄国人能够提供的商品范围有限，并没有丝绸、瓷器等我国特产。随着噶尔丹的扩张，其管辖的地盘和人口不断增加，之前小规模进贡所换回的赏赐，已经无法满足这个游牧帝国的日常需求。

这时，噶尔丹就开始动脑筋啦。既然进贡与回礼的比值是固定的，也就是1∶2。那么，如果我扩大分子，即贡品的价值，那么康熙的分母也应该等比例扩大。虽然这种想法有点儿一厢情愿，但噶尔丹确实将此事付诸实践。下面，

[①]《清史编年》第一卷（顺治朝），452 页。
[②]《清世祖实录》，顺治八年闰二月丁丑条。

我们就来看看噶尔丹的入贡清单。

康熙二十二年（1683年）七月二十九日，噶尔丹遣人至北京进贡，清单如下："贡马四百匹、驼六十头、貂皮三百张、银鼠皮五百张、猞猁狲皮三张、沙狐皮一百张、黄狐皮二十张、活雕一只、贴金牛皮五张、鸟枪四杆。"[1]

这是一份极其昂贵的清单，有各种兽皮上千张，马驼近五百头，已经远远超出喀尔喀"九白之贡"的范畴。而且，驱赶这些马驼的人就是贡使和随从，这些人也得给钱。这次进贡，噶尔丹就安排了四位"正使"。你说康熙得给他回多少礼？

康熙这个人，有时候很大方。

例如治河方面，他每年可以花三百万两白银；有灾必救，要么发放赈济钱粮，要么免除受灾州县应缴纳钱粮；国库存银多了，可以分三年普免天下钱粮。

有时候也很抠门。

例如康熙三十年（1691年），俄国商队七十七人来华贸易。因俄国人恪守《尼布楚条约》的相关规定，康熙很满意，决定赏赐他们一下，赏多少呢？

给他们报销了返程的路费……

为防俄国人误会，以为这是"惯例"，康熙还特意让索额图致信沙俄尼布楚长官说道："因我圣主念尔之恭信，方施以格外鸿恩，唯仅此一次，不得著为例。"[2]

由上可见，康熙对自己治下的人很大方，对非自己治下的人很抠门。而此时的准噶尔显然并非清朝直接管辖，你觉得康熙舍得给噶尔丹钱吗？

更关键的是，噶尔丹进贡的东西，清朝并不缺。东北诸部进贡毛皮，清廷皇家围猎也会获得不少毛皮；漠南蒙古产马，喀尔喀诸部每年也进贡马驼。所以，清廷对准噶尔的贡品并没有刚需。

看到这里，有的朋友可能会说，既然中央不缺，那就开放双边贸易，让内地的老百姓、富商与准噶尔人自行交易，不就完了？

那么，就让我们来看一下，噶尔丹的进贡使团都干了些什么好事。

---

[1]《清史编年》第二卷（康熙朝）上，464页。
[2]《清史编年》第三卷（康熙朝）下，34页。转引自《清代中俄关系档案史料选编》第一编上册。

"回部诺颜和卓与巴颜白克等以进贡至边口,自相屠害作乱";"有回部佟噶尔代等八人冒称贡使,与噶尔丹贡使偕同入边"。①

"噶尔丹处来人渐多,每次常达数百人,且于沿途肆行扰害。"②

解释一下:准噶尔使团人数众多、来源复杂,有的在进贡途中自相残杀,扰乱边境治安;有的是假贡使,混入使团,趁机捞好处;使团没有组织纪律性,经常沿途抢劫,祸害民间。

这种官方之间的贸易,准噶尔使团尚且如此,如果开放民间贸易,结果就可想而知了。

对此,康熙帝采取了多项措施。

一是要求噶尔丹给贡使发放身份文书,贡使必须是"有见识的卫拉特人",清朝边境官员核对贡使身份后才能放入关内;二是将假贡使治罪,以示惩罚;三是限制进贡使团人数,不得超过二百人,此规定即为"限贡令"。超出规定数量的使团成员在张家口、归化城进行交易,不准入关。

然而,对于康熙帝的要求,噶尔丹置若罔闻,照旧我行我素。

康熙二十二年,噶尔丹竟然一次性派出三千人的使团,沿途"任意放牧牲畜,践食田禾,捆缚平民,抢掠财物,妄行者甚多"③。这就不是来进贡了,简直是来组团抢劫了。

康熙这个人,你公开反叛,他不一定杀;你贪污受贿,他不一定杀;你长期敌对、割据一方,他也不一定杀。但是你没缘由地去杀戮平民、祸乱地方,他是一定要杀的。对于噶尔丹使团的行为,康熙帝震怒,要求边境关口严格执行限贡令,限制噶尔丹使团入关人数。同时,对于在清朝境内犯罪的准噶尔人,一概依照清朝法律治罪。

康熙二十四年(1685年)十月,准噶尔使团成员伊特木根在北京驿馆中,因口角殴打中国商人王治民致死。康熙帝得知此事后,立刻下令将犯人斩立决,并传谕进贡使团:"凡细微夺攘之罪,知而宥之。乃屡邀宽免,频加晓谕,全不

---

① 《清史编年》第二卷(康熙朝)上,288 页。
② 同上书,465 页。
③ 《清圣祖实录》卷 112,康熙二十二年九月癸未条。

钦遵，竟至殴死内地之人"；"将殴死人命之伊特木根依律处斩，令尔等识之观之。此后尔等其谨遵成法，严戢从人，毋得肆意妄行"。①

翻译一下：之前一些比较轻微的罪行，因为你们求饶，我睁一只眼闭一只眼就过去了。并且多次谆谆教导你们，要遵守内地的法规。没想到你们依然恶习不改，竟然把关内之人殴打致死。现在我将杀人犯依律处死，命令你们都好好看看，长点儿记性。今后你们要遵纪守法，严格约束使团成员，不得再发生类似行为。

处斩藩属国进贡使团人员，在当时是相当严重的事件。而且此后康熙帝严格执行限贡令，噶尔丹能捞到的好处也越来越少。面对这种局势，噶尔丹采取的举动却出乎康熙的预料之外。关于这一点，我们在下个问题中一起讲。

---

①《清圣祖实录》卷122，康熙二十四年十月戊戌条。

第六节 清、准、俄、蒙四方博弈（下）

一、对俄立场问题

清朝的对俄立场就不需要多说了。自顺治年间开始，双方就在黑龙江流域战争不断，后来康熙帝又打了两次雅克萨之战，双方间间断断地打了三十余年，属于标准的敌对方。

比起清俄，准俄更像是一对世仇。从17世纪初开始（明末），双方在额尔齐斯河、鄂毕河上游地区多次发生战争，到噶尔丹上位，双方已经斗争了近百年。俄国人在卫拉特方向的扩张进展缓慢，不得不与准噶尔互市贸易，以换取其在西西伯利亚地区据点的安全。

僧格死后，准噶尔内部各派势力互相征伐。噶尔丹接班后，又是长达十几年的对外扩张。在此期间，为躲避战乱和仇杀，数量不菲的卫拉特牧民跑去投靠沙俄在卫拉特北部的据点。俄国人给这些避难者分发农作物良种和牲畜，让他们在据点附近种植、放牧，并向他们征税。这些逃跑的牧民，即为"卫拉特逃人"。

噶尔丹上位初期，对俄国人也秉持着强硬态度。他派人照会沙俄西伯利亚衙门，要求俄方归还逃人，否则将兵戎相见。

与很多人想象的不同，此时沙俄在军力上是绝对的劣势方。

首先，从沙俄的整体战略上来讲，它实在没时间管东边的事。1654年（顺治十一年）至1667年（康熙六年），是俄波战争；1676年（康熙十五年）至1681年（康熙二十年），又是第一次俄土战争。这两场战争沙俄出动的兵力都超过十万人，实在没有富余的军队派向东方。

另一方面，就算西边不打仗，沙俄也很难向西伯利亚投送大量兵力。在人口相对密集的东欧，沙俄确实可以投入十万军队。而在西伯利亚，则是另一种情况。

莫斯科距俄准争夺区域仅地图直线距离就超过三千公里，且沿途城镇、村庄稀少，多是荒原、森林，粮食、弹药、补给物资都需要后方供给。沙俄要想向此地投送万人以上规模的军队，必须倾举国之力。对当时的沙俄而言，实在是没这个必要。事实上，康熙、雍正两朝，沙俄在西伯利亚的总兵力从未超过一万人。

而噶尔丹这边，如果此时他对俄国人动武，那简直是轻松加愉快。噶尔丹统一卫拉特后，保有一支五万人左右的骑兵军队，主要由蒙古人组成。经过他爹、他哥哥的经营，此时准噶尔的火器制造业已经初成规模，其军队火器装备率在50%左右。五万名精良的准噶尔骑兵，对分散在西伯利亚近百个据点中、合计不足万人的哥萨克，这种仗不用打也知道结果。

在实力对比悬殊的情况下，俄国人显示出狡猾的一面，他们迅速服软。一方面，俄国人拒绝收容北逃至俄军据点的卫拉特牧民；另一方面，俄国人允许噶尔丹向俄军据点周边的牧民征税。这是个相当宽容的政策，实际上是向准噶尔让渡了沙俄地盘内卫拉特牧民的治权。之后沙俄又陆续向噶尔丹示好，抓捕、惩罚侵犯准噶尔领地的俄国属民。

噶尔丹对俄国人的态度很满意，两方关系迅速升温。从康熙十三年至二十年（1674—1681年），噶尔丹先后六次派遣使者前往俄国，俄国人也以差不多的频率向准噶尔遣使，沙皇还赠送给噶尔丹呢绒、绸缎、红色皮革等礼物。到这里，准俄两方的关系就很微妙了。

噶尔丹的父兄自小与俄国人打交道，没事就打几仗、抢一抢俄军据点。在这种情况下，他们清楚地知道俄国人是些什么东西，该用什么方式与他们相处。与父兄不同，噶尔丹的青少年时期在西藏留学，与俄国人并没有很多接触，缺乏实践经验就容易主观臆断。现在，在噶尔丹眼中，听话、恭顺的俄国人，是自己的盟友。

国与国关系中，"朋友"与"盟友"的概念是不同的。所谓朋友，是双方互派使节，定期贸易，互通有无；所谓盟友，是不管双方平时沟不沟通，一旦一方有事，另一方有义务出动武装力量给予支援。而从朋友变成盟友的基础，是双方不能有核心利益冲突。

当时的俄准之间，存在根本的利益冲突，即两方都想占据西西伯利亚的地盘。这种情况下，二者并不存在结盟的基础。即便是迫于外界压力抱团取暖，也只是暂时的。然而，就是这么浅显的道理，噶尔丹却看不到。

康熙二十二年（1683年），作为对康熙帝发布限贡令的报复，噶尔丹向沙俄的伊尔库茨克据点派遣了一支七十多人的商队代表团。使团向当地俄军明确表示："噶尔丹已经听闻俄国与中国在黑龙江流域发生武装冲突，所以特地派使团前来。"

这就是选边站队，很明显，在清俄之间，噶尔丹选择了俄国。这一举动让俄国人很高兴，因为此时，清朝与沙俄的关系已经很紧张了，白来的助力谁不喜欢呢？

本来呢，康熙发布限贡令，只不过是想敲打敲打噶尔丹，给他提个醒，让他的使团以后规矩点。康熙并不想动手揍噶尔丹，也不想占他什么便宜，只是出于境内治安的考量。但没想到，这一敲打，噶尔丹竟然直接跑去找俄国人结盟。这种"二愣子"的行为大大出乎康熙的意料。

你要知道，清准之间没有领土、利益争端；清帝国在圈子内是最强者，军力、地盘、人口都是第一；在清准朝贡贸易中，清朝所能提供的商品数量和范围，都是俄国人无法比拟的。此时，只要噶尔丹向康熙服个软，今后严格约束下属，在指定地方交易，事情就解决了。

可是，噶尔丹就是不肯服这个软，反而挺着脖子硬上，跑去拉拢在西伯利亚兵力不足、与清帝国矛盾尖锐且与准噶尔有直接利害冲突的俄国人。这种举动毫无疑问是愚蠢的，是损人不利己的。

没关系，既然你不按套路出牌，既然你不愿意向我服软，那就别怪我不客气了。然后，康熙走出了他的棋路。

一方面，对噶尔丹，康熙坚决不做让步，继续施行限贡令，看看谁耗得过谁；另一方面，他大力拉拢喀尔喀左翼。

怎样才能让小弟对大哥绝对忠诚呢？

答案很简单，就两条，给好处，拳头硬。

康熙二十四年（1685年）十一月，喀尔喀活佛哲布尊丹巴遣员到北京进贡，来了不少人。康熙帝带着这一众蒙古王公、台吉，于卢沟桥外大阅八旗将士，又于王家岭山麓观看八旗火器营演习，放排枪，发巨炮。蒙古贵族们看完后，皆"惊惧失色，甚有匍匐仆地、战栗不止者"。他们对尚书阿喇尼说道："我等初见士马精壮，兵甲坚利，已知圣朝军威，无敌于天下。"①

几乎在同一时间，康熙帝谕令："今见蒙古王公因向朝廷进贡，借端多派累民，决定裁减其年贡，外藩王以下每年贡羊一只、酒一瓶。"②

也就是说，除喀尔喀三大部之外，其他蒙古小王公进贡，只要牵只羊、带瓶酒，来给康熙磕个头，就算完事了，反正他们给的东西康熙也不缺。最关键的是，清廷的赏赐不变。

这叫什么？

这就叫恩威并施。先给你看看我的拳头，再给你点儿好处。通过以上举措，喀尔喀左翼成为清帝国的忠实盟友。

二、准喀矛盾

就在康熙帝大力拉拢喀尔喀左翼的同时，准噶尔与喀尔喀左翼的矛盾日趋白热化。

有些人呢，天生就是仇家，不仇都不行，噶尔丹与土谢图汗就是如此。

噶尔丹是五世达赖的学生，师生情谊十分深厚；而土谢图汗对五世达赖爱答不理，努力抬高本土活佛的地位。

这是第一仇。

札萨克图汗成衮是僧格的亲家，自然也就是僧格胞弟噶尔丹的亲家，而土谢图汗始终不承认成衮的地位，并占了人家的人口、资产。

这是第二仇。

噶尔丹上位不久就兼并了和硕特部，而和硕特部首领鄂齐尔图汗与土谢图汗是亲家，土谢图汗派军队救援，但是走到半道鄂齐尔图汗就被生擒。

---

① 《清圣祖实录》123卷，康熙二十四年十一月甲戌条。
② 《清史编年》第二卷（康熙朝）上，515页。

这是第三仇。

有此三仇，双方自然是不共戴天。

其实呢，在噶尔丹刚刚上位那会儿，双方的实力差距并不是很大。那会儿的准噶尔大概也就有二万骑兵，而土谢图汗有三万。虽说准噶尔军队的火器装备水平要高一些，但是土谢图汗还有盟友车臣汗部与卫拉特和硕特部，并不算吃亏。

然而，到了康熙二十六年（1687年），噶尔丹已经将之前的准噶尔部升级为准噶尔汗国，常备火器骑兵军团五万人。这种体量、这个控制范围、这样的军队，西伯利亚的俄国人见了都得叫爸爸。此时的土谢图汗显然不是噶尔丹的对手。

当年，噶尔丹还特意派人警告土谢图汗和哲布尊丹巴："毋得违扎萨克图汗号令，违者即为叛教。"① 他之所以要在此时发出警告，因为这会儿的札萨克图汗刚刚换人了。上文那位可怜的成衮死后，他的儿子沙喇接班，成为新一任札萨克图汗。新官上任，岁数又小，噶尔丹为防土谢图汗搞事情，所以提前警告他一下。然后，土谢图汗就干了下面这件事。

《皇朝藩部要略》记载："土谢图汗恶沙喇附噶尔丹，追杀沙喇，复追斩噶尔丹之弟多尔济札卜，进屯喀喇额尔奇克、察罕额尔齐克，与噶尔丹相距。"②

翻译一下：沙喇接班后，继续奉行他爹结盟准噶尔的政策。土谢图汗对沙喇的立场很生气，就派军队主动攻击扎萨克图汗部，杀死沙喇。当时噶尔丹的弟弟多尔济札卜也在扎萨克图汗军中，土谢图汗就顺道把他也杀了。之后，土谢图汗并没有退军，而是试图兼并喀尔喀右翼，陈兵准、喀边界。

听完以上描述，你再回忆一下上文，对比一下两者的地盘，是不是感觉土谢图汗疯了？人家噶尔丹现在这么强大，不上门找你算旧账就不错了，他怎么还会主动上门找事、再添新仇呢？

关于土谢图汗失心疯的病源，还得从雅克萨之战说起。

---

① 《清史编年》第二卷（康熙朝）上，547 页。
② 同上书，550 页。转引自《皇朝藩部要略》。

第七节 对俄战前准备

顺治朝，沙尔虎达率领清军将入侵黑龙江的一千五百余名俄军剿杀殆尽，惨痛的失败让俄国人总结出三个教训。

一则，雅库茨克太远，与黑龙江往来不便，必须寻找一个更近的前进基地。这个基地被俄国人称为涅尔琴斯克，即尼布楚。

尼布楚位于黑龙江上游支流石勒喀河河畔，原为蒙古茂明安部和女真鄂温克部的聚居地，俄军于1658年（顺治十五年）占领尼布楚并建立据点。俄国人的侵略行径遭到当地各部族人民的激烈反抗，到康熙初年，来此地的566名俄军仅剩下75人。但俄国人就是赖着不走，玩命往尼布楚增兵，保住了这个战略要地。

二则，单靠雅库茨克一地的军力支持，无法在黑龙江与清军抗衡，必须依托整个西伯利亚的军事力量。

为此，沙皇下令：尼布楚的粮食由叶尼塞斯克负责供应，士兵的薪水和装备由莫斯科负责调配。1672年（康熙十一年），沙皇再次严令："必须从叶尼塞斯克和两个布拉次克城堡向涅尔琴斯克供应粮食，不得中断。"[①] 也就是说，在新的入侵计划中，沙皇决心以西伯利亚最大的督军区——叶尼塞斯克为后盾，保证俄军在黑龙江上游站稳脚跟。

为了保障尼布楚的侧翼和后方安全，沙俄在贝加尔湖周边修建据点。伊尔

---

① ［俄］А.П.瓦西里耶夫著，《外贝加尔的哥萨克（史纲）》第一卷，196页。

库茨克据点于 1661 年（顺治十八年）建成，位于贝加尔湖西侧；色楞格斯克（清朝称"楚库柏兴"）据点于 1665 年（康熙四年）年建成，位于贝加尔湖南侧，在土谢图汗部牧区内，是沙俄在西伯利亚纬度最靠南的据点。在贝加尔湖东侧，沙俄还建立了巴尔古津、乌丁斯克（今乌兰乌德）等据点。

截至 1666 年（康熙五年），沙俄在巴尔古津常驻军队 70 人，在尼布楚常驻军队 194 人，在色楞格斯克常驻军队 90 人，算是在黑龙江上游站稳了脚跟。这些据点的存在，有效保障了叶尼塞斯克通往尼布楚的物资补给线安全。而这些据点的建成时间全部是在四大辅政当政期间，由此可见这四人在边疆国防方面的不作为。

随后，俄军重返雅克萨，再次在此地修建寨堡，企图在黑龙江流域建立殖民地。仅 1676 年（康熙十五年），托博尔斯克就向雅克萨输送火枪 239 杆。由于顺治朝的惨痛失败，这次俄国人在黑龙江流域的侵略收敛了很多，他们将侵略范围控制在黑龙江以北地区。

二则，俄国人认为单靠掳掠、杀戮，无法降服黑龙江当地部众。必须适当采取怀柔政策，拉一拨人、打一拨人，才能建立长久统治。俄国人拉拢的典型代表，就是根特木耳。说起来，这位老兄也称得上是"传奇人物"。

根特木耳，鄂温克族，世居石勒喀河流域。顺治朝，他接受沙尔虎达的招抚，归附清朝，率部众内迁至嫩江流域，被清廷册封为"佐领"①。

顺治十一年（1654 年），一队哥萨克前往尼布楚探险，试图建立据点。木耳兄率领本部落人马，不断袭扰俄军，烧毁庄稼、抢劫马匹、击杀落单者，使得俄军从一百余人减员至二十二人。对这种人，顺治帝是不吝赏赐的，先后赐给他白银四千二百两和黄金四锭。

这里有个很有意思的地方，根据中日甲午战争时日本方面的记载，清军士兵每斩获一个敌人首级，清廷就奖励白银五十两；《大明会典》中也记载，民兵斩获敌人一颗首级，可以升一级或是得到白银五十两。这说明，在明清时期，一颗敌军人头大概值五十两。而顺治帝的赏赐为四千二百两，很可能意味着根特木耳搞到了八十四颗俄军人头，这与俄国人记载的减员数字也吻合。这说明，

---

① 黑龙江流域的一佐领辖一百人左右。

第六章　联盟解体，四方博弈

这位老兄着实是个人才。

俄国人被清军赶跑后，木耳兄重回故地，此时他手里大概有三个佐领的壮丁。木耳兄本来寻思，自己现在兵强马壮，又表现良好，也该升官了吧。然而，当时沙尔虎达已死，四大辅政又懒得操心东北的事，草草将其安置，木耳兄仍是佐领，这个安排让他忿忿不平。然而，更让他不平的事情还在后头。康熙六年，根特木耳突然接到宁古塔将军的命令，令他率本部人马去攻打呼玛尔堡。

这首先是一道乌龙命令。前文讲过，经过一系列失败，顺治十七年（1660年），盘踞在呼玛尔堡的俄军残部逃回雅库茨克，之后这里再无俄军驻扎。但是，根特木耳并不清楚这一点。在他眼里，这是一道逼良为娼的命令，顺治朝明安达礼率领几千人尚未能攻克该堡，更何况自己手下这几百号人呢？至于这个倒霉命令到底是谁决策的，现在已不得而知。此时朝中掌权的是鳌拜，宁古塔将军为巴海，只可能是他俩之一。

这样，面对清廷这道"去也是死、不去也是死"的命令，木耳兄索性选择了倒戈。在被清廷册封之前，木耳兄就曾与俄国人有过接触，甚至还向俄国人缴纳过实物税。最早试图在尼布楚建立据点的俄军头目别克托夫①，对木耳兄也颇为欣赏。于是，康熙六年，根特木耳率领族人约六百人（其中的壮丁约三百人）投靠沙俄尼布楚据点。这一从天而降的收获让俄国人欣喜若狂，俄国史料中兴奋地写道："根特木耳王爷从满洲回来了！"

投降俄军后，根特木耳起到了极坏的作用。他为俄国人补充了地图上未探明的地区，充当带路党，协助俄军入侵黑龙江流域。此外，他还多方拉拢当地部落，"劝说宰桑巴海仿效他，带领杜利加尔氏族、巴雅吉尔氏族和一部分杜利加特族投诚俄国。这些氏族的一部分后代，后来都被编为哥萨克，并编为五百人的通古斯哥萨克团。"②

他的作用之坏、影响之恶劣，以至于康熙早期与沙俄谈判时，首要条件就是遣返此人。

通过以上措施，俄国人再次在黑龙江中上游修筑据点并常驻军队，完成了

---

① 即前章节讲过的那位"城堡建设专家"，曾全方位加强过呼玛尔堡。
② ［俄］А.П.瓦西里耶夫著，《外贝加尔的哥萨克（史纲）》第一卷，182页。

一条由叶尼塞斯克至雅克萨的战略交通线。

到这儿，类似顺治朝的场景又出现了，俄国人在黑龙江又拉又打、忙活得热火朝天，清廷却毫无反应。原因无他，康熙实在是管不过来。没亲政时，他想管也没法管；亲政后，擒鳌拜、平三藩、收台湾，没有一年闲着。到了康熙二十一年（1682年），吴三桂、郑经都死了，关内的局势基本稳定了，康熙帝开始着手解决东北问题。

要打仗，先走访。当年，康熙帝出关巡查，结果让他大失所望。前章节说过，沙尔虎达死后，由其子巴海接班，镇守宁古塔。之后近二十年不曾打仗，巴海自然就没有功名可以博取。于是乎，他让士兵们干了以下这些事情。

为了给皇帝进贡新奇的贡品，他让士兵去深山老林里抓捕奇珍异鸟；为了改善军队的伙食，他让一部分士兵专门捕鱼；同时他还差遣士兵伐木、盖屋。士兵既不训练，也得不到应有的军饷，极其劳苦。

康熙看了一圈，不高兴那是自然的。马上要打俄国人了，让这些抓鸟、捕鱼的士兵去前线，这不是羊入虎口吗？

然而，由于沙尔虎达在东北的威望实在是太高，康熙并没有立刻处分巴海，而是另行起用新人——郎谈和彭春。郎谈家族长期是皇帝的护卫、近臣，值得信任。彭春在平定三藩之乱中表现突出，让他去东北战场也在情理之中。

当年八月十五日，康熙帝令郎谈和彭春率科尔沁兵一百人，宁古塔副将萨布素率兵八十人，化装成猎户，以捕鹿为名，去黑龙江流域探查。他们此行的任务是，探明黑龙江至宁古塔的可通行道路，勘察雅克萨城的情况。

当年十二月二十七日，郎谈等回北京复命，他们此行探明：墨尔根至雅克萨需十六天路程，雅克萨至瑷珲（又称黑龙江城）需十五天路程，并汇报了雅克萨俄军的情况。

了解完大致情况后，康熙帝开始了他的操作。像"置造船舰，发红衣炮、鸟枪及演习之人"等，这些顺治朝的常规操作我就不细说了，这里重点讲一下康熙的几个创新之举。

一、在黑龙江设置常驻军

顺治朝，虽然清军成功驱逐俄军，但并未在黑龙江流域设置行政管理机构及常驻军，这就给了俄国人重返雅克萨的机会。这次，康熙帝下定决心，一定要在黑龙江常驻军队。

康熙二十二年（1683年），清廷设黑龙江将军，驻地为瑷珲，首任黑龙江将军为原宁古塔副将萨布素。将军下设副将二名，八旗兵一千人，达斡尔兵五百人。

这相当于在关外设立三个省级行政单位，即盛京将军、吉林将军[①]和黑龙江将军。其管辖范围大致囊括了今天的东北三省，还包括呼伦贝尔草原、黑龙江北岸、乌苏里江东岸和库页岛。

机构设置完了，就要驻军，然而驻军最重要的并不是派多少人去驻扎，而是道路、驿站和粮库。在此之前，清廷在关外最北界的行政机构是宁古塔，在黑龙江流域并无行政机构。此地遍布湿地沼泽，且人丁稀少，没有府、道、县，也就没有后勤保障机构和粮饷来源。派一支军队来这里常驻，吃的、穿的、枪械、火药怎么供给？

不解决以上问题，进驻再多的军队也无济于事。为此，康熙帝下三道谕令，开始了东北大开发工程。

（一）"取诸科尔沁十旗及席北乌喇之官屯，约可得一万二千石，可支三年。且我兵一至，即行耕种，不致匮乏"；"令索伦接济牛羊"。[②]

首先是解决粮源问题。从科尔沁和吉林的官仓中取粮，让黑龙江当地驻军屯垦生产粮食，再让东北当地部落接济牛羊。

（二）"军粮由辽河运至等色屯（今吉林梨树县）后，再从陆路运至松花江。于等色屯、伊屯门（今吉林伊通县）、伊屯口（今伊通河口）等处筑仓收贮。于巨流河口造船六十艘，每艘载米百石，由伊屯门运米松花江。于乌喇造船五十艘，运往黑龙江、松花江交汇处，由萨布素等自驻处顺流迎取。"[③]

其次是解决粮食运输存储问题，路线为简单点儿说就是依托水路运输，路线为"辽河→松花江→黑龙江"，沿途建仓存储。

（三）"定吉林乌喇至黑龙江一千三百四十里共设十九驿，每驿壮丁三十名，

[①] 康熙十五年，清廷将宁古塔将军的驻防地改在吉林，称之为"吉林将军"，宁古塔驻守官员降为"副将"，又称"副都统"，归吉林将军管辖。
[②] 《清圣祖实录》卷106，康熙二十一年十二月庚子条。
[③] 《清史编年》第二卷（康熙朝）上，448页、449页。

马二十匹。"①

最后是解决信息传输问题，从吉林乌喇到瑷珲城设立十九个驿站，并确定驿站的人员编制。

以上问题解决了，看似驻军是没问题了。然而，新的难题出现了。所谓"驻军"，得有人在那里"驻"。康熙面临的新难题是：士兵们并不愿意在那里驻。清军进驻瑷珲城后不久，就出现"故毁农器、尽毙耕牛"的现象。

其实呢，这也不能怪这些士兵，想想也明白，现在的黑龙江省北侧都人烟稀少，更何况是交通更不发达、没有手机、WIFI的清朝呢？

康熙得知此事后并没有恼火，而是见招拆招。驻守黑龙江的士兵把牛杀了，他就命理藩院购买耕牛再送去；士兵喊苦，他就提高当地驻军的待遇；士兵怕危险，他就补充军马、火器，"选上驷院马二千匹发索伦地方放牧"②，随后又将南怀仁监制的新式火炮送去。

你们杀牛，我送牛；你们喊苦，我发钱；军马、火器，都配最好的。要什么给什么，什么都好说。只有一个前提，在那里坚守下去。

二、建立前沿据点，压缩俄军活动空间

建驿站、盖兵营、调粮食，都需要时间。可是俄国人那边不会停下来等着清军把一切收拾妥当，他们依然在不停地占地方、抢东西。没关系，康熙还有坏招。

康熙二十一年，康熙帝谕令："调乌喇、宁古塔兵一千五百人，于黑龙江（即瑷珲）、呼马尔二处建立木城，与之（俄军）对垒，相机举行。"③

这里的"呼马（玛）尔"在前章节出现过，即顺治朝明安达礼率军攻打的地方。它位于呼玛河汇入黑龙江的河口，在瑷珲城与雅克萨之间。在此处筑城，既能够有效拦截俄国人顺流而下的军事行动，压缩其活动空间，还能够保障瑷珲城的建设，并作为之后对雅克萨发起攻击的前进基地。

如果俄国人想要赶走此处的清军呢？

---

① 《清史编年》第二卷（康熙朝）上，511页。
② 《清史编年》第二卷（康熙朝）上，453页。
③ 《清圣祖实录》卷106，康熙二十一年十二月庚子条。

不好意思，他们也得攻坚。

三、康熙帝进一步发扬他爹的招抚特长，不仅招抚当地少数民族部众，还招抚俄国人

康熙二十二年（1683年）闰六月初，六十七名俄军从雅克萨出发，沿黑龙江顺流而下抢劫，被黑龙江将军萨布素率军拦截，一部分被打死、一部分投降。对投降的俄军，康熙帝谕令，不愿意留下的允许其回国，愿意留下的准许编入八旗。这些人大部分待遇与旗人相同，只有一点不同，那就是找对象，他们的老婆范围被康熙限定为斩首罪犯的遗孀。这个政策一出台，部分俄国人甚至当起了"俄奸"。

康熙二十三年（1684年）二月二十五日，黑龙江将军萨布素向朝廷报捷称："上月十一日我军三百人以飞牙喀部民作响导，于恒滚河口包围俄国入侵者。经宜番（即伊凡，投降的俄国人）等赴其塞堡劝降，先取回鸟枪二十支及鄂伦春部留质之子三人，招抚俄军米海罗等二十一人。"①

除了分化俄军之外，这招还另有妙处。前文说过，根特木耳投靠沙俄，康熙帝屡次致书俄方索还未果。现在，清军手里也有了俄国人，相当于多了一张谈判筹码。

当然，康熙也没忘记发动当地部众抗敌。"牛满河之奇勒尔部杀入侵者十人；鄂伦春部朱尔铿格等于精奇里江歼五人；飞牙喀部亦击杀甚多。"②

除了在东北当地细致微操，康熙在宏观战局也表现出极高的战略眼光。

清军开始在黑龙江行动后，沙俄也在向雅克萨增兵。1681年（康熙二十年），尼布楚向雅克萨输送火炮两门，军刀150柄；随后，沙皇又规定发配往西伯利亚的罪犯"优先供给"雅克萨。到1684年（康熙二十三年），雅克萨周边已经有480余户俄国人，种植了一千俄亩的粮食。当年，沙皇又从托博尔斯克调拨六百人支援雅克萨。

由上可见，俄国人的这条战略交通线着实恶心，特别是尼布楚与雅克萨，都在黑龙江上游地区，以舟船为交通手段，五日可达，支援十分方便。如果开

---

① 《清史编年》第二卷（康熙朝）上，481页。
② 同上书，475页。

战后任由他们这么支援来、支援去，那么清军的攻坚难度将大为增加。

这时，康熙想到了土谢图汗。因为雅克萨的大后方是尼布楚，尼布楚的大后方是叶尼塞斯克，而土谢图汗的地盘正在这条交通线的南方。康熙拉拢土谢图汗的措施我上文已经讲过，这里不再赘述。况且，土谢图汗本来就与俄国人有矛盾，康熙十七年（1678年）他就曾率军攻打过色楞格斯克据点。

在清军正式出兵前，康熙帝要求土谢图汗出兵北上，攻击俄军交通线和沿途据点，牵制贝加尔湖东侧的俄军。关于这方面内容的记载，清朝史料中比较隐晦，但在俄国史料中写得很清楚。

"中国皇帝准备在阿穆尔河谷进行战争，并且唆使蒙古王爷们进攻色楞格斯克。"①

"1684年，在色楞格斯克传说：博格德汗（即中国皇帝）已经说服了蒙古人去援助他，以便和他们一起把俄国人赶出外贝加尔。"②

土谢图汗还派使者通知色楞格斯克的俄军："中国人要打涅尔琴斯克城堡，阿齐赉汗（即土谢图汗）和博格德汗是一致行动的。"③

在雅克萨之战期间，土谢图汗派出他的弟弟西第什里④率八千骑兵游弋于贝加尔湖南侧，攻击俄军的伊尔库茨克据点和通金斯克据点，抢掠马匹、牲畜。

搞定土谢图汗后，康熙帝又要求车臣汗断绝同尼布楚俄军的一切往来⑤；在开打前，他又要求黑龙江当地各部族打游击战，烧毁俄军在各据点附近种的庄稼。

三刀齐下，釜底抽薪。第一刀是土谢图汗砍向叶尼塞斯克方向的补给；第二刀是车臣汗断绝尼布楚方向的补给；第三刀是黑龙江部众焚毁俄军在当地的补给。这三刀砍下去，俄国人就算是军神再生，也打不赢这一仗了。

好啦，微观操作、宏观战略都讲完了，那就开打吧。

---

① ［俄］А.П.瓦西里耶夫著，《外贝加尔的哥萨克（史纲）》第一卷，213页。
② 同上书，247页。
③ 同上书，248页。
④ 清史中称其为"巴图尔珲台吉"，与噶尔丹的父亲称号相同，但并非一人。
⑤ 车臣汗所属的巴虎尔部常与尼布楚贸易。

第八节 雅克萨之战

康熙二十四年（1685年）四月二十八日，彭春、萨布素等率军向雅克萨城进发。清军共计三千人，包括瑷珲驻防八旗兵一千五百人，达斡尔兵五百人，京师八旗兵六百人，藤牌兵四百人。

在开战前，康熙听说俄国人的火器很厉害，所以他十分担心自己的士兵吃亏。于是乎，他就给这些人多配了一些火器。

多到什么份上呢？

出征清军火器清单如下：神威无敌大将军炮（11磅重炮）八门，配炮弹一千二百发；得胜将军炮（1磅轻炮）三十二门，配炮弹四千八百发；子母铳二百门，配炮弹一万发；火枪一百杆。上述枪炮共准备火药9600斤，即5.8吨……

作为对比，此时雅克萨城内有俄军约八百人，炮三门，火绳枪三百支。换句话说，清军装备的轻重火炮数量，与俄国人的火枪数量差不多……

这个仗打得也太富裕了吧？

就这，康熙还是有所担心。他之所以把藤牌兵调来，是因为这支部队之前与荷兰人交过手，在水里打西洋火枪兵有着丰富的经验。

开战前，清军分水陆两路布置战场。先在雅克萨南边的古城岛上筑城，与雅克萨隔河相对，作为清军的陆上基地。战船布置在雅克萨城东南方向，炮兵阵地布置在雅克萨城北。为了保证没有步兵保护的炮兵安全，清军提前在雅克萨城外挖掘三道堑壕，俄国人连出都出不来，更别说偷袭炮兵了。

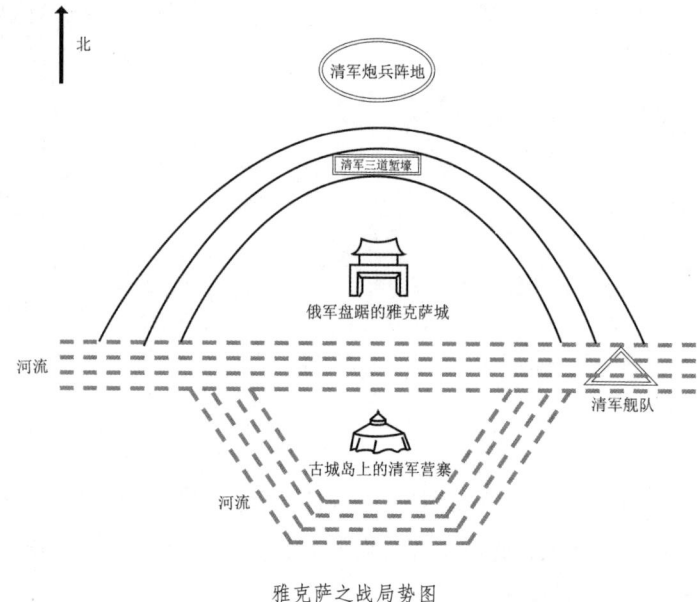

```
                    ↑
                    北

                 ┌─────────┐
                 │清军炮兵阵地│
                 └─────────┘

              ┌─────────┐
              │清军三道堑壕│
              └─────────┘

                  ╱─────╲
                 俄军盘踞的雅克萨城

    河流  ═══════════════════════════
                                    ▲
                                  清军舰队
                   △
              古城岛上的清军营寨
    河流

              雅克萨之战局势图
```

五月二十五日黎明，清军开始炮击雅克萨，俄方史料记载："在最初的几天里，俄国人伤亡一百多人。大炮轰垮了塔楼和城堡，从营地射出的火箭烧毁了教堂、钟楼、店铺和粮食仓库。"①

就在清军炮击时，有百余名自尼布楚方向赶来支援的俄军乘木筏顺流而下，企图冲进城内。萨布素令藤牌兵拦截，这些特种部队脱下藤甲，光着膀子入水，举着藤牌、持片刀泅水而进。俄国人从未见过如此阵势，大惊失色，随即准备发射火枪。然而因舟筏进水打湿火药，火枪无法发射；且藤牌兵以藤牌护面，"枪矢不能入"。随后，藤牌兵"以长刃掠牌上，折其胫，俄军纷纷落水，杀伤大半。"②此役藤牌兵无一人折损，侥幸逃生的俄军溃散。

解决完城外的俄军后，彭春令全体步兵各取草一束，堆放在雅克萨城下，向城内喊话，不投降即放火。雅克萨城内大乱，俄军头目托儿布津出城，于两军阵前向清军将领跪拜请降。

彭春、萨布素当众宣读了康熙帝宽大处理的政策，将城内俄军进行甄别。

---

① ［俄］А.П.瓦西里耶夫著，《外贝加尔的哥萨克（史纲）》第一卷，254页。
② 《清史编年》第二卷（康熙朝）上，508页。

凡是投靠俄军的黑龙江当地部众均被抓回，其他俄军可以自愿选择，愿意留下的可编入八旗，不愿意留下的可归国。根据《八旗通志初集》记载，归国者六百余人，留中国者四十五人。

比较有趣的是，关于投降俄军境遇的记载，中俄两方的史料描述差异很大。咱们这边写的是：允许俄国人带上武器、辎重撤离；而俄国人那边写的是：粮食、牲畜、财物和之前征收的实物税甚至是衣服全部被清军士兵洗劫一空，即"阿尔巴津人撤走时，裸着身，赤着足，沿途忍饥挨饿，靠吃草和树根活命"①。

该！

你懂了吗？

彭春、萨布素可是发了一笔不小的财，并对一向宽仁的领导康熙汇报：我们什么也没拿，允许俄国人带着武器、财物撤离了。所以，宋志坚老师那幅描写雅克萨之战的油画是不太准确的。在宋老师的油画中，俄国人穿戴整齐、全副武装地撤走了。而真实场景应为：一群衣不蔽体、毛茸茸的俄国人，在清军嘲弄的眼光中，哆嗦着上了木筏。毕竟，哥萨克的呢绒帽子和皮草大衣也是值几个钱的。

随后，清军焚毁雅克萨寨堡，返回瑷珲城。然而，康熙的宽大政策并没有得到侵略者的感恩。当年七月，托儿布津再次率领近千人自尼布楚返回雅克萨，重新建立侵略据点。

还有更不要脸的。当时，清军在呼玛尔寨留守四十人。1686年（康熙二十五年）初，托儿布津派出三百人，携带火炮，趁夜偷袭呼玛尔寨。俄军偷摸爬入寨内，与清军发生肉搏，由于人数差距太大，清军惨败。四十名士兵除一人被俘外，其余全部战死，俄方史料记载俄军被砍死七人。

听闻这个消息后，康熙帝震怒。康熙二十五年二月初十，康熙帝令萨布素率瑷珲驻军攻击雅克萨，同时令藤牌兵四百人、俄军降人等自北京出发，运送新炮、火药和炮弹前往黑龙江军前。

这支军队出发前，康熙对领军的郎谈、班达尔沙等交代："尔等此行宜慎之，当如前降旨晓谕：'尔罗刹外国人贪利弃命，扰我边疆，今大兵复至，当速

---

① ［俄］А.П.瓦西里耶夫著，《外贝加尔的哥萨克（史纲）》第一卷，255页。

降，如不降则尽诛之。'若得雅克萨城，即往尼布楚。事毕，还驻兵于雅克萨过冬，勿毁其城，亦勿损其田禾。"①

翻译一下：你们这次一定要小心（康熙对作战将领的标准嘱托语，比妈还妈），到达雅克萨后就像之前一样告诉敌人："你们背信弃义，又来侵略。现在大军已至，快点儿投降，不投降的话都要被杀。"如果攻下雅克萨，你们就继续进攻尼布楚，把俄国人赶跑后回到雅克萨过冬。所以，这次就不要烧城、烧庄稼啦。

由上可见，康熙这次不仅打算解决雅克萨，还计划顺道搞定尼布楚。而能让康熙如此怀柔的人说出"如不降则尽诛之"这种话，可见俄国人的背信弃义真的把他惹火了。

在开打前，康熙还担心炮弹不够。所以，他在上次规定的炮弹基数上，每门炮又追加了四十发。

五月二十八日，萨布素、郎谈两路军队会师于查克丹，逼近雅克萨城。萨布素先命俄俘带信入城，将康熙的谕旨发给城内俄国人，要求他们投降。

此时雅克萨城内共有俄军826人，火炮13门以及充足的炮弹、粮食，准备较上次充分，城内连供水、灭火系统都修好了，托儿布津的胆子也就壮了，对清军的警告置之不理。

俄历9月1日②，萨布素摆开四十门火炮开始炮击，当月即将匪首托儿布津炸死。俄军组织了五次突围，均被清军击退，城内俄军伤亡惨重。按说这会儿攻城就完事了，可是清军却迟迟不发起进攻，只是围住了雅克萨。

为什么呢？

原因很简单，康熙没有下令。当年八月二十六日，康熙帝令萨布素率军持续围困雅克萨，并准备过冬事宜，即"今天时渐寒，河流将结（冰），宜将每事筹划，预为之备"③。而康熙之所以不下令攻城，是因为在清俄交战期间发生了两件事。

---

① 《清史编年》第二卷（康熙朝）上，526页。
② 清朝史料记载，清军发起进攻的时间为六月初四，公历7月23日。
③ 《清史编年》第二卷（康熙朝）上，532页。

一则，当年八月十六日，清廷理藩院尚书阿喇尼主持喀尔喀左、右翼调停大会，试图调解两方矛盾，缓和之前剑拔弩张的局势，这是噶尔丹不希望看到的。所以，噶尔丹派遣他的弟弟<u>多尔济扎卜</u>前去参会，试图搅局。会上，多尔济扎卜故意谩骂、羞辱土谢图汗。土谢图汗大怒，两人险些当场动手。

加之在康熙的授意下，阿喇尼暗中偏袒左翼。前文说过，之前土谢图汗收容、抢掠了右翼大量的人口、资产，现在双方和解，他应该将这些人口、资产还给右翼，而实际上他只交出了一半左右。这使得扎萨克图汗十分不满，并与准噶尔结成同盟，喀尔喀左翼与右翼及其背后的准噶尔剑拔弩张。

二则，在开战前，康熙已经向沙皇连续发出多道咨文，文中历述俄军入侵劫掠的情形及清廷数次致书劝降的经过，又言道："我军围雅克萨后，放回投降之俄兵，但彼等竟乘我班师之隙，复占雅克萨，将我人员俱行杀害"；最后康熙强调："朕决然不容伊等任意遣人侵扰我边民，我驻边兵丁必予拦截擒拿，以正王法。"①

当年九月二十五日，俄国使节<u>文纽科夫</u>到达北京，向康熙帝递交沙皇国书，文中称："我意双方遣使相会，以公理相议，将事妥善了结。中国皇帝见我文书之情由，若即撤兵，则互相可停止兵革。"②

第一件事让康熙敏锐地觉察到，噶尔丹与土谢图汗之间可能爆发战争。当时的形势是，喀尔喀左翼（土谢图汗、车臣汗）亲清，右翼（扎萨克图汗）亲准；准噶尔与沙俄关系密切，但尚未正式结盟。如果准、喀开战，而清军继续与俄军处在战争状态，那么准、俄想不结盟都难。如果将这两方势力推进同一战壕，俄军便可获得之前他们在西伯利亚所欠缺的兵员和粮食，而准噶尔则将获得沙俄的火器支援。更危险的是，俄、准一个在北、一个在西，对清帝国形成战略钳击态势。如果二者同时进攻，届时清军必然首尾不能相顾。

兵者，国之大事。死生之地，存亡之道，不可不察也。

如果此时康熙的决策稍有疏失，清帝国将腹背受敌。恰好，沙俄的使者又到了，表示愿意和谈。在"敌已明、友未定"的情况下，康熙就坡下驴，并没

---

① 《清史编年》第二卷（康熙朝）上，531、532 页。
② 同上书，535 页。

有下令强攻雅克萨，而是同意与沙俄和谈。道理很简单：朋友越多越好，敌人越少越好。当前噶尔丹是首要威胁，沙俄是次要威胁，所以先通过和谈稳住俄国人，才是明智选择。

为什么噶尔丹才是首要威胁呢？

因为他的目标是喀尔喀，喀尔喀与尼布楚哪个距北京更近，在地图上一目了然。

基于此，康熙二十六年（1688年）正月初九，康熙帝令萨布素撤围，并允许城内俄国人返国。这次清军就没啥油水可捞了，经过数月炮轰和围困，城内826名俄军只剩下66人。

值得一提的是，都到这个份上了，俄国人竟然还打算继续在雅克萨"坚守"。清军撤围后，城内哥萨克并没有立即撤离，而是于当年春天出城播种种地。

对这种行为，萨布素嗤之以鼻。当年夏天，他派出十几名士兵，大摇大摆地将这些粮食全部焚毁。城内哥萨克只能眼睁睁地看着城外清军"施暴"，却不敢出城阻拦，毕竟城里已经有上千号人死在大炮之下了。不久之后，这股残军全部撤回尼布楚。

至此，雅克萨之战结束。

形象点儿说，此战就好比两个身强力壮的巨人，却只能拿着稻草打击对方。虽然双方各有十余万人的野战军团，都倾尽全力向黑龙江流域投入兵力，但受限于当地的气候、人口数量和交通情况，最终只能投入几千人的兵力交战。

虽然雅克萨距清帝国本土较近，但清军的优势不见得比俄军大，因为清军的目的是保护当地部众。俄军可以通过劫掠从当地获取补给，而清军只能从科尔沁、吉林调运粮食，这些粮食还要分给当地部众。此消彼长，双方的后勤补给压力都很大。

然而，由于康熙帝的精密筹划，清军以极其轻微的代价，打死俄军千余人，招抚百余人，收回俄军盘踞已久的雅克萨，在黑龙江流域设常驻军，事实确立了清帝国对整个黑龙江中下游的统治权，取得了这场战争的胜利。

这场战争对喀尔喀、沙俄、准噶尔三方都产生了巨大影响。

一、喀尔喀

从雅克萨之战的过程中大家也可以看出，土谢图汗为康熙是出过力的。在土谢图汗看来，他是康熙的小弟，康熙是他的大哥。大哥跟俄国人掐架，小弟帮大哥踹了俄国人一脚，做出"巨大"贡献。这样，一旦自己跟别人打架，大哥也会甩开膀子帮他打的。出来混，总得讲点情义嘛。

所以，他就有了底气，以前不能打、不敢打的现在可以打，不需要在乎对方是否强大。于是，康熙二十六年（1687年）夏，他出兵击杀札萨克图汗和噶尔丹的弟弟。这就是上文所述土谢图汗失心疯的病源。

二、沙俄

雅克萨之战期间，沙俄摄政女王索菲娅[①]派出全权谈判代表（相当于清朝的钦差大臣）戈洛文，率领莫斯科火枪兵506人、哥萨克1400人去往黑龙江流域。

根据索菲娅的要求，戈洛文此行的任务如下：保住尼布楚和雅克萨；划界谈判中坚持黑龙江以北均属俄国；中国应赔偿俄军的战争损失。

在途中，戈洛文得知雅克萨之战已经结束和准喀矛盾的相关情况，随后向索菲娅汇报：他希望与噶尔丹联合，向喀尔喀左翼发起武装进攻。康熙二十七年（1688年），戈洛文一行到达伊尔库茨克后，会见了噶尔丹的使者，就此事正式提出建议，这标志着俄国人正式邀请噶尔丹结成军事同盟。

戈洛文此举相当老到，此时雅克萨之战已经打完，俄军被赶出雅克萨，戈洛文明白单凭沙俄的力量打不过清军。这时，他鼓动噶尔丹东侵喀尔喀，对清帝国本土造成直接军事威胁，就可以减轻沙俄在黑龙江流域的军事压力，创造浑水摸鱼的外部条件。

三、准噶尔

弟弟被杀的消息传来，噶尔丹心中的怒火剧烈燃烧。客观来说，虽然噶尔丹并不是什么善茬，也没少干侵略别人的事。但是这次，他有理由愤怒。在土谢图汗之前的一系列行动中，他确实是受害者。恶人受了欺负，自然是不会忍的。现在，俄国人又提出结盟请求，无疑是火上浇油，更加坚定了噶尔丹用兵的决心。

[①] 彼得一世同父异母的姐姐，小说《鹿鼎记》中的那位女摄政王。

康熙二十六年九月初，噶尔丹以土谢图汗杀其弟为由，宣布起兵复仇，东征喀尔喀。

当年九月二十五日，土谢图汗遣员疏报康熙："噶尔丹分兵南北两路来攻，我部人心惊惶，是以率兵迎敌。并扬言所借俄罗斯兵将至。"①

惊天之变即将到来。

---

①《清史编年》第二卷（康熙朝）上，550页。

第九节 噶尔丹东侵

我先以时间为顺序捋一捋本章所述事件的经过。

康熙二十四年（1685年）四月，清、俄爆发第一次雅克萨之战。同时，土谢图汗命其弟西第什里率八千骑兵北上，游弋于贝加尔湖南侧，攻袭俄军据点。

当年十月，康熙帝处死准噶尔进贡使团成员伊特木根，下令严格执行"限贡令"，限制清准贸易规模。清准关系迅速恶化，进入冷战阶段。

当年冬天，康熙帝将被噶尔丹赶出故土的和硕特部难民安置在阿拉善，在今内蒙古西部地区建立了一个清准之间的缓冲区。

康熙二十五年（1686年）正月，沙俄摄政女王索菲娅得知雅克萨战事，派遣全权大使戈洛文自莫斯科启程，率领一千九百人开赴黑龙江，以武力为后盾与清朝谈判。

当年七月，第二次雅克萨之战爆发，清军持续围困雅克萨。

当年八月，康熙帝派人主持喀尔喀左、右翼会盟。噶尔丹的弟弟多尔济札卜搅局，与土谢图汗发生直接冲突。同时，土谢图汗未交出全部右翼逃人，右翼札萨克图汗敢怒不敢言，彻底倒向噶尔丹。

当年九月，沙俄使者到达北京，表示愿意就黑龙江划界问题与清朝谈判。

康熙二十六年（1687年）正月初九，清军解除对雅克萨的围困，第二次雅克萨之战结束。

当年夏天，土谢图汗出兵击杀札萨克图汗和噶尔丹的弟弟，占领喀尔喀右翼属地。噶尔丹得知后大怒，发誓报仇，准、喀处在交战边缘。

当年六月初九，戈洛文率军抵达伊尔库茨克。在这里，他与噶尔丹的使者进行了密谈，双方达成结盟意向，并准备共同对喀尔喀左翼发起进攻。

同时，土谢图汗侦知戈洛文的行程，将情况上报清廷。康熙帝令黑龙江将军萨布素于要地设斥候（侦察兵），于瑷珲、墨尔根两城整军备战。

当年八月二十二日，戈洛文率军抵达色楞格斯克，就西第什里率蒙古骑兵在俄据点附近集结一事照会土谢图汗，提出抗议。土谢图汗表示布里亚特蒙古原为其所属，是俄国人非法侵占，要求俄国人放弃该据点，归还被掳掠的蒙古人。戈洛文拒绝。

当年九月初，噶尔丹以土谢图汗杀其弟为由，宣布起兵东征，进入喀尔喀右翼。

九月二十五日，土谢图汗疏报康熙，噶尔丹分兵南北两路来攻。

九月末，戈洛文率军自色楞格斯克出击，以寻找失马为理由，窜入蒙古牧场杀掠。由此可见，此时俄、准两方的出兵步调高度一致，已经是盟友关系。

当年十二月，西第什里分兵四千人包围色楞格斯克，城内俄军坚守。蒙古军队围城近三个月，由于缺乏重炮，只能向城内发射火箭（燃烧的箭头），未能攻克色楞格斯克。

康熙二十七年（1688年）二月二十三日，戈洛文派出的代表到达北京，要求清廷派出使团，前往边境地区①谈判，双方武装人员人数应该对等。

当年三月初三，康熙帝确定中方谈判代表团成员。以领侍卫内大臣索额图、康熙的舅舅佟国纲和尚书阿喇尼为首，葡萄牙传教士徐日升、法国传教士张诚为翻译，郎谈、班达尔善率八旗前锋兵二百、护军四百、火器营兵二百同往。

概括一下此时的局势：清、准处在冷战状态；准、喀（土谢图汗）处在热战边缘；清、俄刚刚打完雅克萨之战，准备谈判；俄、喀正在色楞格斯克激战。四方交战范围东起黑龙江，西至杭爱山脉，北达贝加尔湖，地域之广、牵扯势力之众，在之前的亚洲战争中从未有过。眼看着，第一次亚洲大战即将到来。

对康熙而言，能否通过谈判，使得沙俄保持中立，让清、喀集中力量对付准噶尔，就显得尤为重要。但是，清俄谈判并不是噶尔丹希望看到的。所以，

---

① 最初的谈判地点定于色楞格斯克。

在得到清俄接洽的消息后，噶尔丹抢在清朝代表团到达谈判地点之前，发起对喀尔喀左翼的全面进攻。

康熙二十七年五月，噶尔丹率三万骑兵越过杭爱山脉，大举进攻喀尔喀左翼。初期，准军势不可挡，先于<u>特穆尔</u>击败土谢图汗本部主力，随后直取土谢图汗大本营<u>额尔德尼昭</u>。中途分兵一支，沿克鲁伦河持续东进，攻击车臣汗牧地。从地图上看，准军就像一支拉满弓后射出的箭，横贯了整个喀尔喀。

与此同时，包围色楞格斯克的西第什里被迫撤围，南下救援土谢图汗。戈洛文命俄军尾随追击，两军在色楞格斯克城外的一个山谷中遭遇。俄军摆出线列排枪阵，持弓箭的蒙古骑兵发起冲锋，遭遇排枪射击，大败。蒙古军队死伤千余人，鲜血染红山谷，后来俄国人将此地命名为"死亡谷"。

当年八月，戈洛文再次派军从乌丁斯克出发，袭击、掳掠喀尔喀北部的蒙古部落。仅在<u>昔洛克河岸</u>，即杀害二百名蒙古人，俘虏甚众，牲畜、帐篷皆被俄军劫掠。

之后，戈洛文又强迫一千二百余户蒙古牧民加入俄国国籍，命令各个蒙古部落"每年交纳壮牛五十头、羊五十只；提供尽可能多的差马、骆驼；协同沙皇陛下军队作战"[1]。作为对比，康熙要求外藩蒙古台吉进贡的贡品是"羊一只、酒一壶"。这么一看，谁是天使、谁是恶魔就一目了然了。

但是，戈洛文所部并未深入喀尔喀腹地。这也是俄国人的狡猾之处，他们只是做出了出兵的姿态，却并不想深入喀尔喀，与清帝国发生直接冲突，毕竟他们刚刚在雅克萨见识了清军的厉害。

噶尔丹与俄军的西、北两路夹攻，令喀尔喀大乱。土谢图汗在战败后一度下落不明，哲布尊丹巴则在噶尔丹的追击下一路逃跑，双方仅差一日路程。喀尔喀各部群龙无首，均惊惶不已，民众纷纷抛弃庐帐、器物、马驼、牛羊，轻装逃命。清朝谈判代表团北上的过程中目睹了这一惨状，即"喀尔喀溃卒布满山谷，行五昼夜不绝"[2]。

可是逃跑也得有个方向啊。关键时刻，哲布尊丹巴显示出很高觉悟，他是

---

[1]《清史编年》第二卷（康熙朝）上，576页。
[2] 同上书，568页。转引自张鹏翻撰《漠北日记》。

这么说的："俄罗斯素不信佛，俗尚不同我辈，异言异服，殊非久安之计。莫若全部内徙，投诚大皇帝，可邀万年之福。"① 就这样，在活佛的带领下，大批喀尔喀难民跑到了清朝的漠南蒙古边境地区。

八月初，之前不明音讯的土谢图汗与噶尔丹追兵遭遇，双方鏖战三日。第三天夜，噶尔丹率军夜袭，土谢图汗大败，越过瀚海大漠奔至哲布尊丹巴处。

当年十月，日暮途穷的土谢图汗与哲布尊丹巴托清朝尚书阿喇尼转奏康熙帝："我等为厄鲁特所败，奔进汛界，永归圣主，乞救余生，作何安插，一唯上裁"；"（因）我等败遁，尽弃部落、牲畜而来。虽少有所携，难以自存，伏祈圣上俯赐弘恩"。②

不久之后，车臣汗的十万部众也跑到清朝边界，请求集体内附。由于之前札萨克图汗已经被土谢图汗击杀，右翼处在无政府状态。且右翼部众多为土谢图汗强占，所以，土谢图汗、哲布尊丹巴与车臣汗三人，此时基本能够代表整个喀尔喀。

这次，喀尔喀诸部所请求的"归附"，就不再是成为清朝的藩属，而是归入治下。康熙帝与议政大臣商量后，决定允许喀尔喀内附。自此，喀尔喀蒙古从法理上成为清帝国的一部分。

康熙帝谕令：喀尔喀各部暂时仿照漠南蒙古进行管理，清查户口，编设盟旗，选择边境地区的牧场暂时安置。同时，从归化城开仓发放米粮，赈济喀尔喀难民。之后，随着喀尔喀难民越来越多，康熙帝再令开张家口粮仓赈济，命大臣费扬古携银、茶、布等日用品，并购买牲畜送给难民。

虽说喀尔喀归附是件好事，但在当时，看着这些诚心投奔的蒙古人，康熙却高兴不起来，因为这种状况与他的预期大相径庭。之前，康熙为了防备俄准联盟成型后可能的入侵，提前在清帝国与俄、准之间预置了一个大缓冲带。从东北到西北分别是：东北驻军和当地民兵、喀尔喀左翼、阿拉善的和硕特部和甘肃驻军。清军八旗主力则居北京，作为野战机动力量。

以此为基础，与准噶尔打贸易战，逼其就范；与俄国人谈判，坚持整个黑

---

① 《清史编年》第二卷（康熙朝）上，569 页。
② 《清圣祖实录》卷 137，康熙二十七年十月乙巳条。

第六章　联盟解体，四方博弈

龙江流域均为清帝国领土。看似万无一失的计划，却没料到土谢图汗部这么不经打。北边没能啃下俄国人的据点，西边被噶尔丹的三万骑兵打得丢盔弃甲，形势在短短三个月内急转直下。

面对这种情况，康熙帝首先召索额图使团返回北京。因为使团北上需经过喀尔喀，此时噶尔丹已经占据此地，万一一众王公大臣被噶尔丹俘获，形势就会更加被动。

然后，就是要稳住噶尔丹。当时准军已经打到呼伦贝尔草原，此地在当时属于清帝国的边界地区。要稳住人家，就得满足人家的要求，噶尔丹致书康熙，要求的是："泽卜尊丹巴（即哲布尊丹巴）、土谢图汗违达赖喇嘛之教"；"我告之以礼法，归好为是。而彼反以为非，竟兴兵而来"；"（如果）泽卜尊丹巴来投天朝，或拒而不纳，或擒以付之"。①

在当时，准噶尔名义上还是清朝的藩属。可是，噶尔丹在文书中却"请"康熙不要收留哲布尊丹巴，或者把他抓起来送给自己。这怎么看都像是在命令康熙该如何做。

对这种态度的"请求"，康熙帝直接拒绝。但是，他还是做了些工作。

噶尔丹开始东征那会儿，康熙就致书五世达赖②，请他出面调停准喀矛盾。康熙的意图是，既然你噶尔丹打着达赖喇嘛的旗号，那么我就找他来主持公道，看你还有什么话说。

然而，面对五世达赖的使者，噶尔丹仍然是挺着脖子硬怼，他回复使者说道："我若与土谢图汗和，则吾弟多尔济札卜之命，其谁偿之？我尽力征讨五六年，必灭喀尔喀，必擒泽卜尊丹巴也。"③

这就是驳了达赖喇嘛的面子。

康熙一看活佛不好使，就自己派使节去找噶尔丹说明：清廷已经要求五世达赖派遣一位高僧，与清廷重臣共同主持噶尔丹、土谢图汗的会盟。届时土谢图汗将会在会上自陈己过，该怎么处罚由清廷和高僧共同决定，会盟后准喀两方

---

① 《清圣祖实录》卷136，康熙二十七年七月甲戌条。
② 此时五世达赖已死，"第巴桑结嘉措"秘不发丧，找了个傀儡装样子，所以此时的五世达赖即为第巴桑结嘉措，后者是噶尔丹在西藏学习期间的同窗，他的事情后文会详解。
③ 《清圣祖实录》卷136，康熙二十七年八月己酉条。

永议和好。如果会盟顺利举行,清准之间的朝贡贸易问题就可以商量着来。

噶尔丹再次拒绝,并表示:"我并无自外于中华皇帝、达赖喇嘛礼法之意,请仍照常贸易";"但土谢图汗、泽卜尊丹巴杀扎萨克图汗等,尽俘其众,又侵我境杀我弟,弃好构难,乃无地可容之人"。①

这叫什么?

一叫得理不饶人。客观来说,土谢图汗与噶尔丹的恩怨,确实是土谢图汗有错在先。但是,噶尔丹后面做得也太过分了。他出兵喀尔喀,一路烧杀抢掠,将喀尔喀左、右翼部众驱离家园,超过百万平方公里的牧场成了无人区。这已经远远超出"报仇"的范畴,这还不够吗?

二叫给脸不要脸。达赖喇嘛是宗教领袖,康熙是宗主国皇帝,两人同时出面调停,噶尔丹却还是不给面子。

既然讲道理不行,那就只好用不讲理的办法了。自此之后,康熙虽然继续派遣使节去劝慰噶尔丹,但只是表面工程。他已经明白,这一仗是非打不可了。

然而,在与噶尔丹开打之前,最好先解决清俄东北划界问题。

---

① 《清史编年》第二卷(康熙朝)上,575页。

第十节 《尼布楚条约》

噶尔丹东侵后，俄国人很高兴。在他们看来，这是与清廷谈判的最佳时机。此时清朝首先要应对准噶尔的威胁，必然会在黑龙江流域做出较大让步。

康熙二十八年（1689年）四月初五，戈洛文再次派遣使者到达北京，邀请中国代表团去边境会谈，并要求"双方人数均应相等"。

康熙帝将谈判地点定于尼布楚，索额图为首的代表团等定于当月二十六日离京。因提前侦知戈洛文有军队一千四百余人，所以随行官兵定为一千四百名。四月初九，康熙帝派出先遣官员同戈洛文的使者先行启程，将选定的谈判地点、清朝谈判代表团的人数、军队人数一并告知俄方。

乍一看上面这段记载，感觉康熙是有点儿缺心眼的。去俄国人实控的尼布楚谈判，提前告知人家自己有多少军队、啥时候到达，这不是擎等着俄国人算计你吗？

事实上，俄国人也确实在算计。前文说过，戈洛文从莫斯科带来的军队有一千五百人，此时尼布楚还有俄军八百余人。除此之外，那位自东北叛逃至沙俄的根特木耳，手下还有三百余人。这样，俄军在尼布楚的总兵力就达到二千六百人。

在得知谈判地点、清朝代表团人数等信息后，戈洛文命根特木耳率本部三百人，埋伏在尼布楚东北山中。这些人的长相、服饰与东北当地部族无异，清军很难在短时间内进行敌我识别。而戈洛文正是要利用这一点，让根特木耳率部突袭清朝代表团。

打赢了，就没啥好说的了，直接武力讹诈，逼迫清朝代表团让步；打输了，就推诿说这些人是东北当地部众，与俄方立场无关。如此一看，戈洛文真是将不要脸的精神发挥到极致，索额图一行凶险万分。

不过请放心，"缺心眼"这个形容词，是很难同康熙联系在一起的。康熙确实告诉俄国人，清朝代表团就带一千四百名士兵。但是，代表团从北京出发时，还有数千人以运夫、水手、仆役等名义随行。

即便如此，康熙还是担心代表团会吃亏。他又命驻守瑷珲城的郎谈、萨布素等率黑龙江官兵一千五百名从水路前往。接到这个命令后，郎谈、萨布素也够实诚，担心军队走了，火炮没人看管，就索性拉着四十门火炮一起去谈判。这些炮刚刚在雅克萨轰死千余名俄国人，说不定这次还能招呼老朋友，也算是有缘千里来相会。

让黑龙江驻军去谈判，这就有点儿说不过去了，是赤裸裸地违反约定。没关系，康熙提前给这拨人编排好了理由，他教索额图这么说："我驻防东北边界之将军萨布素等，系专管黑龙江等处之员。本大臣勘界事宜完毕后，将交付伊等管理，因此该将军也循水路由雅克萨至尼布楚，请尔等勿为疑虑。"①

这个意思是：现在要划界的地方，就是萨布素等人管理的。他们不来参加谈判，怎么知道边界划在哪呢？所以，让他们一起来旁听一下，方便今后管理。由于他们不是代表团的正式成员，所以就不能计入代表团的人数啦。虽然这些人带了几十门大炮，但是真的不会开炮揍你们，请你们千万不要害怕。

这样，这支谈判代表团就浩浩荡荡、兵分两路开赴尼布楚。根据俄方资料记载，中国使团共有"骑兵和步兵约一万五千人，以及团炮和榴弹炮五十门"②。你说在尼布楚山中埋伏的根特木耳老兄看到这个阵势，还敢突袭吗？所以，戈洛文的如意算盘就落空了。

听闻清朝代表团北上的消息，被俄国人和噶尔丹欺负了许久的喀尔喀蒙古人激动不已，终于盼到王师了。

在克鲁伦河畔，车臣汗的叔叔带着八位台吉迎接索额图，见面就磕头，向

---

① 《清史编年》第二卷（康熙朝）上，588 页。
② 同上书，588 页，转引自《俄中两国外交文献汇编（1619—1792）》。

康熙请安，然后就是进献马驼，哭诉之前被俄军劫掠的惨状。索额图答应他们，将在谈判中向俄方索还他们被抢走的东西。代表团到达尼布楚后，之前被胁迫加入俄国国籍的二千余户蒙古人，自觉地将营地移动到靠近清军的地方。

得道多助，失道寡助，然也。

蒙古人的举动给了戈洛文很大的压力，这逼迫他不得不尽快结束谈判。不然的话，一旦清军到来的消息传播开来，周遭的蒙古人都要"箪食壶浆迎王师"了。

康熙二十八年七月初八，清俄双方在尼布楚正式开始谈判。在这个节点，双方在东北亚的实控地域为：清军实控雅克萨、瑷珲城；俄军实控尼布楚、雅库茨克。

俄方率先提出他们的划界方案，以黑龙江主航道为界。这个方案明显过于扯淡，基本是沿着中方实控据点划的。

清朝这边有两个方案，即狮子大开口方案和理想方案。

狮子大开口方案，是以勒拿河和贝加尔湖为界。需要说明的是，当时清朝并不清楚雅库茨克以北的情况，所以索额图所提出的"勒拿河"，仅是指雅库茨克以南的河段。在之前康熙写给沙皇的信中，就提出"以雅库（即雅库茨克）为界"的方案。在这次谈判中，索额图又补充了勒拿河和贝加尔湖。这样，这条边界就算完整了，即雅库茨克以南、勒拿河上游东南和贝加尔湖以东，属于清帝国。

当然，这个方案也比较离谱。这就将俄国人已经建立并驻军的尼布楚、色楞格斯克、乌丁斯克等据点，全部划给清朝，这显然是俄方不可能接受的。

康熙的理想方案是，整个黑龙江流域的所有支流，均划归清帝国。这个方案的东段没有什么问题，基本是沿两方实控区的中间线划的，西段的情况比较复杂。

前文讲过，尼布楚位于石勒喀河河畔，石勒喀河是黑龙江上游支流，原为蒙古茂明安部和女真鄂温克部的牧地。皇太极时期，派人北上招抚黑龙江流域各部，茂明安部千余户响应号召，举族南下，迁移到漠南蒙古东部。皇太极征伐索伦部博穆博果尔时，清廷也曾在这一地区存在过军事力量。

之后，俄国人在尼布楚建立据点。鄂温克首领根特木耳先在顺治朝投靠清朝，接受清朝的官职、爵位；后在康熙朝初期，他又举族叛逃到俄国。在尼布楚，根特木耳接受东正教洗礼，加入俄国国籍，被沙皇授予俄国爵位。

现在，索额图索要尼布楚的依据是，之前在此居住的茂明安部蒙古人，现在是中国属民，所以此地应该是中国的"自古以来"；俄方索要尼布楚的依据是，当地部族头领根特木耳已经加入俄国国籍，所以他的地盘就应该是俄国领土，况且俄军已经在尼布楚常驻三十年。客观而言，两方各有各的道理。

以上，就是两国的方案，下面我们再来看看谈判进程。

戈洛文：尼布楚和雅克萨都是俄军先建立据点的，之前这里的居民都不是中国属民，所以这些地方是我们的。

索额图：尼布楚是茂明安蒙古人的地盘，现在茂明安部是中国属民；雅克萨是达斡尔人的地盘，他们一直向中国皇帝进贡。俄军在这些地方驻军的行为是侵略，所以这些地方都是我们的。

戈洛文：以黑龙江为界，北岸归俄国，南岸归中国。

索额图：所有蒙古人以及黑龙江两岸居民，从来就在中国皇帝的管辖之下，应以贝加尔湖和勒拿河为界。

七月初八的会谈没有结果。

七月初九，索额图拿出康熙的理想方案，即以尼布楚所在的石勒喀河为界，所有汇入黑龙江之溪流均为中国领土。戈洛文拒绝，且态度傲慢无礼，激怒了索额图。当天，索额图宣布无限期休会，准备回国。

看到这里，有的朋友可能会说，既然清军在尼布楚的军力远强于俄军，那么开打就是了，把他们赶出去不就完了吗？

这里我要反问一下，打完了，该怎么办呢？

索额图北上谈判的路线经由喀尔喀，此时已被噶尔丹占领，相当于代表团的后路已经被切断。要想补给，只能通过黑龙江流域转运。当时清朝在黑龙江一共只有两千常驻军，这还是花了血本修驿站、调粮食、建粮仓才维持的，要往更远的尼布楚输送补给，这得花费多少代价？

更关键的是，尼布楚这个位置，此时南有噶尔丹，西有俄国人的色楞格斯克、乌丁斯克据点，属于突出部。就算现在占了，今后也将承受俄、准两方面的夹攻。所以，你打下来也守不住，那还打它干吗？

之后，中俄尼布楚谈判休会，转入会外谈判阶段。在此期间，俄方人员与中国使团的翻译，传教士徐日升、张诚私下沟通，通过个人关系使得谈判得以继续。

最后议定的边界，基本上是按照康熙的理想方案确定的，只是在西段将整个石勒喀河流域让与俄国人，以额尔古纳河为界。

在会上，索额图还提出喀尔喀蒙古的划界要求，被俄方拒绝。戈洛文此时的算盘是，喀尔喀已经被噶尔丹占领，一旦康熙与噶尔丹开战，不管谁胜谁负，俄国人都可以坐山观虎斗，在战争末期加入胜利者一方，攫取更多利益。所以，他并不着急喀尔喀的划界问题。

康熙二十八年七月二十四日，《尼布楚条约》正式签订，全文如下：

（一）将由北流入黑龙江之绰尔纳即乌鲁木河附近之格尔毕齐河为界，沿此河源之石大兴安岭至海，凡岭阳流入黑龙江之河溪尽属中国，其岭阴河溪悉属俄罗斯。惟乌第河以南、兴安岭以北中间所有地方河溪暂行存放，俟各自回国察明后，或遣使，或行文，再行定议。

（二）将流入黑龙江之额尔古纳河为界，南岸属中国，北岸属俄罗斯。其南岸墨里勒克河口现有俄罗斯庐舍，著徙于北岸。

（三）雅克萨地方俄罗斯所筑城垣，尽行拆毁，居民及诸物悉行撤回察罕汗（即沙皇）处。

（四）已定疆界，两国猎户不得越过。如有一、二宵小私行越境打牲及偷窃者，拿送该管官分别轻重治罪；此外，凡十人或十五人合伙持械打牲、杀人、劫物者，务必奏闻，即行正法。其一、二人误犯者，两国照常和好，不得擅动兵戈。

（五）除从前一切旧事不议外，中国现有之俄罗斯人及俄罗斯国现有之中国人，免其互相索还，著即存留。

（六）两国既永远和好，嗣后往来行旅，如有路票，准其交易。自会盟日起，逃亡者不得收纳，拿获送还。

（七）两国大臣相会议定，永息兵戈，永远和好之处奉行不得违误。①

---

① 《清史编年》第二卷（康熙朝）上，592、593 页。

当年十二月十四日，康熙帝谕令：于清俄边界地方立碑，以垂永久。碑称："大清国遣大臣与俄罗斯国议定边界之碑"，刻《尼布楚条约》要点于其上。碑由高八尺、宽三尺一寸、厚八寸之石二块制成，正面刻满、蒙、汉文，背面刻俄、拉丁文，立于额尔古纳河、额尔必齐河河口。①

好啦，又到了总结的时间了。

第一，《尼布楚条约》（以下简称《条约》）以法律形式确认，外兴安岭（《条约》中的石大兴安岭）以南、额尔古纳河以东的所有土地，均为清帝国领土。

顺治朝清廷在关外最北界的行政机构为宁古塔，康熙朝设立黑龙江将军，驻地在瑷珲。通过此条约，清朝将法定统治区域进一步扩大，自瑷珲向西、向北各延伸超过七百公里，强迫俄国人从该区域内全部撤离，新增实控领土超过一百万平方公里。

当时，在《条约》划给清朝的领土范围内，有俄国人建立的一处军事城堡、七个手工业村、两个过冬地、两个定居村落和一处银矿。条约签订后，以上聚落均被拆毁，俄国人被遣返。对此，俄国史料写道："光荣的阿尔巴津史诗悲惨地结束了，俄国人第三次②失掉了阿穆尔……"③

这就是俄国史学界认为《尼布楚条约》属于不平等条约的主要原因。注意，是对俄不平等。

第二，尼布楚谈判比雅克萨之战对俄国人的军事威慑力更大。

雅克萨之战中的俄国人，大都是非正规军，没见过世面。他们只知道仗打败了，却并不知道为什么败了。但是戈洛文就不一样了，他爷爷之前是雅库茨克督军，他自己相当于沙俄的钦差大臣，是见过大世面的。当他看到清朝谈判代表团那五十门团级火炮时，就明白了清军的实力和火器装备水平，这在当时可是欧洲中等规模战役动用的火炮数量。以当时俄军在西伯利亚的兵力，是很难打败清军的。所以《条约》中才有了"永息兵戈、永远和好"等字样。

---

① 《清史编年》第二卷（康熙朝）上，599页。
② 第一次为顺治朝中俄战争结束后；第二次为第一次雅克萨之战结束后。
③ ［俄］А.П. 瓦西里耶夫著，《外贝加尔的哥萨克（史纲）》第一卷，282页。

第三，因为清俄缔结和平条约，让刚刚成型的俄准联盟彻底瓦解。自此之后，沙俄再未出动军队协助噶尔丹作战。这样，康熙在解决噶尔丹时，就不需要顾虑俄军的进攻了。

最后，是个小彩蛋。

《条约》中第五条规定，之前叛逃到俄国的东北当地部众和被编入八旗的俄国人，双方均不再索还。这样，根特木耳就永远地留在了俄罗斯。

2011年，莫斯科举办了一场选美活动，夺冠的妹子名为 Natalia Gantimurova，据她自己介绍，她的祖上居住在阿穆尔河（即黑龙江）。

是的，这位妹子就是根特木耳的后人，她的名字音译即为娜塔莉亚·根特木耳娃。

第七章 ◇

枭雄覆灭，仁者无敌

三征噶尔丹

第一节 康熙朝的战争模式

清俄签订《尼布楚条约》后，噶尔丹的情况就很尴尬了。他曾经的心肝肉俄国人，态度发生了巨大转变，从噶尔丹的盟友变成了隔岸观火者。

康熙二十八年（1689年）末，噶尔丹东侵后，派出使节去往戈洛文处，请求沙俄直接出兵，与准噶尔军队会合，打击逃往清朝边境的喀尔喀部众，并共同应对清朝可能发起的军事行动。

第二年三月，戈洛文的使节到达噶尔丹处，答复如下：

（一）噶尔丹要尽全力去进攻喀尔喀，并及时将军事行动的进展告知戈洛文。作为配合，沙俄方面将"积极"对敌对的蒙古部落进行"搜索"，但不会直接出兵，因为两军相距太远。

（二）噶尔丹今后应将清帝国的政治、军事行动及时向戈洛文汇报。

（三）对已经臣服沙俄的蒙古领主，噶尔丹不得攻击、刁难。

戈洛文的答复用直白的语言表达就是：你充当一下猴子，替我们火中取栗，我们会向你提供栗子的具体方位，但是不会伸手帮你；你还要充当一下我们的侦察兵，去刺探一下清朝的情况；你打蒙古人我不管，但是千万不要打已经归顺我们的蒙古人噢。

前章节说过，准噶尔的军力远在西伯利亚的俄军之上，按说俄国人应该对噶尔丹唯命是从才是。现在，噶尔丹通过一系列神操作，把自己变成了戈洛文的小弟。

可笑，可悲！

可是不管怎么说，噶尔丹已经打了喀尔喀，开弓没有回头箭，就算俄国人不帮忙，他也自信能够站稳脚跟，甚至还可以更进一步，重演一把他老祖宗也先当年创造过的辉煌。另一方面，喀尔喀归附清廷后，此地在法理上就属于清朝领土，康熙这个人，绝不容许别人占着自己的地盘。这样，清准之间就不可避免地要发生一场大战。

在讲述大战之前，我首先要交代两个情况，即康熙朝真实的战场情况和准噶尔军队的装备情况。

先说这一时期战争的真实场景。

受部分电视剧的影响，很多人印象中的康熙朝的战争场景是这样：先用大炮轰，轰完后一群穿着布制马褂的士兵边喊边以百米冲刺的速度向前冲；两军接战后，士兵们拔刀互砍，各自找各自的拼命对象，各种王八拳、回旋踢，最后尸横遍野。

这是相当扯淡的。

你可以换位思考下，让你穿着一身无防护的布衣，冒着枪林箭雨冲锋，你会干吗？

这种没有秩序的冲锋，如果你在队伍中，会抢先冲吗？

即使你脑子不太好使，在跟对方无冤无仇的情况下玩命冲到敌军阵前，你会主动找个人去拼命吗？

就算你真的傻，真的玩命往前跑，也真的愿意找个人拼命，那么请你试试看，你以全速跑完三百米后，还有没有力气拼命。

所以，只要人不傻，是不会打这种仗的。那么，真实的战场是怎样的呢？

首先是行军。清军的野战兵团，即八旗兵和陕甘、宣大、直隶等省绿旗兵，全员骑马机动，行军时呈纵列前进。专业的骑兵，也就是骁骑营，通常在队伍最前列；护军营次之；前锋营随主帅居中；之后是火器营；队伍末尾是各种随军器械、火炮和辎重弹药。需要说明的是，最后面这部分军队，多使用骆驼、牛车驮载重物，大部分情况下，他们跟不上前军的正常行进速度。

进入战区后，统帅会派出侦察骑兵，实时汇报敌情。如果确切发现敌人位置，全军会变阵向敌军靠拢。这时，军队由之前的纵列变为横排，前锋营居中，其两侧是护军营，两翼为骁骑营，火器营在前锋营、护军营后。与敌军遭遇后，也不立刻开打，而是根据敌军的布置重新列阵。

如果敌人逃跑，两翼的骁骑营会出动追击；如果敌人列阵，那么清军就根据敌军的阵型进行布置。大部分情况下，鹿角营在最前列布置拒马工事，火枪兵、炮兵在其后，前锋营、护军营再次之，负责保护火器营，骁骑营依旧是在两翼列阵。

康熙三十四年（1695年）清军的一次大规模演习，就是上述模式。史载："列八旗官兵、枪炮为三队。第一队：以汉军火器营鸟枪步军居中，炮位排列左右，满洲火器营鸟枪马军列于炮位两头。第二队：以前锋兵居中，八旗护军续列两头。第三队：排列八旗护军，两翼则设立应援兵。"①

需要说明的是，这次演习并没有骁骑营参与，我个人估计大概率是因为场地限制。这里两翼的应援兵，你可以理解为"预备队"。

开打后，第一阶段是火器对射。"鸣角三击鼓，步军举鹿角、大炮，众兵齐进，鸣金而止，齐发枪炮一次。如此九进，至十次，连发大炮。火器营、马步军循环连发鸟枪。"②

此即为清军的"九进十连环大阵"，听起来很古典，但其实就是线列阵。战场指挥时，以吹"螺角号"③为前进，敲锣即为停止。士兵按上文所述位置，排成若干行前进。每前进一段距离，就排射枪炮一次，第一排火枪手发射完毕后退后装弹，再换下一排上前，继续前进一段距离排射，如此反复。火枪兵每发射九次，火炮就齐射一轮。

到了真实的战场上，还会有骁骑营骑兵在两翼。他们可以去战场视距外集结，伺机冲击对手侧翼；也可以直接出动进行一拨骑射，骚扰敌军军阵；还可以掩护火枪兵迂回，到对手军阵的侧翼，包对手饺子。

挨完以上这通猛揍的敌军，基本是残阵伤兵的状态。这时，护军营、前锋营再从后队出击，或骑马冲锋，或下马列阵平推，对方就可以结束游戏了。需要说明的是，自康熙朝中期开始，清军很少在战斗中下马肉搏，其主要作战模

---

① 《清圣祖实录》卷169，康熙三十四年十一月庚辰条。
② 同上书。
③ 用大海螺制成的号角。

式不是列阵火器对射就是骑兵骑射。

画家郎世宁绘制了一幅图，描述的是乾隆朝平定回部叛乱中的一场战役（见彩图 8　郎世宁作《伊西洱库尔淖尔之战》）。图右边是清军主阵地，图中央是回军阵地。清军阵地上，火器兵居中，正在与回军对射。骑兵位于两翼，在图的下方，清军左翼骑兵已经出击，正在包回军饺子。

以上，就是这一时期战场的大致情况。再说说准噶尔军队的装备和战法，先看一则史料。

《秦边纪略》记载："作小连环琐琐甲，轻便如衣，射可穿，则杀工匠。又使回回教火器，教战，先鸟炮，次射，次击刺。令甲士持鸟炮、短枪，腰弓矢、佩刀，橐驼驮大炮。"①

翻译一下：准噶尔军队的盔甲是小型连环锁子甲，轻便如衣。如果盔甲被弓箭射穿，噶尔丹即杀制作者。

噶尔丹令回部俘虏教授火器制造、使用之法，教授战场排兵布阵。接战之时，准军先用鸟枪排枪射击；然后两翼骑兵出动包抄，并用弓箭射击；最后冲进敌阵，用马刀、长矛砍杀。准军士兵的武器有鸟枪、短枪、弓箭、马刀，以及骆驼驮载的火炮。

由上可见，清准两家打仗的套路差不多，这也是当时世界军事强国的主流作战模式。

准军使用的火枪样式源自中亚、南亚的穆斯林，俄式火器数量很少。由于笔者对火枪实在没啥研究，这里就不误人子弟了。至于骆驼所驮的"大炮"，其实并不大，类似清军的子母铳，清朝称之为"赞巴拉克"，相当于一杆大型火枪，属于射速快、轻便、威力小的轻型火炮。

最后说明一点，此时的准军没有类似红衣炮的野战加农炮。

好啦，装备、打法就介绍到这里，下面正式开打。

噶尔丹占据喀尔喀后，于康熙二十七年（1688 年）冬返回科布多，毒杀了他的侄子索诺木阿拉布坦（后文会详解），紧接着再次率军进入喀尔喀。

此时，在漠南蒙古边境地区，有大批喀尔喀难民。为了保护这些难民，康

---

① ［清］梁份著，《秦边纪略》卷 6，"嘎尔旦传"。

第七章　枭雄覆灭，仁者无敌

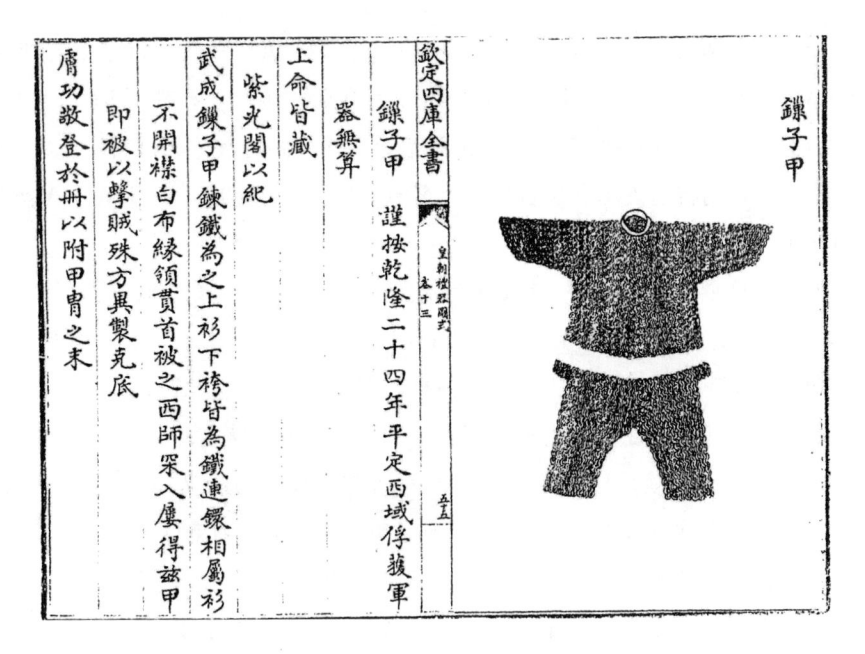

锁子甲

> 钦定四库全书
>
> 锁子甲　谨按乾隆二十四年平定西域俘获军器无算上命皆藏紫光阁以纪武成锁子甲鍊铁为之上衫下袴皆为铁连鐶相属衫不开襟以布缘领贯首被之西师深入屡得兹甲即被以蛩贼珠方异制克底膚功敷登於册以附甲胄之末

准噶尔锁子甲

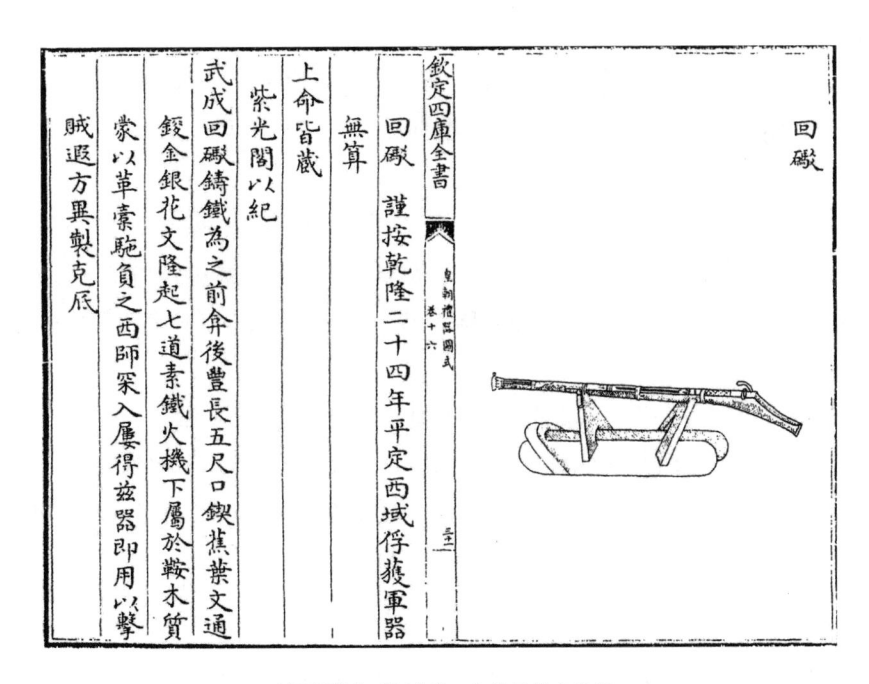

回礮

> 钦定四库全书
>
> 回礮　谨按乾隆二十四年平定西域俘获军器无算上命皆藏紫光阁以纪武成回礮镕铁为之前俞後豐长五尺口镞蕉葉文通镂金银铸花文隆起七道素铁火機下属於鞍木质蒙以革橐驼貟之西师深入屡得兹器即用以擊贼返方异制克底

清军缴获的"回炮"，与赞巴拉克类似

熙二十九年（1690年）三月，康熙帝令漠南蒙古诸部派出军队6000人，由理藩院侍郎文达（之前他已经有蒙古军队3500人）统领，去往土喇河①防御。之后，康熙帝又调察哈尔兵600人、八旗火器营兵200人并携火炮16门，去往土喇河。这里，我们将这支军队命名为文达军团，共有蒙古骑兵1.01万人，火器营兵200人，火炮16门。

但是，计划不如变化快，在文达军团到达指定地域布防之前，噶尔丹已经率军继续东进，渡过乌尔伞河②，进入呼伦贝尔草原。

四月二十三日，康熙帝得知这一消息，于五月初三成立新的军团，由尚书阿喇尼统领，我们称之为阿喇尼军团。这支军队由漠南蒙古骑兵3300人组成，作为机动兵团，在漠南蒙古东部寻找准军行踪。该兵团后又补充京师八旗兵1000人、火器营兵200人携火炮8门，自北京出发，去往阿喇尼军前。

同时，为了准备与噶尔丹的决战，康熙帝组建了两支主力军团。

第一支由镇国公苏努为暂时统帅，我们将其命名为北京军团。辖京师八旗兵8100人，火器营兵1000人携火炮8门，宣大绿旗火器兵2000人，合计1.11万人，在北京集结待命。

第二支由盛京将军绰克托与科尔沁亲王班第为统帅，我们将其命名为科尔沁军团。辖盛京驻防八旗兵3000人，科尔沁蒙古骑兵1万人，合计1.3万人，在科尔沁草原集结。

在此之前，为了防备噶尔丹突袭边境难民，康熙帝还令安亲王岳乐、简亲王雅布各率包衣500人，协同漠南蒙古军队3500人、归化城驻军1000人，驻防于漠南蒙古边境险要之地，保护喀尔喀难民。我们将这支军队命名为岳乐军团，合计5500人。

好啦，现在我介绍一下康熙为噶尔丹准备的豪华包饺子套餐。

草原打仗与关内打仗是不一样的。关内打仗，可供大军通行的道路就那么几条，守住关口，找准打击目标，选择时机抄后路、包饺子，这就完了。而草

---

① 今蒙古国境内图拉河，位于蒙古国中部北侧。

② 又称"乌尔逊河"，《清实录》中称之为"乌尔会"。位于今内蒙古新巴尔虎旗附近，流经呼伦贝尔草原，注入呼伦湖。

原打仗，遍地都是可供骑兵通行的道路，骑兵军团来去如风，飘忽不定，很难预判对手的进攻方向。

康熙的策略是以静制动。这个"静"，就是沿河、沿人口聚集处集结军队，待机而动。噶尔丹的骑兵军团有两万余人，每名士兵至少要带两匹马，还有相当数量的骆驼运输物资。如此多的马驼，每天需要大量的草料和水，士兵们同样需要吃粮食。这种体量的需求，就不是挖个井、驮点儿粮食就能解决的。所以，噶尔丹在行进途中，必然寻找河流和水草丰茂地放牧畜群，找牧民聚居区获取粮食。

针对这个特点，康熙沿土喇河布置文达军团，沿乌尔伞河布置阿喇尼军团，在水草地科尔沁布置科尔沁军团，在难民聚集地布置岳乐军团，北京军团则作为战略机动部队，待机而动。如此布置，可以说是十分稳妥。然而，让康熙想不到的是，清军初战即遭失败。

第二节 兵败乌尔伞

康熙二十九年（1690年）六月十四日，噶尔丹率军在呼伦贝尔草原劫掠，此地已靠近清朝边界。当地部落率军抵抗，大败，所有牛羊尽为准军所掳。之后，噶尔丹率军沿乌尔伞河、喀尔喀河南下，与在这里集结的阿喇尼军团遭遇。

需要说明的是，康熙之前给阿喇尼派出的京师八旗兵1000人和火器营兵200人（火炮8门），此时尚未到达军前。由此可见，炮兵部队的机动速度确实够慢。

阿喇尼将噶尔丹的动向上报康熙，康熙帝随即命令科尔沁军团集结完毕后（此时盛京军队尚未赶到）向北靠拢，命北京军团集结待发。康熙的意图很明显，让阿喇尼拖住噶尔丹，两大主力军团向其靠拢。然而，此时阿喇尼的手中只有蒙古军队三千余人，大都是冷兵器轻骑兵，面对噶尔丹的两万多火器骑兵，他能做的实在有限。

但是，阿喇尼有个小优势。他之前曾经出使过准噶尔，与噶尔丹的私交不错，两人见面就是一个熊抱。所以，阿喇尼就打算利用这层私人关系，派出当地部落头领去找噶尔丹"和谈"。噶尔丹却并没有给来使好脸色，他开门见山地说道："我攻我仇喀尔喀耳，不敢犯中华界，闻尚书阿喇尼率兵而北，何故？"①

使者没有回答这个问题。并不是因为他紧张，而是因为阿喇尼确实是来揍噶尔丹的。要是明说，噶尔丹非砍了他不可；要是编排其他理由，阿喇尼的几

---

① 《清圣祖实录》卷146，康熙二十九年六月癸未条。

千人就在南边杵着，好像也没法解释。所以，使者就没说话。看到使者不回话，噶尔丹就扣下来使。但是，他并未主动向阿喇尼发起进攻。

阿喇尼这边，看到派出去的人没回来，摸不准噶尔丹的心思，怕他跑路。于是，阿喇尼决定主动出击，拖住噶尔丹。这场战争的过程我们直接来看史料。

六月二十一日，尚书阿喇尼选派蒙古勇士二百余人，于乌尔伞地方主动出击噶尔丹部，又命喀尔喀兵五百驱其所掠。未及战，诸扎萨克及喀尔喀兵争取其子女牲畜，阵动不能止。时噶尔丹采用"弓形阵"战术，于火器配合下，从山上绕出我左右，大败清军。①

翻译一下：阿喇尼派出二百名蒙古敢死队去噶尔丹军营前叫阵，又令五百名蒙古兵悄悄地去驱赶噶尔丹抢掠的牲畜、人口。其他蒙古兵一听，纷纷表示：抢牲口、抢妹子这种脏活儿、累活儿，放着我来！于是争先加入抢东西的队伍。清军就乱了，军阵无法移动。这时，准噶尔骑兵从山坡上冲下来，包抄清军两翼。准军摆出"弓型阵"，即军队呈"凹"字形前进，进入凹口的人将遭受三面火枪射击。阿喇尼军大败，随后南撤。

六月二十九日，康熙帝听闻战报，大怒，以阿喇尼"违命轻战"为由，革去其议政大臣之职，降四级在军前效力。

客观而言，阿喇尼军团的失败，康熙至少要负五成责任，而且这次战败也不完全是件坏事。

在此之前，清、准两军从未直接交手，康熙对准军的装备水平并无太多了解。从他之前布置的五大军团构成也能看出，除了北京军团，其他军团的主力均为漠南蒙古骑兵，属于冷兵器轻骑兵。阿喇尼军团也是如此，这种装备水平是打不赢准军的，更何况阿喇尼的军队只有噶尔丹的七分之一。

即便是北京军团，火炮数量也少得可怜。像萨布素的黑龙江驻防八旗，不过二千人，就配备火炮四十门。而北京军团的一万余人，只配备火炮八门。我个人分析，应该是康熙考虑到作战对象的差异所做出的决定。

在黑龙江，清军的主要作战目标是俄军寨堡，这种情况下使用火炮再合适

---

① 《清史编年》第三卷（康熙朝）下，第8页。

不过，一轰一个准。而噶尔丹的军队则是火器骑兵，他们的机动性很强。火炮转运不便、发射速率低，这些缺点导致其并不太适合打骑兵。

然而，初战失利，让康熙帝猛然警醒。他意识到，准军的火器装备水平是很高的，清军不配备足够火器是打不赢的。于是，他再次补充主力兵团的兵力。

增发京师八旗兵1800人、火器营兵2000人、宣化绿旗兵1000人、藤牌兵1000人，补充北京军团；增发盛京八旗兵2000人、吉林乌喇八旗兵2000人，补充科尔沁军团。

这样，北京军团的总兵力达到1.7万人，其中，八旗、绿旗火器兵5000人；科尔沁军团的总兵力达到1.7万人，其中蒙古骑兵一万人，驻防八旗兵7000人。

此外，康熙帝要求："其军中无火器者，与禁军前所发兵及盛京兵，俱应增发。"[①] 也就是要求两大主力军团临时配齐火器，能带走的都带走。此外，康熙还命令之前拨给文达军团的200名火器营兵及其所携的16门火炮，与阿喇尼残军会合，准备并入北京军团。

七月初一，科尔沁亲王沙津疏报，探得噶尔丹兵驻察克墩。察克墩在今天内蒙古的东部地区，由此地垂直向南画一条直线，途中经过的地方就有北京。到这会儿，噶尔丹的意图就很明显了。他这次进军的目标不是难民，不是水源地，不是抢掠牲畜、人口，而是北京。

说起来，历史总是惊人的相似。土木堡之战的直接原因，就是瓦剌派出三千人的使团到北京进贡，而明朝没有按照人头数回赠赏赐。于是，也先率军于土木堡大败明军，随后又打到北京城下。二百多年后，也先的后裔噶尔丹再次派出三千人的使团入京进贡，且沿途多行不法之事，康熙帝对其发布限贡令，使得两家交恶。而现在，噶尔丹也率军逼近长城，并打算效仿他的老祖宗也先，去北京城下逛一逛。

但是，历史终究是人创造的，康熙并不是朱祁镇。

在接到沙津的奏报后，康熙帝令沙津暂且不要与噶尔丹接战，等候主力军团到达后一起进攻。同时，他令阿喇尼率残部收拢周边牧民、牲畜，移至内地，并在要地设斥候，实时传递消息。做完以上工作后，阿喇尼军团原地待命，准

---

① 《清圣祖实录》卷146，康熙二十九年六月癸未条。

备与北京军团会师。

人家都打到家门口了,康熙还不忘那些可能被噶尔丹侵扰的牧民。这么一对比,谁是魔、谁是道,就一目了然了。

然后,康熙帝决定亲征,北京军团随御驾而行。七月初二,康熙帝以裕亲王福全为抚远大将军,以皇长子胤禔为副帅,统帅北京军团大部,出古北口长城;以恭亲王常宁为安北大将军,简亲王雅布、信郡王鄂札为副帅,统帅北京军团一部,出喜峰口长城。佟国纲、阿密达、苏努、彭春等一众重臣随军参赞军务。

七月十三日,噶尔丹派出使臣到达北京,解释其进入漠南蒙古,是为讨伐仇人土谢图汗,并不敢对中华皇帝有所侵犯。

康熙帝厚赏来使,然后让他给噶尔丹带回皇帝的敕令。

"反肆杀戮,拆人妻子,离人骨肉,阑入汛界,掠及四佐领之人。"①

这是骂,数落噶尔丹的罪行。

"闻策妄阿喇布坦以汝罪告之达赖喇嘛,将兴兵伐汝。"②

这是调戏性的恐吓,提醒一下噶尔丹,据说你在老家的大侄子要抄了你的后路。

"朕遣和硕裕亲王及皇子、大臣,量发满兵而往,非讨汝也,欲定议耳。"③

这是忽悠,我派出几万大军去找你,真的不是想揍你,而是想跟你议和。

"为汝计,罢兵息战,各享安乐。如仍以前事为辞,妄行劫掠,则堕败名教,自汝始矣!"④

这是最后通牒,如果你继续借口土谢图汗的事进兵,那么我就帮帮你,让你成为一个榜样,一个"身败名裂"的榜样!

以噶尔丹的政治头脑,看到这样一份文书,应该得琢磨些日子。

七月十四日,康熙帝御驾启程,是为第一次亲征噶尔丹,但不久之后他即患热病,返回北京,命福全统率全军。临走前他还嘱托福全,先给噶尔丹送点

---

① 《清圣祖实录》卷147,康熙二十九年七月壬寅条。
② 同上书。
③ 同上书。
④ 同上书。

儿牛羊，麻痹敌军，等待科尔沁军团到达后南北夹击。

但噶尔丹并没有停止前进的脚步，率军继续向北京进发。七月二十九日，准军进抵乌兰布通①，此地距北京仅七百里，京师戒严，大战一触即发。

---

① 今内蒙古自治区赤峰市克什克腾旗辖区内。

第三节 乌兰布通——第一次清准大战

康熙二十九年（1690年）八月初一黎明，福全率北京军团到达乌兰布通。

此时，只有阿喇尼的残军两千余人与福全会合，科尔沁军团尚未到达战区。这样，福全的全部军队就是北京军团和阿喇尼军团，约两万人，其中火器营兵五千人。噶尔丹的军队有两万余人，全部为骑兵，火枪兵约占半数。不管是人数还是火器数量，清军都不占优势。

当天中午，两军开战。

乌兰布通是一座小山，山的南面地势陡峭，无法攀爬，山的北面相对平缓，地表是稀疏的树林，西北侧山脚下是河流。两军接战时，正是盛夏的午后，噶尔丹的两万余军队于西北侧山腰的树林中结阵，清军则在河对岸。

准军因在山坡之上，受地形、树林的限制，无法全军展开。而且其当面就是河流，骑兵的冲击力受限。所以，噶尔丹以稳妥为先，令全军结成"驼城"，即将骆驼放倒，在其背上架设箱垛，以毛毡浸水后覆盖其上，以驼墙充当掩护物。然后依托箱垛构建火枪、火炮阵地，并在阵地前沿布设钩矛。[①]

福全看到驼城后，令清军隔河结阵，以火器营为中军，用鹿角栅栏、随军器械作为火器兵的掩护物，准备隔河对射。同时，他令八旗骑兵分为左右两翼，各有五千余人，在战场外集结。待火器兵打垮驼城的防御工事后，骑兵就渡河冲击准军侧翼。

---

① 参考《清史编年》第三卷（康熙朝）下，13页。

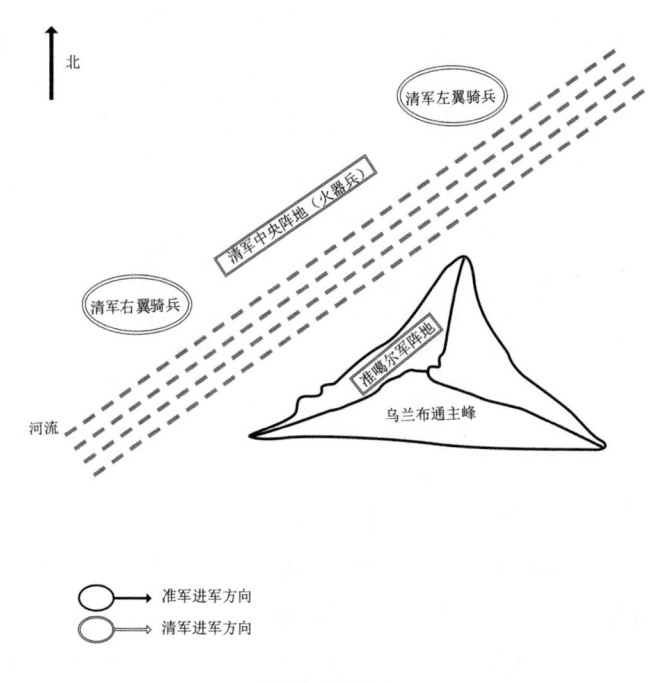

乌兰布通之战之一

前文说过，这是清军的常规战法，从字面上看是很合理的。但是这一次，清军遇到了全新的情况。

首先，清军在山下的河对岸，准军则集中在山坡之上。清军开枪射击，必须仰射，而准军开枪，则是俯射。扔过石子的朋友都知道，哪方更占便宜。

其次，准军的火枪数量要多于清军，这种对射的局势，人家是占优势的。而隔河结阵，清军就无法通过楯车的掩护缩短交战距离，进入肉搏阶段，所以清军擎等着吃亏。

最后，驼城面对轻火器，是相当不错的掩护物。

根据清朝史料记载，炮车一天只能走二三十里，其他军队的正常行进速度是每天六十里，这就导致炮兵部队往往落后于大部队的行进进度。此时清军的炮兵部队尚未赶到，火器营只有火绳枪和子母铳，穿透力弱、威力小，想要穿透浸水的厚毛毡和骆驼的肉体，实在很难。

所以，双方开始对射后，清军迟迟打不开局面。从中午一直对射到傍晚，

第七章　枭雄覆灭，仁者无敌

乌兰布通之战之二

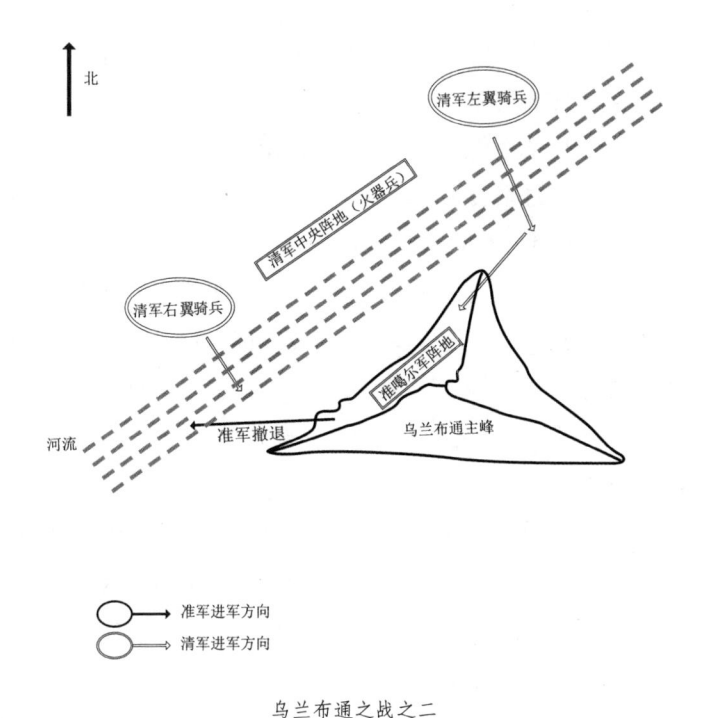

难分胜负。傍晚时分，仿佛突然之间，准军的驼城被摧毁，史载"阵断为二"。史书中没有记载是怎么打得，但是我相信凭借子母铳和鸟枪是不可能办到的。

所以，结论只有一个，清军的炮兵部队终于到达战场了。火炮打骑兵或许不太好使，但是打不能移动的坚固物可谓无坚不摧。你可以想象一下，五至十斤重的铁球全速砸向骆驼的场景。

可怜的骆驼……

就这样，清军的炮兵部队在傍晚入场，轰垮了驼城。接着，清军两翼骑兵开始出动。左翼顺利渡河，从北侧山腰处向准军残破的驼城发起冲击。准军在侧翼结成排枪阵，射击冲击的清军，造成很大杀伤。康熙的舅舅、一等公爵、内大臣佟国纲在骑马冲锋时，被准军火枪射杀。

然而，清军两翼皆是精锐的八旗骑兵，战斗力猛、觉悟也高，冒着准军的排枪持续冲锋，并得到了后续火器部队的支援，在天黑前冲进驼城，开始肉搏。与此同时，清军右翼在渡河时陷入滩涂之中，未能及时过河。不久之后，与清军左翼骑兵混战的准军溃败，由于清军右翼骑兵未能过河包抄，所以噶尔丹得以率准军残部从其左翼逃脱。

准军败退后，因清军伤亡较大，马力已竭，且天黑不明地形，故福全未下令追赶。之后，噶尔丹用缓兵之计，他派出使者告诉福全：自己跪在佛像之前发誓，绝不远逃，会找一个有水草的地方候旨，听凭康熙帝裁处。他的原话是："今倘蒙皇上惠好，则自此不敢犯喀尔喀"；"若违此书，唯佛鉴之"。①

福全倒没轻信这一套，但也没全力追击，因为他的部队损失也很大，他将截击噶尔丹的希望寄托在科尔沁军团身上。然而，噶尔丹发完誓就跑了，科尔沁军团也没能拦住噶尔丹，乌兰布通之战至此结束。

总结一下此战。

首先，要驳斥一下全网盛传的假史料，即"康熙十万大军打噶尔丹两万人"之说。此战，康熙确实动用了五大军团，但加起来也不过六万人。真正参战的只有两万人，实际上动过手的只有中军火器营五千人、左翼五千骑兵和炮兵部队，就这一万人，打垮了噶尔丹的两万军队。特别是左翼的五千八旗兵，尤其值得表扬。他们在渡河、爬山、冒着排枪冲锋后，仍然可以一打四的比例在肉搏中打垮对手，不愧是国家分地、发钱、发粮食养出的军队，战斗力真的很恐怖。所以，这个仗打得不丢人。

其次，关于两军伤亡情况，各方史料中均未给出具体数字。

噶尔丹于半年后返回科布多，"剩卒仅数千人"②。考虑到战后准军还在空无一人的喀尔喀游荡了半年多，中途应该有不少人死于饥饿和伤病，所以他从乌兰布通撤走一万人应该是比较合理的推测。也就是说，准军两万余人，在乌兰布通之战中损失一万余人。

清军这边，战后几乎所有参与指挥的将军、大臣都被治罪，主要原因是未全力追击，放跑了噶尔丹。福全、常宁被罢免议政资格，他俩与雅布都被罚了三年俸禄；佟国维、索额图、明珠、苏努等随军参政都被罢免议政资格，上述这些人和阿密达、彭春等还各降四级。

---

① 《清圣祖实录》卷148，康熙二十九年八月癸酉条。
② 《清史编年》第三卷（康熙朝）下，24页。

由此可见清军军法之严厉，打赢了但未获全胜，也得治罪；而且也不难看出，在康熙眼中，清军打得并不好。

全军只有战死的佟国纲、中军火器兵和左翼八旗兵可以议叙战功。事实上，也就他们出力了。按照准军的损失比率来算，清军这一万人损失一半，也就是五千人，应该是比较合理的。

最后，客观来说，双方此战打得都不错。

双方隔河对峙，都不敢轻易渡河，怕对手击其半渡，所以就隔河结阵，互相对射。福全作为康熙的哥哥，第一次统帅如此规模的军队作战，能够做出冷静的判断，按照标准流程布阵，表现可以打满分。噶尔丹作为沙场宿将，也选择稳妥为先。他放弃火器骑兵的战术冲击力和战略机动性，选择结阵对射，发挥其地势和火器的优势，也是正确的选择。但是，噶尔丹没料到两点，那就是清军的火炮和八旗兵的战斗力。

虽然此战双方的损失都比较大，但是康熙所动用的参战兵力仅为八旗兵总兵力的五分之一左右，损失兵员约为二十分之一，远谈不上伤筋动骨。噶尔丹拿出了他常备骑兵的一半，这一半又损失了一半，相当于损失了机动兵力的四分之一，算是比较大的创伤了。当然，如果他能回到自己的大本营，休养生息几年，兵力恢复倒也不难。

然而，以上假设并未发生。在噶尔丹逃跑的路上，一个让他无法接受的消息传来，他的大侄子策妄阿拉布坦在乌兰布通之战期间抄了他的后路。

怎么回事呢？

我们下一节再聊。

第四节 策妄阿拉布坦，猛人登场

这里，我先评价一下噶尔丹与康熙在乌兰布通之战前的表现。

小时候看《三国演义》时，我对"青梅煮酒论英雄"一段很不解。当时的刘备屡战屡败，手里没兵、没地盘，为什么曹操会认为他是英雄呢？后来看的史料多了，渐渐明白了。正如曹操在煮酒时所说："龙能大能小，能升能隐；大则兴云吐雾，小则隐介藏形；升则飞腾于宇宙之间，隐则潜伏于波涛之内。"此乃至理名言。

通俗点儿说就是，你牛了怎么显摆都行，不牛的时候你就得老老实实地装孙子，熬过自己的弱势期，这才是英雄。当时的曹操正是牛的时候，所以他可以使劲显摆；而刘备正是弱势期，所以他老老实实地种菜，不逞强。后来，刘备果然也牛了，证实了曹操的预言。

从曹操所定义的"英雄"标准来看，噶尔丹只能算半个英雄。

因为他只会在牛的时候可劲显摆，却不会在相对不牛的时候装孙子。

在乌兰布通之战前，他干了如下事情：自己的进贡使团在途中抢劫，在北京杀人，他不向康熙服软、道歉；结盟父兄的死敌、刚刚被清军打败的俄国人，侵略同族喀尔喀，逼得走投无路的喀尔喀部众集体归附清帝国；拒绝了康熙帝与达赖喇嘛的联合和平调停；在清朝与沙俄和谈期间，他又没采取有效措施，眼看着清俄签订《尼布楚条约》，曾经信誓旦旦的盟友变成了中立方。

所以，噶尔丹在可劲显摆完了之后面临的局势是：如果他占着空无一人的喀尔喀，那么他的军队无法从当地获取补给；如果他返回老家补给，喀尔喀部众回归故土,那么这个地方就成为清帝国的领土了。他之前忙活一场,全给康熙帝做了嫁衣。

概括评价一下这个人就是:有野心却不会隐忍,有能力却没有眼光。所以,他只能算半个英雄,也就是"半雄"。考虑到这个词不那么好听,我就称他为"枭雄"吧。这种人还是很厉害的,遇到一般的对手,凭借其自身的能力值,是可以搞定的。但是,噶尔丹比较倒霉,他碰到了非一般的对手,康熙可以说是一个加强版的英雄。

康熙这个人,牛了也不怎么显摆,反而表现出一副人畜无害、童叟无欺的样子,让人感觉他很好欺负。然后对手就很容易蹬鼻子上脸,他呢,就开始出损招。正常人在打架前,考虑的是该用哪路拳法,该打左勾拳还是右勾拳,啥时候进攻、啥时候防守。康熙打架前想的却是,能不能先忽悠别人跟对手打一架,怎样才能把单挑变为群殴;就算是单挑,打的时候能不能找个人,给对手的屁股来上一脚。明明就是圈内最能打的,他却总琢磨这些事。

打噶尔丹,康熙也没破例。在乌兰布通之战前,康熙饶有兴致地派人去打听一下,看看噶尔丹在老家有没有什么仇人,内部有啥矛盾。这一打听,还真发现了重大新闻。

康熙二十九年(1690年)四月初三,理藩院奏报:噶尔丹的侄子策妄阿拉布坦、老婆阿奴,均与其交恶。敏锐的政治嗅觉让康熙意识到,这是一个千载难逢的、"损一把"的好机会。

当天,他向策妄阿拉布坦处派出使臣,在敕令中对其言道:"今闻尔等与噶尔丹不和,致启争端。乃内自交恶,必有其因,朕甚怜之。以尔等交恶之由,明告使臣,勿隐。"[①]

翻译一下:我听说你们与噶尔丹不和,以致发生争端,对此我表示十分关切和怜悯。现在我派出使臣抚慰你们,你要把与噶尔丹交恶的情况,原原本本地告诉使臣,不要隐瞒。

按照上下文的逻辑,康熙应该还有半句话没有说出,那就是:"你有啥委屈,我替你做主。"

---

① 《清圣祖实录》卷145,康熙二十九年四月甲子条。

第七章 枭雄覆灭，仁者无敌

那么，噶尔丹与策妄阿拉布坦、阿奴之间究竟有什么矛盾呢？

这还得从僧格之死说起。前章节讲过，康熙九年（1670年），僧格被仇家毒杀，他的儿子索诺木阿拉布坦接班。然而不久之后，年富力强的噶尔丹代替了年幼丧父的索诺木，成为准噶尔新的首领。当时的索诺木还是个学龄前儿童，并没有权力斗争意识和能力。所以，他就跟僧格的其他儿子一起，老老实实地依附了六叔噶尔丹。

这些依附噶尔丹的小朋友中，有一个叫策妄阿拉布坦的孩子，那年他六周岁。这个名字虽然很长，但是请大家记住这个人，在本书之后的内容中，你会经常看到他。在国内，他已经很冷门了。但是在国外，他可是位超级大名人。

俄罗斯史诗级大片《托博尔》、哈萨克斯坦史诗级大片《一千个勇士》中，他都是反派大boss。

在俄罗斯史料中，他是沙俄在西西伯利亚扩张过程中遇到的最大障碍；在哈萨克史料中，他是如同大恶魔一般的人物，他的入侵引发了哈萨克人"磨破脚板"逃命的"大灾难"时期；在清史中，雍正对他的评价是"虽有微劳、也多罪孽"，是入侵西藏的罪魁祸首，引发了第三次清准大战，也就是老十四远征西藏的那场战争。能让三个大国都拿他当boss来打，可见此人的能量。

下面，我们就聊聊这位猛人。

策妄阿拉布坦，绰罗斯氏，生于康熙四年（1665年），北元太尉浩海达裕的后裔，巴图尔珲台吉之孙，僧格长子。父亲死后，策妄就生活在六叔噶尔丹的庇护之下。噶尔丹四面出征，他就跟着六叔一起打仗，积累了丰富的战斗经验，噶尔丹对其也比较信任。

康熙二十三年（1684年），噶尔丹委任刚满二十岁的策妄阿拉布坦为统帅，领军西征哈萨克。策妄也没给六叔丢脸，这一战他率军打残了哈萨克汗国，生擒哈萨克首领头克汗的儿子。作为对比，前一年噶尔丹亲自领军征伐哈萨克，大败，这种反差让策妄在准噶尔内部声望大增。

当然，事情也不会都一帆风顺。

僧格死后，噶尔丹依照蒙古收继婚的习俗，娶了僧格的遗孀阿奴，阿奴曾经是策妄的庶母；接着，在阿奴爷爷鄂齐尔图汗的支持下，噶尔丹夺了索诺木阿拉布坦的首领之位，索诺木是策妄的弟弟；不久之后，噶尔丹又出兵攻袭和硕特部，生擒鄂齐尔图汗，鄂齐尔图汗是阿奴的爷爷。

到这里，三者之间的矛盾就出现了。

康熙十八年（1679年），策妄阿拉布坦十五岁，到了找老婆的年纪。阿奴作为策妄曾经的庶母、现在的婶娘，从小照顾这个侄子，很疼爱他。所以，阿奴就打算把自己的小妹妹阿海嫁给策妄。结婚之前，阿奴领着阿海去见了一下噶尔丹。

这一见，就出事了。

正如那句歌词：当初你给我一个笑脸，让我心跳了一辈子。噶尔丹一见阿海，就喜欢得不要不要的。不顾对方已有婚约的事实，强行让阿海成为自己的老婆之一。

综上，噶尔丹抢了策妄弟弟的首领之位；收继策妄父亲的老婆为妻；打了策妄婶娘的爷爷；抢了策妄的未婚妻。这叔侄俩要是没点儿矛盾，那就不正常了。

但是，后面的事我上文也说了。噶尔丹依然让策妄单独领军，在发起对喀尔喀的东征之前，噶尔丹还委托他征集粮食，保障大军的补给，这说明当时他俩的关系还是不错的。

看过之前章节的朋友应该知道，噶尔丹并不是一个心胸宽广的人，事实上，他很暴戾、很固执。所以，能有现在和谐的局面，大概率是因为策妄老兄特别能忍。然而，当策妄阿拉布坦有可能威胁到噶尔丹地位的时候，就算他忍成神龟也难保平安。

康熙二十七年（1688年）五月，噶尔丹率军东征，占领整个喀尔喀。这时他突然发现，自己的战线太长了，一旦后方有事，他的后路就断了。而在当时，最有可能取代他的，就是他哥哥的两个成年儿子，索诺木阿拉布坦与策妄阿拉布坦。根据俄国人的记载，当时这两兄弟在准噶尔是"头面人物"。

当年冬天，噶尔丹从喀尔喀返回科布多，毒杀索诺木阿拉布坦。在这个时点，策妄正在额尔齐斯河替噶尔丹筹措粮食。这个地方原本是杜尔伯特人的游牧之地，后归附准噶尔。杜尔伯特人"俗兼耕牧"，也就是既游牧也耕作，所以噶尔丹就派策妄在这里收粮食。

弟弟被毒杀的消息传来时，策妄身边有僧格旧部七人，他们一致支持策妄自立。随后，策妄阿拉布坦率五千士兵出逃，计划逃往吐鲁番。他之所以选择此地，一是因为噶尔丹曾委派策妄去南疆征税，他在当地有一定的威望；二是因为此地距甘肃和青海蒙古较近，一旦被噶尔丹击败，策妄可以率部众逃往这两个地方。

噶尔丹听闻策妄反叛，派出两千人追击，策妄在<u>乌兰乌苏</u>①设伏，将追兵全歼。打完这一仗后，策妄发现他叔叔的军队不过如此。所以，他决定不往吐鲁番跑了，而是掉头向西，占据博尔塔拉，以此处作为其部众的大本营。从这一点来看，他是很有战略眼光的。

博尔塔拉位于准噶尔大本营伊犁的北侧。博尔塔拉河流经其间，境内有艾比湖和赛里木湖，水草丰茂、土地平旷，是一片优质的稀树草原，是准噶尔牧民传统的冬营地。冬营是游牧民族特有的概念，对他们来说，夏天水草丰茂，大家各自去找各自的地盘放牧；冬天草木枯萎，而且动辄有沙尘暴、雪灾，需要到固定的地方过冬，这就是冬营。

而策妄阿拉布坦跑到这里的时间，正是1688年的冬天。

冬营意味着人口集中，人口集中就可以向大家做一些宣传。要是厚道点儿会说：噶尔丹把僧格的儿子杀了，康熙已经调集大军围剿噶尔丹；要是损一点儿会说：噶尔丹被毒死了、被清军打死了等。在那个信息高度不发达的年代，你说大家听到这个消息，会作何反应呢？

当然是找新的领导。这时，前任首领的长子策妄阿拉布坦出现在大家眼前，那么毫无疑问，他就是新的老大。更关键的是，博尔塔拉位于科布多与伊犁之间，隔断了噶尔丹与大本营的联系。这样，不但噶尔丹的兵源、物资无法补给，策妄还可以继续向伊犁方面做"宣传"。

到这会儿，噶尔丹的处境就更尴尬了。如果他率大军向西征讨策妄阿拉布坦，那么东边的喀尔喀就没人管了，他之前的进军行动都打了水漂；如果他继续占着喀尔喀，他又担心策妄成为屁股后面的隐患。这种处境完美解释了成语"骑虎难下"。

噶尔丹综合权衡，认为康熙的威胁要远大于策妄阿拉布坦。所以，他并没

---

① 今新疆维吾尔自治区沙湾市乌拉乌苏镇。

有集中主力去剿灭大侄子，而是决定再次东征，保持在喀尔喀的军事存在。这是一个极为愚蠢的举动。

康熙二十九年（1690年）八月，噶尔丹在乌兰布通之役损失一万人。上文说过，这个损失数字也不能说是很惨重。然而，就在噶尔丹与清军大战的同时，他的老家出事了。

康熙的使者到达后，策妄阿拉布坦立刻明白了康熙的意思。此后，他密切注意噶尔丹的动向。康熙二十九年，在侦知噶尔丹深入喀尔喀、即将与清军主力决战之后，策妄阿拉布坦率军袭击噶尔丹的前进基地科布多，"尽收噶尔丹之妻子人民而去"[1]，也就是把噶尔丹的部众都抢走了。随后，策妄继续北上，攻占乌兰固木，陆续控制了今天的北疆和额尔齐斯河、鄂毕河、叶尼塞河上游地区。与此同时，南疆各回部城镇首领听闻噶尔丹战败的消息后，纷纷自立，脱离了准噶尔的统治。

这样，乌兰布通之战后，噶尔丹直接控制的地盘只剩下半个科布多和小半个喀尔喀，而且这些地方已经基本没有人畜了，准噶尔汗国顷刻间瓦解。

可以说，策妄阿拉布坦的军事行动对噶尔丹的打击力度，比乌兰布通之战要沉重得多。这种釜底抽薪的做法，让噶尔丹在兵败后无法补充新的兵源、物资，成了无根之木、无源之水。

之后，叔侄俩的遭遇可谓是一个天上、一个地下。

---

[1]《清圣祖实录》卷174，康熙三十五年六月戊午条。

第五节 乌兰布通战后诸事

先说噶尔丹。

乌兰布通战败后,噶尔丹率军在空无一人的喀尔喀游荡,想抢点儿东西。可是,喀尔喀牧民都跑去康熙那边了,科布多的部众被他的大侄子抢走了,还能去哪抢呢?史载:"(噶尔丹的军队)人畜屡毙,劫掠无所获。皆徒步而返,困敝已极。"①

这时,康熙对噶尔丹发出敕令:"今汝穷困无食,不能归故里。如决计入降,益从优抚养,断不至失所。此朕之实心,勿贰勿疑。"②

翻译一下:现在你穷到这个份上了,老家又被你大侄子占了,家也回不去。如果你决定投降,我还是会优待你,绝不会让你流离失所。这是我的真心话,你不要多想,不要怀疑。

很厚道啦。

当然,康熙也没放松警惕。就在敕令发完后,康熙又命人去喀尔喀寻找逃难的牧民,让他们暂时迁徙到漠南蒙古,并在喀尔喀远置哨探,防备噶尔丹。

相比康熙的宽大,噶尔丹却表现出没脸没皮的一面。康熙二十九年(1690年)十二月初三,噶尔丹疏请"恩赐白金,以育众庶"③,却绝口不提投降的事。

---

① 《清史编年》第三卷(康熙朝)下,25 页。
② 同上,25 页。
③ 同上,21 页。

议政大臣们商量了一下，认为之前并没有给敌对方赏赐的先例，这个钱不应该给。但是，康熙还是命人给噶尔丹送去一千两白银。两家刚刚打完，就给对方送钱，虽然钱不多，但这也是资敌行为，算是相当厚道了。

然而，噶尔丹却再次用事实证明，他是不值得可怜的。

康熙三十一年（1692年）八月十一日，奉旨出访策妄阿拉布坦的清朝使团，在距哈密五六里处，被噶尔丹属下五百余兵劫掠。使团员外郎马迪等人被杀，郎中格什等人被扣为人质，马驼、行李被抢掠一空。

我说噶尔丹大兄弟，你干点儿人事不行吗？

消息传来，康熙帝震怒，再次对噶尔丹发出敕令，历数其从前之罪，并指责他"全弃誓言，生事启衅"。噶尔丹竟然全无悔过之意，还发回辩论书，强行狡辩。这让康熙决心要彻底剿灭噶尔丹。可以说，噶尔丹截杀使团的行为，是第二次清准大战的直接导火索，也是他灭顶之灾的开端。

好啦，叔叔的事先告一段落，再来说说侄子的幸福生活。与六叔不同，策妄对康熙十分恭顺，简直就像一个小迷弟一般（他比康熙小十一岁），举几个例子。

抄了噶尔丹的后路之后，策妄封锁边境，断绝与噶尔丹的一切联系。第巴桑结嘉措以五世达赖的名义致信策妄，劝说他与噶尔丹和好。策妄明确拒绝，并将此事向康熙汇报，表示："噶尔丹若近逼我土，必竭力擒剿"；"（一切行动）随圣上指示，效力尽瘁"。①

他也将自己的话付诸行动。当时，噶尔丹正在拉拢阿拉善的和硕特部首领噶尔亶多尔济，想把自己的女儿钟齐海嫁给他。策妄听闻这个消息后，派出使节找到噶尔亶多尔济，详细陈述了噶尔丹是如何抢自己未婚妻、杀自己哥哥的，并表示，如果你跟噶尔丹联姻，我就怎么怎么你。这样，噶尔亶多尔济就拒绝了噶尔丹的联姻请求，后者的处境更加孤立。

作为报复，第巴桑结嘉措拒绝为策妄阿拉布坦册封汗号，也就是称其为"某某汗"，像噶尔丹的"博硕克图汗"。说到这里，就引出叔侄俩的另一处差别。

---

① 《清圣祖实录》卷182，康熙三十六年闰三月壬辰条。

第七章

康熙十八年（1679年），噶尔丹在接受五世达赖的册封后，派人到北京，以"博硕克图汗"的名义进贡。前文说过，自皇太极在盛京称帝后，清朝皇帝实质上就是蒙古大汗，蒙古人对康熙的称呼即为"阿穆古朗汗"。所以，各蒙古部落首领即便是有"汗号"，在官方文书中也不能用。当时，清廷理藩院官员看到噶尔丹的进贡文书后，就认为"厄鲁特、喀尔喀从无以擅称汗号者准其纳贡之例"①。

而策妄阿拉布坦呢？

他并不在乎这些虚名。在他看来，没地盘的人，有汗号也不是汗；有地盘的人，没汗号也是汗。所以，他这辈子就顶着一个"珲台吉"的封号，领导偌大的准噶尔汗国。在写给康熙的文书中，他处处以"臣"自称，乍一看，很容易误认为他是清朝治下的一个省长。

言归正传，第巴桑结嘉措先前的算盘是，他不给汗号，策妄就得上门求他，没成想人家压根儿不在乎。于是，他想了个更损的招。第巴桑结嘉措将汗号册封给了土尔扈特部首领阿玉奇。因土尔扈特部与准噶尔部之前同属卫拉特，所以，第巴桑结嘉措的意思就是，让伏尔加河畔的阿玉奇当卫拉特的带头大哥。他这种"犟脾气"，跟同窗噶尔丹简直是一个模子里刻出来的。

不过没关系，头衔是虚的，实惠就好。

康熙三十五年（1696年），理藩院上奏，策妄阿拉布坦派出的进贡使团人数超标，要求恢复噶尔丹时期的限贡令，即"不得过二百名"。康熙帝答复："以三百为限。"

为了防止策妄误会，康熙还特地派人去准噶尔解释此事：之前你六叔进贡时，人数限制为二百，现在给你面子，上升到三百。之后准噶尔使团来京时，康熙还给策妄捎去一堆礼品，即"花缎二十匹，银茶桶、茶盆各一具，狐腋蟒袍一袭，貂帽一项，玲珑鞓带一围，皮鞲、蟒袜各一"②。

这就是实惠。

策妄阿拉布坦的乖巧举动，让清准之间（此时的噶尔丹已经无法代表准噶

---

① 《清圣祖实录》卷84，康熙十八年九月戊戌条。
② 《清圣祖实录》卷171，康熙三十五年二月己亥条。

尔了）保持了十几年的和平。然而，他在康熙面前像只波斯猫，对其他政权时却变身为一只猛虎。在此期间，策妄多次猛揍哈萨克。为了防止康熙误会，他还特地派人到北京解释此事。

康熙三十七年（1698年）四月十九日，策妄阿拉布坦上疏康熙："臣之与哈萨克构兵，非得已也"；"哈萨克屡来犯臣，有如许过恶，是以兴兵而往。恐圣上谓臣喜事好兵，故陈此自白"。①

翻译一下：哈萨克屡屡侵略准噶尔，恶贯满盈，我是逼不得已才要对他们用兵。唯恐圣上认为我好战、爱惹事，所以特地向您说明。

这种行为该怎么说呢？

可以说是"无事献殷勤"；也可以说是"此地无银三百两"。康熙是一位优秀的政治家，这种人最大的特点就是敏感。他不怕那些逞强的人，像噶尔丹，他的意图通常会很明显，只要预先布局、见招拆招就好。康熙所忌惮的，正是策妄阿拉布坦这种人，明面上处处示弱，背后却各种操作。

所以，康熙帝意识到，这是一个比噶尔丹更为可怕的人。但是，人家现在这么恭顺，并没有好的借口揍他。无端开战，并不是他的作风。所以，康熙就开始等，等着策妄老兄自己"跳梁"，也就是对与清帝国有直接利害关系的政权用兵。在当时，清朝周边就只剩下吐鲁番—哈密地区与和硕特汗国。只是康熙没想到，这一等就是十八年。

好啦，说完叔侄俩，最后说说我们的男主角——康熙帝。

乌兰布通之战后，喀尔喀蒙古人终于看到了重返家园的希望。但是，他们这次要重返的家园，不再是单纯的"喀尔喀"，它多了一个前缀——"清帝国的喀尔喀"。作为一个有仪式感的男人，康熙帝决定举办一场盛大的仪式。

康熙三十年（1691年）三月十四日，康熙帝决定于四月在多伦诺尔举行"喀尔喀加入清帝国大家庭"的会盟、阅兵仪式，他将亲自前往主持。

康熙之所以要将仪式地点选在多伦诺尔，背后有着深刻的寓意。多伦诺尔即为元帝国的上都城，元朝皇帝会在夏天来此地避暑，而喀尔喀诸部首领均为成吉思汗的嫡系子孙。现在，在老祖宗的都城之一，子孙们却要宣誓成为清帝

---

① 《清圣祖实录》卷188，康熙三十七年四月癸亥条。

国的一部分，多么揪心！

康熙要的就是这种感觉，让各部首领放弃曾经不切实际的梦想，老老实实地加入温暖的大家庭。

如果这些人还心有不服呢？

没关系，请看康熙准备的阅兵规模：八旗前锋营 1760 人，八旗护军营 3520 人，八旗火器营 6600 人，携红衣炮而行。看完上文乌兰布通之战的朋友应该知道，这支军队是怎样的存在。毫不客气地说，即便是喀尔喀三大部六七万骑兵一起上，也打不过这些人。

拳头放在你面前，看你服不服！

五月初一，会盟、阅兵大典正式开始。康熙帝于多伦诺尔设御帐殿，由亲军营负责护卫御驾。参与阅兵的军队围绕御帐呈环形展开，内环为前锋营，中环为护军营，外环为火器营。漠南蒙古四十九旗和喀尔喀诸部首领均于五十里外待命。

第一天会盟，由土谢图汗、哲布尊丹巴两人，为击杀前任札萨克图汗沙喇、

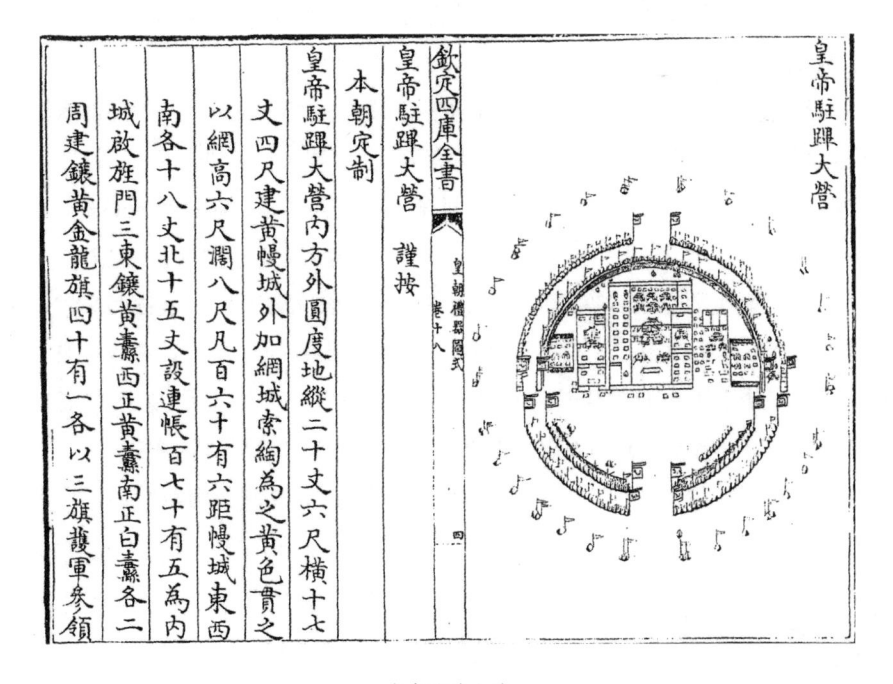

皇帝驻跸大营

引发准喀之战一事，向康熙帝及右翼新任首领策妄扎卜①请罪。过场走完后，康熙以土、哲二人"归附之意已决、率众来归"为由，表示"不忍治罪"，宽恕了他俩的罪行。

五月初二，康熙帝于行宫之前升御座，接受喀尔喀诸部三十五位首领的正式朝见，朝见者均行三跪九叩之礼。

五月初三，康熙帝宣布，赏赐土谢图汗、车臣汗、哲布尊丹巴及策妄扎卜每人白银千两、绸缎十五匹，另有银器、袍帽、茶、布等物，其他小王公也各有赏赐。

接下来，康熙帝赐宴款待各部首领。宴上，他说道："我之前并不熟悉你们，所以叫着你们一起吃顿饭，大家聊聊，增进一下感情。你们可以畅所欲言，抒发一下加入温暖大家庭的感想。"

在座的诸部首领纷纷表示："今后一定听您指挥，其他的再也不'敢想'了。"

宴会过后，宣读康熙帝谕旨，摘录如下："朕好生之心，本于天性，不忍视尔等之灭亡，给地安置，复屡（给）予牲畜，糇（干粮）粮以资赡养"；"朕既加爱养，更欲令尔等苏息繁育"。②

当然，也不全是过年话，之前喀尔喀难民在边境避难期间，各部部众互相偷夺牲畜。对此，康熙帝给出了严厉的警告："一体编设各处札萨克管辖稽察，其各遵守。如再妄行，则国法治之矣。"③相信听完这番话，各部首领心中应该是五味杂陈。

之后，康熙帝令喀尔喀诸部仿漠南蒙古例，设立盟旗，册封各部头领以清朝爵位。其中，土谢图汗、车臣汗保留"汗号"，与宗室亲王爵位同级。右翼新任首领策妄扎卜不再册封汗号，而是授以亲王爵位。三大部首领之下的各级贵族，均去除旧日名号，分别被赐予郡王、贝勒、贝子、辅国公等爵位。

五月初四，康熙帝携喀尔喀诸部首领一起阅兵，并观看清军演习。康熙帝

---

① 前任札萨克图汗沙喇的弟弟。
② 《清圣祖实录》卷151，康熙三十年五月戊子条。
③ 赵尔巽等撰，《清史稿》卷七，本纪七，圣祖本纪二。

披甲上马，射箭十中九，而后八旗兵列阵、鸣角，开始演习，"鸟枪齐发，大呼前进，声动山谷"。

清军军威之盛，深深震慑了刚刚归附的诸部首领。土谢图汗可谓是久经战阵，不久前他就曾率军与噶尔丹殊死相搏，此时竟然也"悚惧失措，有欲趋避状"。以至于康熙不得不亲自安抚他说道："此不过示尔等以军容耳，何惧之有？"

土谢图汗擦了把汗，颤颤巍巍地答复道："皇上军威赫濯如此，臣等不禁彷徨失措矣！"[1]

脑补一下康熙此时的状态。他正襟危坐，努力掩饰得意的微笑，并在心中暗想：当皇帝是真好啊！

五月初五，康熙帝亲自到喀尔喀各部视察，看到衣衫破烂、贫苦无依的人，就给他们发放白银和布匹。

在会盟期间，喀尔喀诸部首领感恩康熙帝收容难民、出兵征伐，帮助他们恢复家园，推举车臣汗、土谢图汗为代表，将达里冈爱牧场献给康熙帝，作为其私人的皇家牧场。达里冈爱牧场面积约为2.3万平方公里，相当于今天北京市面积的1.5倍，大部分原属车臣汗，少部分属土谢图汗，是清代最大的皇家牧场。

多伦诺尔会盟，正式确立清朝对喀尔喀蒙古的统治权，将喀尔喀三大部（此时无和托辉特部和乌梁海）约150万平方公里的土地纳入了清帝国版图。

五月初七，康熙帝动身回京，喀尔喀诸部首领于道路两旁跪送御驾。看着这一幕，康熙帝对随行官员说道："昔秦兴土石之工修筑长城，我朝施恩于喀尔喀，使之防备朔方，较长城更为坚固。"[2]

翻译一下：当年秦朝大兴土木、修建长城，用来作为关内的屏障。而我朝则施恩于喀尔喀，让他们代替长城，作为阴山一线以外的屏障，比长城更为坚固。

由此可见，康熙的蒙古文学得还是不错的。"喀尔喀"这个词，源自喀尔喀

---

[1]《清圣祖实录》卷151，康熙三十年五月己丑条。
[2]《清圣祖实录》卷151，康熙三十年五月壬辰条。

河。这条河流位于喀尔喀蒙古东界,当初之所以叫这个名,是因为在蒙古语中,喀尔喀有"屏障"之意。所以,喀尔喀河就是屏障之河,即为界河。

现在,整个喀尔喀替代长城,成为清帝国的屏障。冥冥之中,自有定数。

第六节 噶尔丹再侵喀尔喀

当康熙志得意满时,噶尔丹正在总结教训。在之前与康熙的较量中,不管是宏观布局还是政治层面,噶尔丹就一直在吃亏。

他打和硕特部,康熙收容难民,将这些人安置在阿拉善,充当清朝边境的守卫者。

他打喀尔喀,康熙收容难民,喀尔喀诸部感恩戴德,集体加入清帝国。

他联盟沙俄,康熙就与沙俄谈判,一边武力威慑,一边做了点儿让步,使得清俄之间迅速达成和解,沙俄成为中立方。

他第二次打喀尔喀,一直打到乌兰布通。康熙派人去联系策妄阿拉布坦,抄了他的后路。

一次次被智商碾压的经历,终于让噶尔丹明白,原来打仗这种事情,是需要玩一点儿线下操作的。于是乎,他也开始照虎画猫,玩起了自己的花招。

康熙三十一年(1692年),噶尔丹给喀尔喀、漠南蒙古诸部首领写了一封信,试图离间各蒙古部落与清廷的关系。信的内容摘录如下:

"我们(所有蒙古人)已变成往日一直受我们控制的人的奴仆,还有什么事情比这更可耻的呢?"

"但若蒙古诸王中有人卑躬屈膝(于康熙)……那么他们便是我们复仇中首先要打击的众矢之的,而他们的毁灭将是我征服中国的序曲。"[①]

[①]《清史编年》第三卷(康熙朝)下,47页。转引自[法]张诚《对大鞑靼的历史考察概述》。

这里先不讨论语法问题，单讲讲内容与感情。我相信，噶尔丹在起草这封书信时，一定是义愤填膺、慷慨激昂的。但是，当我看完他这封"檄文"类的东西后，感觉很搞笑。

笑点一：噶尔丹的这封书信，发给了喀尔喀诸部。而在过去的四年中，他一直在揍人家，搞得人家背井离乡、妻离子散。你说喀尔喀诸部首领看到这封信后，会怎么想呢？

"哦，不让我们当康熙的奴隶，难道我们只能当你的奴隶不成？再说了，你揍我们的时候，人家康熙救了我们，你现在反过头来挑拨我们之间的关系，脑子进水了吧你？"

笑点二：噶尔丹的这封书信，还发给了漠南蒙古诸部，像科尔沁部亲王沙津，他就收到了这封书信。科尔沁部与清朝皇室的关系，我在皇太极那一章已经讲过了。在那之后，顺治帝的第一任、第二任皇后，也都出自科尔沁部。最关键的是，康熙最亲的奶奶、孝庄太皇太后布木布泰，也出自科尔沁。

就这么个关系，是你噶尔丹能挑拨得动的吗？

笑点三：沙津收到书信后，将书信交给康熙。康熙密谕沙津说道："尔可语噶尔丹云：'我科尔沁十旗，俱已附尔矣。尔可前来，我等当从此地接应。'以此说之，诱（噶尔丹）至近地。于时，朕亲统大军、风驰电击，彼不及远遁，断可灭矣。"①

简单点儿说，康熙让沙津假装归附噶尔丹，并许诺作为其内应，把噶尔丹引诱到漠南蒙古腹地，方便康熙亲率大军围歼他。

你说康熙损不损？

姜，不一定是老的辣，康熙比噶尔丹小十岁。

噶尔丹收到沙津的信后，自恃有了"内应"，感觉自己的智商瞬间爆棚，又开始了新一轮的操作。

对于截杀清朝使团一事，他拒不认错，诡辩称："马迪（清朝使团团长）被害之事，不获详知，难于复奏。"②

---

① 《清圣祖实录》卷168，康熙三十四年八月己酉条。
② 《清史编年》第三卷（康熙朝）下，75、76页。

然后，他派奸细混入内地，刺探情报，被清军抓住六人，斩了。

最后，就是他的大招，不要脸啦。噶尔丹再次向康熙要钱，请求"赐银五六万两"。上文说过，他之前已经要过一次了，但没说具体钱数，康熙给了他一千两白银。很明显，噶尔丹对这点儿钱并不感冒，所以这次，他明确了要饭的金额。

康熙答复噶尔丹："尔将处置已毕之事屡屡反复，包藏祸心，必须尔亲来，与朕面议，方可定也。"①

这个意思就是，要钱不要紧，必须是你本人上门要，我"不见兔子不撒鹰"，你不来，我不给，气死你。

噶尔丹当然不会去北京要饭，所以此事也就不了了之。

好啦，以上就是双方动手之前的扯皮工作，下面，开打吧。

康熙三十四年（1695年）五月，噶尔丹经过一番准备，再次率军从科布多进发，对喀尔喀发起第三次东征。关于噶尔丹本次出兵的人数，《圣武记》记载为"骑兵三万入寇"，《准噶尔汗国史》记载"总共只有两万士兵"。根据我的分析，这两个数字都偏高。

乌兰布通战败后，噶尔丹率军撤回科布多，仅剩数千人。之后，他只控制着半个科布多，对吐鲁番、哈密有一定影响力。科布多即阿尔泰山区，本来人就少，还被策妄阿拉布坦抢了一轮。吐鲁番和哈密以回部居民为主，几乎没有蒙古人，而噶尔丹一向不太喜欢用非蒙古士兵。

综上，噶尔丹能补充的兵源就是科布多的剩余部众、原准噶尔境内不愿意依附策妄阿拉布坦的部众和哈密、吐鲁番的回民。上述这些人，我感觉凑不出三万骑兵，比较靠谱的数字应该在一万至一万五千人之间。至于两则史料所记载的数字，大概是把随军家属和后勤人员也算上了。

如果说乌兰布通之战康熙是在树林中围捕老虎；那么这次战争，就是在操场上抓猫。乌兰布通之战时噶尔丹的两万余骑兵，是百战精锐的火器骑兵；而现在噶尔丹的一万余骑兵，是在武器、兵源匮乏的情况下拼凑出来的军队，虽然火器装备率仍然有50%，但战斗力已大不如前。

①《清史编年》第三卷（康熙朝）下，67页。

这次噶尔丹的进军路线，与之前两次基本一致，都是先到塔米尔，再向东沿克鲁伦河进军。然而，与之前不同的是，康熙三十四年八月二十日，噶尔丹军队到达巴彦乌兰后，在这里停了下来。噶尔丹令军队向东展开，沿克鲁伦河水草地放牧。

巴彦乌兰这个地方，在喀尔喀中部，从地图上看，是个前不着村、后不着店的地方。他为什么要在这里停下呢？

答案就是沙津的那封书信。沙津按照康熙的要求给噶尔丹写了封回信，答应当他的内应。但噶尔丹也不傻，他并不太相信沙津，所以他不敢贸然深入。但是万一沙津所说是真的，他也不想错过这个机会。所以，噶尔丹在巴彦乌兰停了下来，静观沙津的反应。如果沙津起兵反清，他就进军；如果沙津没动静，他就停下来。反正此地距离北京很远，康熙也够不着他。这就是他的如意算盘。

其实呢，这会儿沙津确实在集结军队，不过不是反清，而是准备揍噶尔丹。这次，在辽阔的蒙古草原围捕噶尔丹，康熙还是老套路，多路出兵，分进合围。下面，我们就来看看康熙为噶尔丹准备的三大军团。

一、西路军团

分别在宁夏、归化城集结，由八旗兵、绿旗兵组成。

宁夏处军队由孙思克率领，西安将军博霁为副，辖有西安八旗兵3000人（火器营1000人），陕甘各部绿旗兵7000人（半数为火器兵），合计为一万人。

归化城处军队由费扬古[①]率领，辖有京师八旗兵3470人。

费扬古为西路全军主帅，全军共13470人，算上后勤人员共24260人，携"冲天炮三门、神威炮十门、景山制造子母炮二十四门、江南炮五十五门、新造炮八门"[②]。

值得一提的是，这是清朝在对外战争中第一次以绿旗兵作为军团主力。

二、中路军团

在北京集结，全部为八旗军，分为前、后两队。

前队：京师八旗兵4842人，火器营兵2400人，炮甲（使用子母铳）、炮

[①] 董鄂氏，隶满洲正白旗，董鄂妃之弟。
[②] 《清圣祖实录》卷171，康熙三十五年二月甲午条。

手、随炮兵 888 人，共 8130 人。

后队：京师八旗兵 4400 人，鸟枪护军、骁骑 1600 人，共 6000 人。

以上合计 1.41 万人，携神功炮 24 门，汉军炮 16 门，子母铳一百余门。

三、东路军团

在呼伦贝尔草原集结。有黑龙江八旗兵 2000 人，盛京八旗兵 2000 人，宁古塔八旗兵 1000 人，宣化绿旗兵 3000 人，合计 8000 人。

中路军与东路军的每名士兵配一名保障作战的后勤人员。

以上三大军团，士兵合计 3.6 万人，后勤人员合计 4.6 万人。为保障物资运输，康熙帝下令新造运输车六千辆，每辆车准备四头牛，轮流驮载。三大军团每名士兵配四匹马，备八十日口粮。

本次进军的计划是：东路军团过喀尔喀河，沿克鲁伦河向西进军；中路军团自北京北上，经过苏尼特部牧地、达里冈爱牧场进入喀尔喀，与东路军团东、南两路夹击；西路军团分两路，费扬古部自归化城北上，孙思克部自宁夏北上，越过瀚海大漠后两军合兵，截断噶尔丹西退的后路。形象点儿说就是，东路军自东向西打，中路军自南向北打，西路军负责断后路。

此时，噶尔丹的军队正在土喇河和克鲁伦河之间不断移动。这倒不是为了防备康熙，而是他不得不这么做。你想，几万匹马驼一天吃下来，所过之处可谓寸草不生，所以他的军团隔几天就得换个地方。而克鲁伦河长达 1200 多公里，噶尔丹又行踪不定，这给康熙的围歼计划带来了巨大的困难。按照他的原话说就是："我闻警后始发大兵，势不能朝发夕至，而是我进彼退，我退彼来。"①

所以，康熙并未轻易发兵，而是一面令三路大军集结，一面令漠南蒙古、喀尔喀诸部派出小股骑兵，能打就抢一把，不能打就向朝廷禀报。

康熙三十四年十一月初十，噶尔丹手下四人投降，给康熙带来一个重要消息，噶尔丹准备在巴彦乌兰过冬。对方停下来就好打了，这坚定了康熙出兵的决心。

康熙三十五年（1696 年）正月十七日，康熙帝决定亲征噶尔丹。出征前，他对满朝文武说道："噶尔丹违背约誓，恣行狂逞，侵掠喀尔喀，将使边民不得

---

① 《清史编年》第三卷（康熙朝）下，85 页。

休息，必须征剿，为塞外百姓除患。"① 同时，他谕令东、西两路军团按期进兵。

当然，还是老惯例，康熙在动兵之前一定要做一些线下工作。

二月十三日，策妄阿拉布坦遣人到北京进贡，康熙帝告知使者，清廷准备对噶尔丹用兵。准噶尔使者转述策妄的表态说道："噶尔丹奸诈，为所侵凌，与尔有不共戴天之仇。"②

康熙帝让使者回去告诉策妄阿拉布坦："凡罪皆在噶尔丹，他无与也"；"三路大军甚众，恐边外之民不无震惊。尔其遍谕尔之属众，以至吐鲁番诸处，各令照常安居，勿致惊溃"。③

也就是说，这次清军出击，只针对噶尔丹，并不牵扯其他准噶尔部众。康熙让策妄阿拉布坦做好准部、回部的安抚工作，把这个意思传达下去，使民众不要惊慌。

你想想，这个消息一经传播，准部、回部谁还敢帮噶尔丹？这就断了噶尔丹西退的道路。

二月十七日，索额图就清军进剿噶尔丹一事照会俄国尼布楚、伊尔库茨克两地长官，让他们通知所属城乡各自防范，以防噶尔丹的军队抢劫。其实这个意思就是：如果噶尔丹跑到你们那里去，别收留他。

由于之前清军在乌兰布通的胜利，这会儿的俄国人对清朝已经变得比较"恭顺"了，他们表示：不会收留博硕克图汗（即噶尔丹）的部众。

然而需要说明的是，此时的俄国人仍然是两面讨巧。根据后来清军抓获的准噶尔俘虏供认，就在清军出兵的这个节点，俄国使者曾向噶尔丹许诺："于草青时助鸟枪兵一千及车装大炮。"④ 但是直到噶尔丹败亡，俄国援兵也没有赶来。

这就是俄国人一贯的套路，把噶尔丹当猴耍。给他画个大饼，再承诺武力支援，让噶尔丹率军与清军厮杀，俄国人则趁机取利。只可惜，噶尔丹到死都不明白这一点。

好啦，万事俱备，可以开打了。

---

① 《清史编年》第三卷（康熙朝）下，89 页。
② 《清圣祖实录》卷 171，康熙三十五年二月己亥条。
③ 同上书。
④ 《清史编年》第三卷（康熙朝）下，96 页。

第七节 昭莫多——第二次清准大战

康熙三十五年（1696年）二月三十日，康熙帝第二次亲征噶尔丹，中路军团自北京出发，随御驾而行。

说是第二次，其实是第一次。乌兰布通之战前，康熙因发烧返回北京，并未亲身体验揍噶尔丹的快感。所以，这一次才是他的破处之旅。按照惯例，新官上任，总得点上几把火，烧得下属痛不欲生。而康熙这把火，先烧的却是自己。

三月十二日，康熙发现大军开拔时，还有人在营中睡觉、吃饭。经查询是因为昨天行李运送迟了，这些人没有及时食宿，所以才延迟出发。从那之后，康熙每天最早起床，站在军营门口，看着所有人离营后，他才启行；到地方宿营，他又是站在军营门口，看着所有人、物资进营，他才休息。

三月十五日，大军到达滚诺尔，雨雪交加，康熙依旧穿着蓑衣站在雨中，即"帝雨服露立"，等候所有士兵都进入营帐后，他才进营吃饭。

三月十八日，是康熙的生日，他命令停止一切庆祝活动，照常安营。

有这样的领导，士兵还有啥好说的？

截至四月初九，西路军已经进入蒙古高原腹地的戈壁大漠；中路军已经抵达漠南蒙古边界处；东路军刚刚集结完毕，准备启程。因东路军集结、行动迟缓，康熙帝命其在集结处待命，堵截噶尔丹可能的东进，不必继续沿克鲁伦河向西进军。

至四月二十二日，中路军进军顺利，距噶尔丹的活动区域仅有五日路程，但西路军进军落后于原进度。此时西路军已经行进两个月，费扬古、孙思克两路军队所过之处皆为戈壁大漠（即瀚海），缺乏水草，马畜相继倒毙。孙思克部半路又遇到大风、暴雨，持续数日，士兵多染疾病，马驼瘦弱不堪，尤为艰辛。

加之，噶尔丹为防后路被断，派人在其集结地的西部到处放火烧牧草。孙思克部人人黢黑，灰烬满面。无奈之下，孙思克只能从七千绿旗兵、三千八旗兵中各选出两千强健者继续前进，其他士兵返程。

这样，事先准备的三路围剿计划，实际上只有中路军就位。

恰在此时，之前康熙派去噶尔丹处的使者回来了，而且还是徒步而返。因为噶尔丹缺了点儿德，他把使者的马给扣了下来。使者回禀康熙，说噶尔丹大肆扬言：已经向俄罗斯借到"鸟枪兵六万"，将大举内犯。前文说过，沙俄在整个西伯利亚的军力也不到一万人，不知道噶尔丹这"六万"是从哪借来的。

然而在当时，康熙身边的大臣们并不清楚俄军在西伯利亚的情况，听噶尔丹这么一吓唬，再加上东、西两路军队进军不利，很多人打起退堂鼓，其中就有康熙的心腹重臣佟国维和索额图。他俩一起找康熙商量，说噶尔丹大概率已经跑了，我们可以班师了，剩下的事让西路军干就可以了。

这个"建议"其实是很高明的，一方面向皇帝说明，您的军威吓跑了敌人，不虚此行；另一方面则表示，我们不是撤军，而是胜利班师。这样既能保住皇帝的面子，又能保证皇帝的安全（其实是他俩自己怕死）。

对一般的皇帝而言，可能会就坡下驴，"胜利班师"。但是不好意思，康熙是非一般的皇帝。

康熙帝怒斥主张班师的大臣们说道："（此次进兵），曲尽筹画，自兵丁以至厮役，无不思灭噶尔丹者。况尔大臣俱系情愿效力、告请从军之人，乃不奋勇往前，逡巡退后，朕必诛之！不知尔等视朕为何如人？我军既至此地，噶尔丹可擒可灭，且肯懦怯退缩乎？且费扬古兵与朕军约期夹击，今朕军失约即还，则西路之兵不可问矣。还至京城，何以昭告天地宗庙社稷乎？"[①]

我只能说，有理、有节、有据，骂得甚好！

然而，只有主观能动性是不够的，是不能解决当前问题的，为了等蹚屁股

[①]《清圣祖实录》卷172，康熙三十五年四月乙未条。

的西路军到达指定地点，康熙又开始忽悠。

五月初四，康熙帝再次派出使者去往噶尔丹处"议和"，对其言道："今朕大军已出汛界，与尔逼近，西路兵俱已到土喇，东路兵俱已溯克鲁伦河而来"；"朕乃不忍生灵横被锋镝，是以抒诚遣使，朕与尔觌面定议，指示地界，尔照旧贡献贸易"；"朕向崇礼义，顺天理而行，不恃势力戕灭他人。尔或妄动而去，则虚朕美意，而生灵有不利矣"！①

按照康熙的要求，使者还带去"暖帽、蟒袍、妆缎褂、纯金钩、巾缨带各一，币十端，银二百两"，送给噶尔丹，并要求噶尔丹于五日之内遣使"议和"。

康熙这是什么意思呢？

我来解释一下。

看完上文三路军团的进兵进度，我们知道，此时东路军正停在呼伦贝尔草原，西路军正在瀚海行进，并未到达康熙对噶尔丹所说的"克鲁伦河"、"土喇河"。也就是说，康熙这是在吹牛。噶尔丹听完康熙的话后，必然派人去查看。当他发现这两处没有清军踪影时，就会认为康熙是在虚张声势，是吓唬人，自己没必要害怕，也就没必要跑。

为了进一步鼓励噶尔丹的这种想法，康熙最后还补充了一句："我知道你可能会因为害怕而逃跑，如果这样你就辜负我的美意了，你的部众都要遭殃啊！"

这就类似街头骂仗：有种你别跑！你跑了你全家都怎样怎样！

但凡有点脾气的人，都不会跑，更何况是噶尔丹这种枭雄呢？

你说康熙损不损？

别急，更损的还在下面。你应该能发现，康熙并没有告诉噶尔丹中路军的存在，这是因为在发出敕令后，康熙令中路军一刻不停地前进，于五月初七进抵克鲁伦河畔，逼近噶尔丹。接着，康熙帝令全军展开，他亲率八旗前锋营为先锋，"诸军鳞次翼张而进，兵威之盛，弥山遍野，不见涯际，整齐严密，肃然无声"②。从俯视视角看，整个军团就如同一只飞翔的雄鹰，沿克鲁伦河向西而行。

---

① 《清圣祖实录》卷173，康熙三十五年五月己未条。
② 《清圣祖实录》卷173，康熙三十五年五月壬戌条。

到这儿,你明白为什么康熙要限噶尔丹五天内答复了吗?

因为这恰是中路军行进所需要的时间。而在这宝贵的五天内,西路军也终于越过大漠,进抵乌兰巴彦附近,两路夹击噶尔丹的战略意图得以实现。

当天,噶尔丹听闻清军出现在克鲁伦河,不信,说道:"康熙汗不在中国安居逸乐,过此无水瀚海之地,宁能飞渡乎?"于是他登山而望,发现了中路军浩大的营地,"御营黄幄龙纛,环以缦城,外为网立,军容极盛"。噶尔丹惊呼:"是兵从天而降耶?"①

然后,他仔细观察清军军营,发现了火器营的百余门轻重火炮。在乌兰布通,准军的驼城就是被火炮打垮的,现在更多的火炮摆在面前,让噶尔丹迅速放弃了接战的想法,命令全军抛弃营帐、物资,连夜轻装向西逃遁。

康熙听闻噶尔丹逃跑的消息,令清军骑兵沿克鲁伦河追击,并派人告知西路军,在乌兰巴彦附近截击噶尔丹。但是,噶尔丹跑得飞起,中路追兵只缴获了很多帐篷、物资,并未追上其主力军团。

不要紧,天有绝人之路。

此时,西路军的两路军队已经会合,正在自乌兰巴彦北上,向库伦(今乌兰巴托)方向前进。这样,北上的西路军与西逃的噶尔丹军团主力,于康熙三十五年五月十三日在<u>昭莫多遭遇</u>。

昭莫多在蒙古语中意为"大树林",也就是此地为一片树林。根据谭其骧主编的《中国历史地图集》中显示,其位置在土喇河以南。然而根据清朝史料记载,其位置在肯特山之南、土喇河之北。出现这种情况的原因,很可能是因为昭莫多是一片树林,而不是一个点。谭其骧老师所取的点,应该是后来清廷所设驿站的点,并非树林的位置。所以,这里我就取昭莫多在土喇河之北这种说法。

此时两军的境况,可谓是天壤之别。西路军在渡过瀚海之后,全军只剩下七千人左右。且远道而来,历尽艰辛,士兵饥饿疲劳,牛马死伤大半,半数士兵没有马骑,只能步行。噶尔丹的军队有一万余人,虽然是在逃跑途中,但他们并未与中路军接战,所以并无损失。而且在过去的小半年中,他们一直在休

---

① 《清史编年》第三卷(康熙朝)下,98页。

第七章 枭雄覆灭，仁者无敌

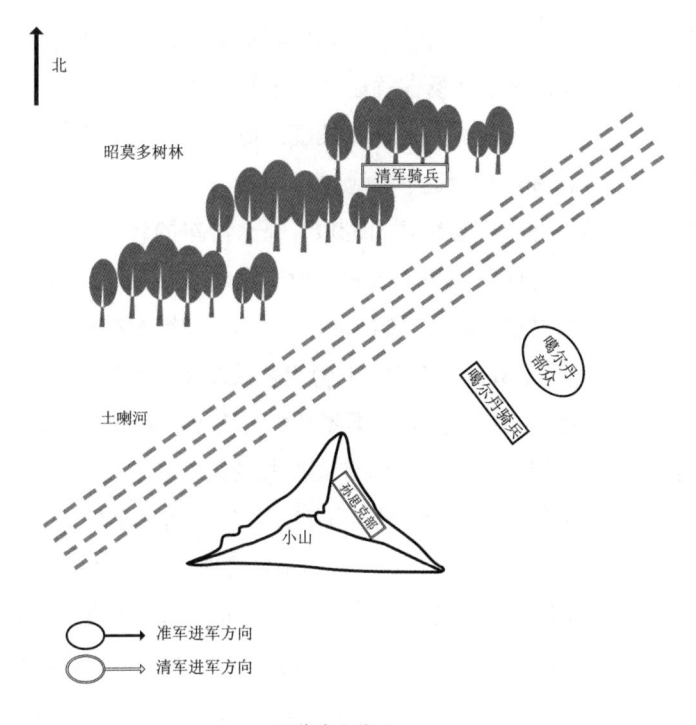

昭莫多之战之一

整，以逸待劳。

七千疲惫之师，对一万多养精蓄锐的骑兵，形势可谓是一边倒。

面对这种情况，西路军主帅费扬古决定反客为主，虽然清军是来攻击噶尔丹的，他却摆出防御阵型。费扬古令孙思克部四千人（八旗、绿旗各半），去昭莫多东侧的小山布阵，依托岩石、灌木丛布置火枪、子母铳阵地；令自己直属的京师八旗骑兵三千余人，在土喇河西的树林中埋伏，待机而动。

为了防止噶尔丹军队不攻击直接逃跑，费扬古还派出四百名八旗兵去叫阵，对方一打就跑，给噶尔丹造成一种清军很弱的错觉。

噶尔丹是沙场宿将，当然不会因为这几百人的逃窜而轻易出兵。但是他也发现了，这股清军人数并不多，而且军容不整，马驼瘦弱不堪，与他之前看到的中路军团有天壤之别。于是，他决定捏一捏软柿子，吃掉这股清军。

这里有个事情之前没有交代。前文说过，西路军出发时，本来带了数量不菲的火炮。但是进入大漠后，冲天炮、神威将军炮的炮车行进速度实在太慢，跟不上大部队的速度，所以费扬古就让这些炮车中途返回。这样，西路军的重火器全无，只剩下可架设在驼背上的超轻型火炮和子母铳，分别为新型轻炮8门、御制子母炮24门和江南所造子母炮55门。

其实，如果噶尔丹这次继续摆出驼城，那么清军的轻火器很难将其摧毁。但是，噶尔丹并不知道西路军没有大炮。由于之前在乌兰布通吃了火炮的亏，几天前他又亲眼瞧见中路军的火炮群，所以，噶尔丹想当然地认为这里的清军也有大炮。于是乎，他放弃结阵对射，打算走骑兵冲锋的套路。

五月十三日拂晓，噶尔丹的骑兵军团开始猛攻孙思克部据守的小山。你应该还记得，我在前章节讲过，子母铳特别适合打骑兵……

就这样，孙思克指挥所部弩、枪、铳齐发，远距离放子母铳，中距离放鸟枪，近距离放箭，每层都有套餐，噶尔丹的骑兵遭遇三层火力射击，损失惨重。然而，由于噶尔丹军队的人数占优，还是有不少人冲到了山脚下，开始在山下结阵，与清军火枪对射。这时，藤牌兵发起反冲锋，冲入准军阵中肉搏，多次打退敌军的进攻。双方从拂晓鏖战至傍晚，皆有损失，局面僵持不下。

这时，在山坡上指挥作战的宁夏总兵殷化行发现，噶尔丹的后军迟迟未动。按说此时骑兵已经冲了一天，如果噶尔丹让后军当预备队，这会儿也应该上了，但是后军并未动。

据此，殷化行判断，后军必是噶尔丹军队的辎重和家属。于是，他向费扬古和孙思克建议，让清军骑兵冲击后军，则敌军必乱。两位统帅采纳了这个建议，令在密林中埋伏的清军骑兵过河冲击，令山上的殷化行部从右翼绕过噶尔丹前军，配合骑兵行动。随后，清军骑兵自左翼冲出，殷化行军自右翼堵截，噶尔丹的后军登时溃散，哭喊声震天。

在前面冲锋的士兵，听见后面老婆、孩子的哭喊声，纷纷掉头救援，噶尔丹军阵大乱。这时，山上的孙思克部全军出击，前后夹击，敌军大败，清军"且射且逐，戴星月追杀三十余里"①，途中被击杀的敌军尸体铺满山谷，噶尔丹仅率几十人逃走。

---

① 《清史编年》第三卷（康熙朝）下，99页。转引自［清］魏源《圣武记》。

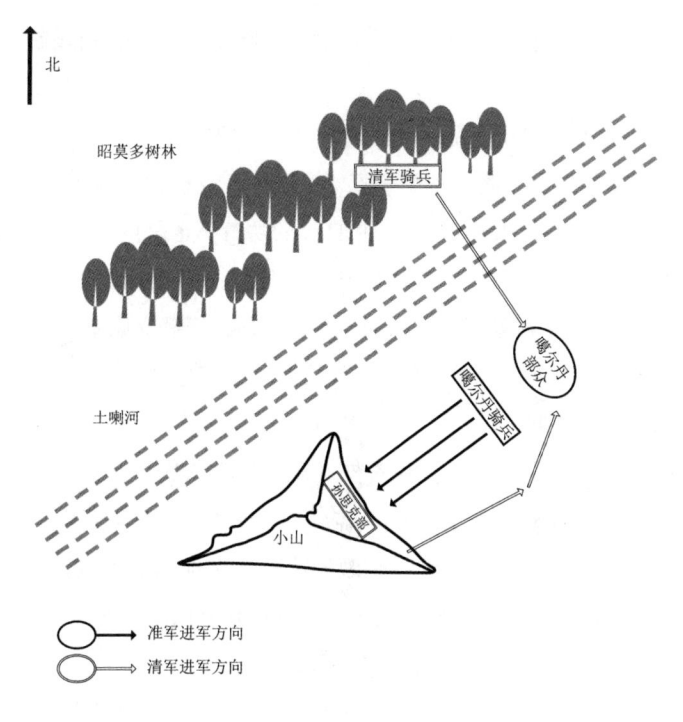

昭莫多之战之二

此战，清军斩获敌军首级三千余级，噶尔丹的妻子阿奴也被击杀。噶尔丹军队投降者一千五百余人，被俘部众三千余人，清军缴获牲畜、武器、器械甚多。这一战过后，噶尔丹有限的有生力量被彻底打光。战后，他收拢残余的军队和部众，男女老少合计不到五千人。至此，博硕克图汗变成了游击队长。

五月十八日，康熙帝得知西路军的捷报，下令于军中庆贺，并决定于第二天返程。庆贺之余，他还下了一道军令："命八旗官员约束兵丁，于凯旋途中不扰民，不饮酒，不盗刈田禾以饲牲畜，不践踏田禾，不遗一人一骑，全使归家。"①

这个命令，比清军打死多少敌人更让我敬佩，因为"仁义之师"比"威武之师"更伟大。

---

① 《清史编年》第三卷（康熙朝）下，100、101页。

五月二十一日，中路军行至席喇布里图，喀尔喀诸王公自发在此等候，向康熙帝祝贺大捷。

康熙说道："此番出征，朕日食一餐，夙兴夜寐，栉风沐雨，每至一处，朕皆步行"；"朕昔以汛界①之内视为一家，今土喇、克鲁伦以内皆为一家矣"！②

看着这些被自己保护的人，吹一吹自己的功劳，也是可以理解的嘛。

八月十八日，康熙帝在北京畅春园接见振武将军孙思克，命其坐于御榻右侧③，皇太子坐左侧，赐茶赐宴，攀谈良久。宴后，康熙又亲笔题写"雄镇秦关"匾额一副，赠与孙思克，以表彰其镇守河西三十余年之功。

老将军此生无憾啦！

在清查俘虏的过程中，清军还意外发现一位大人物——吐鲁番回部首领<u>阿卜都里什特</u>。他之前被噶尔丹所擒，监禁了十四年。康熙帝在北京接见他后，允许其返回吐鲁番，阿卜都里什特感激涕零。虽然他回去后没能继续掌权，但是在他的说教之下，哈密—吐鲁番地区的部分回众开始主动归附清廷。

而一代枭雄噶尔丹，此时已经跌到了人生的最低谷。

战后，他的部众陆续离他而去，有的投降清朝，有的投奔策妄阿拉布坦。加之缺衣少食，没有畜群、牧场，到康熙三十五年底，其所属部众仅剩千余人，只能"掘草根为食"。

他联络俄国人，想去投奔，却遭到无情的拒绝；他想回归准噶尔，托第巴桑结嘉措去跟他的大侄子说情，请求和好，策妄阿拉布坦拒绝，并严密封锁边境；他想继续抢掠喀尔喀，可是手里已经没有兵了。

日暮途穷啊！

趁你病，要你命。康熙三十六年（1697年）二月初六，康熙帝再次亲征噶尔丹。这次出兵的规模就小了很多，只有两路。以大同八旗兵 3000 人为一路，以西安八旗兵 2000 人、绿旗兵 1000 人为一路。合计 6000 人。这与其说是征伐，还不如说是围猎。

---

① 汛界指古代军队驻防的地界。
②《清史编年》第三卷（康熙朝）下，101 页。
③ 清代以右为尊。

这就是凑数啦，非得凑够"三征"。其实康熙真正动手的也就是"第二征"，而且还不是他统领的本部军团打的。然而，虽说是凑数，还是给噶尔丹造成了巨大的心理压力。

听闻康熙再次出兵，噶尔丹自知末日将近。此时的他在阿尔泰山区中游荡，既要躲避清军，还要躲避策妄阿拉布坦的追杀。野兽猎尽，缺衣少食，进退无路，众叛亲离，一夜之间竟能惊醒数次。

终于，康熙三十六年闰三月十三日，噶尔丹解脱了，一杯毒酒结束了他的生命，终年五十二岁。

第八节 三征噶尔丹小结

老对头噶尔丹一命呜呼了,康熙帝会如何料理他的后事呢?

此前,噶尔丹的儿子塞卜腾巴尔珠尔已经被俘。康熙问他话,他战栗不能答。康熙没有杀他,而是授他一等侍卫,武职正三品,相当于皇帝的贴身保镖。后来,康熙又挑了一位宗室女许配给他。

噶尔丹的女儿钟齐海被策妄阿拉布坦劫走,康熙把她要了回来。是的,电视剧不是历史,康熙并没有和亲嫁女,反而搞到了噶尔丹的女儿。

对待仇家,古老的传统就是杀其身夺其妻女,快意无比。以仁慈著称的李世民,杀兄弟、杀侄子,然后拉着弟媳上床;女真皇帝完颜吴乞买,将宋徽宗、宋钦宗的大小老婆、各种女眷通通送入洗衣院(官方妓院);不那么仁慈的朱棣,将方孝孺、铁铉搞死,再把人家的妻女没入教坊司(官方妓院)为奴。

这就是失败者的传统下场,很残酷但是很合理。不论是仁义皇帝还是冷酷皇帝,汉人皇帝还是女真皇帝,大家都这么干。然而,康熙打破了这一传统。他并没有为难钟齐海,还把她嫁给了自己的二等侍卫沙克都尔。

让被自己灭掉的敌方统帅的儿子当贴身保镖,让其女儿当贴身保镖的老婆,这需要何等勇气?

别急,康熙的仁义表演还没有结束。

他将噶尔丹归降的部众一千五百余人编入上三旗,这可是"铁杆庄稼",可保一世衣食无忧。那些不愿意入旗的,每人给马一匹,允许其归乡。

按照清军的惯例,打仗的时候缴获的俘虏、女人,谁抓的(获主)就给谁,为妻、为妾、为仆役,就是此人的资产。这次,康熙自己出钱,将昭莫多之战中擒获的三千余名男、妇从获主手中赎买,让他们得以与家人团聚。

关于"仁义",康熙自白如下:"噶尔丹凶暴,朕惟待以宽仁;噶尔丹奸狡,朕惟示以诚信;曾览经史云,惟仁者无敌。"①

客观来说,康熙这段独白并不完全是事实,因为他比噶尔丹更为狡猾,但我还是要说:书读得不错。

对噶尔丹,康熙坚持了首恶必惩的原则。噶尔丹的骨灰送到北京后,康熙帝命人将其悬于北京城门。悬骨京外,以示万里,效前汉陈汤故事,慑远方跳梁者!

几千公里外的策妄阿拉布坦表示:这"慑"得不会是我吧?

康熙自己对三征噶尔丹的总结:"朕两岁之间三出沙漠,栉风沐雨,并日而餐。不毛不水之地,黄沙无人之境,可谓苦而不言苦,人皆避而朕不避。千辛万苦之中立此大功,朕之一生,可谓乐矣,可谓致矣,可谓尽矣。"②

千言万语两个字——痛快!

好啦,又到了总结的时间了。

先说说噶尔丹。

这个人很难让人喜欢。

他没有人情味,杀了自己的叔叔,囚禁自己的岳丈,抢了侄子的未婚妻,毒杀另一个侄子;他冷酷,工匠制作的盔甲如被射穿,他就杀工匠;他的征伐,给西北各地人民带来了深重的灾难;他不通权谋,屡次被康熙智商碾压。

然而,他这辈子没白过。他的军队攻取、降服西域、中亚一千二百余城,只用了不到二十年的时间就占据了整个卫拉特、南疆回部、七河地区和喀尔喀,打服了周边除清帝国、沙俄之外的所有国家。他的汗国最巅峰时控制地域超过四百万平方公里,他将卫拉特蒙古的历史推向前所未有的高峰。这是他的父兄乃至他的老祖宗脱欢、也先,所未能达到的成就。单凭这一点,噶尔丹就足以青史留名。

---

① 《清史编年》第三卷(康熙朝)下,110 页。
② 同上书,123 页。

更重要的是，在失败后，他没有屈膝投降，而是选择自杀，以死亡为自己所做的一切负责。

是条汉子！

再说说乌兰布通、昭莫多这两次清准大战的影响。

一、震慑沙俄

这一时期清军的装备特点和野战部队的数量、结构，类似同时期的奥斯曼土耳其，即骑兵占比高、野战炮数量多、投送能力强。两者相较，清军的火炮质量、军队投送能力、单兵素质、战场执行力占优；土耳其的重型火炮数量、轻火器先进程度、火枪兵战术占优。可别小看了当时的土耳其，在17世纪大部分时间内，它拥有世界范围内数一数二的陆军。1683年（康熙二十二年），土耳其集中二十万大军围攻维也纳，半个欧洲的联军才将其击败。

我之所以要做这些比较，是为了说俄国。这会儿，俄国人在自己家门口打土耳其都费劲，更不用说跑到西伯利亚打清军了。《尼布楚条约》签订时，整个西伯利亚的俄军只有9353人。而这两战，清朝出动的主力军团分别为3.4万人、3.6万人，最远投送距离接近1500公里。这意味着，清军完全有能力攻打沙俄在西伯利亚的据点。而很明显，西伯利亚的俄军实在不是清军的对手。

如果说雅克萨之战和尼布楚谈判让俄国人意识到清帝国不好惹，那么这两战就让他们意识到清帝国是惹不得的。特别是噶尔丹败亡后，俄国人既无奈又感伤，颇有些兔死狐悲的感觉。以下是俄国史料中的记载。

"土谢图汗和呼图克图①已经从中国返回到自己的故乡，故乡是中国人帮助他们从准噶尔人手中夺回来的。"②

"已加入俄国籍的蒙古人，也想投靠中国，以便和他们的同族人在一起。"③

"《涅尔琴斯克（尼布楚）条约》限制了疆界向东南方推进，俄国居民只能

---

① 即哲布尊丹巴。
② ［俄］А.П.瓦西里耶夫著，《外贝加尔的哥萨克（史纲）》第一卷，299页。
③ 同上书，300页。

从雅库茨克向东北进一步扩张。"①

之后的整个 18 世纪,沙俄在东亚方向的扩张停滞。他们将扩张方向从喀尔喀和黑龙江流域,转向了准噶尔和哈萨克。

二、对东亚周边国家的影响

乌兰布通、昭莫多两次清准大战,是清朝建国后第二次②对藩属政权大规模用兵。这两战的胜利,确立了清帝国在亚洲东部的绝对强者地位,对周边各政权形成了强大的威慑力。

在此之前,虽说清帝国也很强,但是没强到这个份上,举几个例子。

顺治九年(1652 年),因腾机思事件与清朝闹得很不愉快的喀尔喀诸部,就曾联合向清廷表示:因进贡所得到的回礼太薄,今后不再进贡。

康熙十五年(1676 年),俄使觐见康熙帝时拒绝行跪拜礼,并堂而皇之地要求康熙"每年拨派四万斤左右银子,及价值数万两之生丝、熟丝"③给予俄国。

噶尔丹更是肆行无忌,在他眼里,他与康熙是平起平坐的关系。

这两战打完后,以上情形再未出现过,连沙俄来使都学会三跪九叩的礼节了。清朝周边政权的头头们都意识到,这是一个强大的、近乎不可战胜的帝国,最好按照它的规矩办事。不然的话,北京城头悬着的骨灰盒就是榜样。

最后,写个影评。

2013 年,蒙古国④上映了一部史诗级大片——《阿努可敦》。女主角阿努可敦,即噶尔丹的老婆阿奴。"可敦"与"可汗"相对,可以理解为王后。在电影里,故事是这样的。

噶尔丹与阿奴青梅竹马、两小无猜。年少时噶尔丹去西藏留学,两人依依惜别。在噶尔丹留学期间,邪恶的清帝国对蒙古草原发起了大规模入侵。噶尔丹听闻这个消息,毅然返国,成为博硕克图汗,率领蒙古军队抵抗清军的侵略。

---

① [俄] А.П. 瓦西里耶夫著,《外贝加尔的哥萨克(史纲)》第二卷,原著名为 "Забайкальские казаки. Исторический очерк. Том II."(1916 年),中国人民大学清史研究所:徐滨、许淑明、刘棠、张曾绍等译,商务印书馆(1979 年)。引自该书第 13 页。
② 第一次是顺治朝多铎远征喀尔喀;所谓"大规模",是指投入兵力在一万人以上。
③《清史编年》第二卷(康熙朝)上,255 页。
④ 其疆域大致为清朝时期的喀尔喀蒙古。

在此期间，他与阿奴成亲，两人举案齐眉，相敬如宾。

1696 年，噶尔丹被清军包围于昭莫多，形势万分危急。这时，阿奴为了心爱的丈夫、民族的存亡，走出毡房，跨马从戎，冲入沙场营救噶尔丹。不幸的是，她被清军用一颗邪恶的子弹打中了胸膛，壮烈牺牲。

这该怎么说呢？

当年的受害者拍了一部电影，纪念当年的侵略者，而当年的救世主，反而成了邪恶的大反派。蒙古人可能是忘了，也可能是记错了，也可能是虽然记得对但是故意演错了。

但是，我们不能忘。如果连我们也忘了，那么电影可能就真的变成史实了。

第八章 ◇

奇袭拉萨,驱准保藏
策妄与康熙大斗法

第一节 准噶尔的复兴

噶尔丹覆灭后，康熙与策妄阿拉布坦共同的对手没了，同舟共济的阶段结束，下一步就是同床异梦和同室操戈了。在噶尔丹走向覆灭的过程中，清、准两方的实控地域发生了重大变化。

康熙二十七年（1688年），噶尔丹治下的准噶尔汗国，控制范围达到了历史最高峰，其地域可以分为以下八个地理单元。

A. 卫拉特蒙古的传统牧地，西起额尔齐斯河，东至叶尼塞河，南抵阿尔泰山，北达鄂木河。

B. 北疆，即天山以北、阿尔泰山以南的地域，此地为准噶尔汗国的核心区域。

C. 七河地区，即巴尔喀什湖东南、锡尔河上游纳林河以北地区，历史上准噶尔与哈萨克激烈争夺该地区，控制权反复易手，噶尔丹时期占据此地。

D. 塔里木盆地，之前叶尔羌汗国的领地，噶尔丹时期兼并此地。

E. 吐鲁番-哈密地区，原为吐鲁番王国领地，噶尔丹时期兼并此地。

F. 科布多，即阿尔泰山区，原为喀尔喀和托辉特部领地，僧格时期兼并此地。

G. 乌梁海，位于阿尔泰山北麓与萨彦岭附近，分为三部："唐努乌梁海，阿尔泰乌梁海，阿尔泰淖尔乌梁海"[①]。唐努乌梁海是其中最大的一部。自明朝中

[①] 赵尔巽等撰，《清史稿》524，列传三百十一，藩部七。

后期开始，乌梁海长期从属于和托辉特部，如上文所述，僧格时期并入准噶尔汗国。

H. 喀尔喀蒙古，噶尔丹东征后兼并此地。

由上可见，准噶尔汗国的形成源于三代人（巴图尔珲台吉→僧格→噶尔丹）近百年的开拓，终于在噶尔丹时期达到巅峰。这里，我们称噶尔丹时期为准噶尔汗国 1.0 版本。

乌兰布通之战期间，策妄阿拉布坦起兵袭击了噶尔丹的前进基地科布多，随后率军席卷整个北疆，控制了卫拉特传统牧地（A）、北疆（B）和七河地区（C），建立了准噶尔汗国 2.0 版本。

乌兰布通战后，通过多伦诺尔会盟，喀尔喀蒙古（H）正式归入清帝国版图；南疆（D）回部城镇纷纷自立，脱离了噶尔丹的控制。这样，此时噶尔丹所控制的地域仅剩下科布多（F）和吐鲁番－哈密地区（E）。

康熙三十五年（1696 年）的昭莫多之战，噶尔丹再次战败，并于一年后服毒自尽。他生前最后的地盘科布多（F）就处在无政府状态，吐鲁番－哈密地区（E）也脱离了噶尔丹的控制。

综上，在康熙三十六年（1697 年）这个节点，各方的控制地域就可以捋一下了。

清帝国控制喀尔喀蒙古（H）；策妄阿拉布坦控制卫拉特传统牧地（A）、北疆（B）和七河地区（C）；吐鲁番－哈密地区（E）、科布多（F）、乌梁海（G）暂时是无主之地。

通俗点说，1.0 版本的准噶尔汗国被一分为三，东边给了康熙，西边给了策妄阿拉布坦，中间三个地理单元成为无主地带。

作为噶尔丹的继承者，策妄阿拉布坦当然希望将准噶尔的疆域恢复到噶尔丹东侵之前的状态，即控制除喀尔喀之外的所有地理单元，也包括上文所说的中间地带。客观来说，他也有理由占这些地盘。毕竟在康熙剿灭噶尔丹的过程中，他是出过大力的，得到中间地带的一半或大半作为酬劳，也说得过去。

当然，策妄阿拉布坦的卖力协助，其出发点还是自身的利益。一是他与噶尔丹确实有私仇；二是他清楚地知道清帝国的军力和康熙的手段，明白自己惹不起。

第八章　　　　　　　　　　　　　　　　奇袭拉萨，驱准保藏

然而，中间这些地盘，康熙也想要。在之后的十几年中，双方虽未明文划界，但默认了以下事实。

（一）E地区被一分为二，清朝控制哈密，准噶尔控制吐鲁番。

（二）科布多（F）依照喀尔喀诸部的成例，由康熙帝赐予和托辉特部台吉博贝以清朝爵位（授"辅国公"），归入清帝国。

（三）乌梁海（G）地区两方暂时搁置。

由上可见，策妄阿拉布坦是作了较大让步的，中间地带的大部分地盘都被康熙收入囊中。当然，策妄也不是省油的灯。康熙三十九年（1700年），他联合部分伊斯兰城镇共同出兵，再次控制南疆（D），算是将中间地带的损失在南疆找齐了。

此外，由于失去对乌梁海的控制权，使得准噶尔本部与吉尔吉斯部[①]之间的联系被地理隔断。俄国史料记载，策妄阿拉布坦于1703年（康熙四十二年）将叶尼塞河上流的吉尔吉斯人和部分和托辉特部众迁移至七河流域和帕米尔高原。此举使得准噶尔在叶尼塞河上游失去影响力，导致该地区人丁匮乏，在客观上加速了沙俄在这一地区的扩张。

局势稳定后，策妄阿拉布坦做了一系列工作，以弥补他叔叔肆无忌惮地征伐给准噶尔造成的创伤。

一、加强对回部城镇的控制

之前，噶尔丹征服叶尔羌汗国后，在南疆采取极为松散的管理模式。他并不过问此地的政务、军事情况，回部各城镇只要每年向他缴纳一定的贡赋就可以了。

策妄阿拉布坦重占此地后，要求回部各城镇直接对他负责。策妄在各城镇选出当地的回人管理者一名，称之为"和卓"。同时，他委派准噶尔官员前去监督、管理，名为"喀喇罕"，每城十五人。

史载："从前各城回众，于厄鲁特时，派喀喇罕前往驻劄，受其种种累

[①] 位于叶尼塞河上游的部落，僧格时期成为准噶尔属民。

苦"①；"从前喀喇汗在厄鲁特办事，动向回人勒索，几至激变"②。

即喀喇罕管理苛刻，动辄以收税的名义向当地的回民勒索，回民生活艰苦，几乎到了民变的地步。由此可见，喀喇罕在南疆的主要工作就是收税。此外，他们还监视当地居民的动向，掌管一定的武装力量。

为了方便征税，策妄阿拉布坦干了一件影响深远的事情——发行货币。

南疆范围内有叶尔羌、喀什噶尔等贸易重镇，经济较为繁荣，各国商队云集，市面上流通着各种货币，像厚铜币、圆饼型铜币、长方形铜币、银币等。北疆的卫拉特蒙古并没有如此繁荣的商品经济，他们的贸易方式比较原始，即以物易物或者用白银、黄金交易。喀喇罕开始在回部征税后就发现问题了，他们收上来的货币多种多样，没有统一标准，无法判断价值。所以，策妄阿拉布坦在南疆发行一种新的货币——准噶尔普尔钱。

这种钱币由之前叶尔羌汗国发行的普尔钱改良而成，红铜质地，椭圆形，一面刻有准噶尔首领的名字，另一面是回部文字。

这种钱有意思的地方就在于，它有使用期限。每当准噶尔首领换届时，印有上一任首领名字的钱币就会自动失效。准噶尔会铸造印有新首领名字的钱币，并派人回收旧钱，交换比例为"一新＝二旧"。也就是说，只要新官上任，就能以半价回收市面上所有的铜币，这是相当大的一笔财富。

通过以上方式，南疆回部城镇有大量金钱流入准噶尔统治者的囊中。

二、大力发展农业和手工业

自从策妄阿拉布坦上台后，就将发展农业列为国策之一。1723年（雍正元年），俄国炮兵大尉翁科夫斯基出访准噶尔，到达伊犁河流域，他在日记中写道："噶尔丹统治时期，卫拉特蒙古人完全没有农业。现在，不仅中亚战俘在伊犁河谷农耕，卫拉特蒙古人也从事农耕。他们栽培小麦、大麦、黍、糜子等粮食作物，还有南瓜、西瓜、葡萄、杏和苹果等水果。"

要种地，就得有人，这一时期准噶尔的劳动力很充足。在征伐中亚诸国和占领南疆的过程中，准噶尔俘获大量战俘。策妄将这些俘虏分发给治下的各

---

① 《清高宗实录》卷1070，乾隆四十三年十一月癸巳条。
② 《清高宗实录》卷1067，乾隆四十三年九月甲寅条。

个部落首领，成为他们的廉价农耕劳动力，吉尔吉斯人的南迁同样带来大量劳动力。

政策引导和充足的劳动力，使得种地的风气迅速在准噶尔境内蔓延，从伊犁河谷到乌鲁木齐，从阿尔泰山到额尔齐斯河，"不乏泉甘、土肥、性宜生植之地，是以百谷园蔬之属，几于无物不有"[1]。

有的朋友可能会问，为嘛要鼓励种地呢？天天烤羊肉、喝羊奶不好吗？

答案是，提高了单位土地能养活的人口数量。

游牧模式下，这片地方的草吃光了，就得去下一个地方，需要的土地多，养活的人口却不多；同时，不停地迁徙，就很可能进入别人的牧地，也有可能进入战乱区，引发了大量的部族仇杀与冲突；最后，常年的迁徙、颠簸，妇女孕期、生育环境差，幼儿成活率低。而农耕模式，则有效避免了上述缺点。

当然，策妄阿拉布坦也没有忘记老本行——游牧。但是，他不在自己的老家伊犁周边游牧。新开辟的牧场，大多在被征服地区，例如南疆的喀喇沙尔、中亚的楚河、塔拉斯河流域。在老家种地，把人家的耕地变成牧场，确实有点损。

再说说手工业。

在这个时期，伊犁河谷内出现大量的手工业作坊，覆盖了纺织、皮革、造纸、火器、冶炼等各行业，主要的手工业劳动力也是中亚、回部战俘。之前准噶尔需要与沙俄、清朝贸易才能获得的商品纷纷实现"国产化"。自此之后，准噶尔对俄准贸易、清准朝贡贸易的依赖性大为降低。

更关键的是火器自给。《西域图志》中记载，这一时期的准噶尔已经可以自制三种火器，均"以铁为腔，中施硝黄、铅弹之属"[2]。

第一种"高二三尺，圆径三寸，驾于驼背施放"[3]。此种火炮类似清军的子母铳，属于射速快、威力小的轻炮。

---

[1]［清］傅恒等纂，《钦定皇舆西域图志》(后文简称《西域图志》)，共52卷，乾隆四十七年武英殿刻本。引自该书卷43，土产。
[2]［清］傅恒等纂，《西域图志》卷41，服物一。
[3] 同上书。

第二种"高二三尺，圆径五六寸，木架上施放"①。此种火炮类似清军的威远将军炮，特点是大口径、短身管，主要用来杀伤密集人群。

第三种"长四尺余，制如内地鸟枪，手中施放"②。即长一米四的鸟枪。

由此可见，此时准噶尔的火器军工体系已经相当完善。但是，他们仍然无法铸造长身管加农炮，这是准噶尔军队的硬伤。

三、接收土尔扈特部众

17世纪初，土尔扈特五万帐部众西迁伏尔加河。在18世纪初这会儿，该部首领为阿玉奇。策妄所接收的，正是该部部众。但是请注意，这次东归的土尔扈特部众，并不是教科书上东归的那拨人，那拨是在乾隆年间。他们为什么要提前回来呢？

我们先来看一段狗血的剧情。

1701年（康熙四十年）的某天傍晚，阿玉奇的长子沙克都尔扎布像往常一样，准备回自己的帐篷休息。这时，他听到帐内发出一连串急促的、不可描述的、女性的某种声音。根据常年的临床战斗经验，他立刻辨别出发声者的身份，是他的老婆之一塔尔巴其。

在那个没有电动玩具的年代，老公在家门口听到老婆发出的这种声音是很不正常的。所以，真相只有一个，隔壁老王逾我墙！沙克兄怒发冲冠，拔出佩刀、冲进帐篷。

接下来，更让他吃惊的事情发生了。在床上与自己老婆激烈战斗的老王不是别人，正是他的父亲阿玉奇。就在父亲提裤子、老婆拉被子的时候，沙克老兄挥刀就砍，却被阿玉奇的卫兵制服，双方不欢而散。此后，沙克兄是越想越气，开始在土尔扈特部内大肆宣传自己被老爹绿了的经过。这个举动可谓"茅坑里扔炮仗——振奋（粪）人心（腥）"。

因为阿玉奇十分偏爱第四子衮扎，将自己亲领的全部部众都交给衮扎管理，这引起其他儿子们的强烈不满。听闻这个消息后，沙克都尔扎布的兄弟们纷纷向他表示同情和支持。其中两位名为散扎布和贡德勒克尤其激动，他俩找到沙

---

① [清]傅恒等纂，《西域图志》卷41，服物一。
② 同上书。

克兄,相约另起炉灶,拉着支持他们的部众向东迁徙。沙克兄也认为,必须脱离自己的父亲兼连襟才能获得新生。于是,兄弟三人带着支持他们的部众启程,来到了今天的哈萨克大草原。

此时的土尔扈特部是沙俄属民,莫斯科听闻这个消息,立即派出特使前去劝解,在萨马拉追上了他们。特使声情并茂,极力恳求,保证调解父子矛盾,并保证沙克兄的生命、财产安全。这样,沙克兄又改变主意,决定返程。但散扎布和贡德勒克并不买账,他们率部继续向东,越过哈萨克草原,来到策妄阿拉布坦的地盘。这拨人有一万五千帐,成为准噶尔的生力军。

在当时的准噶尔境内,卫拉特蒙古人属于少数部族,人口更多的是回部穆斯林。不管是噶尔丹还是策妄阿拉布坦,都不征召回部军队,他们的军队主要由卫拉特蒙古人组成。而之前的两次清准大战和准噶尔内乱,葬送了约四万名青壮年士兵,这是相当大的兵源损失。策妄阿拉布坦上台初期,整编各处卫拉特牧民,以五千户为一鄂拓克[①],一共只有十二鄂拓克,约六万户,还是缺少精壮的六万户。

现在,土尔扈特部的一万五千帐加入,一次性增加了四分之一的蒙古人口,堪称雪中送炭。再加上策妄阿拉布坦鼓励农耕的政策,以及这一时期准噶尔内部长时间的稳定,到康熙朝末期,准噶尔境内的蒙古人户数达到十五万户,军队有五万人。

综上,策妄阿拉布坦接手的,是一个四分五裂、管理混乱、精壮尽失的烂摊子。而他收拾了十几年后,准噶尔又成为一个强大的半耕、半牧汗国了。

[①] 准噶尔治下的一种组织单位,后文会详解。

第二节 千钧压顶,势如累卵

对于策妄阿拉布坦的举动,他的东方邻居很不高兴。

十几年来,康熙一直静静地注视着邻居的变化。根据他的观察,策妄阿拉布坦比噶尔丹要可怕得多。噶尔丹处处逞强,干啥都明着来;策妄却处处示弱,而背后各种操作。这让康熙有点心虚,他倒不是担心自己玩不过对手,而是担心儿子们玩不过他。后来的史实也证明,康熙的担心是非常必要的,雍正就被策妄父子搞得灰头土脸。

所以,康熙想在有生之年,一劳永逸地解决准噶尔。为此,他一直在等。

等什么呢?

他在等策妄自己"跳梁",清军好有个由头去"义武奋扬"。但是,策妄阿拉布坦的恭顺举动,让康熙始终找不到由头发难,举几个例子。

噶尔丹死后,策妄阿拉布坦劫走了噶尔丹的骨灰和女儿钟齐海。

康熙说:你给我送过来。策妄就把噶尔丹的骨灰送到北京。

康熙说:还有女儿呢?策妄虽然很不情愿,但还是把钟齐海送了过去。

康熙三十七年(1698年),策妄要出兵攻打哈萨克。此时的哈萨克跟清朝八竿子打不着,两者并非宗藩关系。但是策妄却怕康熙认为自己"喜事好兵",在动手前先给康熙上疏,解释了自己动兵的缘由,小心如此。

康熙四十一年(1702年),原噶尔丹的部下丹津阿喇布坦担心策妄谋害他,率部众六百余户逃离准噶尔,投奔清朝。策妄派遣大策凌敦多布带领两千军队追赶,刚要动手,清朝的使臣出现。大策凌敦多布二话不说,退兵。

就这么个表现,你怎么好意思打人家?

康熙等啊等,从噶尔丹死的康熙三十六(1697年)年,一直等到康熙五十四年,一等就是十八年,可是策妄老兄就是不肯跳梁。这一年,康熙帝已经年满六十周岁,时常"身体违和",再不动手,就来不及了。于是,一件比较有趣的事情发生了。

康熙五十四年(1715年)初,策妄阿拉布坦派人去北京进贡。从准噶尔到北京,常规的进贡路线是自哈密进入甘肃。但是,当准噶尔使团走到哈密时,当地驻军拒绝使团过境。

人家给皇帝进贡,边关卫兵不让人家通过,你琢磨一下这个事,是当地守军敢做的吗?所以,幕后啥情况,想必大家都能明白。

策妄听说这个事后,很生气,亲率两千名士兵进入哈密,部队沿途劫掠了五个村庄,于当年三月二十五日抵达哈密城下。清朝驻防哈密的游击将军潘玉善率领驻军二百人,协同当地的民兵奋勇还击,击杀准军九十余人,生擒三人。战后,准军撤到哈密城南二十里的地方扎营。

这件事就更有趣了,二百名当地驻军,加上几百名回部民兵,打败了两千名全副武装的准噶尔火器骑兵。这件事非常不合常理,所以,很明显是准噶尔一方并不想来真的。

但是,康熙并不管你来真的还是来假的。消息传来,他十分激动,等了十几年,你小子终究还是跳梁了。康熙接到这个消息的时间是四月十四日,下面我们来看看他的调兵速度。

当天,康熙帝令吏部尚书福宁安亲自挂帅,去往哈密;同时令西安将军席柱率八旗兵三千人、陕西绿旗兵二千人及甘肃提督标兵同赴哈密,统归福宁安节制。

第二天,康熙以策妄阿拉布坦"倾师而出、势有万余(其实人家就两千人)、不可不预备"①为由,命右卫将军费扬古选兵三千待命;同时命漠南蒙古诸部准备四千五百名骑兵,去归化城费扬古处集结待命。

第五天,康熙派人告诉策妄阿拉布坦:"朝廷各处兵均已整备,尔当速跪请

---

① 《清史编年》第三卷(康熙朝)下,440页。

伏罪，勿贻后悔。"①

这叫什么？

这叫最后通牒。斥责、谈判、调停、忽悠等环节通通省略，直接上通牒。作为对比，之前噶尔丹东侵喀尔喀时，康熙可是等了整整两年才用兵。你说他急到什么份儿上了？

第八天，康熙再调黑龙江、喀喇沁兵两千去往费扬古处会合。到这会儿，不到十天的工夫，康熙已经调动军队近两万人。

然而，到了第十五天，一个让康熙十分失望的消息传来，甘肃总兵路振声疏报：策妄阿拉布坦已于本月十二日退兵。也就是说，满打满算，策妄老兄的这次"大规模军事行动"持续了十七天，总兵力"高达"两千人，还没等正式交火，他就跑了。所以，策妄是真的不想跟康熙动手。他叔叔死了还不到二十年，榜样在前，他并不想重蹈覆辙。

然而，一旦被康熙抓住小辫子，什么时候结束战争，就不是你能左右的了。听闻策妄撤军的消息，当年四月三十日，康熙帝召他的三儿子、四儿子（即后来的雍正帝）讨论西北军情。老四说道："策妄阿喇布坦曾畏罪慑服，今渐狂悖，居心险诈，背负圣恩，至于侵扰我哈密，干犯王章，于国法难以宽贷，自当用兵扑灭，以彰天讨。"②

康熙听完后，充分肯定了老四的看法，父子间会心一笑："嘿嘿，我不太好意思去夸大其词描述的内容，都给你说出来了，好小子，有前途！"

当天，康熙帝令户部准备钱粮，令福宁安、蒙古诸部准备进军计划，这就是要正式开打了。

五月二十九日，康熙帝派人给策妄阿拉布坦宣读谕旨③，我分开讲解一下。

（一）"责策妄阿拉布坦侵犯哈密。"不需解释。

（二）"我军已四路云集，断难中止。"即虽然你退兵了，但是因为你的入侵行动，我的四路大军已经出发。开弓没有回头箭，所以该揍还是得揍。

---

① 《清史编年》第三卷（康熙朝）下，440页。
② 同上书，441页。
③ 同上书，442页。

（三）"尔应令和硕特、土尔扈特、辉特等部各回原处，放还拉藏汗之子。尔只领准噶尔部，限住于额尔齐斯，并亲来会盟定议。"

这是和平条件。一是要求准噶尔汗国解散，之前被准噶尔兼并的和硕特、土尔扈特、辉特等部各理其政，卫拉特回归到一百年前的状态；二是要求策妄放还拉藏汗的儿子（后章节会详述）；三是要求准噶尔部北迁至额尔齐斯河；四是要求策妄本人到北京，参与相关协议的签订工作。

（四）"否则，朕必亲征，或令王大臣等领兵，直抵尔巢穴。"

过分了，太过分了！

只因为人家派出两千士兵抢了五个村子，就让人家吐出一百年以来所有的扩张成果。更何况，即便是一百年前，准噶尔的大本营也在伊犁。而现在，康熙让人家搬到鸟不拉屎的额尔齐斯河。

康熙之所以如此过分，只能怪策妄老兄太厉害。从清帝国的立场看，他是一个巨大的隐患。如果策妄天天寻欢、喝酒、不理国事，一副人畜无害、自生自灭的状态，康熙绝不会做得如此决绝。

开战之前，康熙还是老套路，先运筹帷幄一下。

（一）照会沙俄西伯利亚总督加加林，通知其清军即将对准噶尔用兵。

（二）因喀尔喀诸部互不统属，战时各部之间往往见死不救。康熙就令兵部制作令箭发给各部，每部十二支，战时受到侵略的部落可凭令箭调动邻近部落的兵马。如有迟误，按军法治罪。

（三）调子母铳三十门给哈密驻军，五十门给归化城驻军。命相关省份筹集骡马、骆驼和粮米，在喀尔喀草原设置驿站、粮库，保障大军后勤补给。

（四）招抚乌梁海诸部。

前章节讲过，喀尔喀右翼因内乱而衰落。当年右翼最大的部落——和托辉特部归附清廷后，其首领博贝只从康熙那里得到了一个辅国公的爵位，算是非常低了。这次对准噶尔用兵，博贝决心好好表现，他主动请缨随军出战，并向康熙帝进言："准噶尔不靖，恃乌梁海障之。乞往招，若抗即以兵取。"[①]

博贝的毛遂自荐是有底气的，因为之前乌梁海就曾长期从属于和托辉特部。

[①] 赵尔巽等撰，《清史稿》卷524，列传三百十一，藩部七。

康熙帝采纳了博贝的建议，命他前去招抚乌梁海。当时乌梁海的首领名为和罗尔迈，面对博贝的招抚，他先降、后逃、被缚、再叛，博贝就先领招抚之功、再领缚献之功、最后领平叛之功，爵位从辅国公一路晋升至贝勒。

康熙帝对博贝的表现很满意，命他率军镇守当地。此后，"喀尔喀西境直抵阿尔泰，自唐努山阴之克木克木齐克至博木等处"①，都是和托辉特部的牧地。这样，在康熙朝晚期，乌梁海就被纳入清帝国的直辖版图。

前戏做完了，接着就是正式开打。这次对准噶尔用兵，康熙采用一种比较古典的打法——筑城屯田。所谓屯田，就是让军队在战区集体种地。因为打仗的地方距本土遥远，后勤补给困难，要想长久地保持在远地的军事存在，就必须在当地自给自足。

清军这次征伐，宏观上分为两大方向：一路是哈密，就是今天的新疆东部；一路是科布多，就是阿尔泰山区。在这些地区，康熙组织了大规模屯田，由南向北为别是肃州、哈密、巴里坤②、哈喇乌苏（科布多城附近）、乌兰固木。在这些地区，清军依托湖泊、河流筑城，在城堡周围屯田。时机到了就开打，时机不到就继续屯田，进可攻、退可守。

对策妄阿拉布坦而言，形势已经是万分危急。沿其边境线屯驻的清军越来越多，犹如泰山压顶之势，准噶尔已是累卵之危。这时，康熙看到了一份有趣的奏报。

康熙五十四年（1715年）九月二十七日，富宁安疏报康熙："准噶尔降人言，策妄阿喇布坦传令治办器械，预备行粮，扬言向哈萨克出兵。"③

什么意思呢？

策妄知道准噶尔打不过清朝，所以他打算对西边的哈萨克动手，把东边的损失补回来。之前也有个人这么干过，他就是金朝的金宣宗，蒙古人在北边占他的地盘，他就去占南宋的地盘。

这时，无助的哈萨克表示，我招谁惹谁了？

---

① 赵尔巽等撰，《清史稿》卷524，列传三百十一，藩部七。
② 今新疆维吾尔自治区巴里坤哈萨克自治县，位于哈密西北部。
③《清史编年》第三卷（康熙朝）下，447页。

然而，祸终究是不会单行的，还没等策妄对哈萨克动手，另一个老对手也开始行动起来，那就是沙俄。在得知清帝国即将对准噶尔用兵的消息后，沙皇彼得一世派出中校巴赫尔慈率三千名士兵，协同部分俄国商人，从托博尔斯克出发，沿额尔齐斯河逆流而上，于1715年（康熙五十四年）10月到达亚梅什盐湖。

俄国人在此地修筑亚梅什堡（又称雅木柴夫），并对外宣称他们的目的是去南疆的叶尔羌开采金矿。落井下石一直是俄国人的优良传统，这次他们打算趁清准在东边大战，自己在西边占点儿便宜。

但是，康熙的便宜岂是那么容易占的。之前康熙之所以联合策妄阿拉布坦打噶尔丹，是因为噶尔丹已经深入到清帝国的腹地，自己的核心利益受到威胁。所以，他才主动联合策妄，并在战后分给策妄部分利益。现在，准噶尔并没有直接威胁清朝利益，康熙是不会帮助俄国人火中取栗的。

康熙五十五年（1716年）二月初一，因探知准俄交战的消息，加之西路军军粮未到位，康熙帝谕令："今岁停止进兵，候种地及一应事务预备完毕，审察两下军情，再为定夺。"① 这个意思就是，给策妄阿拉布坦让出一年的时间，让他先跟俄国人好好干一仗。

亚梅什盐湖的重要性我在前章节说过，当年策妄的爷爷巴图尔珲台吉就曾在此地多次与俄军发生战争。现在，对于试图染指此地的俄国人，策妄阿拉布坦的态度相当坚决，一个字，打！

他令大策凌敦多布率领九千人北上，包围亚梅什堡。大策凌敦多布采取围点打援的战法，先围住堡垒，然后在周边设伏，击溃了自托博尔斯克赶来的沙俄援军，随后持续围困。最终，城内俄军仅剩七百余人，弹尽粮绝，爆破城墙后乘船逃走。

此战为雅克萨之战后，沙俄在西伯利亚规模最大的一次军事行动，准军累计击毙俄军近三千人（包括援军），俘虏四百余人。俄方史料记载："远征的结局是悲惨的：布霍尔次（即巴赫尔慈）损失了四分之三的部队后，一无所得地

---

① 《清史编年》第三卷（康熙朝）下，455 页。

返回托博尔斯克。"①

在准俄交战期间，惧怕挨揍的哈萨克派人与沙俄西伯利亚总督加加林接触，表达了结盟意向，还表示哈萨克有二三万军队可以随时出动。如果此时策妄对哈萨克用兵，那就是为渊驱鱼，反而促成哈、俄联盟，对准噶尔将更为不利。

这就是准噶尔的地缘悲剧，典型的四战之地。东有清帝国，北有沙俄，西有哈萨克，南有和硕特汗国。不管它在哪个方向开战，其他方向的政权很容易占便宜。现在，清军仍在边境屯田，蓄势待发；北边的俄国人虽然被打退了，但是他们在鄂木河口修筑了鄂木斯克据点，很快又会再次南侵；西边的哈萨克开始与沙俄接触，准备共同对付准噶尔。

看似走投无路的局势。

这时，策妄突然想到，近百年前，有一位猛人也曾面临过相似的局面。当时，这位猛人的西边是正在崛起的准噶尔，北边是正在东扩的沙俄，东边是咄咄逼人的喀尔喀，南边是叶尔羌汗国。四战之地，久守必败。

这位猛人就是我们前篇讲过的固始汗，而他破局的方法，就是跳出卫拉特的小圈子，去青藏高原占领新的地盘。现在，策妄阿拉布坦也打算效法先贤，他将目光转向了这片辽阔的土地。

---

① ［俄］А.П.瓦西里耶夫著，《外贝加尔的哥萨克（史纲）》第二卷，14页。

第三节 和硕特汗国

此时青藏高原的政权，即为当时清朝藩属国之一，由固始汗建立的和硕特汗国，这是一个典型的"二元政权"。

首先，是民族二元化。

自元朝开始，青藏高原的地理区域可以分为阿里、前藏、后藏、康藏、安多五大部分。前藏以拉萨为中心；后藏以日喀则为中心；整个藏北高原为阿里，此地大部分为无人区；今天四川西部的横断山区为康藏；四川西北部和青海大草原为安多。

和硕特汗国的领地，就包括这五大部分。其中，阿里、前藏、后藏、康藏和安多南部，主要居民为藏人，可以称之为"藏区"；安多所属的青海北部，主要居民为蒙古人。

其次，是政教二元化。和硕特汗王是军政领导者，达赖和班禅是宗教领袖。

固始汗创立和硕特汗国后，历任汗王均为他的子孙。汗王常驻拉萨，负责管理汗国的军事、政治、外交。

汗国内部还有两位宗教领袖，即达赖喇嘛与班禅额尔德尼。在藏传佛教文化中，班禅是阿弥陀佛的化身，达赖是观世音菩萨的化身。两者均为藏传佛教活佛，都信奉格鲁派（黄教），地位平等，无隶属关系。从地域上讲，班禅的影响力主要在后藏；在其他藏区，达赖的影响力较大。二者主要管理藏区的宗教、俗务和赋税。

最后，是管辖权二元化。

藏区由汗王、达赖、班禅管理，青海蒙古诸部则由各部首领直接管理。原则上，青海蒙古诸部首领需要服从汗王的号令。但是，由于诸部首领与汗王之间是兄弟、叔侄关系，都是汗国创建者固始汗的后裔，从小光着屁股一起长大，经常出现互相不服气的情况。所以，汗王并不能直接管辖青海蒙古诸部，而是类似盟主与盟友的关系。

由上可见，在和硕特汗国内部，汗王与达赖喇嘛，可以说是最关键的两个人物。

和硕特汗国建立后，藏区宗教领袖长期是五世达赖。他曾亲自去北京觐见顺治帝，承认清朝的宗主地位，连年进贡，往来不绝。在他的任期内，汗国内部的政局比较稳定，与清朝也保持着良好关系。

康熙二十一年（1682年），五世达赖去世，这就出事了。一个人隐瞒了这个消息，秘不发丧，他的名字叫<u>桑结嘉措</u>。

上文说过，达赖是宗教领袖，平常需要主持各种宗教仪式，不方便亲自管理藏区的日常事务。这时，他会指派一个官员，作为他的总管，代理他管理藏区的俗务、赋税等事项。这个总管，就叫"第巴"。五世达赖当政中后期，担任第巴的人即为桑结嘉措，所以现在通常称其为"第巴桑结嘉措"。

八岁那年，桑结嘉措被送进布达拉宫，成为五世达赖的弟子。在五世达赖的精心培育下，桑结嘉措不仅学习藏传佛教教义和宗教事务，还广泛涉猎梵文、医药、历法、历史等各门学科。在此期间，桑结嘉措与五世达赖的另一位高徒噶尔丹，结下了深厚的友谊，他俩也是五世达赖最有名的两个弟子。

桑结嘉措能够成为第巴并掌握权力，来自五世达赖的全力支持。为此，五世达赖差点儿跟当时的汗王闹翻。没有五世达赖，桑结嘉措的地位就会受到汗王和新任达赖的威胁。所以，在五世达赖死后，桑结嘉措为了保住自己的权力和地位，秘不发丧，找了个相貌相似的人装样子，也就是假的五世达赖。同时，他另外找了一位五世达赖的转世灵童，名为<u>仓央嘉措</u>，是为第一版本的六世达赖。

桑结嘉措像当年五世达赖对待自己一样，悉心培养仓央嘉措，打算将来让他正式接班，自己则继续掌握权力。仓央嘉措很有名，堪称西藏版的李煜，一生风流倜傥，留下了大量的原创情歌。

第八章　　　　　　　　　　　　　　　　　奇袭拉萨，驱准保藏　　467

"秘不发丧事件"整整瞒了十五年。在此期间，桑结嘉措一直以五世达赖的名义发号施令。由于他与噶尔丹有同窗之谊，所以在清准战争中，他多次偏袒噶尔丹，为其向康熙辩护，并试图调解策妄阿拉布坦与噶尔丹的叔侄矛盾。也就是说，桑结嘉措秘不发丧的事情，噶尔丹是知情的。

康熙三十五年（1696年）六月，第二次征伐噶尔丹结束后，康熙帝从准军俘虏口中得知了秘不发丧事件。康熙帝大怒，当即派人前往拉萨问罪。桑结嘉措被迫交代实情，并表示仓央嘉措就是五世达赖的转世化身，请求康熙帝正式册封其为六世达赖。康熙没有同意，而是下令将假的五世达赖、新的六世达赖、五世班禅以及西藏地方大小活佛一百余人都送到北京。

康熙之所以如此大费周章，有着长远的打算。此时噶尔丹已经覆灭，策妄阿拉布坦重建准噶尔汗国，喀尔喀蒙古刚刚归附。准噶尔、喀尔喀、和硕特汗国以及漠南蒙古诸部，都信奉藏传佛教格鲁派。如果能把这些活佛都弄到北京，那么北京就成为所有蒙古人的宗教中心，将大大加强清廷对他们的影响力。

所以，康熙就借秘不发丧事件发难，试图把这些宗教领袖全部弄到北京。桑结嘉措也明白这一点，所以他只交出了假的五世达赖，借口"畏惧"、"未出痘"等理由，迟迟不交出其他活佛。

康熙三十六年（1697年），桑结嘉措更是在未接到清廷正式册封的情况下，在拉萨强行为仓央嘉措举行六世达赖的继位仪式。对于这种行为，康熙十分不满，但是因为这个事动兵又不是很值当。所以，康熙就去拉拢青海蒙古与和硕特汗王，扶植这二者的势力，去对抗桑结嘉措所代表的藏区宗教势力。

康熙三十七年（1698年），青海蒙古诸部归附清廷；康熙四十四年（1705年），当时的和硕特汗王拉藏汗（固始汗的曾孙）出兵杀死桑结嘉措，随后他又废黜仓央嘉措，剥夺其六世达赖的封号，将其送往北京。两年后，拉藏汗另找了一位五世达赖的转世化身，名为意希嘉措。在未与西藏佛教三大寺高僧和青海蒙古首领商量的情况下，强行将其确立为新一任达赖喇嘛，称号仍然为"六世达赖"，这是"第二版本的六世达赖"。

拉藏汗的举动，得罪了藏区宗教势力和青海蒙古。藏区宗教势力认为拉藏汗肆意废立达赖喇嘛，违反藏传佛教教义，很多有声望的高僧不承认第二版本的六世达赖；青海蒙古诸部首领则认为拉藏汗做事情不提前打招呼，完全不把他的叔伯、兄弟们当回事，也不承认意希嘉措的地位。

这样，这两方就走到了一起。西藏的几位高僧在康藏地区另找了一位转世灵童，名为格桑嘉措，并将他送到青海蒙古保护起来，这是"第三版本的六世达赖"。

一些朋友可能注意到了，藏人的名字中经常会有"嘉措"这个词，这里简单解释一下。"嘉"在藏语中意为"广阔、广大"，"措"在藏语中意为"水体、海、湖"。所以，"嘉措"这个词在藏语中的意思为"广阔的水体"，西藏的很多湖泊就叫措。上文的一系列名字类似汉语的"李大海"、"王大洋"、"张大湖"等。

现在，可以捋一下这几位六世达赖了。

第一版本，第巴桑结嘉措所立的仓央嘉措，被拉藏汗废黜后，送往北京，死于途中。

第二版本，拉藏汗所支持的意希嘉措，在拉萨。

第三版本，青海蒙古和藏区高僧所支持的格桑嘉措，在青海。

至此，拉藏汗与藏区宗教势力、青海蒙古都产生了很大的矛盾。这就是策妄阿拉布坦动手前青藏高原的局势。

第四节 奇袭拉萨

策妄阿拉布坦选定的进军目标，就是拉藏汗所在的拉萨。他在动手之前，也玩了一系列线下操作。

一、与拉藏汗联姻

之前，策妄已经娶了拉藏汗的姐姐为妻，成为拉藏汗的姐夫，两家结成亲家。然后，策妄又要求把自己的女儿博托洛克嫁给拉藏汗的儿子丹衷，并要求男方到准噶尔完婚，同时索要聘礼十万两白银。

拉藏汗本来不想答应这门亲事，但是一来此时他的处境堪忧，汗国境内的两派势力都反对他，他的统治岌岌可危，有个强力外援是个不错的选择；二来丹衷很可能之前认识策妄的女儿，对她情有独钟。他以自杀的方式要挟父亲，坚持要上门去娶这个妹子。所以，拉藏汗就勉强答应了这门亲事，于康熙五十三年（1714年）送丹衷去准噶尔完婚。

康熙听闻此事后，给出了一个相当准确的预言："策妄阿喇布坦若托辞爱婿（通"婿"），留住数年，不令之归。拉藏汗年近六十，岂不孤危？朕虽怜伊（指拉藏汗），伊虽倚朕，此间地方甚远，相隔万里，救之不及，事后徒贻悔耳。"[①]

正如康熙所预言的那样，丹衷这一走就再也没有回来。剧透一下后面的剧情。

丹衷到了准噶尔之后，虽然娶了妹子，但被策妄扣下，当作人质对待。康

---

① 《清圣祖实录》卷259，康熙五十三年六月乙亥条。

熙六十年（1721年），策妄阿拉布坦已是兵败途穷，开始残杀人质，他借口丹衷行"哈拉尔查达术"（类似巫蛊之术），将其置于两口热锅之间活活烙死。此时，丹衷的老婆博托洛克已经怀上了他的骨肉。策妄为了给女儿找一条活路，把已有身孕的博托洛克嫁给了辉特部首领<u>卫征和硕齐</u>。卫征和硕齐接受了这个遗腹子，给他起名为<u>阿睦尔撒纳</u>。这个孩子后来闹出了很大的动静，堪称准噶尔版的吴三桂，并亲手毁灭了卫拉特。

当然，这是后话。

二、联络藏区宗教势力，相约共同推翻拉藏汗

在明面上与拉藏汗联姻的同时，策妄又派人秘密联系西藏当地的高僧，宣称自己认可他们拥立的六世达赖格桑嘉措，愿意与藏区宗教势力一起推翻拉藏汗的统治，废黜拉藏汗所确立的六世达赖意希嘉措。

策妄联姻的举动，有效麻痹了拉藏汗；拉拢西藏当地宗教势力，又为准军入藏做好了铺垫。准备工作做完后，策妄阿拉布坦开始用兵。

这次远征的统帅，名为<u>大策凌敦多布</u>，绰罗斯氏，北元太尉浩海达裕的后裔，巴图尔珲台吉之孙，噶尔丹的侄子，策妄阿拉布坦的堂弟。

牛人，超级牛人，堪称准噶尔战神。他是世界史上唯一一位，在三千人以上规模的战役中，击败过哈萨克汗国、和硕特汗国、俄罗斯帝国和清帝国的将军。之后的雍正朝，他还将送给清朝建国以来最大的外战失败。他这辈子打仗的地域，北起额尔齐斯河，东到阿尔泰山，西至七河流域，南达拉萨，这个陆地作战区域，在古代将领中鲜有人可匹敌。

自古以来，入藏有三大方向，分别是新疆入藏、青海入藏和四川入藏。每个方向的道路都有自己的特点，但是它们有一个共同之处，那就是都很难走。

相对容易的路线是青藏线，又称"唐蕃古道"。当年文成公主远嫁吐蕃赞普松赞干布，走的就是这条路。

川藏线大致为"茶马古道"，难度居中，路线也最短，但途中需要穿过横断山脉，翻越重重大山，不适合大规模行军。

新藏线需翻越昆仑山脉，走阿里高原，是最艰难的一条路。此路线沿途尽是荒漠戈壁，阿里高原几乎为无人区，全路线的平均海拔也是最高的。

由于准噶尔的地理位置，大策凌敦多布不可能选择川藏线，在新藏线与青

藏线之间，他选择了前者，原因有二。一是此路线沿途大部分为无人区，容易隐蔽行军，达成战役的突然性，打拉藏汗一个措手不及；二是此时青海蒙古诸部已经归附清廷，而清、准两方已经处在战争状态，如果走青海，很容易遭到当地蒙古部落的攻击。

康熙五十五年（1716年）十一月，大策凌敦多布率军出发，这支军队共有六千人，其中两千准噶尔人，四千土尔扈特人。

其行进路线是：自伊犁南下，到达喀什噶尔，然后绕塔克拉玛干沙漠边缘行进，到达和阗（今和田）；自此处向南翻越昆仑山脉，进入阿里高原；之后在西藏腹地向东南方向行进，最终目标是拉萨。

史载："徒步绕戈壁，逾和阗南大雪山，涉险冒瘴，昼伏夜行。"①

虽然准军行动十分隐秘，但这毕竟是一支六千人的军队，还有几万匹马驼，很难做到瞒天过海。南疆叶尔羌去往西藏贸易的回部商人就发现了他们，并将这个情况告诉了阿里最高军政长官康济鼐（拉藏汗的女婿），康济鼐随后将此事上报拉萨。

拉藏汗听闻此事，不信。他认为自己与策妄父子两辈都是姻亲，血浓于水，策妄阿拉布坦没有理由攻击自己。所以，他并未集结军队防御，还怡然自得地于康熙五十六年（1717年）夏天外出避暑玩乐。

此时准军的情况也不容乐观，他们在高原戈壁中行军半年多，沿途无法获取补给，还有严重的高原反应，生存状态十分艰苦。史载："因地方遥远雪大，马驼倒毙损失者多，廪饩（粮食）尽，人食犬肉。"②

准军一直走到纳克产（今西藏中部）地方，才发现了西藏牧民部落。准军谎称他们是护送汗国王子丹衷夫妇归国的军队，从当地牧手中征得五百头牛和三千只羊，这才使得大军可以继续前进。也正是因为这条路线的艰险与人烟稀少，让拉藏汗始终不相信准噶尔军队会经由此路线发起攻击。

六月二十九日，拉藏汗的一名侍卫在纳克产地方发现大规模驼群。西藏当

---

① 赵尔巽等撰，《清史稿》卷525，列传三百一十二，藩部八。
② 中国第一历史档案馆满文部编译，《康熙朝满文朱批奏折全译》，中国社会科学出版社（1996年）。引自该书1228页。

地并无骆驼,只有南疆的回部商人会用骆驼驮载货物。然而,这支驼群规模巨大,远非一般商队可比。所以,侍卫判断,必是外敌入侵,他将这一情况上报拉藏汗。

拉藏汗此时方才发觉大事不妙,连忙调动军队防御,共集结蒙古军队两千余人,藏兵七千余人,合计约一万人。与准噶尔军队类似,同样出身卫拉特的和硕特军队,也装备了数量不菲的火枪。虽然整体不如准噶尔精良,但还是有一拼之力的。

拉藏汗军中的藏族将领颇罗鼐准确预判了准军的进军方向,即拉萨正北方的达木牧场①,他建议拉藏汗抢先占领该地区的坤堆山。坤堆山是一座矗立于达木草原之上的小山,易守难攻,是火枪手天然的掩护物。抢占此地,就相当于在准军的必经之路上插上一颗钉子。准军想打就得攻坚,眼等着挨枪子;如果准军选择不打,继续向南攻击拉萨,那么在其屁股后方就有一支军队,随时可能抄了他们的后路。

这是个不错的主意,但是拉藏汗的岳父反对,他认为躲在山洞中射击,无法发挥蒙古骑兵的战场冲击力。拉藏汗采纳了岳父的意见,并未占领此山。

战机稍纵即逝,准军反而占据此山,并依托险要地带构筑防御阵地,形成一个临时大本营,四面出击,劫掠达木牧场的牲畜。这种恶心人的打法让拉藏汗很头疼,他不得不率领一万军队前去攻打,但是由于山势险要,而且准军多火枪,拉藏汗的军队未能攻克此山。

交战期间,大策凌敦多布还玩了一招攻心术。他释放了部分被俘的藏兵,对他们宣称准军入藏是为了西藏百姓,他们的目的是重新确立真正的达赖喇嘛的地位。这种宣传攻势对本来就不团结的藏蒙联军起到了相当致命的作用。

因拉藏汗肆意废立达赖喇嘛,很多藏兵早就对其心怀不满,现在"解放者"又来了,他们就更没心思打仗了,很多士兵消极怠战。拉藏汗手下的藏族将领和拉萨的一些僧侣,甚至主动向准噶尔军队提供情报。

面对这种局势,拉藏汗打算撤军,回到拉萨固守。这时,颇罗鼐再次准确预言了局势的发展。他极力反对困守拉萨,认为这是自欺欺人,除了等死之外

---

① 位于今西藏自治区当雄县。

别无选择。他认为藏蒙军队应该继续分南、北两路围困坤堆山，待准军补给耗尽，必然投降。然而，拉藏汗再次否定了他的建议，率全军返回拉萨。

其实呢，回拉萨固守也不见得是一条死路。拉萨城依山而建，城墙坚固，城内人口充裕，补给充足，而准噶尔军队不过六千人，就是耗也把他们耗死了。

但是，城堡最容易攻破的点，并不是外部，而是内部。拉藏汗从达木撤军后，军心惶惶，沿途百姓、城内僧众，看到撤退的军队，都认为拉藏汗打了败仗，即将完蛋。这种情况下，拉萨城内的贵族达克咱、扎什则巴等认为拉藏汗必败，他们向准军派出使臣，约定投降的相关事宜。

形势到了这个份儿上，就没啥好打的了。

康熙五十六年十月二十八日凌晨，准噶尔军队开始攻城。在城东，城上有人放下梯子，帮助准军爬城墙。在城北，台吉纳木扎勒直接打开城门，引领准军入城。城内的卫拉特籍僧侣四处散布谣言，高呼拉藏汗失败了。守卫各处的藏军放几枪就跑，基本没人抵抗。除了城南的颇罗鼐进行了顽强的防守，其他地方大都如上文所言。

十一月一日，拉藏汗战死。他的王妃和三女一子都被生擒，随后被送往伊犁。

局势稳定后，大策凌敦多布任命带路党达克咱为"第巴藏王"，在西藏建立了傀儡政权。之后，准军又陆续控制了除阿里之外的其他藏区。

第五节 准军入藏后的统治

由于准军入藏的行动十分隐秘，所以康熙长时间不知道这一情况。在准军入藏的同一时点，他正在调兵进军准噶尔本部。这次征伐，仍然是前文所说的西、北两路，即哈密方向的西路军，统帅为靖逆将军<u>福宁安</u>；科布多方向的北路军，统帅为振武将军<u>傅尔丹</u>。

康熙五十六年（1717年）六月，两路大军同时出动。傅尔丹军团的前锋部队进抵<u>博罗布尔哈苏</u>，发现准噶尔小股骑兵，斩五人，擒四人，招降十六人，于七月十七日回兵；福宁安的前锋部队自巴里坤①出发，七月初进抵乌兰乌苏，擒获准噶尔哨兵两人；七月十二日进抵乌鲁木齐，有三百准噶尔骑兵尾随骚扰，被清军击退。

博罗布尔哈苏位于今新疆维吾尔自治区尼勒克县北境，乌鲁木齐在哪大家都清楚。这两个地方距准噶尔的核心地域已经相当近了，而清朝两路大军，歼敌不过几十人。也就是说，清军已经深入准噶尔境内，却并未发现其主力军团。

当时准军总数大致有五万人，其中六千人去了西藏，一万人在额尔齐斯河流域防备沙俄，留守本部的还有三万余人，是有一战之力的。这说明，策妄阿拉布坦并不想与清军进行主力决战。

面对清军沿边境线屯田、多路平推、泰山压顶之势，策妄兵行险招、险中求胜。一方面，他把主力军团向西撤；另一方面，他派大策凌敦多布奇袭拉萨，

---
① 今新疆维吾尔自治区巴里坤哈萨克自治县，又作"巴尔库尔"。

在清军的侧翼（南方）占领一大片开阔地。如果清军深入准噶尔境内赖着不走，他就自西藏方向发起进攻，袭扰四川、甘肃，打击清军侧翼。

此举可谓是起死回生，抓住清军远征、补给困难的劣势，利用准噶尔骑兵的高机动性，宏观上对清军形成了战略拉扯态势，本部打不过就向南迁徙到西藏，保住有生力量，就是不跟你打大兵团决战。一个字，拖，拖死你！

对于策妄阿拉布坦的宏大计划，康熙帝初期出现了几个误判。

当年七月，福宁安奏报：从抓获的准噶尔俘虏口中问出，策妄已经派六千人远征西藏。康熙乍一听这个消息，怀疑准噶尔军队是拉藏汗请来的，毕竟两家刚刚结亲。其目的可能是帮助拉藏汗攻打不丹，甚至还有可能攻打青海蒙古。康熙判断的依据就是上文所说的，拉藏汗与青海蒙古、藏区宗教势力之间的矛盾。

当年八月，康熙得报，准噶尔军队到达纳克产。到这会儿，他才渐渐确定，准军是来进攻拉藏汗的。但是，康熙认为拉藏汗有能力打败准噶尔军队。所以，他并未派出清军救援，而是派出诺尔布、色楞、布达理三人去往青海，让他们协调青海蒙古诸部，在必要时救援拉藏汗。然而，因为上文所说的原因，青海蒙古并未出兵。

当年十月，青海蒙古亲王罗卜藏丹津疏报：拉藏汗已率军与准军交火数次。到这会儿，康熙仍然认为拉藏汗可以击败准军。所以，他只是令青海蒙古和陕西、四川的驻军加强防御，"有事相助而行"。

康熙五十七年（1718年）正月、二月，拉藏汗的两拨使者先后到达北京，告知康熙其正在固守拉萨，请求速发兵救援。其实此时，拉藏汗已经被杀五个月了。二月十三日，康熙帝令驻守青海的侍卫色楞领军一千四百人，准备救援拉藏汗。然而，就在这个命令发出去后两天，康熙得到了拉藏汗战死的消息。

至此，康熙终于明白了策妄的意图。地方是死的，人是活的。清军打准噶尔，策妄就往后撤，没地方撤了，就跑到西藏。清军就像同一个巨大的影子在作战，迟早会因为后勤压力而被迫撤军。

乍一看，策妄阿拉布坦所设的这个局是很难破的。但是，上述宏观态势的成型有一个前提条件，那就是准噶尔能够在西藏站稳脚跟，建立稳固的统治。在当时看来，这倒也不难，拉藏汗不得人心，藏民一开始对准噶尔军队并不排斥。

然而，不久之后，藏民就开始怀念拉藏汗了，这一切要归功于准噶尔军队的"精彩表现"。

一、抢妹子方面

"见姣好女子，光天化日，即携拉去，骚扰甚重。"

"将所余拉藏汗之蒙古、厄鲁特、唐古特[①]之千名无夫妇女，遣送策妄（阿）喇布坦前。"

"车凌敦多布娶四妻，其他首领亦娶妻，属下兵丁，均娶厄鲁特女、唐古特女。"[②]

二、抢钱方面

"准噶尔兵抵达以来，征收差赋甚重，土伯特部众民人、喇嘛相互抱怨之。"[③]

三、宗教压迫方面

"杀戮大喇嘛等三十余人，解退喇嘛三千人，驱散喇嘛数千人，毁坏红教寺庙五百二十座。"[④]

更有甚者，准噶尔士兵还打算掘了五世达赖的"灵塔"，也就是盗墓。这种行为连他们扶植的傀儡藏王达克咱都看不下去了，亲自出面制止，这才让五世达赖的亡灵得以安息。

以上行为，禽兽不如。

准军的暴行，让西藏僧俗两界都十分痛恨。他们有的组织武装力量抵抗；有的逃离寺庙，躲入深山；还有的北上联系青海蒙古诸部，请求他们出兵救援。

甚至于连策妄阿拉布坦自己，都感觉准军的做法太过分了，他派使者到拉萨斥责大策凌敦多布：

"令生擒拉藏汗携来，尔等何故斩之？"

"布达拉乃年久之名庙，尔等何故毁之？"

[①] "唐古特""土伯特"均为清朝对西藏的称呼。
[②]《康熙朝满文朱批奏折全译》，1421页。
[③] 同上书，1412页。
[④] 同上书，1525页。

"将大寺陈列之物，塔、佛上所镶嵌珍珠等物，何故均毁而取之？"

"著尔等毁红教，且何故将黄教均毁之？"[1]

面对这一连串的反问，大策凌敦多布将责任一股脑推到属下将领的身上；这些将领们听说了，就写信给策妄，揭发上司的劣行。两方你来我往，好不热闹。

策妄阿拉布坦被这些互相攻讦的书信搞得难辨是非，但是他也知道这些人都捞了不少好处，索性就命令入藏官兵每人上缴十两金子"赎罪"。傻子才愿意往外掏钱，所以，入藏官兵与准噶尔本土之间又产生了矛盾。

捋一下就是：入藏准军的将领之间有矛盾，他们与当地藏民、傀儡政权、本土老大还有矛盾，这支军队可谓是矛盾的综合体。所以，策妄阿拉布坦奇袭拉萨的举动，虽然初期达成了战略意图，但是在占领西藏后，其军队肆行劫掠，统治毫无章法，无法在西藏建立稳固的统治。

在康熙看来，策妄这步棋虽妙，却也不难破解。既然你打算在西藏、准噶尔两地周旋，那么我在两个地方同时开打，不就完了吗？而且，准噶尔军队在西藏的所作所为，终于让他找到了完美的理由去"义武奋扬"。接下来的第三次清准大战，又将以"以义击暴、以德服远"的形式上演了。

---

[1]《康熙朝满文朱批奏折全译》，1429 页。

第六节 兵败喀喇乌苏

在确定准军入藏、拉藏汗战死后，康熙帝决定，主力军团进攻方向不变，仍然是准噶尔本部。用一支偏师去攻打西藏，剿灭入侵此地的准噶尔军队。即"彼既可以到藏，我兵即可以到彼处"①。

由于之前两次清准大战（乌兰布通、昭莫多）的胜利，让康熙帝对清军的实力过分高估。本次出兵，他确定出兵人数的依据是："哈密前曾以二百人败其（准噶尔）二千余人矣，（故此次）兵亦不用多，二百余人便可破之矣。"②在这种"一打十"思想的指导下，康熙派去进攻西藏的这支偏师，实在是够"偏"。

康熙为这支军队选的统帅是侍卫色楞，辖有西安八旗兵600人，陕甘绿旗兵1340人，还有当地土司的地主武装，合计约2600人。侍卫当统领，还带上了地主武装，这真是把准噶尔军队当土匪打了。

根据色楞在奏折中的自我介绍，他是"无他才干，未经历军务，骤交此大事，实诚惶诚恐"。按说这种菜鸟将军就该谨慎小心，可是偏偏他还是个有胆量、没眼光的。色楞在奏折中说清军是"兵强马壮粮足"，"众官兵正值奋勇，士气高涨"；称准军"虽足有四千，但分散驻扎，且无法纪，凭借夜深骚扰盗马外，无他本领"③。看过古装战争片的朋友们应该知道，统帅在战前说出这种话，

---

①《清圣祖实录》卷275，康熙五十六年十一月甲戌条。
②同上书。
③《康熙朝满文朱批奏折全译》，1303页。

战争的结果就可以预见了。

当然，康熙还是很谨慎的。他知道色楞只是个侍卫，手下的军队也不算精兵。所以，他选派另一位重量级角色——当时的西安将军额伦特，与色楞共同进军。不过他带的人也不多，只有西宁绿旗兵1200人。

按说，共同进军就应该互相配合，齐头并进。然而色楞倚仗自己跟皇帝熟，并不太愿意等候额伦特，他先行一路狂奔。不要说额伦特追不追得上，连他自己的部下都有很多掉队者。

康熙五十七年（1718年）闰八月初一，康熙帝接到色楞奏报："七月二十四日至喀喇乌苏安营，截杀附近准噶尔兵获胜，斩二百余，追杀二十里。"① 根据这份一个月之前的奏报，康熙认为之前的进军计划并无问题，也就放松了对这一路军队的注意。然而，他不知道的是，就在奏报送到北京的节点，清军已经濒临险境。

抢得头功后，色楞停下了前进的脚步，在喀喇乌苏河畔② 扎营，等待额伦特军前来会合，此时他身边的军队约为2000人。这是一个十分愚蠢的举动，打仗这种事情，最怕的就是在无险可守的地方停着不动。色楞杀了人家200多人，又在河畔平坦处停下来，这不是赌等着人家集结大军揍你吗？

这样，清军的动向和驻扎地点，均被准军统帅大策凌敦多布侦知。准军4000余人陆续开始向喀喇乌苏集结。同时，额伦特也终于赶了上来，他率清军400人于七月底抵达喀喇乌苏，此地的清军合计约2400人。

看到这里一些朋友可能会发现，额伦特不是有1200人吗，怎么才来了400人呢？

这是因为，额伦特为了追赶一路狂奔的色楞，将粮食、辎重和800多士兵留在了后方……

八月初五，额伦特留守后方的军队带着粮草辎重前来会合，遭遇准噶尔骑兵伏击，粮食被抢夺。额伦特亲自领军反击，抢回部分粮食。之后，准军试图强攻清军营寨，但清军火器占优，准军未能攻破。这时，大策凌敦多布要了个

---

① 《清史编年》第三卷（康熙朝）下，512页。
② 今西藏自治区那曲市那曲河。

心眼，他令准军撤围，以便让清军放松警惕，出营野战。色楞和额伦特倒没有中计，他们仍然在原地固守，但是由于连日无战，清军有所懈怠。

闰八月初一，正如之前色楞在奏折中所言，准军在夜间对清军马群发动突袭，施放火器，清军防备不足，马群受惊，大半逃散。这样，清军就从骑兵变成了步兵。在茫茫草原作战，没有马的军队基本上就是大号肉馅，赗等着被对手包饺子。为了避免这种尴尬的情况出现，色楞和额伦特选择了最保守的方案，原地固守营寨。

闰八月初五，准军调来大炮五六门，赞巴拉克大型鸟枪①三十支，自山坡上轰击清军营地。自此，清军的火器优势被抹平，死伤开始增多。

九月二十八日夜，额伦特集中营内所有剩余马匹，组成百余人的敢死队，试图突围、求援并寻找粮食。第二天，清准军队遭遇，发生激战，额伦特中枪战死，突围计划失败。

十一月初，清军营内断粮近三个月，连骆驼都被吃光了，只能在营地中挖草根为食。色楞无奈，亲自去找大策凌敦多布谈判。对方允许清军解除武装后，徒手返国。色楞轻信了对方的许诺，令两千余名清军放下武器，离开营地。这时，准军突然对手无寸铁的清军发起进攻，没有武器的清军如同待宰羔羊，全无还手之力。

副都统查礼浑、提督康泰、凉州总兵康海、宣化总兵司九经等清军高级军官，均拒绝屈膝投降，战死沙场。此战，清军阵亡一千六百余人，被俘六百余人，可谓全军覆没。

消息传到准噶尔，策妄阿拉布坦非但没有高兴，反而很担心。

是的，仗打赢了，他很担心，因为他知道，他堂弟这次算是揪了老虎尾巴了，康熙怎么可能咽得下这口气？

既然弟弟闯祸了，那就赶快补救吧。策妄下令，释放除色楞和中层军官（共十五人）之外的其他全部清军俘虏。在清军战败的当天，大策凌敦多布就已经释放了二百多人；接到命令后，他再次释放四百余人，由六世班禅组织人提供衣服、粮食，送他们回国。至于那十五名中层军官，原本要被送去准噶尔本

---

① 类似清军的新型子母铳，清朝史料中记载其射程可达二三百步。

部,但是在半路被亲清的阿里官员康济鼐救下,成功逃生。

最终,只有色楞一人被关押在准噶尔大营。他试图越狱,"将看守伊之蒙古人腰刀夺之,斩杀二蒙古人"①,由此可见,侍卫的武功确实不错。但最终他还是未能逃脱,被抓回后,他绝食而死。

总体而言,虽然清军这一仗打得不好,但也说不上有多丢人。

大部分官兵尽到了自己的义务,在弹尽粮绝的情况下坚守一百多天。全军覆没之际,高级将官大都以死殉国。连敌军都对清军的表现表达了敬意,根据归国战俘所言,准军士兵对他们说道:"尔等如此不惧死,前仆后继,虽至饥饿,惟欲死战,乃劲旅也。自此与我等交恶之男丁不死,后会有期。"②

策妄阿拉布坦也给清军留了几分体面,大部分俘虏得以生还。他希望通过这种方式,让康熙有个台阶下,默认准噶尔占据西藏的事实。

但是,康熙是不管你体面不体面的,你敢打我,我就打死你。

清军战败的消息传来,满朝震惊。这是清朝建国以来第一次在外战中全军覆没,很多大臣提议暂停对准噶尔用兵,并惩办归国战俘。康熙帝并没有这么做,他说道:"朕之世代养育精兵,不惜生命,整百日余昼夜交战,古来无有。"③战后,归国俘虏受到优待,战死者家属一概优抚。

接下来,就是正式开打。

---

① 《康熙朝满文朱批奏折全译》,1421 页。
② 同上书,1356 页。
③ 同上书,1356 页。

第七节 皇子西征

康熙五十七年（1718年）十月十二日，康熙帝以皇十四子、固山贝子胤禵^①为抚远大将军，率大军援藏。其纛用正黄旗之纛，依照王纛式样，这也是"抚远大将军王"这个称呼的来源。

所谓"纛"，就是主帅的大旗。如果老十四这次是"代天子出征"，那么他应该用康熙的皇帝大纛。而老十四用的，相当于亲王的纛。即便如此，对老十四而言也是升了好几格。

清朝宗室爵位按高低排序依次为："亲王、郡王、贝勒、贝子、公、将军"。出征前，老十四的爵位仅为贝子，算是很低了。同一时期，老三是诚亲王，老四是雍亲王，老五是恒亲王。而这次出征，老十四相当于升格为战时亲王。由此可见，康熙对老十四确实很重视，但并没有重视到指定"接班人"的份上。

应该说，老十四跟他爹还是有几分相似之处的，在开打之前，他也玩了些线下操作。

一、调解青海蒙古矛盾

青海蒙古原为和硕特汗国领地，于康熙三十六年（1697年）归附清廷，分为左、右两翼，青海东侧为右翼，西侧为左翼，共有十几个部落。右翼的领导者是罗卜藏丹津、察罕丹津和达颜；左翼的领导者是额尔得尼厄尔克托克托奈和阿喇布坦鄂木布。他们都是当地蒙古部落的首领，彼此之间因为爵位高低、

---

① 又名"胤祯""允禵"。

地盘大小的事争斗不已。其中最不安分的一位，就是罗卜藏丹津。

罗卜藏丹津，博尔济吉特氏，固始汗之孙。在清朝出兵前，他格外活跃，动辄上蹿下跳、喊打喊杀。而他之所以如此耀眼，是因为有资本。

首先，他的辈分大。他爹是固始汗最小的儿子，所以他的岁数虽然不大，但是辈分很大。在同龄人中，他是长辈。

其次，因为辈分大，所以他的爵位大。这会儿，他是清廷在青海册封的唯一一位亲王，其他首领皆是郡王、贝勒、贝子等爵位。

最后，他的理想大。准军入藏时，他就搞过小动作，试图联合准军剿灭拉藏汗，自己成为新的汗王。没想到策妄阿拉布坦根本不鸟他，他这才又回到了清朝的怀抱。

由上可见，在罗卜藏丹津心中，成为新一任"和硕特汗王"才是终极目标。

老十四了解到这一情况后，为了结成统一战线，索性就开了张空头支票。根据后来罗卜藏丹津自己所言："昔日阿穆呼郎汗（即康熙）曾言，取土伯特国后，自尔等之内，授以汗位。"① 即康熙曾说过，打下拉萨后，清廷将在青海蒙古诸部首领之中选出一位，成为新的汗王。考虑到康熙亲自对罗卜兄说这话的可能性不大，所以这句话大概率是老十四转述的。这就是画饼啦，罗卜兄看到大饼后哈喇子流了一地，开始卖力表现，去争取"汗位"。

除了罗卜兄的远大理想，还有些麻烦事。

青海蒙古出自卫拉特和硕特部，准噶尔则是卫拉特的一部分。历史上，两家关系比较密切。青海蒙古首领之一的察罕丹津，跟策妄阿拉布坦就是亲家。在清准开战之前，他还给准噶尔送去三百捆好铁和一百五十头牛。老十四到青海后，试图取代伯父上位的丹衷②和急于表现的罗卜藏丹津，联名向老十四告发察罕丹津与准噶尔交往密切，有通敌之嫌。

这是个不大不小的难题。不处理的话，这种现象很可能会蔓延开来，真打起来，青海蒙古帮谁都很难说；严肃处理的话，一则有点儿不通人情，二则反

---

① 中国第一历史档案馆译编，《雍正朝满文朱批奏折全译》，黄山书社（1998年）。引自该书上册第35页。
② 察罕丹津的侄子，与拉藏汗的儿子丹衷重名，并非同一人。

而帮助了青海蒙古内部某些野心家扩张势力。

老十四处理这件事很有水平。

他先找丹衷谈心，说道："尔自幼为孤儿，皇父（康熙）教养尔成人"；"（丹衷）凡事来告，不加隐匿"；"皇父办理天下事务，必得人之恶行昭彰，方予治罪"；"准噶尔同尔等结亲，相互问候，遣使送礼，乃是平常之事"；"况且我既亲率大军在此，孰敢倡行逆乱之事"。①

解释一下：老十四上来先抬康熙，既是丹衷的君主，对其还有抚养之恩；接着表扬了丹衷大义灭亲（实际上是盼着伯父早点儿挂掉自己好接班）的行为；然后说明康熙的办事原则，要想治罪，必须得有实证；继而尽力淡化之前的事情，将丹衷口中的"通敌"解释为"问候、送礼"；最后是武力威慑，表示我手中握着几万大军，看看谁敢行逆乱之事。

一番言辞，可谓是兼顾情理，有据有节。这样，丹衷就消停了。之后，老十四又找察罕丹津谈话，表示自己已经知道此事，过去了就过去了，既往不咎，只要今后同心协力就可以。

这件事让察罕丹津对老十四感激涕零，言道："今大将军王明鉴，以使亲王罗卜藏丹津（和）我等二人为一致，尽力和好，若妥善教诲，诸事成功。"②

二、正式册封六世达赖

前文说过，拉萨那边拥立意希嘉措，青海这边拥立格桑嘉措，两方都说自己的这位才是上一任达赖喇嘛的转世化身，互不相让。

康熙帝敏锐地发觉了这个关键点。青海蒙古、准噶尔都信奉藏传佛教，既然都信黄教，怎么能不听活佛的话呢？也就是说，谁能控制六世达赖，谁就占据道义、舆论的制高点。所以，康熙高度重视青海蒙古控制的格桑嘉措。

康熙五十八年（1719年）三月，老十四到达青海后不久，就按照康熙的指示去拜见格桑嘉措。你要注意，老十四是真"拜"了，他按照康熙的要求，对格桑嘉措行"叩首礼"。此举着实让格桑嘉措诚惶诚恐，他推辞道："大将军王

---

① 《康熙朝满文朱批奏折全译》，1423、1424 页。
② 同上书，1438 页。

乃文殊菩萨大皇帝（指康熙）之子，亦菩萨也。我乃一小儿，岂敢受礼！"①说罢坚辞不受。最后，双方各让一步，老十四带着他的三个儿子行叩首礼，格桑嘉措则站立、合掌、弓腰还礼。

接着，经过老十四调研，格桑嘉措深受青海蒙古和藏区宗教势力的推崇，康熙帝决定为其正名。康熙五十九年（1720年）四月二十日，抚远大将军允禵于塔尔寺宣读康熙帝谕旨，正式册封格桑嘉措为六世达赖②。

这样，清廷就成为拥立藏传佛教宗教领袖的第一力量。清军入藏就可以打着"护送六世达赖去拉萨坐床"③的旗号，而后来清军也正是这么做的。

这样，你感觉准军好意思对活佛动手吗？就算是他们动手，也是师出无名，不得人心。

好啦，前戏做完了，下面正式开打。

有很多人认为，老十四这次远征，只是打了西藏。事实上，这次战争的地域范围南起拉萨、北至阿尔泰山，在世界战争史上的单次战役中，也是空前绝后的。

从宏观上来说，这场战争分为两大战场：一是准噶尔本部，二是西藏。

准噶尔方向又分为两路，即北路傅尔丹军团和西路福宁安军团。之前这两路军都曾深入准噶尔境内，寻求与准军主力决战。但是策妄阿拉布坦退避三舍，就是不跟清军打。

这次，康熙帝有针对性地用了损招——修碉堡。你不是不跟我打吗？那我就跑到你家里筑城，赖着不走。

福宁安军团此时共有17200人，其修碉堡规划如下。

在<u>库库车尔</u>筑大城，驻兵两千，为碉堡群的核心；在<u>鄂龙吉</u>等三处筑中城，驻兵一千，为次核心；在<u>库尔麦图</u>、<u>约洛图</u>等处筑小城，驻兵三百至五百不等。④各城之间建"烽墩"⑤，互相预警、传送消息。

---

① 《康熙朝满文朱批奏折》，1377页。
② 西藏当地认为格桑嘉措为第七世达赖。
③ "坐床"可以理解为活佛继位典礼。
④ 《清史编年》第三卷（康熙朝）下，521页。
⑤ 烽墩为明清时期军队的小据点。

第八章　奇袭拉萨，驱准保藏

傅尔丹军团此时共有 23400 人，计划于"莫代察罕搜尔与鄂尔斋图呆尔二处各筑一城，每城宜盖房二千间。自鄂尔斋图呆尔至莫代察罕搜尔，宜设立十一站"①。

根据总体规划，西域方向的两大军团在这次战争的前期为牵制力量，有这四万人在北部施压，使得准军主力不敢入藏救援。

西藏方向也是两路。

一路由噶尔弼统帅，自四川进军，军队有川兵 2000 人，云南绿旗兵、土司兵 2500 人，驻防荆州、杭州八旗兵 6000 人，合计约一万人，计划自藏、川交界巴塘、里塘出击。

一路是抚远大将军本部军团，自青海进军，共有清军 12000 人，青海蒙古诸部军队近万人，自青海出击。

四路大军总计七万余人，号称四十万，全面压向准噶尔。

---

① 《清圣祖实录》卷 285，康熙五十八年八月庚申条。

第八节 驱准保藏——第三次清准大战

由于此战牵涉的地域实在太广,这里我只能分战区讲述。

先说准噶尔方向。

康熙五十九年(1720年)七月,福宁安军团、傅尔丹军团同时出动。

福宁安军团占领吐鲁番,前锋进抵乌鲁木齐,杀三十余人,俘虏二十四人,收降三城部众,缴获牲畜、武器甚多。

傅尔丹军团兵分两路。一路由傅尔丹率领,打到了格尔厄尔格①,杀二百余人,擒获百余人,收降三百余人,同样缴获了很多牲畜、武器。另一路由祁里德率领,进至铿额尔河,击败准噶尔宰桑色布腾部,生擒四百余人,收降两千余人,缴获马驼、牛羊万余。

上文说过,此方向为牵制部队,这里仅作简要介绍。

然后是西藏方向。

先说自四川方向进军的噶尔弼军团。该军于当年八月自川藏交界处出发。大策凌敦多布派遣属下官员率兵3600人(3000人为藏军)抵挡噶尔弼军团,自己则亲自率准军主力抵挡自青海进军的清军主力军团。噶尔弼采用属下将领岳钟琪提出的"以番攻番"策略,令清军中的藏人土司兵为先导,遇到敌军就上前聊天,说明清军的正义性和准军的暴行。就这样一路打、一路聊,清军几乎未遇到像样的抵抗。走到拉萨时,已经收降藏军七千余人。

---

① 今新疆维吾尔自治区博尔塔拉蒙古自治州境内。

八月二十三日，作为偏军的噶尔弼军团竟然率先进入拉萨。

入城后，噶尔弼严明军纪，将达赖喇嘛的仓库封存，令清军在拉萨城外扎营，防止士兵扰民。

此外，噶尔弼还用了一个损招。他利用拉萨城内的准噶尔印信，写成各种军令，发往准军的驿站、粮库等处，让当地守军自行解散。这一招特别损，这就使得已经北上的大策凌敦多布军团被釜底抽薪。

再说说清军主力军团。

相较于噶尔弼军团，青海方向的进军比较迟缓，原因是青海蒙古诸部的刻意拖延。本来老十四规定的集结时间为六月初一，但是直到六月初七，只有罗卜藏丹津为首的右翼军队到了（大饼的力量……），左翼人马迟迟未到。老十四不得不将出发时间推迟为六月十五日，可是即便如此，部分首领还是未按约定时间到达。一直到七月初，这支军队才集结完毕，并于七月初九出发。

由此可见，青海蒙古诸部此时尚未完全臣服清廷，如果没有一个有威望、有能力的人镇场子，还真压不住他们。这个"有威望、有能力"的人，就是老十四；而与他相对"不那么有威望、有能力"的人，嘿嘿，说的就是你，年羹尧。

这支军队合计约两万人，统帅是平逆将军延信，他是肃亲王豪格的孙子，老十四并未入藏。由于之前准军入藏时抢钱、抢东西、抢妹子的"优良作风"，此时的清军在西藏民众中如同王师一般，沿途百姓纷纷自发地担任向导、提供衣食。

大策凌敦多布这边准备了七千人，其中准噶尔军队四千人，藏军三千人。对付清军，他还是老套路，夜袭。

八月十五日，清军在卜克河地方扎营，准军夜袭，延信早有准备，打退了敌军。大策凌敦多布一看没占着便宜，也不恋战，迅速后撤。

八月二十日，清军到达齐暖郭尔安营。一连数日，雨雪交加，行进十分困难。再加上有很多人发生高原反应，士卒伤病者较多。大策凌敦多布侦知这个情况后，决定再次夜袭。这次，他精心挑选了两千名士兵，嘱托他们要发扬拼刺刀的精神，不带鸟枪、火器，只带长矛。利用夜袭的突然性，冲入清军营寨内，擒获一、两名清军高级将领，凭此要挟清军。

然后，当夜三更时分，这些持长矛的冷兵器骑兵遭到清军的排枪射击……

有了之前色楞全军覆没的教训，延信早有准备。每到夜间，延信就令清军环状扎营，中间为主帅和六世达赖的帐篷，周围是士兵的营寨。在军营外围再筑围墙，夜间将马匹赶入围墙内。在围墙外围，布置四门火炮和118门子母铳，并设巡哨士兵。巡哨士兵分为三队，夜间一队在营内巡哨，两队在营外巡哨，十人为一组，每组负责二里。如此安排，可谓密不透风。所以准军夜袭时，清军能够在短时间内接战，按部就班地放炮、燃枪、射箭。此战准军死伤惨重，将领达里台吉被大炮轰掉一条腿。

这时，我仿佛看到延信自信满满地拍了拍身上的尘土，闭着眼说道："同样的招式，你竟然对圣斗士使用第三次？"

然而，大策凌敦多布一定没看过《圣斗士星矢》，他这个人也很无聊，他于八月二十二日黎明再次发动夜袭……

然后，清军"营中四面哨兵枪炮、矢石齐发，贼兵被伤身死者甚多，余贼皆望风而遁"①。

接连三次夜袭失败让大策凌敦多布彻底死心了，加之他手下的藏人士兵根本不想与清军为敌，他们要么朝天开枪，要么施放空枪，各种敷衍应付，各种当逃兵。打完这三仗，准噶尔军队只剩下三千余人，他们抛弃火炮、军械，轻装逃回准噶尔。

你大概有印象，我在上文说过，准军控制了前藏、后藏、康藏，却并没有控制阿里，此地仍在藏军将领康济鼐的控制下。不幸的是，准军返回准噶尔，必须要经过阿里。在这里，他们遭到康济鼐军队的拦截。这些轻装逃命的士兵有的连枪都扔了，这还怎么打仗？就这样，回到伊犁的时候，出发时的六千精兵只剩下五百人了。也就是说，清朝还了准噶尔一个全军覆没。

接下来，延信军团继续前进，走到喀喇乌苏时，发现了之前色楞、额伦特军全军覆没的地方，这可正应了那句诗："君不见，青海头，古来白骨无人收"。延信下令将战死将士的尸骸掩埋，让他们入土为安，并在原地扎营，以表达对死者的缅怀。

---

①《清圣祖实录》卷289，康熙五十九年九月乙卯条。

之后就是一路坦途了。史载："喇嘛人等，罔不踊跃欢欣，男女老幼，襁负来迎。见我大兵，君拥环绕，鼓奏各种乐器。"[①]他们向清军说道："自准噶尔贼兵占据土伯特地方以来，父子分散，夫妇离别，掳掠诸物，以致冻馁，种种扰害，难以尽述。今圣主遣师击败贼兵，拯救土伯特人众。似此再造弘恩，何以报答。"[②]

康熙五十九年九月十五日，在延信的主持下，在入藏两万大军的护卫下，清军将官、青海蒙古各部首领、西藏各寺高僧、贵族齐聚布达拉宫，为格桑嘉措举行了空前隆重的坐床仪式。礼毕后，按照康熙帝的谕令，赏赐达赖喇嘛白银一万两，西藏三大寺白银各千两。

说说战后的安排。

一、在青海、西藏设常驻军

西藏方面，延信持平逆将军印，率八旗兵、绿旗兵各两千人常驻拉萨，有临机专断之权；青海在康熙四十八年（1709年）就设置了常驻办事大臣，此战过后常驻清军两千人。

二、设四噶伦管理日常政务

战后，清廷采取"藏人治藏、分而治之"的策略。清廷委任噶布伦[③]四人，负责协助达赖、班禅等宗教领袖，处理藏区的日常政务。

这四人分别为康济鼐（授贝子爵位）、阿尔布巴（授贝子爵位）、隆布奈（授辅国公爵位）、颇罗鼐（授台吉爵位）。四人中以康济鼐为首，康济鼐、阿尔布巴、隆布奈负责管理前藏，颇罗鼐负责管理后藏。

康济鼐，原西藏阿里军政长官。准军入藏后，他坚持抵抗，拒绝投降，使得阿里地区成为插在准噶尔本部与拉萨之间的一颗楔子。他先后多次拦截准军，解救被俘清军将官15人，给予入侵者沉重打击。

阿尔布巴，原西藏贵族，准噶尔入侵时他诈死，拒绝与侵略者合作。延信率军入藏时他率族人投诚，沿途号召藏兵放弃抵抗，引导清军进入拉萨。

---

① 《清圣祖实录》卷291，康熙六十年正月癸未条。
② 同上书。
③ 西藏官名，类似之前的"第巴"，办事衙门称"噶夏"。

第八章　　　　　　　　　　　　　　　　　奇袭拉萨，驱准保藏　493

隆布奈，原西藏贵族，延信率军入藏时，他携部分兵丁到喀喇乌苏等候清军，后引导清军进入拉萨。

颇罗鼐，原拉藏汗属下军官，有勇有谋，对准作战中多次料敌先机。拉萨城破后坚持抵抗，被俘后遭受严刑拷打，但他始终不屈，拒绝投降。之后，他被当地藏人贵族解救，逃出后积极配合清军进兵。他以富有感染力的宣传，号召藏人支持清军。

后面的雍正朝，四噶伦发生内乱，阿尔布巴与隆布奈联合击杀康济鼐。颇罗鼐一边向清廷奏报，一边果断率军突袭拉萨，成功平息叛乱。战后，颇罗鼐被清廷册封为郡王，由他与清廷所派的驻藏大臣共同管理西藏的日常政务，为维护国家统一和民族团结作出了巨大的贡献。

上述战争，被史学界称为"驱准保藏之战"。通过这场战争，清军驱逐了入侵西藏的准噶尔军队，重建了西藏当地的政治架构，在青海、西藏设置常驻军，将原清朝藩属和硕特汗国所控制的青藏高原①，约230万平方公里的土地纳入清帝国的直辖版图。

到这里，虽然驱准保藏之战结束了，但第三次清准大战并未结束。解决完西藏，康熙帝将目光重新转向准噶尔本部。

之前，福宁安军团已经攻占吐鲁番、进抵乌鲁木齐，傅尔丹军团控制了阿尔泰山区。两路大军对伊犁形成钳击之势，更大规模的战争蓄势待发。当年十月初九，老十四轻装返回北京，与康熙帝确定了下一步的进军计划。

截至康熙六十一年（1722年）五月初九，驻守巴里坤、吐鲁番的清军有21100人，连同随役共33490人；傅尔丹军团的部分军队在乌鲁木齐筑城屯田，有清军12000人，连同随役共25000人。

战线已经被推到家门口，策妄阿拉布坦日暮途穷。在之前一系列的战争中，准噶尔损失一万余名士兵，西藏、吐鲁番尽被清军所得。此时在准噶尔境内，还有清军的两片碉堡群和3.3万士兵。怎么看，这个局势都是死棋。

无奈之下，康熙六十年（1721年）七月，策妄阿拉布坦不得不向祖、父两代的死敌沙皇俄国求援。他派使者去莫斯科表示：如果俄国同意与准噶尔订立

---

① 大致为今天的西藏自治区、青海南部和川西。

反对中国朝廷的防御同盟，准噶尔将允许俄国探矿者自由过境。

沙俄方面答复：如果准噶尔臣服俄国，俄国可向中国朝廷交涉，或作军事示威。作为回报，准噶尔应允许俄国人在其境内寻找金银矿，并将阿尔泰山以北的领土让给俄国，用于建立军事要塞。

这个消息传到北京，康熙帝一方面派人照会沙俄留驻北京的副使兰格，对沙俄的表态提出抗议；另一方面令前线清军暂缓行动，以防策妄阿拉布坦彻底倒向俄国。

然而，没过多久，策妄老兄就跟俄国人翻脸了。原因很简单，压在他身上的五指山，终于崩塌了。

康熙六十一年十一月十三日，康熙帝驾崩于北京，终年六十九岁。

在康熙帝驾崩的第二天，刚刚登基的雍正帝就火急火燎地叫停了西北用兵。一天之内，他连下三道谕令。

（一）命令他的胞弟老十四驰驿回京奔丧，将大将军印敕暂交平郡王纳尔素署理。

（二）命延信赴甘州为代理大将军。

（三）命年羹尧往甘州或肃州，与延信同管军务。①

在给延信的密谕中，雍正写道："尔到达后，尔将大将军王之所有奏书、所奉朱批谕旨，均收缴，封闭具奏送来。倘将军（要求）亲自携带，尔速陈其由（借口），于伊家私书到达（北京）前密奏。倘尔稍有怠懈、庸懦，使其观家书而未全解送，朕则怨尔。途中若遇大将军，此情（雍正对延信的密谕）万勿被发觉。尔抵达（甘州）后即收领（大将军）印信，掌权之后再行（上述要求）。"②

因为这道谕旨，老十四之前的奏折、公文全部被收缴、封存送到北京，包括西北进军计划、蒙古各部情况、兵力调配、后勤保障等等，通通没收。这样，继任者延信和年羹尧在几乎什么都不知道的情况下，开始署理西北军务。这要是能理顺明白了，那就见鬼了。

---

① 参考《清史编年》第三卷（康熙朝）下，576 页。
②《康熙朝满文朱批奏折》，1521 页。

还好，康熙帝之前要求福宁安军团和傅尔丹军团原地屯田，不然的话，这两路深入敌境的军队怕是要被饿死了。

但是，主帅都换了，也就没法继续打了。于是，傅尔丹退回科布多，福宁安退回巴里坤，之前清军所占领的吐鲁番、乌鲁木齐、乌兰乌苏等地均被放弃。

崽卖爷田不心疼啊！

第九节 聊聊康熙

先说一下他的"武功"。

康熙帝在位期间,在关内平定了云南、贵州、广西、广东、福建、台澎、金厦等地的割据势力;在关外实控了黑龙江流域、库页岛、呼伦贝尔草原、阿拉善、喀尔喀蒙古、科布多、哈密、乌梁海、青海蒙古、藏区、吐鲁番。以上地域,或设有清廷管理机构,或有清军驻扎,均为清帝国实控,合计面积超过七百万平方公里。到康熙六十一年(1722年),清帝国实控领土面积超过一千万平方公里。

以上地区分为三类。

第一类是三藩、广西将军和台湾郑氏,清朝的实控过程属于中央政权与地方割据势力的战争。

第二类是阿拉善、呼伦贝尔草原和黑龙江流域,之前无政权,当地部落属于清朝藩属,康熙朝设立管理机构,纳入直接管辖范围。

第三类就是剩下的地区,这些地区之前存在过政权,与清朝属于宗藩关系,在康熙朝变为直接管辖关系。

那么,"新增实控领土七百万"是个什么概念呢?

在我有限的历史知识中,我所能想到古代史上单个君主可以超越这个数字的只有成吉思汗。注意,是世界史,而不是中国史。你所知道的秦始皇、汉武帝、唐太宗、明太祖等,或者是亚历山大大帝、恺撒大帝、彼得一世、拿破仑一世等,均未超越这个数字。

但是，如果你读过康熙朝的实录、史料，你就会发现，康熙其实并不是一个扩张欲望很强的君主。事实上，他是一个温和、喜静、宽仁的人，与我们印象中的"雄才大略"并不太沾边。在康熙三十年（1691年）之前，他都是能不打就不打，能说和就说和。噶尔丹入侵喀尔喀后，他硬是拖了两年才出兵。他一生之中打得几乎所有的仗，都是对手侵略、反叛在先，他才出手反击的。所谓时势造英雄，大概如此。

然而，在康熙晚年，他对策妄阿拉布坦显得很急、很坚决，这是为什么呢？

其中固然有他已年过六旬、时日不多的因素，但更主要的原因是我下面要说的内容。康熙帝对世界地理有着清晰的概念，随着对外交往的增多，他越发意识到，以中国为核心的东亚宗藩体系并不是世界的唯一和中心，在这个圈子之外还有很多国家。必须在这些国家渗透入东亚之前，将周边藩属部族纳入清帝国的直辖范围，用广阔的战略纵深和边陲之地的优质兵源，保护关内人口密集区。

关于康熙的地理概念，有这样一个例子。

康熙五十二年（1713年）二月，康熙帝与内阁班子聊天时说道："西洋至中国，有陆路可通。因隔鄂罗斯（俄罗斯）诸国，行人不便，故皆从水路而行。鄂罗斯距京师约万二千里，西洋及土儿虎特（土尔扈特）地方，皆与鄂罗斯接界。往年鄂罗斯与雪西洋（瑞典）战，土儿虎特助鄂罗斯，大败雪西洋（大北方战争）。又回子温都斯坦（印度，此时为莫卧儿帝国）、布海儿（中亚的布哈拉汗国）、夜儿根（叶尔羌）等处产绵。哈萨克即古阳关地，草极肥盛，马皆汗血。所产苹果、葡萄、梨等物，皆大而美。又西北回子[①]种类极多，皆元太祖后裔。惟北极下为最寒，昔人云：北海有积冰数百丈。向以为荒诞，以此观之，信不诬也。"[②]

在这段话中，康熙帝简单描述了此时亚欧大陆的主要国家，包括俄罗斯、

[①] 指东欧草原上一系列鞑靼汗国，均出自金帐汗国。此时大都被沙俄兼并，只有克里米亚汗国仍保持独立状态。

[②]《清圣祖实录》卷253，康熙五十二年二月甲寅条。

土尔扈特、瑞典、印度、哈萨克、布哈拉、东欧草原的鞑靼汗国等。还描述了俄罗斯与瑞典之间的大北方战争，以及土尔扈特骑兵助战的情况。更难得的是，康熙对各地方位也有着清晰的概念，今天莫斯科到北京的直线距离为5843公里，而康熙说的数字是1.2万里[①]，即6912公里，这个数字基本为两者之间的道路交通距离。

基于这种宏观地理概念，在干掉噶尔丹之后，康熙有了新的想法：以大自然形成的山川、大湖，作为清帝国的自然疆界，以疆界内侧的藩属部落，作为关内人口密集区的屏障。

所谓"自然疆界"，从东北方向开始分别是外兴安岭、额尔古纳河、贝加尔湖、东西萨彦岭、巴尔喀什湖、帕米尔高原、青藏高原、横断山脉[②]。

所谓"藩属部落"，是指黑龙江女真诸部、喀尔喀蒙古、乌梁海蒙古、卫拉特蒙古、南疆回部、青海和硕特蒙古和藏区。

雅克萨之战后，清廷实控黑龙江流域；乌兰布通、昭莫多两次清准大战后，清廷实控喀尔喀、科布多和乌梁海；驱准保藏之战后，清廷实控青藏高原。康熙在不同地域之间不设人为隔断，不修长城，根据不同地域的特点设立不同的管理制度。

随着版图的日益增大，很多新近实控的领土之前并无地图。即便是关内的地图，也是五花八门，没有统一标准。为了标识这片广袤的领土，康熙帝用了三十年的时间，调动了大量的人力、物力，北至外兴安岭和库页岛，东抵朝鲜东海岸，南达海南岛，西穷黄河之源，采集各地地理信息，画了一套小画。总图与各种分图合计数百幅，有木版、铜版等版本，通称为《皇舆全览图》。

这套地图的两个版本分别于康熙五十四年（1715年）、五十六年（1717年）完成，珍藏在故宫博物院的木刻版本总图："长210厘米、宽226厘米。东北至萨哈连岛（库页岛），东南至台湾，西至阿克苏以西叶勒肯城，北至白喀尔鄂博（贝加尔湖），南至崖州（海南岛）。图上注有经纬线，用梯形投影法，以北京为本初子午线。图上反映的地域为东经32°至西经36°，纬度为北纬18°至北纬

---

① 清朝的一里为576米。
② 前两者即为《尼布楚条约》划定的边界。

55°。山海关内外及蒙古地方、台湾、海南岛、兴安岭、金沙江以及内地之山脉、河流、府、州、卫、所、县、镇、关、堡等等均注记详密,绘制精赅。关内外均用汉字注地名。"①

只是,在这幅图的西北地区,仍是一片空白。所以,康熙帝想在有生之年,填补地图的空白处,为后世留下一个圆满的基业,这就是他急于对策妄阿拉布坦用兵的缘由。

遗憾的是,最终他也没能填补地图上的那片空白。而继承他遗志的人,是他的孙子乾隆帝。那会儿,这套小画才算是完整了,并更名为《乾隆内府舆图》。

最后,我用《尉缭子·十二陵》,来总结一下康熙一生在战争中的表现。

(一)"威在于不变。"立威在于面对危难时不改初心。

(二)"惠在于因时,机在于应事。"只有在对方最需要援手时施加的恩惠才会令其感恩戴德,要根据事态的发展选择最恰当的时机入场。

(三)"战在于治气,攻在于意表,守在于外饰。"不能因为匹夫之怒而发动战争,进攻的时机要出乎敌人意料,防守的要点在于隐藏自己的真实实力。

(四)"无过在于度数,无困在于豫备。"要想减少失败的概率,就必须从全局层面精密谋划;要想自身不陷入困境,就必须提前想好可能出现的变数并做好准备。

(五)"慎在于畏小,智在于治大。"要在小患酿成大祸之前就察觉并采取措施,真正的智慧不在于私人恩怨的计较,而在于国家、军队的宏观利益。

(六)"除害在于敢断,得众在于下人。"去除祸害要刚毅果断,赢取人心的关键在于让更多的人活下去。

好啦,武功的事说到这里,再聊聊民治。

平定三藩之乱后,关内长期无战乱,加上康熙又隔三岔五地赈灾、免税,每年拨银三百万两用于河务,使得清帝国的农业经济稳步发展,人口日益增长,国库充盈。到康熙四十七年(1708年),户部存银已经达到4718.5万两白银之

---

① 冯宝琳著"康熙《皇舆全览图》的测绘考略",刊登于"故宫博物院官网",网址为:https://www.dpm.org.cn/ancient/talk/203935.html。

多。考虑到当时既没有战事，又没有大的工程，银子存着也没用，所以康熙帝做了两个决定。

一、普免天下钱粮

康熙四十八年（1709年）十一月初十，康熙帝对内阁班子说道："现在户部库银存贮五千余万两，时当承平，无军旅之费，又无土木工程，朕每年经费极其节省，此存库银两并无别用，去年蠲免钱粮至八百余万两，而所存尚多。"[1]

所以呢，他打算干这么件事。

"朕意欲将康熙四十九年应征钱粮预配各省用度，为之抵算。至五十年，将天下应征钱粮一概蠲免。"[2]

也就是说，康熙帝打算在康熙五十年全年，不向老百姓要钱了。后来他也真这么干了，只不过是按地域、分三年普免，即每年免几个省的赋税，三年覆盖全国。根据我的估算，康熙朝累计减免百姓赋税、减免地方拖欠官银和发放赈济钱粮，折合白银一亿两有余。

现在，受电视剧的影响，全网盛传康熙晚年"国库亏空"，我想问一下，这叫国库亏空吗？

二、盛世滋丁，永不加赋

康熙五十一年（1712年），康熙帝谕旨："海宇承平日久，户口日增，以现在丁册定为常额，自后所生人丁，不征收钱粮。"[3]

解释一下：清朝的人头税，是按照成年壮丁的数量征收的。这次康熙规定，以康熙五十年的壮丁数量作为征税定额，之后的"增量壮丁"，不再征收人头税。现在很多人对这个政策的理解有误，注意，这个政策并不是给新生儿免税，是给壮丁的增量免税。

举例，某户在康熙五十年之前有一个壮丁需要缴纳人头税，我们称此人为"缴税旧丁"。在此人死后，必须从他的儿子中选一人填补空额，继续缴人头税；如果此人无子，则从他的侄子中选一人。总之，得有一个壮丁顶上。户口本内

---

[1]《清圣祖实录》卷240，康熙四十八年十一月丙子条。
[2]《清圣祖实录》卷240，康熙四十八年十一月庚辰条。
[3] 赵尔巽等撰，《清史稿》卷121，志九十六，食货二。

在这个"缴税旧丁"之外新增的壮丁，不再缴纳人头税。

由上可见，在这种制度下，多生儿子就是多赚钱，因为只需要一个人顶替老爹的"旧丁税额"，其他儿子都没有人头税。这也是清朝人口爆炸式增长的起点。

好啦，民治就说到这里。

对于自己的生平，康熙总结如下："朕自幼强健，筋力颇佳，能挽十五力弓，发十三握箭，用兵临戎之事，皆所优为。然平生未尝妄杀一人，平定三藩，扫清漠北，皆出一心运筹。户部帑金，非用师赈饥，未敢妄费，谓此皆小民脂膏故也。所有巡狩行宫，不施采缋，每处所费，不过一二万金，较之河工岁费三百余万，尚不及百分之一。幼龄读书，即知酒色之可戒，小人之宜防，所以至老无恙。"①

翻译一下：我自幼身体强健，体力充沛，能拉开15力的弓，射出13握的箭。（正是因为有这副好身板），所以用兵打仗、亲临前线这种事情，是我的强项，操作起来游刃有余。但是，我一生之中未曾妄杀过一人，平定三藩叛乱，三征噶尔丹，都是本着仁人之心在运筹，（尽量避免杀戮无辜的人）。

对于国库中的钱，除非用兵、赈灾，我不敢乱花，因为这都是平民百姓通过辛苦劳作缴纳的税款；外出狩猎、出行之时，我不铺张浪费，每次所需的费用不过一二万两白银，比起每年用在治理河务上的三百余万两，尚不及百分之一。

我自幼开始读书，知道酒色应当戒除，谄媚之人应当远离，所以在我老了之后身体依然康健。

《礼记·大学》中写道："心正而后身修，身修而后家齐，家齐而后国治，国治而后天下平。"即我们通常所说的"正心、修身、齐家、治国、平天下"，以上这些，我认为康熙大抵做到了。

好啦，康熙帝的时代落幕了，下一章，我们来看看继任者的表现。

---

① 《清圣祖实录》卷275，康熙五十六年十一月辛未条。

第九章 ◇

进退失据,狂澜既倒

雍正朝清准战争

第一节 "爱憎分明"的雍正皇帝

康熙六十一年（1722年）十一月十三日，康熙帝驾崩于北京，终年六十九岁。临终前，康熙帝召在京诸皇子和理藩院尚书隆科多①至御榻前，亲宣谕旨："皇四子胤禛人品贵重，深肖朕躬，必能克承大统，著继朕登基，即皇帝位。"②由此，雍正帝正式登上历史舞台。

之前有一部很火的电视剧《雍正王朝》，详细介绍过雍正帝的生平。在剧中，雍正执政的最大亮点，就是他实施的几项利国利民的政策，即"摊丁入亩"，"一体当差、一体纳粮"，"火耗归公"。这里简单说说。

摊丁入亩通俗点儿说就是不收人头税，以田地为课税对象。谁家的土地多，谁就得多缴税，这绝对是一项善政。然而，这项政策并非雍正帝首创。

"盛世滋丁、永不加赋"的政策实施后，康熙五十五年（1716年）二月，云南道御史董之燧上疏建议："有丁从地起者，其法最善；嗣后民间买卖地亩，其丁随地输课。"③

解释一下，董之燧的建议是：需要缴纳人头税的"旧丁"，将其人头税与其所有的田地捆绑。如果旧丁将田地卖了，买主要一并承担该田地上的人头税。这就是摊丁入亩的原始形态。康熙帝批准了董之燧的建议，并决定在广东、四

---

① 此时隆科多兼领步军统领衙门，掌握北京城兵权。
② 《清圣祖实录》卷300，康熙六十一年十一月甲午条。
③ 《清圣祖实录》卷267，康熙五十五年二月庚寅条。

川两省试行。

要实施这项政策,就需要丈量全国土地,核算真实的户口数,作为课税依据,这是一项十分浩大的工程。这些基础工作,也是在康熙年间完成的。康熙五十一年(1712年)时,全国在册可耕种的"田、地、山荡、畦地"合计693万顷;到康熙六十一年,该数字增长到851顷。这相当于在十年之内,新清查出可耕种土地158万顷[1],这为雍正帝全面施行摊丁入亩打下了基础。之后的整个雍正朝,全国耕地面积维持在800万顷至900万顷这个数量级。

一体当差、一体纳粮,从字面意思上理解即为官员、士绅与普通大众一样,一体缴税、服劳役。因摊丁入亩政策的实施,官绅已经一体纳粮,这里不再赘述,单说说"一体当差"。这项政策听起来是不错的,然而它既没有大规模推广,也不是电视剧中那种实施方式。

这件事情起自雍正四年,四川巡抚罗殷泰上疏言道:"川省州县,绅衿贡监等尽皆优免差徭。请将优免之名永行禁革,与民一例当差。"[2]

翻译一下:四川各州县内,各种退休干部、各类生员(可以理解为有学位的人)都不用服差役、徭役。现在请求将这种制度永远禁止,让这些人与普通百姓一体当差。

雍正帝答复:"罗殷泰所奏禁革绅士优免之处,固属太刻。照例优免本身一丁。其子孙、族户滥冒,及私立儒户、宦户、包揽诡寄者,查出治罪。"[3]

翻译一下:罗殷泰上疏请求的内容过于苛刻。照例,各类退休干部、生员本人继续免服差役、徭役。但是,这些人的子孙冒用父、祖功名的情况,私自标榜自己有学位的情况,用自己的功名为别人免差役、徭役的情况,查出来就要治罪。

由上可见,雍正只是要求惩治违规使用"绅衿贡监"名头的情况,并非要求这些人自己去干活儿。

乾隆帝登基后,再次强调禁止"派绅衿杂差",即"一切杂色差徭,则绅衿

---

[1] 数字引自《清圣祖实录》。
[2] 《清世宗实录》卷43,雍正四年四月戊子条。
[3] 同上条。

例应优免"。①

火耗归公运行得不错。火耗，即为因火而产生的耗费。这个款项的产生，源于张居正推行的"一条鞭法"，赋税一律以白银形式征收。官府在把百姓交的碎银熔化、重铸为标准的银锭时，会过滤出碎银中的杂质。重铸后的新银锭，会与熔化前的碎银重量产生差额。为了不自己掏腰包垫付，官员们在征银的时候往往会多征收二到三分的银两，这些多征的部分就是"火耗"。扣除真实的消耗后，富余的银两就装进了官员自己的腰包。

雍正帝即位后，下令将这些火耗充公，看起来也是一项利民的政策。然而，这项政策能够顺利实施有一个重要的铺垫，朝廷开始发"养廉银"了。

雍正二年（1724年），雍正帝开始实施这项官员福利制度，即"提解火耗，既给上下养廉之资，而且留补亏空，有益于国计"②。这项政策的本意是由政府统一发放高额薪酬，使得官员们的收入有保障，避免贪污情况的发生，因此取名为"养廉"。

这个薪水有多高呢？

举个例子。在养廉银政策出台前，雍正的心肝宝贝河南巡抚田文镜，一年的薪俸、禄米加起来折合白银约为三百两。该政策实施后，他一年之内从河南司库（省银库）支取的养廉银竟然高达两万八千九百两，接近之前年薪的一百倍。就这样，雍正帝还怕田文镜不够花，要再给他增加一万两的额度，吓得田文镜自己都力辞不受。而这些养廉银的来源，正是充公的火耗。

综上，这个政策就是将之前官员可以自行支配的灰色收入，由朝廷归拢，按官职大小统一分配，其实是换汤不换药。

以上，就是雍正帝在内政方面的主要政绩。确实是善政，但并不像电视剧中演得那么"善"。

其实呢，雍正帝还有另一面，电视剧中并未演出，那就是私心深重。

一、他喜欢谁，就玩命喜欢

判断雍正喜欢谁的方法很简单，看他给谁赐过匾。

---

① 《清高宗实录》卷12，乾隆元年二月戊辰条。
② 《清世宗实录》卷22，雍正二年七月丁未条。

雍正元年（1723年）三月初五，雍正帝以匾额赐诸臣。他弟弟老十三得到的是"藩式宗英"，即宗室中的楷模；隆科多得到的是"世笃忠贞"，即家族世代都是忠臣良将；内阁大臣马齐得到的是"朝之隽老"，即朝廷中德高望重的老臣；年羹尧得到的是"青天白日"，即清正廉洁、品德高尚的人。①

你要知道，当时的老八也在内阁，还是廉亲王、总理王大臣。雍正给内阁、重臣、兄弟都赐了匾，就是不给老八，太明显了吧……

而且，后三者被表扬的内容，之后都狠狠地打了雍正的脸，这个咱们后文再说。

其实就算是老十三，也有点儿名不副实。雍正在位时，下令老十三和张廷玉死后可以"配享太庙"。太庙本来是供奉皇帝、皇后的地方，一些生前有过突出贡献的功臣、将领，也可以供奉其中，以表彰他们的功绩。

在清朝，有个约定俗成的规矩，即必须是战功卓著者才能配享太庙，不符合这个条件你就没资格。那些死人堆里滚出来的开国元勋我就不说了，自康熙朝开始有资格配享太庙的，有平定王辅臣叛乱的<u>图海</u>，在西南改土归流的<u>鄂尔泰</u>，平定西域的<u>兆惠</u>，远征尼泊尔的<u>福康安</u>，个个战功卓著。

而老十三呢？

他一辈子也没有作为统帅打过一仗。张廷玉就更别提了，他怕是连马都不会骑。就这么两个人，被雍正帝破格送入太庙，作为配享的二十六名功臣之二。

还有个有趣的事。

在被表扬的几人中，雍正帝对隆科多格外恩宠，在其名字之前冠以"舅舅"。其实隆科多并不是雍正的亲舅舅，只是雍正养母的弟弟。最多在一年前，雍正帝对隆科多还颇有芥蒂，这一点从他给年羹尧写的信中就能看出来。

康熙帝刚刚驾崩，雍正就命年羹尧来京，信中说道："为商酌地方情形，隆科多奏必得你来。舅舅隆科多此人，朕与尔先前不但不深知他，真正大错了。此人真圣祖皇考忠臣，朕之功臣，国家良臣，真正当代第一超群拔类之希有大臣也。"②

---

①《清史编年》第四卷（雍正朝），第11页。
②同上书，第3页。

由上可见，之前雍正帝与年羹尧传递的信件中，很可能骂过隆科多。现在因为人家在拥立中立有大功，幡然悔悟，说道"真正大错了"。

二、他讨厌谁，就玩命讨厌

看过电视剧的朋友都知道，雍正讨厌的，就是老八一党，即老八允禩、老九允禟、老十允䄉、老十四允禵①。

最先挨整的是老十四。雍正帝罢免了老十四的"抚远大将军"之职后，让他去遵化守陵，是为"看坟郡王"。然后，他又逮捕了老十四的门人雅图、护卫孙泰、苏伯、常明等人，亲自问他们话："向日贝子在军，闻有吃酒行凶之事。"②即我怎么听说老十四在西北打仗的时候，经常喝完酒后行凶呢？

这个意思就很明白了，这道题目的正确答案只能是"确有此事"。然而，这几个哥们够实诚，答复"并无此事"。雍正帝大怒，下令将这些人"拿送刑部，永远枷示，伊等之子年十六以上者皆枷"③。所谓枷，就是水浒传中林冲发配沧州时所戴的刑具。注意，"永远"、"十六岁以上"等字眼。

真的至于吗？

再说说老十允䄉。先是，老十奉雍正的命令，去喀尔喀办事，经过张家口。当地总兵许国桂将这个事上报，雍正帝密谕许国桂："不可给他一点体面，他下边人少有不妥，即与百姓买卖有些须口角者，尔可一面锁拿，一面奏闻，必寻出几件事来，不可徇一点情面。"④

没过几天，许国桂奏报：允䄉属下旗人庄儿、王国宾"骚扰地方、拦看妇女、辱官打兵"⑤，已经将他们锁拿。

雍正帝答复："甚好，如此方是实心任事。"⑥

忒损了吧？

当然，他也不会放过老八。说起来，老八这个人不是能力超卓、人缘太好

---

① 四人名字中的"允"之前为"胤"，雍正帝登基后为避讳，故改为"允"。
② 《清史编年》第四卷（雍正朝），15 页。
③ 同上书，15 页。
④ 同上书，51 页。
⑤ 同上书，51 页。
⑥ 同上书，52 页。

的大贤大明之人，就是邀买人心、暗结党羽的大奸大恶之徒。为什么呢？

因为康熙也不待见他。

康熙五十六年（1717年），老八生病，康熙派人告诉他："尔疾初愈，思食何物，可奏朕知。朕此处无物不有，但不知于尔相宜否，故不敢送去。"①

这明摆着是在整老八，康熙作为皇帝和父亲，给自己的儿臣老八送点儿吃的，这有什么敢不敢的？老八听完圣旨后果然吓得不要不要的，就去康熙门前跪求，称圣旨内有"不敢"二字，自己承受不起。

其实这种反应也是人之常情，康熙却说道："胤禩往往多疑，每用心于无用之地。来门上跪求，于无事中故生事端，众人观之，成何体统。"②

我前面说过，康熙是个"宽仁"的人，连噶尔丹的儿女他都不为难，怎么会故意整自己的儿子呢？而现在，他确实整了老八。所以，只有两种可能：一则这个儿子太优秀，康熙担心他危及自己的地位；二则这个儿子太邪恶，康熙对其深恶痛绝。而且不管是善是恶，老八都是个牛人，因为连康熙都得动心眼对付他。

雍正接班后，继续整老八。雍正元年（1723年）九月初四，雍正帝回宫时经过端门，当时门前新建了一处更衣帐房，刚刚完工，油漆味道很大。雍正帝嗅到后大怒，令分管工部的老八允禩，带着工部侍郎、郎中等大小官员，在太庙前罚跪一昼夜。

过分了吧？

皇帝这个职业，明面上要一碗水端平，传统明君行的都是外儒内法、大道为公。而雍正接班后，在行政法令、为人处世中掺杂了太多的私人感情。这就使得被偏爱者容易恃宠而骄，胆大妄为；被冷遇者则心中不服，愈加对抗。

最终，不管是他喜欢的还是讨厌的，大都不得善终。

---

①《清圣祖实录》卷271，康熙五十六年正月甲申条。
② 同上书。

第二节 罗卜藏丹津叛乱

说起来，青海叛乱还是第三次清准大战留下的后遗症。

前章节讲过，老十四曾给青海蒙古首领罗卜藏丹津画了个大饼，"取土伯特国后，自尔等之内，授以汗位"①。

仗打完了，照例要论功行赏。罗卜兄就等，等着清廷正式册封他为"土伯特汗"。可是他等啊等，从康熙五十九年（1720年）一直等到雍正元年（1723年），等得老十四都被安排去守陵了，也没等来清廷的册封使者。他自己言道："故思我等之内或有受命为汗者，今时隔三四年，仍无动静，由此看来，我等无指望矣。"②

失望归失望，这倒也不一定就能激起罗卜兄的反叛，毕竟他仍是全青海唯一的亲王。可是，由内阁班子拟定、雍正帝拍板的战后奖励清单，给罗卜兄的心头怒火浇上了整整一桶油。

根据这份清单："郡王<u>察罕丹津</u>（罗卜兄的侄子）应封为亲王；贝勒<u>额尔得尼厄尔克托克托奈</u>（罗卜兄的侄子）应封为郡王；贝子<u>巴尔珠尔阿喇布坦</u>、<u>墨尔根戴青拉查卜</u>应封为贝勒；辅国公<u>噶尔旦达锡</u>、<u>敦多卜达锡</u>应封为镇国公；<u>吹拉克诺木齐</u>亦应封为贝勒。"③

---

① 《雍正朝满文朱批奏折全译》上册，35页。
② 同上书，35页。
③ 《清圣祖实录》卷四，雍正元年二月乙亥条。

由上可见，这些仁兄没白打这一仗，爵位都提升了。那罗卜兄的奖励是什么呢？

"加俸银二百两、缎五疋（匹）"①，没了。

白干了，彻底白干了！

之前青海只有罗卜兄一个亲王，现在又多出一个亲王，还跟他同属右翼，左翼又多出一个郡王。也就是说，罗卜兄辛辛苦苦打了一仗，除了捞到几百两银子，自己的地位不升反降。他心中的怒火如同滔滔江水，延绵不绝。

此仇不报，我枉叫罗卜！

此时，康熙这座五指山已经驾崩了，老十四也走了，年羹尧新官上任，没啥威望，也不熟悉情况。可谓"天时、地利、人和"皆备，索性就反吧！

雍正元年六月十五日，青海和硕特蒙古亲王罗卜藏丹津公开反叛。罗卜兄自称"固始汗嫡孙"②，号"达赖浑台吉"，宣布放弃清朝所赐的爵位，同时要求青海蒙古其他各部首领也放弃清朝爵位，仍用旧号。

刚刚被清廷册封的两个王爷，即察罕丹津与额尔得尼厄尔克托克托奈，拒绝了罗卜兄的要求，罗卜兄就出兵打了他们。二人四战皆败，跑到甘肃境内求援。随后，罗卜兄又召集青海蒙古各部到察罕托罗海③会盟，要求其他首领尊奉他为"鄂尔齐汗"，也就是青海蒙古的大汗。

当年七月，雍正帝得知这个消息。起初，他并没把罗卜兄当回事，只是命清廷驻西宁办事大臣、兵部侍郎常寿前去斡旋，劝说罗卜兄消停点儿。

罗卜兄得知常寿前来和谈的消息，搞出了一个非常复杂的阴谋。他先是派人通知常寿去察罕托罗海谈判；再让自己的手下假扮山贼，在半路将常寿一行人绑了；随后，他再派人去将常寿等人赎了出来；接着，他向惊魂未定的常寿表示："你看，青海多可怕，没有我这么个人镇场子是真的不行啊！"

惊魂未定的常寿一脸蒙圈。

雍正帝从年羹尧的奏报中得知此事，大怒道："常寿觍颜生还，溺职已

---

① 《清圣祖实录》卷四，雍正元年二月乙亥条。
② 罗卜藏丹津的祖母是固始汗的女仆，其父是典型的庶出。
③ 今青海日月山支脉之一，位于日月山与青海湖之间。

甚！"① 白话文是这样：常寿这么不要脸，被俘了竟然不自杀，简直是强奸了自己的官职！

后来罗卜兄把常寿放了回来，一进地界他就被捆了，监禁在西安。这出滑稽的谈判就这么结束了。

既然谈不成，那就打吧。

雍正元年十月初二，雍正帝授年羹尧为抚远大将军，改延信为平逆将军，率军平定青海叛乱。

根据年羹尧的奏报，当时青海的形势是："远近风靡，喇嘛及百姓二十余万同时骚动，掠牛马，抗官兵，犯西宁。"②

用三个字来形容这份报告，那就是"真能吹"！

青海蒙古归附清廷时，康熙帝曾言道："一卒不发而收数十万众，实出望外。"③ 也就是说，当时的青海蒙古一共也就"数十万众"。青海蒙古分为十几部，罗卜藏丹津仅为其中较大的一部。满打满算，其管辖的人口能有十万就不错了。就算他再煽动十万人，凑齐二十万，然而，这二十万包括幼儿、老人、妇女等群体，把这些刨除，再把和尚、牧民都算上，能闹事的不过五六万人，其中真正的军队大概只有一万人。要知道，罗卜兄他爷爷固始汗当年征服整个青藏高原，不过才用了一万骑兵，你说罗卜兄从哪凑二十万众？

而面对这些乌合之众，年大将军初期却摆出防守阵型，即所谓的"关门打狗"。

他先是在永昌（今甘肃金州永昌县）、布隆吉尔（今甘肃酒泉瓜州县）驻军，防备叛军进攻甘肃；然后在巴塘、里塘、黄胜关驻军，防备叛军进攻四川、西藏；又让雍正帝调哈密福宁安军团进驻吐鲁番、噶斯口，断绝叛军与准噶尔的联系。

是不是感觉很奇怪？

雍正是让年羹尧去剿灭叛军，年羹尧却处处防守，仿佛只要把叛军堵在青

---

① 《清史编年》第四卷（雍正朝），55 页。
② 《清史编年》第四卷（雍正朝），37 页。
③ 《清史编年》第三卷（康熙朝）下，121 页。

海就好。而处处分兵，每一处的兵力都要足以防守叛军，这样就需要动用超过叛军数倍的力量，空耗军费。

对此，电视剧中的解释是，蒙古人是游牧骑兵，四处乱跑，所以得沿着青海边缘布置包围圈。然而，人家罗卜兄反叛后并没有"乱跑"，而是直接打到了年大将军的家门口。

十月二十七日，叛军攻打西宁（当时隶属于甘肃），根据年羹尧奏报："叛军围攻南川、西川、北川，每处有众二三千人，又胁迫当地各族百姓攻城放火，抢劫财物，烧毁民间草谷，一时遍地皆贼。"①

当时年羹尧正坐镇西宁，城内有清军五千人。在这种情况下，他竟然能够让不足万人的叛军在只损失六百余人（他自己奏报的歼敌数字）的情况下，"抢劫财物，烧毁民间草谷"，这个仗打得着实让人无语，年大将军的水平也可见一斑。同时，根据奏报中的数字来算，真正的叛军大致只有六千至九千人，证实上文所言。

十一月二十三日，年羹尧向雍正帝汇报他的进军策略，总体而言是"既攻且守"。

攻：从陕甘、漠南蒙古、四川、巴里坤、吐鲁番等地抽调绿旗兵、蒙古骑兵 1.9 万人，分别从西宁、松潘、甘州、布隆吉尔四路进兵。

守：西宁各边口及永昌、甘州、布隆吉尔、巴塘、里塘、松潘口外、黄胜关、察木多、中甸等处留兵 0.95 万人，分别驻守。②

由于这个进兵方案过于扯淡，而且根本没找到叛军主力，这里我就不贴图了。下面说说这个方案的扯淡之处。

首先，进攻、防守兵力的比值为 2∶1，这是很不科学的。通常而言，如果你决意进攻，就要集中绝大多数兵力，在正面战场对敌施压，敌人自然不敢也没机会偷袭你的后方。而年大将军所想的是"攻守兼备"，这种情况只存在于纸上谈兵之中。

其次，年大将军用于防守的兵力虽然不少，但是这些军队被分散布置在十

---

① 《清史编年》第四卷（雍正朝），44 页。
② 同上书，48 页。

几处隘口，每一处分得的兵力还不足千人，这种防守形同虚设。

比起年大将军的布阵，雍正的操作更加风骚。当时，由于雍正上台后各种搞兄弟、宠亲信，军中议论纷纷，即"拘拿诸大臣，凌逼众阿哥，纵恣隆科多、年羹尧擅权"①。客观而言，这些都是事实。

这件事被一个叫赖士的宗室听到了，就向雍正帝举报。按说，把这些造谣者抓起、教训一下就完了。而雍正却下令，将举报者的奏折、他自己的批复在西北大军中传阅，"使众各发一笑"，也就是让大家当个笑话听一听。

这叫什么？

这就叫蛊惑军心。在前线打仗的士兵、军官，总有些亲人、故旧在北京，他们中的很多人曾经跟雍正不是一伙儿的。现在，雍正清算老八一党、前朝重臣的消息传来，他们能不担心后方的故旧亲人吗？还能安心打仗吗？

而且，这个举报者赖士也够倒霉，本来打小报告这种事情是需要保密的，现在，整个西北大军都知道了……

你说以后谁还敢跟雍正说点儿小秘密？

当然，不管是雍正的蛊惑军心，还是年羹尧的排兵布阵，都只是单方面的蠢。如果二蠢合一，那才是蠢中之蠢。

清朝发兵后，六世达赖派人找到年羹尧，试图调解两方矛盾，罢兵息战。罗卜藏丹津听闻清军发兵后，也很害怕，将上文所说的常寿送回，并上表请罪。这是一个不战而屈人之兵的绝好机会。

然而，年羹尧却上疏反对言和，奏折中称："西藏之人不信我军能击败罗卜藏丹津，故两处讨好。"②所以，年羹尧认为一定要打这一仗，一定要证明清军能够击败罗卜藏丹津这个蒙古部落首领，给西藏那边看看清军有多厉害。

雍正帝则传谕年羹尧："罗卜藏丹津乃辜负国恩、与吾兵对敌之叛贼，国法断不可宥"；"与罗卜藏丹津同谋之王、贝勒、贝子、公等，既经背叛，其爵即宜削除。伊等或来归顺，或被擒获，不必更论其先曾封爵，但论其行事之轻重。

---

①《清史编年》第四卷（雍正朝），56页。
②同上书，55页。

可宽者从宽，应治罪者治罪，办理奏闻"。①

即雍正不允许罗卜兄投降，连被罗卜兄煽动入伙的其他首领也不能放过。只要是与罗卜兄商量过事的，就要削除爵位；即便是投降了，也得问罪。

雍正帝的心态是：新官上任，扬刀立威，不就是小小的叛乱吗？打就是了。让老八、老十四以及那些曾经支持过他们的大臣看看，我也会打仗！而雍正不知道的是，年羹尧坚持用兵，目的却不是为他立威，而是自己捞钱。年大将军出身进士，混迹官场多年，怎么捞钱门清。他的想法是：大炮一响，黄金万两！

下面，我们就来看看年大将军在进军过程中都干了哪些好事。

塔尔寺是青海地区最大的藏传佛教寺庙，当年老十四就曾在这里宣读康熙帝的谕旨，册封格桑嘉措为六世达赖，此地相当于青海的布达拉宫。

岳钟琪率兵占领塔尔寺后，"王景灏奉年羹尧之命，查取财物，逗留数日"②，将缴获的金银珠宝全部交与年羹尧的管家。王景灏是年羹尧一手举荐的，当时雍正帝评价道："前年羹尧曾荐王景灏，求令陛见。及王景灏来京，朕观其才具，实属可用。"③

这位被雍正帝评价为"才具实属可用"的王景灏，又率军攻打尔格隆寺。寺内喇嘛投降，王景灏表示：投降可以，需交投降费一万两白银。寺内喇嘛们凑了凑，把钱送了过去。王景灏一看，人家给得这么痛快，悔青肠子了，要少了啊！接着又说：不好意思，之前记错了，投降费还得再交一万两。寺内喇嘛们实在凑不出这么多钱，不得已再次聚众反叛。王景灏率军攻打，破寺后将全寺的金银珠宝通通收取。

总兵黄喜林率军攻打郭莽寺，所得金佛、貂皮、元狐、珠宝、金银、细缎等物装载了四十余车，交与年羹尧的管家魏之耀。④

年羹尧为了掩盖自己的罪行，下令清军所过之处，尽行焚毁。

以下内容，都是年羹尧自己在奏折中汇报的。

---

① 《清世宗实录》卷15，雍正二年正月戊寅条。
② 《清史编年》第四卷（雍正朝），56页。
③ 《清世宗实录》卷30，雍正三年三月癸亥条。
④ 《清史编年》第四卷（雍正朝），57页。

"贼众于十二日驻营哈拉直沟迎战，我军直前奋击，斩贼数千，据其三岭，毁其十寨，随沿途毁其七寨，焚其房屋七十余所"；"次日进抵郭隆寺，计前后杀贼众共六千余名，随毁郭隆寺"。①

"蒋泂率领绿旗土司及民兵，至石门寺，奋勇齐击，杀死喇嘛番贼六百余人，将寺焚毁。"②

上文说过，真正的叛军一共也就一万余人，而仅这三战，年大将军就已经杀了一万多人。可是此时叛军主力依然存在，且已向西远遁。所以，年大将军杀的到底是些什么人，就很明白了。他不仅杀人，还要烧房子、烧寨、烧寺庙。看到这里，你也应该明白为什么年大将军要兵分多路，因为这样才能形成地毯式搜刮的效果。

之前，青海蒙古在未受到清朝直接军事打击的情况下，主动归附。康熙帝大喜，认为不打仗人家就能归顺，这笔买卖做得太值了。之后，他对青海蒙古诸部着力安抚，并将部分首领子侄接入宫内教养。老十四远征西藏之时，又找诸部首领挨个谈心，笼络他们配合清军进兵。清军入藏之时，当地蒙古人、藏民都积极配合，仿佛王师天降。

而现在，清军所过之处，肆行屠戮，敲诈勒索，毁寺焚舍。这一切，都是因为年羹尧的贪虐、暴戾、无耻、奸诈！

然而，就是这么个人，雍正帝却在朱批中称自己与年羹尧为"古往今来君臣遇合之榜样"……

确实是个榜样，只不过是反面榜样。

---

① 《清世宗实录》卷15，雍正二年正月甲午条。
② 《清世宗实录》卷16，雍正二年二月丁卯条。

第三节 青海大捷和雍正帝的大清洗

年大将军捞钱是把好手，打仗可就不是他的强项了。清军这次多路出击，压根儿没有找到叛军主力。罗卜藏丹津听闻清军主力出动，自知不敌，跑到柴达木以东的<u>敖拉木胡卢</u>躲避。此地位于青海中部，前不着村、后不着店，有茫茫戈壁作为屏障，罗卜兄打算耗到清军撤退，再回东部折腾。这种仗，年大将军就不会打了。还好，他有个好副手——岳钟琪。

岳钟琪，字东美，号容斋，四川成都籍贯，岳飞第二十一世孙（第三子岳霖后裔）。同一时期，很多汉官、汉将显贵，多是因为祖上在明清战争中为清军当带路党，而岳钟琪的家族走的却不是这条路。

明末清初，岳钟琪的爷爷岳镇邦是明朝甘肃临洮卫的军户。面对天下大乱、民军四起、蒙古入侵的局势，他变卖家产，组织乡勇自卫。先击退了<u>米刺印</u>率领的民军；再生擒民军首领<u>左王三</u>。清军占领甘肃后，听闻此人名声，任命其为绿旗千总，他又随清军平定了<u>刁尔吉</u>叛乱。三藩之乱期间，他在靖逆将军张勇麾下，多有战功，升至绿旗副总兵。

岳钟琪他爹岳升龙（好霸气的名字），从绿旗千总干起，打吴三桂（在王进宝麾下）、平定甘肃、三征噶尔丹，一步一步坐到了四川提督的位置上。

有这么个好爹，岳钟琪自然少奋斗好几十年。二十岁出头，他就花钱买了个候补知府，后又弃笔从戎，出任四川松潘守将。当时的四川巡抚是年羹尧，所以他俩就走到了一起。康熙朝的驱准保藏之战，岳钟琪就在噶尔弼军中，献上了"以番攻番"的策略，成功率军进入拉萨。这次平定青海叛乱，他相当于年羹尧的副手，被授予奋威将军。现在，深入敌境、剿灭叛匪的任务，自然就落到他的身上。

青海这个地方，人口分布极不均匀。在东侧的青海湖周边，水草丰美，人口较多；而西侧的广大地区，多是戈壁荒漠，人烟稀少。通常而言，深入戈壁腹地作战，应该在春天水草丰茂时进军，减少后勤补给压力。对此，岳钟琪提出了不同的看法。

他认为：春天进军虽然有利于减轻清军的补给压力，但其实更有利于叛军。游牧骑兵的马群吃饱了草料，更容易进行大规模机动。如果清军深入，而叛军不与清军进行主力决战，选择四散而居，则清军四面皆敌。所以岳钟琪建议，对叛军放出风声，谎称清军将于四月草青后进军，而实际则于二月提前发起进攻。以精兵六千人，每人配良马数匹，昼夜兼程，长途奔袭，剿灭叛军。

雍正帝同意了这个方案，这是他在这场战争中做出的为数不多的正确判断，也是最重要的一个。

雍正二年（1724年）二月初八，岳钟琪率六千精兵出击。全军昼伏夜行，如鬼魅般在青海大草原疾驰。二月二十三日，清军在柴达木河畔遭遇叛军两千人，清军发动突袭，全歼该部叛军。从俘虏口中得知，罗卜藏丹津本部主力正驻扎在达布逊淖尔以南地区，距离清军不足二百里。岳钟琪令全军子夜进食，衔枚而进，一夜之间机动一百六十里，于黎明时分出现在叛军营地前。

此时叛军大都在睡觉，马匹处在自由放牧状态，无人看管。岳钟琪率领清军发动突袭，敌营大乱，人畜皆四散奔逃。罗卜兄的母亲、妹夫及八位参与叛乱的台吉被生擒。罗卜兄换上女人衣服，混在逃难的妇孺人群之中，才躲过一劫。之后，清军持续追击，一直追到可可西里山脉东侧方才回军。此战，清军擒获、斩杀叛军及其部众数万人，罗卜藏丹津仅率二百余人西投准噶尔。

通过此战，清帝国进一步巩固了对青海的统治。战后，清廷在青海施行盟旗制度，将青海蒙古分为四部、二十九旗；并将青海南部的土司一并整编，分为四十个行政单位。雍正帝设"总理青海蒙古、番子事务大臣"一职，执掌全青海事务，初期驻地为察罕托罗海，后改为西宁，又称"驻西宁办事大臣"。这相当于在青海设立正式的行政机构，将此地由之前的自治地区变为清帝国直接管辖地区。

第九章　进退失据，狂澜既倒

此战对雍正帝本人也有重大意义。通过此战，雍正帝巩固了地位，确立了威信。之后，他在着手施行前文所述三大善政的同时，还发起了雍正版的大清洗运动。被清洗的对象就是老八一党和年羹尧。

先说说老八一党。

在开刀之前，雍正帝做了大量的铺垫工作，举几个例子。

据驻扎科布多的清军反映，工部新制作的火器质量低劣。雍正帝以此为由，责骂分管工部的老八："今观允禩之于朕，则情如水火，势如敌国"；"其心术之险诈，诸大臣亦无与之比者"；"专务沽取名誉，邀结党羽，希图败坏政事，实为国法所不宥"。①

雍正甚至还拿出了"先帝口谕"，也就是康熙之前所说的悄悄话，雍正转述道："朕与允禩，父子之义已绝。"②

再例如，老九被折腾得看破红尘，要"出家离世"，也就是当和尚远离尘世。雍正骂道："其意以为出家则无兄弟之谊，离世则无君臣之分也。"③通俗点儿说，就算你出家了，你哥哥我还是你哥哥；就算你脱尘了，我也是皇帝，你也是臣。

除了小题大做和没事找事之外，雍正帝还大力寻找污点证人。

老八一党中有个叫<u>查弼纳</u>的人，官至两江总督，是老八的心腹之人。雍正曾先后八次下旨，让他检举老八一党，他都拒绝。

雍正四年（1726年）五月初七，雍正帝亲诏查弼纳至圆明园，再次让他当污点证人，查弼纳再次拒绝。雍正大怒，当场命人将他加九道锁链捆绑出去，免去总督职位，并威胁，如果再不招认，将累及家人。

五月初九，查弼纳熬不住了，"遵旨"供认："苏努、七十（人名）、阿灵阿、鄂伦岱、阿尔松阿结党协力，欲将阿其那（即老八）致身大位（当皇帝）。"④

这就不是盖个账房、火器低劣的罪过了，这个罪名堪称百罪之首，叫"谋

---

① 《清史编年》第四卷（雍正朝），128 页。
② 同上书，128 页。
③ 同上书，117 页。
④ 同上书，195 页。

逆",是要诛族的。

雍正帝依据这份"遵旨"说出的供词,处置如下。

(一)鄂伦岱、阿尔松阿斩立决,苏努、七十已死,掘墓戮尸,挫骨扬灰。后两者籍没家产,其子孙、妻子、家人,或发配远地,或永远禁锢,或没入辛者库牛录,给予披甲者为奴。

这里用苏努的孙子库张阿举例,说说这些被发遣、禁锢之人的遭遇。库张阿于雍正四年九月被押解至杭州监禁,当时的浙江巡抚为雍正的心腹之臣李卫。他着实"用心办事"了一把,命人将库张阿加九道锁链捆绑,囚禁于巡抚署的一个单间之内。房间全密闭,只留一个小孔负责送饭,库张阿的吃喝拉撒全在此屋内自行解决,不久之后他就全身长满疥疮。

(二)苏努、吴尔占均是宗室,被削去宗籍,他俩的子孙均除籍、改名,其有品级的女眷也一并削去品级。①

(三)阿尔松阿之父阿灵阿、纳兰明珠之子揆叙均被定性为老八同党,此时二人已死。雍正帝下令:"将阿灵阿墓碑改镌'不臣不弟暴悍贪庸阿灵阿之墓';揆叙墓碑改镌'不忠不孝阴险柔佞揆叙之墓'"②,以正其罪。

你以为你死了我就没法处置你了吗?

我可以改碑文!

(四)永远禁锢老十、老十四,也就是永久圈禁。

最后,是精神、肉体双重折腾老八、老九。

雍正帝先是将老八、老九永远禁锢,削去他俩及其子嗣的宗籍。将老八改名为"阿其那",老九改名为"塞思黑",老八的儿子弘旺改名"菩萨保"。改完名后,雍正帝令被改名的诸位亲笔把新的名字写在新的户籍本上。

让你吃屎,你还得自己动手抓。

接着,雍正帝令老八跟老婆离婚,接着又令老八的老婆自尽,焚尸扬灰。更有甚者,雍正帝把自己看不上的三儿子弘时过继给老八为子,不久之后即赐死弘时。

---

① 《清史编年》第四卷(雍正朝),184页。
② 赵尔巽等撰,《清史稿》卷287,列传七十四。

第九章　　进退失据，狂澜既倒

最后，就是古装电视剧中常见的伎俩了。老九被禁锢的当年，就在雍正的心腹大臣李绂的"精心看护"下病逝。老九病逝后第七天，老八开始腹痛呕吐，雍正帝亲谕："用心调养。"五天后，老八病亡……

即便是非老八一党的兄弟，也难逃清洗。像雍正的三哥允祉，就在雍正八年被永远禁锢，并于雍正十年死于禁所。

再说说年羹尧。

他的所作所为，我上文都说了。年羹尧失势之后，这些劣行也陆续被曝光，即"不惜番民（青海当地部族），致惊惶生事，反以降番复叛具奏。青海蒙古饥馑，匿不上闻，怠玩昏愦"[①]。

雍正三年（1725年）十二月，议政大臣、三法司、九卿会审年羹尧案，定"大逆之罪五，欺罔之罪九，僭越之罪十六，狂悖之罪十三，专擅之罪六，忌刻之罪六，残忍之罪四，贪黩之罪十八，侵蚀之罪十五，凡九十二款"[②]。

客观来说，欺罔、残忍、专擅、贪黩、侵蚀这些罪行，确实存在，但大逆（即谋反）、僭越等罪，是不太可能的。天下人都知道，年羹尧最大的后台就是雍正，没有雍正帝的破格提拔，以年羹尧的能力和水平，连犯这些罪的机会都没有，他又怎么可能去反雍正呢？

对此，雍正帝也是心知肚明，他自己就说过："羹尧谋逆虽实，而事迹未著"[③]。这个意思就是年羹尧确实要谋反，但还没有具体实施，这大概也是"莫须有"吧。所以，雍正帝对是否杀他一直犹豫不决。

当时，年羹尧在北京其父亲家里居住。雍正三年十二月初三夜，不知从哪里跑出一只老虎，跑到年羹尧家的房顶之上。第二天，九门提督亲自率兵抓捕，该虎甚为凶猛，在年府后花园里上蹿下跳，最后被乱枪扎死。

雍正帝听闻此事，说道："有此奇事乎？年羹尧，朕正法决矣！如此明彰显示，实令朕愈加凛畏（严肃的畏惧）也。朕实惊喜之至，奇！从古罕闻之事也。"[④]

[①] 赵尔巽等撰，《清史稿》卷295，列传八十二。
[②] 同上书。
[③] 同上书。
[④]《清史编年》第四卷（雍正朝），164页。

在雍正帝看来，此虎即为年羹尧的化身，绝不能放虎归山。七天后，年羹尧被赐死。

到这儿，我们就可以捋一捋了。

雍正三年，定年羹尧（曾赐匾"青天白日"）92款大罪，赐死。

雍正四年，定阿其那（老八）40款大罪，定塞思黑（老九）28款大罪，将二人永远禁锢，后二人陆续病死。又定老十四14款（还挺巧）大罪，将其永远禁锢。

雍正五年（1727年），定隆科多（曾赐匾"世笃忠贞"）41款大罪（后文再说），将其永远禁锢，一年后死于禁所。

以上五人，平均每人犯大罪43款，这要是不紧赶慢赶地犯罪，在有生之年还真的很难办到。除了上述几人之外，他们的党羽、亲属也被处以各种刑罚，牵连数千人。而在我读过的各类史料中，从未发现任何一条老八一党试图调兵谋反的实证。

一言难尽啊！

现在，青海的叛乱平息了，恃宠而骄的重臣搞死了，当年的对手也搞死了，雍正帝随后将目光转向西北的准噶尔。

第四节 一代猛人的最后运作

康熙朝末年，清、准两方角逐七年。在此期间，清帝国实控了青藏高原、吐鲁番、乌梁海等地，策妄阿拉布坦兵败图穷。然而，在康熙帝去世后，雍正帝立刻叫停西北用兵，给了策妄阿拉布坦喘息之机。

这七年，可把策妄老兄折腾地不轻。在他年少时，曾目睹过康熙是怎么搞死他叔叔噶尔丹的；到了晚年，他又亲身经历了清帝国从阿尔泰山到拉萨的四路攻击。这种经历让策妄对清帝国十分畏惧，所以在康熙死后，他着意向新君雍正帝示好。

青海叛乱时，罗卜藏丹津就曾派人到准噶尔联络策妄，请求共同出兵，策妄答复使者："小孩子家知道什么？也不曾经过中国兵马的厉害。你若动兵，凭着你吧。我是不动的了。"①。这是被康熙打出心理阴影了。

雍正帝登基后，策妄主动向清朝遣使谢罪。雍正帝答复使者："尔台吉（指策妄）今悔过引罪，朕甚嘉之。"②此后，两方保持了较长时间的和平。

然而我之前说过，策妄阿拉布坦是个超级猛人，对于之前康熙朝的窘境，他并没有忘记。为了应对可能发生的"第四次清准大战"，他做了积极的准备。

一、向西拓展战略纵深

康熙朝，准噶尔之所以能够坚持七年而不被消灭，就是因为策妄"退避三

---

① 《清史编年》第四卷（雍正朝），48页。
② 《清世宗实录》卷13，雍正元年十一月甲辰条。

舍"的战略。面对清军大范围的多路围攻，策妄利用准噶尔和西藏广阔战略的纵深，极力躲避与清军进行主力决战。清军的北路军团一度打到了今天的塔城，都没有发现其主力。这让准噶尔得以在七年之内只损失一万余军队，战后保留了四万精兵，也算是虽败犹胜了。

这一招让策妄尝到了甜头。在他看来，如果准噶尔在西方的领地足够广阔，那么就可以更好地与清军打运动战了。而准噶尔的西方，正是哈萨克汗国。

哈萨克：康熙，你……

雍正元年（1723年）早春，刚刚摆脱清军围困的准噶尔，就大举进攻哈萨克。哈萨克史料记载："哈萨克人刚刚过冬，人和牲畜都瘦弱不堪，突然遭受残酷的打击，完全失去反抗能力，陷入了被动挨打的境地，短短两三个月内，所有哈萨克人都遭受了悲惨的厄运。"①

仅至当年7月，准噶尔军队就占领了塔什干、塞喇木和哈拉穆鲁特等重镇，带回六千户哈萨克俘虏。之后的五年，准噶尔继续用兵，北边的俄国人和西边的土尔扈特人也加入了趁火打劫的队伍，哈萨克人只能不断地向南迁徙，准噶尔一度控制了锡尔河以东、撒马尔罕以北的大部分地区。

在哈萨克历史上，这场战争十分有名，有一个特定的称呼——"大灾难"。

二、北抗沙俄

在清准两方交战时，一向喜欢趁火打劫的俄国人也试图占点儿便宜，而策妄则给予其坚决地还击。康熙五十九年（1720年）五月，沙俄派出四百余人的军队进入斋桑湖，试图建立要塞，策妄派自己的儿子噶尔丹策零将其击败。

之后的康熙六十年（1721年），虽然策妄迫于清朝的军事压力，向莫斯科派出使团求和。但是当康熙帝病逝后，策妄再次展现出强硬的一面，他坚持以他爷爷当年确定的"鄂木河—鄂毕河黑岬线"作为准、俄两方边界，声明该线以南所有土地均属于准噶尔。

比较有趣的是，在彼得一世死后（1725年，雍正三年），沙俄对准噶尔的态度也发生了转变，而这种转变，源于沙俄特使在北京的见闻。

---

① 赵卫宾著《哈萨克与准噶尔政治关系史研究：1680—1745》第26页，新疆师范大学硕士学位论文（2010年）。转引自［哈］努·纳扎尔巴耶夫著《前进中的哈萨克斯坦》。

雍正五年（1727年），俄国特使萨瓦向沙俄政府报告："他（雍正帝）已把数千人迫害至死，成千上万的人惨遭掠夺，以致彻底破产。他的二十四个兄弟中只有四人得宠，其他的弟兄有的被处死刑，有的被严加监禁。"①

基于雍正帝的"残暴"（俄国人的看法）表现，萨瓦担心清帝国可能会对沙俄开战，他建议与准噶尔保持良好的外交关系，使其成为沙俄防御清帝国的一道屏障。之后，沙俄对准噶尔的蚕食活动减少，两方甚至开始进行一些民间贸易，继续着两家近百年的相处模式，即你修你的堡垒、我放我的牧。

三、大力发展火器军工

自噶尔丹时期开始，准军就缺乏野战重炮。在1716年准俄亚梅什堡战役中，准噶尔获得了一个意外收获。此战，准军抓获四百余名俄军俘虏，其中有一人叫约翰·林纳特，这位老兄的人生可谓传奇。

他是瑞典人，在瑞典与俄国的战争中被俄军俘虏，后编入俄国军队；之后，在亚梅什堡之战中，他再次被准军俘虏。由于林纳特精通开矿、冶铁，策妄对其十分重视，留他在准噶尔待了十余年。在此期间，在林特纳的帮助下，准噶尔新造了十五门小口径加农炮（4磅炮），五门小口径速射炮（类似子母铳）和二十门短身管、大口径火炮（类似清军的威远炮）。

当然，对比同时期清军装备的火炮，以上这些火炮不管是数量还是质量都显得很寒酸。前文说过，康熙一朝仅清廷中央制造的火炮就有上千门。然而，清准之间的草原大战，清朝是无法一次性向数千公里之外投送上千门野战炮的。换句话说，清朝存的钱很多，但是能用来花的很少，学名叫"流动性不足"。而准噶尔虽然存钱不多，但是都可以用来花。这样，清军的火炮优势就不像康熙朝那么明显了。

四、蚕食清准边境土地

其实呢，用"蚕食"这个词不太准确，因为这些土地是雍正帝主动"让与"的。对于领土，雍正一直秉持着一种让人匪夷所思的态度。

例如雍正五年，正在经略西南、施行改土归流的鄂尔泰上奏，安南（今越南）侵占云南开化府地一百二十里，请求出兵教训他们一下。

---

① 《清史编年》第四卷（雍正朝），261页。转引自《1619—1792年俄中两国外交文献汇编》。

雍正帝答复:"伊若肆志放纵,另有不恭不法之事。方可告神明而行征讨,今即此立界之事,只可委曲善全。"①

通俗点儿解释:不骑在我脖子上拉屎就成啊,他们占点儿地方就占点儿吧。最后,这一百二十里全部划给了安南。这大概是越南历史上对中原王朝最大的外交胜利了。

雍正对准噶尔也是一样。雍正初年,策妄阿拉布坦请求将吐鲁番划归准噶尔。在康熙六十一年(1722年)这个节点,乌鲁木齐以东地区已经被清军占领,包括吐鲁番。雍正上台后,撤回清军,这片地方就空了出来。

雍正三年,雍正帝同意了策妄的请求,将吐鲁番当地愿意归顺清朝的四五千回民移入甘肃,将此地让与准噶尔……

尝到甜头后,策妄继续上门"请求",这次他要的地方是克木可穆齐克以西的乌梁海,这个地方可是在康熙五十四年(1715年)就归附清廷了。这次雍正帝没有答应,而是与准噶尔正式划界。

史载:"今定疆界。自红郭垒至阿尔泰哈道里岭,此千里内,所有(之)巴斯库斯、索罗斯、毕汉、哈屯阿尔、古特阿尔、坦脑儿等处,为尔疆界。自哈道里以及克木之博木地方,为我疆界。自哈道里以南,由山岭至额尔齐斯,西边自厄隆古、布拉罕、哈布塔克、拜塔克直抵乌阑乌苏、罗卜脑儿、噶斯地方,即系沙碛,应自克里野以南定为我国疆界。"②

这次划界,雍正帝将部分乌梁海和之前清军占领的准噶尔东部地区,均让与准噶尔,相当于将双方的实控线恢复到了康熙五十四年的状态。

做完以上工作后,一代枭雄策妄阿拉布坦于雍正五年(1727年)去世。

现在说起准噶尔,大部分人首先想到的就是噶尔丹。但是,我认为策妄阿拉布坦比噶尔丹要厉害得多。甚至于,如果将历任绰罗斯氏统治者搞个排名的话,策妄是可以争一争第一的。这是因为,他在两个关键的节点挽救了准噶尔。

第一次是乌兰布通之战后,即便是没有策妄的反叛,噶尔丹的失败也大概率会引发准噶尔的内乱,正如也先自北京城下败退后的局面,这种以战争为导

---

① 《清史编年》第四卷(雍正朝),282页。
② 《清世宗实录》卷31,雍正三年四月己卯条。

向的政权就是如此。而内乱爆发后会有怎样的后果，乾隆朝的准噶尔就给出了答案，后文会详述。

策妄一接手，就迅速搞定了最重要的三个地理单元，并联合康熙东西夹击，使得"准噶尔发起的侵略战争"变成了"噶尔丹发起的侵略战争"，让康熙帝在两次清准大战之后再无借口发起对准噶尔的战争，使其度过了最虚弱的时期。

第二次是康熙朝末年，此时清军已经完成火器化改革，其火器数量、战术水平、战斗力、战斗经验、将领素质，以及皇帝的战略布局能力、国家的财力物力都达到了有清以来的最高点。策妄阿拉布坦明白这一点，所以他穷尽手段拉扯战场、避免主力决战，硬是熬了七年，躲过了这场灭顶之灾。

外战方面，在策妄还没当家做主的时候，就打得哈萨克痛不欲生（生擒头克汗之子）；等到他独当一面后，又相继击败了他的六叔（设伏乌兰乌苏、袭击科布多）、南疆回部、沙俄（亚梅什盐湖、斋桑泊）、和硕特汗国（奇袭拉萨）、清帝国（喀喇乌苏）、哈萨克（大灾难）。以上表现，用"武功卓著"四个字来形容并不为过。

至于他在内政方面的建树，我在前文介绍过，这里不再赘述。

策妄阿拉布坦这辈子最倒霉的地方就在于，在他执政的大部分时间内，他的对手是康熙。这就像齐天大圣遇到了如来佛祖，时也，命也。

相比而言，他的继任者就幸运多了。

第五节 兵败阔舍图

策妄阿拉布坦去世后，他的儿子噶尔丹策零接班。

噶尔丹策零，绰罗斯氏，出生于康熙三十五年（1696年），北元太尉浩海达裕的后裔，噶尔丹的侄孙，策妄阿拉布坦长子，准噶尔汗国第三任首领。

他爹可谓是忍者神龟、权谋老手，不打仗的时候处处向康熙示弱，打仗的时候退避三舍。而噶尔丹策零则完全不像他爹，倒是像极了他的六爷爷噶尔丹，属于锋芒毕露的类型。他接班后，先是以残酷的手段集权，打跑了自己的弟弟，杀死了自己的继母和她的三个女儿。之后，他一方面继续进攻哈萨克，另一方面则派遣使者到北京，扬言要在"西藏设供，广行释教，以安众生"[1]。

所谓"西藏设供"，就是要去拉萨陈设祭品。这个扬言就像楚王问鼎，其目的不在于供奉，而是要重占西藏。

内政方面，噶尔丹策零也进行了重大改革。他将准噶尔治下的卫拉特蒙古人编为三种组织，分别是"鄂拓克"、"昂吉"和"集赛"。

鄂拓克相当于"部落"，设有二十四个，合计约九万户，由噶尔丹策零直接管理。各鄂拓克呈环状分布在伊犁周边。日常管理鄂拓克的官员称之为"宰桑"，或一宰桑管理一个鄂拓克，或几个宰桑共同管理一个鄂拓克。

一方面，你可以将鄂拓克理解为八旗下的某一旗，将宰桑理解为都统、副都统，每个鄂拓克都是准噶尔首领直辖的部众，从其中征兵。另一方面，准噶

---

[1]《清史编年》第四卷（雍正朝），302页。

尔本部的贡赋、劳役和手工业品，也全部出自鄂拓克，所以其还有生产职能。

此外，准噶尔治下的乌梁海、吉尔吉斯部众，以及叶尔羌、喀什噶尔、阿克苏、和阗这南疆四城的贡赋，也交由准噶尔本部。

昂吉本为"分支"之意，设有二十一个，每个昂吉辖有数千户，总户数与二十四鄂拓克相当。其中，准噶尔本部的绰罗斯贵族领六个昂吉，杜尔伯特、和硕特、辉特、土尔扈特等部贵族领其他十五个昂吉。

昂吉可以理解为"自治部落"，他们不向准噶尔本部缴税，本部也不给他们拨款。但是，准噶尔首领有权力调动他们的军队，即"凡出师执役，无不听其汗之令"①，类似清朝皇帝与漠南蒙古的关系。

集赛设有九个，主要负责宗教事务，共有喇嘛六千余人和一万余户属民。

以上鄂拓克、昂吉、集赛所属人口，共计约二十万户，全部是卫拉特蒙古人。这是个相当恐怖的概念，前文说过，清军入关前，八旗下的壮丁一共只有十万余人。

由上可见，噶尔丹策零时期的准噶尔，是一个组织严密、人口繁盛的游牧帝国。准噶尔人口的快速增长，要归功于策妄阿拉布坦的经营。他开始大力发展农业的时间是在1697年前后，噶尔丹策零接班的时间是1727年，在此期间，卫拉特蒙古人的户口数量翻了一倍。而且中间他们还被康熙折腾了七年，不然的话，这个数字应该更恐怖。

雍正这边，听闻策妄阿拉布坦死了，就更不把准噶尔放在眼里，进兵计划迅速被提上日程。雍正帝与岳钟琪筹划进兵事项时言道："至于糜费钱粮之处，不必介意"；"凡遇一劳永逸之举，朕从不惜费，况户部库帑今岁可至五千万，斯何足虑！"②

翻译一下：打起仗来，不需要担心钱的事，现在国库存银可达五千万两，还有什么好担忧的？

雍正七年（1729年）二月十八日，雍正帝召诸王公、大臣开会，决定是否对准噶尔用兵。会上，大学士朱轼、公爵达福不主张出兵，他俩认为策妄阿拉

---

① 《清高宗实录》卷695，乾隆二十八年九月壬午条。
② 《清史编年》第四卷（雍正朝），249页。

第九章　进退失据，狂澜既倒　533

布坦虽然死了，但是其手下的猛将仍然在领军，清军"千里转饷之劳，攻彼效死之士"①，这个仗并不好打。这时，雍正的心肝宝贝张廷玉力主出兵，并推荐傅尔丹为统帅。反正他是个文官，打仗的时候不需要上阵，这时候不激动一把，更待何时？

而雍正的态度是："准噶尔在极北之区，虽得其土不足以耕耘，得其民不足以驱使，即使灭此朝食②，亦不足以夸耀武功，但留此余孽不除，实为众蒙古之巨害，国家之隐忧。"

最后雍正帝拍板，"命将兴师，以彰天讨"。③

由上可见，在雍正眼中，他爹打了几十年的准噶尔，是一个如此不值一提的小国。仿佛清军只要出动就是必胜的，类似走个过场。

当年三月十二日，清军出征准噶尔，分为西、北两路大军。

北路军的统帅为靖边大将军傅尔丹，振武将军巴赛为副帅，都统陈泰、前锋统领衮泰、都统石礼哈、副都统戴豪、公爵达福、副都统觉罗海兰为参赞大臣，以下各级军官753员，士兵2.5万人，以八旗兵为主。④该路军队定于当年五六月间进驻科布多，以此为基地攻击准噶尔。

西路军的统帅为宁远大将军岳钟琪，以提督纪成斌为副帅，有总兵五人、副将十人，以下各级军官324人，马步兵2.65万人，以绿旗兵为主。⑤定于当年闰七月先到肃州，然后进至哈密一带，择机进攻准噶尔。

应当说，雍正对这两路军队统帅的选择还是比较恰当的，傅尔丹在康熙朝就是北路军的统帅，岳钟琪则是平定青海叛乱的首功之臣，都属于作战经验丰富的将领。然而，他们都小瞧了准噶尔。

正式出兵后，清帝国的决策高层们一片乐观，大有"兵锋所指、所向披靡"的感觉。

五月初十，雍正帝检阅即将出征的京师八旗兵，作诗云："万里玉关平虏

---

① 《清史编年》第四卷（雍正朝），369页。
② "朝食"的字面意思为"吃早饭"，引申为微不足道的小东西。
③ 《清史编年》第四卷（雍正朝），370页。
④ 同上书，374页。
⑤ 同上书，375页。

穴，三秋瀚海度天兵。"①

六月初十，岳钟琪又提出"王师十胜、逆夷必败"的理论，即"天时、地利、人和"加拼凑出来的七个理由。

更有甚者，雍正八年（1730年）三月，两路大军刚刚就位，雍正帝就开始担心战争胜利后如何安插准噶尔部众，他在奏折中对岳钟琪说道："亦未有将一部落数万之众尽行剿灭之理。便移居内地，人数众多，不便处亦不可枚举。"岳钟琪则表示："如噶尔丹策零降顺，令其仍归伊犁，实有未便。"②

这会儿还没开打，就开始考虑如何处置对方俘虏，如此骄帅、骄皇帝，岂有不败之理？

而且，雍正对准噶尔的人口、体量没有清晰的概念，他认为准噶尔只有"数万之众"，而事实上人家仅卫拉特蒙古人就有二十万户、近百万之众。

噶尔丹策零这边，虽然他在年龄上比雍正、岳钟琪都小，但打起仗来却十分老辣。听闻清军动兵的消息后，他先放了个烟幕弹。雍正八年初，噶尔丹策零派出使者到达北京，表示愿意接受清廷册封，请求议和。看到对方服软，雍正就认为这场仗可能打不起来。所以当年五月，他以"准噶尔主动求和"为由，将进军时间推迟一年。而与此同时，噶尔丹策零并没有推迟攻击时间，他正在紧锣密鼓地准备着。

先说西路军方向的战况，我介绍一下岳钟琪的布局。

岳钟琪将主力军队驻扎在<u>穆垒</u>地方，此地位于今天新疆维吾尔自治区木垒哈萨克自治县境内，正好位于哈密与乌鲁木齐的中间位置，是当时清准两方的边界。为了减少修筑营垒的工程量，岳钟琪命令清军在两山之间的洼地平坦处筑城，即"筑城其中，形同釜底，又两山蔓延丛杂，受敌甚易，据守甚难"③。通俗点儿说，这是一个特别适合被敌人伏击的地方。

在这里驻扎的清军，按照岳钟琪的命令，"（除）弓箭鸟枪外，止令各带木棍一根，大刀长戟等械全无预备"④。也就是说，驻扎在穆垒的军队只带了远程兵

---

① 《清史编年》第四卷（雍正朝），382页。
② 同上书，437页。
③ 《清世宗实录》卷122，雍正十年八月壬戌条。
④ 同上书。

器，近战兵器通通没有。

同时，由于大营在两山之间，地形狭窄，无法放牧大规模畜群。岳钟琪又令穆垒大营只留两千匹马，将其他牲畜赶赴乌阑乌苏、阔舍图一带放牧。这里的乌阑乌苏并非当年策妄阿拉布坦伏击噶尔丹追兵的乌兰乌苏，而是一个地区概念，大致在穆垒与哈密之间。阔舍图这个地方是确定的，此地位于哈密正北六十公里处的阔舍图岭，清军在此设有一处卡伦（即哨所）。

自古以来，阔舍图就是哈密通往巴里坤、伊吾等地的必经之路，位置极其险要，历来为兵家必之地，岳钟琪就让几千人带着数万匹马驼在这里放牧。

综上，岳钟琪令主力部队只带两千匹马和远程兵器，在边境筑城，将军队的畜群留在了大后方的阔舍图。这个算盘的名字叫"以静制动"。准噶尔军队全部是骑兵，相比清军机动优势较大。所以，岳钟琪就在前线修筑坚固营垒，吸引准噶尔军队攻坚，逼迫对方放弃骑兵的战场冲击力，发挥清军火炮、火枪等远程兵器的优势，扬长避短。

但是，岳钟琪忽略了一个十分重要的问题，如果人家不来攻营而是直接踹屁股，该怎么办？

穆垒这个地方，南方就是吐鲁番。前文说过，雍正帝尽迁吐鲁番的亲清居民入甘肃，在当时这个地方并非清军实控。所以，穆垒相当于一个突出部，用军事术语讲就是"侧翼暴露"。

果不其然，噶尔丹策零侦知清军的布局后，决定弃蛇头打蛇尾。他亲自率领两万骑兵，于雍正八年十二月初自吐鲁番绕过穆垒的清军主力，直插后方的阔舍图，将西路军在此地放牧的近十万匹马驼抢掠大半，后勤物资也多有焚毁。防守此地的清军副将徐宗仁、守备刘贵才、刘芳雨、李国勋等阵亡。

之后，虽然总兵樊廷、张元佐率军抢回部分马驼，但是损失仍然很大。此战，清军阵亡 1798 人，失踪 1388 人，受伤 453 人[①]。此外，准军还焚毁了清军的部分后勤物资。当时正值严冬，像帐篷、棉衣等物资当地无法供给，后方补给在短时间内又送不过来，所以清军又陆续冻伤、生病 3100 余人。

以上共计减员 6700 余人，约占西路军的三分之一，并损失马驼 5 万有余。

---

① 《清史编年》第四卷（雍正朝），467 页。

这样，西路军还未出征，就在家门口被打残了。

雍正帝得知战报后，总结这场失利，认为"（西路军）但以进取为计，将马驼放牧于营盘之外，以便军行取用，而贼人之冒昧深入总未虑及"[①]。

其实根本与此无关。根据之前岳钟琪的计划，西路军共需"马四万二千余匹，运粮骆驼五万一千余头，战车三千辆，战车骡六千头"[②]。这是近十万马驼，且并非在行军途中，它们一天要啃光多少草场？怎么把它们固定在营盘之内？

所以，岳钟琪的安排问题并不大，毕竟他是把马驼放在清军的后方。而此战失利的根本原因，是雍正帝之前迁徙吐鲁番的亲清回民入甘肃，导致清军战线的南方侧翼洞开。

另一方面，噶尔丹策零是真的很会打仗，他的军事思路相当超前。以弱势的高机动兵力绕过敌军重兵防御地，突袭敌军后方辎重的套路，是战争史上的经典招数，二战德国闪击法国、113师抢占三所里，都用的这招。所以，这一仗输得不冤，因为人家确实技高一筹。

[①]《清史编年》第四卷（雍正朝），467页。
[②] 同上书，358页。

第六节 扼腕和通泊——第四次清准大战

初战失利，雍正有点儿慌了。他的第一反应是推卸责任、责备将领。他指责岳钟琪"无一良谋善策，犹存轻视贼人之见"①。

也不知道是谁先作诗的……

也不知道是谁先找岳钟琪商量战后事宜的……

雍正还嘱托岳钟琪，如果敌人再来，"总以持重敦本为主"②。也就是让他保守点儿打，这又给岳钟琪绑住了手脚。

第二反应是调兵。雍正八年（1730年）十二月，雍正帝调陕甘各地兵马约七千人，赶赴岳钟琪军前。第二年正月，他再调二千五百人给岳钟琪，又调东北驻军六千人给北路的傅尔丹。

第三反应是吸取教训，稳扎稳打，cosplay他爹的打法。

康熙朝对准噶尔用兵时，康熙帝采取的是沿边境线驻兵屯田、步步为营的打法。在此之前，雍正认为这种方法"太笨"，费那劲干吗，两路大军直捣伊犁不就完了。到这会儿，雍正才明白，他爹是英明的，准噶尔是不好打的，茫茫戈壁荒漠作战没有稳固的基地是不行的。所以，他令岳钟琪退回巴里坤、傅尔丹去科布多各筑一大城，以此为基地，稳扎稳打。

到这会儿才想起来稳？

---

① 《清史编年》第四卷（雍正朝），470页。
② 同上书，470页。

晚啦！

打仗不是下象棋，轮到你落子的时候可以想半天，人家噶尔丹策零并不给雍正重新筹划的时间。初战获胜后，噶尔丹策零谋划了一个宏大的计划。

当时，在他手下最牛的两员大将是<u>大策凌敦多布</u>和<u>小策凌敦多布</u>，以下简称<u>大策</u>和<u>小策</u>。

大策是噶尔丹策零的叔叔，之前介绍过，亚梅什堡战役、奇袭拉萨之战都是他打的，牛人。小策是噶尔丹策零的堂兄弟，他在准噶尔有个绰号，类似《水浒传》中霹雳火、入云龙，叫"墨尔根戴青"。这个称号了不得，之前有一位大名人也曾是这个"号"，那就是多尔衮。由上可见，这两位都是狠角色，噶尔丹策零的计划，就是由他俩完成的。

此时准噶尔的全部军力约为六万人，清朝的两大军团也是六万人，看起来旗鼓相当。但是，准军西边得防备哈萨克，北边得防备沙俄，它的机动兵力只有三万人左右。这就使得准噶尔在单一方向上处在绝对劣势，无法同时应对两路清军。在这种情况下，噶尔丹策零制定了一个"声南击北"的计划。

噶尔丹策零将准军机动兵力分为两部分，分别由大策、小策率领。小策先率万余骑兵沿吐鲁番机动，在清军西路军方向作战略佯动，做出准军主力进攻巴里坤和青海的战略态势，吸引清军主力向这一方向集结。随后，小策向北做大迂回，与在北方的大策主力会合，一举吃掉清军的北路军，兼并科布多和乌梁海。

雍正九年（1731年）正月初四，小策率六千骑兵袭扰巴里坤，并分兵一千，去往西域和青海联系的咽喉要道——噶斯口。岳钟琪遵照雍正帝"持重敦本"的要求，令西路军在各处固守，不予迎战。

准军出现在噶斯口的消息传来，雍正更慌了，他担心准军会进入青海。于是，他紧急在甘州、凉州、西宁三镇招募绿旗兵七千人，并发青海蒙古骑兵一万人，发科尔沁等部蒙古骑兵五千人，共同协防青海。

由上可见，雍正这是在玩命向西路军方向增兵，这就中套了。

听闻雍正帝的举动后，岳钟琪上疏：认为如果准军打到哪，清军就在哪里增兵防守，根本无法对抗其骑兵的战略机动性，徒然空耗国力。应对这种局势只有一种办法，那就是以机动对机动，你敢进青海骚扰，我就直捣你的腹地乌

第九章 进退失据，狂澜既倒

鲁木齐。所以岳钟琪请求："五月间亲率精兵一万进击乌鲁木齐，每兵给马二匹，带二个月口粮，以步兵、军兵七千继进。出其不意，乘机袭击。"① 他这是打算复刻青海大捷。

但是，因为阔舍图的失败，雍正帝对岳钟琪的指挥能力不再信任。他驳回了岳钟琪的请求，并在批复中略带讥讽地说道："既作筑城游击之计，何必在急取一时小利"；"直捣巢穴之议姑置无论，唯思万全必胜之策。"②

一次没上过战场的雍正，这是在教死人堆里滚了二十年的岳钟琪如何打仗。况且在战场之上，动态博弈，怎么可能有"万全必胜"的策略？

三月初二，岳钟琪再报：根据被俘的准噶尔士兵供认，小策的万余军队只是佯攻部队，准军主力在大策手中，共有一万五千人，目标很可能是正在科布多筑城的北路军。他建议：如果敌军攻击北路军，则西路军北上，截断其后路。如果敌军攻击西路军，则西路军固守巴里坤，待甘肃境内的新军到来后，内外夹击。

雍正帝不信，批复："（准噶尔）虽声言欲犯北路，朕料其诡计，仍欲来犯西路也，不可稍存轻忽之心。西路之师，固足抵御。敌即倾众而来，亦不可即调北路之兵。"③

四月二十三日，岳钟琪第三次奏报，已确切获悉噶尔丹策零调兵三万，由大策、小策共同率领，秘密潜入阿尔泰山区。

这次，雍正直接懒得答复了。

六月初三，岳钟琪第四次奏报：准军只有不到二千人在西路军方向，大策、小策两军已经会合，于五月初一率军三万出动，拟取道乌兰古木④，围歼正在科布多筑城的北路军，然后进犯喀尔喀。

雍正帝还是不信，批复："此系虚张声势之语。若趁七月未落雪之前侵犯北路，则伊不思归计乎？"⑤

---

① 《清史编年》第四卷（雍正朝），471 页。
② 同上书，471 页。
③ 《清世宗实录》卷 104，雍正九年三月戊辰。
④ 即"乌兰固木"。
⑤ 《清史编年》第四卷（雍正朝），487 页。

因天山以北地区阴历八月即飘雪，下雪后，大规模骑兵部队会因得不到足够的草料而无法持续机动。据此，雍正帝认为敌军不可能在这种情况下发起远征。

然而，就在雍正与岳钟琪打嘴仗的时候，北路军已经与准军主力开战了。

五月初六，傅尔丹率北路军三万一千人（中途补充东北驻军六千人）抵达科布多，开始筑城。自六月初开始，不断有准噶尔小股部队前来骚扰，傅尔丹不胜其烦。在此期间，清军抓到一名准噶尔俘虏。据此人供认，大策、小策率军三万人正往科布多而来，其前队仅千余人，驱赶马驼两万余头先行，现在已经到达博克托岭。

俘虏供认了两条信息，第一条是准军主力正在往科布多而来，这与岳钟琪提供的情报相吻合。所以，傅尔丹就认为第二条信息，即"前队千余人驱驼马二万在博克托岭"，也是正确的。于是，傅尔丹决定，亲率军队一万人前去博克托岭，先把马驼抢了再说。

博克托岭为阿尔泰山的一部分，山势险要，易守难攻。傅尔丹帐下前锋统领丁寿、侍郎永国、副都统觉罗海兰等纷纷劝阻，认为不能轻信俘虏的话，傅尔丹不听。

由于后面涉及的清军将领较多，这里我先把他们的官爵列一下，文中就不逐一说明了。但是当某人阵亡时，为尊者讳，我会写上他的官爵。

统帅：靖边大将军傅尔丹。

副帅：振武将军巴赛（公爵）；查弼纳，时任兵部尚书，即那位举发老八一党的污点证人。

侍郎（副部长）：永国。

前锋统领（前锋营指挥官，正二品）：丁寿；达福（公爵）[①]。

副都统（正二品）：觉罗海兰、戴豪、塔尔岱、马尔齐、常禄、舒楞额、西弥赖、衮布、承保、德禄。

参赞（相当于参谋，无固定品级）：苏图、马尔萨。

由上可见，这次出征的将领阵容也算是相当豪华了。

---

① 达福为鳌拜之孙。

第九章　　　　　　　　　　进退失据，狂澜既倒　　541

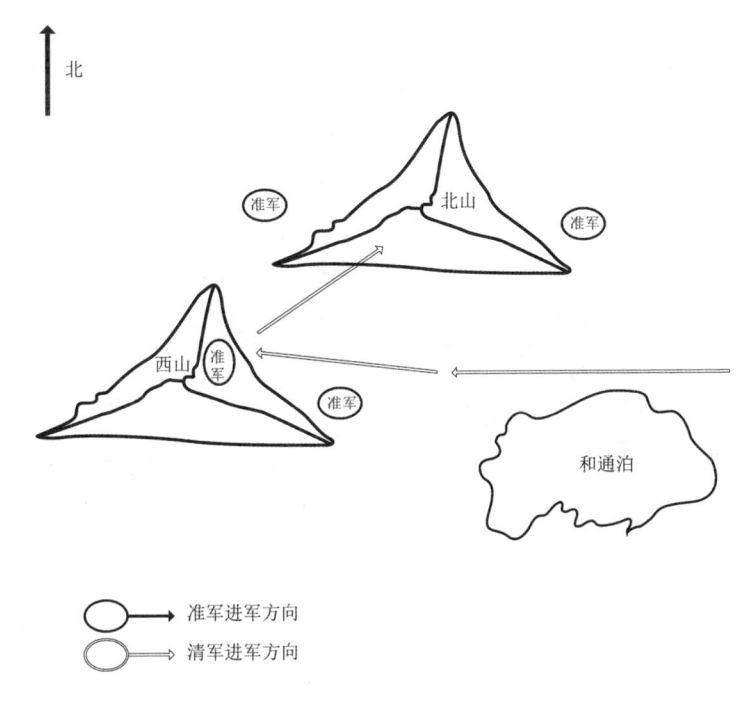

和通泊之战之一

六月初九，傅尔丹率军出发，沿途不断遇到小股准军驱赶畜群而行，清军多有虏获，仿佛俘虏的话得到了印证。但傅尔丹不是庸才，他并没有因为小胜而一路狂飙。相反，他感觉事情好像不太对，战局似乎过于顺利了。

于是，六月十七日，傅尔丹将军队分为三部分，苏图、戴豪率前队三千人先行，丁寿率中队一千五百人跟进，他自己亲率后队五千人压轴。这样的话，一旦前队遭到伏击，中队、后队就可以待机而动。

六月十八日，前队先进山，发现准军小股部队，他们上去就打，砍了四百颗脑袋；中队一听前队挣钱了，他们也急了，也跟着进了山；六月十九日，傅尔丹的后队一看前两队都没事，也就跟着进去了。

这就出事了。

六月二十日，清军在博克托岭的山林中行进之时，准噶尔伏兵突然出现，

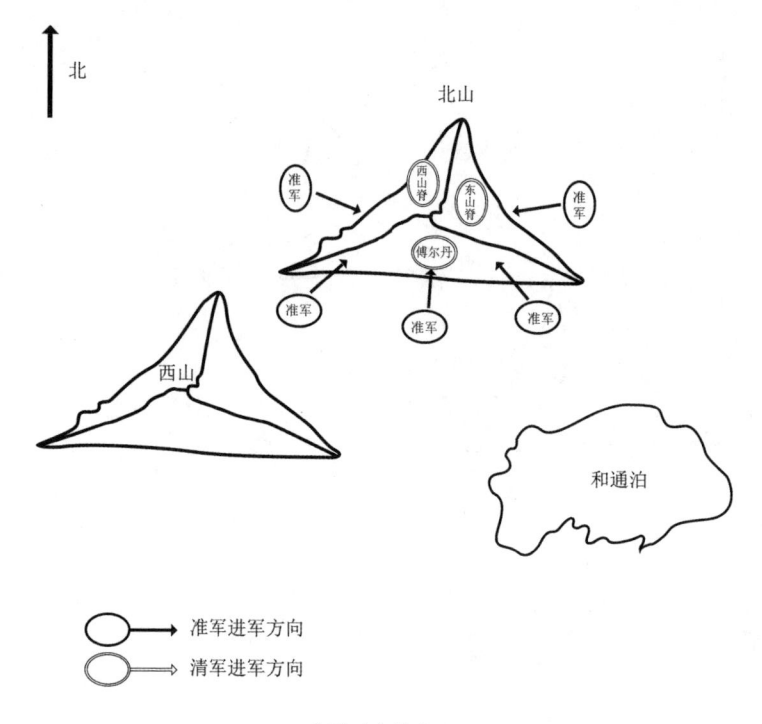

和通泊之战之二

"胡笳远作,毡裘四合,乘高冲突。"①

翻译一下:西域风格的冲锋号远远地响起在山谷之中,以毡裘做成的旗帜突然遍布山野,寂静的山林出现大批准军,他们借着山势攻击峡谷内的清军。

面对危局,傅尔丹并没有慌。他先是下令全军结营,防御准军进攻。随后,他令塔尔岱、马尔齐率军两千人攻击西山,抢占制高点,作为全军的依托。但由于山势险峻,清军未能攻克。

六月二十一日,傅尔丹率全军攻上北山。北山旁有一湖,名为"和通泊",故此战后被称为"和通泊之战"。

上山后,傅尔丹令丁寿、苏图、觉罗海兰、常禄等将领率军守卫东山脊;

---

① 《清史编年》第四卷(雍正朝),490 页。

塔尔岱、马尔齐等将领率军守卫西山脊，保护清军两翼。傅尔丹亲率清军主力居中结阵，与准噶尔军队对峙；喀尔喀蒙古军队在后阵。

当天，山岭中的准军数量逐渐增多，开始猛攻在两翼防御的清军。傅尔丹意识到敌人很可能是有备而来，正在向此方向集结，他决定突围。然而，阿尔泰山区的气候变化无常，当天骤然降下暴雨、冰雹，全军无法转移。

六月二十二日，准军继续猛攻清军两翼，东、西山脊的军队均身陷重围。在这种情况下，傅尔丹下令全军突围。此时压力最大的就是清军两翼，丁寿等人拼死抵抗，无奈寡不敌众。史载："敌围定寿（即丁寿）数重，定寿中鸟枪，犹力战，相持竟夜。敌欲生致之，（丁寿）拔刀自刭，死于阵。"①

西弥赖本来能够突围，但是当他看到丁寿等人身陷重围时，又亲率索伦兵②掉头回援。没想到索伦兵打不了逆风仗，看到准军势众，全军溃散，副都统西弥赖未能救出丁寿，拔刀自尽。当天，副都统常禄亦阵亡，参赞苏图、副都统马尔齐力竭自尽。

在清军两翼的拼死抵抗下，傅尔丹本部主力突围成功，到达和通泊北部。此时清军尚存六千余人，傅尔丹认为准军不会追击，下令全军在和通泊附近扎营休整。

六月二十三日，准军先头部队数千人自山谷中杀出，猛攻傅尔丹大营。清军中的蒙古军队登时溃散，只剩下京师八旗兵四千人结阵迎敌，斩杀准军五百余人。由此可见，就算是只有四千八旗兵，只要能够依托营垒结阵，同样数量的准军也占不了多少便宜。打完此仗，傅尔丹又重燃信心，对京师八旗兵高喊："慎勿隳家声也！"即你们好好打，别败坏了京师八旗这么多年的好名声！

然而，傅尔丹并未发觉，此时有三个对清军十分不利的因素。一是由于蒙古军队的溃散，导致清军人心惶惶；二是清军并未携带多少粮食，即便是结阵也撑不了多长时间；最后是最重要的因素，准军可不止几千人。

六月二十四日，准军主力从山谷中杀出，蜂拥而至，傅尔丹不得已，再次

---

① 赵尔巽等撰，《清史稿》卷298，列传八十五。
② 以东北当地原住民为兵源组成的八旗兵，雍正帝视其为精锐。

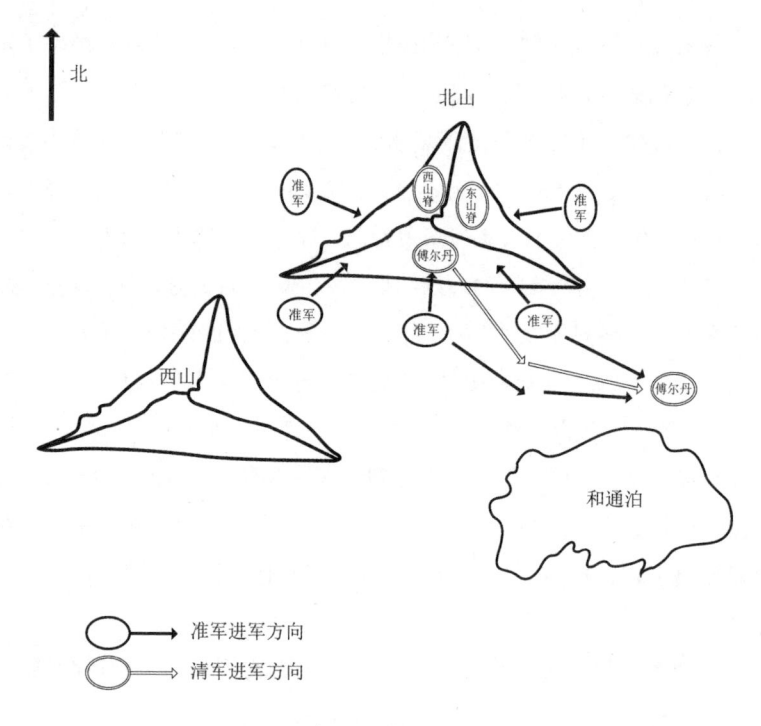

和通泊之战之三

组织清军突围。他令四千清军结成方阵,承保指挥右翼军队,马尔萨指挥左翼军队,他自己和巴赛、查弼纳居中,以塔尔岱、舒楞额、达福殿后(其实就是前锋,因为此时清军正在撤退),且战且退。在如此劣势的局面下,八旗兵还能够按照军令结阵,足见士兵素质之高。但是,这毕竟是四千人打三万人,当天,侍郎永国、参赞觉罗海兰、副都统戴豪等人均在力竭后自尽殉国。

六月二十七日,担任全军后卫的公爵达福阵亡。

六月二十八日,北路军副统帅巴赛于混战中与大部队脱离联系,力战而死。巴赛是清朝开国元勋郑亲王济尔哈朗的孙子,是宗室成员,他的腰上系着象征宗室身份的"黄带"。他被击杀后,准噶尔骑兵用他的黄带作为旗帜,四处高喊:"汝宗室为我所杀矣!"①

---

①《清史编年》第四卷(雍正朝),491页。

第九章　进退失据，狂澜既倒

查弼纳看到了巴赛的黄带，悲愤不已，高呼："颁白之年，岂可复对狱吏！"①说罢，孤身冲入敌军阵中，被乱枪刺死。

在此期间，参赞马尔萨、副都统舒楞额也相继战死。上文说过，殿后的是达福、舒楞额和塔尔岱，到这会儿前两位已经阵亡。而塔尔岱之所以没死，是因为他被俘了……

根据非官方史料记载，塔尔岱的小腿被长矛穿透，身负重伤，被准军俘虏。准军士兵用皮绳将他的腿绑住，把他塞进皮袋中，用马拖拽而行，"从容唱胡歌返"。塔尔岱趁敌不备，割断皮绳逃回。

七月初一，傅尔丹率残兵两千人回到科布多城。诸将归营者仅有副都统德禄、承保、塔尔岱，其他所有副师级以上的军官，除归化城副都统衮布投降外，剩下的全部死在了战场上。

此战，清军阵亡、被俘八千余人，战后准军进入科布多，当地一万余名蒙古人被迫归附准噶尔，之前康熙帝在此经营了二十余年的心血付诸东流。

好啦，又到了总结的时间了。

阔舍图、和通泊这两战，清军合计损失军队近二万人，损失马驼五万有余，是清朝建国以来最大的外战失败。

具体到战术指挥上，两位统帅的问题倒不是太大。岳钟琪失败的原因我上文说了。北路军方面，傅尔丹虽有"冒进"的过失，但是人家在康熙朝也这么干过，带着八千人深入到塔城，照样全身而退。而且在和通泊之战中，他能够沉着应对，从无法挽回的败局中强行找出一条生路，这个表现至少是及格的。他唯一的问题在于，在和通泊湖畔休整了一晚。但是就算不休整，以准噶尔骑兵的机动优势，要追上清军也不难。清军中、高层将领也没有太大的问题，危局之下，他们表现出了惊人的决心和毅力。

既然统帅、中高层军官都没有问题，那么问题出在哪呢？

当然是我们的雍正皇帝，他的表现我上文都说了。而且，噶尔丹策零也着实是个帅才，打仗的套路既诡且狠。

七月二十四日，傅尔丹奏报：准噶尔兵退回阿尔泰山以西。雍正帝听闻后

---

① 赵尔巽等撰，《清史稿》卷298，列传八十五。

欣喜若狂，在李卫的奏折上朱批："此次贼之即回，甚为奇异，实出意望之外，乃上天再造之恩也。"①

如此耻辱之败，雍正竟然还会有"意望之外"的感觉……

然而，这并不是终点。接下来，雍正帝更让人无语的操作会继续上演。

---

① 《清史编年》第四卷（雍正朝），494 页。

第七节 进退失据的雍正皇帝

虽然阔舍图、和通泊这两战清军损失较大，但当时的局面并不算太坏。

西路军方向，听闻北路军发生战事，岳钟琪并没有坐观成败，而是亲率一万军队向准噶尔腹地出击，试图牵制准军，并切断敌军退路。此次出击，西路军先后两次击退数千准军，并于雍正九年（1731年）七月二十三日到达乌鲁木齐周边，距乌鲁木齐仅两日路程。

北路军方向，傅尔丹军团在科布多城内仍有士兵1.59万人，且该城的修建工作已大半完工，周长十二里，完全可以作为基地防御准军可能的东进。

然后，这两路大军就接到了雍正帝的谕令。

令岳钟琪军团："略行游击即撤兵回营（巴里坤）。"[①]

令傅尔丹军团："将科布多驻防兵丁悉行撤回，令于察罕叟尔、扎布韩等处驻劄。"[②]

也就是说，雍正帝让即将打到乌鲁木齐的岳钟琪军团后撤五百公里，回到巴里坤；让傅尔丹军团后撤四百公里，退到察罕叟尔[③]驻扎。这次退兵后，整个科布多内再无清军驻守。

这叫什么？

---

① 《清史编年》第四卷（雍正朝），495页。
② 《清世宗实录》卷108，雍正九年七月庚辰条。
③ 察罕叟尔位于乌里雅苏台以南，在科布多以东四百公里处。

这叫被打怕了，认怂了。

在雍正看来，打仗这种事情，就像小孩子过家家，打不过对面，服个软就完事了。我把整个科布多、乌梁海都让给你，你也给我个面子撤军吧。

但是，打仗并不是过家家。人家孙子老先生说过："兵者，国之大事，死生之地，存亡之道，不可不察也。"战争一旦开始，没有某一方头破血流、跪地求饶，是很难结束的。

在清军全线收缩后，噶尔丹策零步步紧逼。

雍正九年九月初六，尚未从科布多撤走的傅尔丹奏报："敌军距科布多五十余里，声言攻取察罕叟尔，在杭爱（山脉）过冬。我军已将马匹、牲畜收入科布多城中固守。"① 由此可见，因为雍正帝的撤退命令，在科布多的清军都在准备搬家。准军距城仅五十余里，竟然没有人出去抵抗。

到这会儿，雍正才明白，原来自己服软也不好使，人家该打还是得打。接着，在不到半个月的时间内，他紧急采取三项措施。

（一）命锡保、丹津多尔济②二人领兵防守察罕叟尔，但不可轻易离营出战，以保护军需物资、马匹为第一要务。

（二）任命大学士马尔赛③为抚远大将军，率军支援北路军。马尔赛率军出征后不久，雍正帝又命他暂缓行进，先派人去库伦（今乌兰巴托）接上哲布尊丹巴，送去多伦诺尔。雍正为防准军将喀尔喀活佛劫走，特意如此安排。然而，此时哲布尊丹巴所在的库伦，距准军攻击的科布多尚有一千七百公里之远……

（三）在内蒙古作总动员。雍正帝诏谕内蒙古四十九旗："朝廷两路出兵，皆为尔内外蒙古。喀尔喀乃尔等之屏障，不可置之度外。王台吉与弁兵等果能出群效力，自从优议叙，赐与世袭'巴图鲁达尔汉'之号，使令名垂于永远。"④

如果要评价一下这三个举动，那就是都比较蠢。

第一个，让前线士兵不要出击，在营内固守。茫茫草原作战，遍地都是准噶尔骑兵可通行的道路，在营内固守如何阻拦敌军？

---

① 《清史编年》第四卷（雍正朝），498页。
② 曾率军攻打色楞格斯克的西第什里（土谢图汗察珲多尔济之弟）之子。
③ 康熙朝平定王辅臣叛乱的图海之孙。
④ 《清史编年》第四卷（雍正朝），498页。

第二个，准军还没进喀尔喀地界，就先把喀尔喀活佛接到内蒙古，这不是摆明了告诉蒙古人，清军大概率守不住喀尔喀吗？这不是赇等着喀尔喀各部不战自溃吗？

第三个，从皇太极时期开始，清朝皇帝调动漠南蒙古各部军队，向来是说一不二，雍正有什么必要做这样的总动员呢？这不是明摆着告诉各部落首领：我们快不行了，你们要奋力自保吗？

综上，第一阶段作战失利之后，雍正帝彻底慌了。由于他要求清军各部"固守营盘"，所以清军实际上只控制着"科布多至察罕叟尔"这条线，其他广阔的草原则任由准噶尔骑兵驰骋。而内、外蒙古诸部，则因活佛迁入内地和雍正的总动员令，均人心惶惶。

在这种危局下，雍正九年八月中旬，噶尔丹策零派遣大策、小策率军两万四千人，对喀尔喀发起全面进攻。准军先打科布多城，清军坚守不出；再打察罕叟尔，清军还是坚守不出。这时，大策、小策就开始琢磨了，我们作为强盗，行动目的好像不是攻打警察局，而是抢啊！

之后，准军以三四千人为一队，分散攻击喀尔喀各部。一时间喀尔喀大乱，重现了之前噶尔丹入侵时的惨剧。由于没有清廷将领统一调遣，各部首领茫无头绪，很多部落直接放弃抵抗，抛弃牲畜、辎重，向内蒙古迁徙。之前已经降清的辉特部公爵巴济，更是直接投降准噶尔，引领准军劫掠。

到这儿，雍正帝更慌了，局势如此，他竟然临阵革去马尔赛的抚远大将军之职，理由是："（马尔赛）即行调遣，甚属背谬。所探军情不确，办事亦甚含胡。"①

此时的局势，比当年噶尔丹东侵时更加危险。当年噶尔丹虽然曾深入漠南蒙古腹地，但那是康熙帝有意诱其深入，让其形成强弩之末之势。在噶尔丹深入之前，康熙就已经布置了两路大军围困，布局完备。而现在，雍正帝完全没有布局可言，只是不断告诉前线将领"固守"。

国难思良将，时艰念净臣。大厦将倾之际，力挽狂澜的人登场了。

策棱，博尔济吉特氏，喀尔喀蒙古人，黄金家族后裔，家族世代游牧于塔

---

①《清史编年》第四卷（雍正朝），501页。

米尔地方①，隶属于土谢图汗部②。

康熙朝，噶尔丹率军入侵喀尔喀，策棱的家园惨遭蹂躏。当时的策棱还不到十岁，就目睹了准噶尔军队在自己家乡杀戮、劫掠的暴行。自此，他与准噶尔结下了血海深仇。可是，当时的策棱小朋友既没办法保卫家园，也不能上阵杀敌，他首先需要考虑的是逃难。

这时，康熙帝向他的部落张开了怀抱。策棱在祖母的带领下，跑到漠南蒙古边境地区避难。这里有康熙帝为他们划定的临时牧场，有清朝官仓提供的赈济粮米，还有清军驻扎负责保护他们。

康熙三十一年（1692年），康熙帝在北京接见策棱，授其三等男爵，并留他在北京宫廷中抚养，与众皇子一起读书、骑马、射箭。

康熙四十五年（1706年），小策棱已经长成为蒙古汉子，康熙帝将女儿和硕纯悫公主嫁给他，赐其爵位"贝子"，命他重回塔米尔，担任部落首领。临行之际，策棱跪伏良久，痛哭流涕。

在当时，喀尔喀牧民闲时为牧、战时为兵，以冷兵器弓弩为主要武器，缺乏严格的军事训练，战斗力较弱。回到本部落后，策棱效仿八旗军的编组模式，从部落中挑选一千名壮丁，以自己在北京学到的战法训练他们。即"锐自磨厉，练猛士千，隶帐下为亲兵。又以敌善驰突而喀尔喀无纪律节制，每游猎及止而驻军，皆以兵法部勒之，居常钦钦如临大敌。"③

康熙五十九年（1720年），康熙帝大举征伐准噶尔，策棱率本部军队加入傅尔丹的北路军。之后，他"屡破准噶尔，获其宰桑贝坤等百余人，俘馘甚众；战乌兰呼济尔，焚敌粮；师还，道遇准噶尔援兵，复击败之"④，前后三次立功，其爵位也从贝子升为郡王。

然而，雍正帝登基后，策棱却担任了一个并不光彩的角色，甚至可以称其为民族罪人。

雍正帝在对准噶尔正式用兵之前，决定先划定中俄在喀尔喀地段的边界。

---

① 位于今天蒙古国后杭盖省境内。
② 其部落为当年顺治帝册封的八大札萨克之一"丹津喇嘛"。
③ 赵尔巽等撰，《清史稿》卷296，列传八十三。
④ 同上书。

雍正五年（1727年），中俄双方开始谈判，清朝的谈判代表为隆科多、策棱和图里琛。隆科多为首席谈判代表，策棱为喀尔喀地方代表，图里琛为雍正帝的心腹近臣。俄方的全权谈判代表叫萨瓦。

当时，沙俄实控色楞格斯克，清帝国实控恰克图，按照国际惯例，边界应该取双方实控地的中间线。如果再要深究，沙俄对色楞格斯克的控制历来不为喀尔喀蒙古人所承认。康熙朝时，土谢图汗部就曾多次出兵，攻打沙俄的色楞格斯克、通金斯克等据点。所以，色楞格斯克在蒙古人眼中属于违建一类，该城所在的地方历来为蒙古人的辖区。

隆科多曾长期在理藩院任职，有丰富的外交经验，也熟知喀尔喀与沙俄的恩怨；他的伯父佟国纲曾参与过尼布楚谈判，他的家族对俄国人也比较了解。可以说，让隆科多担任首席谈判代表，是非常合适的。

在谈判前，隆科多实地勘察了俄喀边境地区，要求沙俄归还侵占中国的大片蒙古土地，态度十分坚决。隆科多的强硬态度让俄国人很头疼，在俄国人看来："隆科多对俄国朝廷明显地心怀不善"；"似乎想把俄国赶出黑龙江流域，或者最低限度收回被俄国蚕食的土地，把边境划定在色楞格斯克与波尔河之间"。[①]

然而，俄国人实在是低估了隆科多的胃口，他想要的地盘比俄国人想象的还要多。隆科多的方案即康熙帝当年所设想的喀尔喀北界，"东自户轮贝尔、鄂嫩巴尔济，北至色冷额河"[②]。

"户轮贝尔"即为呼伦贝尔草原，"鄂嫩巴尔济"即为铁木真的兴起之地鄂嫩河；"色冷额河"即"色楞格河"，发源于杭爱山脉，流域广阔，支流众多，注入贝加尔湖，沙俄的色楞格斯克据点就因建在该河河畔而得名。

按照康熙帝的设想，呼伦贝尔草原、鄂嫩河流域、色楞格河流域，均应为喀尔喀的游牧之地。按照此方案，部分中俄边界就会以贝加尔湖为界，是相当有利于中方的。但是，这个方案将俄国人已经建成的色楞格斯克、乌丁斯克等据点划入中国领土，萨瓦是断然不会同意的。

一看谈不拢，俄国人又露出狡猾且无耻的一面。一方面，萨瓦命西伯利亚

[①]《清史编年》第四卷（雍正朝），269页。
[②]《清圣祖实录》卷191，康熙三十七年十二月辛亥条。

全体俄军进入战备状态，并致书边境附近的蒙古部落，声言要开战。另一方面，萨瓦派人到北京，贿赂清廷传教士巴多明和内阁大臣马齐（雍正曾赐匾"朝之隽老"），让他们整倒隆科多。前者受贿一百卢布，后者受贿一千卢布，当时的一卢布约合 0.67 两白银①。

要说呢，马齐作为内阁班子成员，本不会对这几百两银子动心。但是，因为隆科多也是班子成员，搞倒隆科多对他而言就相当于少了一个竞争对手。

此外，当时雍正帝十分厌恶隆科多，在其出发谈判前，雍正就曾对内阁言道："隆科多（此次划界）若心怀叵测，思欲偾事，所定边界不合机宜，于策妄阿喇布坦、鄂罗斯地方生事，朕必将伊治罪。"②这其实就是在对内阁暗示，你们可以找一些黑材料，好让我有由头治隆科多的罪。

所以，这次行贿很快就有了效果，一群言官参劾隆科多"私抄玉牒、存于家中"。当年六月初八，雍正以此为由，下令将正在谈判的隆科多革职拿问。议政大臣们纷纷谏言："应俟办完鄂罗斯疆界事件，（再）将伊革职。"可是雍正帝已经急不可耐了，他说道："尔等所议俟隆科多办完鄂罗斯之事，再行拏回，甚非朕意。鄂罗斯事件，最易料理。将隆科多调回，令其速来。"③

在雍正看来，跟俄罗斯谈判划界这件事很简单，是个人都能干，当务之急是要治罪隆科多。大概你还记得，之前雍正称隆科多为"当代第一超群拔类之希有大臣"，赐匾"世笃忠贞"……

这样，隆科多下狱后，原谈判第二代表策棱就成为首席代表。策棱是个武夫，根本不懂外交谈判。但他也不傻，当看到俄国人剑拔弩张的态度时，策棱就准备了三百精兵，准备带到谈判会场保护清朝代表团。但是，当时的雍正已经迫不及待地要对准噶尔动手了，他十分想要快速结束中俄谈判。所以，在谈判期间，他传命喀尔喀各部，不得向俄罗斯"作无理举动"。

这样，图里琛就不同意策棱带着武装部队去谈判。这件事也从侧面反映出，策棱虽为名义上的首席谈判代表，但事事都得听命于雍正的近臣图里琛。接下

---

① 参考《清史编年》第四卷（雍正朝），269 页。
② 《清世宗实录》卷 40，雍正四年正月甲寅条。
③ 《清世宗实录》卷 58，雍正五年六月癸巳条。

来的正式谈判，手无寸铁的清朝代表团就碰到了由步兵一千三百名、骑兵一百名作护卫的俄国代表团。这要是能签个平等条约，那就见鬼了。

当年七月十五日，中俄双方代表在布尔河畔签订了《布连斯奇界约》。根据这个条约，之前清朝实控的恰克图旧城、额尔沟河源地区、有争议的萨彦岭外乌梁海和铁木真出生的鄂嫩河大部分，都划给了俄国人。

条约签约后，俄国人欣喜若狂，萨瓦在给本国政府的报告中说道："边界的划分十分有利于俄罗斯帝国"；"大量空旷的蒙古土地现在并入了俄罗斯帝国的版图"；"有的地方扩大了几天行程的面积，有的则扩大了几个星期行程的面积"。①

而代表清朝签字的人正是：策棱、四格、图里琛。

《清史稿》记载，条约签订后，策棱于边境"陈兵鸣炮"。现在几乎所有人都认为，这是策棱在边界划定后所进行的"庆祝活动"。可是，策棱作为土谢图汗所属的一部，怎么可能不知道当年色楞格斯克的那场血战？怎么可能不知道俄国人之前杀了多少蒙古人？现在，他亲手把蒙古人的故地划给了俄罗斯，这有什么好庆祝的？所以，我认为这是一种心中愤懑而无处宣泄的表现。

接下来，就是雍正朝的清准大战了。

---

①《清史编年》第四卷（雍正朝），279 页。

第八节 额尔德尼昭——第五次清准大战

前文说过，准噶尔军队进入喀尔喀后，分散劫掠。准军统帅大策、小策的大营，扎在<u>苏克阿尔达胡</u>地方，此地正位于策棱的地盘塔米尔附近。

当时，负责这一防区的是驻守察罕叟尔的清军将领锡保，由于雍正帝"固守营盘"的命令，锡保并没有令城内的清军出动，而是派出城内的喀尔喀部落首领丹津多尔济，会同自塔米尔出发的策棱，带领各自部落的军队，共同对准军发起攻击。

锡保的意思也很明显，让当地蒙古部落首领去打，打赢了他就报功，打输了就把责任推到这二人身上，反正他们带的也不是清军正规军，不算作北路军的损失。谁能想到，正是这个目的不纯的命令，成为第五次清准大战的转折点。

策棱与丹津多尔济合兵后，于雍正九年（1731年）九月二十一日先以六百人夜袭准军大营，砍杀一番后就跑。由于之前异常顺利的进军，准军统帅大策、小策均没有把这支蒙古军队放在眼里，他们毫不犹豫地派出三千人追赶。策棱早就料到了这一点，他在<u>鄂登楚勒</u>提前设伏。九月二十五日，准军追兵杀到，丹、策二人率军"伏兵突击，斩其骁将，余众惊溃"[①]，准噶尔将领<u>喀喇巴图鲁</u>被斩杀。

此时大部分准军都在四散抢劫，大策、小策身边没有多少军队。听闻战报后，他俩误认为是清军主力出动，吓得屁滚尿流，连夜逃窜，直接越过阿尔泰

[①] 赵尔巽等撰，《清史稿》卷296，列传八十三。

山返回准噶尔。

这一战的规模并不大,清军的战果仅为"擒斩数百人",史料中也没有详细描述战况。然而,此战的意义却十分重大。

这是自雍正八年(1730年)清、准两家正式开打以来,清军第一次在千人以上规模的战役中击败准军。战后,雍正帝奖励丹、策二人白银各一万两,并将策棱的爵位由之前的"郡王"提升为"亲王"。此外,雍正帝还令喀尔喀诸部军队均听从他俩的号令,并调拨部分京师八旗兵归他们指挥。

在平定青海叛乱和本次清准大战中,雍正帝虽然做出过很多愚蠢的决定,但是在关键人物的选用上,他做得一直不错。平定青海叛乱他用了岳钟琪,清准之战他用了策棱。

当然,就当时的总体形势而言,战局依然没有多大改观。由于雍正各种"固守营盘"的命令,各路清军统帅都在消极避战。

例如雍正九年十月,准噶尔兵四五百人劫掠西路军防守的无克克岭,岳钟琪以雍正前谕"固守"为由,称自己"断不敢贪功妄动,有负委任"①,令清军坚守不出,未追击敌人。

消息传来,雍正帝大怒,斥责岳钟琪:"离营不过二、三百里,而不能保护马匹,仍听贼徒肆行无忌,大将军与数万官兵,未知所司何事?"②

此事就是当时所有清军将领处境的缩影。一方面,雍正令他们固守,不得贸然出击;另一方面,他们一旦有了小的损失,雍正就会责骂、处罚。这正应了那句歇后语:武大郎吃砒霜——吃也是死,不吃也是死。

在这种尴尬的局势下,很多高官陆续被雍正帝处罚。

同年十一月,北路军撤到察罕叟尔后,雍正帝将主帅傅尔丹、副帅陈泰革职,由锡保接任"靖边大将军",担任北路军统帅。雍正还命令之前的两位大将军,即傅尔丹(靖边大将军)和马尔赛(抚远大将军),统归锡保节制。让被免职的两位前任听接班的现任指挥,你咂摸咂摸,锡保的内心是十分痛苦的。

雍正十年(1732年)正月,西路军副帅石云倬被革职,后被处以斩监候;

---

① 《清史编年》第四卷(雍正朝),503 页。
② 同上书,503 页。

当年七月十四日，西路军统帅岳钟琪被革职，雍正帝以查郎阿为新任"宁远大将军"，接管西路军。

就在这一片混乱之中，雍正十年七月，噶尔丹策零亲自领军三万出阿尔泰山，再次入侵喀尔喀。

面对准军的进攻，北路军新任统帅锡保决定兵分三路堵截。一路是察罕叟尔方向，由锡保本部的一万军队防守；一路是厄得尔河源方向，由丹津多尔济、策棱率领一万八千人防守；一路是扎克拜达里克城方向，由马尔赛率本部军队万余人防守。

锡保的布局，虽然依旧是立足于守，但相比之前仍然有很大进步，至少这次清军守的是一个"面"，而不是一条"线"。然而，准军的行动速度仍然超出了锡保的预期。在策棱、丹津多尔济到达指定地域布防之前，准军就已经渡过厄得尔河，直扑喀尔喀腹地。

由于上次在塔米尔附近吃了策棱的亏，所以这次噶尔丹策零决定，突袭策棱的牧地塔米尔作为报复。准军随即"分兵袭塔密尔，掠策棱二子及牲畜以去"①。

消息传来，策棱彻底怒了。在他年少时，家乡已经历过一次浩劫；在他成人后，家乡却再遭浩劫。当国仇与家恨结合到一起时，往往会爆发出几何倍数的能量。策棱当即扔掉帽子，割下头发，向天盟誓：此仇不报，不复冠戴，枉为男人！

接着，策棱也不管什么鸟大将军的布防命令了，而是直接派人去告诉锡保：我要率军去揍准噶尔人，你派出一支军队堵截准噶尔败军的退路。

锡保听到这个消息，蒙了。经过之前一系列的败仗，在当时清军将领的眼中，准军几乎是无法被击败的。而策棱和丹津多尔济手下只有不到两万人，大部分还是战斗力不太猛的蒙古部落军队，要想打败三万精锐的准军，简直是天方夜谭。所以，锡保并没有把策棱的话当回事。

当年八月初，策、丹二人率军追上了在塔米尔劫掠后的准军。准军因携带掳掠的众多人口、牲畜，行进十分缓慢。策棱也不管什么阵法不阵法，见面后

---

① 赵尔巽等撰，《清史稿》卷296，列传八十三。

冲上去就砍，两天之内追着准军的屁股打了十次小仗，准军一直没有机会结成阵型，次次皆败。

八月初五，策棱撵着准军进入额尔德尼昭。在这里，噶尔丹策零终于稳住了阵脚，他集结军队、摆出阵型，等着策棱来攻。策棱二话不说，就要前去攻打，但是跟他同行的丹津多尔济不干了。丹津老兄认为，之前的胜利是因为准军受制于掳掠的人畜，军阵不整，这种胜利是偶然的。现在人家列好了阵型，此时再去攻打，不是擎等着送死吗？所以，他拒绝与策棱合兵进攻。

此时的策棱已是心如铁石：你不去，我去！接着，他率领愿意跟随他的一万余士兵去攻打额尔德尼昭。

额尔德尼昭，又称光显寺，活佛哲布尊丹巴的坐床处，相当于喀尔喀的布达拉宫。此地东南方有延绵的山脉，山脉西北侧是鄂尔坤河，光显寺即矗立在山脉与河流之间的狭窄平地上。噶尔丹策零依山设阵，以骆驼、岩石作为火枪兵的依托，试图引诱策棱攻阵，发挥准军的火器优势。

策棱的军队大部分是冷兵器轻骑兵，只有少数是装备了火枪和子母铳的八旗火器营兵。面对这种局势，策棱制定了一个相当细致的作战方案。

他亲自率蒙古骑兵主力在鄂尔坤河下游提前渡河，埋伏到准噶尔军阵北侧的山岭之中；令少数蒙古骑兵原地待命；令千余名八旗兵持火器、拒马器械等，到准噶尔军阵前列阵迎敌。最后，他嘱托各路军队：听到胡笳的声音就开始行动。

双方刚刚开打，八旗兵就假装（其实不假装也打不过，一共只有千余人）不敌，沿河向西南方向撤退。噶尔丹策零不假思索，命令全军出击，追击这股清军。准军冲锋时，会吹响胡笳，也就是西域风格的冲锋号。这时，战场北侧的蒙古骑兵主力听到胡笳的声音，开始出动。

由于沿河地段地势狭窄，两万多准噶尔骑兵无法完全展开。同时，八旗兵在逃跑途中设鹿角拒马工事拦阻，更加迟滞了敌军骑兵的进攻。这样，两万多准军骑兵，就拥挤在狭窄的河岸低地之中。

同时，战场北侧的蒙古骑兵主力从侧翼冲击准军在山坡上的空阵，烧毁其的辎重、器械。接着，他们自山坡上冲向拥挤在河岸的准军，"如风雨至，斩万

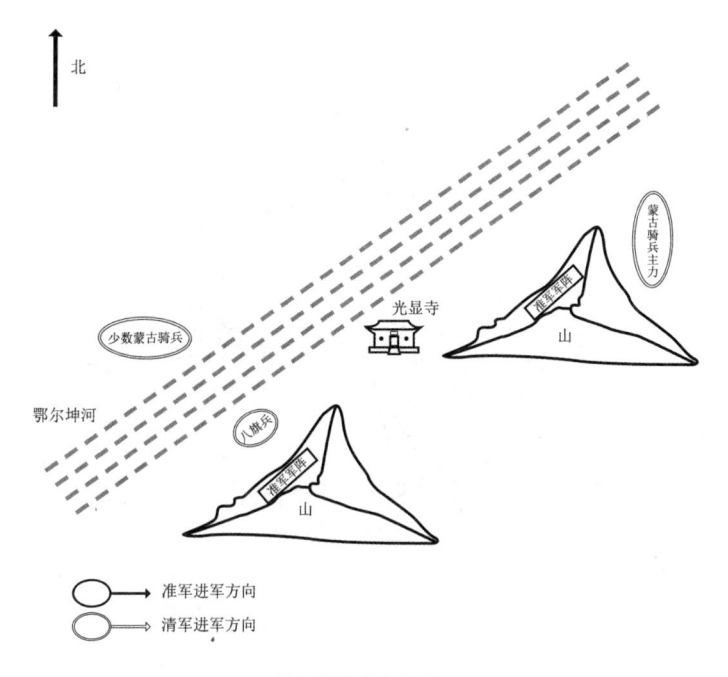

第九章　　　　　　　　　　　　　　　　进退失据，狂澜既倒　　559

额尔德尼昭之战之一

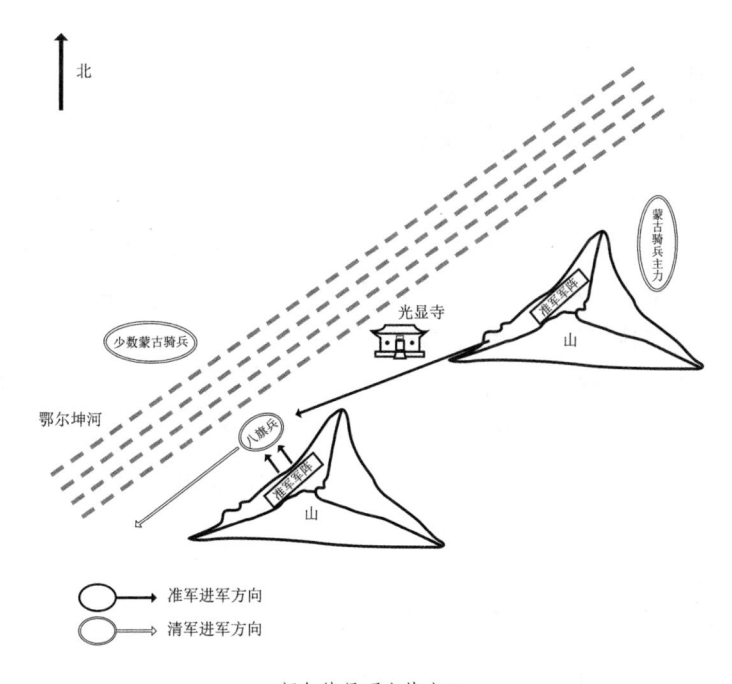

额尔德尼昭之战之二

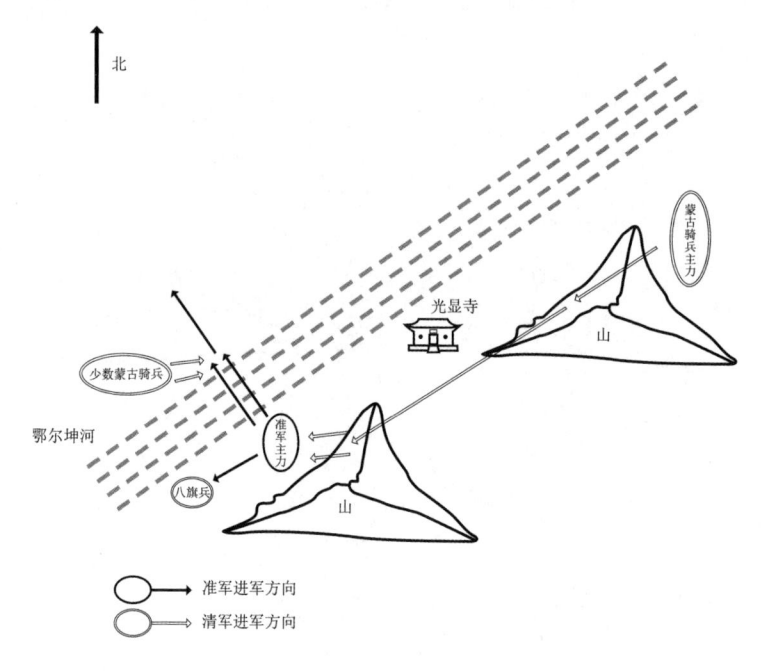

额尔德尼昭之战之三

余级,谷中尸为满,获牲畜、器械无算。"①

噶尔丹策零只好率残部渡河逃跑,而在他们泅渡之时,却又遭到河对岸蒙古骑兵的射击。这是典型的"击其半渡",准军"多入水死,河流尽赤"②。噶尔丹策零率残军拼死突破河对岸的防御军队,渡推河、拜达里克河向西逃窜。

在额尔德尼昭之战期间,丹津多尔济、锡保、马尔赛等清军将领均在观望。直到确切得知策棱打赢了,锡保才命令马尔赛率军堵截败逃的准军。马尔赛接到锡保的命令后,以雍正帝前谕"固守"为理由,拒绝出兵。而当时,准噶尔残军正在经由他的防区向西撤退。马尔赛所部"将士登城,见敌骑沿城过,皆烧荒以绝追兵,无复行列"③。城中诸将皆请求出兵,副都统傅鼐更是跪求,马尔赛

---

① 赵尔巽等撰,《清史稿》卷296,列传八十三。
② 同上书。
③ 《清史编年》第四卷(雍正朝),537页。

仍然不予发兵。

想想也不难明白此时马尔赛的心态，本来自己是大将军，上任不久就被雍正给撸了，换成了锡保。现在锡保命令他进兵，他心里能服气吗？所以，正好拿着雍正的命令作挡箭牌。

八月十三日，傅鼐等人不顾马尔赛的军令，率军出城追击准军残兵，马尔赛不得已同行。之后，清军虽然斩杀敌军千余人，但准军诸首领早已在前队飞奔而过，逃回阿尔泰山。至此，额尔德尼昭之战结束。

此役，策棱以一万余兵力，重创准噶尔三万军队，仅斩获首级就达一万余个，准军落水者、半路被截杀者又有数千，元气大伤，短时间内再也无力对喀尔喀发起大规模进攻。

第九节 额尔德尼昭战后诸事

先说说战后一众参战将领的结局。

马尔赛，雍正帝怒斥他说道："自古以来，如此背负国家者，史册亦为罕靓"；"不念伊祖积累之旧，在国为叛臣，在家为逆子，不忠不孝，莫此为甚。此皆朕乏识人之明，误用匪人"。① 雍正帝将马尔赛的绥远将军、领侍卫内大臣、公爵等职爵全部革除，于雍正十年（1732 年）十二月十四日在军前问斩。

岳钟琪，雍正帝怒斥他说道："秉性粗疏，办事怠忽，将国家军旅重务视同泛常"；"号令不一，不恤士卒，不纳善言，傲慢不恭，刚愎自用，以致防御追击屡失机宜。军务废弛，士气不振"；"而凡陈奏于朕前者，皆虚假诈伪之词，为怙过饰非之计。其误国负恩之罪难以悉数"。②

雍正十二年（1734 年），雍正帝削去岳钟琪的爵位，定其罪为"斩监候"，即死刑缓期执行。此外，雍正帝认为岳钟琪的指挥失误导致西路军损失了大量的马驼，令其赔偿军队损失七十余万两白银。

傅尔丹，雍正十三年（1735 年）以贪污罪、和通泊战败罪、乌逊珠勒失机罪为由将其下狱，议政大臣会议定其罪为"斩立决"，即死刑立即执行。雍正帝还没来得及批复就驾崩了，这样傅尔丹就变成了死刑缓期执行的状态。不得不说，他真是命大……

---

① 《清史编年》第四卷（雍正朝），545 页。
② 同上书，547 页。

锡保，雍正十一年（1733年）因准军入侵时不派援兵，雍正帝罢免其大将军之职，削去爵位。

锡保老兄算是雍正朝当过"某某大将军"的人中，下场比较好的一个。之前的"抚远大将军"老十四，永远禁锢；之前的"抚远大将军"年羹尧，赐死；之前的"平逆将军"延信，永远禁锢，雍正六年（1728年）死于禁所。所谓"疑心深重，刻薄寡恩"，大概如此。

再说说这一系列大战对清帝国的影响。

雍正八年至十年（1730—1732年）这一系列清准战争，清军累计伤亡近三万人，损失马驼以十万计，喀尔喀蒙古一半的部落被劫掠一空，国家可谓是元气大伤。

三年间，西、北两路大军累计用银5439.4万两，到雍正执政的最后两年，户部存银分别为3250万、3453万两。而现在网络盛传"国库亏空"的康熙晚年，例如康熙五十八年至六十年（1719—1721年），户部存银分别为4937万、3932万、3262万两。这么看，好像雍正晚年的国库要更亏空一些。所以，雍正交给乾隆的基业，并不像网络上传说的那么美好。

战后，清准议和，划定两方边界。雍正五年（1727年）清准第一次划界时，雍正帝就将康熙朝实控的吐鲁番让与了准噶尔。这次划界，雍正帝再次将克穆齐克河以西的乌梁海、哈道里哈达清吉尔（图中罕达海图河流域）、布喇清吉尔（图中青吉里河流域）让与对方。

就这样，雍正还担心人家不满意，让准噶尔使者转告噶尔丹策零："将尔父（策妄阿拉布坦）所请自胡逊托辉至哈喇巴尔鲁克，悉作空闲之地"；"（如果你）奏请稍展空闲之地，亦属可行"①。也就是说，雍正又划了一片中立区，并暗示噶尔丹策零可以"稍展"（即蚕食）一下，真可谓是"诚意十足"！

这样，雍正临终前所确定的边界即为"克木齐克、汗腾格里、上阿尔泰山梁、索尔毕岭、下哈布塔克、拜塔克之中，过乌兰乌苏，直到噶斯口"②。

边界划定后，大半个科布多成为准噶尔的领地。之前傅尔丹率军所筑的科

---

① 《清世宗实录》卷155，雍正十三年闰四月丁酉条。
② 同上书。

布多城位置过于靠近边境，缺少纵深，且周边牧地遭准军掳掠，人畜已空。故清军在喀尔喀的屯兵地由科布多城迁往乌里雅苏台，相当于将军事存在向东迁移了四百公里。概括评价一下雍正帝的外战水平，那就是"人菜瘾大、失地辱国"。

最后说说策棱。战后，雍正帝唯一重赏的人就是策棱。先是赐其号"超勇"，即为"超勇亲王"。又因策棱的牧地在战时被准军劫掠，赏其"马二千、牛千、羊五千、白金五万，赈所属失业者，并命（筑）城塔密尔，建第居之"①。然后，雍正帝将原喀尔喀三大部之首的土谢图汗部一分为二，以土谢图汗领十八个旗，以策棱领二十个旗，号"赛音诺颜"。

雍正十一年，雍正帝授策棱为"定边左副将军"，作为喀尔喀的最高军事长官，驻地在乌里雅苏台，并任命其为喀尔喀四大部的盟主。到这儿，策棱即是："超勇亲王"（最高爵位）+"定边左副将军"（正一品军区司令，最高武职）+"喀尔喀盟主"+"赛音诺颜部首领"（裂土封藩），这辈子算是完成大满贯了。

乾隆三年（1738 年），准噶尔使者到北京谈判边界划定事宜，刚刚登基的乾隆帝怕别人镇不住场子，特意召策棱来京出席谈判。准噶尔使者"慑其威重，私下拜见策棱说道："额附有子在准噶尔，何不令来京？"②即你别忘了，你还有两个儿子在我们那儿扣着呢。

策棱答复："予蒙恩尚公主，公主所出乃予子，他子无与也。即尔送还，予必请于上诛之。"③即我受康熙帝的恩宠得以娶大清公主为妻，只有公主生的儿子才算是我的儿子，其他老婆生的不算。就算是你们把我那两个儿子送回来，我也会请求皇上诛杀这两个苟活偷生的逆子。

乾隆十五年（1750 年），策棱病重，临终前的唯一遗言，是请求将他的遗体葬于纯悫公主的园寝之内。生而同衾，死则同穴，真丈夫也。

策棱死后，他的灵柩运抵北京，乾隆帝亲自前往祭奠，作诗哀悼，赐其谥号为"襄"，命其配享太庙。有清一代，配享太庙的蒙古人只有两位，一位是策

---

① 赵尔巽等撰，《清史稿》卷 296，列传八十三。
② 同上书。
③ 同上书。

棱，另一位是僧格林沁。

最后，我也效仿一下乾隆老佛爷，献丑小诗一首，纪念一下这位有点儿冷门的将军。

漠北行

少小失故土，仁帝复天日；
收养于膝下，教化于宫室。
西虏复入寇，千里传令救；
妻孥俱沦没，断发明斯志。
兵行如风疾，军势如火炙；
圣寺破敌首，血染大河赤。
挽狂于既倒，奠国如磐石；
雄风领漠北，重威慑虏师。
蒙恩尚公主，他出非所知；
魂归发妻冢，丈夫当如是。

第十章 ◇

平定准部、回部
大一统国家终成型

第一节 乾隆朝概览

说起乾隆，大家应该比较熟悉。从 20 世纪 90 年代开始，《戏说乾隆》《还珠格格》《宰相刘罗锅》《铁齿铜牙纪晓岚》等电视剧中，都出现过他的形象。但是，这些电视剧中所描写的"乾隆"，与历史上真实的"乾隆皇帝"相比，在各方面都有着不小的差距，甚至可以用南辕北辙来形容。

历史上的乾隆帝，既不爱微服私访，也没见过夏雨荷，也不是武林高手（射箭倒是不错），他是一部彻头彻尾的政治机器。在他的任期内，始终秉持务实的为政风格。他这辈子所做的绝大多数事情，都以维护清廷的统治和清帝国的利益为出发点。下面简单聊聊。

乾隆帝每年秋天都要拿出几个月，对"各省秋审情实罪犯（大多是死刑犯）"做最后覆勘。这些罪犯先由各地督抚整理出犯罪经过和初级判决，再由刑部复议后给出中级判决，最后由乾隆帝给出最终判决。通常，每年都会有五六百个卷宗报给乾隆，他可不像明朝的部分皇帝，把生杀大权交给太监去打钩，对每一件卷宗，乾隆都要反复审阅。

例如乾隆二十九年（1764 年），杜廷顺等五人杀死本族尊长，照《大清律》应予以处斩，刑部尚书舒赫德却给出了死缓的中级判决。乾隆帝复核后大怒，"掷还原折"，说道："秋谳（审判定案）大典，刑部及九卿等并宜详悉折衷，不得稍存畸重畸轻之见。"[①]

[①]《清史编年》第五卷（乾隆朝）上，757 页。

想在乾隆面前打马虎眼,那是很难的。

你要注意,在这段时间内乾隆可不是专门干这个活儿的。他每天依然要请安、听政、批阅奏折①、阅读官员八卦(即密折)、开军机会议、听专家讲座、读书、找人谈话、翻牌子,定期还得阅兵、祭祀、出行、围猎,只能抽闲去看卷宗。这种抽闲办公的习惯,乾隆坚持了六十年。所以,乾隆真的没那么多闲工夫去找民女谈恋爱、微服私访,与刘墉、纪晓岚等人斗嘴,每天都有成堆的奏折、卷宗在等着他批阅。

对死刑犯的复勘,乾隆偶尔也会感情用事。例如乾隆四十年(1775年),因阿桂、福康安率军平定大、小金川,乾隆帝大喜,当年报上的死刑犯共575名,他破天荒地停决(暂缓执行)207名,而往年的停决比例只有10%左右。所以在乾隆朝,犯罪也得挑时候。

然而,虽说乾隆偶尔会感情用事,但是他只会因为战争胜利、天下丰登这种事情"感情"一下,对身边的人,他一向是很没有"感情"的。

例如绵亿(乾隆的孙子)府中的太监牵羊进城,收税官照例收税。太监却说这只羊是官用,不肯纳税,还殴打收税官。当时处理此事的人正是上文那位平定金川的阿桂,他是绵亿的岳爷爷(岳父的爹),想把此事私了。于是,阿桂就派人去找乾隆说情,希望皇帝给自己个面子,不要处罚这个太监。乾隆帝将这件事向百官公开,不仅要严办犯罪的太监,还以阿桂派人说情、徇私枉法为由将其定罪。但是乾隆考虑到阿桂劳苦功高,决定从宽处罚,怎么"宽"呢?

罚公爵俸禄十年……

乾隆不仅对自己和重臣很严苛,对皇子们也是一视同仁。说到这里,我就要聊聊清朝"变态"的皇子教育了。

清朝重视皇子教育,始于康熙帝,他曾说过:"朕宫中从无不读书之子。"不读书,你就不配当我儿子,就到这个份上。此外,被康熙接入宫中抚养的蒙古部落首领的子侄,像前章节说过的策棱和丹衷,也要与皇子们一起上课,这看起来是很美好的。别急,请看下文。

康熙在学习方面有一些独特的个人习惯,像读书要读一百二十遍,才能算

---

① 康、雍、乾三朝,几乎所有奏折都是这爷仨亲笔批复的。

作"读过此书"。不幸的是，这种个人习惯被写进了皇子的教育大纲，每本书皇子都要读百遍才能算作"熟读"。

作息和课程也有严格的规定。皇子必须于早晨五点之前入隆宗门，进书房报到；上午先学习满语、蒙古语，再学习汉文化典籍；中午休息两个小时；下午一点开始是体育课，也就是骑马、射箭；到了三点再回屋上文化课，傍晚五点放学。至于双休日，更是连想都不要想，一年之中皇子只有五天可以全天休息，即元旦、端午节、中秋节、万寿节（皇帝生日）和皇子自己的生日。

虽然这种教育没有期中、期末考试这一说，但是康熙会时不时来一次"突击测试"。测试的方法也很简单，康熙看到皇子在读哪本书，就拿过来，随便翻出一页，他念一句，皇子背诵接下来的全篇。那位当了五十年皇太子的胤礽最倒霉，康熙几乎每次突击测试都要考他。

更倒霉的是，康熙在突击时，还喜欢"拖堂"。像康熙二十六年（1687年）六月初十这一天，康熙在皇子学堂里一待就是四个小时，从下午三点到晚上七点，先考文化课，再亲自示范汉字书法，接着又是考试体育课。

最倒霉的是，这种教育就没有毕业一说，类似终身制。那些没能当上皇帝也没能担任重要官职的皇子，需要持续深造，不管结没结婚、有没有儿子。像恭亲王奕䜣，他被罢免军机大臣后，就继续回上书房读书。

乾隆处处以他的爷爷为偶像，这方面自然也是高度重视。乾隆元年（1736年），乾隆帝设"皇子书房"（即后来的上书房），进一步规范皇子教育的各方面内容。他为皇子们选的师傅都是朝廷高官、饱学之士，像鄂尔泰、张廷玉、朱轼等人。在开学典礼上，乾隆对诸位师傅说道："皇子年齿虽幼，然陶淑涵养之功必自幼龄始，卿等可殚心教导之。倘不率教，卿等不妨过于严厉。从来设教之道，严有益而宽多损，将来皇子成长自知之也。"① 注意，乾隆要求帝师们"不妨过于严厉"，可见他一点儿也不护犊子。

相信看完这些，很多曾希望下辈子投胎到清朝当皇子的朋友应该醒一醒了，相比他们，咱们今天的小朋友可是幸福多了。

乾隆帝对科举考试也很重视。乾隆四年（1739年）的殿试，乾隆帝亲自命

---

① 《清史编年》第五卷（乾隆朝）上，第 5 页。

题，出题内容全部是当时的热点时政，即"蠲免（免除租税、劳役）、铜禁、关税、河工、吏治、八旗生计、银贱钱贵"①等社会、政治、经济方面的重大问题。乾隆帝要求各位考生"不拘体制，详切陈之"。对那些只重视韵律、格式、骈文，却对时政漠不关心的考生，他一概不用。

对那些走捷径、破坏教育公平的人，乾隆帝也进行了严惩。在当时，全国也分为不同的考区，一些经济落后的省份考生人数少，竞争不那么激烈，例如广西。所以，山东、江南的富家子弟就争相钻这个空子，改户籍，跑去广西参加考试。

乾隆二十五年（1760年）六月初六，广西学政鞠恺将这一情况上报。乾隆帝大怒，不仅要惩办"科举移民"，连广西当地的学官也不放过，而且一追责就是二十年，自乾隆三年（1738年）以后在广西任过职的学臣通通治罪。

说到这里，就引出了乾隆朝的吏治。给乾隆帝打工，那是一件风险极高的事情。他对文武官员的约束极为严厉，贪污、索贿、失地、败阵、玩忽职守等，只要罪证坐实，大多数人会受到最严厉的惩罚，相当数量的官员被赐死。举几个例子。

乾隆二十一年（1756年），原浙江巡抚鄂乐舜勒索盐商六千两白银事发，证据确凿，乾隆帝令其自尽。鄂乐舜是两朝重臣鄂尔泰的亲侄子，他的女儿还是乾隆的老婆之一，是为鄂贵人。那么，六千两是个什么概念呢？

在乾隆朝，一名巡抚的年薪约为一万两白银（主要是养廉银）。也就是说，鄂乐舜贪污了自己年薪的60%，就被赐死。

对贪官，乾隆帝一直秉承着"有多少就杀多少"的原则。乾隆四十六年的甘肃冒赈贪赃案，全甘肃知县以上的官员一共只有百余人，乾隆帝处死56人，发配46人，可以说是一个不剩。更夸张的是，乾隆为此还有点儿内疚，认为这属于"宽大处理"，并没有严格按照《大清律》判决。如果按律判决，死亡率应该接近100%，就到这个份儿上。

如果当官不贪污，是不是就没事呢？

也不好说，因为怠政也是不行的，这里用修河堤举个例子。

---

① 《清史编年》第五卷（乾隆朝）上，第80页。

中央拨款,某州府官员组织民工修堤。乾隆帝规定,从总督、巡抚算起,直管该地方的大小官员,还包括辖区内的武职官员,都要签责任状,内容是承诺这段河堤在一定时期内不会溃决,学名为"保固期"。

当然,自然灾害这种事情是很难说的,遇到百年不遇的洪水,即便是当代构筑的堤坝也有可能被冲毁,乾隆也知道这一点。所以,一旦堤坝在保固期内溃决,他并不杀人,而是采用"销六赔四"的政策。即重新修筑堤坝的费用国家只出六成,剩下的四成由督抚出一成、河工官员出两成、其他小官共出一成,人人有份。

看到这里,相信部分朋友可能会对乾隆朝的民治官员们抱有一丝同情。别急,武将更惨。

对武将,乾隆帝严格贯彻了"军法无情、宁枉勿纵"的原则。乾隆一朝,因为在战争中表现不好而被乾隆帝处死的将领爵位、官职屡创新高。郡王可以杀,像青滚杂卜(和托辉特部);亲王可以杀,像额琳沁多尔济(土谢图汗部);大学士可以杀,像杨应琚(八旗汉军);封疆大吏可以杀,像张广泗(八旗汉军);甚至于他自己的发小,曾任领侍卫内大臣、军机大臣、兵部尚书、吏部尚书的讷亲(八旗满洲),也是照杀不误,还是用讷亲他爷爷遏必隆生前所用的刀杀的……

至于正、副都统,提督,总兵,副将这种级别的武将,被杀的更是数不胜数。乾隆朝的每一场战争中,都有几位上述级别的仁兄自尽或被处决。总之,不分满、汉、蒙,不论官爵高低,不管亲疏,只要你敢打不好,乾隆就敢杀,更多鲜活的案例你很快就会看到。

综上,在乾隆朝当官不见得是一件好事,不管是文臣还是武将,非正常死亡率远高于平民百姓和普通士兵。

比较有趣的是,虽然乾隆对官员们十分严厉,但是他自己却痛恨酷吏,即"朕之恶酷吏,甚于恶贪官"①。而事实上,他就属于标准的"酷皇帝",跟汉武帝、明太祖是一个路子,这从哪说起呢?

虽说乾隆很"酷",但对之前被雍正帝处罚的一众王公、将领,他倒是相当

---

① 《清高宗实录》卷960,乾隆三十九年六月丁亥条。

宽大。乾隆接班后，陆续将他的十叔、十四叔、岳钟琪、傅尔丹、陈泰等人释放。其中，傅尔丹、岳钟琪又重新掌兵，出任要职。由此可见，雍正朝的是非曲直，乾隆心中是有杆秤的。

民生方面，乾隆帝创造了中国古代史上单个皇帝减免赋税和发放赈灾钱粮的记录。整个乾隆朝，乾隆帝效仿他爷爷，先后四次[①]普免天下钱粮，每次分三年，每年免几个省，三年覆盖全国。这四次普免的金额折合白银分别为2824万两、2794万两、2759万两、2770万两。仅上述集中普免的赋税就达1.1亿两白银之巨。

此外，乾隆帝零星减免受灾州县的税赋、赈灾调用的钱粮以及减免盐课、漕粮等项也相当可观。仅乾隆朝前十八年，乾隆帝就动用2480万两白银用于江南赈灾。截至乾隆五十年（1785年），除三次集中普免外，其他各种方式的减负、赈灾折合白银1.49亿两，并粮食2100万石。

这里还有件感人的小事。乾隆二十四年（1759年），北方各省久旱无雨，乾隆帝吃斋、沐浴后步行至社稷坛祈雨，宣读祝文称："臣承命嗣服，今廿四年，无岁不忧旱，今岁甚焉！此罪不在官、不在民，实臣罪日深。然上天岂以臣一身之故，而令万民受灾害之侵。谨以臣躬，代民请命。"[②]也就是说，乾隆请求上天降罪于自己，不要用久旱无雨这种手段惩罚百姓，也算是相当诚恳了。

正是因为乾隆帝大力减轻百姓负担、兴修水利、重视农业，使得中国人口从乾隆十一年（1746年）的17189万，增长为乾隆六十年（1795年）29697万，在五十年内净增人口1.2亿，这在古代社会绝对是个空前绝后的纪录。

看完以上内容，大家可能会感觉：哎哟，乾隆这个人很不错嘛。别急，请继续往下看。

清朝对于思想文化的控制，经历了由松到紧的过程，在乾隆朝达到顶峰。

康熙朝的文字狱并不那么严重，前章节讲过，"明史案"牵连虽多，但那是四大辅政以康熙的名义宣判的，并非康熙本人的意愿，这里说说他亲断的"南

---

① 四次普免分别为：乾隆十一年至十三年；乾隆三十五年至三十七年；乾隆四十三年至四十五年；乾隆五十五年至五十七年。
② 《清高宗实录》卷588，乾隆二十四年六月庚申条。

山案"。

　　戴名世整理了一本书，名为《南山集》。其中收录的文章，将南明与南宋、蜀汉类比，认为顺治朝时清廷仍未统一全国，应视作割据政权，清朝正式开国应该是在康熙元年。所以，在描述顺治朝发生的部分历史事件时，书中使用南明的弘光、隆武和永历年号。

　　客观而言，这种说法是比较离谱的。按照戴名世的理论，只要前朝的割据政权存在，就该用前朝年号。那么朱元璋称帝那会儿，山西、陕西、甘肃、辽东、四川、云南、两广、福建均未归入明朝治下，难道洪武元年就不是明朝的开端吗？更何况，北元及其之后的瓦剌与鞑靼，与明朝并存了二百多年，难道这期间该使用蒙古人的年号吗？

　　当然，戴名世只是一家之言，倒也不一定存在反清思想。康熙处理此案，将戴名世斩首，将与此案有关的戴氏、方氏族人流放。

　　在我们今天看来，这个处罚确实很重，但请不要忘记，这件事情发生在封建王朝。类比其他皇帝对此类事件的处置结果，这已经算是很宽大了。更何况，戴氏、方氏族人在流放后不久即被赦免，方氏中的方苞，甚至入值南书房，成为康熙帝的近臣，即"圣祖夙知苞文学，大学士李光地亦荐苞，乃召苞直南书房"①。

　　而清朝的文字狱扩大化、敏感化、重判化，正是在雍正与乾隆两朝。

　　雍正朝的文字狱风波起自年羹尧案。年羹尧风光的时候，很多文人写诗作赋歌颂他的功德，等他失势了，这些"大作"就被陆续曝光，很多人因此受到牵连。其中一位叫钱名世的官员特别倒霉，他不仅因写诗被革职，雍正帝还亲笔书写"名教罪人"四字匾额，命钱名世挂在自己家门口，妥妥的四爷风格。

　　之后还有谢济世、陆生楠案，曾静、吕留良案，裘琏案等，最著名的当数翰林院庶吉士徐骏的"清风不识字案"，这些都发生在雍正朝短短的十三年间。

　　到了乾隆朝，"咬文嚼字"的风气愈演愈烈。据不完全统计，乾隆朝的文字狱有一百三十余案，而且犯案者已不再局限于官员、文人，连普通民众都可能因文字问题而犯罪。

---

① 赵尔巽等撰，《清史稿》卷290，列传七十七。

乾隆二十一年，江苏常熟县民人朱思藻因上一年本地发生虫灾，导致米价昂贵而心生不满。于是，他将《四书》中的诗句打乱重组，写成一篇新文，名为《吊时》，也就是"凭吊当下"之意。其中有"暴君污吏，长君逢君"，"有王者起，犹解倒悬"[1]等句。乾隆帝看过卷宗后，认为朱思藻是在讽刺时政，命将其发配黑龙江。

乾隆朝最有名的文化事件，当属因编修《四库全书》而在全国范围内掀起的查抄"禁书"运动，即"有抵触本朝之语，正当及此一番查办，尽行销毁，杜遏邪言"[2]。仅江西一省，清廷就查缴禁书八千余部。这是中国古代文化史上的灾难性事件。

当然，虽然清朝的文字狱无疑是一大弊政，但是其牵连规模并不算太夸张。有清一代因文字狱而受牵连的总人数，远不及明洪武一朝四大案的牵连人数。仅洪武十五年的"空印案"和洪武十八年的"郭桓案"，受牵连者就达八万多人。

在乾隆朝，满汉之间的界限也在进一步收紧。从皇太极时期算起，清廷对于满汉关系的态度经历了这样的演变过程：皇太极（松）→多尔衮（紧）→顺治（适中）→康熙（松）→雍正（紧）→乾隆（紧）。

皇太极和多尔衮的举措我就不多说了，前章节已经详细介绍过。康熙对汉人将领的态度前文也曾提到过，像非旗人的汉将张勇，常年镇守甘肃，独当西北一面；像八旗汉军将领孙思克，统兵北征噶尔丹，节制西安将军博霁（八旗满洲）。

此外，康熙对曾经反清的南明将领也很宽容，郑氏集团就是个例子。这里，我再用顾炎武举个例子。清朝编修的《明史》中明确记载，顾炎武曾为南明官员，参与过抗清战争，即"鲁王授为兵部司务，事不克，幸而得脱"[3]。他的母亲以死明志，告诫儿子忠臣不能事二主。顾炎武留存于世的诗作，也多次表达过他对明朝矢志不渝的忠心，像"地下相烦告公姥，遗民犹有一人存"。

---

[1]《清史编年》第五卷（乾隆朝）上，550页。
[2]《清史编年》第六卷（乾隆朝）下，205页。
[3] 赵尔巽等撰，《清史稿》卷481，列传二百六十八，儒林二。

就这么个标准的"反清复明人士",在康熙朝活得可谓是逍遥自在。"垦田于山东长白山下,畜牧于山西雁门之北、五台之东,累致千金。"① 此外,顾炎武还曾"四谒孝陵(朱元璋墓),六谒思陵(崇祯帝墓)"②,拜祭明朝皇帝。

顾炎武的所作所为,康熙并非不知情。通过翰林院学士熊赐履的介绍,康熙对顾炎武的情况非常了解,并十分敬慕他的才学,于康熙十七年(1678年)召他出来做官,主持编修《明史》。而顾炎武却丝毫不给面子,表示你们再逼我当官我就死给你们看。康熙得知后也不恼火,反而更加赞赏他的忠贞。

比较有趣的是,现在网络盛传极力汉化、重视汉人的两位皇帝,即顺治和雍正,反倒是相当注意保持满洲的特殊地位。

"首崇满洲"的概念就是顺治帝提出的。雍正帝更是直白地将这种观念表达出来,他亲口所说:"如宗室内有一善人,满洲内亦有一善人,朕必先用宗室;满洲内有一善人,汉军中亦有一善人,朕必先用满洲;推之汉军、汉人皆然。"③也就是说,对于人才的选用,雍正帝的优先级为:一宗室,二八旗满洲,三八旗汉军,四普通汉民。

乾隆帝接班后,进一步深化了这种政策。在此之前,清朝官方通常只区分"旗人"与"民人",也就是"阶级分类"。而乾隆帝接班后,在八旗内部也搞起了分类对待。他令八旗中的无业汉军"出旗为民",多次强调旗人要保持满洲的传统习俗,重视满语。甚至在决策西北用兵时,排除所有汉人高官,只用满洲官员参与。

关于康熙、乾隆两者对满汉之分的态度,朝鲜官员郑亨复曾做过简明扼要的评价。

"康熙之时,兵权委之清人,吏治委之汉人,宥密之任,清、汉参半矣。"④即康熙朝时,宗室、满洲官员主管军事,汉官主管民政,有密折专奏、监察权的官员,满汉各半。

"今(乾隆朝)则兵权、宥密专委清人,治民之职,汉人仅参其半,而如客

---

① 赵尔巽等撰,《清史稿》卷481,列传二百六十八,儒林二。
② 同上书。
③ 《清史编年》第四卷(雍正朝),72页。
④ 吴晗辑,《朝鲜李朝实录中的中国史料》第十一册,下编卷九,4553页,中华书局(1980年)。

如奴，以此之故，愁怨太甚矣。"① 比较易懂，不解释了。

由上可见，在乾隆朝，满汉的对立程度达到了清军入关以来的第二个高峰，第一毫无疑问是多尔衮主政时期。

好啦，乾隆朝的大致情况就介绍到这里，接下来继续讲清准之战。

---

① 吴晗辑，《朝鲜李朝实录中的中国史料》第十一册，下编卷九，4553页，中华书局（1980年）。

第二节 准噶尔内乱

雍正朝的清准大战，对双方而言是两败俱伤的结局。在乾隆初年划定边界后，清准两方保持了近二十年的和平。下面，先简单说说两方在此期间的情况。

乾隆帝上位后，对雍正朝因战事不利而被治罪的诸位将领都做宽大处理。乾隆二年（1737年），死缓状态下的傅尔丹、陈泰和岳钟琪均被释放。当然，刚刚接班的乾隆也不能明着推翻他爹的判决，他表示释放这些人并非"宽大处理"，而是要"令其自愧"。事实证明，这次"自愧"是非常有必要的。

乾隆十三年（1748年），乾隆帝出兵平定大金川叛乱。简单点儿说，这一仗就是在横断大山中打碉堡。清军首任统帅张广泗久攻不克，乾隆帝下令将其处斩。随后，他再次启用岳钟琪。

岳钟琪上任后，先是假装囤积粮食，引诱碉堡中的叛军出击，在野战中将其歼灭；接着又亲率十三名骑兵入叛军大营招抚，即"以十三骑从入勒乌围开谕"①。叛军首领莎罗奔早就听说过岳钟琪的威名，看到真人后，惊为天人，"请奉约束，顶经立誓"②，也就是请求归入清廷治下，第一次金川之役遂取得胜利。

战后，乾隆帝重赏岳钟琪，加其为太子少保，恢复其三等公爵位，赐号"威信"，允许他在紫禁城内骑马，免去他之前需要赔偿的七十余万两白银，并将他的两个儿子收入侍卫班。

---

① 赵尔巽等撰，《清史稿》卷296，列传八十三。
② 同上。

之后，岳钟琪继续镇守四川，施行改土归流，平定各处叛乱。乾隆十九年（1754年），他病逝于平叛归途，卒年六十九岁。乾隆帝称其为"三朝武臣巨擘"，为其定谥号为"襄勤"。

岳钟琪与策棱，是清朝中期的武将双雄。《清史稿》中对他俩的评价是："钟琪忠而毅，策棱忠而勇，班诸卫（青）、霍（去病）、郭（子仪）、李（光弼）之伦，毋谓古今人不相及也。"①

先不论岳钟琪能否比肩卫霍、郭李，单就其战绩而言，用"军功显赫"来形容是不为过的。参与驱准保藏之役，率军进拉萨，奇袭青海，转战西域，平定金川，这份成绩单，在清朝所有武将中可以排进前十，远胜于他的老上司年羹尧。

然而，让我十分不解的是，当代诸多电视剧都特别喜欢描写年羹尧这样一个贪婪、残酷的庸碌之将，却鲜有讲述同时代策棱、岳钟琪二人事迹的，难道这两位真正的名将就没有什么好演的吗？为纪念岳钟琪，笔者照例作古体诗一首，献丑。

西土行

从军松潘口，戍边玉门关；
奇兵入青海，长驱黄河源。
衔枚渡戈壁，裹蹄驰云间；
一夜二百里，决战黎明前。
敌众惊溃散，敌酋易女衫；
追杀戴星月，单于遁雪山。
再战古西域，旧土新军还；
崖壁遗唐赋，故垒存汉砖。
君臣意不合，折戟失楼兰；
飞将陷囹圄，屈折刀笔前。
临危复受命，花甲定金川；

---

① 赵尔巽等撰，《清史稿》卷296，列传八十三。

> 长逝横断岭，弥留不释鞍。
> 赤心悬国门，武功震九边；
> 魂归岳家冢，威信照当年。

再说说准噶尔。为了弥补雍正朝清准战争对准噶尔有生力量的消耗，噶尔丹策零干了一件他的前辈所未曾干过的事，从被征服的哈萨克、吉尔吉斯部落中征召士兵。乾隆十年，在平定准噶尔内部叛乱时，噶尔丹策零就曾调动"厄鲁特兵二万四千、哈萨克兵四千、吉尔吉尔兵（吉尔吉斯）二千"[1]。由此可见，此时的准军之中已经有相当比例的非蒙古士兵，其常备兵仍然维持在五六万人这个数量级。

这一时期，准噶尔与周边政权的关系仍然十分紧张。在噶尔丹策零杀害其庶母（出自土尔扈特部）和她的子女后，准噶尔与土尔扈特成为仇敌，摩擦不断。同时，噶尔丹策零继续向哈萨克、布哈拉用兵，并延续了他爹对沙俄的强硬态度。

乾隆七年（1742年）二月，噶尔丹策零派遣使者到莫斯科，向沙皇递交国书，再次申明准噶尔与沙俄的边界定于"黑鄂木河河口"，即巴图尔珲台吉当年确定的边界，要求俄方拆除界线以南的所有据点。文书中言道："如果你们在我国土地上依旧这样呆下去，那就是把我的土地攫为己有，而我是不能交出这些土地的。"[2]

俄方史料中也有关于此事的记载："他（噶尔丹策零）声称自额尔齐斯河上游至鄂毕河口，及沿鄂毕河至乌延河口的全部土地归他所有。"[3]

有趣的是，虽然噶尔丹策零对沙俄的态度强硬，但是俄方对其十分欣赏，俄国史料中写道："在天才的准噶尔珲台吉噶尔丹策零统治时期，准噶尔是一支强大的力量。噶尔丹策零拥有大炮，占领了除希瓦之外的所有布哈拉城镇，并且同中国人进行过胜利的战争。"[4]

---

[1]《清史编年》第五卷（乾隆朝）上，220页。
[2] 同上书，135页。
[3]［俄］A.Π.瓦西里耶夫著，《外贝加尔的哥萨克（史纲）》第二卷，74页。
[4] 同上书，73页。

由上可见，虽然噶尔丹策零四面出击、肆意征伐，但是除了在额尔德尼昭被策棱击败，其他战争他大都打赢了。到乾隆初年，他不仅收复了康熙朝被清军占领的所有土地，而且占据着今天的半个中亚，哈萨克、布哈拉、布鲁特（吉尔吉斯人为主体）都向其臣服。尽管准噶尔已经与清廷对抗了五十余年，但它依旧像正午的太阳，散发着惊人的能量。

综上，噶尔丹策零是个相当了得的人物，我认为其水平并不在噶尔丹之下，或者可以称其为"幸运版的噶尔丹"，幸运的地方就在于他的对手不是康熙。

更幸运的是，从巴图尔珲台吉开始，僧格、噶尔丹、策妄阿拉布坦、噶尔丹策零，准噶尔连续五代首领，执政水平都在水准以上，后三位堪称雄才大略之主，这在传承制度混乱的蒙古部落简直是个奇迹，这种运气千年罕见。当然，与之对线的清帝国也是不遑多让，从皇太极开始，顺治、康熙、雍正、乾隆，也都是水准以上的皇帝，皇太极、康熙、乾隆这三位也堪称雄才大略。

然而，清帝国能有这种局面，靠的并不仅仅是运气，更有传承制度的保障。清朝储君的选拔，并不是中原王朝传统的"嫡长子继承制"，而是唯才是举，由上一任皇帝指定接班人，这是清朝中前期无昏君的重要保障。对准噶尔而言，在没有制度保障的情况下，好运气很难一直延续下去。这会儿它所散发出的光芒，更像是落日前的余晖，通俗点儿说叫"回光返照"。

乾隆十年（1745年），准噶尔暴发大规模天花疫情，高层将官十三人（其中就有小策凌敦多布）出痘身死，各部落民众出痘死者甚众，噶尔丹策零也于当年九月感染天花而死。在这个节点，准噶尔内部有三派较大的势力。

第一派是噶尔丹策零的长女<u>乌兰巴雅尔</u>，已成年，代表准噶尔统治高层的利益，居伊犁。各鄂拓克的宰桑、噶尔丹策零时期的老臣大都支持她。

第二派是大策［雍正十三年（1735年）病死］、小策的两个儿子，名字分别为<u>达瓦齐</u>和<u>达什达瓦</u>。他俩都是昂吉首领，手中有他们老爹留下的军队，牧地距伊犁较近，代表绰罗斯氏军事贵族的利益。

第三派是以辉特部为代表的地方军事贵族势力，相当于军阀。土尔扈特部西迁后，之前依附杜尔伯特部的辉特部，迁移到土尔扈特故地塔尔巴哈台周边，逐渐成为一股较强的势力。噶尔丹策零设立的二十一个昂吉，辉特部就占了九个。关于这股势力的代表人物，咱们后面再聊。

然而，有资格接班的人与以上诸位仁兄（姐）都无关，而是噶尔丹策零的两个儿子。长子为喇嘛达尔扎，母亲地位卑贱，相当于庶出；次子为策妾多尔济那木扎勒（以下简称那木扎勒），母亲身份贵重，相当于嫡出。根据噶尔丹策零的遗嘱，那木扎勒继位，当时他只有十二岁，由他的姐姐乌兰巴雅尔摄政。

准噶尔疫情的消息传来，部分朝臣向乾隆帝建议趁机发兵。乾隆帝答复道："乘伊有丧之际发兵征讨，此事朕断不为。"① 这才是大国国君应有的气度。

乾隆十一年（1746年）三月初九，准噶尔新任首领那木扎勒派遣使者入京，请求延续噶尔丹策零时期与清廷的朝贡关系，乾隆帝一一照准。然而，准噶尔内部的混乱并没有停息。

那木扎勒岁数虽小，心智却很早熟，没几年的工夫，他就"屠狗盗妻之事，无所不为"②。姐姐乌兰巴雅尔规劝他，那木扎勒就将姐姐囚禁起来。然而，姐姐背后是有团队的，还相当庞大，她的丈夫赛音伯勒克和部分鄂拓克的宰桑合谋，计划趁那木扎勒外出打猎时将其擒获，另立喇嘛达尔扎为首领。

那木扎勒也有自己的团队，支持他的是小策凌敦多布的儿子达什达瓦，他俩是堂兄弟，也打算对姐夫一伙人动手。然而，这两个小屁孩终究搞不过姐夫一伙的怪叔叔们，他俩被击败，双双被擒。那木扎勒被刺瞎双眼，两人被永久禁锢，他俩的部众、下属也多有被杀。然后，在乌兰巴雅尔团伙的支持下，喇嘛达尔扎成功上位。

在内乱中，达什达瓦属下的官员萨喇尔逃出，于乾隆十五年率所部千余户投降清朝，并向乾隆帝汇报了准噶尔内乱的情况。请记住这位老兄的名字，后文会多次提到。自此，乾隆帝开始注意准噶尔的内乱。

喇嘛达尔扎的上位也没有终结内乱，反而有愈演愈烈之势。在噶尔丹策零时代，噶尔丹策零、大策、小策三人是很铁的，可谓是准噶尔铁三角。而那木扎勒是噶尔丹策零指定的接班人，达什达瓦是小策的儿子，他俩被囚禁后，让大策的儿子达瓦齐有种兔死狐悲的感觉。喇嘛达尔扎上位后，召达瓦齐去伊犁，达瓦齐拒绝。所以在乾隆十六年（1751年），喇嘛达尔扎就计划攻打达瓦齐。

---

① 《清史编年》第五卷（乾隆朝）上，221页。
② 《清高宗实录》卷695，乾隆二十八年九月壬午条。

这时，有两个人找到达瓦齐，撺掇他取代喇嘛达尔扎自立。这两人即出自上文说过的辉特部。

一个叫<u>班珠尔</u>，他是拉藏汗的孙子，到准噶尔娶亲的那位丹衷之子，其母即为策妄阿拉布坦的女儿<u>博托洛克</u>。母亲改嫁辉特部首领<u>卫征和硕齐</u>后，他也跟随母亲一起去了辉特部，成年后领一昂吉。

另一个即为<u>阿睦尔撒纳</u>，隆重介绍一下。

阿睦尔撒纳，博尔济吉特氏，成吉思汗的弟弟哈布图哈萨尔后裔，固始汗四世孙，拉藏汗之孙，策妄阿拉布坦的外孙，丹衷遗腹子，卫征和硕齐养子，班珠尔的胞弟。与班珠尔一样，他在其父丹衷死后，由卫征和硕齐抚养长大，成年后领一昂吉。

这样，达瓦齐就和阿睦尔撒纳（后文简称"达、阿"）、班珠尔结成了同盟，他们的地盘位于伊犁北侧的塔尔巴哈台周边。当时，这三位昂吉首领手中合计有军队五千人。

喇嘛达尔扎派出两路军队来攻，一路有一万人，直接向塔尔巴哈台方向平推；另一路则去往阿尔泰山，堵截达、阿的退路。达、阿两人率军以少胜多，击败了喇嘛达尔扎的第一次进攻。但是，喇嘛老兄毕竟控制着大半个准噶尔，更多的军队正在向他俩扑来。

这种形势下，阿睦尔撒纳就撺掇达瓦齐去投降清朝。达瓦齐虽然有点儿不情愿，但是为形势所迫，也就采纳了阿的建议。达瓦齐派人与清朝定边左副将军<u>成衮扎布</u>[①]联络，表达了投降意向。乾隆帝得知此事后，立刻意识到这是一个千载难逢的好机会，他谕令成衮扎布接收、保护达瓦齐的部众。

然而，就在达、阿两人投降清朝的途中，发生了一件意外事件。他俩自北疆投奔清朝，就必然要经过阿尔泰山区，也就要经过当年清准大战的战场——和通泊，此地正是"故垒犹存，白骨山积"。看到这一情景，达瓦齐触景生情，想起父亲当年在这里与清军血战，自己现在却要去投降人家，羞愤难当。随后，他与阿睦尔撒纳、班珠尔等人掉头西返，率领部众投向哈萨克。

这样，煮熟的鸭子飞走了。然而，此事也不是完全没有收获。达、阿二人

---

① 超勇亲王策棱长子。

逃入阿尔泰山区后，喇嘛达尔扎派兵追赶，也进入了该地区，这违反了清、准之前的约定，是个相当不错的借口。于是，乾隆帝以此为由，下令禁止喀尔喀与准噶尔贸易。

乾隆十七年（1752年）正月，乾隆帝连发三道谕旨：一是派尚书舒赫德、侍郎玉保驰驿前往北路军营乌里雅苏台，察看驻军的军容、器械；二是传谕驻藏大臣班第等人，严密注意准噶尔军队的动向，防备其进攻西藏；三是密谕黑龙江将军傅尔丹，令他准备随时可以调动的精兵二三千人，以防准噶尔"借端生事，扰乱喀尔喀游牧"①。

这就是准备开打了。

---

① 《清史编年》第五卷（乾隆朝）上，426页。

第三节　阿睦尔撒纳降清

准噶尔这边，在达、阿一伙人逃入哈萨克后，喇嘛达尔扎将达瓦齐在伊犁的亲属及大策当年的故旧、部下全部囚禁，随后又派出军队劫掠辉特部牧地作为报复。接着，他派出三万大军攻入哈萨克，以武力为后盾，向哈萨克首领索要达、阿二人。

达、阿听闻消息后，来了一招"瞒天过海"。他俩率领五千军队绕过准军主力的行进方向，秘密潜回塔尔巴哈台，联络、收降旧部一千余人，随后率军南下，直捣伊犁。

这样，喇嘛达尔扎就尴尬了。准军主力都被派往哈萨克，他身边的兵力不足，伊犁空虚。听闻达、阿二人率军前来，喇嘛老兄又做出了一个愚蠢的决定，他派出四个宰桑在沿途分段阻击，这就更加分散了兵力。

在达、阿进军的过程中，四位宰桑中的两位投降，并引领达、阿二人攻入伊犁，将喇嘛达尔扎杀死。接着，达瓦齐于乾隆十七年（1752年）底，成为准噶尔汗国第六任首领（自噶尔丹始），也是最后一任。

帮助达瓦齐成功上位后，阿睦尔撒纳准备享受胜利果实。他的第一个要求是自己成为"准噶尔北汗"，达瓦齐当"准噶尔南汗"，两人均分准噶尔。达瓦齐拒绝，他只同意给阿睦尔撒纳五个昂吉，划给他的地盘在塔尔巴哈台西北的雅尔[①]。此地多山，可以用鸟不拉屎来形容。

---

① 今哈萨克斯坦境内塔尔巴哈台山以南地区，雅尔河流经其间，故以河命名。

阿睦尔撒纳的第二个要求是释放他的岳爷爷，此人名为达什，是杜尔伯特部的首领，领一昂吉。在之前的内乱中，达什曾支持过喇嘛达尔扎，达瓦齐攻入伊犁后将其囚禁。对阿睦尔撒纳的要求，达瓦齐再次拒绝，并把达什杀了。达什死后，杜尔伯特部另一首领车凌（领一昂吉）惧怕达瓦齐打击报复，率领三千余户牧民举族投降清朝。

这两件事让阿睦尔撒纳气得直跺脚，他认为与其让达瓦齐这个白痴当政，还不如自己上，随后两人决裂。

乾隆十八年（1753年）十一月，二人正式开打，这次内讧简直是上一次的复刻版本。

达瓦齐坐镇伊犁，阿睦尔撒纳在雅尔，达瓦齐以全国打一隅，却屡战屡败。这也说明，之前达、阿之所以能够战胜喇嘛达尔扎，并不是因为达瓦齐的能力强，而是因为阿睦尔撒纳会打仗。然而，与之前达、阿两人对抗喇嘛达尔扎一样，达瓦齐毕竟是在用全国打一隅，所以他有的是军队。

乾隆十九年（1754年）六月，达瓦齐决心倾举国之力灭掉阿睦尔撒纳。他从准噶尔本部派出三万军队，又令其控制下的乌梁海出动八千人，分别从东南、东北两个方向杀向雅尔。听闻这个消息，阿睦尔撒纳明白自己手下这点儿人不是对手，决定降清。六月初六，阿睦尔撒纳与讷默库①、班珠尔率部众来到准喀边境，请求投降。三人属下共有士兵五千余人，部众两万余人，其中阿睦尔撒纳的直领军队有两千三百人。

在阿睦尔撒纳来降之前，乾隆帝就已经在筹划出兵事宜。达瓦齐上位后，曾向清廷派出使臣，请求获得乾隆帝对其地位的承认。乾隆帝拒绝，并谕责达瓦齐："（你是）辜负噶尔丹（策零）之恩，绝其嗣续，夺其基业之仇雠。"②这道谕旨为之后清廷出兵找好了借口。随后，清朝开始大规模收留准噶尔逃民，并帮助他们抵挡追兵。

之后，就是车凌、阿睦尔撒纳、班珠尔这三个昂吉陆续归降，这更加坚定了乾隆帝对准噶尔用兵的决心。对这三大部，乾隆帝安排如下。

---

① 讷默库是阿睦尔撒纳的岳父，被达瓦齐杀死的达什之子。
② 《清史编年》第五卷（乾隆朝）上，494页。

一、车凌所部

乾隆帝赐该部盟号为"杜尔伯特赛音济雅哈图部落",分为左、右两翼。封车凌为亲王,为左翼盟长;封色布腾为贝勒,为左翼副盟长。封车凌乌巴什为郡王,为右翼盟长;封讷默库[①]为郡王,为右翼副盟长。

二、阿睦尔撒纳所部

乾隆帝赐该部盟号为"辉特额尔德尼诺颜部落",封阿睦尔撒纳为亲王,为该部盟长。

三、班珠尔所部

班珠尔与阿睦尔撒纳一样,出自辉特部。但乾隆帝因其有和硕特血统,故将其归入和硕特部,赐盟号为"和硕特清伊扎固尔图部落",封班珠尔为郡王,为该部盟长。

我来说明一下上述分封的分量。

行政机构设定方面,清朝在蒙古地区所设的"盟",通常辖一万户左右。车凌属下只有三千余户,乾隆帝就设一盟;阿睦尔撒纳、班珠尔属下的部众一共只有两万五千人,远不足一个万户,乾隆帝却分设两盟。

爵位分封方面,自康熙帝剿灭噶尔丹后,清廷对蒙古部落首领的爵位安排十分"吝啬"。例如青海蒙古归附时,有十几个部落、数十万众,康熙帝只封了一个亲王(罗卜藏丹津他爹);初期在西藏所设的四位噶伦,最高爵位竟然只是贝子,连个郡王都没有。而这次,乾隆帝一口气封了两个亲王、三个郡王。

由上可见,对于开打之前就主动归附的准噶尔诸首领,乾隆帝诚意十足、不吝赏赐。而且,对各部首领所属的部众,他不打乱、不拆分,之前是啥样,现在还是啥样。更有甚者,在决策对准噶尔用兵后,乾隆帝谕令军机大臣:"准噶尔平定之后,朕意将四卫拉特封为四汗,俾各管其属。封车凌为杜尔伯特汗,阿睦尔撒纳为辉特汗,班珠尔为和硕特汗。"[②]

你要知道,自从喀尔喀归附清廷之后,清朝皇帝再未封过一个"汗"。罗卜藏丹津就是因为这个事才反叛的;策棱军功显赫如斯,也没有汗号,只是个亲

---

① 讷默库跟随阿睦尔撒纳降清,但由于他之前属于杜尔伯特部,故乾隆帝将其归入车凌属下。
② 《清史编年》第五卷(乾隆朝)上,515页。

王。此举足以看出乾隆对三部首领的倚重与信任，在这会儿他还是相信爱情的。

其中，乾隆帝对阿睦尔撒纳格外恩宠。乾隆十九年十一月十五日，阿睦尔撒纳赴热河觐见。乾隆帝在万树园幄次①隆重接见了阿一行人等。

阿睦尔撒纳入幄次后，行跪拜礼；乾隆走下御座，与其再行"抱见礼"；接着，乾隆将自己的良马赐给阿乘骑，还与他比较骑射；座谈时，乾隆又以蒙古语询问其准噶尔内乱的始末；被问及该如何进兵时，阿睦尔撒纳答道："明春趁准噶尔马畜疲乏之际不能抗拒，易于成功。"②乾隆表示赞同。

宴会过后，阿睦尔撒纳走出大帐，史载："时冬月严寒，阿逆③汗下如雨。退告其下曰：'真天人也，敢不慑服！'"④这也算是惺惺相惜吧。

当然，乾隆这个人心机很深。他在隆重接见、厚加封赏阿睦尔撒纳的同时，也在处处提防他。早在阿归降初期，乾隆帝就密谕接收官员："朕闻阿睦尔撒纳之为人，诡诈反覆，全不可信。"⑤

在热河期间，阿睦尔撒纳就已经表现出一些不寻常的举动。阿部归顺后，乾隆帝谕令其所属军队可以使用上三旗的旗色纛帜，也就是换装八旗兵的盔甲、旗帜。这是相当大的恩宠，喀尔喀诸部都没有这种待遇。但是，阿却上疏婉拒，请求正式进兵时仍用"旧纛"，理由是"彼处人众易于识认，投降甚便"⑥。

这个理由看似比较合理，但其实并说不通。之前，阿睦尔撒纳在准噶尔并不是什么了不得的大人物，他只不过是二十一个昂吉之一，所属的部众也不过万余，军队不过二千三百人。这么点儿影响力，他的旗帜有什么"易于识认"的道理呢？

所以，他的真实意图是，不想把自己的军队整合入清军，仍想独树一帜，方便今后搞事情。

乾隆帝敏锐地察觉到阿之举动的异常。为防他搞事情，乾隆帝密谕前线将

---

① 皇帝御用的大蒙古包，可容纳千人。
② 《清史编年》第五卷（乾隆朝）上，509页。
③ "阿逆"即为阿睦尔撒纳，因之后他叛乱，故清史资料中称其为"阿逆"。
④ 《清史编年》第五卷（乾隆朝）上，507页。
⑤ 同上书，495页。
⑥ 同上书，507页。

领:"可将封阿睦尔撒纳为辉特汗,其余三姓台吉内封为三汗之处,于闲中言及。俾伊等熟闻,庶几妄念可消。"①

翻译一下:乾隆要求前线将领将"封汗"的事,在不经意间透露给阿睦尔撒纳。在乾隆看来,这是天大的恩宠,阿应该会知足,然后就"妄念可消"了。

封汗这种事,确实是个大饼,之前的罗卜兄就曾垂涎三尺。而且与老十四的"画饼"不同,乾隆帝这次准备了真饼。然而,饼虽然是真的,对阿睦尔撒纳而言却并不够大,他所希冀的并不是四分之一个饼,而是一整张大饼。关于这一点,咱们后文再说。

---

①《清史编年》第五卷(乾隆朝)上,515页。

第四节 格登山——清准大战最终章

好啦,开战之前的背景就介绍到这里,接下来正式开打。

乾隆十九年(1754年)十月十三日,乾隆帝正式决定出兵。当天,他召见军机大臣,宣示出兵准噶尔的缘由:"朕于准噶尔,初无利其土地人民之念";"今岁辉特台吉阿睦尔撒纳等又领数万众投诚,朕以天下大君,焉有求生而来者不为收养之理";"况达瓦齐作乱之人,今即收其数万众,虽目前不敢妄举,而日久力足,必又蠢动";"今事机已值,无烦大举,以国家之余饷,两路并进,不过以新降厄鲁特之力,少益以内地之兵,即可成积年未成之功"。①

到这儿,乾隆算是正式定下了这场战争的基调。本次出兵并非想占人家的地盘(说的比唱的都好听),而是因为达瓦齐弑君作乱;出兵的目的是拯救准噶尔民众,使投诚之人回归故乡;作战部队主力是投诚的准噶尔军队。

当年十二月初四,乾隆帝宣布本次出兵的人事安排,依旧是兵分两路。

一、北路军

授班第②为"定北将军",统率全军;授阿睦尔撒纳为"定边左副将军",相当于副帅,与准部降将郡王讷默库、班珠尔一起,率所部为先锋;和硕亲王<u>色布腾巴勒珠尔</u>、<u>衔琳沁</u>,和托辉特郡王<u>青滚杂卜</u>,尚书<u>达勒当阿</u>等随军参赞军务。

---

① 《清高宗实录》卷474,乾隆十九年十月戊午条。
② 博尔济吉特氏,察哈尔人,曾参与平定金川叛乱,后出任驻藏大臣。

该军以乌里雅苏台为基地，总兵力一万人，2/3 为准噶尔降兵，其余为八旗兵。

二、西路军

授永常①为"定西将军"，统率全军；授萨喇尔②为"定边右副将军"，相当于副帅，与准部降将亲王车凌、郡王车凌乌巴什、贝勒车凌孟克、色布腾等人一起，率所部为先锋；喀尔喀亲王额琳沁多尔济 A③、贝子扎拉丰阿、总督鄂容安等随军参赞军务。

该军以巴里坤为基地，总兵力一万六千人，由准噶尔降兵、八旗兵、绿旗兵组成。

在阿睦尔撒纳等人归降之前，乾隆帝与军机大臣商定的兵力配备方案是北路军三万人（全部为八旗），西路军二万人（一万为绿旗）。当阿一行人归降后，乾隆帝改变主意，决定以准噶尔降兵作为军队主力。两路军队从组成到打法都很相似，准噶尔降将率领准军为主力前锋；八旗兵、绿旗兵在清军将领的带领下尾随跟进。

乾隆二十年（1755 年）二月十二日，北路军副帅阿睦尔撒纳率领前锋军队六千人自乌里雅苏台出发；八天后，北路军统帅班第率领察哈尔八旗兵三千人衔尾而进。二月二十五日，西路军副帅萨喇尔率领前锋军队出发；三月初九，西路军统帅永常率兵跟进。

这次进军异常顺利。因连年内乱，加之准噶尔降将的招抚，准噶尔各部及南疆回部纷纷投诚。小的我就不说了，介绍几个重量级人物。

（一）噶勒藏多尔济，绰罗斯氏，噶尔丹的弟弟朋楚克达什之孙，领一昂吉。他率部投降后，乾隆帝当即拟定其为"绰罗斯汗"，统领全体绰罗斯氏族。

（二）阿巴噶斯和哈丹兄弟，率部众四千户投降。之前，阿巴噶斯和哈丹共领一鄂拓克。乾隆帝授阿巴噶斯等人俱为散秩大臣。

（三）吐鲁番"达尔汉伯克"④莽噶里克，率回众一千户归降。莽噶里克家族

---

① 董鄂氏，历任安西提督、湖广总督。
② 原小策凌敦多布下属官员，乾隆十五年归降。
③ 因后文有重名者，故编号 A。
④ "伯克"为回部一城的总管。

是吐鲁番当地的世族，他的父、祖均为吐鲁番总管。

（四）四月初八，最重量级的人物和卓木率三十户归降。

最重量级的人物竟然只带了三十户？

别急，请听我解释。"和卓"为回部城镇的首领，"木"为兄弟之意。所以，"和卓木"的意思就是"首领兄弟二人"。哥哥叫布拉呢敦，家族世代为喀什噶尔地方的回部首领，俗称"大和卓"；弟弟叫霍集占，家族世代为叶尔羌地方的回部首领，俗称"小和卓"。

之前，大小和卓与他俩的父亲都被拘禁在伊犁，作为人质，准噶尔统治者以此为要挟统治回部。在清军进兵的过程中，看管他俩的阿巴噶斯（投降序列第二位）接到了阿睦尔撒纳的劝降书信，将他俩放了出来。乾隆帝得知这个情况后，认为大小和卓"情甚可悯"，命将他俩带到北京觐见。

好啦，介绍完投降的诸位仁兄和他们的大致情况，我来说一下乾隆在安置降人方面存在的问题。

前章节介绍过，按照蒙古的分封传统，大首领下有数个中首领，中首领下又有一群小首领，每个首领都有自己的部众，很难判断谁更重要。在噶勒藏多尔济（投降序列第一位）投降后，乾隆帝认为他是绰罗斯氏血统，又是昂吉首领，草率地拟定其为"绰罗斯汗"。

然而，在当时的绰罗斯氏族之内，有很多类似的部落首领。绰罗斯氏贵族所领的昂吉有六个，噶勒藏多尔济只是其中之一；他的部众也不算多，后来投降的绰罗斯台吉衮布扎布，有部众有四千余户，要多于噶勒藏多尔济。综上，封此人为绰罗斯汗，很难服众。

更何况，姓绰罗斯并不代表掌握实权。上文说过，阿睦尔撒纳曾写信给阿巴噶斯劝降。这会儿的阿睦尔撒纳是北路军副统帅，一般的小人物他可能亲自劝降吗？

事实上，阿巴噶斯在当时的准噶尔相当了得。他是"大宰桑"，相当于清朝的正黄旗都统，是个很有权势的人物。他是听了阿睦尔撒纳封官许愿的承诺后才投降的，可是投降完了他才发现，"卫拉特四汗"都有主了，自己只得到一个散秩大臣的官职，相当于侍卫首领。

对旗人、内地人而言，侍卫首领确实是个好活儿，平常陪着皇帝，相当于近臣，提拔也快。但是对阿巴噶斯而言，他所向往的是在准噶尔分给他一片地方，让他继续当首领，伺候皇帝这种活儿并不是他想要的。

大小和卓也不满意。他俩之前就在伊犁当人质，现在乾隆帝又召他俩去北京，在他俩看来，这即将是第二次人质之旅。

综上，乾隆对投降部众的安排相当草率，这也为后来的大叛乱埋下伏笔。

言归正传。在清军进兵的前三个月，像样的仗就没怎么打过，每到一处都是投降的部众。达瓦齐老兄也相当配合，天天处在醉生梦死的状态，也不组织军队抵抗。领导都这样了，下属还抵抗个啥劲儿呢？

五月初三，清军过伊犁河，又收降一万余户准噶尔部众。到这会儿，达瓦齐才集结手下万余军队，跑到<u>格登山</u>防御。

格登山位于今天新疆维吾尔自治区昭苏县以西六十公里处，在伊犁南侧。达瓦齐在此背山据水扎下营寨，试图依托自然屏障，防御清军进攻。由于连年内乱，准军苦于征战，且达瓦齐为政荒诞，不能服众，所以他属下的士兵人心惶惶，军械不整，军心离散。

五月十五日，阿睦尔撒纳率军逼近格登山。当夜，他派遣<u>阿玉锡</u>等三名将官，率领二十二名精壮士卒到准军营寨附近侦察敌情。

阿玉锡也是准噶尔人，他于雍正十一年（1733年）投降清军，起初并未受到重用。乾隆十五年（1750年），萨喇尔投降后，发现阿玉锡也在清军这边，就向乾隆帝讲述了他的过人之处。阿玉锡曾与人发生冲突，对方用鸟枪指着他，他闪过对方发射的枪弹，徒手将对方的鸟枪夺下。乾隆帝听闻此事，亲自召见阿玉锡，让他现场表演武艺。表演结束后，乾隆十分满意，将他编入侍卫行列。在这次清准之战中，阿玉锡随军出征，担任先锋。

阿玉锡一行人全部换装准军服饰，即头戴毡帽，身披轻梭子甲，悄悄潜入准军营寨附近，遇到了几名哨兵。由于双方都是准噶尔人，没有距离感，就开始聊天。根据哨兵的描述，阿玉锡得知准军内部混乱，军心涣散。随即，他做出一个大胆的决定：单凭侦察小队这二十五人，发起对准噶尔万余军队的进攻。

侦察小队绕过准军大营的正面，跑到山坡之上。他们背挎鸟枪，手执长矛，竖起旗帜，吹响胡笳，自上而下冲向准军营寨。营寨内的准军听到胡笳声，有的以为是清军主力来攻，有的以为是准军降兵来攻，还有的以为是营寨内发生内乱,总之,不管怎么"以为",大家的选择是一致的——逃跑,即"敌众惊溃,自相践踏"①(见彩图 9 郎世宁作《格登鄂拉斫营》)。

阿玉锡率军冲进敌营,一边砍杀一边放火,准军大乱,上千人被踩踏而死,四千余人投降。阿睦尔撒纳发现准军大营起火后,率大部队赶来助战,达瓦齐仅率残部两千余人逃走。

谁能想到,殊死搏杀近百年、武器不断革新、战法不断创新的清准两方,最后一次决战竟然是如此场面。

战后,乾隆帝命意大利传教士郎世宁为阿玉锡作画,名为《阿玉锡持矛荡寇图》(见彩图 10 郎世宁作《阿玉锡持矛荡寇图》),并作诗纪念,诗中有"大声策马入敌垒,厥角披靡相躏奔"之语,以歌颂其功。

之后,就是一路坦途了。根据阿睦尔撒纳的奏报:"进兵至伊犁,沿途厄鲁特、回人等牵羊携酒,迎叩马前。"②(见彩图 11 郎世宁作《平定伊犁受降》)

清军进入伊犁后,开始清查户口,编设佐领。战后安置的总体方针仍是设"卫拉特四汗",投降部众中凡是属于四汗的人口,都交由他们管理。

在清查户口的过程中,清军还意外地发现了一位老朋友——罗卜藏丹津。在青海被岳钟琪击败后,罗卜兄就跑到了准噶尔,策妄阿拉布坦也没跟他客气,直接把他软禁在伊犁,直到被清军发现。随后,罗卜兄和他的两个儿子一起被送到北京。乾隆帝念及固始汗自皇太极时期就诚心朝贡,往来不绝,赦免了罗卜兄的死罪。起初将其幽禁在北京,后来干脆放任其自由行动。罗卜兄的两个儿子还被编入侍卫班,作为乾隆帝的贴身保镖。这么看,罗卜兄还真是个有福之人。

达瓦齐战败后,于六月初八带着七十余人跑到南疆回部的乌什城,投奔该城首领霍集斯。霍集斯派他的弟弟带着牛羊美酒,在城外四十里处迎接达瓦齐一行人。达瓦齐也是心大,丝毫没把霍集斯当外人,人家送肉他就吃,人家敬酒他就喝,喝得酩酊大醉。等他酒醒了,发现自己被捆了……

一同被捆的还有他的儿子、老婆和一堆亲属。六月二十四日,霍集斯将达

---

① 《清史编年》第五卷(乾隆朝)上,526 页。
② 同上书,527 页。

瓦齐等人送到清军大营（见彩图 12　郎世宁作《乌什酋长献城降》）。

乾隆帝下令将达瓦齐解送到北京，行献俘礼。这种"礼"是很"无礼"的，为首的俘虏通常是要被砍头的。达瓦齐在进京的途中听说这个事，吓得不要不要的。

到京后，乾隆帝亲至午门楼行献俘礼。看着眼前这位他爹、他爷爷的老对头的后裔，乾隆心中一股优越感油然而生。毕竟现在他骄傲地站着，对方哆嗦着跪着，都是晚辈，差距咋就这么大呢？

乾隆一高兴，就没杀达瓦齐，还送给他四字评语："庸懦可怜"。

啥意思呢？

就是平庸地让人可怜……

可悲！可叹！

如果以 1424 年脱欢杀掉贤义王太平、安乐王把秃孛罗，作为绰罗斯氏正式建立政权的标志，那么到 1755 年达瓦齐被擒、准噶尔汗国覆灭，已历时 332 年。回首绰罗斯氏的历史，可谓沧海横流，英雄辈出。

浩海达裕穷尽手段，为绰罗斯氏打下根基，算是立业之主。

马哈木各种立大汗、杀大汗，使得绰罗斯氏成为全蒙古排得上号的部落。

脱欢上演王子复仇记，统一瓦剌，杀阿鲁台，攻灭东蒙古，成为全蒙古的实际领导者。

也先于土木堡大败明军，俘明英宗朱祁镇而去，威震漠北。

巴图尔珲台吉中兴准噶尔，远交清帝国，近攻哈萨克，北抗沙俄。

僧格攻灭和托辉特部，兼并曾极盛一时的阿勒坦汗国，雪卫拉特百年之耻。

噶尔丹攻取、降服西域、中亚一千二百余城，三个月内打垮喀尔喀，可谓武功致盛。

策妄阿拉布坦再次中兴准噶尔，对外北抗沙俄，南袭拉萨，西征哈萨克；对内改革币制，发展农业，积聚人口，重整军队，在康熙朝末年与清军周旋了整整七年。

噶尔丹策零多次重创清军，亲手导演了清朝建国以来最大的两场外战失败。

不知这些枭雄、猛人地下有知，知道了自己的后代子孙被对手的后代子孙如此奚落，会作何感想？

怕是棺材板都压不住了吧。

当然，奚落归奚落，乾隆还是给这位末代君主留足了面子。在赦免达瓦齐的罪行之后，乾隆帝加封其为亲王，即"准噶尔亲王"，并在北京为他修建府邸，让达瓦齐和他的儿子在此居住。之后，乾隆还把诚隐郡王（雍正的三哥）的孙女嫁给了他。

很厚道啦。

但是，不知道达瓦齐是真傻还是不得不傻，面对如此优厚的待遇，他却并没有安分地过日子，而是装疯卖傻，"日惟向大池驱鹅鸭浴其中以为乐"[①]，也就是每天赶着鸭子、大鹅下水玩。

然而不管怎么说，从也先开始，后又有噶尔丹、噶尔丹策零，这些绰罗斯氏枭雄们曾梦寐以求的去北京当"准噶尔王"，终于实现了，只不过是以一种最可怜的方式。

大家都知道，乾隆一高兴，就会作诗，这次自然也不能破例。我先替他说一句，献丑了。

乌什城酋长献城降

执渠早是被恩荣，畏逼迁随尚近情。
识顺料伊将倒戟，剪凶匪我愿佳兵。
申明昧雉霜严令，叠见牵羊肉袒迎。
天祐人归逮底绩，越因兢业凛亏盈。

现在网络上很多人在笑乾隆的诗，说他写了几万首却无一首被选入教科书。其实呢，乾隆只是习惯以诗的形式把发生的重要事情记录下来，类似日记。况且人家写的诗也并非全无可取之处。

我初见这首诗的时候，也感觉有些句子狗屁不通，像"剪凶匪我愿佳兵"，起初我的断句是"剪凶匪 / 我愿 / 佳兵"，即（为了）剪除凶恶的匪徒，我愿意（拥有）良好的兵器。

[①]《清史编年》第五卷（乾隆朝）上，542 页。

等我再仔细咂摸一下，其实并不应该这么断，而是"剪凶/匪我/愿佳兵"。这里的"匪"为"非"，"佳兵"为"精良的兵器"，引申为不祥之物，取自《老子》中的"夫佳兵者，不祥之器"。这么理解的话，该句即为：如果不是因为要剿灭凶悍的敌人，我是不愿意用精良的武器去杀人的。这么一看，意境就高很多了。由此可见，乾隆对于经典古籍中的词句，理解还是很到位的。

　　乾隆帝以行楷字体手书此诗（见彩图13　乾隆书法《乌什酋长献城降》）。他的用笔偏柔和、圆润，用软笔书法的术语来讲，其"斜钩"的"提"（像"識"字）、"垂露竖"的"收"（像"顺"字）以及"短撇"的"顿"（像"被"字），都恰到好处，给人以流畅自然之感。同时，乾隆的字间架结构方正有力，用墨雄浑，又给人以柔中带刚、力透纸背之感。我可以负责任地说，这个水平至少超过当下95%会写字的人，包括用硬笔写成的书法。

　　更何况，写这首诗的时候，乾隆帝确确实实终结了绰罗斯氏延续三百余年的政权。而后世那些未开过一寸疆土的键盘侠却对人家的作品各种嘲讽，是不是正应了那句诗："书生轻议冢中人，冢中笑尔书生气。"

　　在此之前，伊犁并不叫这个名，它有多种称呼，例如"亦力把里""亦力""伊里"等，都是音译。平定准噶尔后，大文人梁诗正在"奏贺平定准夷折"中写道："今我皇上乾纲独断，扫荡伊犁，奏百年之绩于一朝，受诸部之降于万里。"①

　　乾隆帝认为奏折中"伊犁"这两个字用得很好，既有"犁平伊之巢穴"之意，读音又契合该地原本的称呼。所以，他将此地正式命名为"伊犁"，之后的有清一代沿用不替。

----

①《清史编年》第五卷（乾隆朝）上，534页。

第五节 阿睦尔撒纳反叛

由于准噶尔汗国已不复存在，所以在下文，我称之前准噶尔统治的北疆各蒙古部落为"准部"；称之前准噶尔统治的南疆各部落为"回部"。

战后，对投降的准部各首领，乾隆帝兑现了他的诺言。

乾隆二十年（1755年）七月二十日，乾隆帝谕旨："准噶尔四卫拉特台吉等俱照内扎萨克一体封汗、贝勒、贝子、公等爵秩，令各管辖所属。其归公管辖之二十一昂吉，仍存旧日名号，分立八旗。"①

前章节讲过，二十一昂吉相当于"自治部落"，乾隆打算将他们分别编入八旗，仍驻守卫拉特各处，相当于驻防八旗。二十四鄂拓克下属的部众则计划分给卫拉特四汗，编设盟旗，牧民照旧放牧生活。本次进兵的诸位将领也有封赏，阿睦尔撒纳被赐予亲王双俸（两份年薪），班第、萨喇尔俱晋封一等公爵。

到这里，看起来是一个圆满的大结局。准噶尔各部照旧安居乐业，乾隆帝未动用大批真正的清军，也未耗费多少钱粮，就完成了康熙帝的遗愿，实现了清帝国版图的大一统。在此之前，这种圆满的结局曾多次上演过，在黑龙江、在喀尔喀、在青藏高原，都是"以德服远"的典范。然而，这种态势能够出现，通常有一个大前提，那就是清廷事先做到了"以义击暴"。

黑龙江诸部诚心归附，是因为顺治帝、康熙帝帮助原住民驱逐了俄军；喀尔喀诸部诚心归附，是因为康熙帝出兵剿灭了噶尔丹；藏区诚心归附，是因为

---

① 《清史编年》第五卷（乾隆朝）上，537页。

康熙帝出兵驱逐了准噶尔入侵者。而那些清廷并未"以义击暴"却主动归附的部落，通常就需要再用武力巩固一下，例如青海蒙古，就在雍正朝发生叛乱。

准噶尔也是同样的情况。在清军到来之前，人家没有外敌压境，清廷对他们并无恩惠。之所以会有这么多部落头领主动投降，是因为他们把投降看成投资，希望自己成为原始股，进而获取更大的利益。之前被准噶尔统治者压迫的回部首领希望在投降后获得独立自主的地位；之前准部的小首领希望在投降后成为大首领；之前准部的大首领希望在投降后成为卫拉特大汗。而这些要求，乾隆显然不能都满足他们。

所以，乾隆用准噶尔军队攻打准噶尔，看似是一招妙棋，但是如果在战后安置方面不动一番脑筋，很难令各部首领心服。其实呢，乾隆对此也有所考虑，所以他以高标准封赏阿睦尔撒纳。战后，阿睦尔撒纳成为辉特汗，等同亲王爵位，封藩塔尔巴哈台，领亲王双俸。雍正朝以来，有过类似待遇的外藩蒙古首领，只有策棱一人，而且他还没有汗号。然而，阿睦尔撒纳仍不满足，打从一开始，他要当的就是整个卫拉特的大汗。

其实这是很扯淡的。虽然他的血统不错，出自和硕特，生父为和硕特汗王嗣子，明朝时和硕特部首领也曾兼任卫拉特汗。可问题是，他并不是和硕特汗国或者和硕特部的继承人。他成长于辉特部，这个部落一直很不起眼，他自己只不过是几十个鄂拓克、昂吉首领之一。就这么个出身，他有啥资格当卫拉特汗呢？

下面，我们就来聊聊阿睦尔撒纳的反叛过程。

乾隆二十年正月，在清军正式进兵前，阿睦尔撒纳上疏乾隆帝，请求"赏给印文"，也就是正式赐给他"某某汗"的印鉴，理由是方便他招抚旧部。

政治家的敏感立刻让乾隆警觉起来。二月初十，乾隆帝密谕定北将军班第："阿睦尔撒纳本有并吞准噶尔之意，今若令伊收合旧日人众，则我兵全为伊集事矣。倘阿睦尔撒纳稍露形迹，班第即以便宜从事。"①即乾隆帝为防自己出兵忙活一场，最后却为阿睦尔撒纳做了嫁衣，决定授予北路军统帅班第临机专断之权，他可以不经请示直接处置阿睦尔撒纳。

---

① 《清史编年》第五卷（乾隆朝）上，516 页。

这封密旨发出后不久，乾隆又担心班第过分谨慎、吹毛求疵，弄不好会逼反阿睦尔撒纳。而且自己用着人家，又防着人家，有点儿"小人"。所以，三月初二，乾隆帝又将之前发出的密旨召回，收回了班第的便宜行事之权。

之后，阿睦尔撒纳率领所部攻入准噶尔。四月二十九日，准噶尔集赛宰桑齐巴汗向阿投降，所部共八千余户。阿睦尔撒纳在当地逗留数日，清点人口，试图将其中的壮丁编入自己的军队。他还上疏乾隆帝，请求清廷拨款"养赡准噶尔穷人"。

赈济穷人这种事情，乾隆帝经常做。但是这次，他拒绝了阿睦尔撒纳的请求，并答复道："若论穷人，内地、外地、各部落蒙古内，何处无之？博施济众，势所不能。"①即中国内外那么多穷人，凭什么就紧着你阿睦尔撒纳招降的部众去赈济呢？想拿着我的钱去送人情，想得美！

到这儿，阿睦尔撒纳就有点儿不高兴了。但是，他仍然希望通过合法途径（乾隆帝的正式册封）谋得卫拉特汗。于是，他私下找到班第说道："我等四卫拉特与喀尔喀不同。若无总统之人，恐人心不一，又生变乱。"②这个意思就很明白了，如果你们不封我为卫拉特汗，那么卫拉特就很可能发生"变乱"。这段话看似是在提醒班第，实则是在威胁。至此，阿睦尔撒纳的反相已表露无遗。

清军攻占伊犁后，他的举动愈发过分。

五月二十七日，班第密奏："阿睦尔撒纳此时惟以纠合从前失散之人、图立产业为急务。"③

六月二十二日，班第再次密奏："阿睦尔撒纳自入塔本集赛以来，所至迎降，遂妄自夸张，谓来归之人，俱系向伊投诚。及入伊犁，肆行劫夺，凡有仇隙者任意杀害。且拥众自卫，不愿撤兵"；"仰恳特降谕旨，令其速行入觐，早定四部封汗之事。"④

听完班第的奏报，乾隆也感觉事态严重。然而，他担心如果骤然降旨召阿入京，会激其生变，起到反效果。所以，他令班第委婉地劝说阿睦尔撒纳入京，

---

① 《清史编年》第五卷（乾隆朝）上，525页。
② 同上书，528页。
③ 同上书，528页。
④ 同上书，532页。

不要让他起疑心。

这里，乾隆又犯了两个错误，一个是主观的，一个是客观的。

主观方面，既然阿睦尔撒纳已经明白地表露出反叛迹象，那么乾隆应该怎么做呢？

废话，调兵呀！

不管他反叛与否，先集结真正的清军到伊犁，确保清廷在当地有绝对的军事优势。一方面震慑反叛者，另一方面做到有备无患。然而乾隆并没有这么做，他一直坚信，自己给予阿睦尔撒纳的赏赐已经足够多了，对方没有理由反叛。即使阿心怀不满，只要他恩威并施，对方必然慑服。基于这种判断，乾隆帝并没有大规模调兵，当时驻扎伊犁的军队绝大多数是投降的准军，清军只有五百人。

客观方面，乾隆之所以没有调兵，是因为他确信，他与班第算计人家的事是绝对保密的，阿是不知情的。一旦调兵，容易出现"逼良为娼"的效果，反而逼着阿反叛。

但是，世上没有不透风的墙。当时，在班第军中，有和托辉特郡王青滚杂卜，位列副将军，参与军机。自和托辉特部归附清廷后，一直处在清准战争的最前线。康、雍、乾三朝对准噶尔用兵，都设北路军，驻地就在和托辉特部领地内。清军的营地建设、驿站传递、粮食运输等工作，抽调了该部大量壮丁服劳役，牧民生活十分劳苦。加之雍正朝清军于和通泊战败，该部有上万户牧民被准军掳走。战后，雍正帝又将和托辉特部所属的乌梁海一半的领地让与准噶尔。这些都让青滚杂卜十分不满，对清廷产生敌意。所以，他就把"班第向乾隆告状"这件事，泄露给了阿睦尔撒纳。

阿此时正准备启程去北京觐见，得到青滚杂卜的情报后，他佯装不知。在出行之前，他授意一位手下向班第"告密"，说道："阿巴噶斯等与喇嘛潜行计议，如不令阿睦尔撒纳统领驻扎，伊等宁剖腹而死，不能贪生，别事他人。"①

这是阿睦尔撒纳最后一次试探，为了表示自己的诚意，他不惜出卖了与自己关系密切的阿巴噶斯（投降序列第二位），说此人宁肯自杀也要拥立他为汗。

---

① 《清史编年》第五卷（乾隆朝）上，535 页。

第十章　平定准部、回部

班第随后将此事上奏，至此，乾隆帝确信阿睦尔撒纳将要反叛。于是，他令阿务必于十月初十前赶到承德避暑山庄觐见。

而此时，阿睦尔撒纳正在紧锣密鼓地谋划反叛。他先是秘密派人去扎布堪河召集所属部众，准备起兵；然后令阿巴噶斯带兵分头抢掠各地，分散清军的注意力。接着，他伪装无事，在喀尔喀亲王额琳沁多尔济Ａ的陪同（其实就是押解）下，向热河出发。

八月十九日，阿睦尔撒纳一行人走到乌隆古河①，他对额琳沁多尔济Ａ谎称自己要先回到牧地"束装"，然后再去热河。临行前，为了稳住额琳沁多尔济Ａ，他还主动交出了定边左副将军的大印，随后他一去不回。

惊天之变由此开始。

潜逃后，阿睦尔撒纳派出多路使节，分告准部各首领，他已经脱离清廷，自立门户。之前投降的阿巴噶斯、哈丹团伙，克什木团伙，班珠尔（乾隆封的和硕特汗）、普尔普团伙纷纷响应，四处劫掠，刚刚平定的准部大乱。

八月二十三日，克什木率军劫掠伊犁，此时的伊犁驻军有班第、鄂容安率领的五百名清军和萨喇尔率领的千余名准噶尔军队。由于叛军人数为清军数倍，班第、萨喇尔决定率众撤离。

八月二十九日，清军走到乌兰库图勒地方时遭遇克什木叛军。萨喇尔见状不妙，临阵脱逃，率领属下的准噶尔军队逃向巴里坤，班第、鄂容安及数百清军被围。班第率军死战，无奈寡不敌众。力竭后，他对鄂容安说道："今日徒死，于事无济，负上付托矣！"②言罢自尽而死。

鄂容安是名臣鄂尔泰的长子，是个文官，看到班第大义凛然地殉国后，也决心追随其而去。他尝试自杀，却"腕弱不能下"，于是他令仆人刺其腹而死。萨喇尔逃跑后不久再次遭遇叛军，被叛部首领锡克锡尔格生擒。

阿睦尔撒纳的反叛，班第、鄂容安的遇难，萨喇尔的逃跑，深深刺痛了乾隆的心。消息传来，他既悲且怒。阿睦尔撒纳、萨喇尔都是准部降将，他对前者封赏已尽，对后者信任有加。可是，两人却一个反叛、一个逃跑，让乾隆的

---

① 位于阿尔泰山西南侧，相当于科布多与北疆的边界。
② 赵尔巽等撰，《清史稿》卷312，列传九十九。

心腹爱将陈尸沙场。这一刻，乾隆感觉自己被全世界背叛了，他再也不会相信爱情了。接着，耐心没了，招抚没了，宽大没了，他心中所剩的只有仇恨。

阿睦尔撒纳反叛后，派遣班珠尔潜回喀尔喀接他俩的家眷。九月初六，清军俘获班珠尔和阿、班二人的家眷，乾隆帝谕令：将俘获男女分赏给喀尔喀诸部为奴，不久之后又将班珠尔斩首。

九月初九，原准部首领阿克珠勒回降而复叛，杀伤清军士兵。乾隆帝命成衮扎布、额琳沁多尔济 B①率军进剿，有旨："（叛军）附和阿逆，戕我官兵，不可不痛加剿灭。男丁俱行诛灭，其妇女牲只什物，解往喀尔喀充赏。"②

十月二十三日，乾隆帝谕令扎拉丰阿③、策楞④，在镇压叛乱的过程中，"不得稍存招抚之见，致反覆叛乱，无所底止"⑤。

乾隆不仅对敌人狠，对自己人更狠。

九月十六日，乾隆帝以西路军统帅永常"怯懦"，命革去其西路军统帅、定西将军之职，押解回京治罪，重新任命扎拉丰阿为定西将军，以策楞为参赞大臣。永常在押送进京的途中病死。

仅过了半个月，即当年十月初一，乾隆帝又以策楞"观望迟延、怯懦已极"为由，命将其革职，押解回京治罪。几天后，他又将策楞免罪，令其以司员（相当于顾问）任职，留军前效力赎罪。

十二月，乾隆帝以额琳沁多尔济 A 在押送阿睦尔撒纳进京的过程中，玩忽懈怠、致其逃脱为由，下令赐其自尽。

额琳沁多尔济 A 出身土谢图汗部，是多伦诺尔会盟时那位土谢图汗的重孙子，爵位是亲王，他的母亲是康熙帝的六女儿固伦恪靖公主，此时的哲布尊丹巴（第二世）是他的亲兄弟。你掂量一下，乾隆杀的是谁。

此令一出，喀尔喀大哗，各部首领敢怒不敢言。

然而，就在乾隆帝即将"黑化"之时，一个人的回归让他又回到了正轨，

---

① 超勇亲王策棱第五子，因上文有重名者，故编号 B。
②《清高宗实录》卷 496，乾隆二十年九月壬午条。
③ 赫舍里氏，和通泊战死的前锋统领丁寿之孙。
④ 钮祜禄氏，遏必隆之孙。
⑤《清史编年》第五卷（乾隆朝）上，543 页。

这个人就是上文那位临阵脱逃后、被叛军生擒的萨喇尔。

萨喇尔老兄的胆量是小了一些,可是情商却很高。他虽身在敌营,却并没有与叛军同流合污,反而开始说教工作。他描述了自己归顺清廷后享受的高级待遇,说明了乾隆帝之前制定的宽仁政策。在他的感召下,伊犁城内的宰桑乌克图和将他擒获的锡克锡尔格、巴颜巴桑等人都表示,愿意重新归附清廷,设计生擒阿睦尔撒纳赎罪。

萨喇尔将这个消息上报,乾隆帝大喜,动情地说道:"(萨喇尔)为贼拘留,自必愧恨。然因兵少力弱,中贼诡计,非伊无能被执。今伊感念重恩,会同伊犁众台吉、宰桑等,分路领兵,期献逆贼,是其诚心奋勉,终始不渝。朕闻之实深嘉予,转复为之恻然。"①

一向"机器做派"的乾隆都能"恻然"一把,说明萨喇尔确实让他动心了。随后,乾隆帝下令宽恕萨喇尔及伊犁城内一众叛军首领的罪行,命他们按原计划行动。同时,他令策楞率军赶赴伊犁,支援萨喇尔的进兵计划。

然而,乾隆的命令还没来得及发给策楞,萨喇尔一伙就跟阿睦尔撒纳打了起来。双方在伊犁附近遭遇,交战两日,不分上下。这时,大小和卓率军赶来。

本来呢,大小和卓是比较恨准噶尔的,他们父子两代皆为人质,与准噶尔仇深似海。但是,他俩是阿睦尔撒纳勾结阿巴噶斯放出来的;重获自由后乾隆又召他俩去北京,这让他俩误认为乾隆是要继续将他们当作人质对待。所以,他俩就认为清廷和准噶尔是一路货色,反而对阿睦尔撒纳感恩戴德。这样,阿睦尔撒纳与大小和卓的军队联合,萨喇尔军被击败,四散而逃。

虽然此战萨喇尔一伙战败,但是阿睦尔撒纳的日子反而愈加难过。一则,与萨喇尔的厮杀,大量损耗了他的有生力量;二则,此后乾隆帝发兵两路进剿准部叛军,大小和卓听闻这个消息,又率军攻击阿睦尔撒纳,试图掩饰之前的叛乱行为,这再次重创阿的军力。

这两仗打完后,阿睦尔撒纳几乎成为光杆司令,于乾隆二十一年正月逃往哈萨克境内。

---

① 《清高宗实录》卷503,乾隆二十年十二月丙辰条。

第六节 撤驿之变

萨喇尔被擒后又反正的表现,让乾隆帝再次相信了爱情。虽然萨喇尔回来后乾隆即下令将其囚禁,但这只是不得不作的一种姿态,毕竟如果换了其他清朝官员把仗打成这个样子,那就是斩立决了。第二年,萨喇尔即被释放。乾隆先任命其为散秩大臣、镶白旗蒙古副都统,赐乾清门行走。后又擢升其为内大臣,相当于皇帝的贴身顾问,赐爵位二等超勇伯。

也正是因为萨喇尔的忠勇表现,让乾隆对尚未叛乱的准部诸首领不改初衷,绰罗斯汗噶勒藏多尔济,和硕特汗(第二任)沙克都尔曼济①,辉特汗(第二任)巴雅尔②,杜尔伯特汗车凌仍然各司其职,而且可以参与军机,领军作战。

然而,此战中出现了一个严重的信息漏报。因为萨喇尔回到清朝后即被逮捕,所以他并没有机会向乾隆汇报大小和卓支持阿睦尔撒纳反叛的举动,这导致乾隆长时间不了解这两位仁兄的真实立场。

乾隆二十一年(1756年)四月,为追捕逃入哈萨克的阿睦尔撒纳,乾隆帝令达勒当阿③率军一千人,哈达哈④率军三千人,兵分两路进入哈萨克。

此时的哈萨克因为策妄阿拉布坦、噶尔丹策零的一系列军事打击,已经分裂为三部,简介如下表。

---

① 接替叛乱的班珠尔,准噶尔时期领一昂吉。
② 接替阿睦尔撒纳,准噶尔时期领一昂吉。
③ 钮祜禄氏,阿灵阿次子,时任吏部尚书。
④ 瓜尔佳氏,傅尔丹之子。

清朝称谓	当代称谓	首领	位置	说明
右部哈萨克，又称乌拉玉斯、大帐	大玉兹	阿布勒比斯	今哈萨克斯坦东南部	实力最强
左部哈萨克，又称鄂尔图玉斯、中帐	中玉兹	阿布赉	今哈萨克斯坦东北部	实力居中
奇齐玉斯，又称小帐	小玉兹		今哈萨克斯坦西部，靠近乌拉尔河	实力最弱

阿睦尔撒纳投奔的，就是左部哈萨克首领阿布赉。面对清朝派来要人的使者，阿布赉答复："（阿睦尔撒纳）穷鸟投林，不便擒献。"①。

这么看，阿布赉这个人还是很仗义的。然而，这只是个表面借口。真实情况是，阿布赉早就对阿睦尔撒纳的牧地塔尔巴哈台垂涎三尺。他留下阿之后，下一步就计划吞并该地。而阿布赉之所以敢拒绝清朝的要求，是因为他还没有领教过清军的厉害。接下来，清军就给他上了一课。

当年七月，清军与阿睦尔撒纳及哈萨克军队连战三场。

第一战，地点在雅尔，清军达勒当阿率领一千人，阿睦尔撒纳率领哈萨克军队两千人。结果：清军胜，斩杀五百七十余人。

第二战，地点在努喇，清军达勒当阿率领一千人，阿睦尔撒纳率领哈萨克残军一千余人。结果：清军胜，斩杀三百四十余人。阿睦尔撒纳险些被擒，化装成哈萨克民众逃走。

第三战，地点在巴颜山，阿布赉亲自率兵一千人支援阿睦尔撒纳，哈达哈率领清军三千人迎战。结果：清军胜，哈萨克军全军覆没，阿布赉只身逃走。

战后，阿布赉向清廷上表谢罪，阿睦尔撒纳再次向西逃遁。到这会儿，战局发展得很顺利。然而，就在乾隆二十一年中旬，和托辉特部发生"撒驿之变"，西北局势急转直下。

上文说过，班第向乾隆帝汇报关于阿睦尔撒纳叛乱情况的密奏，被青滚杂卜私自泄露。乾隆帝得知这一情况后，本来打算将青滚杂卜逮捕治罪。但是考

---

①《清史编年》第五卷（乾隆朝）上，559 页。

第十章　　平定准部、回部

虑到北路军正屯驻在和托辉特部领地，而且青滚杂卜的爷爷博贝，曾在康熙朝只身入乌梁海，招抚当地部族，立有大功。所以，乾隆帝决定网开一面，并没有处置他。

然而，当乾隆赐死<u>额琳沁多尔济 A</u> 后，青滚杂卜对清廷的不满达到了临界点。他与额琳沁多尔济 A 同为成吉思汗、达延汗后裔，自喀尔喀归附后，清朝皇帝从未处死过蒙古亲王。加之西北战事日久，他的部众承担了繁重的劳役，更加深了他的怨念。

乾隆二十一年七月，青滚杂卜公开反叛。他对北路军将领言道："我喀尔喀本成吉思汗后裔，向不治罪。"①

这个意思是，乾隆帝赐死额琳沁多尔济 A 的行为是非法的，我不会继续给他打工，他也没有资格处置我。客观来说，这是很扯淡的。如果乾隆只杀姓博尔济吉特的，而不杀姓爱新觉罗的，那么青滚杂卜是有理由反叛的。可问题是，乾隆同样杀了不少姓爱新觉罗的，他的为政并不考虑血统和出身。

随后，青滚杂卜擅自回到科布多，传令属下各部停止为清军驿站服务，各自回本部落游牧。同时，他致书喀尔喀其他部落，鼓动他们一起撤驿。喀尔喀贝勒<u>车登扎布</u>、<u>车布登</u>等响应青滚杂卜，召回本部服役人员。一时间，喀尔喀有溃乱之势。此举导致清军在北疆、阿尔泰山区的驿站、烽墩、哨所全部瘫痪。

由于清朝的战争涉及地域广大，所以历任清朝皇帝都十分重视驿站建设。驿站就像清帝国的神经元，能够及时将各地战况反馈给北京的中枢系统。而青滚杂卜撤驿的举动，相当于切断了清帝国的神经线。得知此事后，乾隆帝高度重视，紧急布置了以下举措。

（一）任命成衮扎布为定边左副将军，率领在准部平叛的清军北上，进入和托辉特部领地，擒拿青滚杂卜。

（二）令深入哈萨克的达勒当阿、哈达哈率清军退回，协同成衮扎布平叛。

（三）对喀尔喀诸部首领言明，清廷对他们没有敌意，不要跟风叛乱。

（四）组织喀尔喀诸部在鄂尔坤、塔米尔等处会盟，命哲布尊丹巴亲自出面抚慰。对已经参与撤驿的部落头领，乾隆表示，如果他们能够立刻回到各处当

---

① 《清史编年》第五卷（乾隆朝）上，559 页。

差，则既往不咎。

这里我要特别表扬一下哲布尊丹巴（二世）。额琳沁多尔济Ａ是他的亲兄弟，乾隆帝下赐死令时，他曾出面求情，但乾隆并没有给他面子。现在，乾隆回头求他，他不计个人恩怨，出面稳定了喀尔喀局势。

多管齐下，青滚杂卜的叛乱很快被平息。当年十一月底，青滚杂卜在中俄边境被擒，后被乾隆帝处死。这次叛乱持续了约五个月，其直接影响就是清廷在喀尔喀、阿尔泰山区和准部的驿站暂时瘫痪，叛乱平息后即恢复。从表面上看，这倒不是什么大问题。然而，撤驿之变还造成了两个间接影响，其后果十分严重。

影响一：准部复叛。

乾隆为了平叛，将攻打哈萨克的军队、在准部维持治安的军队大部分调往阿尔泰山区。清军离开北疆之前，为防已投降的准部军队叛乱，又将他们解散，令其各回牧地放牧。这样，整个准部就几乎处在无清军驻扎的状态。

当年十月，接替阿睦尔撒纳的第二任辉特汗巴雅尔公开叛乱。乾隆帝得到奏报后，令驻防伊犁的清军将领和起①率领八旗兵一百人，准部降将尼玛、扎那噶尔布②率一千人，回部头领莽噶里克率一千人共同平叛。由这支军队的组成可见，此时驻扎在准部的清军数量实在可怜。

和起传令诸部军队到辟展③地方会合，清军与回部军队先至，准军于十一月初六傍晚后至。尼玛、扎那噶尔布率准军到达后，突然反水，毫无征兆地对清军发起袭击。同时，莽噶里克带领的部分回部军队也反水，从后队攻击清军和未叛乱的回部军队。两部叛军前后夹攻，发射火枪、弓箭。和起誓死不降，率军徒步转战，力尽而亡。随后，准部再次爆发全面叛乱。

影响二，阿睦尔撒纳重回准部。

清军自哈萨克撤离后，左部哈萨克首领阿布赉获知准部复叛的消息，这让他感觉有机可乘。但是，让他自己明着出兵跟清军打，他又不太敢。所以，阿

---

① 马佳氏，时任宁夏将军。
② 绰罗斯汗"噶勒藏多尔济"的侄子。
③ 今新疆维吾尔自治区鄯善县辟展镇。

布赉找到了隐伏在境内的阿睦尔撒纳，将之前俘获的准部部众交还给他，将自己的女儿嫁给他，支持他重回准部建立政权。

乾隆二十二年（1757年）二月，阿睦尔撒纳秘密潜回博罗塔拉地方，召集准部诸首领，再次公开反叛。

和起的惨死和无休止的反叛，再次刺痛了乾隆的心。这次，他决心再也不会相信爱情了。按照他的原话说就是："朕办理（平定准噶尔）始意，亦惟欲按其四部分封四汗，众建而分其势，俾之各自为守，以奉中国号令，聊示羁縻而已。乃伊等蠢愚无知，不能承受太平之福，以致自干剿戮，实非朕之本怀。"①

在随后给前线将领的谕旨中，乾隆帝谕令："厄鲁特等似此辜恩背叛，必应尽行剿灭"；"倘稍有可疑，亦当乘其不备，先行剿灭"。②也就是说，宁可枉杀，也绝不放过一个叛逆。

在这种思想的指导下，清军将领雅尔哈善于乾隆二十一年底，将和硕特汗沙克都尔曼济③所属的一千余户、约七八千人全部剿灭。

同时，对平叛效果不佳的清军将领，乾隆帝也下令严惩。

乾隆二十一年十一月，乾隆帝将西路军的班子成员玉保、策楞在军前解职，押解进京治罪，这两位老兄在回京途中被叛军所杀。按说呢，这也算是死在工作岗位上，就算不优抚，也该是功过相抵。

消息传来，乾隆竟然没有丝毫怜悯，反而拍手称快，说他俩之前"节节失误，坐失机宜"；他俩的死是"罪孽满盈，致干天谴"。通俗点儿说就是死得好！你俩把仗打成这个样子，老天爷都看不下去了。

到这儿，乾隆帝在黑化的道路上一路狂奔。

然而，以上这些举措还不是最要命的，乾隆最要命的决定是，因为准部叛乱不已，导致他决心不再对回部施行惠民政策。他下令回部每年需要上缴的贡赋仍沿用准噶尔时期的旧制不变，即"令其将每年贡赋照数交纳。"④

乾隆二十二年正月十三日，乾隆帝派人到回部催缴贡赋，并传谕大小和卓：

---

① 《清高宗实录》卷527，乾隆二十一年十一月庚申条。
② 《清史编年》第五卷（乾隆朝）上，571页。
③ 第二任和硕特汗，此时并无反叛迹象。
④ 《清史编年》第五卷（乾隆朝）上，568页。

"酌定贡赋章程前来陈奏";"倘稍有推托,俟剿灭厄鲁特后再派兵前往办理"。①

前文说过,准噶尔统治时期,回部的赋税是相当沉重的,多次激起当地民变。现在,乾隆帝沿用旧制,意味着赋税会同样沉重。至此,大小和卓决定反叛。小和卓霍集占在接到乾隆帝的谕令后即言道:"今若投诚,又当纳贡,不如自长一方,种地守城,足为扞御。"②

看到这里,大家应该能够发现,其实乾隆与他爹雍正的性格是很像的。他俩都属于那种,"如果你辜负了我,我就会不择手段整死你"的人。相比之下,康熙就比他俩强多了。

之前读史书时,我曾很不解:为什么鳌拜结党擅权、多行弊政,康熙不杀?为什么耿精忠、王辅臣之流公开反叛,康熙不杀?为什么郑氏集团对抗清廷近四十年,投降后康熙要优待?为什么第巴桑结嘉措瞒天过海、秘不发丧,康熙不出兵?为什么噶尔丹反复背信弃义,康熙却要招抚?为什么噶尔丹死后,康熙还要优待他的子女?

直到看完雍正帝、乾隆帝的表现后,我才明白:即便是你的拳头够大,你也要把对手当成人看,要尊重、包容、宽大,这样,敌人或敌人的后代才能心服口服地跟着你混。如果稍有不合你心意的地方你就要杀人,对方只能不断地反抗你,类似明朝的蒙古。所谓攻人为下、攻心为上,大概如此。

当然,这爷俩也有共同的长处,那就是用人的眼光都不错。雍正朝危局时,雍正帝用了策棱;乾隆朝危局时,乾隆帝用了兆惠。

---

① 《清史编年》第五卷(乾隆朝)上,576 页。
② 同上书,616 页。

第七节 平定准部叛乱

兆惠,字和甫,乌雅氏,满洲正黄旗人,雍正帝生母孝恭仁皇后的族孙。与很多清朝名将不同,兆惠并非出身于侍卫群体,而是出身于军机处的"笔帖式"。这个活儿你可以理解为现在的书记员兼秘书,他们负责整理各地上奏的文稿,翻译满、汉、蒙文本等。

在军机处的秘书群熬满资历后,兆惠被调往户部任副部长。平定金川叛乱和对准噶尔用兵初期,乾隆帝都让他督运粮草,兆惠干得有条不紊。接着就是准部大乱,西路军将领死的死、免职的免职。所以,干后勤的兆惠也得上前线了。

乾隆二十一年(1756年)七月十八日,乾隆帝任命兆惠为驻防伊犁大臣,负责处理屯田、平叛、招抚回部、治安管理等事宜。在这个时点,撤驿之变爆发。位于准部、哈萨克的清军都被调往阿尔泰山区平叛,兆惠身边的军队一共只有五六百人,却要管理伊犁周边的广大地域,这简直是强人所难。

别急,更难的还在后头。

十一月二十一日,乾隆帝令达勒当阿接任定西将军,兆惠接任定边右副将军,相当于正式委任文官兆惠为西路军副帅。乾隆之所以要赶鸭子上架,是因为在这会儿,清军西、北两路大军前后两拨高层将领基本全员退出游戏了。阿睦尔撒纳、班珠尔、青滚杂卜相继叛乱,班第、鄂容安、和起、策楞、玉保、永常、额琳沁多尔济A相继因各种原因死亡,萨喇尔下狱,仍在领兵的将领仅剩下成衮扎布、达勒当阿和哈达哈,这三人此时都在阿尔泰山区平叛。

乾隆的意思也很明白,年景不好,地主家也没有余粮。我现在手头将领紧张,随便找个人就得镇守一方,干好了我就提拔你,干不好你就去死吧。三条腿的蛤蟆不好找,两条腿的官员多的是,物竞天择,适者生存。

当上西路军二把手的第三天,兆惠就收到了两份大礼。一是和起被尼玛、莽噶里克的叛军所杀;二是乾隆命他率军自伊犁撤回巴里坤。

兆惠接到命令时,人在伊犁,身边只有清军五百人,准部军队一千人。从伊犁到巴里坤大约有1100公里,沿途皆是叛军。就这么个局势,新官上任的兆惠大概率要战死在撤军途中,上文的和起就是个榜样。

但是,人与人是不一样的。兆惠虽然是个文官,打起仗来却很机灵。他率军自伊犁出发后,尽挑人烟稀少的地方行进。他先沿着济尔哈朗河①向南而行,随后沿着戈壁边缘向东走到了穆垒,在这里遭遇一股叛军,兆惠率军将其击败。随后,叛军大部赶到,兆惠也不恋战,不再往巴里坤方向行进,而是掉头向西,战于达勒奇,于乾隆二十二年(1757年)正月跑到了清军控制的乌鲁木齐。

兆惠的表现着实让乾隆眼前一亮。虽然他没有完成撤回巴里坤的任务,但是沿途杀伤叛军千余人,保存了有生力量,最关键的是兆惠竟然没死。这简直是个奇迹,通常只会发生在《生化危机》这种电影中。

乾隆帝当即加封兆惠为一等伯爵,世袭罔替。之后,他就一心一意地将兆惠作为武将使用,而且是平叛的主要将领。

乾隆二十二年三月十一日,成衮扎布、兆惠率兵七千人,兵分两路从巴里坤出发。一路向额林哈毕尔噶山方向前进,一路向珠勒都斯方向前进,进剿准部叛军。

在兆惠的建议下,清军本次进兵采取了步步为营的策略。即清军每占领一个地方,就留下部分绿旗兵屯垦,并招募当地归顺的蒙古人和回民耕田种地。而且,兆惠率军出发后并没有急于进军。清军出发后一个多月的时间内,都在占地方屯垦,一仗都没打。

兆惠明白,虽然准部现在遍地是叛军,但是各部之间互不统属,各部首领

---

① 今新疆维吾尔自治区乌苏市境内。

互相不服气。如果此时清军大兵压境，那就是为渊驱鱼，逼迫他们团结起来；而如果清军不动，他们就会自相残杀。

果不其然，就在兆惠观望期间，<u>扎那噶尔布</u>出兵击杀自己的叔叔<u>噶勒藏多尔济</u>（第一任绰罗斯汗）；<u>尼玛</u>计划干掉<u>扎那噶尔布</u>，又计划联盟阿睦尔撒纳；阿睦尔撒纳听说了这个事，就出兵攻打<u>扎那噶尔布</u>。叛军各派势力互不相让，互相战杀。

兆惠就趁着这个乱劲，派出<u>富德</u>①率兵攻击清军最主要的敌人——阿睦尔撒纳。由于之前内乱的消耗，此时的阿睦尔撒纳根本不敢接战，他望风而逃，再次逃入哈萨克。

五月三十日，富德率清军攻入哈萨克，阿睦尔撒纳向西远遁，跟随阿一起叛乱的<u>巴雅尔</u>（第二任辉特汗）率所部逃入塔尔巴哈台山。清军搜山检海，绕山三周，追击十余日。左部哈萨克首领阿布赉派兵袭击清军，侍卫<u>奇彻布</u>中鸟枪阵亡。富德大怒，向哈萨克军队发起猛攻，在随后的数次战斗中，斩杀哈萨克士兵近千人。

哈萨克兵举"玛尼纛"②请求和谈，声言他们原不知是"大国之兵"到来，所以抵抗，现已知情，请求停战。随后，清军继续追击巴雅尔，于六月初三将其生擒。

战后，左、右哈萨克首领<u>阿布赉</u>和<u>阿布勒比斯</u>（阿布赉的弟弟），均派遣使者到清军大营请罪，并表示愿意出兵协助清军平叛，使者向富德保证，"倘阿贼入我境必行擒送"③。

六月十九日，阿睦尔撒纳率二十人逃到哈萨克境内的<u>阿尔察图</u>，派人联络阿布赉，请求对方收留，阿布赉答复第二天早上相见。当晚，阿布赉派人驱散阿睦尔撒纳的马匹，被阿发现。阿睦尔撒纳带着妻子及亲信连夜北逃，跑到了沙俄的<u>塞米巴拉特</u>要塞，请求加入俄国国籍。俄国人随后将他带到托博尔斯克。当年八月，阿睦尔撒纳感染天花而死。

---

① 瓜尔佳氏，时任正黄旗蒙古都统。
② 一种表示求和的旗帜。
③《清史编年》第五卷（乾隆朝）上，587页。

在此期间，兆惠和成衮扎布也在逐个剿灭叛部。这里，我简单捋一捋准部诸位反叛首领的下场。

阿睦尔撒纳（辉特汗Ⅰ），天花病死。

巴雅尔（辉特汗Ⅱ），于塔尔巴哈台山被清军擒获，后被斩首。

班珠尔（和硕特汗Ⅰ），在喀尔喀被擒，后被斩首。

沙克都尔曼济（和硕特汗Ⅱ），无明显反叛迹象，被清军将领雅尔哈善误杀。

噶勒藏多尔济（绰罗斯汗），被他的侄子扎那噶尔布所杀。

阿巴噶斯，在博罗和里雅地方被清军生擒，就地正法。

扎那噶尔布，被其同谋珲齐、达瓦等杀，首级交给清军。

尼玛父子，被生擒，后被送到北京，在被他们杀死的和起将军墓前凌迟处死。

莽噶里克，主动投降，被清军将领傅魁所杀。值得一提的是，乾隆认为傅魁杀死主动投降者报功，是欺君行为，所以他把傅魁也杀了。

舍楞，土尔扈特人，叛乱失败后逃入俄罗斯，这位仁兄咱们后文单独介绍。

除了杜尔伯特汗车凌和萨喇尔始终未叛，叛乱的主要准部头领基本都被干掉了。至此，准部叛乱平息。

做个小结。俗话说得好："流氓不可怕，就怕流氓有文化"。对阿睦尔撒纳，我要再加一个定语，"就怕流氓有野心、还有文化"。这位老兄是个人才，他先是帮助达瓦齐瞒天过海、奇袭伊犁，再率领清军攻陷伊犁、直捣格登山，叛乱后又率军再次攻占伊犁。一生之中，竟然能够以不同的身份三次打下伊犁，也称得上是传奇了。

但是，他的野心太大，没有底线。他清楚地知道清军的实力，也知道对抗乾隆帝的后果。然而，为了自己的"卫拉特大汗"之梦，他不惜拉上整个卫拉特为其陪葬。在叛乱过程中，叛军之间的争斗、饥荒、天花和平叛战争导致卫拉特人口锐减。可以说，阿睦尔撒纳是卫拉特毁灭的第一罪人。

这里还有个小巧合。

第一位统一卫拉特的人是脱欢，他的父亲是马哈木，绰罗斯氏；母亲是额勒伯克汗的女儿萨穆尔公主，博尔济吉特氏。所以，脱欢是绰罗斯氏与黄金家族联姻的产物。而阿睦尔撒纳的母亲是绰罗斯氏，父亲是博尔济吉特氏，他也是两大家族联姻的产物。以联姻而始，以联姻而终，冥冥之中，自有定数。

然而，平定准部叛乱并不是终点，更大规模的叛乱即将到来。

第八节 大小和卓叛乱

早在乾隆二十一年（1756年）十月，当时镇守伊犁的兆惠就曾向乾隆帝奏报："布拉呢敦似属恭顺，霍集占素不安分。前曾党同阿逆，后畏惧大兵，又袭击阿逆，以图掩饰，其人反覆无常。"① 这是清朝官员第一次将大小和卓的立场以及其可能叛乱的情况汇报给乾隆，兆惠还准确汇报了大小和卓与阿睦尔撒纳的关系，但在当时并未引起乾隆的重视。

乾隆二十二年（1757年）正月，在平定准部叛乱的同时，兆惠派出镶蓝旗蒙古副都统阿敏道率领八旗兵一百人、准部降军三千人，到叶尔羌和喀什噶尔招抚大小和卓。

清军到达小和卓霍集占所占据的库车城时，城门紧闭，霍集占拒绝清军入城，并派出骑兵侦察、骚扰。清军斩杀回部侦骑四十余人，准备攻城。这时，霍集占派人向阿敏道解释："我们回部与准噶尔有仇，现在你带领准军前来，我们惧怕被他们伤害。如果你把准军撤走，只带真正的清军入城，我就投降。"

阿敏道随即下令准军后撤，部将中有人反对，担心霍集占有诈，阿敏道答复："吾招抚回众，惟期于国有济，何暇他虑？"② 随后，他就带领部将及一百余名八旗兵进入库车城。

清军入城后，霍集占不但不投降，反而扣住阿敏道一行人作为人质，要求

---

① 《清高宗实录》卷524，乾隆二十一年十月丙子。
② 赵尔巽等撰，《清史稿》卷315，列传一百二。

城外的准军离开。被扣住的清军官兵在城内回部贵族的帮助下，杀死看守回兵三十余人，步行逃脱。霍集占派出三百余名骑兵追赶，将阿敏道与一百余名清军官兵全部杀死。

此事标志着大小和卓公开反叛。

乾隆二十三年（1758年）二月初三，乾隆帝以雅尔哈善为靖逆将军；以额敏和卓为领队大臣，相当于副帅，率兵平定大小和卓叛乱。在谕令中，乾隆帝表示此战专任雅尔哈善，兆惠继续留在准部平定各地小规模叛乱。

雅尔哈善是清朝宗室，也是个文官，征伐准噶尔时才第一次上战场。由于兆惠这个文官在战场上表现优异，所以乾隆这次又挑了一个文官担任统帅。

额敏和卓是吐鲁番鲁克沁①地方的回部首领，康熙朝清准战争时，他就率领族人坚定不移地支持清军。雍正年间，他又带领全族迁入甘肃瓜州居住。乾隆朝对准噶尔开战后，他率领族中壮丁三百人加入清军。

在当时，回部大致可以分为三大势力。

一部以吐鲁番为中心，代表人物就是上文助尼玛叛乱的莽噶里克，莽噶里克被击杀后该部归顺清廷，额敏和卓也属于这部分势力。

一部以喀什噶尔和叶尔羌为中心，位于南疆西部，代表人物是大小和卓。南疆北部的库车城、沙雅尔也在小和卓的控制之下，这一部与清军敌对。

一部以乌什为中心，位于南疆西北部，代表人物就是那位擒献达瓦齐的霍集斯，这一部处在中立状态。此外，还有阿克苏、和田等较为独立的回部城镇，也处在中立状态。

额敏和卓建议，在对大小和卓开战前，应先拉拢乌什的霍集斯，离间其与大小和卓的关系，防止两股势力联合。这一建议被乾隆帝采纳，并向乌什派出招抚使者。

五月初七，靖逆将军雅尔哈善率领八旗兵、绿旗兵一万余人进抵库车城下，平定回部叛乱之役正式开始。虽然回部与准部之间只隔着一座天山，但是两者的战争风格截然不同。

准部是蒙古人，逐水草而居，没有构筑固定城池的习惯。即便是在策妄阿

---

① 今新疆维吾尔自治区吐鲁番市鄯善县境内。

拉布坦时期开始农耕，准部牧民也没有构筑大型城池，而是以类似村落的方式聚居。所以，准部的作战模式多为野战结阵对射，或是骑兵冲杀。

回部则不同。回民以农耕为主要谋生手段，辅助以小规模的放牧和商业贸易。他们多于塔克拉玛干沙漠边缘的绿洲筑城而居，不同城镇之间相隔较远，各城独立性较强。一旦外敌来攻，没有坚固的城池就无法固守。所以，回部城镇大都建设了高大、坚固的城墙。

同时，回部临近撒马尔罕、塔什干等火器贸易枢纽，叶尔羌城也是商贸重镇，火器购买十分便利，准部的火器样式就来自回部。所以，回部军队的火器装备率普遍很高。

这次雅尔哈善要攻打的库车城，就是一座十分坚固的城池。而城内的回部叛军，也多装备火枪。

清军到达城下后，雅尔哈善多次派人叫阵，试图引诱城中叛军出城野战，但人家压根不搭理他。雅尔哈善无奈，只能准备强攻。由于清军对回部地区的作战模式不太了解，攻城准备不足，云梯车、大型盾牌等器械都需要临时制作，这就大大推迟了攻城时间。一直到六月初，清军都未发起进攻。

此时，小和卓霍集占在库车城南边的沙雅尔，听闻清军进兵的消息后，他于六月十五日率领叛军三千人横渡戈壁，救援库车城。清军攻城虽然不太行，但野战就没问题了。霍集占率军到来后，清军在城外列阵与之厮杀，叛军大败，死伤两千余人，霍集占逃入城中。

初战失利后，霍集占仍不死心，六月十八日，他再次率军出城攻击清军营寨，再次大败，叛军被斩首二百余人，溺水死者一千六百余人。霍集占本人左肩中箭，但箭头未穿透盔甲，他再次逃入城中。

此役，清军缴获叛军两面大旗，经叛军俘虏辨认，是小和卓霍集占的旗帜，雅尔哈善这才知道霍集占本人就在城中。这时，清军中的回部头领鄂对① 对雅尔哈善说道："库车食且尽，霍集占必出走。城西鄂根河水浅可涉，北山通戈壁走阿克苏。宜分兵屯此二隘，霍集占可擒也。"②

---

① 原库车城总管，乾隆二十一年降清。
② 赵尔巽等撰，《清史稿》卷314，列传一百一。

雅尔哈善认为鄂对刚刚降清不久，不可信，未采纳他的建议。事实证明，鄂对是相当有远见的。两次野战的失败，让霍集占意识到了清军的厉害。加之清军持续围困，城内粮草不足，所以在六月二十三日夜，他率领四百余人自库车城西门逃走。

霍集占逃跑的消息传来，雅尔哈善十分恐惧，因为这让他背上了"放跑贼首"的罪名。为了"将功赎罪"，他决定强攻库车城。清军先用云梯正面攻城，但是由于攻城器械都是临时打造，数量少、质量差，而且城内叛军用柳条、沙土垒高城墙，清军正面强攻失败。

之后，绿营提督马得胜率军支援，带来了各型火炮十余门，昼夜轰击，依旧是攻城不克。这时，马得胜献策，挖地道潜入城内。雅尔哈善采纳了他的建议，令清军向城内挖地道。不幸的是，这一举动被城内叛军发现，他们横向挖沟，打穿清军地道，并在地道内堆积木柴，放火焚烧，地道内的清军都被浓烟熏死。

雅尔哈善知道乾隆的脾气，到这会儿他已经攻城两个多月了，仍然未能攻克库车城，且贼首已经逃遁，清军死伤较多，他的脑袋摇摇欲坠。为了保住脑袋，雅尔哈善就推卸责任，上疏弹劾马得胜和其他随军将领。

乾隆帝看到奏折后大怒，认为这些打工仔出工不出力，还勾心斗角。于是，七月二十日，乾隆帝以雅尔哈善"劳师、糜饷、失机"为由，将其在军前免职，解送北京。第二年正月，雅尔哈善被斩首，被他弹劾的马得胜也在两天后被斩首。

乾隆朝的武将不是人啊！

雅尔哈善被免职后，乾隆帝任命兆惠为平定回部叛乱的主帅，令其率所部进军南疆。不得不说，兆惠真是个福将，运气好得没边。他刚刚上任，库车城内的叛军就在弹尽粮绝后开城投降。雅尔哈善、马得胜辛辛苦苦忙活了一场，胜利果实都被兆惠摘走了。

更走运的是，听闻库车城降清的消息，之前保持中立的阿克苏城，也在首领<u>颇拉特</u>的率领下投降。这样，兆惠上任后不到二十天，就"拿下"了两座大城。

别急，好运还没结束。兆惠又率军向乌什进发，之前额敏和卓已经给该城首领霍集斯去信，作了他的思想工作。清军到达时，霍集斯率全城民众在城门前等候，上表归降。乾隆帝大喜，封霍集斯为公爵，赏戴双眼孔雀翎、宝石帽顶、天马褂。这是兆惠的第三个"战果"。

看到投降已经成为趋势，上文提到过的回部头领鄂对向兆惠毛遂自荐，说他跟和田那边很熟，愿意去招抚，兆惠就派他去了。当年九月二十四日，和田六城归附。

乾隆帝以霍集斯率乌什城归降之功，授其为"和田六城阿奇木伯克"；以鄂对招降和田六城之功，授其为"阿克苏阿奇木伯克"。霍集斯是乌什城首领，献乌什城归降有功，乾隆帝却将他封在和田；鄂对原是库车城贵族，招降和田六城有功，乾隆却将他封在阿克苏。这种安排着实是意味深长。

至此，兆惠进军仅一个半月，几乎一仗没打，就搞定了回部大部分城镇。这时，大小和卓据守的叶尔羌、喀什噶尔就很尴尬了。它们的东侧是塔克拉玛干沙漠，一片死地；西侧是中亚诸国，不是盟友；东北是乌什城，东南是和田城，都已归附清廷。他俩的地盘成为名副其实的孤城。

如此顺利的进军，让兆惠也有所轻敌。十月初，他只带领马步兵四千余人去攻打霍集占的老巢叶尔羌，其中骑兵仅千余人。

库车城外的两次野战失利，让霍集占对清军的实力有所了解，所以在跑回叶尔羌后，他着实做了一番准备。他先通报大和卓布拉呢敦，相约兄弟二人各守一城、互相支援。布拉呢敦率一万余人守喀什噶尔，霍集占率一万人守叶尔羌。霍集占又将叶尔羌附近的回部民众、粮草移入城内，将马畜群放牧于城外的<u>英峨奇盘山</u>，叶尔羌城、英峨奇盘山各留五千人防守。

十月十二日，兆惠率军到达叶尔羌城下，一看到城墙他就傻眼了。叶尔羌城比库车城更大，四面共有十二座大门。而兆惠手下仅有四千余人，他量了量，自己这点儿人别说围城了，围一面都困难。而且他的军队已经在戈壁中持续行进两个多月，人困马乏。按照常理，这种情况下就该退兵。可是兆惠知道乾隆的脾气，如果自己不战而退，乾隆非砍了他不可，雅尔哈善就是个榜样。所以，他只能硬着头皮打下去。

攻城之前，兆惠先给乾隆写了份战报，派人送到北京。随后，他派出侦骑四处探查，得报：叛军的马驼集中在城南的英峨奇盘山放牧。于是兆惠决定，暂且不攻城，先去抢了叛军的畜群再说。他亲自率清军主力自叶尔羌城东渡河，向西南方的英峨奇盘山出击，清军将领纳木扎勒、三泰率二百余人留驻城下，监视叶尔羌城叛军的动向。

十月十三日，兆惠率军到达山下，发现有四五千叛军骑兵在保护马驼群，而且对方好像事先知道清军即将到来，已经在山下集结以待。兆惠评估了两方军力，认为自己手下大部分是步兵，机动劣势太大。所以，他下令全军就地筑垒扎营，结阵应敌，试图引诱叛军骑兵攻阵。

清军行进时呈纵列前进，所以营垒就排成一条纵列直线。为了给清军安营争取时间，兆惠亲自率领骑兵五六百人，主动向叛军骑兵群发起攻击，试图拖住敌人。

人家叛军也不傻，看到清军开始扎营后，数千叛军骑兵也向清军发起进攻，与兆惠的骑兵形成对冲之势。就在两军骑兵即将接战时，叛军骑兵群却有秩序

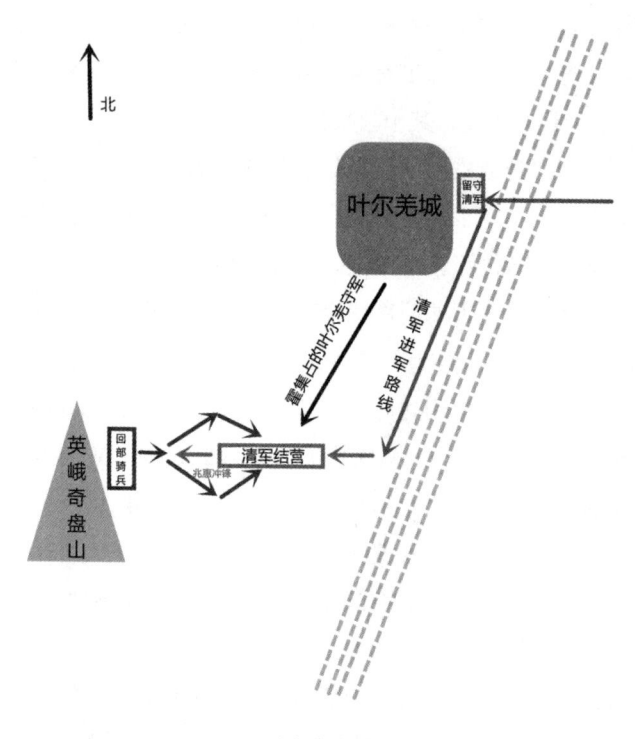

黑水营之围

地向清军两翼散开，直冲正在扎营的清军，攻击营垒侧翼。由于清军营垒纵向排列，首尾不能相顾，很快被叛军分割成数段。

兆惠一看形势不妙，率领骑兵掉头保护营垒，并试图冲破包围圈。不足千人的清军骑兵与叛军鏖战，战况极为惨烈。兆惠的坐骑两次被射死，其面部也被铅弹擦伤。两军激战正酣时，霍集占率叶尔羌城内叛军出城参战。由于双方人数相差太大，清军未能突围。这样，兆惠本人也被围了进去。

之前留守叶尔羌城下的纳木扎勒、三泰听闻兆惠被围，率仅有的二百余人赶来解围，被叛军全歼，两人均阵亡。

兆惠被围的地方叫"喀喇乌苏"，意为"黑水"，故此战被称为"黑水营之围"。

第九节 解围黑水营,平定回部叛乱

兆惠这次被围,非常符合兵法中"死地"的标准。

首先,被围清军的兵力处在绝对劣势。包围的叛军先有霍集占的一万余人,后布拉呢敦又率喀什噶尔的叛军赶来。参与包围的叛军多达一万五千人,而清军只有四千人,还被分割成数段。

其次,兆惠被围的地点在回部腹地,这里没有清朝的行政机构、驿站,他留在后面接应的纳木扎勒、三泰也死了。距离此地最近的清军屯驻处是阿克苏,两者相距约450公里……

最后,黑水营位于南疆戈壁之中,食物是否充足先不说,最可怕的是没有水。

综上,除非奇迹发生,否则兆惠必死无疑。

然而,奇迹真的就发生了。

回部军队与准部军队相似,缺乏野战重炮。所以,面对清军依托鹿角工事和石头构筑的壁垒以及火枪、子母铳阵地,他们的办法不多。于是,大小和卓想了个招,他们捣毁了叶尔羌河的堤坝,试图引水淹死清军。

这反倒帮了兆惠大忙。

一则,既然要用水淹,就要撤回在清军各个营垒之间执行分割包围任务的回兵,这使得几处清军能够合兵安营;二则,兆惠发觉叛军的行动后,立刻令清军在营内挖沟、挖坑,将河水"引入下流,兼资饮用"①。这样,清军的水源问题也解决了。

当然,兆惠能够逃过厄运的最关键因素是:"这会儿是冬天。"初中地理讲过,南疆的河流水源多来自高山融雪,冬天正是河流水量最少的时候。所以,叛军纵然决堤引水,也形不成足够的冲击力。

水淹策略失败后,大小和卓又令人向清军营垒方向挖掘壕沟,让叛军士兵披上草衣,在沟内匍匐前进,试图悄悄接近清军营寨发起突袭。对这种攻势,兆惠的应对套路也很简单——放火,回兵再次被打退。

看到兆惠放火,大小和卓受到启发,他们命人向清军营垒发射火箭,抛射引燃物,试图烧死清军。然而不好意思,之前他们决堤的行为再次被证明是愚蠢的,兆惠令人从营内的蓄水池取水灭火。

最后,大小和卓又让叛军在清军营垒附近筑起高台,"四面有护身垛口,施放赞巴喇特鸟枪"②,利用高度优势射击营内清军。刚好,之前清军挖沟引水时,挖出很多泥土,兆惠就让人在清军营内也构筑高台,与叛军的高台对射。更有甚者,十一月初十,兆惠趁叛军不备,派出清军抢占了对方的高台。之后,叛军再也不敢修高台了。就这么见招拆招,兆惠硬是坚持了一个多月。

十一月初五,即兆惠被围后的第二十二天,乾隆才收到消息,不过并不是清军被围的消息,而是兆惠刚到叶尔羌城时所发的战报。根据兆惠的描述:叶尔羌城池广阔,清军兵困马乏,但是他仍然决心要打这一仗。

多年看战报的经验让乾隆立刻意识到,清军的情况不妙。于是,他急令驻守乌鲁木齐的富德率军接应兆惠。

十一月十一日,富德侦知兆惠于叶尔羌城下被围,他一面向乾隆帝奏报,一面率军驰援。

十一月十四日,乾隆帝接到驻守阿克苏的清军将领舒赫德的奏报,得知兆惠被围。他先是自我反省:"至兆惠领兵深入,虽未免有轻贼之心,亦恐朕责其怯懦,朕岂肯加之责备。"接着就是全力救援,乾隆帝令驻守准部、回部的

---

① 《清高宗实录》卷582,乾隆二十四年三月甲申条。
② 同上书。

富德、阿里衮、爱隆阿、福禄、舒赫德等将领全部出动,"无论何队兵丁,惟择马力有余者作速前往。其攻取回城、擒获贼首自不遽,责伊等惟应援兆惠为要"①。

这个意思是,不管什么样的军队,只要能骑马的,都去叶尔羌。攻打回城、抓捕大小和卓这些事先不急,一切都以救援兆惠为中心。谕令中,乾隆帝用了"责伊等"的字样,这意味着如果救不出兆惠,这些将领是要受处分的。这是相当不易的,因为在乾隆朝,大部分武将是"消耗品",而此事标志着兆惠进入"收藏品"的行列。

兆惠这边,正所谓"天助自助者",在坚守一个月后,战局出现了转机。

十一月初,大和卓布拉呢敦的后院起火。一名叫额色尹的回部头领率领布鲁特军队袭击了布拉呢敦所属的英吉沙尔城。额色尹是大小和卓的堂叔,两个侄子发起叛乱时,额色尹没有跟随,而是与族内不愿意反叛的部众出逃,跑到了布鲁特部。当他听闻清军与大小和卓在叶尔羌开战时,就率军袭击了布拉呢敦的后方。

英吉沙尔位于喀什噶尔与叶尔羌之间,是两地交通的必经之地,此地一旦有事,就断了大和卓布拉呢敦的归路。布拉呢敦担心这是清廷与布鲁特之前就商量好的进兵计划,即兆惠故意被围,吸引叛军主力集结,额色尹则乘虚而入。为了证明这一点,大小和卓派人到清军大营"和谈",打探兆惠的口风。

兆惠一听来使的言辞和语气,立刻判断出大小和卓有猫腻,不是清军的援兵到了就是他们内部乱了。所以,在接见叛军使者时,兆惠镇定自若,举止从容,丝毫不做让步,给来使造成一种"一切都在按原定计划进行"的错觉。

此外,兆惠还用了一招更损的。他"将从前颁发布拉呢敦'令(其)擒送霍集占之谕',令对阵回人捧去"②。即兆惠让叛军使者带回之前颁发的一道圣旨,内容是:令大和卓擒拿小和卓,送给清军献俘。

你说使者把圣旨捧回去后,大小和卓两人对视时会是什么样的眼神呢?

---

① 《清高宗实录》卷 574,乾隆二十三年十一月丁酉条。
② 同上条。

为了进一步深化这种矛盾，兆惠又主动派人去敌营宣示："大兵来问霍集占叛逆罪，尚不悔悟求生，计日兵马云集，鬌亂不留。"①这个意思是，我率军前来只是为了找小和卓算账，其他帮凶如果还不悔悟，等清军主力一到，你们就带着族人、子女给小和卓陪葬吧！

兆惠的这一系列动作，一方面使得大小和卓内部生出嫌隙；另一方面让他俩确信，兆惠被围是清军既定计划的一部分，其目的就是想引诱回兵主力集结，进而将他们全歼。于是，布拉呢敦率军撤回喀什噶尔，霍集占将部分军队撤回叶尔羌城内，包围的叛军也停止对黑水营发起进攻。

叛军稍撤，包围圈出现空隙，兆惠立即派出信使突围报信。应该说，文官出身的兆惠政治水平相当高。在这封"求援信"中，兆惠竟然还自我检讨，表示是因为自己轻敌冒进，才导致军队被围。

十一月二十一日，乾隆帝收到了这份奏报，大为感慨，当即谕旨："兆惠深入贼巢，忠诚勇敢，为有进无退之良将，特晋封武毅谋勇一等公，加赏红宝石帽顶、四团龙补服。"②

一等公是公爵的最高等级，再往上就是"王"。兆惠不是清朝宗室，也不姓博尔济吉特，没有封王的先例。也就是说，兆惠一步升到了他所能获得的最高爵位。更难得的是，这次乾隆帝破天荒地将被围的责任揽到了自己身上，他说道："轻视逆回，乃朕之误，又何忍以妄进轻敌为兆惠之责乎？"③

兆惠算是把乾隆的脾气摸透了。仗打得不好，你越是强调客观理由，乾隆就会越把罪名往你身上套，雅尔哈善就是个例子。如果你老老实实地承认错误，乾隆反而能够正视客观事实。

乾隆二十四年（1759年）正月初六，兆惠被围后的第四个月，富德终于率军到达叶尔羌城北侧的呼尔满。之所以走了近两个月，是因为南疆独特的地理环境导致的。南疆多戈壁荒漠，大规模马群在行进途中很难找到草场进食。如果再驮载骑兵行进，必然导致马力羸弱，在战时根本无力冲锋。所以，清军不得

---

① 《清高宗实录》卷574，乾隆二十三年十一月丁酉条。
② 《清史编年》第五卷（乾隆朝）上，624页。
③ 同上书，624页。

不以步代骑，徒步行进。马群则留在后队，与运送粮食、草料的骆驼群一起缓慢行进，接战时后队再给前方送马。

在呼尔满，霍集占与布拉呢敦率军五千人阻挡清军。由于清军缺马，富德下令原地筑垒结阵。从上午九点到下午三点，叛军骑兵十余次冲击清军阵地，均被清军用火枪、子母铳排射击退。在此期间，布拉呢敦肋间（腋下肋骨）中枪弹，被抬回叶尔羌城中。

第二天，富德率军继续前进，再次遭遇叛军伏击，富德依旧是老套路，原地扎营，结阵对敌。双方对峙了整整两昼夜，由于清军扎营的地方位于戈壁，没有水源，士兵只能以地上的零星冰块解渴。正月初九，清军后队阿里衮带领马群赶到，富德随即令士兵上马，发起反攻。叛军一直认为清军无马，故毫无防备。清军则"分翼驰突，贼众大溃，杀巴尔图十五人、大伯克数十人、贼千余"①（见彩图14　郎世宁作《呼尔满大捷》）。

兆惠也没闲着。正月初八，他听到叶尔羌方向传来枪炮声，判断应该是援兵到了。他令军队分两路冲出营寨，烧毁敌营，阵斩围营的叛军千余人，生擒五十五人，击破了包围圈。随后，他派人联络富德，相约共同进兵，南北夹击叛军残部。至十三日，叛军大败，大小和卓逃入叶尔羌城，兆惠、富德两军会师。

到这会儿，兆惠大军已经在戈壁荒漠之中被围了整整三个月。营中士兵个个面黄肌瘦，衣衫褴褛。被围期间，没有吃的，他们就杀马充饥；马匹不够吃了，就煮马鞍、皮带、箭囊充饥，这些东西耐消化，着实帮他们顶了一阵子。弹药打光了，他们就在营垒四周悬挂木板和棉被，吸附叛军的箭头和铅弹。至于他们是怎么见招拆招的，我在上文也说了。

就这样，这支军队创造了奇迹，在死地之中坚持到了援军到来。两军会师后，将士们莫不喜极涕出。由于此时清军已是人困马乏，无力再攻打叶尔羌城，全军班师（见彩图15　郎世宁作《黑水围解》）。

当年六月，清军再次出击，兵分两路，南北夹击大小和卓。南路军由副将军富德统率，于六月初二从和田起程，目标为叶尔羌，和田回部出动六百五十

---

① 赵尔巽等撰，《清史稿》卷314，列传一百一。

人协同清军作战。

北路军由兆惠亲自统率，于六月十一日从阿克苏出发，目标为喀什噶尔。一方面配合富德的南路军南北夹击，另一方面堵截叶尔羌小和卓的西逃之路。

之前的数次战斗，大小和卓已经损失军队一万余人，时隔半年清军再次来攻，他们根本无法补充。无奈之下，他俩决定带上财物，强制迁移治下回民，逃往巴达克山①。

闰六月初三，兆惠率军走到伊克斯哈喇地方，喀什噶尔当地六名回部头目在此迎接清军，告知兆惠大小和卓已经向西逃窜。乾隆帝得知这一情况后，一方面令兆惠留在南疆招抚回部，这是怕他再出事；另一方面令富德领兵追击大小和卓，要求务必擒获。

闰六月二十八日，清军追兵先锋、参赞大臣明瑞率军到达霍斯库鲁克岭，此地有叛军六千人防守，明瑞手下仅有九百人。明瑞令小股清军在正面佯攻，令大队清军从岭后绕到敌军阵地背后，前后夹攻，大败叛军，其残兵继续向巴达克山方向逃窜。之后，富德、阿里衮率清军主力到达，他们挑选精壮士兵四千人继续追击，其他清军原地驻守（见彩图 16　郎世宁作《霍斯库鲁克之战》）。

七月初九，清军在阿勒楚尔追上了霍集占部叛军。阿勒楚尔是处峡谷，霍集占提前在谷口两侧预置伏兵，以少量军队在谷口引诱清军深入。富德未令清军入谷，而是兵分两路爬山，从山的侧面攻击山上的叛军伏兵。战斗持续一天一夜，叛军大败。第二天傍晚，霍集占率部众逃走。清军斩首千余级，生擒五十余人（见彩图 17　郎世宁作《阿尔楚尔之战》）。

七月初十，清军追击叛军至伊西洱库尔淖尔。此地为两山之间的狭长山谷，长达数十里，谷中小道仅容单骑通过。清军到达时，大小和卓已驱赶部众进入山谷。富德令部分精壮士兵爬山，抄近路占领峡谷西侧出口，堵截叛军。他自己则亲率主力军队入谷，尾随追击。这样，叛军部众就被堵在谷中，进退不能。富德派出军中的回部首领霍集斯、鄂对向他们喊话，令其投降。之后，"降者蔽

---

① 帕米尔高原西侧的中亚国家，位于今塔吉克斯坦和阿富汗境内。

山而下，至十二日黎明，共俘获回众一万二千余人"①。

大小和卓和他们的妻子、亲信等三四百人混在降民之中，乘清军不备再次逃窜，进入巴达克山境内。富德派阿里衮率精兵二百人出国追捕，并派出使者照会巴达克山国王素勒坦沙，令他不得收留大小和卓。

大小和卓一路跑到了素勒坦沙所在的城镇外围。大和卓布拉呢敦身负重伤，到地方后，毫不犹豫地就进城了。小和卓霍集占则要求素勒坦沙先交出清朝使者，他才肯入城。都这样了，还敢提条件？

于是，素勒坦沙就派出军队揍了霍集占，将其生擒。在战斗中，霍集占的胸、背、胯三处受伤，伤势严重。

接着，富德的使者就上门要人了。起初，素勒坦沙援引伊斯兰教经典，拒绝将二人交出。得知这一情况，乾隆帝谕令富德："巴达克山若不呈献霍集占兄弟，必当示以兵威。"②

接到谕令后，富德亲率清军四千人进入巴达克山境内。其实，清军入境的目的只是"示以兵威"，并不是真要打。可是这些中亚小国哪见过这种阵势，不仅巴达克山举国震惊，连它的邻国爱乌罕、浩罕都被吓得不轻。这两国将军队集结到一处，准备应对清军的"进攻"，并联合向巴达克山施压，要求素勒坦沙交出大小和卓。

恰在此时，又有人向素勒坦沙报告，说大小和卓正在秘密沟通巴达克山的仇国塔尔巴斯。这正好给了素勒坦沙一个理由，他下令将大小和卓处死，并派人联系富德，同意交出二人的尸体（见彩图18 郎世宁作《拔达山汗纳款》）。

九月初九，富德派出侍卫额尔登额前去验尸。其中，霍集占的尸体确系其本人，但是埋葬布拉呢敦的地方只有血迹，没有尸骸。素勒坦沙随即找来处死大小和卓的多索丕等人，让他们在额尔登额面前发誓：亲眼看到布拉呢敦被杀。考虑到布拉呢敦进城之前就身负重伤，现在又有人作证，所以富德就确信大小和卓已死，随后派人将霍集占的首级寄送北京，富德也率军自巴达克山返国。

---

① 《清史编年》第五卷（乾隆朝）上，644页。
② 《清史编年》第五卷（乾隆朝）上，650页。

乾隆二十五年（1760年）正月十一日，小和卓霍集占的首级被送到北京，乾隆帝亲至午门楼，举行了隆重的献俘礼，命将首级悬于北京城外的大道之上（见彩图19　郎世宁作《平定回部献俘》局部）。

至此，回部叛乱平息，历时五年的准回之役，以清帝国的全面胜利而告终。

第十节 准回之役战后诸事

一、花钱方面

虽然此次用兵历时五年，但由于乾隆帝多用准部、回部军队参战，所以军费较雍正朝西北用兵大为减少，前后合计为3300万两白银。根据魏源《圣武记》的记载，康熙朝末期西北用兵花费1600万两，雍正朝西北用兵花费5439.4万两，加上乾隆朝的3300万两，三朝累计在西北砸了一亿多两白银。

平定准部、回部后，清朝的直接管辖领土增加二百余万平方公里，边界向西平移超过一千四百公里，之前的边地甘肃、哈密、青海成为内地。乾隆帝裁撤陕甘兵额和哈密驻军，裁撤甘肃、青海边境的卡伦、台站，每年节省军费66.6万两白银，补充准部、回部驻军费用后，每年仍可剩余39万两。

这说明两个问题。一则，这场持续七十余年的战争，花费总数仅为康雍乾三朝赈灾、减税银两的四分之一，远谈不上穷兵黩武；二则，疆域的扩大、版图的统一使得国防压力减轻，反而有利于节省经费。

二、表彰功臣

为表彰在平定准回之役中有突出表现的将领，乾隆帝下令为他们绘制画像，悬挂于中南海紫光阁，前后共一百人。为国捐躯的班第、和起、鄂容安、阿敏道，屡建战功的兆惠、富德、扎拉丰阿、明瑞、舒赫德，准部将领萨喇尔、阿玉锡，回部将领额敏和卓、鄂对、霍集斯等人，均在此列。

三、回部自治

战后，乾隆帝封回部首领额敏和卓、霍集斯为郡王，鄂对为贝子，世袭罔替。这三人在回部的地位相当于康熙帝在西藏所设的"四噶伦",是"回人治回"的最高领导。因南疆西部原系大小和卓统治,人心未定,故乾隆帝令额敏和卓携带家眷进驻叶尔羌,在叶尔羌、喀什噶尔两城分别驻扎八旗兵一千人,英吉沙尔驻兵五百人。

与藏区不同的是,回部各城历来独立性较强。所以,乾隆帝依照回部旧俗,在回部主要城镇施行"伯克制"管理模式。每城设总理伯克一名,名为"阿奇木",品级从三品到六品不等,负责统筹全城事务。阿奇木之下再设若干伯克,分别管理租赋、刑狱、匠役、缉盗、宗教、园林等事务,分工极为细致。与上述两位郡王、一位贝子不同,伯克不能世袭,而是由三位回部领袖推荐,再报中央吏部审核,任命方式类似关内的地方官。

仿照"驻藏大臣"模式,乾隆二十八年(1763年),乾隆帝授纳世通为喀什噶尔参赞大臣,常驻回部,总理回疆事务,相当于"驻回疆办事大臣"。此后,清廷办事大臣和回部三王总理事务,阿奇木分管各城,成为回部管理定制。

经济方面,乾隆帝将之前准噶尔发行的普尔钱收回,统一发行新的货币——乾隆通宝。有趣的是,与内地流通的铜钱不同,乾隆帝以"回部各城系朕开拓抚定"为由,规定今后历代皇帝都不能更改钱币字样。起初,新币与旧币的兑换比例是1:2,后改为1:1。乾隆帝还酌减了回部各城每年须上缴的贡赋,较准噶尔统治时期,回部百姓的负担大为减少。

四、准部屯田

乾隆二十七年(1762年),乾隆帝授明瑞为"总管伊犁等处将军",简称"伊犁将军",管辖驻扎在准部的所有军队,回部叶尔羌、喀什噶尔、吐鲁番等处驻军也由伊犁将军兼管。同时,乾隆帝在准部外围"分兵设防,山川隘口,悉置卡伦、台站。各卡伦设索伦、锡伯、厄鲁特兵丁自十名至三十余名有差。各台站设满洲、绿旗、察哈尔兵丁各十五名"[1]。自此而始,今天的新疆(当时还没有这个词)成为中国的国防前线,清军最外围的驻防地可达雅尔。

在准部各处屯驻的士兵,均由内地派往,锡伯兵[2]、蒙古兵、绿旗兵皆有。

---

[1] 赵尔巽等撰,《清史稿》卷137,志一百十二,兵八。
[2] 东北少数民族,广义上属于满族的一支。

这也是锡伯族入疆之始,当代影星佟丽娅即出自新疆锡伯族。

除了驻军,乾隆帝还施行了一项影响深远的制度——"汉民屯田"。乾隆帝在乌鲁木齐、辟展、昌吉、罗克伦等处大规模屯田,由绿旗兵、内地迁移的汉民和发遣的犯人前往耕种。关于准部屯田的原委,乾隆帝解释道:"朕规画此事,更有深意。国家生齿繁庶,即自乾隆元年至今二十五年之间,滋生民数,岁不下亿万,而提封(可以理解为疆域)止有此数,余利颇艰。今乌鲁木齐、辟展各处,知屯政方兴,客民已源源前往贸易,茅檐土锉,各成聚落,将来阡陌日增,树艺日广,则甘肃等处无业贫民前赴营生耕作,汙莱辟而就食多,于国家牧民本图大有裨益。"①

也就是说,乾隆帝考虑到内地人口快速增长,人多地少,人地矛盾日益尖锐,所以才施行了这项政策。

功在当代,利在千秋!

五、中亚诸国成为藩属

乾隆二十二年(1757年)十月初五,左部哈萨克首领阿布赉、右部哈萨克首领阿布勒比斯派遣使者到达北京,向乾隆帝贡马称臣。在哈萨克使者递交的文书中,阿布赉表示全体哈萨克归顺清朝,永为大清皇帝的臣仆。至此,左、右哈萨克(大玉兹、中玉兹)正式成为清朝的藩属国。

在文书中,阿布赉还请求将塔尔巴哈台地区赏赐给哈萨克,被乾隆帝断然拒绝。

乾隆二十三年(1758年)四月,兆惠派人招抚布鲁特部②,布鲁特首领表示:"我布鲁特右部十鄂拓克,左部五鄂拓克,若差人往必相继归诚。"③

与哈萨克类似,布鲁特在表示臣服的同时,也提出了将特穆尔图诺尔(今图斯池)周边赏给布鲁特的要求。乾隆帝再次拒绝,并密谕兆惠:"附近伊犁及尚可屯田之处断不轻与,或邻近布鲁特游牧之荒地,可酌量指给,仍须详议定界。"④

---

① 《清史编年》第五卷(乾隆朝)上,666页。
② 以吉尔吉斯人为主体。
③ 《清史编年》第五卷(乾隆朝)上,612页。
④ 同上书,621页。

平定大小和卓后，巴达克山、布哈尔（布哈拉汗国）、安集延、浩罕、爱乌罕（阿富汗）等中亚国家也相继遣使进贡，成为清朝的藩属国。

乾隆帝允许这些藩属国在伊犁和回部城镇贸易，互通有无。其中，哈萨克的马匹尤其便宜。当时，清军在关内购买一匹军马需费银 8 两，而哈萨克出售的中亚良种马仅需 4.4 两，稍差一点的更是只要 3.8 两，就这个价格哈萨克人还觉得占了大便宜。此后，准部、回部驻军所需的半数马匹从哈萨克购买，节省了大量的军费。

六、香妃

此战过后，乾隆帝个人也有个不大不小的收获。黑水营被围时，率领布鲁特军队袭击英吉沙尔的额色尹，在战后被乾隆帝授予辅国公爵位，长住北京。他的侄女和卓氏也一同进京，并被选入后宫，成为乾隆帝的妃子，是为"容妃"，即为《还珠格格》中的香妃。

七、《乾隆内府皇舆图》

乾隆二十年（1755 年）六月，准部刚刚平定，乾隆帝就命何国宗、明安图、富德，带上西洋人傅作霖、高慎思赶赴准部，实地测绘，绘制地图。乾隆二十四年（1759 年）五月，回部刚刚平定，乾隆帝又命明安图、傅作霖、高慎思等人驰驿前往回部测绘地图。

至乾隆二十五年（1760 年）底，在钦天监官员、西洋传教士、清军官兵的共同努力下，天山南北路的地图被补充进康熙朝《皇舆全览图》之中，并改名为《乾隆内府皇舆图》，也就是大家现在最常见到的那幅清朝版图。

这里，我将本书介绍过的大部分战役交战地点标识在清朝版图中，让读者有一个整体概念。

说起来，我不太喜欢乾隆这个"人"。他太理性，缺少点儿"人情味"，跟着这种领导混会很痛苦，无时无刻不得战战兢兢、如履薄冰。

一个比较典型的例子就是黑水营之围，如果换了康熙是领导，前线将领没有那么大的心理负担，这种险境是完全可以避免的。所以，乾隆虽然处处模仿他爷爷，但是他的路子真的跟康熙不同，反倒是与汉武帝很像。当年汉武帝也曾以"遮玉门"的方式，逼迫李广利率军在人困马乏、缺粮少食的情况下，硬着头皮攻大宛，即"闻道玉门犹被遮，应将性命逐轻车"。

但是，我十分欣赏乾隆作为一个"皇帝"对国防和领土的态度，他在《十全记》以及答复英国使者时曾做过简明扼要的总结，摘录如下。

"守中国者，不可徒言偃武修文以自示弱也。彼偃武修文之不已，必致弃其故有而不能守，是亦不可不知耳。知进知退，易有明言，予实服膺弗敢忘。而每于用武之际，更切深思，定于志以合乎道。"①

"天朝尺土皆归版籍，疆址森然，即岛屿沙洲亦必画界分疆，各有专属。"②

解释一下：保卫中国，要秉持"天下虽安、忘战必危"的理念，不能单纯地重视文教而忽略武备，这是对外示弱的表现。如果重文轻武、一味防守，（外敌就会认为我们弱小而来侵犯），必然连故土也不能守住，这一点不可不知。进攻还是防守，决策者一定要给出明确指令，（这样前线将士才能精准执行），我将上述道理记在心中，从不敢忘。每当对外用兵之时，都会深切思虑，一定要确保按照上述理念去运筹。

只要是属于中国的土地，哪怕只有一尺也要归入版图。疆界的划定是严肃的，即便是岛屿、沙洲也要划分明确，是谁的就是谁的。

诚哉斯言也！

---

① 《清高宗实录》卷1414，乾隆五十七年十月戊辰条。
② 《清史编年》第六卷（乾隆朝）下，746页。

第十一节 土尔扈特部东归

到这会儿，地理上的大一统国家算是成型了，但是还有一个重要的卫拉特部落此时并不在版图之内，那就是西迁伏尔加河的土尔扈特部。多年以来，他们一直保持着原有的部落组织和宗教信仰，与卫拉特蒙古也多有联系。

1762 年（乾隆二十七年），沙皇叶卡捷琳娜二世上位后，一方面向土尔扈特部的牧地周边移民，设常驻军，强迫土尔扈特人改变传统的宗教信仰，加入东正教。另一方面无休止地征召该部骑兵外出作战，让他们冲击欧洲列强的线列排枪阵，充当炮灰。

面对这种局势，土尔扈特首领渥巴锡、策伯克多尔济、舍楞等人开始秘密筹划，准备向东迁徙，回归祖国。

乾隆三十五年（1770 年）十二月初二，渥巴锡等人开始行动，他们先令士兵秘密干掉了驻扎在土尔扈特牧地内的俄国驻军，随后率领部众三万三千余户、十六万九千余人，离开居住了近二百年的伏尔加河流域，启程返国。

获知土尔扈特部东归的消息后，沙俄政府一方面令伏尔加河附近的俄军追击；一方面要求哈萨克小玉兹首领努尔阿里汗和中玉兹首领阿布赉汗出兵堵截。同时，沙俄官方向驻守乌里雅苏台的定边左副将军车布登扎布[①]发出照会，并给出土尔扈特部诸首领的名单，请求清廷不要收留该部部众。

乾隆帝接到奏报后，起初颇为疑虑，因为在这份名单上，有一个他很熟悉

---

① 超勇亲王策棱次子。

的名字——舍楞。这位老兄之前没有介绍过，这里集中说明一下。

乾隆二十二年（1757年）五月十三日，兆惠奏报：<u>敦多克</u>戕杀其父，同土尔扈特舍楞迁往<u>库克乌苏</u>、<u>喀喇塔拉</u>。乾隆帝谕令：此二人罪孽深重，务必拿解进京。①

乾隆二十三年（1758年）三月十五日，兆惠奏报：舍楞有逃入俄罗斯之信。乾隆帝谕令：和硕齐等前往额尔齐斯等处堵截擒拿。②

当年五月十七日，阿桂奏报：舍楞设计诱杀<u>唐喀禄</u>③，<u>和硕齐</u>更衣降贼。乾隆帝答复：逆贼狡诈如此，情殊可恶！计此时舍楞尚未入俄罗斯，必择地藏匿，即领兵速进，与阿桂合力攻击。④

解释一下，舍楞是准噶尔境内的土尔扈特人，噶尔丹策零时期领一昂吉，参与过准部叛乱，杀害过清军高级将领，策反了已经归顺清廷的准部首领和硕齐。兵败后，他逃入俄罗斯，后归入伏尔加河地区的土尔扈特部。

对这样一个人，乾隆心有疑虑也是正常的。综合权衡后，他谕令车布登扎布："一、土尔扈特若靠近边界，允许入界，并抚慰安置之；二、若伊等诚心请求归附，而俄罗斯又请求索取，则我以理抗议俄罗斯；三、若舍楞、劳章扎布、鄂木布、郭勒卓辉（均参与过准部叛乱）一同归来时甚善，应着派干练之臣，率其前来热河离宫，其部众属下，则招抚安置，并暗中严加提防。"⑤

由上可见，此时乾隆帝还摸不准土尔扈特部东归的真实目的，所以他采取了两手准备，一是允许他们入境，二是对参与过准部叛乱的诸位首领严加防范。

土尔扈特部出发后，迅速渡过乌拉尔河，进入哈萨克大草原。一路上，他们不断遭到哈萨克骑兵和哥萨克的袭击，加之途中多荒漠、戈壁，马驼倒毙，部众死伤，大量减员。为了避开哈萨克军队的攻击，渥巴锡率部众绕道巴尔喀什湖西南的戈壁行进，进入七河地区。渥巴锡派出策伯克多尔济率百余人先行，与驻守伊犁的清军官员取得联络。

---

① 《清史编年》第五卷（乾隆朝）上，586页。
② 同上书，610页。
③ 时任正蓝旗蒙古副都统。
④ 《清史编年》第五卷（乾隆朝）上，613页。
⑤ 《清史编年》第六卷（乾隆朝）下，121页。

自上一道谕旨发出后，乾隆帝反复思量对土尔扈特部的政策。在当时，这是个很大的事。之前，为引渡阿睦尔撒纳的尸体，中俄两方已经闹得很不愉快了。接着，因俄方收留准部叛军、私自在中俄边境修筑庐舍，两家再起争端，一度断绝贸易和外交往来。如果这次清朝收留土尔扈特部众，则很可能会引发中俄两国的战争。

此外，如何处置舍楞也是个难题，他率部众归来固然是件好事，但是他毕竟参与过准部叛乱，还杀死过清军高官，按照清朝的法律和乾隆帝一贯的为政风格，他必死无疑。

经过二十天的利弊权衡，乾隆三十六年（1771年）四月十一日，乾隆帝改变初衷，再次谕令车布登扎布："舍楞等人自愿归来，应特加恩赐，不可令其疑惧。"理由是："舍楞一人，岂能耸动渥巴锡等全部？且俄罗斯亦大国也，彼既背弃而来，又扰我大国边界，进退无据，彼将焉往？"①

接着，乾隆让车布登扎布明白地告诉舍楞："（你率众归来）不但不治罪，而且施恩。"②

客观来说，乾隆算不上什么"仁君"，上文也讲过他对敌人和战败将领的严酷。但是，在处理土尔扈特部东归一事中，他确实显示出仁厚、宽大、包容的一面。他甘冒与沙俄开战的风险，不惜破例赦免曾经的叛逆，也要保护这些不远万里、回归祖国的人。

随后，乾隆帝令伊犁将军派出军队，前往边境地区接应土尔扈特部众；并传谕左、右哈萨克首领，不得阻拦土尔扈特部东归。

五月二十六日，策伯克多尔济的先头部队与清军接洽。六月初五，土尔扈特部众到达伊犁河畔，此时该部仅剩下一万五千八百户、六万六千余人，不及出发时的一半。

清军将领伊昌阿、硕通等人在此等候，向土尔扈特部众分发牛羊、口粮。伊昌阿还当场宣读乾隆帝的施恩、免罪圣旨。舍楞等之前参与过叛乱的首领听到圣旨的内容后，合掌叩首，痛哭流涕。

---

① 《清史编年》第六卷（乾隆朝）下，124页。
② 同上书。

随后，土尔扈特部众被暂时安置在伊犁周边，他们"或衣服破烂，或靴鞋俱无，其幼孩有无一丝寸缕者"；"途中甚少果腹而食。至此饱餐肥肉，内里发烧，即坐入冷水中，为此患病数日即死亡之"。①

为赈济土尔扈特部众，乾隆帝先后从西北各省和蒙古地区征集"马牛羊二十七万头、米麦四万多石、茶二万余封、羊裘五万多件、棉布六万多匹、棉花近六万斤，以及大量毡庐"②，用于该部牧民恢复生产生活。

七月初四，清廷理藩院就土尔扈特部东归一事致书沙俄萨纳特衙门，书中言道：中国皇帝已经降诏，决定收留、安置来归的土尔扈特部众，俄罗斯不可再向中国索取。

九月初八，渥巴锡等人在木兰围场伊绵峪觐见乾隆帝，乾隆以蒙古语询问土尔扈特部东归的经过，并赏赐、宴请诸首领。随后，乾隆帝册封渥巴锡为"卓里克图汗"，策伯克多尔济为"布延图亲王"，舍楞为"弼里克图郡王"，巴木巴尔为"毕锡呼勒图郡王"，将土尔扈特部众分设四盟，以上四人各领一盟。他们的牧地被划分在塔尔巴哈台以东至科布多以西地区，即今天的准噶尔盆地。

为了纪念这一盛举，乾隆帝在避暑山庄普陀宗乘之庙（又称"小布达拉宫"）内设石碑两座，分别为《御制土尔扈特全部归顺记》和《御制优恤土尔扈特众记》，上面详细记载了土尔扈特部东归以及清朝安置、抚恤的经过。碑文称："土尔扈特携全部、舍异域，投诚向化，跋涉万里而来；自斯凡属蒙古之族，无不为我大清国之臣。"③

至此，当年卫拉特蒙古四大部全部归入清帝国的大一统版图之内。以绰罗斯氏的兴起为起点，以各民族陆续归入大一统国家的治下为过程，以土尔扈特部回归绰罗斯氏故地为终点，咱们这本书的主线剧情到这里就结束了。

---

① 《清史编年》第六卷（乾隆朝）下，131页。
② 同上书，131、132页。
③ 《清高宗实录》卷892，乾隆三十六年九月乙巳条。

外篇

聊聊清朝的贡献与衰落的原因

在我小时候看的电视剧中,乾隆总体上还算是正面形象。然而近几年来,网络上提到他却是骂声一片,类似:"与华盛顿同时代,却不开眼看世界";"闭关锁国使得中国错过工业革命";"十全武功多是败仗";"地瓜造就的盛世"等。更有甚者,还有人将错过工业革命的锅扣到了康熙头上。这就比较扯了,英国开始工业革命那会儿,康熙都死了四十多年了。

在评价以上观点之前,我先说明几个事情。

一、工业革命并不是某个君主或政府"发起"的,而是自发产生的

首先,欧洲中世纪的瘟疫和饥荒使得英国的人口数量很少。根据《世界全史》的估计值,1700年(康熙三十九年)英国人口仅为610万;到1800年(嘉庆五年)才接近1000万[1]。人口少就意味着劳动力不足。

其次,1763年英法《巴黎条约》签订后,英国占据了北美、印度大片殖民地。这里的人需要大量的商品,有着广阔的市场。

最后,虽然英国本土发起圈地运动,把普通农民都赶到城里。但就算如此,劳动力还是不够,生产的商品数量不能满足国内和海外市场的需求。

综上,巨大的市场需要一种"东西",让工人可以在同样的时间内制造出更多的商品,这就是"机器"产生的源动力。也就是说,第一次工业革命是经济规律运行下的产物,并非决策者的主观意志能够左右的。

---

[1] 史仲文、胡晓林主编,《世界全史》,北京:光明日报出版社,2004。

二、20 世纪中叶之前，是否实现资本主义或工业革命，与本国人民的生存状况没有直接关系

18 世纪 60 年代（乾隆朝中期），英国开始工业革命，是全世界最早的。此后，一个特殊的群体在英国出现了，即童工。《资本论》中写道："一种是十一岁至十七岁的少年工人，他们的专门职务，是把纸张送到机械里去，或把已经印好的纸张从机械取出。他们每星期有几天要从事这种单调的工作（特别在伦敦）至十四小时，十五小时，乃至十六小时，有时且连续工作至三十六小时，其中只有两小时吃饭和睡眠的时间。"①

也就是说，因为机器生产代替了肌肉劳作，使得之前很多未成年人干不了的活儿，现在能干了。其实不单是未成年人，妇女和老人也加入了机器生产中。原因很简单，这些人"便宜"。

第一次工业革命期间，英国工人的实际工资比工业革命开始前降低了 35%。那些因失去土地而去工厂干活的农民，被迫居住在临时窝棚里，各种传染病流行，死亡率极高。普通人的生存状态非但没有因为劳动效率的提高而改善，反而更加恶劣。

其他欧洲国家也好不到哪里去。《伏尔加河上的纤夫》成画于 1873 年，那会儿乾隆已经死了七十多年，俄国农民就是画中的生存状态。

综上，第一次工业革命所带来的生产力进步，并不足以使普通人的生活产生质的改变，其真正获益者仍然是少数持有资本的人。

三、1870 年之前，是否完成工业革命与军队的战斗力没有直接关系

19 世纪初，法国尚未开始工业革命，但并不妨碍拿破仑率军横扫欧洲。同样，击败拿破仑的主力军是沙俄和奥地利，那会儿它们也都是农业国。甚至于，整个 19 世纪沙俄都是农业国，却始终是毫无争议的世界列强。

四、与康乾同时期的欧洲饱受战火蹂躏

1683 年（康熙二十二年），奥斯曼土耳其的二十万大军围攻维也纳，殃及大半个巴尔干半岛；1701 年（康熙四十年）至 1714 年（康熙五十三年）间的

---

① ［德］马克思著，《资本论》，郭大力、王亚南译，上海三联书店（2009 版）。引自该书第一卷，第四篇，第十三章"机械与大工业"，"工厂法（卫生条款与教育条款）及其在英国的普遍化"。

"西班牙王位继承战争",西欧大范围被波及;1756年(乾隆二十一年)至1763年(乾隆二十八年)间的"七年战争",欧洲战场范围从莱茵河延伸到了东普鲁士;1789年(乾隆五十四年)至1815年(嘉庆二十年)的"法国大革命和拿破仑战争",堪称浩劫,北意大利、西班牙、大半个德意志、奥地利东部、莫斯科化为一片废墟。最保守的估计,死于以上战争的欧洲人七百万有余,普遍估计在一千万人以上,这还没算这期间的五次俄土战争。

甚至于,即便是明末农民起义和明清战争所造成的社会凋敝,比起同期欧洲的乱局都是小巫见大巫。《全球通史》中写道:"尽管改朝换代时(明清交替),不可避免地有起义和盗匪活动相伴随,但比较起同时代欧洲三十年战争(1618-1648年)期间的残杀和破坏,是微不足道的。"[1]

五、与乾隆同时代的西方国家领导人,并不像很多人想象得那么开明

现在说起华盛顿、拿破仑,大家想到的就是"资本主义、民主自由、工业化"。然而我要告诉你的是,这两位仁兄在位期间,均未实现本国的工业化。美国的工业化进程是在华盛顿死后才开始的,也就是19世纪初期;拿破仑当政期间,法国是一个地道的农业国;法国开始工业革命那会儿,鸦片战争都打完了。

而且,他俩并不那么"民主自由"。

华盛顿是个农场主兼奴隶主。幼年丧父时,他就从父亲那里继承了10个黑奴。成年后,他又积极参与英法争夺殖民地的战争,成为拥有大片庄园的奴隶主,这是不是很"封建"呢?而后来华盛顿之所以反抗英国的殖民统治,直接原因就是英国政府的一道禁令,使他丧失了3万多英亩的土地[2]。

拿破仑就更不"民主自由"了。他于1806年发布"大陆封锁令",禁止全欧洲与英国贸易,这是不是也属于闭关锁国呢?

在私生活方面,拿破仑比清朝皇帝要离谱得多,他的各种亲戚、高官们领着令人瞠目结舌的薪水。例如拿破仑的第一任皇后约瑟芬,日常开销十分惊人,仅印度绸做成的披肩就有400条之多[3]。他俩离婚时,拿破仑规定每年给约瑟芬

---

[1] [美]斯塔夫里阿诺斯,《全球通史(1500年以后的世界)》,吴象婴、梁赤民译,上海:上海社会科学院出版社,1999年,74页。
[2] 本书编写组,《世界上下五千年》,12近代卷,北京:红旗出版社,1995。
[3] 史仲文、胡晓林主编,《世界全史》,第056卷。

的年薪为300万法郎①，相当于同期清朝的36.2万两白银。而清朝皇后的年俸仅为一千两白银和百余匹缎、纱、布，满打满算也不超过两千两。

六、清朝的人口爆炸式增长与引入番薯无关

广东、福建是最早引入番薯种植的省份，其中福建为万历四十年，广东为崇祯二年。但是在清朝中前期，番薯并未在全国范围内推广。更多的省份是在乾隆朝才开始引入种植，像河北、河南、山东、陕西、江苏等省。最晚引入番薯的甘肃，竟然是在宣统元年，那会儿清朝都快亡了。

而番薯之所以推广较慢，与清朝前期的赋税制度有很大关系。在施行摊丁入亩之前，清朝也征收粮食实物税，但仅限于"米、麦、豆"。如果你种了地瓜，是没法用它缴税的，只能上缴白银，很多农民并交不起。所以，只能是朝廷收什么，他们就种什么。

康熙朝时，清廷在全国各地设置的义仓②，存储的都是各类谷物。即便是在西北贫瘠之地屯田，清军也不种地瓜，而是种植青稞。一直到道光朝，清廷统计各省存储的粮食数量，都没有番薯这个科目。我查阅过很多资料，直到清朝灭亡时，番薯的种植面积占比也不会超过5%。

这说明，从康熙朝到乾隆朝的人口爆炸式增长，与地瓜真的没有关系。

比较讽刺的是，同时期的英国倒是典型的"土豆盛世"。

1846年，当时在英国治下的爱尔兰爆发大饥荒，《资本论》中写道："爱尔兰由1846年的饥馑，牺牲了一百万以上的人命。但被牺牲的，都是贫乏的人。"③之后的二十年，因饥荒导致的死亡和移民，使爱尔兰的人口持续减少。到1866年，全爱尔兰仅剩下550万人，较1841年减少了270万人。

而这次饥荒爆发的原因，就是一种病菌造成马铃薯在成长过程中腐烂，大面积歉收，继而引发大饥荒。换句话说，在那会儿的西欧，土豆是主要粮食作物之一。就这样，1793年英国使者马嘎尔尼访华时，还好意思嘲笑清朝贫困落后。

---

① [德] 埃米尔·路德维希，《拿破仑传》，凌云译，北京：新世界出版社，2012。
② 可以理解为"公积粮"，用于地方储备和赈灾。
③ [德] 马克思著，《资本论》第一卷，第七篇，第二十三章"资本主义蓄积的一般法则"，"爱尔兰"。

综上，从康熙朝至乾隆朝的这段时间内，西方并不像很多人想象得那般美好，清朝也不像很多人想象得那般落后。

我一直认为，评价一个政权的好坏，最重要的标准有两条。

一是利国，即统治枢纽运转正常；行政机构各司其职；有一支强大的军事力量，足以抵御外部侵略。二是利民，即建立适应生产力发展水平的生产关系；为生产创造稳定的外部环境（不在生产区打仗、兴修水利等）；有充足的货币、粮食、物资储备，能够应对自然灾害。

而这两条的最终目标，就是尽可能让国内更多的人活下去。就这两个标准来看，从康熙朝平定三藩之乱后到乾隆朝中期约一百年的时间内，这三位皇帝做得相当不错。

皇帝勤政，独揽大权，就杜绝了太监弄权、后宫干政、外戚专权、奸臣擅权这四种弊端。平三藩、收台湾后，关内再无割据势力，也就没有大规模的内战。密折专奏制度，让官员们互相监察、检举，杜绝了清流[①]结党和特务监察这两大弊端。

而本书讲述的主线剧情，就是清朝中前期的一系列战争。大家可以发现，康、雍、乾三朝，无任何一股外部势力侵入过长城以南，连接近都很难。那么，如果没有三朝持续不断地对北方用兵，结果会怎样呢？

下面，我们来看一段《全球通史》记载的内容。

"每年，鞑靼人涌出他们在克里米亚的要塞，去袭击和劫掠俄国。他们有3万精选出来的骑兵。"

"鞑靼人在作战期间，靠马奶和干面包过活。他们的马背上备有筐，用来装绑架来的俄罗斯小孩，特别是女孩。他们随身携带长皮条，用来拖拉俄罗斯男俘虏跟他们一起行进。"

"他们在卡法的市场上向小亚细亚各地区、非洲甚至欧洲某些地区出卖这些人。这些奴隶有好几十万，约翰统治时期，鞑靼人在对莫斯科的一次袭击中，带走了13万名俘虏。有位犹太商人坐在彼列科普地峡的入口，看到这么多的人

---

① 负责监察的言官。

经过，不禁问道：'留在俄国的人是否更多？'"①

上文描述的，是 16 世纪克里米亚鞑靼人②劫掠沙俄的情况。文中的"鞑靼人"，即东欧草原上的突厥化蒙古人。下面，我将克里米亚与准噶尔对比一下。

从生活习性上看，鞑靼人和准噶尔人都是以游牧为生。

从控制地域上看，克里米亚不及准噶尔的十分之一。

从军队人数上看，克里米亚鞑靼骑兵大致在三万人左右，由于他们掳掠了大量的斯拉夫奴隶，步兵、后勤保障人员会更多一些，后两者合计约为十万。准噶尔有五六万常备骑兵，也有数量众多的回部、中亚战俘为其保障后勤。

从装备上看，克里米亚的火器来自奥斯曼土耳其，准噶尔的火器源自中亚穆斯林，两者都是典型的伊斯兰风格。

就是这样一个体量小于准噶尔的游牧汗国，折腾了沙俄二百多年，掳掠人口累计三百多万。而同时期的准噶尔军队，根本打不进关内。到这里，你应该就能明白清准战争的意义了。

满足以上种种条件，清朝的人口（据《清史编年》）才能从康熙七年（1668年）的 1936 万户，增长为乾隆六十年（1795 年）的 3 亿人。取康熙七年时平均每户三人③，就相当于在 168 年的时间内人口增加了四倍多，这在古代社会绝对是个奇迹。

更重要的是，在持续大开拓的过程中，融合多民族的大一统概念进一步得到升华，主要表现在三方面。

统治架构方面，皇太极那一章已经讲过，这里不再赘述。自清军入关后，喀尔喀蒙古、青海蒙古、藏区、卫拉特、回部等族群的亲清贵族，均被清廷授予爵位，与清廷委派的官员共同管理当地，将"自治管理"与"集中管理"有效结合。

统治阶层方面，八旗内融合了多民族、多势力。李定国、郑成功、陈永华、噶尔丹这些曾誓死抗清的枭雄们，其后代均在八旗之内。到了乾隆朝，满、汉、

---

① [美]斯塔夫里阿诺斯，《全球通史（1500 年以后的世界）》，209 页。
② 位于今乌克兰南部地区。
③ 清朝的"户"以成年壮丁为单位统计。

蒙、藏、回、朝鲜、俄罗斯等族群在八旗中均有各自的佐领。

边疆治理方面，清廷在盛京、吉林、黑龙江施行驻防将军管辖制度；在内外蒙古、土尔扈特、乌梁海、青海蒙古施行盟旗制度；在北疆施行驻防将军管辖和兵民屯垦制度；在南疆施行办事大臣和回部城镇自治制度；在藏区施行办事大臣和噶伦管理制度；在西南诸省推行改土归流。

这些举措，既保留了各族群原有的管理习惯，又改变了之前松散、羁縻的边疆管理模式，有效加强了中央对边疆地区的控制力度。

看到这里，有的朋友可能会问，既然清朝有这么多"好"，那为什么晚清会那么窝囊呢？

这里也有几个原因。

（一）直接原因：军事劣势，通俗点儿说就是打不过人家。

自乾隆朝开始独特的战争环境，导致清军点错了科技树。乾隆朝清军的对手强不强？南疆的回部叛军、金川的土司兵、缅甸军队、尼泊尔军队，比起同期英法陆军的装备，确实不算强。

但是，回部之役是在沙漠之中打坚城；金川之役是在横断大山中打碉堡；缅甸之役是在热带雨林中打寨堡；打尼泊尔需要翻越喜马拉雅山。这种仗，就是让拿破仑带着无敌的法军来打，都很难打得赢。叙利亚之役就是在荒漠之中打碉堡，征俄之役就是在茫茫草原上寻求敌军主力决战，这两战拿破仑都败了。

恶劣的环境和极为偏远的战场，导致清军将建军重心都放在兵力投送能力、兵源身体素质和后勤保障建设上，忽视了火器的发展。

当然，也不是完全没有发展，像前章节介绍的"九节十成炮"，就是为山地战争环境研发的。但是，这种炮毕竟只是特种炮，在常规战争中，主流火器依然是燧发枪和野战加农炮。乾隆朝中期，西方凭借先进的冶铁铸造技术，已经将12磅野战炮的重量降低到800千克，而当时清军装备的同规格火炮重约1.8吨。这就意味着，同样的人力、畜力，人家可以投送两门炮到战场，而清军只能运一门，火力投送相差一倍，这还没算射程、精度方面的差距。

更夸张的是，乾隆朝之后，清朝的火器制造竟然大踏步地后退。嘉庆一朝二十五年，新造的火炮只有55门；道光朝，清军的制式火炮仍在沿用康熙朝的样本（神威将军炮）；咸丰朝，清查京师八旗的库存火炮，80%以上是康熙朝制造、缴获的（像台湾炮）。这就导致自乾隆朝中期开始，中西方军队的火器和技战术水平迅速拉开差距，往后越拉越大。

（二）根本原因：人地矛盾。

在古代，单位土地能养活多少人口是一定的。乾隆朝之前，中国这片土地上从未养活过 1.5 亿以上的人口。

相比之前朝代，乾隆朝时中国的领土确实足够广阔，约为 1300 万平方公里。但是，以那会儿的生产力水平，仍不足以使三亿人口都填饱肚子。作为对比，欧洲加沙俄亚洲部分的面积约为 2000 万平方公里，远大于清朝。而且欧洲多平原，可耕种的土地面积要大于东亚。虽然东亚的光热条件要好一些，但欧洲的气候普遍湿润，可以说是各有优劣。而 1800 年（嘉庆五年）时，全欧洲[①]的人口数量也不到两亿。

很多人可能想不到，乾隆帝为此事十分担忧，他说道："承平日久，版籍益增。天下户口之数，视昔多至十余倍。以一人耕种面供十数人之食，盖藏已不能如前充裕。"[②]

然而，以他当时的认知水平，是绝对想不到计划生育的；第一次工业革命的成果基本与农业无关；化肥的出现还要再等五十年；杂交水稻的发明还要再等一百七十年。

所以，非常尴尬的情况出现了，因为清朝中前期在保障民生和国防安全方面做得不错，导致乾隆遇到了在当时无解的命题——因人口快速增长而产生的人地矛盾。这也是从乾隆朝末期开始，全国各地农民起义不断的主要原因。

（三）历史原因：传统封建思想的禁锢。

其实，康熙曾接触过很多西方科学，像几何、生物、力学，他都有涉猎。雍正也曾对西方海军的船坚炮利表示过担忧，所以他才下令禁教（天主教）。但是，这种认识仅限于皇室层面，并没有在民间普及。对农民来说，学了这些东西也不能增加粮食产量；对文人来说，科举并不考这些东西；对官员来说，力学、几何与升官发财无关。

[①] 包括沙俄领土的亚洲部分。
[②]《清史编年》第六卷（乾隆朝）下，750 页。

学了对自己也没好处，还学它干吗呢？

甚至于，同时期不少西方学者反而十分崇拜东方文化和清朝的强盛。法国文学家伏尔泰将孔子的画像挂在他的书房墙壁上。德国数学家莱布尼茨则是康熙帝的忠实粉丝，称其为"人间几乎不可能有的君主""神一般的凡人"[1]。

（四）客观原因：长期无外部压力的逼迫。

说起来这件事情很讽刺。清朝进入世界陆军强国之列，始于康熙帝的军事改革，终于乾隆朝中期。而正是在此期间，清军在对俄、对准战争中表现出了强大的战力。战后，清帝国的版图也到达了最顶峰。

这种巨大的成功，一方面震慑了沙俄、英国等西方列强，之后，它们在中国家门口转悠了近百年也不敢侵犯。而事实上，自乾隆朝中期之后，清朝就只是一只纸老虎了。另一方面使得清朝举国上下认为自己确实很强，没有必要也没有动力去学习西方的先进之处。直到晚清的国门被西方列强强行打开，一些有识之士才开始睁眼看世界。

说起来，这也算是生于忧患、死于安乐吧。

对此，《全球通史》有着简明扼要的评价。

"从14世纪中叶到19世纪欧洲人开始真正侵入中国为止，这整个时代是人类有史以来政治清明、社会稳定的伟大时代之一。假如在普通的时代，这种秩序和持久性或许可看作是件幸事。但是，在这样一个时代[2]，稳定成了可诅咒的东西，而非幸事。"[3]

"正如子女理当服从、尊敬他们的父母那样，小国也须如此对待中国。纳贡制度的主要目的是，保证中国漫长的边疆一带的和平与秩序。恰恰是中国人的这一成功促成他们的毁灭。这一成功促使他们更加以为，中国是一个没有相竞争的国家或政府的世界体系的中心。"[4]

综上，晚清的落后有着复杂且现实的多方面原因，如果把这口锅扣到乾隆甚至是康熙头上，是不是有点儿说不过去呢？

---

[1]［美］斯塔夫里阿诺斯,《全球通史（1500年以后的世界）》, 234页。
[2] 商业革命，工业革命，法国大革命，西方全球扩张。
[3]［美］斯塔夫里阿诺斯,《全球通史（1500年以后的世界）》, 74页。
[4] 同上书, 76页。

1. ［美］斯塔夫里阿诺斯，《全球通史（1500年以后的世界）》，吴象婴、梁赤民译，上海：上海社会科学院出版社，1999年。

2. ［明］陈子龙等选辑，《皇明经世文编》，全书504卷，补遗四卷，北京：中华书局，1962年。

3. 中国第一历史档案馆、中国社会科学院历史研究所译注，《满文老档》，北京：中华书局，1990年。

4. 《明实录》，国立北平图书馆藏红格钞本影印版，1962年。

5. ［清］张廷玉等撰，《明史》，北京：中华书局，1974年。

6. 赵尔巽等撰，《清史稿》，北京：中华书局，1977年。

7. 《清太祖武皇帝弩儿哈奇实录》，共四卷，北平故宫博物院排印本，1932年。

8. 潘喆、孙方明、李鸿彬编，《清入关前史料选辑》，北京：中国人民大学出版社，1984年。

9. 《清实录》系列，包括《满洲实录》、《清太祖高皇帝实录》、《清太宗文皇帝实录》、《清世祖章皇帝实录》、《清圣祖仁皇帝实录》、《清世宗宪皇帝实录》、《清高宗纯皇帝实录》，北京：中华书局，1985-1986年。

10. 《崇祯长编》，"中央研究院"历史语言研究所校印本，明实录附录之四，1962年。

11.《钦定八旗通志》，嘉庆四年刊本影印本，台北：台湾学生书局，1968年。

12. 中国人民大学清史研究所编撰，《清史编年》（共十二卷），北京：中国人民大学出版社，2000年。

13.［俄］А.П.瓦西里耶夫著，《外贝加尔的哥萨克（史纲）》第一卷，原著名为"Забайкальские казаки Исторический очерк Том I."（1916年），北京师范大学清史组：徐滨、许淑明等译，北京：商务印书馆，1977年。

14.［清］谷应泰撰，《明史纪事本末》，共四册、80卷，北京：中华书局，1977年。

15.［清］薛允升撰，《读例存疑》，共54卷，光绪三十一年京师刊本。

16.［清］梁份著，《秦边纪略》，赵盛世、王子贞、陈希夷校注，西宁：青海人民出版社，1987年。

17.［俄］А.П.瓦西里耶夫著，《外贝加尔的哥萨克（史纲）》第二卷，原著名为"Забайкальские казаки. Исторический очерк. Том II."（1916年），中国人民大学清史研究所：徐滨、许淑明、刘棠、张曾绍等译，北京：商务印书馆，1979年。

18.［清］傅恒等纂，《钦定皇舆西域图志》，共52卷，乾隆四十七年武英殿刻本。

19. 中国第一历史档案馆编，《康熙朝满文朱批奏折全译》，北京：中国社会科学出版社，1996年。

20. 中国第一历史档案馆译编，《雍正朝满文朱批奏折全译》，合肥：黄山书社，1998年。

21. 吴晗辑，《朝鲜李朝实录中的中国史料》，北京：中华书局，1980年。

22.［德］马克思著，《资本论》，郭大力、王亚南译，上海：上海三联书店，2009年。

后记

《三国演义》第一回写道:"天下大势,分久必合,合久必分。"这里我还想补充一句,即"合则邦兴,分则势衰"。相信看完本书的朋友,应该有所体会。而能够将兴盛期的盛况记录下来,一直以来都是我之夙愿。在这方面,我特别佩服李白。

秦朝的"奋六世之余烈",李白写下:"秦王扫六合,虎视何雄哉!挥剑决浮云,诸侯尽西来。"

两汉的"明犯强汉者,虽远必诛",李白写下:"汉家战士三十万,将军兼领霍嫖姚。"

盛唐的"胡越一家,自古未有",李白写下:"骏马似风飙,鸣鞭出渭桥。弯弓辞汉月,插羽破天骄。"

这些诗句就如同镌刻在铜鼎之上的铭文,向后世展示着一段段波澜壮阔的时代。与李白和千千万万爱好历史的热血青年一样,我对中国古代史的几个大开拓时代尤为青睐。而清朝中前期这段开拓、融合、统一史,无疑是中华民族大一统历史的一部分。所以,在本书之中,我也本着"东施效颦"的原则,献丑写了三首古体诗,即《黑水行》、《漠北行》和《西土行》,分别纪念三位将领,即沙尔虎达、策棱和岳钟琪。

我之所以选这三位仁兄,除了他们确实战功卓著之外,还在于他们分别来自三个不同的族群,即黑龙江女真、蒙古和汉族。其实,本来我还打算给其他几位也写首诗,像郑成功(汉)、兆惠(满)、颇罗鼐(藏)和额敏和卓(回)

等。郑成功我是没敢写，他的名头太大，写得不好要挨骂；其他几位则是因为我能力有限，下笔词穷，也就不了了之了。

咱们国家自古以来就是一个多民族、大一统国家。所谓的中华民族，也不单单只是汉族，还包括其他各少数民族。各族人民在维护国家统一、抵御外部侵略时，涌现出很多可歌可泣的事迹。仅希望通过此书，让更多的人知道，在几百年前发生的这段波澜壮阔的历史，以及来自各民族的先人们，为中华大一统国家的成型做出的努力与牺牲。

图书在版编目（CIP）数据

逐北征西：清帝国的"大一统"时代 / 冯文鹏著. -- 北京：群言出版社，2024.6
ISBN 978-7-5193-0925-1

Ⅰ．①逐… Ⅱ．①冯… Ⅲ．①中国历史－研究－清代 Ⅳ．①K249.07

中国国家版本馆CIP数据核字（2024）第045994号

责任编辑：陈　芳
封面设计：何　睦

出版发行：群言出版社
地　　址：北京市东城区东厂胡同北巷1号（100006）
网　　址：www.qypublish.com（官网书城）
电子信箱：qunyancbs@126.com
联系电话：010-65267783　65263836
法律顾问：北京法政安邦律师事务所
经　　销：全国新华书店

印　　刷：鸿博睿特（天津）印刷科技有限公司
版　　次：2024年6月第1版
印　　次：2024年6月第1次印刷
开　　本：720mm×1020mm　1/16
印　　张：43+2（彩插）
字　　数：679千字
书　　号：ISBN 978-7-5193-0925-1
定　　价：118.00元

【版权所有，侵权必究】

如有印装质量问题，请与本社发行部联系调换，电话：010-65263836